①◊OSP

D0216034

TERCERA PARTE
DE LA TRAGICOMEDIA DE CELESTINA

The Tenth Publication
in the Haney Foundation Series
University of Pennsylvania

Gaspar Gómez
de Toledo

TERCERA PARTE
DE LA TRAGICOMEDIA
DE CELESTINA

Critical edition,
introduction and notes by

Mac E. Barrick

Philadelphia
University of Pennsylvania Press

Publication of this book has been made possible by a grant from the Haney
Foundation of the University of Pennsylvania.

To
Otis H. Green

Contents

List of Figures

Preface

THE need for a modern edition of Gaspar Gómez' *Tercera Celestina* was made vividly apparent with the publication of María Rosa Lida de Malkiel's invaluable study, *La originalidad artística de la Celestina* (Buenos Aires, 1962), for Mrs. Malkiel states (p. 118 *n.*) that she was unable to consult the *Tercera Celestina.* Though not the rarest of the imitations of the *Celestina,* Gómez' work has been the most neglected and least accessible of them. The present edition grew out of a projected study of the imitations and continuations of the *Celestina,* a study which was rendered unnecessary by Mrs. Malkiel's magnum opus. The introduction to this edition attempts in a limited way to do for the *Tercera Celestina* what Mrs. Malkiel has done so ably and exhaustively for the other imitations, and any admission of indebtedness to her work would be inadequate, since any study relating to the *Celestina* from this time forth must of necessity be indebted to her *Originalidad artística.*

Other debts must likewise be acknowledged. To Professors Otis H. Green, Arnold G. Reichenberger, and Samuel G. Armistead of the University of Pennsylvania I am very grateful for many valuable suggestions. To the Trustees of the British Museum, the Keeper of Printed Books of the University of Leyden, and Sr. D. José Almudévar Lorenzo of the Biblioteca Nacional in Madrid my special thanks for providing microfilms of the early editions of the *Tercera Celestina.* Lycoming College provided funds for the purchase of microfilms and other research materials. To these and to many others who have helped in some way in the preparation of this edition my deepest gratitude.

M. E. B.

Introduction

1. GASPAR GÓMEZ AND THE *Celestina*-NOVEL

NOTHING is known of the life of Gaspar Gómez beyond the fact that he was a native of Toledo, as stated on the title page of the sixteenth-century editions. References to churches, convents, and other locations in the city of Toledo within the text support this statement.

Gómez patterns his book closely on Feliciano de Silva's *Segunda comedia de Celestina,* making of it a direct continuation of Silva's work. Silva's title does not necessarily indicate greater emphasis on the *vieja* in his work than in Rojas' *Tragicomedia de Calisto y Melibea (La Celestina* was the accepted title of the work, beginning with the Italian translation of 1519 [1]); rather, it indicates that his work, though related to Rojas', and clearly an imitation, is independent of it. The lovers are new; the servants are new; only Celestina and her *mochachas* remain. That Gómez' intention is different is revealed by his title, *Tercera parte de la tragicomedia de Celestina.* His is a *parte* of a continuing work; his characters are carry-overs from the *Segunda Celestina,* and their actions here stem from the actions of the *Segunda.* Sigeril and others constantly refer to events in Silva's work as if they were a part of the present novel, in much the same way that Don Quijote and Sancho will refer to events in the Avellaneda *Quijote.* The fact that Gómez considers this the *tercera parte* (and presumably the *última parte,* since Celestina dies again at the end) shows that he is aware of its being an integral part of the *Celestina*-tradition. Significantly, he uses the term *tragicomedia,* departing from Silva in this to return to the original *Celestina.* His concept of the tragicomic genre will be considered later.

In the manner of most of the later *Celestina*-imitations, Feliciano de Silva's *Segunda comedia de Celestina* shows the *galán* (in this case

Felides) in despair over his love for the *dama* (Polandria). Sigeril, his *criado*, tells him not to despair; he has a plan to send the *rufián* Pandulfo to court Quincia, *criada* of Polandria's mother. Pandulfo begins his courtship of Quincia, serenading her and using courtly language. Meanwhile, there is news that the original Celestina has suddenly returned, apparently risen from the dead. She confides to a friend, however, that she was not really dead but that she intends to benefit from the awe with which people regard her. Elicia and Areúsa are at first afraid of her, especially when she demands the *cadena* which Calisto had given her. Elicia says it has been stolen, then finally admits that she still has it. Felides sends Pandulfo to deliver a letter to Polandria, which she reads reluctantly. Hearing that Celestina is alive, Felides sends the *rufián* to contact her. She agrees to help if it is made worth her while. Her first step is to visit Paltrana, Polandria's mother. Paltrana is impressed by Celestina's apparent religiosity and invites her to visit often. The *vieja* manages to talk privately with Polandria, on the pretext of warning her against Felides. She suggests that Polandria treat him mercifully but that she be on her guard. Torn between love and honor, Polandria is perplexed, so her *criada* Poncia suggests a secret marriage between the lovers. Celestina talks to Polandria again and arranges for her to meet Felides. At this initial meeting of the lovers, Poncia convinces them that a secret marriage is in order, and she witnesses the giving of hands herself. The remainder of the novel is concerned primarily with the affairs of Celestina, her associates, and the *rufianes*. The work ends with the second meeting of the lovers. Felides promises to arrange a marriage between Sigeril and Poncia, then he and Polandria promise to seek Paltrana's consent to be married publicly.

The action of the *Segunda Celestina* thus ends somewhat inconclusively, which is not unusual in the imitations of the *Celestina*. Nonetheless, Menéndez y Pelayo feels called upon to make the flat statement that "la *Segunda Celestina* no deja ningún cabo suelto" for a later imitator to take up. [2]

The opening of the *Tercera parte de la tragicomedia de Celestina* follows immediately the action of the last *cena* of Silva's work. Here, Felides cannot believe that the events of the preceding nights were true (he is confused as to the actual amount of time that has elapsed), and Sigeril is irritated that he thinks it has all been a dream. Later Sigeril meets Pandulfo and brings him (and the reader) up to date on what has happened the night before, since the cowardly *rufián* had refused to accompany them. [3] He tells Pandulfo about the secret marriages and says that Celestina is to intervene, so that the marriages can be made public. Polandria and Poncia, meanwhile, are having trouble keeping the matter secret, for Penuncio, the gardener, and the *negra* Boruga discover what has happened. Thus Polandria's fears for her reputation prolong the courtship unduly, until, after an exchange of letters, she suggests enlisting the aid of Celestina. Sigeril goes to fetch Celestina, who has just been beaten severely by Pandulfo and Rodancho because she cheated them. She agrees to help Felides by interceding with Paltrana, Polandria's mother. She goes to Paltrana on the pretext of asking for ointment for her wounds, but Paltrana is wary. Polandria does manage to slip Celestina a letter for Felides. On her next visit Celestina stirs Paltrana's interest in Felides as a possible son-in-law by telling her that he is planning to marry someone else. Fearful of losing such a match, Paltrana sends her brother Dardano to talk to Felides, and Felides lets himself be "persuaded" to marry Polandria, if she will agree to it. She does, "reluctantly." The marriage contract is sealed, the dowry is established, and the *arcediano* Antenor performs the ceremonies uniting Felides and Polandria, Sigeril and Poncia. Celestina hears of the weddings, and in her haste to go and claim her reward, falls from the *corredor.* When the neighbors come to help, they find her dead. Everyone feels that this is a fitting end for an evil life, and even Felides regrets only that she died without confession.

2. The Characters

Celestina. The original Celestina is a figure of multifarious and marvelous abilities. Pármeno in describing her tells his master that "ella tenía seys oficios, conuiene sauer: labrandera, perfumera, maestra de fazer afeytes é de fazer virgos, alcahueta é vn poquito hechizera. Era el primer oficio cobertura de los otros, so color del qual muchas moças destas siruientes entrauan en su casa á labrarse é á labrar camisas é gorgueras é otras muchas cosas." [4] She is active in all of these areas, and few of the later Celestinas can equal her skill. [5] Since the Celestina of Silva's work is supposed to be the same as in Rojas' work, presumably she practices the same *oficios,* but they are not mentioned.

In the *Tercera Celestina,* the old woman uses her professional abilities as *curandera* to disguise her true activities. The enumeration of the *enxundias* and other medications that she uses recalls Pármeno's inventory of the contents of Celestina's *laboratorio.* [6] Many of the Celestinas are recognized *curanderas.* Silva has his *vieja* brag of her ability to cure *mal de madre* (*Segunda Celestina,* pp. 217, 233; cf. *Celestina,* I, 251). Gómez' Celestina likewise finds herself much in demand as a *médica:* "Quiero yr a visitar a vna enferma que a embiado cincuenta vezes a rogarme que la vea, que bien puedo dezir que estó aborrida con tantas negras curas como tengo, que persona no sabe llamar ya a médico de ninguna enfermedad que tengan sino Celestina acá, Celestina acullá" (XXXVI, 18-23 *). Like Elicia in *Lisandro y Roselia* (ed. cit., p. 47), she attributes her skill to God.

Regardless of her other activities, Celestina's most important function is that of go-between. Her fame in this respect is responsible for the enlisting of her aid in the *Tercera Celestina* and in later imitations as well. [7] Of her skill in arranging love affairs she is justly proud (*Celestina,* II, 45 ff.), and she maintains a professional attitude in the face of the amateur meddling of the servants: "Esto tengo yo por officio e trabajo; vosotros por recreación e deleyte," [8] though her motives at this point are somewhat selfish. In spite of the varied and time-consuming nature of her other activities, she is yet able to say proudly, "con todos cumplo, los que algo me mandan, como si touiesse veynte pies é otras tantas manos." [9] Going to see Melibea on behalf of Calisto, she is willing to face personal injury, perhaps even death, rather than suffer the loss of reputation concurrent with failure. Regardless of the social level of her profession, she has a place in the world and intends to be the best in her field. [10] This attitude, though less strongly affirmed, is still apparent in Gómez' work. Here, Celestina's pride in her profession evidences itself also in her desire that Elicia and Areúsa follow her lead, that they be as proficient and successful as she is. This was true of the original Celestina (I, 253-256). It was true in the *Segunda Celestina,* where the *vieja* gives the girls explicit instructions on making more money at their profession by increasing the number of their clients. [11] And it is still the case in the *Tercera Celes-*

---

* Internal references are cited by *auto* and line number.

tina where she tries to get Elicia to give up her unprofitable affair with Albacín (*auto* XIX; cf. *autos* XXI and XXIX). [12]

As Pármeno notes (*Celestina*, I, 70), most of Celestina's activities serve merely as cover for her true *oficio, alcahuetería*. To this profession she is dedicated. "Para Celestina la tercería no es el último recurso contra la miseria de la vejez, sino vocación tan firme que, en su recuerdo sentimental del pasado, no evoca sus glorias de cortesana sino sus éxitos de alcahueta." [13] Her ability as a *tercera* is unquestioned, though in some of the imitations and continuations she has little to do, or because of her drunkenness is an ineffective go-between. Mrs. Malkiel has shown (*Originalidad*, pp. 519-531) the consummate skill of Rojas' character in fulfilling the desires of her clients. Celestina is able to seize on the opportunity of the moment and turn it to her own ends. Silva's Celestina uses all her skill to win Pandulfo's favor (ed. cit., pp. 139-147), then plays on Felides' sympathy by claiming to be the midwife who delivered him. [14] On going to see Polandria, she uses the pretext of being concerned for an illness that the girl's mother has. [15] Like the original Celestina, she mourns her lost youth and preaches on the evils of the world, thus gaining the favor of mother, daughter, and servant (p. 221). In a secret talk with Polandria, she tells the girl that Felides is in love with her, then warns her not to be deceived but simply to treat him mercifully. On the second visit she continues the ruse, but Polandria rejects her hypocritical interest and insults her. Nonetheless, Celestina convinces the girl of the innocence of her purpose and wins from her a reluctant agreement to meet Felides that night. From that point on, the *vieja* has little to do, for it is Poncia who talks Polandria into agreeing to the secret marriage. In the *Tercera Celestina*, since the lovers are already secretly married, there seems little need for a go-between; however, Celestina is called upon to eliminate the obstacle to a public marriage by winning the mother's consent. She visits Paltrana, ostensibly to ask for medical supplies, then casually mentions that Felides is to be married, suggesting that because of his nobility and generosity, he might be a good match for Polandria. Paltrana tells Celestina this is none of her business, and forbids her to mention it again. At their second meeting, Celestina says that Felides has completed the arrangements for his marriage, but she cleverly intimates that her information may not be correct. Paltrana, afraid of losing such an advantageous match, is determined to know the truth, so she sends her brother to offer Polandria's hand to Felides. Celestina's plan has succeeded through her clever manipulation of Paltrana. The servants play a less important role in the *tercería* in this work, leaving Celestina greater latitude. But since she does not have to win the girl's favor, despite Melibean fury, she does not attain the stature of Rojas' or Silva's characters.

Though witchcraft may not have been associated with the go-between in classical literature, "the association between *alcahuetería* . . . and *brujería* . . . is an ancient and general one in real life." [16] Celestina's proficiency in the manufacture of perfumes and cosmetics with their nondescript ingredients led her to be regarded with superstitious awe.

> Our hard and fast distinction between the natural and the supernatural was unknown in the middle ages; there was no line between jugglery (frequently called 'parlor magic') and magic, most people not knowing how either was performed; indeed any remarkable performance with a secular background might be attributed to magic, just as any with a Christian background might be called a miracle. [17]

If authorities on the subject were credulous about such matters until the beginning of the sixteenth century and even later, [18] we should not wonder that the common people continued to believe in witchcraft long after that. The original Celestina is apparently sincere in her use of witchcraft. In the incantation scene she is alone, so she cannot be trying to impress anyone as Valera does in the *Comedia Selvagia*. [19] German scholars have generally emphasized the importance of magic and the *Dämonische* in the *Celestina*, [20] though Hispanic critics tend to discount the necessity of recourse to magic to bring about the denouement. [21] This problem does not concern us here, for rarely does magic figure in the action of the imitations. The later Celestina-figures take advantage of popular credulity, using it to their own benefit, [22] but they give little evidence of believing in magic themselves. The Celestina in Silva's work feigns to have risen from the dead and profits greatly from the awe which this inspires (*Segunda Celestina*, p. 87). Valera in the *Comedia Selvagia* goes through the motions of a conjuration to impress a servant (ed. cit., pp. 79, 87-92), and another Celestina, in Salazar y Torres' *El encanto es la hermosura* deceives everyone with her use of a mirror, making them think that she can foresee the future. But at the end she admits to being an imposter. [23] The appeal to the powers of magic either feigned or serious is not involved in the action of the *Tercera Celestina*. There is no indication that this Celestina has magical powers, beyond occasional references to her as an *hechicera;* for example, after her death one of the *vezinos* says, "¡Qué falsos hechizos hazía!" (XLIX, 69). These references are probably due to the close association between *alcahuetería* and witchcraft already noted. Significantly, the punishment which Gómez' Celestina undergoes in *auto* XLI is that generally inflicted on *hechiceras* and *alcahuetas* alike (see notes 1160-1163).

The original Celestina is an essentially religious figure, but her religion is "firmemente asida a unos pocos conceptos consoladores y a muchas prácticas rituales, vacías de sentimiento y moral, pero mágicamente eficaces en este mundo y en el otro" (Lida de Malkiel, *Originalidad*, p. 510), and her actions frequently belie her religiosity. She is not above using her contacts with religion for her own gain, as in her business relationships with the clergy (*Celestina*, I, 71, 164; cf. Lida de Malkiel, op. cit., pp. 511-512). Basically she is a foul-weather Christian, [24] and her final fervent cry for "Confessión" (ed. cit., II, 111) is in keeping with her character. The most elaborate display of hypocrisy in any of the *Celestina*-novels is that by Silva's Celestina. [25] Her pretension of being resurrected from the dead provides her with the opportunity to moralize hypocritically on the lessons she has learned (*Segunda Celestina*, pp. 88-89, 140, 159, 186-187, 252, 454), though in her actions she is unchanged. In the other imitations this aspect of the character is reduced if not ignored completely. This is the case in the *Tercera Celestina*, where the religiosity of the *vieja* is apparent on only a few occasions, such as the scene with Sigeril (*auto* XXXVI) where she gives thanks to God for her ability to cure the sick or the death scene, where like the original Celestina she vainly pleads for confession.

A noteworthy characteristic of the original Celestina is her preponderant greed. [26] Like the Anus in the *Pamphilus*, she exults in the presence of a generous lover, and we are aware of her avaricious nature from the first time we meet her (*Celestina*, I, 91-92: "Dile que cierre la boca é comience abrir la bolsa"). In fact, it is this greed, her refusal to share her earnings with Sempronio, that brings about her death (II, 110). Greed is the "tragic flaw" that renders useless at this crucial time her marvelous ability to make the best of a given situation (see

Lida de Malkiel, *Originalidad*, p. 533). In a sense both she and Calisto
die as punishment for the sin of *cupiditas*—hers, the lust for money
and Calisto's, the lust for Melibea (ibid., p. 508). In the continuations
and imitations generally "el egoísmo y la codicia, resortes básicos de
Celestina, dejan de serlo" (ibid., p. 575). In Silva's Celestina, however,
the vice is more apparent, for she still praises Felides' prodigal liberality
(e. g., p. 236), constantly seeks clothing and other recompense for her
services (pp. 145, 183, 236-237, etc.), and is reluctant to share her gains
with her associates (pp. 489-490). In the *Tercera Celestina,* greed is the
overpowering vice that it was in the original work, for Celestina here
not only seeks increased rewards for her services (*auto* XVIII), but by
cheating and swindling her associates and failing to share her gains,
nearly brings about her own death on two occasions (*autos* XII and
XXVI). At the end it is her greed, her desire to collect the *albricias* for
arranging the wedding, that causes her in her haste to fall from the
corredor. [27]

Celestina's fondness for wine is a trait which she acquires only in
Rojas' later additions to his work, [28] but it was a trait of many of the
bawds in Roman literature. [29] In view of the frequent references to
Celestina's thirst in the original *Celestina,* [30] it is not strange that the
Celestina-figures of the imitations should also be imbibers. Silva's Celestina enrages her compatriots by her drinking, and Gerarda in *La Dorotea*
also carries the vice to excess. [31] The Celestina in Gómez' continuation
upholds the traditon adequately. Like the original Celestina (ed. cit.,
II, 29-30) and the later Dolosina, she discourses on the virtues of wine
(*auto* XXXIII). On one occasion when drunk, she is attacked, beaten,
and left for dead (*auto* XII), but she does not learn from her experience
and soon returns to the habit.

Partly because of her frequent spells of drunkenness Gómez' Celestina lacks the stature of the original *alcahueta vieja,* but more important, she lacks stature because she has no important task to perform.
In the *Tercera Celestina,* Felides' goal is a legal marriage, so the role
of the *alcahueta* seems unnecessary. [32] But like Calisto, Felides is im-
patient, [33] and Celestina is called upon to speed up the action.

Felides. The figure of Rojas' male protagonist, Calisto, has been
in recent years the most frequently discussed and most commonly

misunderstood of all the characters in the *Celestina*. Critics constantly complain of his paradoxical or illogical behavior, [34] but there is a logical explanation for his attitudes and actions. The author of the *Celestina* frequently calls Calisto's nobility to the reader's attention, [35] and given this nobility, many critics fail to understand why he does not seek Melibea's hand in marriage (see note 34). Otis H. Green has shown that Calisto's actions are simply a manifestation of the doctrine of courtly love. [36] Indeed, Calisto shows all the symptoms characteristic of the courtly lover. He suffers from *turbación*, which causes him to confuse reality with dream. [37] His adherence to the courtly heresy of love is obvious ("Melibeo so é á Melibea adoro é en Melibea creo é a Melibea amo" [I, 41; cf. p. 44]), since it is the author's expressed intention to write "en reprehension de los locos enamorados, que, vencidos en su desordenado apetito, a sus amigas llaman e dizen ser su Dios." [38] Calisto has been criticized for the erudition and rhetoric of his speeches, but he has simply adopted the pose of the courtly poets before and after him. [39] However, though he follows many of the precepts of courtly love, Calisto is far from a perfect courtly lover He refuses to go along with the established period of waiting and adoring from afar, [40] and instead seeks the aid of an *alcahueta,* thus violating both the courtly tradition and the social code of his day. [41]

Ignacio B. Anzoátegui in *Tres ensayos españoles* (Buenos Aires, 1938) contrasted the characters of Don Quijote and Calisto (p. 109):

> Don Quijote es todo generosidad y Calixto es todo generosidad. Pero el primero es altruista y el segundo es egoísta. El primero se sacrifica a la santidad y el segundo se sacrifica a la felicidad. El primero busca el reino de Dios y el segundo busca su propio reino. Calixto es el Don Quijote del amor terrenal, que es lo mismo que ser el Don Quijote del egoísmo, porque en el amor terrenal no se puede ser altruista sino a riesgo de hacerse merecedor de ese sobrenombre agudo y decorativo con que el mundo llama a los maridos demasiado condescendientes.

Juan Valera had earlier characterized Calisto as monstrous (op. cit., p. 1027), but it was only recently that his truly self-seeking nature was commonly recognized. [42] It is his egoism that destroys his concept of reality and permits him to live in a dream world. It destroys his moral consciousness so that everything he does is directed toward the enjoyment of his love; once Celestina has achieved his goal for him, he is no longer concerned with her. [43] He is unaffected by the death of his servants. Similarly, his egoism destroys his sense of social responsibility. [44] He is completely unconcerned about Melibea's or his own loss of honor through his actions. One might wonder whether his final twinge of conscience, his desire to come to the aid of Sosia (II, 197-198), redeems him. But it goes for naught, for he dies ignominiously in one of his few moments of true nobility. [45] Rachel Frank feels that this accidental death is "anti-climactic" (art. cit., p. 58), and Barbera suggests that the deaths of Calisto and Melibea "are of relatively minor importance and indeed the high point, the climax, takes place with the murder of Celestina by Sempronio and Pármeno" ("Calisto," p. 257). But here again we see the failure of critics to understand the work in question because of superficial study or failure to consider the author's stated moral intention. It is inevitable that Calisto die. His death is intended to be a "châtiment divin" (Bataillon, *La Célestine*, pp. 131-132), and for him to die heroically, for example, fighting against Centurio's band, as Frank suggests ("Four Paradoxes," p. 58), would not be punishment. He must die without confession, in mortal sin, "the sin of cultivating and gratifying, without thought of responsibility and through the use of forbidden means, a poignant courtly amour" (Green, *Spain*, I, 119).

In none of the *Celestina*-imitations is the male protagonist so well drawn as Rojas' Calisto. "Por lo común prevalece la figura convencional del enamorado noble que, al esquematizarse, tiende a exagerar y mecanizar los rasgos que conserva" (Lida de Malkiel, *Originalidad*, p. 394). Since it is not Silva's intention to have his character die at the end, he does not endow him with Calisto's tragic flaw. [46] Felides does not suffer from the egoism that characterizes Calisto, and he differs in many ways from the earlier lover. Hillard lists his characteristics, contrasting them with those of Rojas' hero ("Spanish Imitations of the *Celestina*," unpub. diss., University of Illinois, 1957, p. 129):

> Felides is less emotional and more intelligent than Calisto, although he is capable of moments of intense feeling. His love is less impulsive, his sufferings less severe. He is even tempered in his dealings with his men, and does not become angry when warned repeatedly against Celestina's wiles or when the affectation and obscurity of his style is criticized. He is always considerate of Polandria's wishes, and, unlike Calisto, is restrained by principle from taking undue advantage of his mistress.

At first mention Felides is described by the author as a "caballero mancebo de clara sangre y rico" (p. 7), and later Celestina praises him to Polandria in almost the same words used about Calisto in Rojas' *Celestina:* "Un hombre que en disposicion no tiene par, y en gracia no es nascido otro; despues deso un Alexandre en franqueza, y un Hector en fortaleza" (*Segunda Celestina,* p. 231; cf. *Celestina,* I, 185). His courtship progresses more slowly than that of Calisto because he uses letters [47] and worships Polandria for a short time from afar (see pp. 271-272). Though his affair ends in *amor mixtus* after the secret marriage, Felides adheres to many of the doctrines of courtly love. He worships Polandria like a god, [48] and pledges his service to her. Even though they are secretly husband and wife, he insists: "No quiero quitarle el señorío que para te servir contino reconocí para gloria tuya y de mis pensamientos: pues el matrimonio entre tales personas como tú y yo, no se sufre la sujecion que los bajos casados de sus mujeres quieren" (pp. 367-368). As C. S. Lewis says, "only the courteous can love, but it is love that makes them courteous." [49] But Felides does not have the patience of the traditional courtly lover (see Green, *Spain,* I, 77), and thus he demands the consummation of the marriage; Polandria somewhat reluctantly accedes. [50] Beyond this impatience there is little of the egoism that characterizes Calisto; nor is there to any significant degree the *bajo tono vital* that Mrs. Malkiel finds in Rojas' character. [51]

Gómez' Felides is closer to the original Calisto figure than Silva's. He suffers constantly from the *turbación* which characterized courtly love (see notes 67 and 466). In the opening scene, he is, like Berintho in the *Comedia Thebayda,* almost in a daze, thinking he has dreamed the incidents of the secret marriage. [52] He is completely unaware that these events had taken place three nights before and has forgotten everything which has happened in the last act of the *Segunda Celestina.* On several occasions (VIII, 9-14; XX, 93-99) this *turbación* interferes with his conception of time, and in XI, 144-151, he describes in detail its effect on his senses:

> La lengua se me emmudesce para rendirle las gracias, los ojos se me demudan para ver su preciosa letra, los sentidos se me transportan dubdando creerlo, todo my juyzio está atónito considerándolo; y después que estos lidiadores han hauido comigo la batalla, ellos mismos me despiertan a que crea que pues los principios no fueron fingidos, el fin será cierto.

Felides here is of the same noble bearing as in the *Segunda Celestina*. Sigeril again affirms the equality of his master's lineage to that of Polandria: "Avnque en gran manera es la copia de hazienda que tiene y linage generoso, poco le aprouechara si la diligencia ... le faltara" (I, 56-60). And Celestina likewise remarks on his nobility (XVIII, 198-202):

> ¿Por ventura no eres de tan nobles padres como ella? ¿No eres de tan generoso linage como ella? ¿No eres de tanta hazienda como ella? ¿Por dicha no tienes más renta que ella? ¿Y en todo como es claro más sublimado que ella?

Yet in Polandria's presence, he still exhibits the humble attitude of servility which characterizes the courtly lover; and Polandria responds in like manner. When they meet for the first time in this work, she greets him as "Mi señor," and he responds, "A, tu sieruo" (VI, 132-133). Later each kneels before the other and the following dialogue ensues:

> FELIDES. O mi señora, la tierra que pisas, éste tu humilde sieruo humildemente besa.
> POLANDRIA. O mi coraçón, no estéys caýdo en el suelo, que se me caen los braços para os abraçar. [53]

In accordance with Felides' (and Gómez') acceptance of the literary conventions of courtly love, his speech is frequently eloquent and rhetorical, though never to the degree that he is not understood by his audience, which is frequently the case with Silva's Felides. Numerous examples of such speeches could be cited (see, e.g., I, 11-46; VI, 142-168). And though most of the poetic compositions in the *Tercera Celestina* are sung by Canarín, Felides does wax poetic on one occasion, causing Sigeril to praise his eloquence, and like the servants in the *Thebayda*, long to be able to preserve the poems for posterity (X, 42-48).

But this Felides is not the egotist that Calisto is, nor is he characterized by the same *bajo tono vital*. However, he does on occasion act in a manner out of keeping with his social position. When Celestina visits him he treats her reverently, hurrying to open the door for her and humbling himself in her presence, despite Ervión's warning, "No des tanta prisa a tu apressurado desseo, que apocas tu persona y desminuyes tu fama en hazerte sieruo de tu criado y de la que no meresce serlo" (XVIII, 88-90). Similarly, his show of gratitude to and his praise for the old woman (XXXVI, 105-107) is not appropriate to his social status. His relationship to his servants is at times one of common equality, and he stoops on occasion to use of their language ("Hideputa, rapaz!" [XXXIX, 61]). He is overly dependent on Sigeril and frequently gives an almost grotesque display of ignorance beside Sigeril's enlightened self-confidence, [54] which leads the servant to be flippant on several occasions. Felides usually accepts this flippant attitude, interpreting it as wit (I, 114-115), but at other times he chides the servant for it (e.g., *auto* XXVIII). He does assert his authority over the *rufianes,* and will not permit insults and challenges in his presence (XX, 144-146). Though initially he shows lack of concern for Polandria's honor by visiting her even though the gardener or Boruga might be watching, he generally shows great respect for her and accedes to her wishes. Foolishly he suggests risking a fight outside her garden (VI, 249-250), but Sigeril talks him out of it. As the work progresses he seems to grow wiser, and certainly at the end he cannot be considered the self-centered, passion-ridden figure that Calisto is. For once he has gained his ends — of marriage and not simply physical satisfaction — he sees to it that those responsible are justly rewarded, even though Celestina's *albricias* come to her posthumously.

Felides in the *Tercera Celestina* has many of the traits of Calisto, but bears only slight resemblance to the Felides of the *Segunda Celestina.* He is more realistic than Calisto, if only because he does not act so senselessly. Beyond this, comparisons are of little use, for one must remember that Rojas' intentions were didactic, that his protagonist must die unmarried and unredeemed as punishment for his heresy of love, his disregard for social customs and the accepted rules of courtly love. There is little evidence in the *Segunda Celestina* that Feliciano de Silva understood either the doctrines of courtly love or the *Celestina* on which he modeled his work. In Gómez' *Celestina,* which is to end in marriage — indeed the protagonist is secretly married from the beginning—, Felides can not be possessed of the same characteristics as Calisto. He may be at the beginning essentially the same figure, semiconscious and *turbado,* but at the end, he is a different man, fully conscious now of his social responsibilities. This is the ending that Azorín envisioned for the original *Celestina.* [55]

Polandria. Unlike Calisto, the female protagonist of Rojas' work, Melibea, has a family and strong social bonds that affect her actions. Her initial fury results from Calisto's failure to observe social customs, particularly the customs or rules of courtly love that demand humbleness of the lover. [56] Her concern with society is constantly evident. When Calisto wishes to "quebrar las puertas," she restrains him, reminding him of her place in society (*Celestina,* II, 93; cf. Lida de Malkiel, *Originalidad,* p. 407). Her reaction to Calisto's death is a mixture of personal grief and concern over its effect on the city (II, 211). It is she who demands secrecy of Calisto, Celestina, and the servants. [57] Her interest in honor results from her close association with the society in which she lives. Indeed, her social status would seem to deny the "impurity of blood" in her family suggested by several Spanish critics, [58] else she would not be so concerned with personal honor. Serious scholars, however, reject this theory, since there are more logical explanations for her behavior. [59]

It is actually Melibea who guides the course of the love affair (Lida de Malkiel, *Originalidad,* p. 411); she feels she must constantly impose her will on those about her. [60] She frequently gains her ends through pretext and even deceit, so she is certainly not the naive and innocent girl that she appears to be in her first encounters with Calisto and Celestina. [61] Melibea's character is more complex than Calisto's, since she apparently moves from an attitude of violent rejection of love to one of complete acceptance. The initial rejection is not as real as it appears, however. The fact that Melibea faints on hearing Calisto's name (*Celestina,* II, 63) shows more truly the depth of her feeling for him. The love is there, but it is hidden by the adherence to social convention. She agrees readily to meet Calisto and is very careful to conceal this from her mother. Those who see her as an "incauta virgen" are astonished at what they take to be an abrupt change in her character. [62] There is no need to attribute this change to Celestina's magic, since "están sembrados desde el comienzo de la *Tragicomedia* los indicios que explican como resultado de un proceso natural la violenta pasión de la desdeñosa" (Lida de Malkiel, *Originalidad,* p. 421). Nor is her rejection of marriage out of keeping with her character, considering the attitude of courtly lovers toward marriage. She chooses deliberately to go against social custom, [63] and having broken the rules, she must die. With Calisto gone, she has nothing to live for and chooses to die in the same way he did.

Generally, the Melibea-figure of the imitations is much less complex than that of the original.

> Su fisonomía en *La Celestina* es tan original y poco esquemática, que los imitadores tienden a simplificarla, remontándose a tipos convencionales más familiares. ... En las imitaciones, las protagonistas son mucho más convencionalmente femeninas que Melibea, menos resueltas y eficaces. ... Los imitadores han reducido también al mínimo la doblez y suspicacia de Melibea, notas que disuenan en la figura idealizada de la dama. (Lida de Malkiel, *Originalidad*, pp. 457-459)

The result is that the original Melibea is consistently superior artistically to her counterparts in the imitations.

In the *Segunda Celestina* Felides begins his courtship of Polandria with serenades and promenades past her house and follows this up with a letter. [64] Polandria's initial attitude of scournful mocking soon changes to one of love, "sin que se aclare el por qué de tan repentina mudanza" (Lida de Malkiel, *Originalidad*, p. 460). She is torn between the desires of love and the obligation imposed upon her by her reason. [65] Though she still considers Felides a *loco* (pp. 228-229), she does react violently to Celestina's mission, as Melibea did. Throughout the work, Poncia is a stabilizing influence on Polandria, an influence lacking in the original *Celestina*. It is Poncia who reminds Polandria of the obstacle to her marrying Felides — "Ya sabes que tu mayorazgo no puedes heredallo casándote fuera de tu linaje" (p. 303) [66] — and suggests that a secret marriage be arranged (pp. 302-303, 365-366). [67] Since the end of this work is marriage rather than tragic death, Polandria has little in common with Melibea, and only in the most superficial way does she resemble the earlier figure.

Polandria in the *Tercera Celestina* is deeply in love with and in fact is married to Felides. Her initial plaint of love (V, 9-30) is much like his, and she is on the verge of fainting. [68] Still torn between love and duty, she leans toward love: "Más quiero ser reutada por piadosa que condenada por omicida" (V, 170-171). She is nonetheless deeply concerned when Boruga discovers her secret (V, 204-207). This concern for her honor leads her to appeal to Felides not to press his desire on her (VI, 138-141), but in thus denying him her favors, she barely approaches the fury of Melibea's rejection of Calisto. This denial, as she has Poncia explain, is motivated by her fear of being discovered (VI, 214-227). Later this fear is overcome by her desire to be with Felides. She knows that people seeing him near her house will suspect things, but "querer yo mandarle que haga de arte que no passe por aquí es hazer de lo impossible possible; y más quise errar y dar causa que nadie tenga qué dezir, y hazerme sorda, dando causa a que juzguen do no ay qué juzgar" (XXIII, 82-86). Her cooperation with Celestina and her deliberate deceiving of her mother and uncle when they ask if she will marry Felides (*auto* XLIII) show that Gómez understood Melibea better than he understood the other characters of the *Celestina*. Like Melibea, Polandria controls the love affair (with Poncia's help). While she does not lead Felides and Celestina on, she permits them to proceed at her pace and not their own. Like Melibea, she is deceitful, if only in her relations with her family. And like Melibea, she undergoes character change, though the change is not so abrupt as in the *Celestina*. However, the situations of the two characters are not analogous, since Melibea renounces marriage and dies unrepentant. Polandria's actions lead first to the secret marriage and ultimately to the public ceremony.

Parents and Relatives. Mrs. Malkiel speaks at length of the importance of Melibea's parents in the *Celestina*. She suggests that "la creación del padre, no reducido a su papel circunstancial de guardián de la honra, y sobre todo la creación de la madre como figura dramática, enteramente inusitada en la literatura que precede y sigue a la *Tragicomedia*" is the result of Rojas' Jewish background. [69] No father appears in either the *Segunda* or *Tercera Celestina*, and since the endings of both are happy, we need not concern ourselves with the significance of Pleberio's lament in *La Celestina*. [70] The author of the *Tercera Celestina* sees the necessity for male relatives and introduces Dardano and Antenor [71] to arrange the details of the marriage. [72]

Silva's Paltrana is a very insignificant character. Her infirmity allows Polandria a great deal of liberty (see Lida de Malkiel, *Originalidad*, p. 495), and permits Celestina to prescribe a cure for her (ed. cit., pp. 216-233) in a scene reminiscent of one in *La Celestina* (act VII, ed. Cejador, I, 249-251). Melibea's mother also suffered from physical debility (see Lida de Malkiel, *Originalidad*, pp. 489-490).

The mother figure in the *Tercera Celestina* more closely resembles Rojas' Alisa. Significantly, in this novel, Celestina seduces the mother and not the daughter. Paltrana is not so gullible as Alisa, even though she believes that Celestina has come to her house seeking only "unturas" (*auto* XXII). When Celestina introduces the rumor that Felides is getting married and begins to speak highly of his virtues, Paltrana becomes more cautious. She asks Celestina not to speak of him any more, but only because she, a woman, is not qualified to judge a man. However, the seed of concern has been planted, and at their next meeting it is Paltrana who asks Celestina about "algunas nouedades de las que agora passan, que tú sepas" (XXXIV, 108-109). Celestina takes the hint and tells her that Felides' "marriage" is to take place the next day. It should be noted that Paltrana constantly has her daughter's well-being in mind. [73] She does not intend that Polandria be left alone in the world and must find her a proper husband, so she sends her brother to see Felides. There is in Paltrana something of the cautious nature we see on occasion in Alisa (*Celestina*, II, 68). She expects absolute obedience from her daughter (see below, *auto* XLIII), and gets it, if only because she has been tricked into arranging the marriage that Polandria wanted anyway.

Sigeril. As the servants in the *Segunda* and *Tercera Celestinas* generally represent a fusion of elements of the characters Sempronio and Pármeno, we need not consider Rojas' servants individually here. [74] Sigeril in the *Segunda Celestina* is, like Sempronio, a counsellor and adviser to his master, who does not always follow his advice. Similarly, he shares certain of Pármeno's characteristics, a certain innocence in dealing with the *rufianes* and a passionate interest in the opposite sex. However, unlike either of Calisto's servants, he is in love, not with Areúsa or Elicia, but with Poncia, *criada* to Polandria. [75] Sigeril's reward for faithful service is that his master arranges a secret marriage for him with Poncia. Throughout the *Segunda Celestina*, Sigeril is the loyal adviser. It is he who plans the strategy for Felides' courtship of Polandria, suggesting that Pandulfo be sent to court Quincia. [76] He frequently tries to warn Felides of the dangers of dealing with Celestina (pp. 161-162), but Felides refuses to take his advice in such matters. Sigeril feels that Felides is being too generous with the *alcahueta*. He associates freely with Pandulfo and the other *rufianes,* but when they poke fun at Felides (pp. 106-107, 118-119) he does not join them, even though he considers his master's actions foolish (p. 126). He is a faithful servant from start to finish, and when Pandulfo suggests that he is not being properly regarded and rewarded, he answers:

> Pandulfo, sí entiendo, mas también entiendo que el mayor galardón que de servir se saca es, que quedamos más pagados de nuestras obligaciones y virtud, que sin ellas ricos de dinero y pobres de la deuda que nos debemos, á decir verdad á nuestro amo, y más por lo que le debemos; porque me parece que la mayor paga que podemos sacar de nuestro servicio, es de haber servido bien. Y pues el que sirve no medra, ¿el que mal sirve qué espera? Y por esto no pienso jamás, porque se enoje Felides, dejar de decille verdad; que más quiero que me desame por se la decir, que no que me ame por decille la falta della: más quiero quedar aborrecido por bueno, que loado por no tal. Y en fin, quiero que cuando me falte el galardón de servir, que me sobre á lo menos el que pude sacar de haber servido bien. (pp. 347 f.)

Significantly, it is Sigeril who is able to remember the practical things in life, such as feeding the hawk: "Quiero ir á mandar dar de comer á aquel azor, que con estos amores todos tenemos poco cuidado" (p. 163).

Though the Sigeril in the *Tercera Celestina* is still faithful to his master, he is less the perfect servant than his counterpart in Silva's work. Here he treats his master flippantly (I, 135-159), regarding him almost as an inferior, [77] murmuring about him behind his back, [78] and generally making fun of him. [79] He frequently criticizes his master's foolish generosity (IV, 104-115; L, 88-95), but is himself ready to take full advantage of that generosity when Felides tells him to take some things from the pantry to Celestina (XXXII, 153-159). He carries off "dos pares de gallinas, más ocho pares de perdizes, tres liebres, quatro conejos, esse quarto de carnero, estas dos pieças de vaca, el pernil de tocino, ... esse costalejo de pan, ... dos botas de vino, ... vnos melones y vnos duraznos" (XXXIII, 131-135). Even though he gains nothing from this personally, he knows he won't lose anything by doing favors for Celestina. Another instance in which he betrays his master's trust occurs in the first *auto,* when Felides, convinced that he has dreamed the incidents at the end of the *Segunda Celestina,* sends Sigeril to Polandria's house to determine the truth. Sigeril of course doesn't go, but he comes back with a message anyway. [80]

Though Sigeril does on one occasion complain of his condition of servitude, [81] Felides' servants generally have good reason to be content serving him (IV, 253-256). He treats them well and rewards them for their services. For the wedding celebration Sigeril is given much more elaborate clothing than the other servants, causing Paltrana to remark: "Paréceme que es grande y que no tiene la librea de los que están a la puerta." Felides explains: "Ya salió de paje, y agora es mi camarero" (XLVII, 209).

Like the servants in other *Celestinas,* Sigeril here has praise for his master's poetry [82] and is himself capable of eloquent and erudite speeches (see IV, 10-34; X, 6-25), particularly in his courtship of Poncia, though he parodies the common practice of citing authorities: "A propósito responde el philósopho, 'Por vida de quien le parió'" (XI, 158-159).

Sigeril in the *Tercera Celestina* is quick to anger. He is irritated at first because Felides thinks the events of the preceding night were nothing but a dream. He is upset later by Felides' impatience (XXVIII, 12-14), and he is annoyed to the point of belligerence when he discovers that Canarín has been talking about him (XXXII, 102-105).

Unlike Calisto's servants, Sigeril does not participate directly in the activities of the *rufianes* and *mochachas,* but he does enjoy them vicariously (see II, 57-61). He shows some interest in Elicia (*auto* XVI), and Canarín tells of his having participated in the courting of some girls that "no eran condessas" (XXXII, 71-97), but all of that is in the past. He cannot even summon the bitterness of a Sempronio toward women, [83] for he is too deeply in love with Poncia. This marks a very significant change in the structure of the *Segunda* and *Tercera Celestinas* from that of the original. The world of the noble lovers *and* the servants is here set apart and has very little contact with the lower world of Celestina and the *rufianes.*

Poncia. Both the *Segunda* and *Tercera Celestinas* follow the *Comedia Thebayda* in their presentation of a *criada* who "por su cuenta busca remedio a las dificultades amorosas de su señora, prescribe lo que debe hacer, recibe plenos poderes, ordena el curso de sus amores y se felicita de la solución que les ha hallado" (Malkiel, *Originalidad,* p. 652). It is Poncia who is concerned in these imitations with the

preservation of her mistress' honor,[84] warning Polandria against Celestina's flatteries (*Segunda Celestina*, pp. 282 ff.), advising her how to
resist "la furiosa artillería de los fuegos y secretos del amor" (p. 280),
suggesting the secret mariage (even though Polandria will lose her
inheritance if it is discovered [see above, note 66] her honor will be
preserved), and finally officiating at the secret marriage herself. Poncia,
at least in the *Segunda Celestina*, is "plus vertueuse que sa maîtresse."[85]
She comments frequently on the importance of preserving honor at all
cost and draws a moral from Filinides' tale: "Mi señora, por ahí verás
tú lo que yo digo, que la mejor sciencia para bien vivir es la ley natural
que Dios puso en todas las cosas, pues una pastora sabe también resistir
su voluntad para satisfacer su honra" (p. 396). Poncia certainly "sabe
resistir." First she demands the conditions of courtly love of Sigeril:
"No te quiero dar licencia para que goces de mí en tu pensamiento,
porque querría yo que el que fuese mi enamorado, fuese muy secreto"
(p. 372), though her ideals are not so noble as they first seem. Her real
reason for not acceding to his demands is that he has no money (p. 375),
though she *is* seeking "dinero con virtud" (p. 376). However, even after
Felides agrees to arrange their marriage, she holds herself aloof until
such time as the marriage is made public.

Gómez' Poncia is less idealistic, since she does give in to Sigeril
before the public ceremony. She shows reluctance at first (XXVIII,
281-294):

> Los que me conoscen, al primer desdén que me viessen o supies-
> sen que salía de regla, oluidarían el concepto que de mí an tenido
> de buena, y affirmarse ẏan en reprouarme por mala; que vna mu-
> ger encerrada o donzella recogida, no basta dezir que no habla
> con nadie por la castidad que guarda.

However, her hesitance here as in the *Segunda Celestina* is due in large
measure to Sigeril's economic status: "Veo que nuestro amor será cuyta,
si no tenemos en qué entender para sin vergüença biuir" (XXVIII, 302-
303). When Felides offers money for Sigeril, she puts up little resistance
to Sigeril's efforts (XXVIII, 312-314).

There is an air of intimacy between mistress and *criada* in both the
Segunda and the *Tercera Celestina* that places the servant figure closer
to the Golden Age *graciosa* than to Rojas' Lucrecia (see Lida de Malkiel,
Originalidad, p. 652). Gómez' Poncia warns Polandria of the danger of

their being seen by the other servants; she in fact saves her mistress' reputation by convincing Penuncio not to tell Paltrana what he knows of Polandria's love affair (*auto* III). She covers for Polandria's carelessness on several occasions, and is generally a very conscientious servant. [86]

The later Poncia is characterized by her tendency toward flights of erudition and rhetoric. [87] She is constantly spouting proverbs (V, 103-118; VIII, 96-121; IX, 27-135; X, 158-171; XXII, 35-36; XXXI, 99-100; XLVI, 29-30; XLVIII, 75-76). It is she who defends womankind against the misogynistic attacks of Penuncio, citing all the famous women of classical and Biblical antiquity in her defense (*auto* III). Paltrana refers to her "philosophías y retóricas" (XLVII, 310-311), calling her *bachillera* (XLVII, 289). Even Polandria, who is herself capable of elaborately rhetorical speeches, is forced to concede to her: "Espantada me tiene tu saber, que te prometo que si por tu consejo vuiesse de morir, y por el de vn letrado alçançase vida, el tuyo siguiesse" (IX, 115-117).

There is only one minor flaw in Gómez' characterization of Poncia. When asked if she will marry Sigeril, she responds with a haughtiness that is out of keeping with her character as seen earlier: "...pues se juntan los amos que son buenos, que se junten el criado ruin con la criada semejante; pues a la fe, Poncia por buena se tiene, y con bueno a de topar" (XLVII, 275-278). It must be remembered, however, that her attitude here is part of an act for Paltrana's benefit, to disguise the fact that the marriages have been arranged previously. The author may have given her deliberately such an incongruous speech for the amusement of the audience who is in on the secret. Sigeril at any rate plays along with her and is not upset by what she says.

Miscellaneous Servants. The *Tercera Celestina*, like many of the imitations, [88] has a great number of servants who perform minor functions in the action, such as delivering a letter. Having performed that function, they generally do not appear again in the work. Many of the activities of Sempronio or Pármeno are thus performed by a number of different servants.

Ervión is such a character. He engages in a lengthy philosophical discussion of love with his master, speaking of the suffering it brings and of the propriety of weeping by men (XVIII, 64-67). There is a similar discussion scene in the *Celestina* between Calisto and Sempronio (I, 37-40), and Gómez undoubtedly patterned his scene on that.

However, this is the only time Ervión appears. Gómez created him for this sole purpose.

Other such characters are Canarín, Corniel, Frunces and Guzmanico. Canarín and Corniel appear in both the *Segunda* and the *Tercera Celestina*. Canarín (from *canario*) is the singer here, and he serenades Polandria on Felides' behalf and also entertains at the wedding celebration. In a discussion with Felides in *auto* XXXII he does give evidence of a superior intelligence. Corniel, in Silva's work, accompanies Felides to his assignation with Polandria, serving as a substitute for the cowardly Pandulfo. In the *Tercera Celestina*, however, he is little more than a doorman.

Frunces and Guzmanico, who appear only in Gómez' work, are servants of Paltrana. Guzmanico's only appearance is to accompany Dardano when he goes to see Felides. Frunces is sent to call Polandria in *autos* XLII and XLIII and has no other function. The result of this multiplication of characters and dispersion of activities is an almost complete lack of individual characterization in these servants. There is simply no room here for the development that one sees in a character like Pármeno.

Penuncio, Paltrana's gardener, is another character who does not appear in the *Segunda Celestina*. He discovers in the garden evidence that Polandria has been seeing someone there at night. Poncia tries to explain, but this leads to a misogynistic debate in which Poncia's defense of women convinces Penuncio to give back the *tocado* he has found and forget the matter.

Boruca, *la negra*, appears in two *cenas* of the *Segunda Celestina*, and in the fifth *auto* of the *Tercera*, although in this work she is called Boruga. In Silva's novel she speaks (as does Zambrán) a pseudo-Moorish corruption of Spanish, the characteristics of which are a failure to use finite forms of verbs (see *Segunda Celestina*, pp. 26, 57-60), and the use of *x* as a universal sibillant. Her dialect is more carefully presented in the *Tercera Celestina* (see below, V, 182-233, and note 311). Here too she is better characterized than in the *Segunda Celestina*, for she is motivated by greed and threatens to blackmail Polandria and Poncia.

The "Mochachas."   It has been stated by critics that the *Celestina* is the first work in Spanish literature with parallel love affairs between the masters and the servants (see Bataillon, *La Célestine,* p. 149). While this is true of the *Segunda* and *Tercera Celestinas,* it is not true of the original *Celestina,* because the servants in that work had affairs not with other servants but with the prostitutes Areúsa and Elicia. It is significant that of all the characters under consideration only three, Celestina and her two *mochachas,* appear in all three of the *Celestina-* novels which concern us here. It is in the presentation of these *mochachas* and what Bataillon calls "érotisme de bordel" that Silva and Gómez come closest to their source. [89]

Various scholars have noted the abrupt change in the characters of Elicia and Areúsa in the interpolations of the *Tragicomedia* (editions of 1502 et seqq.). [90] Perhaps this confusion of the characters in the original *Celestina* led the imitators to develop them with only vague differences of characterization. In the *Segunda Celestina,* both girls consider themselves above the common level of prostitutes (pp. 250-252), yet each has several lovers in the course of the novel's action [91] Areúsa entertains the *despensero* of the Arcediano (p. 287), Sosia (pp. 291-292), and Grajales (*cena* XXIX); Centurio forces his attentions on her (p. 147), and she still remembers Pármeno fondly (pp. 101, 288). Yet she is the one that Celestina advises to keep more than one iron in the fire:

> Y hija Areusa, ¿parécete ... que estuvieras bien librada guardando mucha lealtad á ese otro panfarron, gesto de diablo de Centurio? Mi fe hija, uno en papo y otro en saco, uno al fuego y otro tras la cama, uno sospirando por la calle y otro en los brazos, porque seas nueva; que ya sabes hija, que mudando muchos y no dejándolos envejecer, que contino serás cedazuelo nuevo puesto en estaca. (p. 332)

Initially, Areúsa is the timid one, resisting strenuously when Centurio tries to kiss her (p. 131). Later, however, it is Elicia who is withdrawn in the presence of a would-be lover, Barrada, even though it has been suggested that she has many lovers (pp. 75, 79). She hides Crito in the house against Celestina's wishes (p. 250), takes Albacín as a lover (see p. 289), and shows an interest in Tristán the first time she sees him (pp. 294, 299-300). Hence, her rejection of Barrada's advances seems to be out of keeping with her character, unless it is due to her considering him forward or inferior: "Quiero decir, que mejor es tener al paje del infante [Albacín] para mi honra, con el mediano interese de Crito, que no todo el interese de Barrada con la falta de su linaje" (pp. 458-459). More likely, however, she is reacting against Celestina's interference in her affairs, for the *vieja* has previously forbidden her to see Crito, and now foists Barrada onto her to make her forget Albacín. [92] As in most of the imitations, in Silva's *Comedia* "las meretrices no intervienen para nada en la marcha de la obra y su presencia obedece al deseo de pintar profusamente la casa de la tercera" (Lida de Malkiel, *Originalidad*, p. 687).

In the *Tercera Celestina* the *mochachas* are more easily distinguishable. Elicia still lives with Celestina, though Areúsa's place of residence is not identified. Elicia here is faithful to Albacín, rejecting all other suitors (XVI, 137-176). Celestina naturally is opposed to Albacín because he has no money, but this does not bother Elicia, who says: "Si Albacín no me da muchas joyas ni dineros hasta agora, gracias a Dios, poco te a lleuado de tu hazienda, y no lo tengo de querer mal, pues yo conozco dél que me quiere bien" (XXXIII, 77-80), [93] It is Albacín who later attacks Celestina and takes Elicia away from the old woman's house (*auto* XXXVII).

Areúsa on the other hand is more generous with her favors, though she is insulted when Celestina considers her "dissoluta." [94] She yields to Perucho's gross love-making (XVI, 203-235) and entertains Grajales (*auto* XXVII). Later Bravonel returns, having fallen in love with her, and pays Celestina to arrange things for him (*auto* XXIX). Areúsa at first resists but the *vieja* persuades her to agree to see him later. It is at this later meeting that Recuajo finds them together and goes to tell Grajales about it. Then the two of them come back to kill the girl and wound her lover, who does manage to escape. [95]

Celestina tries to control the girls' lives (XXI, 185-232), but they have little respect for her (see XIII, 66-92; XXI, 234-237; XXXV, 83-94). They criticize in particular her drunkenness and miserliness, but both nonetheless evidence characteristics in common with her. Both girls frequently insert proverbs into their speeches (*auto* XIV) and both possess some of Celestina's familiarity with folk medicine (XIII, 200-213). Elicia however is gifted with an erudition she did not have in the *Segunda Celestina,* an erudition much like that of Calisto's servants in the original *Celestina* (see XIII, 106-127; XXV, 120-147).

Mrs. Malkiel has noted that "las imitaciones aumentan el número de las meretrices marcando su distinto nivel social, conforme a la novedad introducida por la *Comedia Thebayda*" (*Originalidad*, p. 686). This is true of the *Segunda Celestina* and it is equally true of Gómez' continuation. Here the prostitutes Ancona and Solarcia appear in *auto* XLIV in an episode reminiscent of the *Segunda Celestina* (*cena* V). Bravonel, badly wounded, comes to his *puta* Ancona, demanding money and food. She reacts with a certain sense of boredom to his threats of violence. He beats her severely, and she complains of the injustice constantly suffered at his hands. Solarcia intervenes and makes peace between them (XLIV, 153-159), and then hurries home to take care of a customer.

The "Rufianes." The *rufián* character that was to figure so prominently in the *Celestina*-novels of the sixteenth century was introduced into Spanish literature in 1502 in the person of Centurio, who first appears in the Sevilla edition of the *Celestina* in that year. [96] Though similar figures appear in the works of Aristophanes and Menander (see Boughner, *The Braggart*, pp. 3-7) and in the Latin comedy (ibid., pp. 7-20; Lida de Malkiel, *Originalidad*, pp. 702-707), Centurio was an original creation of Rojas. [97] Given the possibility that Rodrigo de Reinosa's *Coplas de las comadres* were written prior to the appearance of the *Celestina*, [98] it is interesting to speculate on the parallel between Centurio and Reinosa's Corta-viento. Neither Cossío [99] nor Gilman and Ruggerio [100] ventures an assertion as to which came first, though they note the similarities in the characters. Boughner is completely unaware of Corta-viento, and strangely, Mrs. Malkiel does not mention him. [101]

While Rojas kept separate the characters of the *rufián* and the servants (there are certain similarities; see Bataillon, *La Célestine*, pp. 140-141), the imitators fused the two types into a single figure, a braggart servant who is also a *rufián*. Galterio in the *Thebayda* is such a character, and Pandulfo in the *Segunda Celestina* is patterned after him. [102] "En rigor, el bravo está tan poco individualizado en las imitaciones que en algunas los hay a pares" (Lida de Malkiel, *Originalidad*, p. 712). In fact, the *Segunda Celestina* has numerous minor *rufianes* (Centurio, Traso, Tripaenbrazo, Montondoro) in addition to the dominant Pandulfo. This is also the case in the *Tercera Celestina*, where Pandulfo is joined by Bravonel, Recuajo and Rodancho, in addition to various servants who have a propensity for *fanfarronerías*, in particular, Calverino.

Silva's Pandulfo is based on the character of Galterio, not on Centurio, as Hillard suggests. [103] He serves Felides as *mozo de espuelas,* but also shares the secrets of his master's love affair, even serving as intermediary (through Quincia) in the early *cenas*. He has a number of prostitutes working for him (*Segunda Celestina,* pp. 45-52), which leads many readers to wonder why "el noble enamorado tenga a su servicio pájaro de tal ralea" (Lida de Malkiel, *Originalidad,* p. 710), though this apparent lack of logic did not seem to trouble the author of the *Segunda Celestina.* [104] In Silva's work Pandulfo is a typical braggart-*rufián,* boasting of his exploits and fighting abilities (pp. 11-14, 138-139) and of his prowess as a lover (pp. 15-16). He displays many other of the characteristics of the *rufián.* [105] He is a gambler (p. 488). He courts Quincia, using the terminology and the techniques of a courtly lover (pp. 18-21). In the *Thebayda,* the *rufián* is often assigned exquisitely rhetorical or erudite speeches out of keeping with his character (see Lida de Malkiel, *Originalidad,* p. 711), and Silva imitates this trait (see for example, pp. 28, 265). Pandulfo's speech is filled with many of the oaths that characterize the *rufián* in the imitations and continuations, [106] and he frequently spouts proverbs (see pp. 18-20, 174-175; cf. the speeches of other *rufianes,* pp. 448-451). Numerous examples of his cowardice could be cited (e. g., pp. 23-24, 108-109, etc.), but the most notable occurs in *cenas* XXX and XXXII, when he pleads a sudden attack of religious consciousness as an excuse for not accompanying Felides to Polandria's garden that night. [107] One incident involving Pandulfo is of particular interest to us because of its influence on the *Tercera Celestina.* In *cena* XXXIX he seeks vainly to obtain money from Celestina (pp. 488-492). Gómez imitates this scene on several occasions, having his *rufianes* try to get money from Celestina, and failing, they attack her.

Pandulfo appears in only three *autos* of the *Tercera Celestina* (as compared to twenty-one *cenas* of the *Segunda*). When he first appears, he is still keeping up the appearance of his assumed religious devotion (II, 80-87), but it is only a pretext. He is seeking the means to take Quincia away to Valencia. With the help of Rodancho, he convinces Quincia to pawn some of her clothing to pay for the donkey. Later he and Rodancho come upon the drunken Celestina (XII, 81-91) and decide to take revenge for her having deceived them about the money. They attack her, stabbing her severely, and then seek refuge in the church.

Neither *rufián* appears in the work again after this. Pandulfo here is less the braggart that he was in the *Segunda Celestina*. His cowardice is shown only as it is related to the earlier work, and there is no significant change in his character as he appears in Gómez' *Celestina*. In one of his speeches there is a reference to gambling (II, 99-102), and he is still a spouter of proverbs (II, 266-267; VII, 64-94) and mouther of oaths. [108] However, Pandulfo is only a minor character in the *Tercera Celestina* and has little to do with the principal action.

Grajales and Barrada are lovers of Elicia and Areúsa in both the *Segunda* and *Tercera Celestinas*. Grajales is acceptable to Celestina, unlike Albacín (see below, p. 30), because he is "muy liberal y franco" (*Segunda Celestina*, p. 333). Together with Barrada he provides the fine meal enjoyed by Celestina and the girls (*cenas* XXXIV-XXXV), but while the meal is in progress, they are interrupted by Centurio and his band of *rufianes*. In *cena* XXXVII Grajales and Barrada hunt down the *rufianes* and threaten them, scaring them badly.

In the *Tercera Celestina*, the roles of Barrada and Albacín are somewhat reversed. Here it is Barrada and Grajales who are jealous of the girls' other lovers, and it is Barrada who, blaming Celestina for his troubles, beats, befouls and robs her (see below, *auto* XXVI). Grajales, going to see Areúsa, finds Celestina lying in the street and helps her home. Later (*auto* XL) Grajales goes with Recuajo to see Areúsa; they find Bravonel with her, so they kill her and seriously wound him. Gaspar Gómez, like many readers, was apparently uncertain as to the importance of these minor characters in the *Segunda Celestina*, if indeed they had any importance.

Bravonel is the creation of Gaspar Gómez, patterned on Centurio in Silva's work. He accompanies Grajales on a visit to Areúsa, then falls in love with her himself (XXVII, 190-192), and as a result is nearly killed by Grajales and Recuajo. Bravonel possesses most of the characteristics of the Celestinesque *rufianes*. He uses numerous oaths, among the most colorful in the *Tercera Celestina*. [109] He frequently brags of his prowess as a warrior (XXVII, 130-132; XLIV, 49-51) and as a lover (XXVII, 48-51), and is constantly threatening to kill or injure someone (XXIX, 136-141), but when faced with danger he shows his cowardice (XL, 101-124). However, there is not in him any "sumisión caballeresca ante su amiga" (see above, n. 105). There is nothing good to be said about him; even his *puta* Ancona says of him: "Maldito sea vn hombre cuya vida lloran muchas y de cuya muerte se gozarían todos" (XLIV, 119-120).

Recuajo is less important, but he is a character original with Gómez, though he has parallels in the earlier *Celestinas*. He spies on Areúsa and helps Grajales kill her. His speech, like that of the other *rufianes*, is filled with oaths: "O cuerpo de Dios" (XXXV, 156; XL, 18, 62); "por vida del rey" (XXXV, 157; XL, 13); "Renegaría yo de la leche que mamé (XL, 8); Voto a Mares" (XL, 36). He is a braggart ("So yo hombre que por reñir con media dozena juntos se me da vna tarja, si no fuesse por ýrsseme alguno de entre las manos" [XL, 21-23]), but he backs up his braggadocio with action.

Rodancho's is a very minor role in the *Tercera Celestina*. He makes peace between Pandulfo and Quincia in *auto* VII and helps Pandulfo attack Celestina in *auto* XII. Indeed, the speeches of Rodancho in the twelfth act scarcely seem to be those of the same man who appeared earlier. At his first appearance he is calm and almost philosophic (see VII, 153-212), but later he rants and raves, threatens (*auto* XII), curses ("O pese a Mares" [XII, 11]; "juro por el sepulcro santo de san Macías" [XII, 173-174]; "No creo en la fe morisma" [XII, 179]), and concocts a fantastic story of fighting off five men who tried to help Celestina after Pandulfo had gone (XII, 193-198).

Albacín, although he associates with the more typical *rufianes*, possesses only a few of their traits in the *Segunda Celestina*. He is poor; Celestina does not want Elicia to see him because it is not worthwhile to waste time with a mere "paje del infante." He has pretensions of nobility: "Yo soy persona, que por mi persona me han de honrar á do quiera que fuere y tener en lo que soy" (*Segunda Celestina*, p. 440). He occasionally brags or threatens, and fills his speeches with milder oaths ("Voto á tal" [pp. 443, 447, 451], "pese á la vida que vivo" [p. 443], "pese hora á tal" [p. 444]). But he is young ("tan pelado es de las barbas como de la moneda" [p. 401]), and it his youth that gives him daring. He suggests breaking down Celestina's door to punish her and the girls, but his companions flee, so that unlike the other *rufianes*, "aunque no tiene barba, y'os prometo que es hombre de barba y que no le tomen la capa" (p. 474). In the *Tercera Celestina*, there is little of the *rufián* about him. He again visits Elicia against Celestina's wishes, though he is jealous of her seeing other men (XXV, 103-119). He threatens to punish Celestina for Elicia's sake (XXV, 169-173), makes good his threat by stabbing her (*auto* XXXVII), and then boldly returns to the scene and makes arrangements to go off with Elicia.

Calverino, Felides' *mozo de espuelas,* is another of Gómez' inventions, though based on elements of the earlier *rufianes.* He is given to using oaths ("descreo de quien la crisma me puso" [XV, 23-24]; "No creo en la casa santa" [XV, 58]; "por vida de los sanctos" [XV, 93]; "Reniego de la leche que mamé" [XV, 104]); and he brags of his achievements in war (XV, 22-89). He is one of the few *rufianes* in *Celestina*-literature to claim war experience.

One of the most interesting minor characters in the *Tercera Celestina* is Perucho, the Basque *mozo de espuelas,* who does not appear in the *Segunda Celestina.* [110] He takes part in the action of four *autos* of Gómez' work, and of most significance, he sings the famous and much discussed *Canto de Lelo* (see XVI, 15-27, and notes). He speaks a broken-Spanish dialect, frequently interchanging syntactical elements, confusing Spanish word order, and simply making mistakes in grammar, not unlike other Basque characters who appear in Spanish literature. [111] It is apparent that Gómez knew something about the Basque language, for the Basque words he inserts in Perucho's speeches and his transcription of the *Canto de Lelo* are amazingly accurate. Possibly Perucho may be modeled on a person of the author's acquaintance, for interesting as he is, the character is not completely Gómez' creation. He has many of the traits traditionally attributed to the Basques in Spanish literature, particularly pride in his lineage (XVI, 9), a quickness to anger (see his conversation with Sigeril in *auto* XVI, though much of this can be assumed to be cowardly bravado, like that often exhibited by Pandulfo [112]), taciturnity, and lack of generosity. [113] The Basque character as he appears here is the probable source for Cervantes' *vizcaíno.* [114]

The names of Gaspar Gómez' *rufianes* should be considered, since they represent one of the rare elements of originality in the *Tercera Celestina.* The names are generally inventions of the authors, formed on words in rogues' jargon of the time to suggest traits of character, a practice continued later by Quevedo. [115] The original *rufián,* Centurio, is so named not because he is like a Roman centurion "capitán de cient hombres," but rather because he "fué rufián de cient mugeres." [116] Galterio in the *Comedia Thebayda* would have his name significantly formed on the word *gualtería* (= *mancebía* [117]). The name Brumandilón in the *Lisandro y Roselia* is based on the verb *brumar* (or *abrumar*).

Of the *rufianes* in the *Tercera Celestina,* three are carried over from the *Segunda Celestina:* Pandulfo, Grajales, and Barrada. The others are of Gómez creation. The name Bravonel is based either on the adjective *bravo* or on some derivative of it (*"Braveza,* f. La rufianesca. *Bravote,* m. Fanfarrón" [Hill, *Voces,* s. v.]). Rodancho's name is similarly taken from the jargon of *germanía:* "Rodancho, m. Broquel ... *Ser rodancho.* 'Ser rodancho, *En jargon, vaillant homme'* (Oudin)" (Hill, *Voces,* p. 157). [118] Recuajo's name is formed from the intensifying prefix *re-* and *cuajo,* "curd, thickening."

The *rufianes* and their associates among the *criados* have been "too often considered accessory, and [their] activities too often passed over as manifestations of local color and *costumbrismo.*" [119] This is certainly true in the case of the original *Celestina* and a few of the imitations where the *rufianes* and prostitutes have a social function. [120] It is less true of the *Tercera Celestina,* where the *rufianes* appear primarily because they appeared in the *Segunda Celestina* and were becoming a standard feature of the *Celestina*-novel.

3. DRAMATIC ELEMENTS

The key to the genre of the *Celestina* (and many of its imitations) lies in an understanding of the fact that it possesses dramatic structure yet was intended to be read. [121] Critics who see it as a play cannot understand how it could possibly be performed because of its length and the nature of its action. Naturally it "was not written to be performed in a theater for the simple reason that there were no theaters in Europe at that time." [122] Rojas' acquaintance with Greek and Roman dramatic literature came through reading it, not through witnessing performances of it. Thus his own efforts, though dramatic in nature, were intended for an audience of readers. His preliminary material and various dramatic devices that he used were simply intended to help the reader imagine and visualize the action. Hence, he did not need concern himself with the problems of stagecraft or the difficulties arising from sudden changes of scenery.

Mrs. Malkiel in her discussion of the artistic originality of the *Celestina* considers numerous theatrical techniques which the author used — *acotación,* dialogue, monologues, asides, etc. — techniques which emphasize the essentially dramatic nature of the work and which were imitated by the authors of many of the continuations and imitations. Gaspar Gómez' use of these techniques, whether or not he was fully aware of their true nature and purpose, makes of his work a technically good imitation, though he fell short in characterization.

a. *Acotación*

Until relatively modern times stage directions in plays generally amounted to little more than a note that an actor enters or exits, and in the early plays of the Spanish theater even such simple notations as these are lacking. The authors of the *Celestina* and its imitations, following the model of the Roman theater, incorporated their stage directions into the text of the play itself, suggesting by the speech of the actors what actions have taken place or what is about to happen. Gómez de Toledo, like Fernando de Rojas and the authors of the other *Celestina*-novels, utilized a wide variety of such instructions and directions. There is here a great deal of what Mrs. Malkiel calls *acotación enunciativa*, direct statements regarding the action by the characters themselves (see *Originalidad*, pp. 84-91). Gómez used *acotación descriptiva, acotación implícita,* and *acotación enlazada con la acción* less frequently.

Acotación enunciativa. According to Mrs. Malkiel, four types of *acotación enunciativa* occur in Rojas' *Celestina.* "Los casos menos frecuentes son los de la acotación que indica escuetamente la presencia o actuación de un personaje, disociándose de la acción misma" (*Originalidad*, p. 84). There are probably more examples of this in the *Tercera Celestina* than in the original work:

> Quiero llamar a Sigeril. (I, 84)
> Quiero allegarme allí y hablarle. (III, 64)
> Yo ordeno entrar y empeçar mi plática. (X, 46)
> Sigeril, entra ya. (XVI, 130)
> Bueno será tirar este par de piedras, y si responde la vieja gruñidera, podré tomar las viñas sin ser sentido. (XIX, 30-32)
> Ya le vo sin detenerme. (XX, 106)
> En el patio estaré. (XX, 164)
> Luego salgo. (XXII, 50)

Ya voy, señora. (XXII, 182)
Tengo de escuchar aquí a la vieja lo que dize. (XXII, 184-185)
Yo me voy. (XXVI, 91)
Pues, a abrirle voy. (XXIX, 62)
A dezirlo voy a Grajales. (XXXV, 161)

On a few occasions the simple statement of action is expanded to indicate intention or purpose:

Yo le escucharé aquí hasta ver en qué para. (I, 67-68)
Quiero llamar a Poncia y pedirla algunas flores si trae. (V, 31-32)
Bueno será entrar allá en achaque de hazer amistades. (VII, 155-156)
Yo determino yr luego a su posada y gozar de quien se goza comigo. (XIX, 23-24)
Yo entro luego a dar las nueuas a mi señora Polandria. (XXII, 276)
Quiero callar, pues estoy cerca, y la puerta veo cerrada. (XXIX, 28-29)
Yo me voy, que está vn mancebo a mi puerta. (XLIV, 164-165)

There is also an example similar to that cited by Mrs. Malkiel from the *Celestina* (*Originalidad*, p. 85), in which there is a double *acotación*, two statements of intention to leave, and an *adiós* that implies similar intention:

—De yr yo agora es escusado. . . . —Adios, adiós, que no espero más. (XXVII, 184-187)

A second type of *acotación enunciativa* occurs more commonly in both the first and third *Celestinas,* the type "constituido por la acotación que se desprende de un saludo, una despedida, una exhortación, una orden, una pregunta, es decir, que evita la forma enunciativa, fundiéndose mejor con el diálogo y la acción" (*Originalidad*, p. 85:

—Haz poner entretanto las mesas. —Ve con Dios, y buelue muy presto, que no perderás nada. (I, 228-230)
—Queda con Dios. —No te vayas. (II, 52-53)
Pues la plaça está sola, nos assentemos en aquel poyo. (II, 57-58)

—Vé con Dios. —El y su bendita madre te guíen. (II, 283-284) [123]

—Tú puedes entrar, que leyendo está, y yo me salgo hazia la plaça. —Anda y ven presto por si te llamare. (IV, 147-149)

—Échame presto vn rocío de agua en este rostro. (V, 46-47)

—Si me traes el laúd, llama a Canarín que a de cantar y tener las escalas. —Vamos luego de aquí. —Ven acá, Canarín ... Toma essa escala y tira por essa calle derecho. (VI, 31-38)

Ora, estad callando, que yo empieço a tañer. (VI, 54)

Sigeril, ten bien essa escala, y como yo esté arriba, te daré la mano, y Canarín la quitará. (VI, 130-131)

—Entremos a cumplir lo que Dios mandó, que nos llama Quincia. —Entra tú primero. (VII, 274-276)

Empieça, que yo estaré como muda. (IX, 80)

—¡Poncia! ¿estás aý, Poncia? —Señora, repulgando estoy este paño de manos. —Déxalo, por tu vida, y ven acá. (X, 124-126)

In a third type of *acotación enunciativa,* the exchange of courteous formulas becomes a sort of rudimentary dialogue, brief but animated (see Lida de Malkiel, *Originalidad,* p. 85):

—Ola, moços, ¿está aý esse vellaco de Sigeril? —Aquí estoy. (I, 102-103)

—O hermano Sigeril, ¿quieres me abraçar? —Por cierto, soy muy contento. (IV, 35-36)

—¿Qué me dizes? —Lo que oyes. (IV, 102-103)

—Hora, Sigeril, déxate dessos cumplimientos, y vé al despensero ... —Yo voy. (IV, 257-261)

—Escriue la carta sin tardar. ... —Vesla aquí. (VIII, 46-50)

—Daos las manos sin más alargar. —Soy contento. (XX, 149-151)

—Dila que entre. ... Llámala, acaba. —Madre honrrada, entra acá. (XXII, 66-73)

—Ora llámala, porque se negocie breue lo que cumple. —Soy contenta. ¡Areúsa, ¡Areúsa! —¿Qué mandas, señora tía? —Que entres acá luego. (XXIX, 173-177)

—¿Qué dizes? —Lo que oyes. —¿Qué es lo que dizes? —Digo y torno a dezir, lo que as oýdo. (XXXVI, 101-104)

—¿Qué me dizes, amigo Sigeril? —Lo que oyes, señora Poncia. (XLVI, 37-38)

—¿Dó está Sigeril? ... —En essos corredores estará. —Llámenle luego. —Yo le daré vna boz. ¿Oyes, Sigeril? —Señor, ¿man-

das que entre? —Entre, por su vida, que esperándole están como
a bueno. (XLVIII, 94-103)

The dialogue between the character knocking at the door and the
person answering it occurs on only a few occasions:

—Abríme, amores. .... —Entra, ya que estás a la puerta. (XIX,
46-47)
—Empieço a dar golpes. —¿Quién está aý? —Abrí, puta ...
—Dios me libre de ti y de tus fieros, tanto he tardado en abrir.
(XLIV, 16-20)

Of the fourth type of *acotación* there are numerous examples in the
Tercera Celestina. This type, the *acotación dialogada*, is "importantísimo
para la representación del lugar, ... subraya la continuidad de la acción
a la vez que su desplazamiento, ya a lo largo de un camino, ya a
través de escenarios diversos" (Lida de Malkiel, *Originalidad*, p. 86).
In *auto* XII Pandulfo and Rodancho talk as they walk along the street,
and in the following act Elicia and Areúsa go out to look for Celestina,
and finding her badly wounded, they carry her back to the house. We
follow the action through the words of their speeches. In *auto* XIV
Sigeril eavesdrops outside Celestina's house and is later invited in and
taken to Celestina's room. Perucho, in *auto* XVI, is working in the
stable when Sigeril comes for a mule. He makes ready the mule, and
the two ride off together. A great deal of action takes place in *auto*
XVII, and the speeches alone reveal the course of it. Celestina is riding
on the mule to Felides' house when she is apprehended by Castaño and
Falerdo. They try to force her to dismount and Perucho runs away,
but she is saved by the approach of Martínez. Later, at Polandria's
house (*auto* XXIII), she is making her way painfully down the stairs
when Poncia calls her back to give her a letter for Felides. There is
a great deal of physical action in the last half of the *Tercera Celestina*:
Barrada beats and befouls Celestina, and Grajales and Bravonel come
to her rescue (*auto* XXVI). Felides and Sigeril go to meet their ladies
in the garden (*auto* XXVIII). Later Sigeril and Celestina talk while
walking along the street (*auto* XXXVI). When she returns home, Albacín
is waiting in ambush for her; he attacks her and takes Elicia away
(*auto* XXXVII). Grajales and Recuajo break into Celestina's house, kill
Areúsa and wound Bravonel (*auto* XL), and when the authorities come

to investigate, they order Celestina to be led through the streets, whipped and publicly shamed (*auto* XLI). The great amount of violence in the *Tercera Celestina* is thus suggested entirely by the dialogue rather than described by the author in stage directions.

Acotación descriptiva. Lacking modern stage directions, the *Celestina* and its imitations present descriptions of characters, their attitudes and appearance in the speeches of other characters. Occasionally, a character in the *Tercera Celestina* will speak of his own clothing or appearance:

> Yo estoy con la cota de malla que compré. (VI, 21)
> Yo traygo mi espada y capa, y aún vna guadra debaxo de la caperuça. (VI, 26-27)
> Pues yo no quiero lleuar otras armas sino este montante, y con essa ropa de tafetán yré. (XV, 82-83)
> Este sombrero y las baruas me quito, y la carmellona, pues va con casco, me basta. (XXXVII, 86-88)

More frequently, though, the description is done by another character:

> ¿Vesla bañada en sangre? (XIII, 191)
> Mira a la cuytadilla de Poncia, qué mudada trae la color. (XXVIII, 375-376)
> Mas, ¿adónde vas tú, que estás en el portal y aparejado el manto y sonbrero? (XXXVI, 16-17)
> ¿Es vn mancebico rubio muy peinado que suele passearse por aquí? (XXXVII, 79-80)
> ¿Cómo vienes tan colorada, hija? Pienso que as andado al sol. (XLIII, 62-63)
> Toma este joyel que traygas en la toca. (XLVI, 84)

Only on one occasion is a character described in great detail, and that when Areúsa speaks of Celestina as follows:

> Yo te prometo, más años tiene a cuestas que los dos más antiguos del pueblo. Y esto sin jurarlo se vee en ella por esperiencia, que tiene ya los ojos hundidos, las narizes humidas, los cabellos blancos, el oýr perdido, la lengua torpe, los dientes caýdos, la cara arrugada, los pies hinchados, los pechos ahogados. (XIX, 162-167)

The *Tercera Celestina* is unique in its concern for detail in the clothing worn by the characters, particularly that worn by Felides on the day of his wedding (XLVII, 49-61; compare Sigeril's description of Paltrana's dress, XLVII, 104-118). But there are other detailed descriptions as well:

> No te dixe yo verde ni azul, sino la de Londres que está afforada en armiños. (XXVIII, 25-26)
> Bastaráme lleuar espada y broquel, y esta carmellona que va afforada, y aýn el guantezillo que no es malo. (XXVIII, 33-35)

At times the actions or attitudes of a character are described by a second actor:

> Sin duda algo tenemos bueno, pues en su manera lo da él a entender. ¡Quán apressurado viene el nescio a me hablar! (IV, 31-33)
> A Poncia veo a la ventana, y aýn se ríe en que me a visto. (XXXI, 9-10)

Generally the only indication we have of the scene or time of an action is in the speeches of the actors (cf. also "Setting" and "Time," pp. 47-51, below):

> Todo este peregil está hollado ... y aquellas lechugas, no me parece sino que diez cauallos las an pisado. ... ¿Aquella pared de los xazmines toda derriveda? ... ¿Qué diablos es aquello blanco que está cabo aquel naranjo? Juro a San Pedro, que es éste tocado de la señora Polandria... que ruyn sea yo si estas pisadas no son de hombre. (III, 28-44)
> ¡Qué gran passatiempo es andar por este vergel, y qué gran fragancia dan todas estas flores y yeruas odoríferas! (III, 46-48)
> No es más sino que por el agua que esta noche a llouido, quito vnos albahaqueros desta rexa, y para que recibiessen el rocío de la mañana, torné agora a mirar si hazía ayre para ponerlos. (XXXI, 50-53)
> ¡O qué hermosa tela ésta [on the table], para ser de plata! Y estotra pieça de brocado es de tres altos. (XXXIX, 57-58)
> ¡Sanctíssima trenidad, y quántos pedaços se la hizo la cabeça, que todos los sesos tiene entre las piedras! (XLIX, 54-56)
> Andá vosotros con Dios, que aquí quedamos nosotros quatro con el cuerpo, siquiera porque no se le apague la candela. (XLIX, 93-95)

At times there is nothing to indicate the setting, which can only be surmised by reference to the preceding or succeeding action.

Descriptive *acotación,* whether of characters, dress, or scenery, is well developed in the *Tercera Celestina.* In this respect Gómez' work is superior to the other *Celestina*-imitations, with the exception of *La Dorotea* (cf. Lida de Malkiel, *Originalidad,* p. 104).

Acotación implícita. Much of the action in the *Tercera Celestina,* rather than being described or indicated outright, is implied in statements made by the characters. Frequently two persons appear on the scene simultaneously, and we gather from their speeches that they are not aware of each other's presence, as when Poncia enters the garden while Penuncio is there (III, 46-56). In numerous other scenes we assume that one character is hidden from the other's view when he announces his intention to eavesdrop (see V, 178-179; X, 22-25; XVI, 28-36; XLI, 15-18).

The action of the love scenes, especially those involving servants and *rufianes,* is expressed implicitly in the speeches of the participants (VII, 241-243; XVI, 135-174, 203-240; XXVIII, 344-345; XXIX, 233-235; XXXV, 130-140) or the observers (XVI, 239-240; XXVIII, 375-376). [124] For example, we know only from Sigeril's speeches (XXVIII, 71-74) that Felides and Polandria have knelt before each other. Similarly, more violent actions — such as Grajales' and Bravonel's attempts to revive Celestina (XXVII, 93-107), the *pregonero's* punishment of the old woman (XLI, 190-207), and even Celestina's fall to her death (XLIX, 54-60 — are implied rather than expressed or described.

Frequently the speeches indicate that the speaker is showing an object to the other characters, as when Penuncio apparently shows Poncia the *tocado* and points out the footprints to her (III, 113-129), or when Poncia shows Felides' letter to Polandria before giving it to her (IX, 56-58). When Felides tears up Polandria's letter (at her request), the only indication of the action is Celestina's expression of surprise (XXIV, 200-202), though later Felides explains his reason for destroying the letter (XXIV, 223-226). And when Bravonel takes out his money, the only indication given of the action is in the speech where he counts it (XXIX, 155-158).

Acotación of this type is generally used for scabrous or violent scenes. It does, however, occur more frequently than one might expect in the *Tercera Celestina.*

Acotación enlazada con la acción. Whole scenes of action unfold in the *Tercera Celestina* with the reader-audience being able to follow what is happening through *acotación* of various types in the speeches of those who participate in or witness the action. In *auto* XII, Pandulfo and Rodancho are walking along the street when they see Celestina approaching:

> PANDULFO. Por vida de los ángeles, que yo estoy ciego, o es Celestina aquella que viene haldeando por allí abaxo, que avnque haze escuro, en el tino de su andar la conozco.
> RODANCHO. Muy bien estamos, y assí passe ten auiso que sin hablar palabra peguemos con ella, y mira que sean espalda-raços y alguna notable cuchillada. (XII, 81-83)

After listening to her drunken ramblings, they attack her:

> PANDULFO. Ea, Rodancho, que tiempo es de esecutar la pena, pues confessó el delicto.
> CELESTINA. ¡Jesús, Jesús! ¡Ay, ay!
> RODANCHO. Pégala sin duelo a la traydora.
> CELESTINA. ¡Justicia, justicia!
> RODANCHO. No creo sino en Dios, si no me a corrido hasta la mano la sangre que en la espada traygo. (XII, 143-149)

Here in a few speeches we have examples of nearly every type of *acotación* mentioned above. We have enunciations in the form of commands and exhortations, once with expressed intention of purpose. We have descriptions of Celestina's limp and of the blood running down Rodancho's sword. And we have implication of action; hearing Celestina's screams, we realize that she has been struck.

A similar but more complex scene is that in which Sigeril eavesdrops on Areúsa and Elicia as they talk inside Celestina's house. We follow the action through the dialogue as he is invited inside and then led into Celestina's presence in yet another room (*auto* XIV).

In *auto* XLIV, Bravonel and Ancona fight over a partridge hanging on the wall. From their speeches it is apparent that he hits her and has a tug-of-war with her over the bird.

Practically the entire forty-seventh act is filled with *acotación* of this type. There is here the movement of Felides and his servants through the street. Sigeril is sent on ahead to announce his arrival, is let into the house, and then returns to Felides and describes Paltrana's dress.

Unlike the other imitations of the *Celestina* generally, the *Tercera Celestina* provides a great number of examples of *acotación* of various types. In this respect, the imitation compares favorably with the original.

b. Dialogue

Like Fernando de Rojas, Gaspar Gómez de Toledo makes use of many different types of dialogue. His *Tercera Celestina* includes in varying degree every type found in the original *Celestina*, as discussed by Mrs. Malkiel (*Originalidad*, pp. 108-118): *diálogo oratorio, diálogo de largos parlamentos y réplicas breves, diálogo de réplicas breves,* and *diálogo muy rápido.*

Diálogo oratorio. As in the original *Celestina*, much of the dialogue between the lovers in the *Tercera Celestina* is highly rhetorical. Several examples of this high-flown oratory of love occur in *auto* VI (ll. 142-201) and *auto* XXVIII (ll. 77-113). Conversations between servants and masters are occasionally of this type, for example those of Poncia and Polandria in *autos* XXIII (ll. 36-113) and XXX (ll. 8-65). Though these speeches are usually delivered by the more noble characters (Paltrana and Dardano, XXXVIII, 45-145, and XLII, 22-85; Dardano and Polandria, XLIII, 79-151; Felides, Paltrana, Polandria, and Dardano, XLVII, 170-213), they are on occasion spoken by the servants (see IV, 104-115). Particularly noteworthy are the eulogies of Celestina spoken by the *vezinos* (XLIX, 61-86) and by Sigeril (L, 35-38), though these do not compare with Pleberio's lament for his daughter in the original *Celestina.*

There are frequent debates in the *Tercera Celestina*, though they are avoided in the original.[125] Penuncio and Poncia engage in a misogynistic debate of the type so popular in the other imitations (III, 144-311; cf. the speeches of Albacín and Elicia, XXV, 110-157); Poncia and Polandria engage in discussions of the conflicts between love and honor (XXIII, 36-113); and Celestina and Paltrana have a sort of debate on Felides' nobility and acceptability as a husband for Polandria (XXII, 186-270).

Stylistically these oratorical dialogues are similar to those of the *Celestina.* They contain a variety of rhetorical devices: parallelisms, rhetorical questions, anaphora, and epimone. The tone is generally didactic, and the speeches are invariably sententious and frequently moralizing.

On two occasions during the action of the *Tercera Celestina* (IX, 81-104; XI, 79-137) long, highly rhetorical letters are read. [126] The language of these letters resembles that of the lovers' speeches, though here it is carried to an even greater extreme. The letters provide the author with an opportunity to display his skill as a *conceptista*.

Diálogo de largos parlamentos y réplicas breves. There are relatively few examples of this type of dialogue in the *Tercera Celestina*. In the second *auto*, Pandulfo's narration of his activities is interspersed with witty retorts from Sigeril. Later, when Corniel describes the liveries that Felides is having made, Sigeril's amazement at the description is expressed in short replies (IV, 59-103). In the same act Felides explains to Sigeril the significance of the colors and designs of the clothing; the latter again asks questions and makes comments concerning his master's speeches (IV, 213-256). In the fifth *auto*, Poncia's "philosophías" bring curt replies from Polandria, and later, when Poncia gives Polandria some sage advice, Polandria comments on it briefly (IX, 127-147). Other examples of this type of dialogue are Ervión's discourse with Felides on love — here Felides provides the brief replies and comments (XVIII, 18-83) — and the scene in which Celestina praises wine, answering Sigeril's questions (XXXIII, 226-261).

Here, as in the original *Celestina*, such dialogue is used in passages where one character is giving advice to another (see Lida de Malkiel, *Originalidad*, p. 112). Hence, the speeches contain many proverbs, *sentencias,* and learned allusions.

Diálogo de réplicas breves. As in the *Celestina,* the basic type of dialogue in the *Tercera Celestina* is one of short speeches and responses, which Mrs. Malkiel calls "quizá la más importante contribución de la *Tragicomedia* al teatro en prosa del siglo XVI" (loc. cit.). Since most of the action takes place in scenes composed of this brief dialogue, there is no need to cite extensive examples. It is used here for the humorous repartee between Felides and Sigeril in the first *auto*, and for a similar scene involving Polandria and Poncia in *auto* IX, as well as for numerous narrative scenes (e. g., II, 33-284; X, 49-118) and ordinary conversations (*auto* XIII).

Diálogo muy rápido. This type of dialogue occurs less frequently in the *Tercera Celestina* than the other types discussed above. It occurs in situations of special dramatic tension (see Lida de Malkiel, *Originalidad*, p. 116), such as the scene in which Polandria and Poncia, discovering that Boruga has been eavesdropping on their conversation, show their irritation and concern in the abruptness and rapidity of their speeches (V, 177-236). Similarly, irritation is revealed in the rapid speeches of Pandulfo and Quincia in *auto* VII (ll. 112-152) and in the scene where the wounded Bravonel knocks at Ancona's door seeking help (XLIV, 17-101). This type of dialogue typically occurs in scenes of violence, such as the attack by the *rufianes* on Areúsa and Bravonel (*auto* XL).

Interestingly, the *Tercera Celestina* in its use of dialogue is unlike the other imitations discussed by Mrs. Malkiel (*Originalidad*, pp. 118-120). While the other imitations generally tend toward one or another of the types of dialogue mentioned above, the *Tercera Celestina* utilizes every type, though not of course to an equal degree. Mrs. Malkiel notes that "en las imitaciones más antiguas, supeditadas todavía al influjo de la novela sentimental, el diálogo de réplicas breves y tono de conversación es bastante escaso y secundario" (*Originalidad*, p. 119). Yet in the *Tercera Celestina*, this is the type of dialogue most commonly used, not only in the speeches of the servants, but in scenes involving the noble characters as well, in the manner of the later imitations. [127]

c. Monologues

Unlike those in the *Celestina*, [128] the monologues and asides in the *Tercera Celestina* are easily differentiated. The asides here are brief (see below, pp. 44-46), and are usually overheard by another character. While there are a greater number of monologues in the *Tercera Celestina* than in the original, they are not as extensive as those in the earlier work. In all but five cases the monologues open the acts in which they appear, and those five cases generally involve characters eavesdropping on the action and commenting briefly on it (I, 67-98; XXV, 79-102), or remembering a previous action in which they have participated (XXII, 186-218; XXVI, 114-124; XXXVI, 111-136).

Gómez' monologues are imitative of those in Rojas' work.

> Estilísticamente, los monólogos se caracterizan por su viva an-
> dadura, por su abundancia de apóstrofes e interrogaciones, por su
> frase más bien larga, por la frecuente antítesis y paralelismo, esco-
> gidos para sugerir el vaivén de la deliberación, por el uso de refra-
> nes, máximas y, sobre todo en lo interpolado, alusión erudita. (Lida
> de Malkiel, *Originalidad*, p. 124)

This is certainly the case in Felides' opening monologue complaining
of suffering for love (I, 11-46), of Sigeril's in *auto* IV (ll. 10-34), of
Polandria's in *auto* V (ll. 9-34), and of Quincia's bemoaning her situation
(VII, 13-40). Occasionally the monologue serves to announce to the
audience actions that have just occurred, as when Penuncio complains
of finding the garden trampled (III, 11-45), or actions that will take
place shortly (X, 6-25; XXIX, 28-33). Generally, however, the monologue
in the *Tercera Celestina* is not related to the action but serves instead
to announce the emotions and desires of the characters, such as Albacín's love for Areúsa (XIX, 9-27), Sigeril's joy (XLVI, 9-18), Celestina's
fears of failure (XXIV, 9-54), or her feeling of accomplishment (XXVI,
8-18).

Contrary to what one might expect, the monologues in the *Tercera
Celestina*, with the exception of those of Felides and Polandria in the
first and fifth *autos*, are all given to the lower-class characters — to
Celestina, the servants, and the *rufianes*. This is in keeping with the
greater interest in these characters shown by the authors of the imitations and corresponds to the practice in the *Segunda Celestina* of
giving monologues to the *rufianes* (see Lida de Malkiel, *Originalidad*,
p. 133). Mrs. Malkiel notes that "aunque los imitadores multiplican la
situación de la gente baja, no toman en serio sus procesos psicológicos:
de ahí que ... fuercen la nota cómica y desvergonzada" (loc. cit.). This
is not, however, the case with the *Tercera Celestina*. Here, apart from
the occasional brief scene in which Celestina is drunk, there is little
humor in the actions of the lower-class characters.

d.   Asides

Asides in the *Tercera Celestina*, like those in the original *Celestina*,
are unrelated to the action and generally interfere with the normal flow
of the dialogue in scenes where they occur. [129] Gómez introduces three
types of asides. There is the speech of the character who enters in
midscene, either announcing his intentions to the audience before

entering or eavesdropping on the action for a moment before joining it. This is a technique drawn from the Roman drama, particularly the plays of Seneca.[130] Such asides occur when Sigeril listens to Felides' ravings before entering the room (I, 66-68), when Poncia eavesdrops on the conversation between Celestina and Paltrana (XXII, 184-185), when Recuajo discovers Bravonel and Areúsa together)XXXV, 147-152) and later when he and Grajales listen to Bravonel and Areúsa (XL, 71-77), and when the *Corregidor* and Balantes stand outside Celestina's house listening to what the *vezinos* are saying (XLI, 15-57).

The second type of aside is whispered by two characters who convey information to each other without being heard by the others at the scene, though they are usually aware of the whispering. These asides occur in *auto* XIV when Areúsa whispers to Sigeril in Celestina's presence (ll. 238-241) and in *auto* XVII when Sigeril explains to Areúsa what Perucho has said; in the latter instance no one overhears the aside (ll. 294-299). Similar asides occur in *auto XXIX* when Celestina carries on whispered conversations first with Bravonel and later with Areúsa. Other examples are when Felides and Polandria listen to their servants' conversation and comment on it, though the servants are not aware of the comments (XXVIII, 220-223), and when Poncia whispers to Polandria in Dardano's presence (XLVIII, 70-79).

The third type of aside in this work is one which commonly occurs in the *Celestina* and the other imitations. This aside, though spoken "entre dientes," is partly heard by the other character, who asks to have it repeated. The speaker is then forced to repeat his aside, making it sound as innocuous as possible by rewording it. There are numerous examples of this in the *Tercera Celestina*:

SIGERIL. (Mal sueño te dé Dios porque arguyas que sueño a sido.)
FELIDES. ¿Qué dizes entre dientes, Sigeril?
SIGERIL. Señor, digo que ansí me ayude Dios, lo querría ya auer oýdo. (I, 136-140)
SIGERIL. (Ansí el diablo te lleue como fue anoche lo que a tres días.)
FELIDES. ¿Qué me respondes?
SIGERIL. Lo que respondo es que esse disimular no a de ser para comigo, que tres noches a que passó esso que dizes (I, 144-148)
BRAVONEL. (Por vida del rey, que ya me empieça la maldita vieja a subirla en las nuues.)

CELESTINA. ¿Qué es lo que dizes de nuues?

BRAVONEL. Digo que viendo el cielo cubierto de nuues y que quiere venir grande agua, no se me penó vn quarto por venirte a hablar. (XXIX, 100-105).

ELICIA. (¡A, plega a Dios que seca te veas y ennegrescida!)

CELESTINA. ¿Qué gruñes entre dientes, picuda?

ELICIA. No gruño, sino que lloro mi ventura que es negra pues vine a tu poder. (XXXIII, 34-37)

SIGERIL. (¿Qué diablos tiene la vieja agora que tan sancta está? Quiérola preguntar lo que me cumple; que si estoy con ella en palabras nunca acabará.)

CELESTINA. ¿Qué dizes, Sigeril? Habla claro, que ya sabes que soy teniente de los oýdos.

SIGERIL. Digo que bien sabemos que Dios es sobre todo. (XXXVI, 39-44)

ANCONA. (Duelos tenemos, que herido viene y en mí querrá descargar su enojo.)

BRAVONEL. ¿Qué habláys entre dientes, mala muger?

ANCONA. Digo que ¿quién te hirió, que vienes con vn braço menos? (XLIV, 23-27)

In a variation of this type of aside one character whispers to another and is overheard by a third:

ELICIA. Matado sea tal garguero. Por ella se puede dezir, el mal del milano, las alas quebradas y el papo sano.

AREÚSA. Y cómo se dará con razón esso y más, pues con tal herida tiene tales alientos.

CELESTINA. ¿Qué estáys murmurando vosotras?, que me hazéys dolor de cabeça.

AREÚSA. No digamos sino si quieres que te curemos essa pierna. (XIII, 252-258)

AREÚSA. Hermana, si quieres que tengamos paz, concede con ella a quanto dixere y vsa del refrán que dizen: A palabras locas orejas sordas.

CELESTINA. ¿Qué estáys murmurando entrambos?

AREÚSA. No dezimos más sino pedirte por merced nos digas lo que te suplicamos. (XIV, 49-54)

At times the aside is simply noted, but there is no demand that it be repeated (see XI, 169-175; cf. Lida de Malkiel, *Originalidad*, p. 137).

The asides in the *Tercera Celestina* do not serve to draw attention to the hypocrisy of the Celestina figure as they do so frequently in

Rojas' and Silva's *Celestinas* (see Bataillon, *La Célestine*, pp. 87-91), but of course, Gómez' Celestina is less hypocritical than her predecessors (see above, pp. 9-10). Significantly, it is here as in the other *Celestinas* the servants who make most use of the asides, since it is most commonly they who complain of the unjustness or the foolishness of their superiors.

e. Setting

At first glance, the handling of setting in the *Tercera Celestina* seems extremely complex. There are at least twenty-two different scenes, as indicated by the *argumentos* of the various acts or by the speeches of the characters (see above, p. 37). There is little by way of stage description, and we learn practically nothing about the floor plans or furniture arrangements of most of the houses mentioned in the *Tercera Celestina,* but from the movements of master and servants we can draw some conclusions about the size and structure of Felides' dwelling. It has a stable (*auto* XVI), a patio (*auto* XVIII), a reception area (*autos* X and XLV), and at least two interior rooms (*auto* I). Celestina's house obviously has two stories, since she falls to her death from the *corredor* (*auto* XLIX). Her room is apart from the rest of the house on the second floor (*auto* XIV). We discover little about Polandria's house, beyond the fact that it has a garden, and there is no description whatever of the houses in which Quincia (*auto* VII) and Ancona (*auto* XLIV) are staying. Except for a few meager details, there is little to be learned about the physical nature of the world of the third *Celestina*. One might say that the space of this work, like that of the original *Celestina,* is essentially empty or barren. [131]

Of the fifty *autos* of the *Tercera Celestina* twenty-three present the action in a single scene; nineteen have action in two scenes; six involve three scenes, and two require four scenes. In many cases the action begins in one place, moves through another area such as a street or plaza, and ends in yet another place. The difficulty of staging the action of a play under such conditions strengthens the argument that the work is a dramatic one intended for reading only.

Both Stephen Gilman [132] and Mrs. Malkiel have noticed the uniqueness of the *Celestina* in its treatment of time and space:

Un rasgo muy peculiar de la *Tragicomedia* es su libérrimo tratamiento de lugar y tiempo, ambos exclusivamente supeditados a la
lógica del asunto, sin intervención de ningún factor externo: hay
tantos lugares como los requiere el desplazamiento de los personajes, y no sólo como puede proporcionarlos al escenógrafo;
transcurre tanto tiempo como verosímilmente lo exigen para cada
acción los hechos indicados en el diálogo, sin que entre en cuenta
para nada la duración del espectáculo ni los preceptos de los
críticos. [133]

In this respect, the *Celestina* is superior not only to the Golden Age
drama, but to the Elizabethan drama as well (see Lida de Malkiel,
Originalidad, p. 153); in fact, this free movement of the action through
time and space by means of "el complejo y original empleo de la acotación" has no parallel in drama, "como no sea el cinematógrafo, que
se ha evadido de las limitaciones del tablado por artificio mecánico"
(loc. cit.).

This treatment of space contributes greatly to the verisimilitude of
the action. We have noted above the frequent use of the aside, particularly of the type in which one character is eavesdropping and
commenting on the conversation of others (see above, p. 45). Given the
free treatment of time and space which characterizes the original
Celestina and the *Tercera Celestina,* such asides contribute to the
likeliness of the action portrayed rather than detracting from it as is
the case in the Roman drama and even on occasion with the Elizabethan
drama (see Lida de Malkiel, *Originalidad,* pp. 153-154). Gómez, however, does not utilize this device for the same artistic purpose that Rojas
does. Whereas Rojas uses such asides to "enfocar una situación desde
dos puntos de vista antagónicos" (ibid., p. 154), Gómez uses them to
reveal the hypocritical nature of the speeches being overheard or on
occasion simply to inject satirical humor into his work.

The simultaneous representation of different scenes is, according to
Mrs. Malkiel, an element which the humanistic comedy took from the
medieval theater, which "yuxtapone simultáneamente en su vasto tablado todos los lugares implícitos en el argumento" (op. cit., p. 158).
The *Celestina* carried this dynamic representation of place far beyond the
humanistic comedy. Gómez was obviously aware of the value of this
device but was less successful than Rojas in using it. Still, of all the
continuations, the *Tercera Celestina* comes closest to the original in its
utilization of space.

La *Comedia Thebayda,* la *Tragedia Policiana* y sobre todo,
la *Segunda Celestina* y la *Comedia Florinea* afectan mayor movi-
miento que *La Celestina,* introducen mayor número de personajes
y de situaciones episódicos, lo que multiplica los lugares implícitos, descritos de modo pintoresco. No obstante, también estas
imitaciones revelan una adaptación mecánica de la concepción del
lugar de la *Tragicomedia,* antes que su cabal comprensión. ... Los
imitadores tampoco saben sacar partido de su heredado recurso
para sugerir escenas simultáneas enfocando sucesivamente parejas
de dialogantes, ni para contrastar los personajes en diálogos antagónicos. [134]

Mrs. Malkiel admits her inability to include the *Tercera Celestina* in her
study. Gómez' work would have made an interesting exception at
this point.

f. Time

The events of the *Tercera Celestina* occur over a six-day period. The
first seven acts cover the first day, acts eight through nineteen the second
day, acts twenty through thirty-one the third day, acts thirty-two through
thirty-seven the fourth day, acts thirty-eight through forty-six the fifth
day, and acts forty-seven through fifty the sixth day. The time of
auto XL is ambiguous, and the action there could take place on either
the fourth or the fifth day.

The work opens at about 11:00 o'clock on the morning following the
action of Silva's last *cena* (cf. II, 57 ff.), and there are constant references
in the speeches either to specific hours or to dawn or nightfall, so that
a definite progression of events through time can be traced. In the
second *auto,* for example, Pandulfo announces his intention of leaving
"esta tarde" for Valencia with Quincia; his departure takes place in
auto VII, but is presumably earlier than the events of the sixth *auto,*
which takes place at midnight (VI, 11). There is another case in which
the action of one act chronologically precedes that of an earlier act. The
first act begins about 11:00 A.M., but the third and fifth acts occur
earlier that same morning ("agora son las quatro" [III, 20]), but they
involve different characters and a different episode. A more serious
discrepancy occurs between *autos* XXII and XXXIV; there is nothing
in the action or dialogue to indicate the lapse of three days (XXXIV,
125-126).

Unlike the other imitations (see Lida de Malkiel, *Originalidad,* p. 192), the *Tercera Celestina* makes frequent references to the hour: "Las onze no más me dizen que a rato que dieron" (I, 49-50); "agora son las quatro" (III, 20); "son las doze" (VI, 11); "son las diez y es muy propia hora para yr" (VIII, 47-48); "ya es la vna" (XXIV, 57-58); "las doze no más an dado" (XXVIII, 21). There are also frequent indications of the period of time which elapses while an action is taking place. Sigeril and Pandulfo sit talking thoughout most of the second *auto,* and at the end Pandulfo says, "Dos horas justas hemos aquí estado." We know that Celestina's stay at Felides' house (*auto* XVIII) is approximately two hours, since Felides later says, "La madre honrrada vino aquí a las onze, y estuuo comigo hasta la vna" (ll. 88-89). Yet only a little over two hours pass between *autos* XVI and XIX ("más a de dos horas que vino Sigeril" [XIX, 146]). *Auto* XXIX takes place only two hours after *auto* XXVII (see XXIX, 36), and yet the time that passes between the twenty-fourth and twenty-sixth *autos* is considerable, since in the earlier act Celestina visits Felides' house at about 1:00 P.M. ("ya es la vna y vergüença es de dezir a quien te topare que a tal hora no as comido" [XXIV, 57-59]), and in *auto* XXVI it is well after dark ("Con la luna veo ser él claramente" [ll. 25-26]). Obviously the passing of time here as in any work of literature is subject to the author's control. [135]

The only apparent disparity of time in the *Tercera Celestina* occurs in *auto* XVIII, where Celestina states, "Pandulfo me hirió la otra noche" (l. 153), but the event has actually taken place earlier that same evening (*auto* XII). True, the phrase "la otra noche" is vague, but it would never refer to events of the same day and would likely not even be used in reference to events of the previous day. [136]

The reader is also made aware of the passing of time by reference to eating or sleeping ("es hora de yr por de almorzar" [III, 327]; "Polandria viene a reposar la noche" [IX, 2]), though such references are not so frequent as in the other imitations. [137] On two occasions the time of day is apparent because the characters are attending "la missa del alua" (XXII, 47) or arrive at church too late for mass (XXXVIII, 24-25). Numerous times the speakers refer to the breaking of dawn or the coming of night (see Lida de Malkiel, *Originalidad,* p. 191): ". . . quantos caminos a hecho esta noche" (XV, 9-10); "haze escuro" (XV, 88); "a dos horas que salió el sol" (XX, 80); "no se encerrará la luna en estas tres horas" (XX, 81-82); "... dos horas antes del alua" (XXXI, 27-28); "agora es propio tiempo que vayas, antes que anochezca" (XXXVIII, 143-144); "no saldré esta noche de la posada" (XXXIX, 168-169). There is practically none of the "expresión del tiempo mediante perífrasis astronómica y mitológica" that is characteristic of the other imitations (Lida de Malkiel, *Originalidad*, p. 192). The only example is that in Felides' opening speech:

> O Divina potencia, ¿cómo as querido dar a los rayos resplandescientes de Febo tal vigor, que a la poderosa Aurora con su claríssima luz, no solamente a los del vniuerso surgir hiziesse, mas a mis diuididos pensamientos despertar del sueño, tan suaue para mi contemplación y de tanto descanso para mi atribulado coraçón? (I, 11-16)

Gaspar Gómez de Toledo's use of time is less complex than that of his model. The action of the work proceeds consequentially, and the time elapsed is that which would normally be taken up by the dialogue or movement of the characters, with, of course, the few exceptions just noted. There is no need to suppose the passing of time not indicated within the *Tercera Celestina*, as Manuel J. Asensio does to explain the suddenness of Melibea's change of attitude toward Calisto in the original *Celestina*. [138] There is no such problem in the *Tercera Celestina*, so that time and action here can progress normally.

g. Motivation

There are three elements in the plot of the original *Celestina* which lack the motivation typical of the rest of the work: "El encuentro casual en el huerto de Melibea, la intervención de la tercera y el empleo de la magia." [139] Otherwise the plot is well constructed and almost perfectly motivated. [140] The relationship between *alcahuetería* and magic as a traditional element has already been discussed (see above, pp. 8-9), and the intervention of the *tercera* can be explained within the traditions of courtly love. [141] This leaves only the difficulties surrounding the initial meeting. Mrs. Malkiel discusses these problems at some length, [142] but draws no conclusions beyond suggesting that the contrast between the opening scene and the well-ordered succession of events in the rest of the work supports the theory that Rojas was indeed the continuator of a work already in existence, as he claimed.

In the *Tercera Celestina,* there is no problem of motivating the initial meeting, since the lovers are already well acquainted, having met, courted and consummated their affair in the *Segunda Celestina.* Feliciano de Silva, who did have to face the problem of the initial meeting, simply presented Felides deeply in love with Polandria "sin explicar concretamente cómo empezó su amor," as did many of the other imitators.[143] None of the imitations studied by Mrs. Malkiel succeeds in logically weaving the intervention of the *tercera* into the action. Even the original *Celestina* does not completely succeed (see *Originalidad,* pp. 206-220, 245). The *Tercera Celestina,* however, does introduce a logical reason for her intervention. She is employed to avoid risking Polandria's reputation, which is endangered by the gossip of her eavesdropping servants (see below, VI, 216-227). The goal of the lovers (public marriage) in the *Tercera Celestina* gives the Celestina-figure a totally different purpose and significance from that in the original *tragicomedia.* Gómez' Celestina need not resort to magic or demonolatry, so here she is not the evil figure that she is in Rojas' work but is instead an almost socially sanctioned figure.[144] One may wonder at the way she is treated in this work. The beatings and tragic death she suffers seem a severe punishment for the peccadilloes she commits here. It is almost as if she is being punished again in the *Tercera Celestina* for all the evil she did in the original *tragicomedia.*

As we have already seen, the *Tercera Celestina,* like the other imitations, multiplies the number of secondary characters, with the result that "tales personajes pegadizos, y principalmente los de intención jocosa, figuran en una muchedumbre de episodios que poco y nada tienen que ver con la acción principal" (Lida de Malkiel, *Originalidad,* p. 242). Yet the *Tercera Celestina* errs to a lesser degree in this matter than other of the imitations. One does not find here completely extraneous digressions, such as the *pastor* Filinides episode of the *Segunda Celestina* (ed. cit., pp. 193-204). The secondary characters in the *Tercera Celestina* always have some connection with the primary figures, though their actions are not closely related to the primary plot. Gómez apparently did not understand Rojas' use of Areúsa and Elicia as a means of subverting the morals of Calisto's servants. He realized that they were an essential part of the original work, so he included them in his continuation. But his motives were different; the girls cannot have the same function here as in the original *Celestina,* since the servant here,

Sigeril, is not to be corrupted. Hence, their activities are not closely connected with those of Felides and Polandria. They move in a world of their own, which, important though it may be in adding color and violent action to the work, has nothing to do with the world of the primary actors. And since Gómez intended that his work be terminal, he disposes of these girls by killing them off or sending them away. We are moving here toward the Golden Age plays where all loose ends are neatly tied together at the finish.

One might at first glance question the presence of Perucho and Boruga, since they seem to be insignificant figures. They are, however, essential to the plot in that they help to explain the necessity of employing Celestina to arrange a marriage that has already taken place secretly and needs only to be made public.

The *Tercera Celestina* is far from being perfectly structured. There are in the work some elements of structure that lack proper motivation. It suffers from multiplication of characters and incidents, as the other imitations do. There is a farcical eating scene of the type found in most of the imitations, [145] which adds nothing to the plot and detracts from the orderly progression of events. The relationship between Felides and Antenor is difficult to explain. If they are close friends, why is Antenor not introduced earlier? Why has he not thought of this possible marriage for Polandria before? And why, if he knows Felides so well, does he not see through the deceit that is being practiced on him? These questions do not occur to Gómez, who introduces Antenor simply to speed up the outcome.

Then, too, Pandulfo and Quincia have no place in the *Tercera Celestina*. Gómez, however, was aware of the important part they play in the *Segunda Celestina*, even though their presence and function there are not well motivated. He could not ignore them, nor could he find anything for them to do in the work as he conceived it, so he quickly disposed of them by sending them off to Valencia.

Mrs. Malkiel has noted that the tragic ending of the original *Celestina* seems forced. [146] However, the denouement of the *Tercera Celestina*, with the exception of the death of Celestina (see above, pp. 9-10), is a natural one, given the events leading up to it and the motivation of the characters involved.

It might seem from the above that the *Tercera Celestina* is almost as carefully motivated as the original *Celestina*, and as far as the main plot is concerned, this is true. But in Gómez' work, as in many of the other imitations of the *Celestina* (see Lida de Malkiel, *Originalidad,* p. 247), the plot is less complex and is filled out with rhetorical speeches, erudite discussions, and poetic compositions. Although in this respect the *Tercera Celestina* does not fall so far short of its model as the *Comedia Thebayda,* the *Comedia Florinea,* or the *Tragedia Policiana,* these digressions detract from the artistic merit of the work as a whole.

h. The Genre

Regarding the genre of the *Tercera Celestina,* we are faced with the same problems encountered in attempting to identify that of the original *Celestina.* The length of the two works and the complexity of their treatment of time and space make it unlikely that either of them was intended for presentation on a stage, yet the use in both works of *acotación,* dialogue, monologues, and asides all point to a dramatic structure.

Some light may be thrown on the problem of genre by examining the titles. It is evident that Gaspar Gómez' intention was not only to imitate the *Tragicomedia de Calisto y Melibea,* but to imitate it in such a way that his work "encubriera más lo humano." It was his purpose to complete the *Segunda Celestina* of Feliciano de Silva by making the marriage public and yet to preserve the moralistic tone of the original *Celestina* by punishing those guilty of sin. That the work must end happily is obvious from the fact that the lovers are secretly married and are therefore committing no sin. Rojas' *Celestina* was originally called a *comedia,* then later a *tragicomedia;* [147] Silva called his work a *comedia,* apparently because he, like Terence and Plautus, wished to "mostrar é sacar al natural ... las burlas y engaños que ansí en los enamorados y sus criados suele haber" (ed. cit., p. 2). Gómez titled his work a *tragicomedia,* though what he meant by this term is not completely clear. His use of the word should not be ignored, however, since it undoubtedly indicates something about his artistic intention. [148]

The meaning of the word *tragicomedia* has varied considerably over the years of its occurrence in Spain, and there is no good study of the use of the word and its history in the Spanish peninsula. [149] Several studies have been made of the *tragicomedias* of individual authors, [150] but no one has attempted to trace the history and development of the genre. Though the word itself stems from Plautus [151] and was used

numerous times throughout the sixteenth century, many of the Spanish
literary theorists denied the legitimate existence of the genre, considering it to be a monster composed of warring elements:

> Digo que no hay en el mundo Tragicomedia, y si el *Amphitrion*
> de Plauto se ha intitulado asi, creed que es título impuesto incon-
> sideradamente. ¿Vos no sabeis que son contrarios los fines de la
> Tragedia y de la Comedia? El Tragico mueve a terror y miseri-
> cordia: el Comico mueve a risa. El Tragico busca casos terrorifi-
> cos para conseguir su fin: el Comico trata acontecimientos ri-
> diculos: ¿Como quereis concertar estos Heraclitos y Democritos?
> Desterrad, desterrad de vuestro pensamiento la monstruosa Tra-
> gicomedia: que es imposible en ley del arte haverla. Bien os con-
> cederé yo, que casi quantas se representan en esos Theatros son
> de esa manera: mas no me negareis vos, que son hechas contra
> razon, contra naturaleza, y contra el arte. [152]

Yet the genre is a logical one, considering the limitations of the classical
definitions of *comedy* and *tragedy*. According to these definitions, little
of the Spanish drama of the sixteenth and seventeenth centuries would
qualify, a point which Lope de Vega was quick to make in his *Arte
nuevo de hacer comedias:*

> ... En fin, hallé que las comedias
> Estaban en España en aquel tiempo,
> No como sus primeros inventores
> Pensaron que en el mundo se escribieran,
> Mas como las trataron muchos bárbaros,
> Que enseñaron el vulgo a sus rudezas;
> Y así se introdujeron de tal modo,
> Que quien con arte ahora las escribe,
> Muere sin fama y galardón. ...
> (ll. 22-30) [153]

Lope himself recognized the value of the tragicomic genre:

> Lo trágico y lo cómico mezclado,
> Y Terencio con Séneca, aunque sea
> Como otro minotauro de Pasífae,
> Harán grave una parte, otra ridícula;
> Que aquesta variedad deleita mucho.
> Buen ejemplo nos da naturaleza,
> Que por tal variedad tiene belleza.
> (ll. 174-180) [154]

That the *tragicomedia* was an excellent form for the Spanish theater is borne out by the great number of them written during the Golden Age (many by Lope; see Morby, art. cit.), and in more recent times.

The lack of a satisfactory definition of the word *tragicomedia* in the sixteenth century was due in part to Plautus' vagueness in indicating what he meant by the term *tragicocomœdia*. He states simply that he uses the term to indicate a *comedia* in which kings, gods and slaves *(servos)* alike appeared. [155] The early commentators of Plautus were unable to clarify his meaning. [156]

The first work of the Renaissance to bear the title *tragicomedia* was the *Fernandus Servatus* of Carolus and Marcellinus Verardus, [157] which has as its subject the attempt on the life of Ferdinand in Barcelona on December 7, 1492, by Juan de Cañamares. This work, based on a historical incident as classical tragedy was, cannot be considered a true tragedy because the outcome is happy, as the preface to the work notes: "Potest enim haec nostra: ut Amphitruonem suum Plautus appellat: Tragicocomoedia nuncupari: quod personarum dignitas & Regiae maiestatis impia illa uiolatio ad Tragoediam: iucundus uero exitus rerum ad Comoediam pertinere uideantur" (ed. Thomas, p. 437). Though the *Fernandus Servatus* affected the early German drama (see Herrick, *Tragicomedy*, p. 6), it had no noticeable influence in Spain.

Rojas' apparent reason for calling the *Celestina* a *tragicomedia* has already been noted (see above, n. 147), though he was undoubtedly attracted to the term by the fact that servants played such an important part in his work *(Quoniam hic servos quoque parteis habet, faciam sit proinde ut dixi Tragicocomœdia)*. The question has been raised as to why a work so tragic as the *Celestina* was initially called a *comedia*. E. J. Webber provides two possible reasons: [158] first, that the primary purpose of the work was to reprehend "los locos enamorados" and at the same time to give "auiso de los engaños de las alcahuetas e malos e lisonjeros siruientes" [159] and second, that Rojas was writing in imitation of the comedies of Plautus and Terence. [160] The idea of calling the *Celestina* a tragedy apparently never entered his mind, since he states simply that "el primer auctor quiso darle denominación del principio, que fué plazer, é llamóla comedia" (ed. cit., I, 25). Rojas did not feel constrained to call the work a tragedy, for what reason he doesn't say, but he did recognize it as a mixture of genres and so used Plautus' term, not to indicate a play in which kings and gods and slaves appear, but to denominate a work in which *plazer* and *tristeza* were mixed. [161]

Several Spanish works of the sixteenth century bear the title *tragicomedia*, contrary to what Agustín de Montiano says in his *Discursos sobre las tragedias*. [162] Pedro de Urrea's *Égloga de la tragicomedia de Calisto y Melibea* appeared in 1513, but it bears the title *tragicomedia* only because it is, like Juan de Sedeño's versification, [163] a close metrical adaptation of the original *Tragicomedia*. Gil Vicente wrote several *tragicomedias* on various themes, apparently taking the term from Rojas. [164] An anonymous *Tragicomedia alegorica del parayso y del infierno*, modeled primarily on Gil Vicente's *Auto da barca do inverno*, [165] appeared in 1539. [166] The author's reason for calling the work a tragicomedy is not readily apparent. Possibly because the ending is felicitous for some of the characters but not for others he conceived of the work as the type of mixture recognized by Rojas in the *Celestina*. Juan de Timoneda titles one of his works *Tragicomedia llamada Filomena* (1564). [167] The play has many elements of classical tragedy, though the death of Tereo is justifiable. Timoneda may be using the term in the same way as Plautus, to indicate a work in which kings and servants appear. García Soriano lists three *obras universitarias* which bear the title *tragicomedia*: the *Tragicomedia Tanisdorus*, the *Tragicomedia de divite epulone*, and the *Tragicomedia Nabalis*. [168] In none of these is there any indication of the intended significance of the word *tragicomedia*. The *Tanisdorus* has a plot similar to Calderón's *La vida es sueño*, and may have been called a tragicomedy because it deals with noble characters but ends happily. In the *Nabalis* a cruel overlord dies a well-deserved death, so that it is not a tragedy in the classical sense.

Only two of the imitations of the *Celestina* are called *tragicomedias*, the *Tercera Celestina* and Sancho de Muñón's *Tragicomedia de Lisandro y Roselia*. Sancho de Muñón's work, like Rojas', ends with the death of the primary characters, so that the word *tragicomedia* is undoubtedly used in direct imitation of the *Celestina*. It is curious that Muñón, though he speaks at length in his prologue of the value of "las ficciones poéticas" (ed. cit., pp. v-xvi), makes no effort to explain his use of the word *tragicomedia*.

We are left with the *Tercera Celestina*. Why does Gómez call it a tragicomedy, when it begins and ends happily (at least for the principals)? It may be that he considered Celestina to be the primary character (cf. p. 3, above), though this is not too likely. The only essential difference between Silva's *Comedia* and Gómez' *Tragicomedia* is the death of Celestina in the latter work. It is obviously because of this mixture of tragedy with the happy ending that he was inspired to call his work a tragicomedy. If Celestina's death is, as we have suggested above, undeserved, then the *Tercera Celestina* is tragic in the classical sense (see Aristotle, *Poetics*, 1453ᵃ). Yet the work as a whole is not a tragedy, so the mixture of elements involved requires the use of the title *tragicomedia*. Obviously Gaspar Gómez chose the word because it was part of Rojas' title, and it is doubtful that he was aware of the full significance of the word, since he frequently gives evidence of not understanding what Rojas was really doing. Yet the choice of the title is a fortunate one, for the *Tercera Celestina* is as much a tragicomedy as the original *Celestina*, and it is more truly a tragicomic work than many that bore the title *tragicomedia*. It must be observed that Gómez showed no intention of writing a performable work. His *Tercera Celestina*, despite its dramatic nature, was intended only for reading.

4. The *Tercera Celestina* and Spanish Literature

a. Sources

As one would expect, the primary source of the *Tercera Celestina* is Feliciano de Silva's *Segunda Comedia de Celestina*. To this work the *Tercera Celestina* owes the basic elements of its plot, most aspects of its style, and nearly all of its characters. The influence of Silva's work is evident from the very beginning of the *Tercera Celestina*, where Felides laments the fact that he is in love. In both works this opening lament is followed by a discussion between Felides and Sigeril, but from that point onward the two *Celestinas* follow somewhat divergent paths. Gómez did not need to concern himself with the resurrection of Celestina, which is an important part of the *Segunda Celestina*. And since in his work the lovers are already secretly married, his plot must of necessity progress in a different manner. The denouements of the two works are essentially the same; the *Segunda Celestina* ends with the promise of public marriage between the lovers, while the *Tercera Celestina* ends with the celebration of that marriage. The primary differences between the two works lie in the treatment of the secondary characters and in the secondary action. We have already noted similarities and differences in the characters. There is considerable difference in the secondary action, which in Silva's work centers on Celestina's resurrection and hypocrisy, while in the *Tercera Celestina* it deals primarily with *rufianes'* relationship to and attacks on Celestina. The importance of the *rufianes,* while not a characteristic of the original *Celestina,* becomes a trait of the imitations beginning with the *Comedia Thebayda.* [169] Gómez' treatment of the *rufián,* particularly his treatment of Pandulfo, is in direct imitation of the *Segunda Celestina.* In both works Pandulfo is pictured as a lying, bragging, cowardly fellow (*Segunda Celestina,* pp. 38-44, etc.; *Tercera Celestina,* II, 35-145), and most of the *rufianes* in the *Tercera Celestina* are modeled on him (see above, pp. 27-29). Given Gómez de Toledo's admiration for Feliciano de Silva's style, as expressed in the "Prólogo del autor," it is not surprising that he should imitate it. There are numerous examples of the conceptist style typical of Silva's work in the *Tercera Celestina.* [170] Gómez, however, does not carry the style to the extremes that Silva does. Still, the speeches of the lovers in the two *Celestinas* are virtually indistinguishable. [171] Similarly, Gómez imitates his immediate predecessor in his use of proverbs; though proverbs abound in the original *Celestina,* there is a greater number of them in the *Segunda Celestina,* and Gómez' manner of using them is much closer to Silva's than to Rojas'.

Gómez' debt to the original *Celestina* is no less important, as we have seen in our discussion of characters and *acotación.* Without wishing to belabor the issue, we will consider several points of direct contact. Felides' confused mental state and his attribution of the events of his meeting with Polandria to a dream (*auto* I) is suggested by Calisto's conversation with Celestina:

> CALISTO. ... Todos los sentidos le llegaron, todos acorrieron á él con sus esportillas de trabajo. Cada vno le lastimó quanto más pudo: los ojos en vella, los oydos en oylla, las manos en tocalla.
> CELESTINA. ¿Que la has tocado dizes? Mucho me espantas.
> CALISTO. Entre sueños, digo.
> CELESTINA. ¿En sueños?
> CALISTO. En sueños la veo tantas noches, que temo me acontezca como á Alcibíades ó á Socrates. ...
> (ed. cit., I, 219-220; cf. n. 37, above)

Similarly, the scene in *auto* XVIII, where Felides and Ervión stand talking while Sigeril goes to bring Celestina, is based on the first act of the original *Celestina*, though Ervión, unlike Pármeno, does not use this opportunity to denigrate Celestina. Pármeno's recitation of the drugs and aphrodisiac materials that Celestina uses (I, 72-86), which becomes a standard feature of the *Celestina*-imitations, has a parallel in the *Tercera Celestina* in *auto* XXII where Celestina asks Polandria for *untos* to cure her leg. Celestina's praise of Felides in the same *auto* (ll. 186-218) has a parallel in the original *Celestina* (I, 185-186), though again this is a characteristic of many of the *Celestinas*. Nearly all the imitators include an eating scene based on the one in Rojas' work. [172] The meal in the *Tercera Celestina* (*auto* XXXIII) is interesting for the extensive list of viands that are mentioned. Other parallels could be drawn, but one more will suffice. Because of its semi-tragic nature, the *Tercera Celestina* is one of the few imitations in which there is mourning. Sigeril's speech on the death of Celestina here (*auto* L) is similar to Calisto's remarks on her death in the original work (II, 120-121). However, there is nothing of Calisto's indifferent tone in what Sigeril says. Instead he complains against the injustice of fortune and regrets that Celestina was not better treated in her lifetime (cf. Elicia's speeches in the fifteenth act of Rojas' *Celestina*, II, 146-150).

References within the *Tercera Celestina* indicate that Gaspar Gómez was familiar with two other literary works of his day, the anonymous *Historia de la Doncella Teodor* (see III, 230-234, and note 192) and the *Comedia Aquilana,* by Torres Naharro (see II, 15, and note 81). Since there is only one reference to the *Doncella Teodor,* and since the quotation is inaccurate, it is possible that Gómez may have known the work only at second-hand. He knew the *Comedia Aquilana* directly. Sigeril's feeling that his master is crazy ("¡O maldito sea tan gran loco, y qué baladrear que tiene con las paredes!" [I, 66-67]) is similar to Faceto's in the *Aquilana:* "Yo folgaría que amasses / pero no que enloqueciesses" (ed. Gillet, p. 471); Sigeril feels he has as much right to this opinion of his master as Faceto had to his. However, Sempronio expresses the same feeling toward Calisto ("No me engaño yo, que loco está este mi amo" [*Celestina,* I, 40]), which complicates the question of sources. One might also suspect that Poncia's attitude toward Sigeril in the *Tercera Celestina* is based on Dileta's reaction to Faceto in the

Aquilana (ed. cit., pp. 502-503) were it not for the fact that this attitude is apparent in the Poncia of the *Segunda Celestina* as well.

Since Gómez is writing a *Celestina* with a happy ending, it is possible that he was influenced by Torres Naharro's *Comedia Himenea,* which "dramatized the central plot of the *Celestina,* recast to permit a happy ending and with the addition of romantic elements." [173] In both the *Himenea* and the *Tercera Celestina* there is a love affair between the servants, but this is an element of numerous works of the period, including the *Segunda Celestina,* which was of course Gómez' primary source. Servants in both the *Himenea* and the *Tercera Celestina* receive gifts of clothing from their masters, but this is a standard feature in the *Celestina*-imitations. Sigeril's speech:

> Yo soy tu criado, y no es menester essos cumplimientos, que son palabras. Mas veo que otros muchos vsan con sus amos del proueruio que se dize, a vn ruyn, ruyn y medio. Y hazen bien, porque éstos medran y los que más lealmente seruimos desmedramos. (XI, 205-209)

might be based on that of Boreas:

> Y pues me hazes hablar
> y de tus cosas me espanto,
> siendo discreto y sabido
> deurías considerar
> que no nos puede dar tanto
> como le auemos seruido.
> Y a quien le rroba y le sisa
> quanto le viene en soslayo
> le da la capa y el sayo
> hasta quedarse en camisa.
> Porque veas
> do tus seruicios enpleas.
>   (*Himenea,* ed. Gillet, p. 298)

But again, such complaints were common in the sixteenth century, even occurring in the original *Celestina.* [174] It is impossible to state with certainty to what extent Gómez drew from the *Comedia Himenea,* since most of the features that the works have in common were traditional elements of the *Celestina*-novel.

There are many points of similarity between the *Tercera Celestina* and Jaime de Güete's *Comedia Vidriana.* [175] Both works have a *vizcaíno* named Perucho, though in Güete's work he is a gardener much like Penuncio in the *Tercera Celestina.* As both works open, the male protagonist is soliloquizing about his love, and in both cases the master calls the servant and is irritated when he is slow in responding. Vidriano's servant uses the excuse that he was "almoaçandole el cauallo"; Perucho in the *Tercera Celestina* complains because he has to *almohaçar* horses. Vidriano complains of suffering from love:

> Ha metido
> dentro mi pecho Cupido,
> tales ascuas, y tamañas,
> questa el cuerpo derritido,
> y cenisa las entrañas;
> y a plazer,
> me fuy yo mismo a meter
> el huego en que stoy ardiendo,
> como el Phenix suele hazer,
> sus viejas alas batiendo.
> Tanto abunda
> esta flama sitibunda
> que me asso eneste suelo,
> por otra Venus segunda,
> que ha descendido del cielo.
>   (ed. cit., p. 183)

Felides likewise complains of the fire of love (I, 152-154), and of the suffering caused by Cupid (I, 31-32; IV, 229-232). He even wears the symbol of the phoenix on his clothing (IV, 244). Oripesta's concern in the second *jornada* of the *Vidriana* for Leriana's honor is suggestive of the relationship between Poncia and Polandria in the *Tercera Celestina.* In the fourth *jornada* of the *Vidriana* the girl's parents walk in the garden in the freshness of the morning, just as Poncia does in the third *auto* of the *Tercera Celestina.* Given these similarities, it seems quite likely that Gómez de Toledo knew the *Comedia Vidriana* well and was influenced by it in composing his own work.

The use of letters in the courtship of Felides and Polandria might suggest the influence of the sentimental novels of Juan de Flores or Diego de San Pedro. Though letters are also used in the *Segunda Celestina,* the style of Gómez' letters closely resembles that of the letters in Diego de San Pedro's *Tractado de Arnalte e Lucenda.* [176] Then, too, Polandria does not answer Felides' letters in the *Segunda Celestina;* she does reply in the *Tercera Celestina,* somewhat in the manner of Lucenda in San Pedro's work.

The debate between Poncia and Penuncio (*auto* III) may have been inspired by that between Braçayda and Torellas in Juan de Flores' *Grisel y Mirabella,* though there are many possible sources, [177] including the *Celestina* itself (ed. cit., I, 47-52). Rojas, however, does not provide the brilliant defense of women that Flores and Gómez do. In addition, many of the arguments advanced by Juan de Flores are repeated by Gaspar Gómez. Braçayda accuses men of competing in "danças iustas torneos toros y canyas y otros muchos sin cuenta deportes todos para nos atraher a veros." [178] Poncia argues in defense of women, "Mira quántas justas, quántos torneos hazen los hombres sólo a causa de las mugeres. ¿Qué te diré de músicas, canciones, motes, y muy subtilíssimos dichos?" (*Tercera Celestina,* III, 280-283). And also in defense of women, Braçayda claims that woman "non puede apartar se de oyr en las calladas noches el dulçor delos insturmentos [!] y cantos dela suaue musica, la qual par al [!] enganyo nuestro fue por vosotros inuentada" (*Grisel y Mirabella,* fol. b 2ʳ). Both authors have their characters resort to classical allusions to support their arguments. Braçayda says, "Si quisiesse poner en exemplo quantas son muertas por la defension dela limpia castidad, las hystorias son llenas dela su noble y immortal memoria, pues como la muerte sea la mas fuerte cosa de soffrir, quien aquella desprecia y quiere ante morir que ser cayda en torpeza, bien menospreciara todas otras temptaciones por fuertes que sean" (*Grisel y Mirabella,* fol. c 1ᵛ). Poncia recalls that "Lucrecia, muger de Colotino, se dio ella misma la muerte, por ser tan casta" (*Tercera Celestina,* III, 161-162), though Torellas doubts the truth of that story (*Grisel y Mirabella,* fol. c 2ʳ). Both works blame Eve as the cause of original sin (*Grisel y Mirabella,* fol. c 2ᵛ; *Tercera Celestina,* III, 148-150), though this is common practice in misogynistic treatises (see below, note 173). Without mentioning any names, Torellas notes that "tan bien acahece cadadia, damas de grande stado hir se a perder con sus menores sieruos" (*Grisel y Mirabella,* fol. b 6ᵛ). Penuncio speaks of "Pasife, muger del rey Minos, que su desordenado apetito quiso cumplir con vn toro, y de Faustina, muger del emperador Marco, que lo mismo hizo con vn esgrimidor" (*Tercera Celestina,* III, 172-175). These same arguments and even many of the same examples occur elsewhere in the literature of the time, so there is no conclusive evidence that Gómez knew Flores' work. The parallels are, however, worthy of note.

b. Influence

Because of the general similarity of the imitations of the *Celestina* in plot structure, characterization, and development, it is difficult to trace the influence of one on another. This is especially true in the case of the *Tercera Celestina* because of its close relationship to the *Segunda Celestina*. However, it is quite possible that Gómez' work had an influence on at least two of the imitations that followed it.

Sancho de Muñón's continuation is titled *Tragicomedia de Lisandro y Roselia, llamada Elicia y por otro nombre quarta obra y tercera Celestina*, suggesting that his work is literally the fourth *Celestina*, but one in which another figure, Elicia, takes the name of Celestina, making her the third of that name. Muñón dismisses the Celestina of his predecessors as a false one, since the real Celestina was killed by Pármeno and Sempronio:

> EUBULO. ... Con todo, ¿no se llamaba Celestina la que fué alcahueta en los amores de Felides y Polandria, ó es todo mentira?
>
> OLIGIDES. No, que verdad fué haber esa Celestina, pero no era la barbuda, sino una muy amiga y compañera desta, que tomó el apellido de su comadre, como agora estotra, por la causa ya dicha. (*Lisandro y Roselia*, p. 37)

One would not expect Muñón therefore to borrow from a work he deprecates, and there is very little evidence of the influence of either the *Segunda* or *Tercera Celestina* on the *Lisandro y Roselia*. [179] Muñón's primary source is the original *Celestina*. [180]

Given the tragic elements in both, one might look for a relationship between the *Tercera Celestina* and the *Tragedia Policiana* of Sebastián Fernández, but there is little similarity beyond the basic love plot. Policiano, the protagonist of the *Policiana*, is killed by a lion, and Philomena, his beloved, kills herself in her grief, a denouement based on the legend of Pyramus and Thisbe. Philomena is modeled closely on Melibea. Claudina, the Celestina of the work, is supposedly the mother of the Pármeno in the original *Celestina*. Hendrix has noted some points of contact between the *Policiana* and the *Comedia Thebayda* (*Comic Characters*, p. 59), but there is only one element that Fernández might have drawn from the *Tercera Celestina*. That is the introduction of gardeners who spy on the lovers (ed. Menéndez y Pelayo, pp. 42-44). Theophilon, Philomena's father, is disturbed that something is destroying his garden and blames it on wild animals, in much the same way that Perucho tries to explain the damage to his garden:

> Estos çidrales estan roidos, e siempre he temido que andan animales que de noche los estragan. Vosotros dormis a sueño suelto. Si no les poneys remedio camino van de perderse. (*Tragedia Policiana*, p. 52)

> ¿Mas qué vellaquería es ésta que todo este peregil está hollado? Y aquellas lechugas, no me parece sino que diez cavallos las an pisado. (*Tercera Celestina*, III, 27-30)

However, though he was quite familiar with other imitations of the *Celestina*, Sebastián Fernández used as his primary source the original *Tragicomedia*. [181]

In some ways, the *Comedia Florinea* of Juan Rodríguez Florián is much like the *Tercera Celestina*. Letters are an important part of courtship in both works, and in both, secret marriages exist between the noble lovers and the servants as well (see *Comedia Florinea*, p. 271). But these elements are found in the *Segunda Celestina* too, and it is more logical to assume that Rodríguez Florián drew them from Silva's work, since it was better known than the *Tercera Celestina*. Mrs. Malkiel suggests that the secret marriage in the *Florinea*, and more especially Belisea's reluctance to have it consummated, is included to contrast with the action of the original *Celestina* (see her *Originalidad*, p. 215). We have already noted similar reluctance on the part of Polandria in the *Segunda Celestina* and Poncia in both the *Segunda* and *Tercera Celestinas*.

Despite the fame of the *Celestina* in the Golden Age, [182] there is little indication that Gómez' *Tercera Celestina* was read or even known then. The pseudonymous Avellaneda makes reference to "tantas Celestinas, que ya andan madre y hija por las plazas," [183] but it is doubtful that he intended to include Gómez' Celestina among them, especially since Salas Barbadillo's *La hija de Celestina* had just appeared. [184] Nevertheless, it is remotely possible that the *Tercera Celestina* may have influenced no less a work than Cervantes' *Don Quijote*. Hendrix has shown that Cervantes was familiar with the imitations of the *Celestina*, particularly the *Segunda Celestina* and the *Lisandro y Roselia*. [185] There is also the possibility that he knew the *Tercera Celestina*, since one episode of the *Quijote*, Sancho's uncompleted trip to El Toboso (pt. I, ch. 25 ff.) has much in common with a minor episode in Gómez' work. In the first act, Felides sends Sigeril to Polandria's house to determine the truth about the happenings of the night before: "Y entretanto que es hora de comer, te allega a casa de mi señora Polandria. Quiçá la verás y sabremos la certinidad de los passado" (I, 224-226). Sigeril, who already knows "la certinidad de lo passado," is not about to make a fool of himself in this way, so instead of going to Polandria's house, he goes off in another direction (II, 26-28). He stops and talks with Pandulfo until it is time to return. He answers Felides' questions as if he had really seen Polandria (IV, 164-186). In the *Quijote* Sancho is also sent to carry a message to the beloved, and, like Sigeril, he is well aware of the facts about which his master is confused. Both Sigeril and Sancho go off marvelling about their masters' madness, and neither one actually carries out his mission, though each returns with a message as if he had. The parallels between the two incidents, while not conclusive evidence of borrowing, are remarkable. [186]

Given the current interest in the *Celestina*, as evidenced by the number of translations of it and studies about it in recent years, there is no reason other than its inacessibility for the *Tercera Celestina* to be so neglected. Menéndez y Pelayo knew the work, but dismissed it as of little importance (*Orígenes*, III, ccxii). Marcel Bataillon refers to it only briefly, and Mrs. Malkiel was unable to consult it in preparing her masterly study of *La originalidad artística de La Celestina*. Apart from references in bibliographical works (not always accurate; see pp. 69-71), the *Tercera Celestina* has been virtually ignored or unknown by students of Spanish literature. This is unfortunate since the work is one of the more important *Celestina*-imitations. [187] In imitating the techniques of the original *Celestina* it succeeds as few other works of its genre do.

5. Editions

a. Medina del Campo, 1536

On the title page there is a woodcut showing an execution scene, which, as Salvá [188] and Pérez Pastor [189] have noted, has nothing to do with the action. This is not particularly strange, for Spanish printers frequently used the same woodcut on the title pages of several different works, [190] often when the subject of the print did not fit the matter of the book. [191]

Below the woodcut is the title: ¶ Tercera parte dela tragicome= / dia de Celestina: va prosiguiẽdo enlos amores d' Felides y Po / lãdria: cõcluyen se sus d'sseados desposorios: y la muerte y desdi / chado fin que ella ouo: es obra dela qual se pueden sacar dichos / sutilissimos y sentencias admirables por muy elegãte estilo di= / chas agora nueua- mente compuestas por Gaspar Gomez natu= / ral dela muy insigne ciudad de Toledo: dirigida al magnifico / cauallero Feliciano de silua.

This edition contains 126 leaves, with the following scheme of signatures: A-P[8], Q-Q[6] (Q[3]-Q[4] is lacking in the Leyden copy). [192]

The content is as follows: A 1[r]: Title ‖ A 1[v]: Prologo del autor. Al noble ca / uallero Feliciano de silua: al q̃l va dirigida la obra ... (ends A 2[r]) ‖ A 2[v]: ¶ Primer auto ... ‖ Q 6[v]: (*auto* L ends, l. 15) ... l. 24 (colophon): ¶ Acabo se la presente obra enla muy noble / villa de Medina del campo. A seys dias / del mes de Julio. Año de nue= / stro señor Jesu christo: de / mil ⁊ quinientos y / treynta y seys / Años.

The type page is 35 lines in length and measures 162 × 103 mm. The type is Gothic letter and woodcut letters similar to those of the Sevilla, 1533, *Propalladia* [193] are used at the head of each *auto* except the ninth; all are five lines in height, and are generally adorned with leaves and flowers, though heads of unidentifiable animals figure in the G and P. The Q and R are formed of human faces, and the S is in the shape of a dragon (cf. Gillet, op. cit., I, 35). The D is decorated with an animal head, leaves and flowers, and on one occasion this D is used for a U (fol. H 6[v]). Though the printer had duplicates of some of these letters (O appears twice each in gatherings F and P, and S twice in gathering L), he apparently had only one E, for on D 3[r] a two-line type capital is used instead of a woodcut, E having appeared on fol. D 1[v].

¶ Tercera parte dela tragicome=

dia de Celestina: va profiguiédo enlos amores ô Felides/y Po
ládría: cócluyen se sus ôsseados desposorios: y la muerte y desdi
chado fin que ella ouo: es obra dela qual se pueden sacar dichos
sutilissimos/y sentencias admirables/por muy elegáte estilo di=
chas agora nueuamente compuestas por Gaspar Gomez natural dela muy insigne ciudad de Toledo: dirigida al magnifico
cauallero Feliciano de silua.

Figure 1. *Portada* of the Medina del Campo, 1536 edition.

¶ Tercera parte dela tragicomedia
de. Celestina : va psiguiendo enlos amozes de Felides y
Poladria : concluyen se sus desseados desposozios y la muer
te y desdichado fin que ella vuo : es obra dela qual se pue
den sacar dichos sutilissimos / sentencias admirables :
poz muy elegante estilo dichas agoza nueuamente compue
stas poz Gaspar Gomez natural dela muy insigne cibdad
de. Toledo : dirigida al Magnifico cauallero Feliciano
de Silua.

¶ Jmpresso. Año. de. M.D.xxxix.

FIGURE 2. *Portada* of the Toledo, 1539 edition.

The only known copy of this edition is in the library of the University of Leyden, which may explain why few bibliographers have studied it at first hand. Barrera, [194] Brunet (II, 1660), Graesse (II, 99), and Palau (no. 103556) all follow Panzer's description (IX, 532); Palau even states that "actualmente no se conoce ningún ejemplar." Hillard [195] worked with a microfilm of this edition, and mistakenly thought that the British Museum's copy was of the 1536 edition.

b. Toledo, 1539

The same woodcut appears in this edition, followed by the title: ¶ *Tercera parte dela tragicomedia* / de. *Celestina:* va psiguiendo enlos amores de *Felides* y / *Polãdria:* cõcluyen se sus desseados desposorios y la muer / te y desdichado fin que ella vuo: *es obra dela qual se pue=* / *den sacar dichos sutilissimos sentencias admirables:* / por muy elegante estilo dichas agora nueuamẽte compue / stas por *Gaspar Gomez* natural dela muy insigne cibdad / de. *Toledo:* dirigida al Magnifico cauallero *Feliciano de Silua.* / ¶ *Impresso. Año. de M. D. xxxix.* [Italicized portions are in red.]

This edition has 126 leaves with the gatherings arranged: A-P⁸, Q-Q⁶. [196] Apparently the Toledo printer followed a copy of the *editio princeps* in setting his edition, for the folios begin and end with the same words as the 1536 edition; occasionally, however, the Toledo edition corrects a misprint or clarifies an obscure passage in the earlier edition by a change in punctuation or word division.

Here the type page is only 34 lines in length, but it still measures 173 × 105 mm. The type again is Gothic letter, and the woodcut capitals appear to be identical to those of 1536, although considerably worn. Differences in detail in several letters (e.g., *E* and *D*) suggest that they may have been recut. A new *D* appears on fols. N 2ᵛ and P 2ᵛ, where the Medina printer used an inverted *C*. A new font of type is used in the Toledo edition; differences can be noted in comparing the capitals, particularly the *C*, *P*, and *R*.

Only two copies of this edition are known to exist. One, described above, is preserved in the Biblioteca Nacional in Madrid, and is apparently (as Menéndez y Pelayo suggests [197]) the copy belonging to Salvá.

The British Museum has a copy which is identical to the above except for the title page, which reads *Feleciano* instead of *Feliciano*. [198]

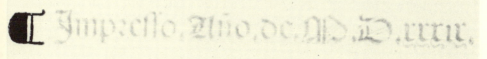

⁋ Tercera parte dela tragicomedia

de. _____ : va psiguiendo enlos amores de _____

_____ : cocluyen se sus desseados desposorios y la muer

te y desdichado fin que ella vuo : _____

_____ _____ _____

por muy elegante estilo dichas agora nueuamēte compue

stas por: _____ natural dela muy insigne cibdad

de. _____ : dirigida al Magnifico cauallero _____

⁋ Impresso. Año. de. M.D.xxxx.

FIGURE 3. *Portada* of the British Museum copy showing the spelling *Feleciano*.

This copy is defective in collation; gatherings *G* and *H* are interchanged, and gathering *M* is missing completely. Palau lists the following prices over the years: "780 frs. Seillière. 1100 frs. Heredia, 1892. 34 libras Huth, 1912. 5000 pesetas. Vindel."

c. Other Putative Editions

Ticknor mentions an edition of 1537, but the existence of this one is doubtful. Barrera lists one of Toledo, 1559, which is probably an error for 1539 (cf. Salvá, *Catálogo*, I, 447).

d. The Present Edition

The present edition is based on the Leyden copy of the Medina, 1536, edition, with variants appearing in the Toledo, 1539, text indicated in footnotes. Two leaves of text lacking in the *princeps* have been supplied from the 1539 edition.

In transcribing the text the following procedures have been observed: (1) Modern Spanish criteria of capitalization, punctuation and accentuation have been applied, following the "Nuevas normas de prosodia y ortografía" established by the Real Academia Española in 1958.[199] (2) Since sentence division in the original edition is nebulous, new sentences have frequently been formed to clarify the meaning as much as possible while still preserving the original syntax. (3) Compound words such as *avnque, todavía, sobretodo, acerca, siquiera* and *demás*, almost invariably divided into the component parts in the original text, have been joined without comment. (4) Contractions such as *dellas, desse, desta* and *dél* have been retained, but *ques* has been transcribed *que es* for clarification. (5) Numerous abbreviations have been resolved without indication: $\tilde{q}$ (*que*), *d'* (*de*), *pa* (*para*), *q̃en* (*quien*), *p* (*pro-*), *q̃nta* (*quanta*), *vr̃a* (*vuestra*), *p̃* (*pre-, -per-*), and *ɤ* (*ver-*, as in *verdad, vergel*). A vowel bearing a tilde has been transcribed as vowel + *n* (or *m*, depending on modern spelling. *ʒ* has been rendered as *e* or *y* according to modern usage; *ʒc.* been transcribed as *etc*. (6) Obvious typographical errors and inverted letters (such as *u* for *n*) have been corrected without indication; editorial insertions for clarification of meaning have been placed in brackets. (7) Otherwise, the spelling of the original text has been preserved. The use of *s* and *ss*, of *c, ç*, and *z*, and of *g, j*, and *x* follows the *editio princeps* even when seemingly in violation of usual sixteenth-century practice. [200] Similarly, the use of *b, u* and *v*, of *i* and *y*, and of *f* and *h* follows the original text without change (e.g., *fuego* is invariably written *huego*, and the conjugation of the verb *auer* [*haber*] is, with few exceptions, *he, as, a, emos, auéys, an*). (8) The names of characters speaking, abbreviated irregularly in the original editions, are here indicated in full; the name of the speaker who opens each *auto*, omitted in the early editions, is indicated here. (9) Variants have been listed at the bottom of the pages, by line numbers; notes to the text appear at the end.

Tercera parte
de la Tragicomedia de Celestina

¶ Tercera parte de la Tragicomedia de Celestina. [A 1r]

Va prosiguiendo en los amores de Felides y Polandria, conclúyense sus desseados desposorios, y la muerte y desdichado fin que ella ouo.

Es obra de la qual se pueden sacar dichos sutilíssimos y   5
sentencias admirables, por muy elegante estilo dichas; agora nueuamente compuestas por Gaspar Gómez, natural de la muy insigne ciudad de Toledo. Dirigida al magnífico cauallero Feliciano de Silua.

PRÓLOGO DEL AUTOR. [A 1v]

Al noble cauallero Feliciano de Silua, al qual va dirigida la obra.

¶ Noble y muy magnífico señor:

Como en los tiempos antiguos no era digno de memoria   5
sino el que exercitando su vida en algún notable exercicio después de sus días la dexaua, quise forçar a mis fuerças a que, siendo fauorecidas con el fauor [1] que de vuestra merced espero, tomassen ocupación en se ocupar algunos ratos en poner en obra a hazer esta obrezilla, la qual va tan tosca en   10
sus dichos quan subtil [2] en las sentencias subtilíssimas la pasada, que es la donde [3] ésta depende. Y presuponiendo que la

4 1539: vuo
5 1539: y omitted
8 1539: cibdad

9 1539 (Brit. Museum copy only): Feleciano; 1539 adds: ¶ Impresso. Año. de. M.D.xxxix.

1 1539: auctor
2 1539: caualiero

11 1539: sutiles
12 1539: la de donde; E

mar prouee a los ríos que della salen,[4] acordé ésta, como
mínimo arroyo, pedir socorro a quien socorrerla puede. Y yo,
como su administrador y muy cierto sieruo de vuestra merced,   15
en su nombre pido ayuda a vuestra merced como a persona
que tiene poder de poderla dar. Y si se marauillare del sobrado atreuimiento que me comouió [a][5] atreuer, pidiendo mercedes a quien jamás hize seruicios, a la verdad, no será tanta
la admiración quanta la causa que tuue y tengo para se lo   20
suplicar; porque como yo fue[6] informado de la veniuolencia
que vuestra merced tiene con los que se esfuerçan a pedir esfuerço a vuestra merced, parecióme que no dexaría de ser
comigo[7] veníuolo como lo es con los demás. E si acaso algunas partezicas en esta obra se hallaren que de notar sean, las   25
quales sin auer conuersado con vuestra merced, tengan los
lectores por inposible auerlas notado siendo el auctor tan
fríuolo e ináuil,[8] puédese responder, que ansí como el que
está de hito mirando al sol, su gran resplandor le ciega,[9] por
el consiguiente, si mi torpe lengua con la subtil y elegante de   30
vuestra merced ouiera conuersado, hallo por muy cierto que
ouiera enmudecido, de arte que no digo escriuir lo escrito,
mas pensar de pensarlo no osara. ¿Pues qué medio an tenido
mis sentidos para po/der sentir cosa que tanto sentimiento   A ij[r]
de necessario se requería para effectuarlo? Creerá vuestra   35
merced que sus calidísimos rayos dieron vigor a mi tibia inteligencia, para que entendiesse en se ocupar al presente con
la esperança futura de vuestra merced a se oponer a lo que
a otro más ábil era lícito.[10] Y ansí vuestra merced puede juzgar, que ni las razones que entre Felides y Polandria por   40
razón auían de ser primas[11] no van con el primor que se requiere, ni el fundamento de los dichos de los demás tan fundados, ni las sentencias de Celestina tan sentidas. En conclusión, que no lleua otra cosa útil, sino la vtilidad que de
vuestra merced como de señor a quien va dirigida cobrare.   45
Y como no aya quien, conociendo mejor los hierros,[12] los pon-

22	1539: se *omitted*	32	1539: vuiera
27	1539: imposible	36-37	1539: enteligencia
28	1539: pues se; assi	39	1539: E
31	1539: vuiera	46	1539: E

ga con buen concierto más concertados, quise suplicar al
querer [13] de vuestra merced lo acepte, y no mirando la osadía,
affirme la voluntad muy recta que de seruirle tiene este su verdadero criado, la qual se empleará en lo que vuestra merced   50
le mandare. Agora no me falta, después de tener la merced concedida de vuestra merced, sino rogar al lector que ésta
leyere lea primero la Segunda, que es antes désta; porque avnque yo me condeno en esto, que cotexar la vna con la otra
se verá la diferencia que ay, gano más fama con ser trauada   55
de historia tan subtil que infamia con hallar en ella las palabras toscas e inusitables [14] que hallarán. Y ansí, porque el vulgo [15] note la historia de do procede, suplico a vuestra merced
se lo encargue.

¶ Laus Deo.   60

¶ Primer auto.   [A 2v]

   Felides recuerda, y empieça a razonar, como que halla ser
impossible auer estado la noche passada con su señora Polandria, y affirmándolo por sueño, llama a Sigeril para que le
diga la certenidad [16] de aquella duda que tiene, en lo qual   5
passan muchas razones. E Sigeril le declara por muy ciertas
señales como auía estado con ella. Y Felides por más se satisfazer, determina de embiarle a la posada de Polandria. E introdúzense:

¶ Felides.   ¶ Sigeril.   10

FELIDES. O Divina potencia, ¿cómo as querido dar a los rayos
   resplandecientes de Febo [17] tal vigor, que a la poderosa
   Aurora con su claríssima luz, no solamente a los del vniuerso surgir hiziesse, mas [18] a mis diuididos pensamientos

---

54 1539: cotejar   57 1539: E
55 1539: ser trobada

---

4 1539: afirmandolo   6 1539: le *omitted*

despertar del sueño, [19] tan suaue para mi contemplación y   15
de tanto descanso para mi atribulado coraçón? Por cierto,
avnque inumerable es la gloria [20] que espero gozar, las
horas que de tal passo me acordare, en grandes quilates
sobrepuja a ésta la pena que he rescebido, con al presente
mis sentidos apartarse de tal dulçor como en el que estauan   20
ocupados. ¡O mi señora Polandria, con qué justicia tan
rigurosa de vuestra mano sería castigado mi atreuido deua-
near si a noticia os viniesse tal cosa! ¡O cómo soy digno
yo mismo de me dar crudo tormento, pues ya que no fue
en mi libre aluedrío [21]el pensarlo, es en mi propio poder   25
euitarlo de la memoria! A la verdad, o yo estó [22] fuera de
mí, o el coraçón me engaña, pues tan a la clara siento
hazerme el creer por possible lo imposible; mas, ¿qué
digo alegando por cierta mi vanidad? Que ves que si éste,
por me dar aliuio lo concede, la razón que es más, de seguir   30
me lo niega. ¡O, quán ciego me tiene en este punto Cupido! Pues me pone en las mientes que tenga por cierto que
aquel rostro de tan gran consolación me consolase, y
aquellos ojos de crecida claridad con jocundo aspecto
me quisiessen mirar, y aquellas tan perezosas manos para me   35
escreuir tuuiesse vn tan indigno como yo con las / mías   A iij[r]
juntas, [23] y aquellos pies que tan pesados se hazían para
llegar hasta la ventana fuessen con diligencia a esperarme
al vergel, y aquella boca tan sabrosa que tan cara me
vendía la palabra que por ella salía fuesse merecedor de   40
tener la mía sin auer distancia a par della, y aquel cuerpo
de toda perfición [24] con éste que posseo estuuiesse abraçado. Es vn sueño que, avnque es increýble, me causa
tanta delectación que affirmo las ymaginaciones que Ouidio
escriue de Teseo con Adriena [25] no le diessen la tercia[26]   45
parte désta que tengo.

SIGERIL.   ¡O cuerpo de Dios con quien me parió, [27] y qué ma-
drugadas hazemos mi amo y yo! Por mi vida, que se pueda

15	1539: al sueño; de *omitted*
19	1539: recebido
26	1539: euitarle; estoy
28	1539: posible

34	1539: aspeto
43	1539: increible
44	1539: imaginaciones
45	1539: Tesseo con Adriana

creer que no pisaremos el sapo, [28] que las onze no más me
dizen que a rato que dieron. Mas todo se suffre con las   50
noches que hombre [29] passa, y algo más se compadescería
mi rondar y recibir sereno si vuiesse efecto que lo que he
començado con Poncia pudiesse acabar. Como he visto
esta noche passada a mi amo, que a osadas, [30] si por la
astucia con que lo he negociado no fuera, en sus días viera   55
cumplir vn tan increíble desseo como tenía. Mas avnque
en gran manera es la copia de hazienda que tiene y linage
generoso, poco le apruechara todo si la diligencia, que es,
según algunos dizen, madre de la buena ventura, [31] le faltara. En conclusión, de oy más le juzgo por muy dichoso,   60
pues tan bien y a su saluo alcançó lo que quería, y con
tanto, quiero subir arriba y ver en su aposento si es leuan-
tado, o en qué términos está, porque dubdo [32] el no [33] estar
despierto, que sabemos que ansí como la mucha tristeza
acarrea sueño, [34] por el consiguiente el demasiado plazer   65
lo euita. ¡O maldito sea tan gran loco, y qué baladrear [35]
que tiene con las paredes! Yo le escucharé aquí hasta ver
en qué para.

FELIDES   ¡O cómo soy insensato, pues con el deleyte de mi
sueño comparo otro ninguno [36] que por la misma forma   70
acontesciesse! A la verdad, los que por obra posseýan esta
gloria, no fue tan grande como la mía por ymaginación,
que si dixesse que la rescibía grande Salomón con la que
le mandó ydolatrar, [37] o David con / Bersabé, [38] o Sansón   [A 3v]
con Dalida, [39] y otros muchos que podría nombrar, todos   75
callarían si viniessen a cotejarla con la que tengo.

SIGERIL.   ¡O qué tiro [40] tan precioso, y cómo puedo dezir muy
bien que le pueden atar, según lo que oygo! ¿No miráys
y [41] como no haze caso de los amadores modernos, sino de
los más antiguos del testamento viejo? Y lo mejor de todo   80

---

50 1539: ha rato
53 1539: encomençado
54 1539: ossadas
56 1539: increyble
61 1536: tambien

64 1539: assi
69 1539: insesato
71 1539: aconteciesse
73 1539: recibia
80 1539: testamente

es que lo cuenta su merced por sueño. Pluguiera a Dios
que tal sueño me acontesciera a mí.

FELIDES. Ora tarde se me haze, según la claridad en esta recámara entra. Quiero llamar a Sigeril y darle parte de mis
reuelaciones, porque sé que holgará de oýrlo. 85

SIGERIL. Mala holgura te dé Dios, porque estés [42] en tus treze [43] con pensar que fuesse sueño.

FELIDES. Sigeril, ¿estás aý? [44]

SIGERIL. Ansí te puedes secar que yo entre en esta hora, [45]
que primero quiero, avnque me duela la cabeça de oýrte, 90
escuchar tus deuaneos.

FELIDES. ¡A, Sigeril!

SIGERIL. Otra le a dado. Guardo que no oye el bouo. Mas no
sin causa dizen que no ay peor sordo que el que no quiere
oýr. [46] Y con todo esto determino que no quiebre por mí 95
la regla de a tres va la vencida, [47] sino que llamándome
otra vez responderé, avnque no sea por más de passar
tiempo con él.

FELIDES. Por cierto que tiene hombre buenos criados, que según me parece es casi medio día, y el señor Sigeril no 100
acuerda venir. No esté por dicha en el portal jugando.
Veamos si me oyrá llamándole más rezio. Ola, moços, ¿está
aý esse vellaco de Sigeril?

SIGERIL. Aquí estoy.

FELIDES. Pues mala pascua os dé Dios. [48] ¿Es buena cosa que 105
me quiebre la cabeça en daros bozes?

SIGERIL. De verdad, señor, que agora quando vos [49] preguntáuades [50] por mí, llegaua de mi posada, y aquélla fue la
primer [51] boz que os oý, que por mi vida, siempre tengo
las mañas del rey. [52] 110

FELIDES. ¿Qué mañas, cauallero?

SIGERIL. Que donde no estoy, avnque me llamen ni me bus-
quen, no me hallarán.

FELIDES. Hi, hi, hi, y cómo se haze entre manos [53] su merced [54] gracioso adeuinando. 115

81 1539: lo *omitted*   112 1539: aun q̃
89 1539: ora   114 1539: su merced entre manos
102 1539: llamãdolo

SIGERIL. Más, señor, me marauillo de ver como os reýs, sabiendo que no miento en lo que he dicho.

FELIDES. Ora, [55] por tu vida, que te dexes de donayres y me
digas en qué te as detenido, que no te acordauas que siendo ya hora de comer / me auía de leuantar.   120

SIGERIL. Señor, avnque sea donoso, no dexaré de dezir lo que   A iiij[r]
me parece, que tengo por escusa legítima, y es que ya
todos sabemos que el que camina de día, le es conuenible
dormir la noche; y por el consiguiente, el que de noche
lo vsa, de día a de descansar. [56] Y esto no lo digo por mí;   125
pues no ay razón para ello.

FELIDES. Pues, ¿por quién lo dizes?

SIGERIL. Esso sí; al buen entendedor pocas palabras. [57]

FELIDES. ¿Cómo pocas? Que sean pocas que muchas, puedes
creer que no las entiendo.   130

SIGERIL. Quando vos, señor, mandardes, [58] yo os las daré a
entender.

FELIDES. Larga deue de ser la materia que mueues; por tanto, déxalo para después de comer, y contarte [he] agora
vn sueño que esta noche he tenido de incomparable plazer.   135

SIGERIL. (Mal sueño te dé Dios porque arguyas [59] que sueño
a sido.)

FELIDES. ¿Qué dizes entre dientes, [60] Sigeril?

SIGERIL. Señor, digo que ansí me ayude Dios, lo querría ya
auer oýdo.   140

FELIDES. Ya sabes como anoche fuimos a ver a mi señora Polandria, y la hablé por ser mi ventura tan dichosa, y por no
auer disposición, aýn las manos no vuo lugar de le besar.

SIGERIL. (Ansí el diablo te lleue como fue anoche lo que a
tres días.)   145

FELIDES. ¿Qué me respondes?

SIGERIL. Lo que respondo es que esse disimular no a de ser
para comigo, que tres noches a que passó esso que dizes.

FELIDES. O loco, ¿y cómo desatinas en dezir tal cosa? ¿No

120	1539: ora	141	1539: fuymos auer
121	1539: dezer	143	1539: dispusicion
134	1536, 1539: cõtar te agora	147	1539: respondes q̃
139	1539: assi	148	1539: ha

sabes tú que no pueden estar día mis ojos enxutos pen- 150
sando quán poco remedio tienen, ni mis entrañas ora sin
deshazerse por la angustia en que están, ni mi coraçón
punto [61] sin de nueuo se encender con el huego [62] tan cruel
que le cerca, y tiene vna prisión de tan fuertes cadenas que
le atormentan, que avnque procura salir de tal pena, no 155
puede?

SIGERIL. (A osadas, que él desatina tan rezio que mal año
para la crescida hiebre que tal pueda ninguna cabeça
tornar.)

FELIDES. ¿Para qué rezas? ¿No hablarás claro? 160

SIGERIL. Señor, no rezo, mas de que [63] digo que si es esso lo
que me auías de contar.

FELIDES. ¿Por qué eres tan grande asno? ¿Tú no ves que esto
no lo he dicho sino porque me hazías encreyente [64] que lo
que anoche passó a ya tres días, como quien no dize 165
/ nada? [A 4v]

SIGERIL. ¿A mí que soy cordoués me tornas a porfiar? [65] Pues
a fe que sé ya quántas son cinco. [66]

FELIDES. Que seas cordoués o toledano, quiero que me digas
dónde estauan mis sentidos las dos noches siguientes, que 170
auía de reposar sin ver a mi señora Polandria.

SIGERIL. Por cierto que no se an passado en balde, sino mucho a vuestro prouecho.

FELIDES. Por tu vida que lo digas, que me tienes turbado.

SIGERIL. Cuerpo de Dios con quien te parió, porque en ha- 175
zerlo no te turbaste, y antes de oýrlo te turbas. [67]

FELIDES. Acaba ya, si quisieres, y dilo de arte que hombre te
entienda.

SIGERIL. Tres noches te dixe que passó lo que me dezías, y
en ello me affirmo, porque la primera fue esso, y la segun- 180
da, que fue ante noche, cogiste las rosas [68] en hazerse los
desposorios entre ti y ella, avnque vuo reja en medio, de
lo qual yo y Poncia somos testigos, y anoche que dizes
que fue sueño. A mí se me antoja que gozaste de las rosas
cogidas con tu libre poder, y por más te certificar, te hago 185

saber que el pobre de Sigeril las cojó [69] quando tú, y no
habla de talanquera [70] por no querer su dicha que las go-
zasse. Esto, señor, es lo que yo ymagino que tienes por
ymaginación.

FELIDES. ¡O Santa María, y qué cosas de ti he oýdo! ¿Cómo   190
se me figura auer passado ansí? [71]

SIGERIL. No se te figure, mas tenlo por muy cierto.

FELIDES. Pues dime si tal descanso mi coraçón vuiera alcançado, ¿cómo auía yo de estar tan descansado? [72]

SIGERIL. (Preciosos tiros tiene nuestro amo, que mejor diría   195
nuestro asno, que dize la cosa y la desdize toda de improuiso.)

FELIDES. ¿Por qué me matas con tus vellaquerías en hablar
essos secretillos contigo mismo, auiéndotelo reñido veynte
vezes de vna hora acá? Mas no en balde se dize que quien   200
malas mañas a, tarde o nunca las perderá. [73]

SIGERIL. Señor, digo que no alcanço a entender el argumento que as mouido.

FELIDES. ¿Qué llamas argumento, nescio?

SIGERIL. Lo que dizes que si tuuieses alcançado el descanso   205
no estarías descansado.

FELIDES. ¿Desso te marauillas? Pues sabe que desta manera te
lo prouaré: qualquiera [74] amante pone todas sus diligencias cómo aver a la señora. Y como vea que no tiene es/pe-   A v[r]
rança de ningún remedio, tiene vn cuidado, que es pensar   210
cómo no le quiere ella socorrer.

SIGERIL. ¿Y el que la a alcançado no tendrá ya ésse?

FELIDES. Es verdad. Mas si es hombre de honrra, a de tener
muchos, que son cómo dará cobro della, y qué fin a de
auer la tal cosa y a qué oras, porque ay gran diferencia   215
ser por desdicha sentido, hallándole con ella, más que
auiendo tierra en medio. [75] Y en conclusión, a de pensar
qué seruicios la a de hazer para que sean sufficientes a la
persona que se hazen. [76]

186 1539: Segeril   210 1539: cuydado
203 1539: has   211 1539: socorer
205 1539: tuuiesses   213 1539: hõra
209 1539: auer   218 1539: suficientes

SIGERIL. Por mi vida, que me paresce bien esso que me as 220
dicho, mas el cuytado que no a empeçado a hazer, ninguno se deue quexar.⁷⁷

FELIDES. Calla, Sigeril, que yo te prometo que todo se remedie muy breue. Y entretanto que es hora de comer, te
allega a casa de mi señora Polandria. Quiçá la verás y sa- 225
bremos la certinidad de lo passado.

SIGERIL. Mi yda no es por demás por cumplir tu mandado.
Haz poner entretanto las mesas.

FELIDES. Ve con Dios, y buelue muy presto, que no perderás
nada. 230

SIGERIL. Assí quiera él.

¶ AUTO SEGUNDO.

Sigeril, como sale de con Felides para yr a casa de Polandria, va consigo razonando, y en el camino topa a⁷⁸ Pandulfo,
con el qual pasa diuersas pláticas, y como se despide dél,
acuerda no yr a casa de Polandria. Y con esta determinación, se 5
buelue a su posada, a do dexó a su amo. E introdúzense:

¶ Sigeril.   ¶ Pandulfo.

SIGERIL. Espantado salgo de oýr aquel insensato, quan fuera
está de sí. ¡Qué obra metía en quebrarse la cabeça, como se
quería hazer entre manos vn Macías!⁷⁹ Mas quán proprio⁸⁰ 10
fuera, estando él en el sueño, que se le antoja darle la colación que a este otro le dieron, porque en algo se paresciera
a él. Bien mirado, yo creo que ni Pármeno y Sempronio tenían / tanta razón de hazer burla de Calisto, ni menos Face- [A 5v]
to de Aquilano,⁸¹ quando les vían⁸² desbaratar, como yo he 15
tenido oy de hazella del señor mi amo, avnque ya me paresce que le voy gustando sus nortes,⁸³ según entonces le
hazía rauiar cocándole.⁸⁴ Y él me paresce que no lo en-

---

220 1539: parece   226 1539: certenidad

4   1539: passa; despida   13 1539: mi
12 1536: esto otro; 1539: pareciera   18 1539: parece

tendía, o dissimulaua por su honrra. Y aýn podría ser que
por esimirse[85] de lo que de papo[86] mandó a Poncia lo 20
hiziese, y pesaría al diablo si esto verdad fuesse. Mas a
osadas, que yo pueda poco o le conozca antes que anochezca de qué pie coxquea.[87] No piense, por vida de su
agüelo,[88] que no se me entiende todo, que pues prometió
dineros, no le cale, para comigo que soy cuexco, cumplir 25
de parola.[89] Mas siquiera[90] porque piense que he ydo a
casa de Polandria, quiero me pasear por hazia Sant
Miguel,[91] y entretanto comerá Felides. Veamos si basta-
rán los que están en casa para seruirle. ¡Válame Dios, y
cómo me paresce aquél que va por allí abaxo a Pandulfo! 30
Y aýn no es otro, o yo estoy ciego. Quiero le llamar. ¡Pandulfo! ¡A, Pandulfo!

PANDULFO. O hermano Sigeril, ¿qué es lo que mandas?

SIGERIL. ¡Jesús, Jesús! ¿Qué es de ti?

PANDULFO. No pensé que eras tan bouo, pues sin ver al diablo 35
te santiguas, ¿qué hiziera si le quitaras la capa?[92]

SIGERIL. A la fe, si tan esforçado te muestras, quítasela tú.

PANDULFO. Bien paresce, Sigeril, que veniste ayer al mundo,[93]
pues tan simple te crió la natura.[94]

SIGERIL. No es tan grande mi simpleza que yo te prometo que 40
pocos me echen el dado falso.[95]

PANDULFO. Pues, ¿de qué te espantauas por verme, como si
nunca me vuieras contratado?[96]

SIGERIL. Espantóme de que querría saber en que andas.

PANDULFO. A osadas, que yo estó engañado, o antes de media 45
hora dé las quatro, según anda suelto el badajo.[97]

SIGERIL. ¿Qué badajo, Pandulfo?

PANDULFO. En buen romance te digo, que eres tú, pues ves
tan claro que ando en mis pies y lo preguntas.

SIGERIL. Gana me parece que tienes de gastar almazén.[98] 50

PANDULFO. Antes estás engañado, que yo voy muy de priessa,
y si no quieres otra cosa, queda con Dios.

19	1539: desimulaua		27	1539: pasar; san
20	1539: esemir se		29	1539: las
21	1539: hiziesse		36	1539: sentiguas
22	1539: lo			

SIGERIL. No te vayas, por me hazer merced, que la amistad nuestra no se a de oluidar tan ligero, siquiera por[99] / quantas vezes reñiamos sobre quien esgrimiría mejor.

PANDULFO. Pues, ¿qué es lo que quieres?

SIGERIL. Que pues la plaça está sola, nos assentemos en aquel poyo, y me digas desde ayer que de casa saliste todo lo que as passado, que lo mismo haré yo si tú quisieres, que aueriguado está, que es descanso contar hombre a su amigo lo que le acontece. [100]

PANDULFO. Soy contento, mas es tan larga la historia que no sé cómo lo empeçar.

SIGERIL. ¿Tú no sabes que para todo ay remedio sino para la muerte? [101]

PANDULFO. Esso ya lo veo, mas, ¿por qué lo dizes?

SIGERIL. Dígolo porque lo que yo preguntare me harás plazer de dezir.

PANDULFO. Yo huelgo dello, porque sé el amor que me tienes.

SIGERIL. Ora, dímelo primero, ¿qué fiestas eran las de ayer que ansí tan de repente se te antojó tomar rosario, [102] y qué sutilejo? [103]

PANDULFO. Mas, ¿tan malo era?

SIGERIL. No lo digo sino que era como vnos agallones, [104] y con qué deuoción los estauas en la cámara de nuestra posada passando, que ruyn sea yo si hermitaño que vuiesse estado en vn yermo veynte años cursando el rezar tal maña se diesse; y agora verte de otra manera, que vienes más arrufaldado [105] que antes.

PANDULFO. Aquí verás tú que los hombres, como seguimos al mundo que es muy liuiano, somos como la hoja en el árbol —a cada viento se buelue. Dígotelo, porque ansí como andando en tanto tráfago me mudé a seruir a Dios, por el mismo arte torno agora a lo passado; que te hago saber que todos tenemos tres enemigos del ánima, que son el

[A 6r]

55

60

65

70

75

80

85

55 1539: esgrimia
59 1539: has
69 1539: tines
71 1539: assi

75 1539: estaua
75-76 1539: possada
79 1539: arufaldado
82 1539: assi

mundo y el diablo y la carne, [106] y qualquiera déstos haze al hombre que offenda a su criador.

SIGERIL. Agora me espanto de vna cosa.

PANDULFO. ¿De qué?

SIGERIL. De que hasta oy vi predicador con guadra y ro-   90
dancho [107] y todo lo demás que sobre ti traes; y con justa causa te podemos dezir abad y vallestero. [108]

PANDULFO. Déxate desso, que nunca el hábito haze al monje. [109]

SIGERIL. Esso aparte, me harás merced de responder la ver-   95
dad de lo que te pregunté, pues estamos solos, que ya pienso tendrás de mí conoscido que lo que me dixeres es como al confessor.

PANDULFO. Hermano Sigeril, ya sabes que el que se pone a jugar los dineros que lleua / al tablero no ha de hazer   100
cuenta dellos, porque tiene tan cierto el perder como el   [A 6v]
ganar. Dígolo que si viste que anoche me esimí de salir con Felides, no fue por lo que yo era más santo estonces que agora, ni agora que antes, sino porque más quiero vergüença en cara que manzilla en coraçón. [110]   105

SIGERIL. ¡Contigo me entierren! [111] ¿Qué sabes de cuenta?

PANDULFO. A la fe, sé qué cosa es mundo, [112] y que Polandria es muger generosa, y que andando nuestro amo tan dentro, lo que nosotros podemos baratar, ya tú lo verás.

SIGERIL. Lo que veo es que estando muy loco, nos puede dar   110
quanto le pidiéremos, pues tiene razonablemente con qué.

PANDULFO. Bien dizes quanto a lo dubitable, [113] ¿mas no as oýdo dezir que quien adelante no cata, atrás se halla? [114]

SIGERIL. ¿A qué propósito dizes esso?

PANDULFO. A propósito que Polandria tiene muchos criados,   115
y no creo en la fe morisma [115] si con cada vno dellos, y aýn aýnas diría con tres junctos, y yo en calças y camisa no me saliesse a matar.

SIGERIL. Entre ti y mí no son menester essos fieros, sino que claro digas que los más priuan a los menos.   120

---

86   1539: qualquier   99   1539: bien sabes
90   1536, 1539: gualdra   113   1539: no mira
93   1539: abito   117   1539: ayna; juntos yo

PANDULFO. No te dexaré de conocer que es verdad, anque [116] a otro no lo concediera. Mas también tengo causa porque todos son mis amigos.

SIGERIL. Tú tienes razón. Mas el día de oy no ay tantos Roldanes que la cabeça de cada vno no guarde la agena. 125

PANDULFO. Estáte en tus treze [117] en seguir el camino que quisieres, que no ayas miedo que te vaya a la mano. Mas eres mi amigo y no te dexaré de apercebir que te acuerdes de la fin que Calisto y sus criados hizieron.

SIGERIL. Yo te lo agradezco, que no me despido de seguir tu 130 consejo. Y dime agora lo que te [a] acontescido con Quincia, que es marauilla lo que se dize della en su posada y de ti en la nuestra.

PANDULFO. Eso de Quincia muchas vezes que me agrada.

SIGERIL. ¡O qué buen dissimular! ¡Como si no se supiesse 135 todo! No quieras que digan por ti tresquílenme en la plaça y no lo sepan en mi casa. [118]

PANDULFO. ¿No me dirás acerca desso qué es lo que sabes, o a qué pregonero as oýdo las nueuas?

SIGERIL. Pregoneros fueron, y aýn harto de crédito. 140

PANDULFO. Sepamos qué pregoneros. /

SIGERIL. En breues palabras te digo que eran Polandria y mi [A 7r] señora Poncia.

PANDULFO. ¡Cuerpo de Dios con los señoríos que le pone, y cómo le parecerían bien si la renta le viniesse! 145

SIGERIL. Avnque no sea renta, será lo que Dios quisiere.

PANDULFO. Esso es adeuinar, mas dixesses [119] otra cosa. Esto aparte, quiero que me digas: ¿Quándo o cómo fueste [120] tan secretario dessas dos señoras que te dixeron lo que passaua?

SIGERIL. Cuéntamelo tú por entero todo, y dezirte he yo dellas 150 cosas que te espantes.

PANDULFO. Por vida de tal, que me as de dezir primero lo que a negociado Felides con Polandria, y tú con Poncia.

121	1539: te *omitted*		142	1539: era
131	1536: te acontescido; 1539: te acontecio		145	1539: pareceria
			148	1539: fuyste
140	1539: vn			

SIGERIL. Plázeme, mas as de vsar comigo lo que yo te he prometido de guardar, quanto al secreto.   155
PANDULFO. Pierde cuydado, que no ay necessidad de auisar-
me desso.
SIGERIL. Ya creo que aurás oýdo que la muger es de la ma-
nera de la estopa, [122] que con poquito huego es quemada.
PANDULFO. Mas a de vn día que lo he prouado.   160
SIGERIL. Pues ansí deste arte quiero dezir que fue Polandria
con nuestro amo, que yo te prometo que como el huego de
Cupido tuuo lugar de señorear su coraçón, hizo en él tal
obra que vna hora antes que Felides fue al vergel a
esperarnos.   165
PANDULFO. ¿Es posible lo que dizes?
SIGERIL. Es tan posible que esto no es nada en comparación
de lo que más pasó.
PANDULFO. ¿Cumplió por dicha su demasiado desseo?
SIGERIL. Vna vez que le cupo.   170
PANDULFO. En gran manera estoy marauillado de semejan-
te caso.
SIGERIL. No te marauilles, que sin dubda passó como as oýdo.
PANDULFO. Y veamos, ¿sin desposarse quiso la señora gozar
de sus madejas? [123]   175
SIGERIL. Anda, que ya se desposaron.
PANDULFO. Mal desposorio hagan, ¿y cómo se hizo tan sin
ruydo para ser tanta el auctoridad [124] de sus mercedes?
SIGERIL. No miraron en nada desso, que a media carta [125]
fue hecho.   180
PANDULFO. ¿Y sin clérigo?
SIGERIL. ¡Rape el diablo aquél! Ni aýn testigos más de yo
y Poncia.
PANDULFO. ¿De arte que en haziéndolo y pegando fue
todo vno?   185
SIGERIL. No, que el desposorio fue antenoche, y porque auía
tierra en medio, quedó la fiesta para anoche.
PANDULFO. ¿Pues las manos no se dieron entonces?

161 1539: que *omitted*   175 1539: madexas
164 1539: ora

SIGERIL. Sí, que vna reja estaua de la ventana, por donde podían re/toçar, quanto más dar la mano. 190

PANDULFO. Lo que tú y Poncia heziste [126] me di. [A 7v]

SIGERIL. Hize antenoche lo mesmo que mi amo, quanto al desposorio, mas anoche no, quanto a las bodas. [127]

PANDULFO. Precioso tiro es ése. ¿Y cómo no tuuistes lugar?

SIGERIL. Tuuimos tanto que sobraua, porque al vn cabo del 195 vergel estaua Felides con Polandria, e al otro estáuamos nosotros dos.

PANDULFO. ¿Pues por quién quedó?

SIGERIL. Por ser Poncia tan resabida que sobre cada palabra me arguýa vn sermón. Y todo era porfiar, que hasta que 200 nos velásemos no auía de hazer nada.

PANDULFO. Luego bien te puedo dar la norabuena del desposorio, avnque no de las bodas.

SIGERIL. Ansí me paresce, pues no fue en mi mano.

PANDULFO. Y Felides, no me dizes si le han atado. 205

SIGERIL. El, te hago saber, que está suelto, y tanto que auía menester vn poco de polilla en aquella lengua, [128] que él a dicho oy cosas que no es de contar, y me porfiaua que auía sido sueño, y para saber la certinidad, me embiaua el loco a casa de Polandria, mas mejor le ahorquen que allá vaya yo. 210

PANDULFO. ¿Y en qué quedaron sus amores?

SIGERIL. En que Celestina será interlocutora, y se desposarán público.

PANDULFO. La buena vieja pienso que no lo hará.

SIGERIL. Antes no quedará por ella, que nuestro amo se lo 215 paga tan bien que es vergüença de tanto como la da.

PANDULFO. ¿Qué la a dado?

SIGERIL. Si a ti parece poco no lo sé, mas buenos cien ducados [129] la lleué de vna vez esta semana, sin otras menudencias que él la da cada día. 220

PANDULFO. ¡Por vida de Poncia! ¿Es verdad esso de los cien ducados?

---

192 1539: mismo   200 1539: arguye
196 1539: estouamos

SIGERIL. Y aýn por vida de Sigeril, que en cincuenta doblones [130] los lleué.

PANDULFO. ¡O mala vieja! A osadas que no me lo paguen 225
sus herederos.

SIGERIL. ¿Qué es lo que te a de pagar, que ansí se las juras?

PANDULFO. Yo te prometo que tengo demasiada razón.

SIGERIL. No me lo dirás.

PANDULFO. Es que ayer jamás me quiso prestar diez ducados 230
por ruegos ni por amenazas. Ni aýn me quiso conceder
que tú la auías lleuado blanca. [131]

SIGERIL. ¡Ansí la quemen!

PANDULFO. ¿No te parece que es estrema/da la vellaquería? [A 8r]

SIGERIL. Lo que me parece es que venderá a todo su linage 235
por vn real, [132] quanto más prestar diez ducados como
quien se burla.

PANDULFO. No me llamaría yo Pandulfo, ni tendría éstas [133]
en la cara, si no hiziesse vna burla de que la pesasse.

SIGERIL. ¿En tan estrema necessidad estauas? 240

PANDULFO. ¡O cuerpo de tal! ¿Y no lo estó agora?

SIGERIL. Dilo ya. Sepamos que tan grande es.

PANDULFO. En breues palabras lo oyrás, y es que yo saqué
anoche a Quincia de casa de su ama, y para encubrir su
vergüença y no publicar mi santidad, he determinado de 245
caminar con ella esta tarde y lleuarla a Valencia. [134]

SIGERIL. ¿Y agora, dó la tienes?

PANDULFO. En casa de vna mi tía en el barrio de Sant Miguel.

SIGERIL. ¿Y cómo tan presto concedió en lo que querías?

PANDULFO. Bien estás en la cuenta. No creo sino en Dios si 250
más de quatro meses no a, que ando sacándola del mundo
que lo haga. [135]

SIGERIL. En fin, no es moça de cántaro. [136]

PANDULFO. Sí, mas tu Poncia es destrado, [137] o es doctada [138]
de la hermosura que aquella rapaza de Quincia tiene. Si 255

---

229   1539: digas
231   1539: ruego; aun
232   1539: le
235   1539: linaje

240   1539: estraña
241   1539: y *omitted*
251   1539: anda; la *omitted*
254   1539: de estrado; dotada

no, que lo puedes tú dezir si Poncia cabe ella no paresce
a Boruga la negra. [139]

SIGERIL. Pláticas son essas para que nuestros secretos no tengan effecto. Por tanto, no distingamos agora esso que podría ser auer enojo.   260

PANDULFO. Yo ansí lo pienso.

SIGERIL. Con estas y estotras, [140] antes que de aquí vamos, [141]
me acaba de contar como la ouiste, sin dar cuenta a
tus amigos.

PANDULFO. Por cierto, que fuera buena cosa andar publican-   265
do conciencia. ¿Nunca oýste dezir que gato maullador nunca buen caçador? [142]

SIGERIL. Ansí es uerdad, ¿más desposástesos?

PANDULFO. Sí, y aýn entre las puertas. Y por tu vida y mía,
que no se ouo otorgado quando la oue pegado.   270

SIGERIL. ¿Luego te abrió la puerta?

PANDULFO. A la hora y aýn de arte caminamos tres horas que
anduuimos juntos, que avnque ýuamos a pie, no dáuamos
ventaja a la mejor posta. [143]

SIGERIL. Pónesme tanta dentera, [144] tú por vna parte y Felides   275
por otra, que della no puedo estar.

PANDULFO. Pues razón es que no la tengas, sino que vayas
luego y pongas diligencia como esta noche hagas algo; que
ya también es hora de yrme / porque ando muerto a bus-   [A 8v]
car vna bestia para nuestra partida.   280

SIGERIL. Sea como dizes, que las dos dio agora.

PANDULFO. Dessa manera, buenos estamos, que dos horas justas hemos aquí estado. Por esso, vé con Dios.

SIGERIL. El y su bendita madre te guíen. [145]

256 1539: si *omitted;* parece   270 1539: vue; 1536: peguado
259 1539: efecto   278 1539: deligencia
260 1539: enejo   279 1539: ora
268 1539: verdad; desposastes hos

¶ Auto .iij.

El hortelano de Paltrana, llamado Penuncio, anda por el
vergel escauando la hortaliza, [146] y platicando consigo de ver
por allí pisadas. Halla entre las yeruas vn tocado de Polandria,
y paresciéndole mal, determina mostrarle [147] a Paltrana. Y él   5
estando en este acuerdo, entra Poncia a cojer vnas rosas, y
passan entre los dos diuersas razones sobre el mesmo caso,
en que al fin da el tocado a Poncia y pierde el enojo.
E introdúzense:

¶ Penuncio.   ¶ Poncia.   10

PENUNCIO. A buena fe, que hallo muy garridas estas albaha-
        queras, [148] y estos claueles con el rocío desta madrugada,
        que no parecen éstas goticas de agua, sino perlas. Loado
        sea el que lo riega con tan buena orden. ¡Cuerpo de mí!,
        que con este frescor auía de venir mi ama a coger tal   15
        deleyte, y haría dos prouechos: El vno que de mañana,
        huelga hombre en este tiempo rescebir tan suaue y frío ayre
        que todos los médicos afirman que es saludable, [149] y podría
        a su plazer cada día passearse dos horas sin calor ninguno,
        que agora son las quatro, y avnque estuuiesse hasta las seys   20
        no tiene ninguna fuerça el sol; [150] y el otro prouecho es
        que me quitaría el trabajo que cada tarde tengo de sacar
        agua y regar, y avn ella mal contenta, que jamás me acuer-
        do verla por aquí media hora. Y esto causa que avnque
        siempre viene a puesta de sol, no dexan de estar estas losas   25
        algo calientes, que más pueden sus rayos calentar que el
        agua enfriar, para no auer / distancia de tiempo. ¿Mas   B [1r]
        qué vellaquería es ésta que todo este peregil está hollado?
        Y aquellas lechugas, no me parece sino que diez cauallos
        las an pisado. ¡O mal grado aya yo con tal cosa como ésta!,   30
        que quanto la persona trabaja en todo el año, en vna hora
        le echan a perder. Descreo de quien me parió, si supiesse

---

1   1539: Acto   7   1539: mismo
3   1539: escardando   17   1539: recebir
5   1539: pareciẽdo le   25   1539: rosas

quién lo hizo, si no me lo pagasse también, que holgasse
dello. Ojo, ojo, ¿y quál está? ¿Aquella pared de los xazmines toda derribada? No sé qué le haga, que yo con llaue   35
dexé la puerta y cerrada la hallo. ¿Qué diablos es aquello
blanco que está cabo aquel naranjo? Juro a San Pedro, que
es éste tocado de la señora Polandria. Mala pascua su merced aya, porque tal obra aya echo, y aýn a mí la dé Dios
si se me passare por alto sin dezirlo a Paltrana mi señora,   40
porque sepan en los passos que a la media noche la bonita
anda, y se remedie, que deste arte sabiéndolo, yo ganaré y
y ella no tendrá lugar de se echar a perder, que ruyn sea
yo si estas pisadas no son de hombre y si no me paresce
tan mal que no sé qué diga. [151]   45

PONCIA. [152] ¡Qué gran passatiempo es andar por este vergel,
y qué gran fragancia dan todas estas flores y yeruas odorí-
feras! Por cierto, honrra me haría Polandria si cada día me
dexasse salir a coger estas rosas. ¿Mas qué puede ser tanto
razonar que tiene consigo Penuncio? Que me maten si no   50
es aquél que tiene en la mano el paño de la franja de oro
que mi señora Polandria suele echar sobre la cabeça. ¡O
desuenturada de mí!, que por él qu[e] es vn villano sere-
mos descubiertas si a barruntado algo de la fiesta desta
noche. Quiero le escuchar, que podrá ser que no aya caýdo   55
en [153] ello.

PENUNCIO. Yo me daré priessa a concertar estas cañas como
estauan en red, y pondré estos xazmines por ellas, anque [154]
están puestos del lodo, y en acabando, juro a mí de yr
con estas nueuas a mi señora, y no me curar de amistades   60
en este caso.

PONCIA. ¡O cómo es algo lo que yo ymaginaua, según lo que
le [he] oýdo dezir! Bouo es el moço, que no lo sabrá relatar. [155] Quiero allegarme allí y hablarle, pues me va algo

---

33	1539: pagase; holgase		47	1539: todos
34	1539: y *omitted*		47-48	1539: odorificas
37	1539: sant		53	1536, 1539: ques
39	1539: hecho		55	1539: podria
40	1539: dizirlo		63	1536, 1539: le oydo
44	1539: pissadas; parece			

en ello. Norabuena estés, hermano Penuncio. ¿Qué / es lo 65
que hazes? [156] [B 1v]

PENUNCIO. ¡Cuerpo de Sant Juan [157] con quien os parió! ¿Por
qué me vengáys con essas platiquitas, viendo que hago
lo que vosotras desezistes? Mas no medre yo, si no
me vengare. 70

PONCIA. ¿Qu[é] es esso, Penuncio? ¿Estás en ti?

PENUNCIO. A el diablo os lleue. ¿Por qué digáys si estó en mí?
¿Porque no encubro vuestras vellaquerías?

PONCIA. Sin duda, como es tan de mañana, tú no estás bien
despierto y piensas que hablas con Boruga la negra. 75

PENUNCIO. ¿Esso de Boruga muchas veces por disimulación,
como que no veo que hablo con Poncia, criada de Polandria?

PONCIA. Pues hazme saber, ¿qué es lo que as visto que tan
sin vergüença hablas?

PENUNCIO. He visto tanto, que sobra mi vergüença para vues- 80
tra desuergüença.

PONCIA. Muy poco te entiendo si no te declaras más en tus
razones y me dizes quién [158] son las que te an hecho esse
enojo, porque me paresce que no só [159] yo sola.

PENUNCIO. A la fe, no eres tú sola, que tú y Polandria soys. 85

PONCIA. ¿Qu[é] es lo que hezimos?

PENUNCIO. ¿Qué más queréys?, sino que esta noche entrastes
aquí quando todos dormían, y me auéys parado el vergel
qual le vees. [160]

PONCIA. ¡Jesús, Penuncio! ¿Y tal pensamiento te a venido? ¿No 90
te parece que tenemos tiempo de día para nos holgar sin
andar de noche como ánimas en pena? [161]

PENUNCIO. Essa holgura no era de arte que de día la podéys gozar.

PONCIA. ¿Por qué? 95

PENUNCIO. Malo está de ver. ¿Por dicha meteréys a ojos vis-

67	1539: san; pari		84	1539: parece
68	1539: platictas		86	1536, 1539: Ques
71	1536, 1539: Ques		89	1539: veys
72	1539: estoy		90	1539: ha vanido
76	1539: dissimulacion		92	1539: anima
83	1539: echo		93	1539: dia no

tas a vuestros amigos en vuestro aposento, como esta noche
auéys hecho?

PONCIA. ¿Paréscete que es buen disfamar de honrra tan gran
testimonio sobre mi señora Polandria? En mi conciencia, si   100
no te castigas (y) en tu loco atreuimiento, yo me ahorcase
a la hora de vn mançano déstos.

PENUNCIO. Hártate de llorar, que testimonio será sobre cuerpo echar. [162]

PONCIA. ¡O justicia de Dios, que tal consiente!   105

PENUNCIO. Mira, Poncia, avnque traygo capote, bien se me
entiende todo lo bueno y lo malo.

PONCIA. ¿Y qué se me da a mí?

PENUNCIO. Dígolo porque no me concedes que salistes a la
media noche por aquí.   110

PONCIA. ¿Por qué tengo de conceder la mentira? No, sino que
lo niego.

PENUNCIO. Veamos. ¿Negarás ser éste tocado de Polandria?
¿Que si miento, puedo dezir si quiebre la olla, si no he /   B ij[r]
aquí los caxcos? [163]   115

PONCIA. Es verdad, que es de mi señora Polandria, y agora me
acuerdo que a la vna le tomó vnas angustias de la calor [164]
que haze, y nos salimos por aquí a passear.

PENUNCIO. No sin causa se dixo que más presto alcançan al
mentiroso que al coxo. [165]   120

PONCIA. No es tan gran marauilla oluidarse, que por la rauia
que me hazías lo dixe.

PENUNCIO. Anda, ¿qué más dirás?

PONCIA. ¿Qué tengo de dezir?

PENUNCIO. Quiero de ti saber si truxistes algún escudero.   125

PONCIA. Mira que refrenes tu lengua, que no era aquélla hora
de traer a nadie con nosotras.

PENUNCIO. Estas pisadas están claras ser de muger, porque
está el chapín [166] señalado.

PONCIA. Sí, son.   130

PENUNCIO. Pues éstas de hombre son.

98   1539: aveys echo   104   1539: echor
99   1539: parece te   111   1536: conoscer
101   1536, 1539: y en

PONCIA. No son, por cierto, sino mías, que venía en seruillas. [167]
Y apercíbote que ordenes de callar, y no pongas lengua
sobre ninguna muger que fuere de honra, en especial sobre
quien la as puesto.   135

PENUNCIO. No te marauilles que en el mejor paño cae la
raça. [168]

PONCIA. ¿Y comparas a la honestidad de las mugeres que son
de alto linage con el paño?

PENUNCIO. Desso me quiero reýr, como si no supiesses que   140
entre diez ay vna buena. [169]

PONCIA. Marauíllome de ti, pues naciste dellas, quererlas
tan mal.

PENUNCIO. No te marauilles, que la razón no quiere fuerça, [170]
y sin que nadie me lo fuerce a dezir, sé que dende [171] que   145
el mundo se formó fueron malas las mugeres. [172]

PONCIA. ¿Cómo prouarás tú ser verdad lo que nadie a prouado?

PENUNCIO. Como si que bien sabemos que nuestra madre
Eua, [173] por ser desobediente a nuestro redemptor nos echó
a todos a perder.   150 .

PONCIA. Yo lo concedo, mas muger fue la sagrada virgen María que vino a ganar lo que essotra auía perdido.

PENUNCIO. Esso affirmo lo que es ansí, mas yo te prometo si
a lo que te dixere me traes comparación con alguna sancta,
con esta açada te quiebre las muelas.   155

PONCIA. No te muestres tan fiero por estar sola contigo. Di lo
que quisieres.

PENUNCIO. Mira a Elena, [174] muger del rey Menalao, por ser
ella mala, cómo se destruyó Troya, y quántas muertes a su
causa vuo de Griegos y Troyanos.   160

PONCIA. Por esso te podré dezir que Lucrecia, muger de Co-
latino, se dio ella misma la muerte, por ser tan casta. [175] /

PENUNCIO. Si éssa lo fue, no es de espantar [176] que vemos que   [B 2v]
Clitenestra, [177] muger del rey Agamenon, por cumplir sus
desseos tan suzios con Egisto, sacerdote, fue en dar la   165
muerte a su marido. [178]

134	1539: honrra		154	1539: Sancta
138	1539: onestidad		160	1539: huuo
139	1539: linaje		164	1539: Agomenon
149	1539: desobidiẽte			

PONCIA. ¡Anda ya! Acuérdate de Penélope, [179] muger del rey Ulixes, que estuuo diez años en texer vna tela por ser leal.

PENUNCIO. Si no fuesse por euitar prolixidad, no te aprouecha-   170
rían dos ni tres buenas para mil que te diría yo malas que
por luxuria lo fueron, siendo de alta sangre, como puedes
leer de Pasife, [180] muger del rey Minos, que su desordenado apetito quiso cumplir con vn toro, y de Faustina, [181]
muger del emperador Marco, que lo mismo hizo con vn
esgrimidor.   175

PONCIA. ¡O Penuncio, Penuncio! ¿Y cómo te oluidas las notables que sus hechos fueron famosos, por dezir de las que
herraron? Acuérdate de Judic, [182] que fue vna matrona tan
sabia que tuuo astucia para matar a Olofernes y libró a
su pueblo con gran aumentación [183] de su honrra.   180

PENUNCIO. Dime quántas ay ya déssas.

PONCIA. No ay tan pocas que en nuestros tiempos no a sido
la cathólica reyna doña Ysabel, [184] muger del rey don Fernando, de gloriosa memoria.

PENUNCIO. E si bien lo miras, no a tantos años que no aya   185
acuerdo dello, que por la hija del conde Julián perdió el
Rey don Rodrigo a España. [185] Y otras muchas que no te
nombro, porque en conclusión ay agora muy pocas mugeres que en vno de los siete pecados, [186] o en todos siete, no
cayga. [187]   190

PONCIA. Gran cosa te has atreuido a dezir.

PENUNCIO. No es, par Dios, [188] sino pequeña para vosotras,
que yo te lo prouaré.

PONCIA. Anque me tienes harta en oýrte, di lo que quisieres,
que escucharte e.   195

PENUNCIO. Por ventura, ¿quántas ay que no tenga la soberuia
dominio sobre ellas? Que verás a muchas no tener qué comer, y andar cargadas de oro y seda, y sobre todo no ver
vso nueuo que no maten al cuytado del que lo mantiene [189]

---

170 1539: daria
173 1539: apatito
176 1539: *second* Penuncio *omitted*
179 1539: libra

185 1539: Años
194 1539: oyrlo
195 1539: he

que se lo dé, diziendo que en el pueblo no a de salir otra   200
más galana. Pues de auaricia no es menester dezirte, por
que ya sabes que el mundo que cada vna tuuiesse se la
haría poco. De la luxuria no es lo que he dicho en comparación de lo que en / ellas ay, echar en la mar vn jarro   B iij[r]
de agua para que abulte; [190] y por tanto, en éste no digo   205
más. La yra dirás que de poquillo las enseñorea, sino que
quando vna la tiene, avnque seáys su hermano, a de dar
facultad a su lengua para que desfleme. Gula, me pregun-
tarás si tienen. Yo te certifico que ay algunas no ganar en
su casa vn real, y gastar real y medio. Pues si se juntan   210
tres o quatro comadres a merender, a osadas, que la comida de concejo no es de tanta costa. Embidia burlando es
la que posseen. [191] No digo aquí más, que quantos gastos
desordenados hazen, todo es por la embidia. O si dixesse
lo que reyna en ellas la pereza, sería d[e] espantar. Basta   215
que ay hartas que veen, que el marido se leuanta de mañana a trabajar, y ellas, por más que tengan que hazer, se
quedan en las camas por no quebrantar su mal vso. Pues
de los cinco sentidos, no tienen por dicha qué dezir, sino
que es cosa admirable ver con qué astucia miran a la ve-   220
zina o amiga o parienta para tener qué hablar de lo que
lleuan puesto. Y nunca dizen que les agrada nada, o por
embidia, o porque se les antoja. Y avn de los hombres
no les falta qué dezir. Para dezirte del oýr, auré menester
beuer por no secarme.   225

PONCIA. Dilo ya; seco te veas.

PENUNCIO. As de escucharme a todo.

PONCIA. Si tanto te detienes, yréme, que es tarde.

PENUNCIO. Dime, todos los secretillos, parlerías, murmuraciones, embaxadas, ¿dónde se encierran sino en la muger? ¡O   230
cómo dixo bien la discreta donzella Theodor [192] quando le
fue por el sabio preguntado quál era la cosa más amarga, y
respondió que la lengua de la muger quando está suelta!

204	1539: hechar		215	1536, 1539: despantar
207	1539: aun q̄; Hermano		231	1539: Teodor
211	1539: Tres		232	1539: Sabio preguntada
213	1539: de quantos		233	1539: Muger

Y ansí verás que si riñen dos que toda su vida an sido
como hermanas, descubrirse an [a] grandes bozes hasta lo				235
que hizieron sus visagüelos. [193] E si son de más manera, no
les falta a quien dezillo, avnque estén en las yglesias. Y que
más, que otro sabio que daua consejos a su hijo, vno de los
principales fue que nunca le acontesciese descubrir el se-
creto principal a su muger. [194] E destos enxemplos [195] te				240
podría dezir asaz de/llos. Del oler, natural cosa es que den				[B 3v]
hasta la toca por vnos guantes adobados, [196] y por ámbar [197]
y almizque, [198] y otros olores para se sahumar. Del gustar
baste lo que dixe acerca de la gula. Del apalpar, por el
consiguiente, lo remito a la luxuria. Y esto te baste para				245
saber la propiedad de las mugeres, pues te alcança tu parte.

PONCIA.		¿As acabado? Mira, si as acabado.

PENUNCIO.		Concluýdo he ya algún tanto de mi razonamiento.

PONCIA.		¿De manera que aýn más te falta?

PENUNCIO.		De faltar no tengas dubda, mas para contigo sobra				250
lo que he dicho.

PONCIA.		Mala rauia te mate, porque tan negro [199] maestro del
estudio saliste. Di, desuenturado, ¿piensas que por el falso
sermón que as hecho que me corre sangre, avnque he esta-
do presente, ni a ninguna de las que ausentes están?				255

PENUNCIO.		Si no te corre sangre, veo que te corren lágrimas.

PONCIA.		Mira, puerco, no pienses que lloro por lo que has
dicho, sino por tu ynico [200] pensamiento, que a lo demás,
te daré yo respuestas, que tengas por bien de pedir perdón
por las locuras passadas.				260

PENUNCIO.		Esso de pedir perdón que me agrada. Si locuras
fueron, tú me diste licencia.

PONCIA.		¿Nunca oýste dezir, al ruyn dañle vn palmo y tóma-
se quatro? [201]

PENUNCIO.		Déxate de fantasías para comigo, y buélueme la				265
respuesta como dizes, que yo en dubda lo pongo. Y por
tanto, ver y creer. [202]

234		1536: Sirriñēdos					238		1539: Sabio; sus hijos
235		1536: descubrir se an; 1539: des-		241		1539: olor; que vēde
			cubrir se a					247		1539: si has

PONCIA. Lo primero está manifiesto, que poco a, saliste dellas como te dixe.

PENUNCIO. Esso es quanto a que no diga lo que me paresce, 270 mas si son malas, por nascer yo dellas, ¿boluerse an buenas?

PONCIA. Por cierto, sí. La joya es preciosa para que medren, sino que el día que naciste, fuere mejor que te ahogaran.

PENUNCIO. Aýn todavía eres pesada.

PONCIA. No soy, sino por otras mil maneras te prouaré el 275 prouecho que dellas os viene si callas a todo.

PENUNCIO. Acaba, que si haré, nunca otro hables.

PONCIA. La muger, después de nacido el hombre, le cría con mil trabajos, y ya que criado, ¿por quién es perfecto en toda perfición sino por la muger? Mira quántas justas, 280 quántos torneos hazen los hombres sólo a causa de las mugeres. [203] ¿Qué te diré de músi/cas, canciones, motes, y Biiij [r] muy subtilíssimos [204] dichos? Pues si miras las grandes haza-ñas que por mugeres se han hecho, sería nunca acabar, si a contarlas començase. Bástete ser vno de los juramentos que 285 a todo cauallero armado se toma, que a de fauorecer siem-pre a las mugeres, y que con todas sus fuerças desará [205] sus agrauios. ¿Quién haze al hombre yr por la mayor parte a missa? ¿Quién, siendo de su natural indomable, le doma y sugeta a oýr los sermones sino la muger? ¿Quién finalmente 290 le trae en nouenas y a romería, y a todo seruicio de Dios? ¿Por quién tantas galas y nueuas inuenciones de todas suer-tes y tan elegantes maneras de dezir se inuentaron sino por la muger? ¿Quién naturalmente hablando enseñó a hablar al mundo y despertó el seso del inocente, sino la muger? 295 ¿Por quién presume andar limpio y muy polido, y se haze vencedor de grandes batallas, sino por muger? Y dexadas aparte las que se an hecho por las muy buenas mugeres, mira quánto aprouecharon las que por Elena se hizieron, [206] avnque ella no tuuo culpa, que bastó a dexar perpetua e 300 immortal memoria de la admirable fortaleza de Ector, y Paris, y Troilo, y dío [207] Febo, y del rey Menón, y de otros

---

276   1539: de ellas
286   1536: armada
290   1539: sujeta

295   1539: mundo
302   1539: Troylo

valerosos troyanos cuya fama quedara para siempre escu-
recida, y del fortíssimo Achiles, y del inuencible Agame-
nón, y del fuerte Menelao, y del antiguo Nestor, y del　　305
ingenioso Vlixes, y de otros griegos dinos[208] de memoria,
si por ella no fuera. Y finalmente te digo, que las dotó Dios
de vn ingenio admirable con que siempre dan saludables
consejos, y el hombre que no los toma se falla mal dello.
Y para tú ser discreto, como yo por tal te tengo, as me de　　310
conceder todo lo dicho.

PENUNCIO. Que me plaze. Y aýn haré otra cosa, que te daré
el tocado, si tú también me concedes lo que yo alegué, y
estaremos en paz, teniendo tú por bueno lo que me oýste
dezir, y yo lo que tú agora as alegado.　　315

PONCIA. Penuncio, mala cosa es que todavía sigas tu interés.
Por tanto, as de quitar de la memoria tan falsa porfía; porque si tú dizes que conceda lo que prouaste ser malas, y
por lo que me as oýdo affirmas venir por ellas prouecho a
los hombres, son dos contrarios que en vn subjeto no se　　320
pueden / compadescer.　　　　　　　　　　　　　　　　[B 4v]

PENUNCIO. ¿Y cómo? ¿As tú de ganar y que yo quede para
majadero?

PONCIA. Si agora buelues en tu seso, no lo serás; que quien
hierra y se emienda,[209] a Dios se encomienda.[210]　　325

PENUNCIO. Yo no hallo auer hecho ningún hierro, mas porque
es hora de yr por de almorzar, toma el paño de Polandria,
que otro día podrá ser que no te lo conceda.

PONCIA. Pues yo también me voy, que es tarde. Queda en
buen[211] hora, que todo será como tú quisieres; y de lo　　330
que emos aquí razonado no sepa persona.

PENUNCIO. Anda con Dios, que en cargo me lo tengo.

309　1539: halla　　　　　327　1536: almozar
315　1539: ahora　　　　　331　1539: hemos
325　1539: enmienda

¶ Aucto quarto.

Sigeril, como se despidió de Pandulfo, viene consigo razonando, y vee a la puerta de su posada a Corniel, paje de
Felides. Y como an hablado entrambos, entra a dezir a su amo
que viene de casa de Polandria, y que habló con Poncia;   5
en que acuerdan que vayan a dar vna música en la noche, y
por este plazer Felides le manda para quando se casare trecientos[212] ducados. Y entrodúzense:

    ¶ Sigeril.   ¶ Corniel.   ¶ Felides.

SIGERIL. Gran cosa hallo que es lo que Marco Tulio escriuió   10
de amicicia,[213] y veo la esperiencia en mí que por esse
poco tiempo que he contratado con Pandulfo, siendo tan
gran vellacazo,[214] me paresce que hasta la noche estuuiera
detenido por saber su vida, y por el consiguiente contán-
dole mis negocios entre estas y estotras. O estoy fuera de   15
mí, o son las campanas de Sant Pedro[215] las que oyo,[216]
que tañen a bísperas. A pocas bueltas puede dezir mi amo,
al buen criado ponerle la mesa y embiarle al mandado.[217]
Y lo mejor de todo sería por pago de mi tardança y escarmiento de otra auerme de/xado la comida en la cobertera.   20
Mas con buey aran que sabrá buscar su rastrajo,[218] porque B v[r]
yo sería mayor asno que loco el que me espera, si no vrdies-
se vna que tuuiesse tan complicada la camisa como él
alegría con la nueua,[219] que en fin, pues mentir no cuesta
dineros,[220] yo proporné[221] que mis razones sean largas.   25
Y aýn haré de arte que con vna dura vayan dos maduras,[222]
dándole a entender que cumpla comigo lo que a Poncia
mandó. No piense, por su vida, que a de ser todo baladrear
en vano, que quien habla de papo pague de bolsa.[223] No
me ayude Dios, si aquél que está a la puerta no es Corniel,   30
y sin duda algo tenemos bueno, pues en su manera lo da

---

2 1539: Sigiril
7-8 1539: trezientos
10 1539: la que
11 1539: esse

15 1539: fuere
16 1539: san; oygo
25 1539: que a

él a entender. ¡Quán apressurado viene el nescio a me hablar! Bien puede creer que es más mi desseo de oýrlo que su diligencia a me lo contar.

CORNIEL. O hermano Sigeril, ¿quieres me abraçar?   35

SIGERIL. Por cierto, soy muy contento. Mas sepamos qué nouela [224] es ésta, que no te ha dado el coraçón sossiego a esperar que allegase a la puerta, sino que a la mitad del camino has salido a me rescebir. Y otra cosa, que quando estoy quinze días fuera del pueblo, no me abraças, y al   40 presente lo as vsado con auer tres horas que salí de casa.

CORNIEL. Esto te diré de buen grado, y no tenga nada por incierto, que lo que no acontesce en diez años vemos acontescer en vna hora. [225]

SIGERIL. Sepamos ya si a ti plaze essos acontescimientos.   45

CORNIEL. La cosa te quiero contar muy breue porque nos entremos, que Felides con gran gozo se espera gozar con tu venida, y es que el frío destas noches passadas los días futuros nos lo quitarán.

SIGERIL. Hazme este plazer, que te aclares; porque quando   50 rondamos en menguante de Luna, el tiempo no es tan escuro [226] como tus razones me parescen.

CORNIEL. No te digo más de que tenemos la mejor y más copiosa librea que hasta oy se a visto, que la fiesta de nuestro amo me paresce que todos la festejaremos.   55

SIGERIL. O él es demasiado perdido en sacar más de lo justo, o tú estremada bestia en autorizallo tanto, di/go, avnque   [B 5v] me perdones.

CORNIEL. Déxate dessas fiestas, que pues de burlas lo dixiste, por tanto lo tomo. Y para que creas ser verdad lo que digo,   60 me remito a la obra, que según los sastres, calceteros, jubeteros, bordadores, çapateros se dan la prisa, anque oy se cortaron a medio día, de mañana a hora de missa estaremos vestidos.

SIGERIL. Cuerpo de quien me parió con tanto [oficial] [227]   65

32   1539: apresurado
38   1539: no que
55   1539: parece; festearemos
59   1539: dexiste

62   1539: priessa
63   1539: ora
65   1536: oficil; 1539: official

como as nombrado, y al cabo todo nada. Veamos qué colores sacó y de qué y para quántos, para ver si es todo vero lo que dize el pandero. [228]

CORNIEL. Sigeril, hermano, avnque me motejes por más liuiano, todo lo tengo de çuffrir, [229] lo vno por la entrañable amistad que siempre tuuimos, lo otro por no dar lugar a que el alegría que posseemos se entiuie por vn pequeño enojo. Las colores [230] de nuestra librea son sayetes hechos a la tudesca, de grana colorada, que dello a carmesí no ay diferencia, con vnas faxas de terciopelo verde de tres pelos [231] tan anchos como quatro dedos, con vnas pestañas [232] angostas de damasco blanco. Y las mangas yzquierdas son de terciopelo verde con dos subtiles coraçones en cada manga de carmesí, que casi están juntos con vna saeta que entra por el vno y sale por el otro. Las calças son de grana con vna luzida guarnición en los muslos del mismo terciopelo verde, y con sus tafetanes de la misma color, que salen por las cuchilladas. [233] Los jubones son de raso carmesí los çapatos de vn enuesado [234] blanco asaz picados, [235] las gorras de terciopelo verde con sus plumas coloradas y con alguna argentería, las capas de grana con las faxas y guarnición de los sayetes. Los pages de la misma arte, [236] excepto que los sayos son cumplidos, y no lleuan cosa de paño más de [237] las capas. Piensa agora si hablaua yo con monte. [238]

SIGERIL. Asme puesto tanta admiración con lo dicho que lo tengo por tan impossible como possible auer sido la historia de nuestro amo con Polandria.

CORNIEL. No seas tan incrédulo en oýr las galas, que me paresce que te marauillarás más en saber el número de los que son.

SIGERIL. Esso me acaba ya de contar para que de verdad lo crea.

CORNIEL. Los lacayos son veynte y quatro, y los pages le an

70

75

80

85

90

95

---

69 1539: motejas
70 1539: sufrir

99 1539: y *omitted*

of/frescido tantos a sus hijos que mandó cortar para 100
treynta. [B 6r]

SIGERIL. ¿Qué me dizes?

CORNIEL. Lo que oyes.

SIGERIL. ¡O válame Dios! ¡Qué hombre tan desconcertado!
¡Qué locura tan inumerable! 239 ¡Qué seso tan mínimo! 105
¡Qué nescedad tan sin medida! ¡Qué fama tan incomportable! ¡Qué dezir de todo el pueblo! ¡Qué murmuraciones
de los viejos! ¡Qué cosas publicarán los casados! ¡Qué inico
exemplo para los mancebos! ¡Qué reýr para los niños, que
del señor mi amo de aquí adelante tendrán con sobrada 110
razón qué dezir! ¿Qué emperador, qué rey, qué duque, qué
conde, qual ningún poderoso señor de treynta cuentos 240
de renta podía, avnque muy autorizadas fuessen sus bodas,
en gastos desordenados más autorizarlas como Felides con
no tener cumplidos dos cuentos? 115

CORNIEL. Calla, Sigeril, que más sabe el nescio en su hazienda
que el cuerdo en la agena. 241 Quanto más, que viendo él
cumplido vn tan desseado desseo como tanto tiempo hasta
oy a tenido, no es de marauillar que hiziesse justas y torneos, pues no se lo niega el generoso linage de do descien- 120
de, ni menos es gran locura hazer demasiadas franquezas,
que tesoro tiene de su padre que lo suffre, y la renta no
es tan poca que no lo sustentará.

SIGERIL. Es verdad, mas todas las cosas que en estremo se
hazen son viciosas, 242 y affirma el philósopho que en el 125
medio consiste la virtud. 243

CORNIEL. Déxate de philosophías, pues para su merced es la
costa, y para nosotros el prouecho.

SIGERIL. No es esso lo que yo pensé aprouecharme de sus
amores, y dessa arte para yr tan acompañado tiene neces- 130
sidad, porque vayan en orden, dar 244 otros salarios a capitán y cabo d[e] esquadra.

CORNIEL. Acaso lo hará ansí, porque él a de yr en medio como
emperador 245 que lleua la victoria y saca vnas ropas de tela

106 1539: necedad
105-106 1539: incomparable
116 1539: hacienda

125 1539: afirma
132 1536: des quadra; 1539: de es-
     cuadra

de plata con redes de oro entretexidas de jacintos y esme- 135
raldas, que por no ocuparme en dezirlo, lo dexo para quando lo traygan que lo verás.

SIGERIL. Bien librado está el pobre de Sigeril, pues dél no se
haze mención.

CORNIEL. Antes estás engañado, que muy fantástigo [246] te saca 140
de verde, que a buena fe lo pienso/que no te falte sino [B 6v]
la jaula. [247]

SIGERIL. Pues por saber de Felides si le he parescido páxaro,
quiero sin más detenernos entrar a que me dé la significación de mi librea, y de todas las demás, y alegrarle o 145
darle menos sossiego con las nueuas que traygo.

CORNIEL. Tú puedes entrar, que leyendo está, y yo me salgo
hazia la plaça.

SIGERIL. Anda y ven presto por si te llamare.

CORNIEL. Sí, haré. 150

SIGERIL. ¿Qué milagro es éste, señor, auiéndose concluýdo
también tus negocios, y ser tan en breue los casamientos
ocuparte en leer agora?

FELIDES. A, Sigeril, norabuena vengas si buena traes la embaxada. 155

SIGERIL. El recibimiento que esperaua de ti es ésse: de arte
que si no es tal, etc. [248] Como el otro que yendo desnudo
no le quisieron abrir en la boda, y como boluió muy atauiado le dieron con gran acatamiento su comida, y él, viendo
la cosa que pasaua, metió las mangas de la ropa en el potaje 160
y dezía: "Comeldo [249] mangas, que por vosotras me hazen la honrra." [250] Quiero dezir, que por mi persona poco
merezco.

FELIDES. Hazme tú vn plazer, que me digas todo lo que con
mi señora as passado, que a la hora te diré muy breue lo 165
que largamente oy he hecho.

SIGERIL. El caso es que quando yo fue, [251] comían, y no pude
hablar con mi señora Polandria, porque estaua en la sala.

135	1539: xacintos	149	1539: por *omitted*
141	1536, 1539: Verde; Fe	160	1536: las menguas
143	1539: parecido	165	1539: Señora has
144-145	1539: segnificacion		

FELIDES.   ¿E vístela?

SIGERIL.   Vila, y tan estremada en belleza como tu en seruirla.   170
Y por cierto bien conocí en ella lo que te ama, que ansí
como me vido, [252] mandó por señas a Poncia que me saliese
a hablar. Y luego lo hizo y me dixo de su parte en dos
palabras, [253] que esta noche a las doze fuéssemos, que te
estaría esperando.   175

FELIDES.   ¿Pasó más adelante?

SIGERIL.   Sí, passó.

FELIDES.   ¿Qué?

SIGERIL.   Que sin dar consuelo al desconsolado se passó en diziéndolo a otro corredor, por no ser en tiempo conuenible   180
para más detenerse, que andaua la gente por casa siruiendo,
y también porque Poncia me dize que no la hable en mi
remedio, y escúsase con dezir que obras son amores, etc., [254]
y que le he prometido de boca mucho, y que por la obra
vee poco. [255] Ansí señor que/yo he gran plazer de tu des-   185
canso y el trabajo que he passado. Tengo por gloria con   [B 7r]
ver que tú la tienes, y he determinado, pues no ay más en
que yo te sirua acerca del caso, suplicarte me des licencia
por vn mes para yr a mi tierra y traer lo que de mi parte me
viene, que los testamentarios a la hora me darán, por euitar   190
lo que puedo dezir: ver y dessear es fuerte mal. [256]

FELIDES.   Yo a lo primero no sé qué responder, sino que las
muchas gracias que por tu diligencia te querría dar no
puedo por la boca dezirlo; que a la verdad, el demasiado
plazer me atrae eleuamiento enmudeciendo, [257] y por el   195
presente quiero cumplir de obra lo que después auía de
hazer, que lo que Poncia se te quexa que no cumples con
ella no tiene razón, pues es a mi cargo, y pésame que tan
incrédula me tengas la fe, en pasarte por pensamiento que
donde yo estoy as menester cobrar tu hazienda para te   200
casar. Y porque no digas otro día semejantes palabras, toma

169   1539: vieste la   184   1539: la he
171   1539: conosci   196   1539: auia despues
172   1539: saliesse   198   1539: tienes
182   1539: tanbiē

este libramiento de trecientos ducados que en mi cambio
te mando dar para el día que te casares.

SIGERIL. O mi señor, yo te beso las manos[258] por la merced
tan crescida, que no lo dezía por tanto. 205

FELIDES. No cures[259] de gratificarme por palabras lo que por
obra cada día me pagas, sino procura de te aparejar para la
noche que vamos a la hora señalada al lugar acostumbrado,
que Dios queriendo, tú boluerás con el plazer que deseas,
y mañana le tendrás con vestirte y ver vestir a los demás 210
las libreas que oy se an cortado; porque espero en Dios
que para el domingo que vendrá serán los casamientos.

SIGERIL. Mucho querría, señor, saber qué ropas son y de qué
colores, con la declaración de lo que significan.[260]

FELIDES. Quántos son los que an de salir, y de qué, no te 215
diré, porque Corniel o qualquiera de casa te lo dirá.

SIGERIL. Sea lo que mandares, que de lo demás yo me in-
formaré.

FELIDES. Los sayos y capas son de grana,[261] a significança
de la estraña e increíble alegría que posseo; por guarnición 220
lleuan fajas verdes[262] con pestañas blancas, queriendo demostrar la esperança de la gloria venidera. E porque priua
a ésta la pasada en todo, va más/de lo colorado. [B 7v]

SIGERIL. ¿Y las pestañas blancas, qué significan?

FELIDES. Declaran su mucha limpieza y honestidad que siem- 225
pre a tenido. Lleuan ansímismo las mangas yzquierdas verdes con dos coraçones que vna saeta los traspassa y tiene
ligados, dando a entender que el de mi señora Polandria
y el mío ya están con la flecha[264] de Cupido heridos de
arte que no se conosce ventaja qual está más, sino que 230
están tan juntos que parescen ser vno entrambos. Los jubones son colorados; las calças son de grana y guarnecidas de
verde, significando lo dicho; los çapatos blancos assignando[265] la raýz tan pura y leal de do desciende; las gorras
verdes por lo que todavía espero. 235

209 1539: quiriendo
210 1539: lo tendras
214 1539: sinifican
217-218 1539: enformare
220 1539: increyble
224 1539: senefican

225 1539: onestidad
230 1539: conoce
231 1539: parece
233 1539: sinificãdo
234 1539: deciẽde

SIGERIL. Dessa manera, tú te contradizes, pues no estimando
la victoria y gloria ganada, pones en lo alto la esperança.

FELIDES. Avnque éssa es grande, no tiene que hazer con la
que más priua, que es vna pluma colorada en cada go-
rra que parezca estar sobre todo.   240

SIGERIL. Por mi vida, que es admirable cosa de oýr.

FELIDES. Pues más será de ver lo que yo tengo de sacar. No
te digo más de que será muy preciadas ropas con sacar
diuersas deuisas, [266] que vn día sacaré vna aue fénix, [267]
otro vn pelicano, [268] y ansí por el consiguiente otras.   245

SIGERIL. ¿E mi merced podrá lleuar colorado, pues no a alcançado deleyte ninguno? [269]

FELIDES. Por essa causa te mandé hazer de terciopelo verde
el sayo con la guarnición de raso de la misma color en
estremo, bordado, por el consiguiente, todo lo demás hasta   250
la pluma, que pidan esperança. Y ansímismo he mandado
que vn cauallo te guarnezcan de la manera nombrada
para que te passees entre día por la ciudad.

SIGERIL. Señor, son tan cumplidas las mercedes que no sé en
qué gran seruicio te pueda agradar para que la más míni-   255
ma se gratifique.

FELIDES. Hora, Sigeril, déxate dessos cumplimientos y ve al
despensero [270] y dile que te dé de comer, y come descan-
sadamente pues es ya tiempo, porque adereces luego mi
laúd para la música desta noche, que solos hemos de oýr.   260

SIGERIL. Yo voy, y muy presto pondré por obra lo que mandas.

¶ AUCTO QUINTO.   [B 8r]

Polandria llama a Poncia para que le dé las rosas que trae
del vergel, y ella le cuenta todo lo que con el hortelano allá

237	1539: vitoria		245	1536, 1539: Pelicano
238	1539: Aun que		252	1536, 1539: Cauallo
243	1539: preciosas		256	1539: te
244	1539: diuisas; 1536, 1539: Fenix		260	1536, 1539: Laud

2	1536, 1539: Rosas		3	1536, 1539: Vergel; Hortelano

passó; y estando en estas pláticas las dos, entra Boruga la
Negra, que las a estado escuchando, y amenaza a Polandria   5
con su señora. En conclusión, que Poncia la acalla con darla
vna cofia. E introdúzense:

   ¶ Polandria.   ¶ Poncia.   ¶ Boruga.

POLANDRIA. ¡O Sancta María, qué angustia tan congoxosa me
   cubre el coraçón ansí de repente! ¡O cómo de vn esquiuo   10
   fuego soy cercada! ¡Qué trasudores mortales me atraen! 271
   ¡O deleyte increýble desta noche passada, como tan sin
   medida eres priuado del dolor presente! ¡O mi señor Felides! ¿Dónde estáys que no socorréys a vuestra sierua que
   tanta congoxa la domina? 272 Por cierto no porque lo auéys   15
   de propriedad de ser desconocido, que hasta los que sin
   sentido biuen, si quieren declarar vuestro sumptuoso nombre verán que os dizen fiel, 273 y fuerte, y fauorable, y de fe
   sobre todo. 274 ¡Qué Narciso 275 tan hermoso! ¡Qué Marco
   tan elocuente! 276 ¡Qué Alexandre tan liberal! 277 ¿Qué cria- 20
   tura ab inicio acá 278 ay nascida, ni está por nascer, que
   con vos pueda comparar? Bienauenturada la hora que debaxo de vuestro yugo me rendí por leal cautiua, pues [a]
   aquel puncto 279 liberté mi coraçón y concedí descanso a mi
   vida y deleyte a mis pensamientos. ¿Qué remedio pondré   25
   a esta mi crescida pasión, que ansí me tracta y atormenta?
   Sin dubda, increýble dessassossiego tengo comigo. El alma
   me haze ymaginar que algo le aya acontescido al que es
   todo mi bien. O por mi suerte ser me/contraria averse   [B 8v]
   baruntado alguna parte de mis negocios. Y pues estoy sola   30
   de mi alegría y acompañada de tristeza, quiero llamar a
   Poncia y pedirla algunas flores si trae que reciba para me
   consolar por mensageros de aquel paraíso terrenal donde
   toda mi gloria, recreación y holgança se fundó. ¡Poncia!
PONCIA. ¿Señora, qué es lo que quieres?   35

4	1536, 1539: Borruga		28	1539: aquel que
6	1539: dalle		29	1539: auer se
7	1536, 1539: Cofia		32	1539: pedirle
23	1539: captiua		33	1539: mensajeros
24	1539: Coraçon		34	1539: folgança

POLANDRIA. Lo que quiero es verte, porque se me antoja que a rato que fueste al vergel y me a venido vn desmayo sin saber de qué; y conortaríame[280] si oliese alguna rosa de aquel lugar tan sabroso.

PONCIA. ¡O Polandria, Polandria, y cómo tenías desseo que viniese, y yo no hallaua modo cómo escusar mi entrada acá! ¡O cómo esperauas consuelo y hallarás pena! ¡O cómo estaua dubdando mi embaxada por el mal que te sentía tener y lo affirmaua por assegurar tu reuelación mayor con denunciarte la menor![281]   40

          45

POLANDRIA. ¡O sancta María, y cómo me fino! Echame presto vn rocío de agua en este rostro.

PONCIA. Esfuerça, esfuerça, señora, que tiempo tendrás para todo esto.

POLANDRIA. ¿Cómo la[282] puede cobrar la que estando sola vido cómo se le desmenuýa,[283] y hallando compañía, del todo la tiene perdida.   50

PONCIA. Si no ay más inconueniente para ganarla que el que asignas no aurá tardança en mi ausencia, pues la presencia te a causado desflaquecimiento.[234]   55

POLANDRIA. Si no quieres que a mis días dé la fin[285] muy breue no seas causa de causarlo.[286] Mas ruégote que luego me digas si por mi dicha alguna desdicha a mi señor Felides le a acontecido.

PONCIA. No tengas esse pensamiento, que él he sabido que fue muy alegre quando esta madrugada de ti se partió, y lo mismo está al presente en su posada.   60

POLANDRIA. Pues dime, quien la nueua tan incierta sabe ser cierta y sin peligro ninguno, ¿qué nueua tan agra podrá oýr que la primera tan dulce tenga vigor de azedar?[287] Di lo que por bien tuuieres.   65

PONCIA. Porque te veo tan constante, empeçaré a contar mis razones y tu ventura. Y es que tú me mandaste coger rosas coloradas para significación de la estraña alegría en que te dexó la hora que de ti Felides se despidió. E al prouiso[288]   70

hallo tan des/pedida de tu morada aquéssa, [289] y tan reco-   C [1r]
gida la tristeza que cuadra muy bien las flores que
traygo, [290] que son vnas ramas de alhelíes amarillos [291]
que declaran la desesperación que tengo por tu causa,
causada más porque en fin eres muger, y con esta primera   75
herida no te salga tanta abundancia de sangre que a las
demás, no tengas manparo [292] para recebir. Ordeno antes
que más diga ponerte vn defensiuo que sea sustentador a
cada vna, el qual es estas matas de tan suaue albahaca
que te despierten contino [293] a esperança verdadera.   80

POLANDRIA. ¡O cómo avnque me lastime lo amarillo, muy
poco será con la salud que mi coraçon espera con lo verde!

PONCIA. Está atenta y sabrás lo que saber no deuieras.

POLANDRIA. No seas más porfiada dilatándolo, porque si tan
prolixa eres en el dezir como as sido en el empeçar, yo te   85
certifico que con la pena del desseo te satisfaga la respuesta, que en no ser tocante al que es mi consolación no me
puede desconsolar tanto quanto lo encaresces.

PONCIA. Lo que yo encaresco, ello es tan caro que no hallo
thesoro que rescatarlo pueda, para que en pensamiento ni   90
boca pueda morar a do al presente habita y en vna de las
apocadas de la casa, [294] la qual es la de Penuncio, hortolano, que andando regando el vergel vio las pisadas muy
notorias desta noche, y a dicho cosas increýbles de oýr y
de gran congoxa para las pensar.   95

POLANDRIA. De verdad, tus niñerías sabía yo días a, y agora
tus necedades he prouado. Mas no me marauillo, que avn
tienes la leche en los labios [295] para temer, y la lengua
avn no refrenada para lo callar.

PONCIA. Más prouecho me viene tenerla en los labios, que   100
descanso y reposo si en otra parte se me hallara. E si peco
por inocente temiendo, no pagaré por atreuida obrando,
que más vale huyr de lo poco que esperar lo mucho. [296]

POLANDRIA. La philosophía que de vna hora acá as depren-

72 1539: me cuadra   88 1539: puedes
77 1536: paro   91 1539: abita
80 1539: continuo   92-93 1539: hortelano
85 1539: has   97 1539: aun

dido²⁹⁷ es tanta que el no responder euitará lo que pue-   105
des emendar.²⁹⁸

PONCIA. Regla es cierta que el mucho responder causa lo
superfluo oýr.²⁹⁹ Empero yo la quiero quebrantar quitan-
do el freno a mi lengua, no em/bargante que la tuya esté   [C 1v]
cerrada, porque no es nada lo que as oýdo con lo que me   110
falta de dezir.

POLANDRIA. ¿Qué podía aquel villano hablar, que solamente
el passarle por el pensamiento sin pronunciarlo no le que-
braras los chapines en la cabeça?

PONCIA. Mal informada estás del mundo, que en este tiempo   115
el mal se publica, y el bien se calla,³⁰⁰ y suélese dezir:
Honrra al bueno porque te honrre, y al malo porque no
te deshonrre.³⁰¹ E quise más aplacar su furia con mis
lágrimas que encenderla con el fuego, viendo no solamente
que lo pensaua como cosa dubitatiua, mas que lo creýa como   120
lo muy cierto, que las señales le dezían ser tú, y con las
obras affirmaua ser yo juntamente, que el tocado que sueles
traer encima de la cabeça, allá lo dexaste para que fuesse
malsín³⁰² del hierro³⁰³ y causador de la pena.

POLANDRIA. Grauemente me has herido con este traués que   125
echaste, y si la medicina no me socorriera, que es el pensar
en quien mis pensamientos tiene robados, yo peresciera muy
mal. Mas [prefiérome aquí] libre mejor morir con dar la vida
al que me la puede restaurar, que biuiendo verle padescer.

PONCIA. ¡O señora, señora! ¿Y cómo, hecho el pecado, piensas   130
encubrir la causa? ¿No mirarás que si la vida se acaba la
fama dura,³⁰⁴ y que Felides, con ser tal cauallero como
es, no se desminuye su generoso linage por ninguna cosa
tocante al caso passado como el tuyo si fuesse sabido? Y
de esto me daua por exemplo mi señora madre, diziendo   135
que somos como la redoma de vidrio, que si la piedra da en
la redoma, ella es la que rescibe el daño, y si ella da en la
piedra, está claro que el mismo arte éssa padesce.³⁰⁵

---

106 1539: enmendar
118 1539: desonrre
126 1539: medecina

128 1536, 1539: refiero me a que;
      1536: libro; 1539: darle la vida
133 1539: desmenuye
136 1536, 1539: Redoma

Ansí que, señora, no tengo razón legítima de dezirlo por
mí, mas dígolo por lo que soy obligado de mirar por la   140
honrra de tu cuerpo y fama de tu linage, que si de contarte vuiesse lo que Penuncio me predicó acerca de la materia,
espantarte ýas; que por cierto si diez años estudiara la
sancta Theología, y otros veynte vsara acompañarse con
grandes philósophos, no podía mejor fundados traer enxem-   145
plos de mugeres que an seguido el / mundo desde Adam   C ij[r]
hasta nuestros tiempos. Y en todo, él las reprehendía tra-
yendo a memoria sus hechos, y otras muchas yo nombraua,
dignas de fauor, acordándole sus hazañas. Y fue tanto su
arguyr, que me prouó en todos siete pecados vniuersal-   150
mente las más caer, y de los cinco sentidos muy pocas obrar.

POLANDRIA. Maldito sea vn tacaño que tanto sabía. Ruégote
me digas si contra su saber agudo el tuyo no menguado
pudo sacarle el tocado y no dexarle la malenconía. [306]

PONCIA. No pienses que me podrás en tu vida dar contenta-   155
miento semejante a éste que agora tengo, en verte conceder
en que blandamente lo duro se a de aplacar, porque el
Euangelio nos dize que malo es el pecar, mas que peor es
el perseuerar. [307] El queda sin sospecha, y tú puedes tomar el tocado sin passión. El queda alegre; tú deues apar-   160
tar la tristeza con tal que te torno a suplicar, que pues en
lo mucho no as sido descubierta, por lo poco no seas sentida, sino que mirando tus deudos conserues tu fama, y no
des ocasión a que se diga lo que encubierto se haze.

POLANDRIA. Paréscenme ta[n] bien tus consejos que no sé qué   165
responderte más de que hallo ser buenos para mi alma; y
dañosos para mi fidelidad son los que cumplen a mi estado
y los que dan guerra a la fe, que es notorio que quando
me despusiesse a desconsolar a mi consuelo, no sería sentida, mas sería llorada. Más quiero ser reutada [308] por pia-   170
dosa que condenada por omicida, que el día que yo

146   1539: Adan
148   1539: a la memoria
150   1539: peccados
158   1539: peccar

164   1539: occasion
165   1539: Parecen me; 1536, 1539:
      tambien
166   1539: mi Anima

muriesse mi señor Felides no esperaría ver mis obsequias, y
ansí fenescía vn amor y acabauan [309] dos vidas, lo que te
prometo será, que avnque nuestros coraçones contino se hablen, las personas tendrán silencio para tiempos deter-   175
minados. [310]

PONCIA. No es tan poco esso para lo primero, que no es más
de lo que yo pensé. Y escuchemos, que se me antoja que
suena alguno allí fuera.

POLANDRIA. Míralo.   180

PONCIA. ¿Quién está aý?

BORUGA. Quix extar, extar, extar. Quix extar. [311]

PONCIA. Boruga, her/mana, ¿qué hazías a la puerta?   [C 2v]

BORUGA. Lo que hazendo a mi xaber.

PONCIA. ¿Querías algo?   185

BORUGA. Harto le quiere dexpués que auer oýdo toro, que a
mí no extar ben.

PONCIA. ¿Qué dizes, negra? ¿Estás loca? ¿Qué as oýdo?

BORUGA. ¿No quere cayar? Caya beyaca, ben bex acaxa que
tux yecretrox gota no estar faltado a Boruga que no   190
entender. [312]

PONCIA. No pensé que eras tan rezia, si tú por ser maliciosa
te paras a escuchar, y tras oyes, ¿de qué te enojas comigo?
Que yo te juro que Polandria y yo estáuamos diziendo de
la vellaca de Quincia, como se fue con vn moço despuelas   195
que dizen Pandulfo.

BORUGA. ¿Amo dexe andar bonita exotra xeñora de Porandra? [313]

PONCIA. ¿Tal cosa dizes? Si otra vez por la boca lo sacas, yo
te haré que te cueste caro.   200

BORUGA. Anxí por tu vira, puex no yamar muger a mí xi aquí
máx paro xin dexir xeñora coxa paxar no xufridera que
caxtigo no tardar voxotras. [314]

POLANDRIA. ¡O desuentura cumplida! ¡O mal perplexo! ¡O
congoxa inumerable! [315] Que por huyr del arroyo aue-   205
mos [316] de caer en el río. [317] No sin causa se dize, Bien

172 1539: osequias   190 1539: yecretox
173 1539: feneceria   195 1539: de espuelas
189 1539: no querer   204 1539: desuenturada

vengas mal si vienes solo. [318] Poncia, tenla a essa mora, que
según es, no tardará en dezirlo a mi señora Paltrana.

PONCIA. Espera. No seas tal. No publiques lo que no viste.

BORUGA. Para yo dexemulaxones no extar a mí taibo, que si   210
oxo mira el derecho a punta, a mí entendendo que veryel
yegastes, y honrras dexas, [319] que muger e gaína por andar
perden aýna. [320]

PONCIA. Espantada estoy de ti, como por estar enojada nos
disfamas. Pues por buena fe, que no querrías que dixese   215
yo a . . . . Ya me tienes entendida.

BORUGA. Quix dar mi a ti no dexir lo que no oýr, que xi yo
habrar, voxotrax confexar, y no xer bono xi no miro fama
Porandra que extar hixa xiñora. [321]

PONCIA. Tienes razón, quanto a ser hija de tu señora, mas por   220
hablar nosotras en passatiempo de vn loco, no lo as de
acriminar tanto.

BORUGA. Si habra no vuiesse, obra no extaría, [322] que do falta
parabras no xobra hecho. [323]

PONCIA. Ya ves que no ay lo vno ni lo otro. Por eso, calla,   225
que yo diré a Buzarco cosa con que te huelgues.

BORUGA. ¿Qué dezir, por tu vira, que de todo a mí auer prazer?

PONCIA. Yo lo sé, / que no te quiero tan mal que le diga, sino C iij[r]
lo que a ti te cumple, y porque veas el amor que te tengo,
toma esta cofia que labré para ti. Y lo que vuieres más   230
menester, dímelo, que yo lo proueeré.

BORUGA. A vox y a la xiñora Porandra, muchas gracias, que a
mi cayar y xeruir extax merxedes. [324]

PONCIA. Anda con Dios, que no es menester nada desso
para comigo.   235

---

210 1539: taybo   224 1539: echo
211 1539: que ver   225 1539: esso
212 1539: pordõ ayna   227 1539: plazer
216 1539: me entiendes   233 1539: y *omitted;* extar
219 1539: hija

¶ Aucto sesto.

Sigeril, viendo que es hora de yr a dar la música, habla
con Felides, y luego van al concierto, lleuando consigo a Canarín. Y dicha vna canción, como quieren poner la escala, Polandria se pone a la ventana y escusa la subida, dando causa   5
para ello inconuenientes. Y ansí se despide Felides della, y
Sigeril de Poncia, muy tristes. E introdúzense:

¶ Sigeril.   ¶ Felides.   ¶ Canarín.   ¶ Poncia.   ¶ Polandria.

SIGERIL.   A muy propria hora he recordado para lo que cumple a mi amo y a mí, si ventura me lo quisiere conceder. Y   10
   pues son las doze, no me es justo detener en palabras, sino
   abreuiar en ellas y cumplir en obras dando priessa al que
   consigo la tiene. Parésceme que se está vistiendo. Bien
   será hablarle, mas creo que él me a visto primero.
FELIDES.   ¡O Sigeril, y cómo me as hecho gran plazer en aver   15
   despertado a tan buen tiempo, que ya quería yo embiar
   a llamarte!
SIGERIL.   Por esso hize yo mejor. Con todo esto estás puesto
   en orden de biuir, porque el hombre apercebido es medio combatido. ³²⁵   20
FELIDES.   Yo estoy con la cota de malla que compré estotro
   día tan a mi plazer, que por cierto no siento tener vna
   libra de peso.
SIGERIL.   En ser tan fina, creo que es más liuiana de lo que dizes.
FELIDES.   ¿Tú vienes adereçado?   25
SIGERIL.   Yo traygo mi espada y capa, y aýn una guadra ³²⁶
   debaxo de la caperuça.
FELIDES.   Nescio, ¿para qué quitas el nombre a la espada y le
   pones al / casco?   [C 3v]
SIGERIL.   Por hazer differencia de los rufianes.   30
FELIDES.   Dexémonos de más parola, ³²⁷ y si me traes el laúd,
   llama a Canarín que a de cantar y tener las escalas.

1	1539: sexto		12	1539: obrar
4	1539: Escala		26	1539: guarda
5	1539: escucha		30	1539: diferencia
9	1539: propia		31	1536, 1539: Laud

SIGERIL. Vamos luego de aquí, que no soy tan bouo que no lo traygo todo de camino. ³²⁸

FELIDES. Ven acá, Canarín. ¿Sabes bien el romance y la despedida que ayer te mandé que deprendiesses? ³²⁹   35

CANARIN. Señor, razonablemente, que por mí no quedará.

FELIDES. Pues, toma essa escala y tira por essa calle derecho que nosotros yremos tras ti por la ronda.

SIGERIL. No miras y quán propias noches nos haze para nuestro caso, que hombre no parece ni la luna sale hasta casi las quatro.   40

FELIDES. Por tanto, es mi dicha mayor que ella me fauoresció con su menguante para que creciese mi ventura como por esperiencia veo.   45

[SIGERIL.] ¿Notas, Canarín, como está tan dissimuladamente esperando?

FELIDES. El más astuto rapaz es para estas cosas que hasta oy he visto.

SIGERIL. Sus obras dan testimonio de tus palabras.   50

FELIDES. Canarín, ¿despúes que llegaste a passado alguno por aquí, o has sentido rumor en las ventanas fronteras?

CANARIN. No a passado hombre, ni he visto lo que ver desseas.

FELIDES. Ora, estad callando, que yo empieço a tañer, porque quando la canción se diga, mi señora la oyga.   55

SIGERIL. ¡O cuerpo de mí con tal melodía! ³³⁰ Que por mi vida, la música que Orfeo ³³¹ hizo en el infierno para sacar a Eurédice, no creo yo que tiene comparación la que al presente hazes.

FELIDES. Escucha, que me paresce que se menean aquellas puertas de las ventanas.   60

PONCIA. Señora Polandria, hazme esta merced, que por mí te engañes ³³² y te llegues acá, oyrás el más suaue son que contarte puedo.

40	1539: y *omitted*	51	1539: pasado
44	1539: creciesse	55	1539: lo oyga
45	1539: espiriencia	60	1539: parece
46	*Both editions attribute this speech to Felides.*		

POLANDRIA.   Basta que mi coraçón esté allá fuera abraçado con   65
quien le haze para tomar deleyte, sin(o) que el cuerpo se
leuante para rescebir [333] tormento.

PONCIA.   ¿Y cómo no serás sufficiente de estar detrás destos
lienços sin ser sentida, y resistir vna hora al que mil te a
hechado grillos? [334]   70

POLANDRIA.   ¿O cómo dizes grillos? Por cierto, si no fuera más,
yo pusiera mis fuerças por salir libre. Mas como sea saeta
cruel, no puedo tan fácilmente curar la llaga que hasta mi
fin no quede se/ñal.   C iiij[r]

PONCIA.   No es tiempo de distinguir esso, porque dize ya al   75
page que cante. Sino ponte aquí, que si por dicha te viere,
no será malo que le hables para despedirle del subir, que
de otra arte ya sabes que él se tiene la licencia.

POLANDRIA.   Porque no digas que disimulo en no hazerlo, quiero ser más nescia que porfiada. [335]   80

FELIDES.   Empieça, Canarín, y sé hombre que nos saques
de affrenta.

CANARIN.   ¶ Quando Diana encerró
               su claridad tan entera,
               al de fuego combatido   85
               se concedió la vandera
               del tormento que tenía
               por tan esquiua manera.
               Diole entonces libertad
               la que en prisión [336] le pusiera,   90
               y horró del carcelaje
               le sacó la carcelera,
               desligó sus ataduras
               las que antes le pusiera.
               De su parte le mandó   95
               que publicasse a do quiera
               a los tristes amadores

65   1539: esta alla   75   1539: destinguir
66   1536, 1539: si no que   77   1539: despidirle
67   1539: recebir   90   1539: pusieran
68   1539: E como

tuuiessen fe verdadera
con la gloria de al presente.
Por lo más le dio librea   100
que fue verde la color [337]
según ella lo vistiera
anda agora en ordenar
que se cumpla lo que hiziera.

PONCIA. ¡Notas qué boz de xerguericos [338] tan cortada! ¡Qué   105
canto de serena tan deleytoso como el de aquel pagezico!
Yo no soy acostumbrada de oýr músicas, y no digo toda
esta noche sin dormir, mas dos días sin comer me paresce
que estaría oyendo lo que presente está.

POLANDRIA. Si la razón te comueue [339] a dezirlo, a mí bien   110
querrá que yo lo crea.

SIGERIL. Si tal es el villancico como el romance, yo asseguro
que no aya gran batalla para entrar en la fortaleza ganada.

FELIDES. Dile luego con linda gracia, que para nuestra intención es muy proprio.   115

CANARIN. ¶ Abranse ya las fenestras [340]
a rescatar al cautiuo
que de gozo no está biuo. /

PONCIA. Espantada me tiene la lengua tan harpada [341] con [C 4v]
que lo repica, y cabeça tan discreta que ansí a propósito   120
lo compuso.

POLANDRIA. ¿No está claro que quien lo fuerte descompuso
que lo débil compondrá?

PONCIA. Con essos tiros no me hieres a mí.

POLANDRIA. Escucha, que creo que se van, pues an cessado.   125

PONCIA. Antes quieren poner la escala. Por esso, no te detengas, sino blandamente le di lo que a entrambos os es áspe-
ro, que el que quiere gozar de Roma largo y trabajoso
camino a de passar. [342]

FELIDES. Sigeril, ten bien essa escala, y como yo esté arriba,   130
te daré la mano, y Canarín la quitará.

105 1539: xirguiricos   115 1539: propio
106 1536, 1539: Serena   127 1539: a *omitted*
114 1539: Di luego

POLANDRIA. A, mi señor.

FELIDES. A, tu siervo.

POLANDRIA. No sé para qué vsas de poner ceuo al aue caçada, porque es contra natura.   135

FELIDES. El ceuo que yo puedo dar no le sobrepujo ni desminuyo más del que el pelicano da a sus hijos.[343]

POLANDRIA. Esto aparte, te suplico quieras lo que a mí es graue querer, y es que por esta noche de tu demasiado desseo con mi sobrada voluntad se refrene el apetito, porque en ello me va la honrra perder, y a ti la fama no ganar.   140

FELIDES. Es tan estraña la turbación que me as causado con essas tus breves palabras, que a la verdad, si constante no fuesse la fe que en mí mora, juntamente con la que en ti hallo, no curaría de combatir la fortaleza ni poner la escala, pues la puerta está debaxo de las llaues que yo posseo, por la qual sé que podré entrar seguro. Empero, como el huego artificial recibe pena ahumando hasta tanto que se enciende, y después de encendido se passa presto, por el consiguiente el mío, que es contrario a éste en ser natural, dura más, y con mayor vigor de cuydado después de acendido, que hasta la fin permanesce, y si contra él algún otro elemento le combate que sea frío,[344] dáñale tanto que abreuiando digo que son dos contrarios que en vn subjecto no se pueden compadescer. E si a esto vos mi señora quisierdes responder que me baste el galardón[345] rescebido sin ningún seruicio hecho, yo lo concederé, mas si rescibes en cuenta mi pena, hallarás a verte empeçado a pagar parte de la deuda. E si dixeres[346] que para qué me atreuo / a venir cada día, no te marauilles, que tu hermosura causa el afición, y el afición el desseo, y el desseo la pena, y la pena el atreuimiento.[347] E si porque lo hago te paresce que merezco muerte, mándamela dar, que muy mejor es morir por tu causa que biuir sin tu esperança, la qual perdida no digo por esta noche, más por vna hora. Yo, pues   165

     145

     150

     155

C v[r]
     160

137   1536, 1539: Pelicano

145   1539: la escalas

155-156   1539: quisieredes

163   1539: *second* que *omitted*

soy la misma aue fénix, me abrasaré de arte en el huego que padezco, que de mí no aya memoria quando el día venga.

POLANDRIA. Nunca pensé, mi señor Felides, que la fuerça de tu esfuerço por tan poco inconueniente consintieras perder, porque si como dizes seruirme desseas, más merced recibo yo en verte biuo que no en que te des la muerte. Pues si los leales amadores los desconciertos del amor no saben suffrir, ¿quién será para padescerlos? Y quien no sabe suffrirlos no piense gozarlos, pues no está la virtud sino en saber forçar la pena, que en gozar la bienauenturança, quienquiera quando le viene sabe aprouecharse. Assí que tú más culpado deues ser por lo que dizes, siendo discreto, que loado de leal enamorado por lo que passas. Y no creas que si de tu fe no estuuiera segura, que diera crédito a tu fingida firmeza, y no dando principio no llegara a tan herrado fin. Y más para dezirte verdad que para pagar a tu pena te hago cierto que si tu muerte creyesse antes la mía tomaría que consentir la tuya, ³⁴⁸ pero si la confiança del amor que me tienes me haze creerlo, la seguridad de tu buen seso me haze dudarlo. Bastarte deue el acuerdo que deues tener del detrimento que puse en mi honra y peligro en mi vida. Y si esto me niegas, miémbrate ³⁴⁹ de quien yo soy, y la poca necessidad que de tus seruicios tengo, y porque en detenernos no se recrezca alguna cosa que nuestra pena aumente, cesso con suplicarte si por bien tuuieres, que a mis días breues no des muerte graue y temples tu dezir, juntamente con el obrar.

FELIDES. Estoy de tal manera por auer oýdo palabras tan dulces, avnque para mí por el presente no sabrosas, que de atónito no hallo arte para responder más de que otorgo lo que por vos ³⁵⁰ mi señora me a sido mandado, / y humil- [C 5v] mente ³⁵¹ os ruego, antes que el don os pida, me concedáys la licencia de lo que quiero dezir, porque si ésta me

Line numbers in right margin: 170, 175, 180, 185, 190, 195

166 1536, 1539: Fenix
170 1539: inconuiniente
174 1539: padecer los
182 1539: pagar te

185 1539: creer
187 1539: que pase
197 1536: Señora

falta, la tristeza me será cara y me trayrá [352] propinquo a   200
la muerte, [353] a la qual con vuestro fauor venceré.

POLANDRIA. Quien la tuuo para ganar el campo, conuenible
cosa le es que la tenga sin pedirla para vsar de todos los
tiros y artillería que en él hallare, diziendo de palabras lo
que quisiere, y obrando con las armas quando tiempo le   205
diere lugar.

FELIDES. Mi señora, no quiero merced en esta noche rescebir,
pues tú eres contenta, más de saber la causa que esto a
causado, porque algún descanso mi desconsolado coraçón lleue.   210

POLANDRIA. Eso de entera voluntad se hará, y porque veas no
ser fingido, quiero que por tercera persona lo oygas, la qual
es Poncia, que fue testigo de lo más.

FELIDES. Señora Poncia, relatadme el processo por el qual se
dio esta sentencia.   215

PONCIA. Señor Felides, ni soy relator para vsar de tal officio,
ni alcalde para pronunciar la sentencia, mas de que vosotros
señores cogistes las flores y yo las pedradas, porque Penuncio hortolano me deshonrró ansí en el vergel, que por
mucho que alimpie el lodo echado, no lo podrá dorar nin-   220
guna cosa, y a mi señora Polandria no tuuo tan oluidada
por hallar vn tocado suyo que la lengua se le detuuiese, ni
el pensamiento le hiziese sufrir, pues salida deste trance,
estándoselo yo contando a la que no está ausente, entramos
en otro peor, que fue en boca de Boruga la esclaua, que lo   225
escuchó todo, y nos puso en tanta tribulación quanta tenemos en despediros tan breuemente.

SIGERIL. O mi señora Poncia, yo te beso las manos por el
fauor que aora me as dado en hablar de plural, avnque yo
quisiera si fuera possible dezirte dos palabras de que [354]   230
no menos plazer que prouecho aurás con ellas.

PONCIA. Yo las acepto para mañana en la noche, porque ya
ves que estamos como gato sobre ascuas [355] pensando si

---

203   1539: le *omitted*   223   1539: hiziesse
204   1539: artelleria   225   1539: otra
216   1539: oficio   229   1539: habla

somos espiados de los dos contrarios que as oýdo, porque
ellos lo juraron.   235

SIGERIL. Sea como mandares.

PONCIA. Por la passión de Dios, [356] os vays [357] presto disimuladamente por aý abaxo, que no sé qué gente es aquélla.

FELIDES. Mi bien, tanta alegría acompañe tu coraçón quanta
el mío lleua.   240

POLANDRIA. La respuesta remito a Poncia, porque yo, según
quedo, no la sé / dar.   [C 6r]

SIGERIL. Despedidnos vos, mi alma.

PONCIA. El despedir es que la Magdalena que tiene poder
os guíe. [358]   245

SIGERIL. Con entrambas quede, que nosotros yremos muy
seguros.

FELIDES. Será bien, si te paresce, que Canarín se vaya con las
escalas y el laúd, y nosotros nos subamos por allí a saber
qué gente es aquélla.   250

SIGERIL. Esso sería lo que dizen escarua la gallina y por su
mal, [359] que mejor es, pues no auemos sido sentidos, euitar
de ser descubiertos, y baste la pena de nuestro espíritu sin
buscar otra para el cuerpo.

FELIDES. Muy bien es tomar tu consejo, y pues está abierta 255
nuestra posada, quédate aý abaxo a acostar, que yo subo a
desnudarme, y Canarín baxará luego.

SIGERIL. Sea ansí, y Dios nos dé algún reposo.

¶ AUCTO .vij.

Quincia se quexa de su ventura por se auer salido con
Pandulfo, y estando en esto, entra él, y dízele que se apareje
para se partir, porque a comprado vna azemila. Y para pa-
garla le pide vna faldilla, [360] en que sobre este caso allegan   5

---

243 1539: Despedinos   253 1539: spiritu
248 1539: seuaya   258 1539: algun *omitted*
249 1536, 1539: Laud

3 1539: dize la

a reñir, y passa por allí Rodancho, rufián, el qual es compañero de Pandulfo, y los pone en paz; con que haze de arte
que ella le da vn manto y otras cosas; y todos tres comen en
plazer. Y queda acordado entre Pandulfo y Rodancho de castigar a Celestina por los diez ducados que no le prestó. Y in-   10
trodúzense:

    ¶ Quincia.   ¶ Pandulfo.   ¶ Rodancho.

QUINCIA. ¡O mundo, mundo! ¿Quién me engañó a mí con tan-
    ta breuedad? ¿Quién trasmudó mis sentidos? ¿Quién robó
    mi seso? ¿Quién lleuó mi libertad? ¿Quién tiene mi ale-   15
    gría? ¿Quién me dio a mí tristeza? ¿Quién me dio lloro,
    quién me dio cautiuerio sino el amor, que todo lo ven-
    ce? [361] Porque si dixese que de mi mano tomé estos males,
    no lo consentiría, que ninguno es enemigo para sí mismo;
    que yo / mandaua vna casa tan principal como la de mi   20
    señora Paltrana. Yo era querida de mi señora Polandria. [C 6v]
    Yo era amada de mi entrañable amiga y compañera Pon-
    cia. Yo era honrrada generalmente de todas las donzellas de
    nuestra posada. Yo tenía las llaues de ropas, tesoro y basti-
    mento; agora no tendré vna sola arca para guardar essa   25
    lazeria que tuuiere. En cámara muy rica me acostaua; de
    aquí adelante por ventas y mesones seré affrontadamente
    rescebida. ¡O, como si bien lo miro, avnque el amor
    tiene gran fuerça, más vigor tienen los cinco sentidos con
    que lo podemos resistir si paramos en ello mientes! Empero,   30
    yo fue en hazerlo y seré en pagarlo. Yo consentí el daño,
    y suffriré la pena. Yo me vencí de quien no conoscía, y no
    me rescatará quien me conosce. ¡O Poncia, si tus consejos
    creyera, cómo mi bien hallara! Mas poco me aprouechan
    ya, que se podría dezir, después de ydo el conejo tomamos   35
    consejo. [362] Acuerdo cessar mi lloro, porque las paredes tie-

8	1539: cosas todos	25	1539: esta
10	1536: Ducados	27	1539: afrontadamente
10-11	1539: entroduzense	32	1539: conocia
17	1539: catiuerio	33	1539: conoce; 1536: concejos
23	1539: honrada	36	1539: Acuerdo de
24	1539: thesoros		

nen oýdos.[363] Y aýn a qué tiempo dexo, que allí viene
Pandulfo razonando consigo. Quiero le escuchar detrás desta ventana, que según él viene despacio y pensatiuo, largamente oyré por buen rato su plática.   40

PANDULFO. ¡A, cuerpo de tal[364] con quien se encarga de mugeres! ¿Para qué andé aperreado a buscar en qué lleuarlas
dacá[365] para allá? Descreo de la casa de Meca[366] si mi
sudor de oy no lo a de pagar sus vestidos, pues son buenos,
y rematándolos[367] hombre por vn tercio de lo que valen,   45
se podrá pagar el macho que dexo ygualado, y saldremos
de aquí, que por las que en la cara tengo,[368] que en qualquier pueblo que llegaremos, a de ganar para el comer,
y avnque no consienta yo capa tan liuiana ni de tanta ventana[369] sobre mis hombros, que la rapaza es como vn   50
oro,[370] y qualquiera holgara de dar antes a ella vn real
que a otra medio. Y sabrá qué cosa es curar cada vna de
sus madexas[371] sin lexía.[372] Bueno estaua yo, por vida
de su linage, si la sacaua de casa de su ama para ponerla
en vn estrado[373] y vna moça que la siruiesse, con la ren-   55
ta que heredé de mi padre se podrá todo sustentar. No / me   [C 7r]
llame yo Pandulfo si lo dicho por palabras no cumpliere
por obras. El diablo me mataua a querer mirar por la honrra. Si yo fuera otro Sigeril, pudiera ser que la procurara,
mas veo que no ay hombre de mi linage que no la aya per-   60
dido. ¿Qué razón me a de constreñir a querella yo ganar?
En conclusión, quando hombre tuuiere aparejo para buscar de comer, sepa aprouecharse dél; que yo determino
de seguir el prouerbio que dize: Honrra y prouecho no
cabe en vn lecho.[374] Quanto más, que ni ella es mi esposa,   65
ni lo quisiera por no estar asido, que si me dixere que la di
la mano, todo lo haze negar fuertemente, que ni vuo abad
ni testigos,[375] y con darla vna cantonada[376] la dexaré a
tres de buen juego.[377] Ora yo quiero entrar, que me paresce que está en los corredores hablando entre dientes.   70

46 1539: dexe   62 1536: tuuiare
51 1536, 1539: Real   67 1539: abbad
61 1539: costriñir   69-70 1539: parece

QUINCIA. ¡O desuenturadas orejas que tal oyen! ¡Desdichados
ojos que tal veen! Desastrado cuerpo que tal a de passar!
¿Para qué quiero biuir con dolor, pues con la muerte des-
cansará mi pena? ¡Quién auía de pensar que debaxo del
ceuo de tal rufián estaua anzuelo tan dañoso! [378]¡Ay, cuy-   75
tada de mí!, que no sé qué diga, que sube el traydor por
la escalera, y si barunta que algo sé, empeçará luego a
esecutar la sentencia que contra la mal hechora tiene dada.
Mejor hallo que me será callar, que al fin, al buen callar
llaman Sancho. [379]   80
PANDULFO. Hermana Quincia, ¿qué hazes, que estás tan mus-
tia?
QUINCIA. No estoy, por cierto, que hasta agora no ay de qué.
PANDULFO. Ni aurá, perla de oro. Mas por tu vida y mía,
que querría saber si te plaze de lo que he hecho.   85
QUINCIA. Yo no sé qué es, mas no puedes tú hazer cosa que
yo desaga, ni de tú ayas plazer que yo aya pesar. Y si me
hallas triste, es porque de vna hora acá me duele mucho la
cabeça.
PANDULFO. No es nada esso, que el tiempo lo causa, y de aquí   90
a vna hora estarás buena. Y lo que te quiero dezir es que
yo vengo de comprar vn macho muy bueno que te lleuará
bien a ti y al hato; que yo te prometo, no ay tal como salir
desta tierra, porque quien se muda Dios le ayuda. [380]
QUINCIA. Es verdad, mas mira que donde fuéremos tengamos   95
sossie/go, que piedra mouediza no la cubre moho. [381]   [C 7v]
PANDULFO. Anda ya, amores, que no se hará más de lo que
tú quisieres, y demás desto yo dexo vn doblón en señal.
Y para acabarle de pagar, he menester seys ducados, que
descreo del diablo [382] si ay hombre que cobre vn real de   100
más de veynte ducados que me deuen de auer prestado.
Ansí que para remediarlo es menester que la saya de grana que era de Polandria, y los cercillos [383] que tienes guar-

---

75	1536, 1539: Rufian		88	1539: ora
77	1539: enpeçara; a *omitted*		101	1539: ducadas
83	1539: asta		102	1539: remediallo
84	1539: Si aura		103	1539: tu tienes
85	1539: echo			

dados me des; y aýn, si eres contenta de echar de ti corales
tan grosseros que pesan más de diez onças, yo los cam-   105
biaré con vna labradora que me lo a encomendado, y gran-
gearemos dos pares de reales más de lo que valen, y dellas
te compraré otra joya mejor, y holgarás más dello, pues
todo se cae en casa, que el macho, desque [384] este camino
aya seruido, es tal que no faltará quien nos dé vn duca-   110
dillo de ganancia.

QUINCIA. ¿Auéys dicho algo?

PANDULFO. Pienso yo que sí.

QUINCIA. Pues no auéys dicho nada.

PANDULFO. ¿Passó ya, mi señora?, que es la casa baxa y se   115
derribará.

QUINCIA. ¿Qué quiere dezir esso?

PANDULFO. Que otro te queda en el coraçón que dizes por la
boca. Ya sabes que soy tu seruidor y esposo, y me quiero
auergonçar antes a ti que al estraño, que por nuestra hon-   120
rra tú me lo auías de rogar.

QUINCIA. Dexémonos dessos ruegos y dessos señoríos, que
pues contigo no he medrado vnas negras seruillas, no tengo de desmedrar eso poco que saqué. Mala pascua le dé
Dios a la que te diere la faldilla, que vale más de ocho   125
ducados, para que la mal barates por tres o quatro.

PANDULFO. No tengas tú pena de tal cosa, que no soy tan tra-
fagón como piensas, que antes quien me conoce dize que
vendo gato por liebre. [385]

QUINCIA. Mira, Pandulfo, no pienses porque estoy sola que   130
me as de embaucar, que si San Pedro me lo mandase no
lo haría, ni vn solo alfiler de los que tengo no consenti-
ría vender ni empeñar.

PANDULFO. A buena fe, que eres rezia según por las obras lo
muestras, y quitársete a [386] la furia, que yo sé que no   135
serás tan cruel.

105	1539: gruesos		120	1539: avergonçar
110	1539: es tal que *omitted*		124	1539: esso
116	1539: derriba		132-133	1539: consenteria
119	1539: y sabes		134	1539: recia

QUINCIA. Mándote [387] yo que por más que hagas, no te a de
aprouechar nada.

PANDULFO. (Mala va esta cosa. Bien será mudar la habla de
otro norte.) Ea, Quincia, procura de abrir essa arca y dar-   140
me lo que te pido, porque nos vamos antes que amanezca.

QUINCIA. Por el ánima que en las carnes tengo, morir me /
dexe, mas tal no consienta.   [C 8r]

PANDULFO. Ora, veamos si me quebrare la cabeça por no
quebrar la cerradura.   145

QUINCIA. No me decerrages [388] el cofre, que te costará caro.

PANDULFO. Vellaca suzuela, ¿qué es lo que me a de costar?

QUINCIA. Harta vellaquería cometí en salirme contigo. No la
hagas tú agora con tan gran ceuilidad. [389]

PANDULFO. ¿No queréys callar? No creo que se me antoja qué   150
auéys de lleuar en los dientes; [390] por tanto, hable la boca
que pagará la coca. [391]

RODANCHO. [392] No creo en tal, si estas bozes que oygo no son
de mi amigo Pandulfo, y de la yça [393] que ayer sacó de
casa de Paltrana. Bueno será entrar allá en achaque de [394]   155
hazer amistades. Lleuará hombre dos de lo tinto para esforçar y seré tercero para que la putilla le dé más de lo
que pide, que siempre he tenido por mí de despartir quistiones [395] seguras, que lo que se recrece es baratar de la
colación. [396] Mas en apaziguar cuchilladas, no me acuerdo   160
auerme hallado si no fue vna vez, y ésa me fauorescieron
más los pies que las manos. ¡O cuerpo de Dios con quien
me hizo, y cómo la decerraja el arca! A osadas, si ella fuesse
tan marcada como la más nescia de las ocho que tengo a
ganar, que bien la podría cargar de açotes. Mas ¡que [397]   165
auía de salir con la suya! Y al fin veo que a los bouos se
aparesce la Virgen María. [398] Dios te guarde, Pandulfo, y
a la compaña. [399]

PANDULFO. ¿Qué venida es ésta, Rodancho?

RODANCHO. Por vida del rey, que te lo cuente. Yo salí con   170

147   1539: suzuela omitted   161   1539: essa me fauorecieron
149   1539: ciuilidad   167   1539: aparece
150   1539: Quieres callar creo

determinación de buscar vn par de conejos para que fuéssemos a beuer, porque echó denantes[400] Muñoz nuestro
consorcio vn vino estremadíssimo; y como venía con
determinación de te llamar, oý que auíades enojo y entro a
rogaros que no aya más, porque los sordos nos oygan. 175
PANDULFO. Quanto a lo que dizes del almuerço, no se dexará
de hazer, que ya me conosces; que por matarme con veynte
no perderé el jugar de papo,[401] loado Christo. Quanto más,
que esto no a sido sino vnas palabrillas, que podrás saber, que Quincia a tenido comigo, que no pesan vna paja. 180
RODANCHO. Jamás quise oýr quexas de entre marido y muger,
que a saluo pienso que diré esto, pues soys esposos. Por
tanto, no te detengas en contarme la causa, sino abraçaos
y ve a traer aquel macho, que yo pasé agora por el me-
són, y según vi los términos en que su amo está, él la quería 185
rematar, porque me paresció que / se yua ya, como nos [C 8v]
dixo, a la feria, y demás de perder la señal, te quedarás
soplando la manos.
PANDULFO. Sobre esso es la obra que con su merced he passado, que no creo sino en Dios, si por loco no me tuuieran, 190
ya vuiera hecho oy a la señora vn juego que fuera sonado.
QUINCIA. A osadas, Pandulfo, que oy a tres días no me hazías
fieros, mas desastrada de la sola y sin ventura, que os cree
para ver y oýr estos galardones, y por mucho que diga, sé
que no puede ser el cueruo más negro que sus alas.[402] 195
PANDULFO. Ea, puta, deslenguaos que lo que medraréys será
lleuar con este jarro en los caxcos.
QUINCIA. O señor, aue[403] merced de mi ánima, que el cuerpo
veo en tanto trabajo que no vuiera a pedírosla. Dime de
qué puterías me sacaste, desdichada de la madre que 200
me parió.
RODANCHO. Ora, señora Quincia, por amor de Dios, no llores
tanto ni hagas la cara sangre, que es graue pecado, por ser
de arte de desesperación;[404] sino conténtale, que estos
hombres coléricos,[405] quando les sube el humo a la chi- 205
minea, malo es de apagar.

---

174 1539: entre   191 1539: echo
177 1539: conoces   205-206 1539: cheminea

QUINCIA. Desuenturada fui yo, que me pide vna saya que
tengo que valga algo, para hazer guerra y paz della, y otras
cosillas que me vee que no me dio él, y que por fuerça se
lo he de dar.   210

RODANCHO. Pues lo que as de hazer tarde, hazlo temprano, y
tendráslo como a hermano. [406]

QUINCIA. Por el siglo de mi padre, [407] tal no dé.

RODANCHO. No seas tan rezia. Mira que es el hierro más y lo
ablandan. [408]   215

QUINCIA. Cuytada de mí, que ni tendré con qué salir a missa
ni parescer ante gentes, que todas las demás son faldillas raýdas.

RODANCHO. Amánsate vn poco y dime qué mantos tienes.

QUINCIA. Dos traxe; ésse de sarga, y otro de contray [409] que   220
no se ha cubierto [410] tres vezes.

RODANCHO. Pues mira, Quincia. Muger eres que se te entiende
todo, y puedes hazer lo que por bien tuuieres, mas mi
consejo es que esse manto de paño le des, que a osadas
que vale tres o quatro ducados, y con alguna otra cosilla   225
de por casa se remediará todo, que más vale el contentamiento que todas las cosas del mundo, que yo tengo por
tal a Pandulfo que te lo mejorará muy presto.

QUINCIA. Por la passión de Dios que no me / hables en que   D [1r]
vale tres ni quatro ducados, que El no me ayude si no costó   230
el paño sin el terciopelo que tiene por guarnición ocho.

RODANCHO. Si costó ocho, yo te doy mi palabra que los corredores sean tales que más de nueue cueste al que le lleuare.

QUINCIA. Vesle aquí qué lástima se me haze, y los corales también los daré, que pues va lo más vaya lo menos. [411]   235

RODANCHO. Por nuestro señor, que eres en todo como vna
perla. Allégate acá, Pandulfo. No hagas del enojado, que
par Dios, no tienes razón.

PANDULFO. Eso es lo de menos, que por ti y por mi señorita
lo haría, que no perderé éste [412] por vn cauallo.   240

207	1539: fuy		221	1539: a
209	1539: fuerteça		229	1539: pasion
212	1539: hermono		234	1539: q̃ manzilla
217	1539: parascer		239	1539: esso
220	1539: y q̃		240	1539: yo perdere

QUINCIA. Acabemos ya de besucar, [413] que es desonrra, auiéndonos visto el señor Rodancho como estáuamos y tan breue ser como insensatos.

PANDULFO. Vida mía, no te pese a ti desa vergüença y pon más con que beuamos, pues acertó a pasar a tiempo, que aýn la ternera en adobo si está asada no es la peor del mundo.   245

QUINCIA. A buena fe, si a ti esperáuamos que lo vinieses [a] adereçar, sino que después que se asó, se a muerto la lumbre.

PANDULFO. Coraçón, calléntanoslo, [414] porque luego se despa-   250 che nuestro negocio, que así te guarde Dios, que en el alma me pesa auerte enojado, y si tal pensara no te lo dixera. Mas pese al diablo porque no cobré yo oy lo que pensé.

RODANCHO. No creo en tal si no deues de dezir los quinze ducados que la bodegonera tuerta te auía de dar.   255

PANDULFO. Aýn no me acordaua dessa dita, que cincuenta semejantes cobraría hombre si procurase de poner diligencia. Mas no lo digo sino por la falsa vieja de Celestina, que la pedí diez ducados prestados con auer yo auenturado por ella más de ciento, y me hizo encreyente que Felides no le   260 auía dado cosa. E Sigeril me a jurado que le lleuó lo que yo baruntaua, con que saldrá la barbuda [415] de lazeria.

RODANCHO. Aquélla no conosces a cabo de tu vejez, que es la más mala pieça [416] del reyno. Por tanto, si te paresce, assentemos la vna mano, [417] de modo que ponga el pie   265 derecho. [418]

PANDULFO. Descreo de quien me bateó [419] si no te lo quería rogar, porque me lo tiene bien merescido, y quando concluyamos esta cosa, será noche, y pegarémosla a saluo, que yo me voy mañana, y pongo caso que me vea, no tendrá   270 remedio en me buscar.

RODANCHO. Mira, que pesar de tal con quien la parió, yo la / hablaré. Veamos qué es lo que mañana hará.   [D lv]

PANDULFO. Todo se hará en fin como quisiéremos. Entremos a cumplir lo que Dios mandó, que nos llama Quincia.   275

246	1536: adabo	257	1539: semejante
247	1539: q̃ si	263	1539: conoce
251	1539: assi		

RODANCHO. Entra tú primero, que yo me haré de las que suele.

PANDULFO. Dizes que no te harás de rogar.

RODANCHO. Abreuiemos razones, porque cumplamos de obra, que esso mismo digo.

PANDULFO. Sea ansí.   280

¶ AUCTO .viij.

Felides estando solo, entra Sigeril a dezirle que pongan medio en hablar a Polandria; el qual le manda que llame a Celestina para que lo negocie, y Sigeril le aconseja que embíe vna carta primero, y que la dará a Poncia, y según Polandria respondiere, ansí hará. Y con este acuerdo lleua Sigeril la carta. Y entrodúzense: 5

¶ Felides.   ¶ Sigeril   ¶ Poncia.

FELIDES. En gran manera es admiración de ver como vna hora se me haze vn año, y vn punto [420] vn mes, y vn momento   10
vn día. [421] Y esto digo quando estoy con la perfecta claridad que me da la luz, porque los ratos que sin su vista me hallo apartado, tengo las tinieblas tan crescidas que no las acierto a buscar fin.

SIGERIL. Señor, nunca te a de quitar Dios de enuelesamien-   15
tos; por cierto, que según te transportas no sé a quién te comparar.

FELIDES. ¡O cómo eres bouo! ¿Qué quieres que haga?

SIGERIL. Esso es bueno. Lo que auías de hazer es buscar manera cómo hablar a Polandria.   20

FELIDES. No dizes tan mal, que yo estaua agora pensando de qué arte llamarías a Celestina, nuestra madre.

SIGERIL. ¿Y quándo en buen hora te prohijó?, que yo aýn no he consentido en el parentesco.

FELIDES. Imperpexible [422] eres en tomar todas las cosas hasta   25
el cabo, sí que claro está que la que tanto me fauoresce con

---

2 1539: ponga   11 1539: perfeta
3 1539: llama   13 1536: tinēblas

poner su vida por mí al tablero, que no es hierro ponerla tal nombre.

SIGERIL. Y aýn esso es lo negro, que socorre sus necessidades tu bolsa y no lo sientes en tu hazienda. Mas no vaya la soga 30 tras el calderón [423] si me crees, y / cesse por oy su yda, que D ij[r] lo vno, euitarás las vltimadas mercedes que la hazes, y lo otro, vale más saber en qué norte [424] está la cosa por vía más secreta.

FELIDES. Pues dime tú cómo se hará, que no saldré de tu 35 parescer.

SIGERIL. Lo que me paresce es que escriuas vna carta, y como a mí me va también algo en ello, yo la daré con breuedad a Poncia, y trayré juntamente la respuesta de su señora, que ya sabes que dizen a quien le duele la muela que se 40 la saque. [425]

FELIDES. O Sigeril, y quánto te deuo por la voluntad y obra que en ti siempre he hallado, mas ruega a Dios por salud, que mientras el deudor no se muere la deuda está segura. [426] 45

SIGERIL. Señor, pues gratificas por obras, no ay necessidad de cumplir por palabras. Y escriue la carta sin tardar, que son las diez y es muy propria hora para yr, que no me sentirá la tierra.

FELIDES. No ay en esso detenimiento, que vesla aquí, que an- 50 tes que anocheciese la escriuí con pensar que la lleuara la mensagera, mas yo huelgo que tú seas el portador, que todo lo que Dios haze es por mejor. [427]

SIGERIL. Bien se aliña todo. Yo creo de traer recaudo de lo que desseamos. 55

FELIDES. Gran plazer me harás que no te detengas si possible fuere.

SIGERIL. Mayor merced recibiré me la leas, por ver lo que ella puede dezir.

FELIDES. Ya ves que la cerradura que tiene no será tan ligera 60

36 1539: parecer   51 1539: escreui
37 1539: parece   52 1539: mensajera
39 1539: traere   56 1539: posible
45 1539: por segura   58 1539: recebire

de abrir que no sea más sutil y se quiebre y aurá causa de
ocuparme dos o tres horas en otra. Y quando tornes te contaré lo que en ella va.

SIGERIL.   Si tú eres contento, yo pagado, y descuyda, que muy
presto seré de buelta.   65

FELIDES.   No es menester más, que ansí confío de ti.

SIGERIL.   ¡Qué dichoso me llamaría si viesse conclusos estos
nuestros negocios, que por mi salud, acabado esté y no lo
crea por estimarlo tanto. Y ansí es aueriguado que toda
cosa es en más tenida quanto es más desseada. [428] Y como   70
veo cumplir mi ventura, que cerrando están la ventana
frontera, y no puede ser sino Poncia. Bien es llamar por
señas. Ce, ce.

PONCIA.   ¡Válame [429] la trinidad! ¿Quién llama en la calle a
tal hora?   75

SIGERIL.   Mi bien, paraos aý, que hombre es de paz que anda
a hurtar.

PONCIA.   A buena fe. Vna raya puedo hazer en el agua [430] en
te ver por aquí / solo como no lo ayas de costumbre.   [D 2v]

SIGERIL.   ¿Qué más compañía puedo tener que la que trae el   80
coraçón que es el miembro principal, que punto no está
sin diuersos pensamientos que le acompañan.

PONCIA.   A osadas que tú digas adelante.

SIGERIL.   ¿Qué puedo yo dezir más de contar mis passiones?

PONCIA.   No estoy yo engañada, que aýn otra te falta para tres.   85

SIGERIL.   No sé cómo tú as alcançado a saber que son tres congoxas las que mis entrañas cercan, porque a la verdad, son
tantas que numerar no las podría.

PONCIA.   No esperaua más desa para que por todas las vías
te condenases confessando no tener firme ni leal amor como   90
me publicauas.

SIGERIL.   Eso, señora, por cocarme [431] lo dezís.

PONCIA.   Yo te lo prouaré como tú lo as manifestado.

SIGERIL.   No creo yo que manifiesto por la boca más de lo que
tengo en el coraçón.   95

---

74 1536: Calle   91 1539: me cõfessauas
80 1539: pudo   92 1539: Esso
84 1539: dezir mas *omitted*

PONCIA. Y aýn eso es lo que quieres dezir: ni miento, ni me arrepiento; [432] pues tanto te affirmas en lo dicho. Y óyeme vn poco, que sabráslo. Tú dexiste lo primero que estauas acompañado de diuersos pensamientos, y no puedes negar que si son diuersos que las partes sean pocas. E quien tiene muchos amos que seruir, con ninguno cumple. [433]   100

SIGERIL. Dañoso me es esse argumento.

PONCIA. No te ahogues tan presto, que aýn tienes tiempo para todo lo que quisieres responder. Lo segundo fue que tu cuerpo recibía inumerables passiones en lo qual das a entender que tienes más de vn atormentador.   105

SIGERIL. Essa tampoco es regla cierta.

PONCIA. Mándote yo que no boluerás atrás, que por satisfa- ción de las dos dexiste la postrera que tenías tantas con- goxas que no alcançauas a saber por donde es de colegir la confiança que en tus palabras tendré.   110

SIGERIL. En gran manera me pesa del mal concepto que de mí tienes.

PONCIA. Si tanto te pesa lléualo en dos vezes, porque harto es ciego el que no vee por tela de cedaço. [434] Dígolo porque siempre me dezías que, yo sola te mataua y en mí tenías los pensamientos, y el coraçón y el alma, que no faltaua sino el cuerpo, al qual fingías enterrar en mi memoria, y al pre- sente as dado señales de ser más de vna la que te ro/ba D iij[r] los sentidos. Y concluyo que quien no te conoce te compre. [435]   115   120

SIGERIL. Señora, muy aueriguado está que al esclauo no com- prará nadie si el amo que le tiene cautiuo no da fianças prouando ser suyo. Ansí que por no saber elegantemente daros la respuesta, me affirmo en que más quiero llamarme vuestro, avnque me vendáys por siquiera gozar de tener tal fiador, que no ser libre y señor de otra.   125

PONCIA. Dime, ¿tu venida no fue a más de hazer esse preámbulo?

SIGERIL. Avnque no fuera a otra cosa, bastaua, según las pie-   130

97	1536: arepiẽto; 1539: afirmas	107	1539: tan poco
98	1539: dixiste	115	1539: ve
105	1539: reciba	130	1539: a *omitted*

dras lleuo que me as tirado. Empero causa legítima vuo.

PONCIA. Tú traes contigo tantas que no se herirán las que yo te arroje. Y esto aparte, me di qué embaxada traýas.

SIGERIL. Esta carta es, que te suplico la des luego a Polandria, porque esperaré lo que responde.   135

PONCIA. Ella está agora con Paltrana y con otras señoras en la sala, y serán más de las dos quando se venga [a] acostar, por cierta fiesta que tienen esta noche, y no aurá lugar más de a leella. Tú puedes yrte y venir mañana a estas horas, que yo haré todo lo que pudiere sobre ello.   140

SIGERIL. Sea como mandas, y Nuestro Señor quede en tu guarda, avnque estamos enojados.

PONCIA. El vaya contigo, que todo a sido passatiempo, y en fin, soy tuya.

¶ A<small>UCTO</small> N<small>UEUE</small>.

Como Polandria viene a reposar la noche halla en su aposento a Poncia, la qual la da la carta de Felides, y como la ha leýdo, pasan las dos algunas pláticas sobre ello, en conclusión que queda acordado de le responder. E introdúzense: 5

¶ Polandria.   ¶ Poncia.

POLANDRIA. ¿En qué entiendes, Poncia, que estás sola, como si no vuiese en casa quien estuuiera contigo? Por mi vida, que con tales veladas, que te es conuenible dormir parte del día.   10

PONCIA. Yo te lo tengo en merced el cuydado que de mí tienes, / mas ansí me ayude Dios, que si fuera tu requebrado, yo te respondiera quanto a lo que me dexiste destar sola, y aýn del arte que el señor mi gayón[436] respondió.   [D 3v]

POLANDRIA. ¿Qu[é] es lo que dizes? ¿Es possible que esta noche a venido acá mi señor Felides?   15

PONCIA. A buena fe, que essos cuernos yo no los auía pensado, y tú los tienes creýdos. Mas avnque estás presente,

133 1539: arrojare; Y *omitted;* traygas   137 1536, 1539: venga acostar

15 1536: Ques

no dexaré de dezir que si en tal trance me viesse, que yo
haría sin pereza el remate, [437] porque sería subir de bien   20
en mejor.

POLANDRIA. Déssas eres. ¿Querráste por dicha parescer a la
otra alcagüeta de Pajares, [438] que primero recaudaua para
sí que para quien la embiaua?

PONCIA. No te paresca que yo, avnque lo haga, me venceré   25
tan presto, que antes seré rogada. Y parésceme que librarás
mejor en callar, que ya sabes que vno es a vezes el que la
liebre leuante, y otro el que la mata; [439] y tú, pongo caso
que la tengas presa. Ya estás al cabo.

POLANDRIA. Gran palacio tomas. No sé qué nouedad es ésta.   30
Sepamos qué quería tu duelo de Sigeril.

PONCIA. Avnque sea duelo o quebranto, [440] te lo quiero dezir
agora, pues lo preguntas en seso.

POLANDRIA. Lores [441] a Dios, que en tus primeras razones me
acallaste, y en estas últimas dizes como quien se burla, que   35
hasta este punto no he estado en mí. Mas avnque la mucha conuersación acarrea menosprecio, [442] yo no me eno-
jaré, porque veo que estás chocarreando y m[e] es más
honra callar.

PONCIA. No lo tomes tan al cabo, que paresce fea cosa guar-   40
dar pundonor sobre tal caso, que tales chocarrerías como
las passadas bien me las perdonarás con darte tal colación
como ésta.

POLANDRIA. ¿Cómo as podido dissimular tanto, teniendo la
carta de quien a mí tiene por sierua?   45

PONCIA. No te quiero responder que él lo es obediente tuyo,
porque no gastemos mucho almazén. [443]

POLANDRIA. No puedo yo por quien es mi gloria gastar tanto
que la vida no sea poco.

PONCIA. Algo es lo que yo digo. Déxate de apercebir essa ar-   50
tillería de parlamento, pues en ausencia no le satisfazes, que
quando esté presente tienes tiempo de soltar los tiros.

22   1539: parecer por dicha
23   1539: recadaua
25   1539: paresco
26   1539: parece me

35   1539: tus vltimas
38   1536, 1539: mes
44   1539: dessimular; tiniendo
50-51   1539: artilliria

POLANDRIA. Hasta oy[444] vi a persona hablar tan cerrado
como tú.

PONCIA. No sé cómo se te antoja que hablo por cifras, que　　55
jamás lo tuue por costumbre. Y lo que te ruego es
que leamos / essa carta, porque a osadas que ella se a Diiij[r]
de mirar.

POLANDRIA. No auía menester ruego para lo que es manifiesto, que sin ti no auía de hazer.　　　　　　　　　　　60

PONCIA. Y no trae sobre escripto. Aýn podría ser que pues
no señala a quién, que fuesse para mí.

POLANDRIA. En cosas eres tan resabida que sobras, y en otras
tan nescia como la que está entre pastores.

PONCIA. Anda ya, que consuélome con que poco a poco van　　65
a lexos,[445] y como se me entiende la ruyndad, se me en-
tenderá lo demás.

POLANDRIA. No lo digo sino porque al cabo de tu vejez dizes
que auía de traer sobre escrito carta semejante.

PONCIA. ¿Pues cómo, señora, aýn nunca asamos y ya emplin-　　70
gamos?[446] No tengo edad de ser madre y pónesme ya nombre de agüela. Mas que sea vieja o moça, no pienses que
dudaua lo que por prouarte dixe.

POLANDRIA. Ansí que me quieres tentar de paciencia. Pues
créeme, que tanto hierro es sabiendo preguntar como igno-　　75
rando responder.[447]

PONCIA. Obra metemos para nunca acabar. Léase ya la carta
si te paresce.

POLANDRIA. Soy contenta, por esso oye hasta el fin.

PONCIA. Empieça, que yo estaré como muda.　　　　　　80

POLANDRIA. "Mi señora,[448] si el inuencible huego que me
cerca, con el sobrado temor que tengo no vuiera batalla,
mi grande atreuimiento no consintiera ocuparse en escreuir
a la que dudo tomar ocupación en lo leer.[449] Mas como
los superflos rayos[450] me reutauan por couarde, consentí　　85

61　1539: escrito
64　1539: necia
71　1539: hedad
74　1539: quieres prouar

80　1539: yo escuchare
81　1539: señor
85　1539: superfluos

en ser antes condenado por inocente que loado por obediencia; y si vieres en mi torpe escreuir quán ciego estoy
con auerme dado principios de tal remedio, no te marauilles, que los que ponen los ojos al sol, quanto más lo miran,
tanto más se ciegan. [451] Ansí que tu luz perfecta con mi　　90
escuridad [452] notoria deurías de juntar para que templando
lo vno con lo otro hagan la obra que la razón requiere por
euitar que nuestro negocio, pues no sea manifestado, siendo
tú piadosa, no se publique en ser cruel. Que si yo no co-
nosciesse la conoscida ventaja que entre nosotros ay a la　　95
que entre otros amadores suele auer, ni en mí auría tanta
sandez para te lo suplicar, ni en ti piedad tan cumplida
para lo suffrir. Y lo que te pido agora, estarás ya al cabo,
que no ay necessidad de poner principio. Y porque / la　　[D 4v]
carta larga no sea causa del callar por respuesta, ceso, ha-　　100
ziéndote cierta que si el portador no la trae, reuocaré tus
mandamientos con hazer breue lo que tarde espero, que
según yo quedo, más estoy en disposición de acabar la
vida que de desculpar las razones."

PONCIA.　¡O sancta María, y qué eloqüencia tiene Felides en　　105
quanto dize! ¡Qué concertado, quán al propósito de lo que
quiere! Yo me afirmo en no culpar tu culpa más, que hallo
que es perdida quien por él no se pierde.

POLANDRIA.　Huélgome que tú lo conosces para no tener yo
rescelo que no lo entiendes. Y gran plazer me has hecho　　110
en auer callado a toda.

PONCIA.　Dite mi palabra de callar, y por esso si la vida
me fuera en ello, no la auía de quebrantar, que el vulgo
dize: El buey por el cuerno, y el hombre por la palabra. [453]

POLANDRIA.　Espantada me tiene tu saber, que te prometo que　　115
si por tu consejo vuiesse de morir, y por el de vn letrado
alcançase vida, el tuyo siguiesse.

89　1539: le miran
90　1539: perfeta
94-95　1539: conociesse
100　1539: cesso

103　1539: dispusicion
105　1539: santa
109　1539: conoces
110　1539: recelo; Y *omitted;* echo

PONCIA. Avnque en mí no lo aya, tu nobleza suplirá mis faltas. ¿Mas a qué fin lo dizes?

POLANDRIA. Ay, que estoy en gran confusión si le escriua o 120 no, porque veo que si su pena me duele y pone alas a que le responda, mi honrra me atormenta y haze enmudescer. E si sus generosas obras me dizen que conceda, mi estado y real linage me mandan que niegue. E considerando el principio con el fin, para escoger de los estremos el medio, 125 ay necessidad de socorro con tu parescer sobre lo que haga.

PONCIA. Muy bien era hazer todas estas diligencias por obra que en pensamiento te an venido si ocho o diez días antes las ymaginaras. Mas como al pecador mientras biue si no se arepiente, despúes no le aprouecha, por el consiguien- 130 te si estando libre no se defiende de caer en el lazo, después de preso poco haze al caso ponderar lo que puede suceder, que sería hurtar el puerco y dar los pies por Dios. [454] No obstante, que sea bueno el secreto sobre todas las cosas. Mas as de conjeturar que el mensagero es sin sospecha, [455] 135 y el secretario [456] que esto dize sin dañada voluntad; y as de vsar de complazer a su cuyta juntamente con aplacar tu desseo, y no dexes de / escreuille de tanta consolación D v[r] para él quanto tú rescibes con las que él te embía. Con- templa otrosí quánto es mejor, que te juzguen que rede- 140 miste que no que te culpen porque mataste. Que si es a tiempos limitados y no a todas horas, todo se puede hazer de arte que ni tú rescibas affrenta ni él muerte. Y sobre esto piensa que tengo dél concepto que más querrá penar que a ti darte pena. 145

POLANDRIA. Yo hallo que será muy bien todo esso. Vete [a] acostar, que en la mañana tú verás lo que respondo.

PONCIA. Sea ansí.

118 1539: tus noblezas
122 1539: en mudecer
126 1539: ya
134 1539: sea que no

135 1539: Mas ay
140-141 1539: redimiste
144 1539: te tengo
146-147 1536, 1539: ve te a costar

¶ Aucto .x.

Sigeril buelue a dezir a su amo lo que negoció con Poncia, y Felides le torna a embiar por la respuesta de la carta, el qual va, y Polandria misma se la da. Y introdúzense:

¶ Sigeril.　　¶ Felides.　　¶ Poncia.　　¶ Polandria.　　　5

SIGERIL. Averiguadamente creo que los caminos que he hecho y hago y haré sobre este caso que eran bastantes para quebrar piernas de Celestina y desmayar fuerças del señor Pandulfo, y aνn afloxar la agonía del inuencible Felides, que ansí le puedo nombrar, pues tal batalla venció. Y　　10 pues que yo soy el vencido, he de proponer de no ser el quebranto en estos mensages, sino boluer esta noche por la respuesta. Y si no ay manera para con ella mandarnos venir, y buscar modo que el agua que eché ayer en el huego que a mi amo tenía porque lo negociase Celestina,　　15 se conuierta agora en azeyte porque lo concluya ella; que si yo la vnto la mano, [457] avnque no de mi hazienda, no perderé nada, que en fin quiero que antes diga la pobre vieja loándome, del pan de mi compadre, buen çatico a mi ahijado, [458] que no que publique buenos lo dan y ruynes　　20 lo lloran, [459] que a osadas que no quede por ella la tela sin vrdir. Bueno será en breues palabras con/cluyr con el　[D 5v] insuffrible músico que agora le oygo tañer en harpa, la qual hasta oy le oý nombrar. Veamos qué glosa en su canción.　　25

FELIDES.　　¶ Al que falta la ventura
　　　　　　después de se ver amar,
　　　　　　razón tiene en se quexar
　　　　　　della, pues poco le tura. [460]

SIGERIL. Increýble cosa es de pensar la eloqüencia deste hom-　　30 bre, quán fundadas canciones compone de aquella cabeça, y qué melodía tiene en tañer aquella harpa, que tan

4　1539: entroduzen se　　　　17　1539: aun que
9　1539: las agonias

vsitable para él a sido. Ruyn sea yo si no le puedo ygualar
a Dauid, y aýn si más no menos.

FELIDES. ¶ Faltó al triste amador   35
por ser contraria su suerte
que le trae hasta la muerte
con muy esquiuo dolor,
y quexarse en su clamor.
No lo tendrán a locura   40
della, pues poco le tura.

SIGERIL. ¡Cómo cae tan bien todo lo que quiere decir! No me
ayude Dios si no quisiera traer más que a dos pares de
reales, tinta y papel para escreuir coplas tan sentidas, y
vsar dellas quando necessidad fuesse. El me paresce que   45
a cessado. Yo ordeno entrar y empeçar mi plática. Señor,
sea mucho [461] en hora buena la real música que quieres
proseguir de aquí adelante.

FELIDES. En tal vengas tú, que esperándote estaua.

SIGERIL. Vesme aquí venido y mucho a tu seruicio.   50

FELIDES. Por cierto, no estoy yo menos a lo que te cumpliere.

SIGERIL. Lo que al presente nos cumple es darte nueuas de
donde vengo, porque con breuedad a de ser mi buelta
para allá.

FELIDES. No puedo yo oýr cosa de mayor consolación, ni de-   55
xar de saber la de semejante congoxa.

SIGERIL. Pues sabrás que como la hora era limitada, y el
tiempo proprio y el lugar conuenible y mi apercebimiento
no malo, yo negocié muy bien.

FELIDES. Essa palabra sola basta para quien sentido tiene que   60
sienta lo que yo siento. [462]

SIGERIL. Si oyes, sabrás lo que saber desseas.

FELIDES. Yo te prometo de / estar tan atento en oýr como tú   [D 6r]
liberal en dezirlo.

SIGERIL. Como yo allegué, avnque estaua escuro, no auía   65
bien mirado la ventana quando ella me auía visto a mí.

FELIDES. ¿Quién? ¿Mi señora Polandria?

---

42 1536, 1539: tambien   58 1539: apercibimiento
54 1539: ella

SIGERIL. Oxalá fuera Poncia, que no digo sino que no estaua acabada de cerrar, y luego con la primer[463] seña fue abierta. 70

FELIDES. E dime, ¿abrióla la portera de mi remedio, que si a ella la diste en su mano? Yo bien creo que tendrá por bien de abrir el fuerte candado que con la cadena me hechó.

SIGERIL. Hazme vn plazer, que no vses de pensamiento ni philosophías atajándome la palabra, que quien los principios no oye, mal podrá saber el fin;[464] que yo te contaré por orden todo lo que passó, y a quién la di. 75

FELIDES. Tú tienes razón, y yo estaría fuera della si lo contrario hiziesse.

SIGERIL. Con todo esto no te dexaré de conceder que eres leal y perfecto amador, pues tienes las propiedades que se requieren. 80

FELIDES. Sigeril, mucho holgaría saberlas, porque podrá ser que las vso y no las entiendo.

SIGERIL. El que es muy curioso a de tener los ojos muy desplegados empós[465] de quien ama, muy turbada la lengua en lo que dize, muy alterado el juyzio en lo que piensa, tanto que en mirar ciegue, en pensar se desmaye, en hablando se turbe.[466] 85

FELIDES. O cómo todo esso conozco estar en mí conoscido. 90

SIGERIL. Ora, con breuedad te acabaré dezir lo que me passó, y es que se paró luego Poncia a la ventana; y te juro que las vezes que comigo habla me tira tiros tan rezios que con el menor dellos pierdo no solamente la habla, mas el sentido, que sobre responderle a vna tan fácil pregunta como liuiana respuesta, me puso de arte que ni aprouecharan en tal caso quantas armas ay en Milán,[467] ni broqueles en Barcelona[468] que resistieran de no venir herido. 95

FELIDES. ¿Qué fue la pregunta?

SIGERIL. No más de interrogarme cómo venía sólo; y yo respondiendo lo que me parescía, ella dixo lo que se le antojó. 100

100 1539: interogar me   101 1539: parecia

FELIDES. Dessa manera Poncia fue tan discreta en te lo prouar
como tú necio en se lo conceder.

SIGERIL. Mal podía yo rectamente negarlo, que vía que bien   105
alegaua. Y tú bien sabes que vno es lidiar con los toros y
otro el hablar dellos; [469] ansí que estando tú delante de
Polandria, notaré como arguyes a lo / que ella propusiere; [D 6v]
y porque esto es gastar tiempo en lo que se puede espe-
rimentar. Tornando a mi plática, después que con Poncia   110
vue la batalla como te he contado, le di la carta, porque
Polandria estaua en la sala tan ocupada quanto yo sin reposo por hallarme en tal lugar. Y acordé hazer por obra
lo que mi contraria me dio por consejo, que fue venirme
sin respuesta por estonces, [470] para dar causa de cobrarla   115
después. E ansí me contente con dar en vn camino la carta
y traer en otro la respuesta, porque no se dixese por mí,
quien todo lo quiere todo lo pierde. [471]

FELIDES. Ello está tan bien negociado quanto tu diligencia y mi
ventura lo ordena. E si te paresce, come vn bocado, y   120
concluye en dar gloria a mi esperança y remedio a tu vida.

SIGERIL. Yo te certifico de hazerlo con tanta astucia, que ni
sea oýdo ni visto, y luego sin detenerme en razones.

POLANDRIA. [472] ¡Poncia! ¿Estás aý, Poncia?

PONCIA. Señora, repulgando estoy este paño de manos.   125

POLANDRIA. Déxale, [473] por tu vida, y ven acá.

PONCIA. Vno de los plazeres que yo rescibo es que dexe la
lauor, que de anoche velar esperándote, y agora acabar
este enhado, [474] me siento tan quebrantada como si me
vuiessen dado mil palos. [475]   130

POLANDRIA. ¿Quién yua tras ti a darte tanta prisa?

PONCIA. No nadie, [476] mas que veo ser mal exemplo lo que
en vn día se puede hazer esperar a otro. [477]

POLANDRIA. Y aýn conjeturando yo essa regla vsé de vencer
a la pereza quando leýmos la carta de mi coraçón, que   135
en la hora que te saliste le respondí, con las quales palabras me sentí tan acompañada de diuersos pensamientos

---

109-110 1539: espirimentar   123 1539: E luego
119 1536, 1539: tambien   127 1539: recibo

como sola de ninguna alegría por estar ausente de quien
presente desseo.

PONCIA. Es possible que en esso te desuelaste.　　　140

POLANDRIA. Pues el coraçón vela de día no te marauilles que
el cuerpo le ayude de noche.

PONCIA. Señora, si eres contenta, veamos la lauor que en la
velada heziste.

POLANDRIA. No permita Dios tal cosa, que contra quien tuuo　　　145
poder de abrir mi coraçón, facultad se dé de abrir esta
nema [478] avnque es de papel.

PONCIA. O ella es tan teologal que no quieres que saquemos
el debuxo, [479] o tú estás tan ciega que no vees si la veré / yo　　　[D 7r]
a tornar en su perfición. [480] Mas sea como mandas, que　　　150
yo te siento estar tan asida quanto, lores a nuestro señor, yo
estoy suelta.

POLANDRIA. Calla, Poncia, que no va en mi mano, ni yría en
la tuya si te prendiesse.

PONCIA. Y avn esso es ello, saberse deffender de la prisión,　　　155
que vna vez echada la cadena, tarde se rescatan. Y no dexaré de dezirte, avnque no sé si te lo he ya apuntado en
otra plática, que es ruyn escusa hecho el hierro no conos-
cerle. [481] Ansí que Cupido [482] se pinta ciego y con un arco
en la mano para que él tira su flecha, y donde halla buen　　　160
acogimiento, allí se aposenta; que como tiene la vista ta-
pada, tanto reside en el pastor como en el ciudadano, [483]
y en el escudero como en el cauallero, y en el conde como
en el duque, y en el rey como en el emperador. Finalmente, este amor tiene vna propriedad, que do sobra la　　　165
porfía y falta la resistencia, no dexa durar la pudicicia.

POLANDRIA. En oýrte tanto, no me sería lícito dar salida a
contradezir nada. Y está atenta, que passear se me antoja
que oygo a mi señor o a su mensagero.

PONCIA. Yo me pararé a mirarlo. Mas veo que quien bueyes　　　170
a menos, cencerros se le antojan. [484] Y con todo esto no
miente nada, que por mi salud, el corrido de Sigeril es.

155　1539: defender　　　　165　1539: a do
158-159　1539: conocerle　　　166　1539: y *omitted*
162　1539: cidadano　　　　171　1539: cencerras

SIGERIL. A, plazer de mi pesar, ¿soys seruida de me oýr dos palabras?

PONCIA. Mejor dixeras dos porradas, según empieças ya a descascar. [485] 175

SIGERIL. Señora, ¿cómo puede ya hazer principio el que está propinco al fin?

PONCIA. Y aýn esso es lo que yo quería dezir, que me tienes con el regüeldo [486] de la purga enhadada, y me tornas a dar los xaraues. 180

SIGERIL. De verdad, nunca he sido boticario. No sé cómo te doy xaropes.

PONCIA. Pues no me entiendes. Sabe que lo que digo es que harto basta el hartura que me as dado con tus negros requiebros hasta aquí, sino que agora bueluas de nueuo; que vosotros como quanto hazéys en la mocedad procede de ignorancia, no se a de parar mientes en nada, pues ello y el ayre se pondera por vn ygual. 185

SIGERIL. ¿Qué es lo que hazemos, mi señora? 190

PONCIA. Yo te lo diré. Guardáys cantones, [487] ruays calles, [488] pintáys motes, [489] ojeáys ventanas, tañéys guitarras, escaláys paredes, des/pertáys liuianos; y al fin, todo como he dicho, vn poco de viento, que entre discretos ay costumbre que a la presurosa demanda den espaciosa respuesta. [D 7v] 195

POLANDRIA. Poncia, ¿no acabas de venir? Para embiarte por la muerte eres propia, según hazes la yda del cueruo. [490]

PONCIA. Ya voy, señora, que hablaua con Sigeril que está aquí.

POLANDRIA. Por vida de tu agüelo, ¿no tengo de hablarle yo algo más que tú? 200

PONCIA. Sí, que no es ydo, que vesle, allí está esperando.

POLANDRIA. Allégate aquí, Sigeril.

SIGERIL. La obediencia me hará llegar y el temor de ser sentido me haze huyr. 205

POLANDRIA. Déxate desso y escúchame que en breues palabras te daré despacho.

179 1539: querria		204 1539: obidencia
198 1539: estaua

SIGERIL. Di quanto mandares.

POLANDRIA. Tú darás de mi parte esta carta a mi señor y tu
amo Felides, y le dirás que demás de lo que le respondo   210
en ella, puede creer que me an causado tanto lloro y tristeza sus palabras quanta alegría antes de abrirla sentí, y
que por el lugar no ser conuenible, no te digo más, sino que
tenga por cierto que en mí tiene vna verdadera sierua
que tanto le amo que en presencia siempre le miro, y en au-   215
sencia en él pienso. Durmiendo le sueño; sus trabajos yo los
padezco; sus plazeres yo los río. Finalmente concluyo en
que sepa que todos mis bienes son para él, y sus males,
los quales no permita Dios que tenga, quiero para mí.
Y esto basta por ser tarde, hasta que nos veamos él y yo.   220
SIGERIL. Nuestro señor lo haga, que lo demás yo lo haré como
por ti me es mandado.
POLANDRIA. Ven en buen [491] hora, y no aya falta.

¶ AUCTO .xj.

Felides manda a Corniel que salga a ver si viene Sigeril.
Y estando en esto, Sigeril entra y cuenta a su amo lo que
con Polandria passó. Y como los dos leen la carta, quedan con
acuerdo que Celestina prouea en [492] ello. Y Sigeril determina   5
que la llame. Y entrodúzense:

¶ Felides.   ¶ Corniel.   ¶ Sigeril. /

FELIDES. Ola, Corniel, mira por essa calle hazia San Pedro, [493]   [D 8r]
si paresce Sigeril.
CORNIEL. Señor, llamando está a la puerta, y ya le baxaron   10
[a] abrir.
FELIDES. Anda, traydor. Ábrele presto.
CORNIEL. Helo, aquí sube, y aýn no de vagar.
FELIDES. O Sigeril, quánto descanso con tu venida rescibo.
Dime qué tenemos, hijo o hija. [494]   15
SIGERIL. Esso de hija muchas vezes, si bien supiesses lo que

he negosciado con Polandria, más gozo tendrías después de
oýrlo que deseo de saberlo.

FELIDES. ¿Cómo podré creer hazerme mi dicha tan dichoso
que a mi atribulado coraçón vea descansar del trabajo que   20
passa?

SIGERIL. Avnque seas en esto incrédulo, no me marauillo que
el que está muy lastimado jamás toma buena nueua por
cierta, ni mala por dudosa. [495]

FELIDES. Pues tú también lo sientes, sienta mi espíritu ya   25
esse plazer.

SIGERIL. Señor, avnque vulgarmente se dize que aquello es
en algo tenido que por tiempo es desseado, [496] no quiero en
tiempos semejantes mirar a prouerbios, sino darte el aliuio
para tu pena con la melezina [497] tan salutífera que te   30
traygo.

FELIDES. Por amor de Dios, me empieces a curar, pues tan
enfermo me ves.

SIGERIL. Por primera colación recebirás la voluntad de aquella señora, la qual me dixo tanto que si la mitad te vuiese   35
de contar no concluyría en esta ora. Y por abreuiar te digo
que ella es tanto tuya que no tiene parte en sí que suya
sea. Dize más, que porque tú tengas vida holgara ella de
rescebir muerte; porque tú descanses quiere trabajar; por
tu salud, estar enferma cuenta por poco; por tu hierro,   40
a pagar la pena esta aparejada; por tu libertad, estar en
prisión no lo estima en cosa. En conclusión, porque el
tiempo no nos falte, ves aquí el testigo que me dio para
que declare mi información.

FELIDES. ¡O dichosas orejas que tal han oýdo! ¡O bendictas   45
manos que tal escriuieren! ¡O discreto juyzio que tal notó!
¡O bienaduenturados ojos que tal veen!

SIGERIL. Espantado me has con tus milagros, porque hombre

17	1539: negociado	34	1539: recibiras
18	1539: desseo	35	1539: vuiesse
20	1539: tribulado	39	1539: recebir
21	1539: pasa	41	1539: em
25	1539: mi sp̄u	45	1539: benditas
30	1539: medizina tã satifera		

que a gozado de la fruta no ha de hazer admiraciones con
la hoja, pues como digo, del árbol, lo que gustamos es   50
lo mejor. [498]

FELIDES. / Bien muestras en essas palabras no entender la [D 8v]
materia.

SIGERIL. Querría que tú me la declarases.

FELIDES. ¿No me dexarás de conceder que estando hombre   55
muy malo tiene peligro?

SIGERIL. Es verdad.

FELIDES. Pues veamos éste si después de sano torna a recaer,
tomándole sobre débil de virtud. Peor es la recaída que la
caída, [499] por donde nos consta saber que este tal tendrá   60
más pena que primero recelándose de la muerte.

SIGERIL. Ansí es.

FELIDES. ¿E si sana, no tendrá el plazer más sublimado que
antes?

SIGERIL. Pienso yo que sí.   65

FELIDES. Por el consiguiente, puedes notar mi caer y leuantar, y si tengo justa razón de hazer lo que hago, pues auién-
dome fauorescido, la fortuna me a sido tan contraria de
poco acá con auer causado descubrirse a tales dos lenguas
mi dicha como bien sabes, y al presente ver dar la buelta   70
a mi descanso en aumentación de reposo es vna salud tan
cumplida que no alcanço a numerarla. [500]

SIGERIL. Yo lo concedo que a la verdad la razón no quiere
fuerça, [501] y merced me harás que veamos lo que en la carta
dize, porque se prouea lo que es necessario hazer.   75

FELIDES. Muy bien dizes, y vesla aquí abierta.

SIGERIL. No te detengas en leella porque aya tiempo de negociar lo que en ella manda.

FELIDES. Oye qué principios: "Mi señor, si la turbada lengua
no dixere lo que el lastimado coraçón dessea, la culpa no   80
sea a la voluntad, pues la tienes conoscida, saluo a la potencia que es flaca, tomando de mis palabras la intención
con que las fundó, la qual es tan sana quan enferma mi

49   1539: ha gozado; no a de   60   1539: cayda
50   1536, 1539: Arbol   68   1539: fauorecido
59   1539: recayda

persona está. Tu mensagero me hizo saber como dexó tus
mexillas tan coloradas como escarlata, a causa de las biuas   85
lágrimas que tus ojos por ellas destilan. Mucho dolor sentí
de tu sentimiento, mas creo yo que tan grande será la pena
que rescibirás quando el mismo portador te manifieste como
mi rostro que rubicundo te solía parescer, halló tan des-
colorido que viéndome dudaua el ser yo. Y esto es de las   90
crudas gotas de sangre que de mi llagado coraçón an salido, las quales como de noche y de día no cessassen de
caer, a manera de fuentes, an tenido poder de despoderar-
me [502] / de mis fuerças y sustancia, y avnque la he perdido, E [1r]
no pierdo la confiança de cobrarla con el descanso que   95
con vos mi señor espero tener, los días passados en ciertas
pláticas que comigo tuuiste queriendo demostrar el entrañable amor que me tenías aprouaste ser como el pelicano [503] en tu liberalidad. Por cierto, no me sería lícito
dezir que tal comparación no sea de fidelíssimo amador;   100
empero como la tal aue vna vez passe el tormento y en
vsando de la tal crueldad haga su fin, no es tan inumerable [504] grado a la graue passión que la salamandria [505]
suffre padesciendo perpetuamente el huego terrible en que
está, ansí que comparándome a mí con ella puedes distin-   105
guir de la fe con que te amo, a la lealtad que publicas,
quanta differencia ay. Hágote cierto de vna cosa, por
prueua lo puedes ver que todo aquel que de coraçón perfecto ama, más quiere vn disfauor de lo que ama que todo
el fauor desta vida. Y la esperiencia no es tan escura que   110
no la entiendas por muy clara; pues sabiendo tú que es
vltimada lástima al que tiene vn solo ojo quebrársele, que
este tal queda del todo ciego. Y esto digo respondiendo
a vna sola palabra de las que en tu carta me embiaste, la
qual fue, que si me tardaua en remediar, breue serías en   115
fenecer. E bien mirado no podía ser en el mundo mayor

88   1539: recibiras   103   1536, 1539: Salamandria
98   1539: prouaste   104   1539: sufre
98-99   1536, 1539: Pelicano   107   1539: ya
99   1539: leberalidad; me *omitted*   110   1539: espiriencia
100   1539: que con tal; fidilissimo

disfauor que éste. E ruégote mucho que en tan mal propósito no perseueres, que sin dubda dañas la condición
tuya y destruyes la salud mía. ¿Qué escusas podrías poner
si tal cosa no digo por obra, mas por pensamiento te   120
passasse hazerla? Bien sabes tú si pensarlo quieres quan-
to la virtud y el desagradescimiento en la condición diuer-
san. Pues aueriguado es, que no puedes virtuoso dezirte
sin agradescido llamarte. E si esto es ansí, hechando cuenta
de lo que por ti he hecho, verás la deuda que me deues,   125
y la satisfación que te pido es que tenga yo cierto que tú
tienes creýdo, que tu vista me es consuelo, y llamarme
tuya rescibo por gloria, la qual se me disminuyrá la hora
que a tu persona vn solo punto de trabajo le acontesciere.
Bien creo que te harás, marauillado de la que / a carta   130
de vizcaýno ⁵⁰⁶ embía respuesta de castellano. E si esto he   [E 1v]
vsado, es porque más quiero ser reprehendida de prolixa
alargando tu vida, que loada de breue, siendo causa que
se acorte. Y ansí cesso en estas últimas palabras, acordándote tengas acuerdo, que vista la presente, la buena vieja   135
sea la medianera, para renouar nuestra alegría, la qual tengas tú tanta, quanta angustia en mí queda."

SIGERIL. Jamás pensé que en sentido de muger pudiese caber
thesoro de sciencia tal como el que la santa ⁵⁰⁷ Polandria
a descubierto con auer tenido el recogimiento que perte-   140
nescía a semejante donzella desde que nasció.

FELIDES. Por tanto, verás tú como mi sublimada ventura con
su gran nobleza, quán conformes están en me fauorescer,
que te doy mi palabra que quando lo ymagino, la lengua
se me emmudesce para rendirle las gracias, los ojos se   145
me demudan para ver su preciosa letra, los sentidos se me
transportan dubdando creerlo, todo mi juyzio está atónito
considerándolo; y después que estos lidiadores han hauido

128	1539: desminuyra		140-141	1539: pertenecia
130	1536: marauilladado; 1539: della q̄		141	1539: nacio
134	1539: en *omitted*		145	1539: rendille
138	1539: pudiesse		147	1539: dubdan
139	1539: la señora		148	1539: auido
140	1539: ha			

comigo la batalla, ellos mismos me despiertan a que
crea que pues los principios no fueron fingidos, el fin será   150
cierto. [508]

SIGERIL. La certinidad de esta cosa me paresce que ya no
va en más, sino que dexando essos preámbulos, tomes el
consejo de quien te escriue, y lo pongas luego por obra.

FELIDES. Escríueme que tiene tan diuersas passiones que avn-   155
que todas juntas las acepto para mí, no sé quál resciba
por mayor.

SIGERIL. (A propósito responde el philósopho, por vida de
quien le parió.)

FELIDES. ¿Qué es lo que dizes?   160

SIGERIL. Digo que lo que Polandria quiere, muy bien lo tienes
entendido, sino que el no obedescer atrae el descomedir.

FELIDES. A muchas lançadas de éssas, tú darás comigo muy
breue en tierra. Dime qué desobediencia, qué reuocaciones,
qué dilaciones, qué desuíos has hallado en mí contra   165
la que es mi salud. Mi vida, mi remedio, mi affición, mi
esperança, para que / sea parte de hazer a ella en algo   E ij[r]
descomedir.

SIGERIL. (¡Cuerpo de quien me hizo con hombre tan eterno!
A osadas, que podemos dezir, ni xo tan corto ni harre tan   170
largo. [509])

FELIDES. Empieças ya las murmuraciones del otro día. Vete,
mal año te dé Dios a harrear las bestias de tu linage, y
entre dientes no te acontezca en mi sala otro día lo de
agora, que podrá ser que no te alabes del juego.   175

SIGERIL. ¿Qué me as visto dezir ni hazer?

FELIDES. Ora esto baste, que soys vn suzio y es mi afrenta
tener con vos pláticas.

SIGERIL. (Yu, yu. De "vos" me llama por honrarme. [510] Duelos tenemos, [511] y quebrantos [512] le dé Dios al bellaco que   180
sirue palacios, y al primero que lo vsó, que descreo de la
vida en que biuo, si mayor trabajo ni desesperación en
el mundo ay que contentar a estos pelados, que a de comer

---

166 1539: aficion   170 1539: ni yo
168 1539: descomedir se

hombre a las quatro y cenar a las deziocho [513] y acostarse
al canto del gallo, quando los otros se leuantan, que ni   185
entra en prouecho ni en sazón. Y vn día tiene la persona
posada, otra noche le cale dormir en los colchones del maestre. [514] Y esto a de passar el que biue con el marqués como
con el duque. E lo peor de todo hallo, que si los seruís
como esclauo veynte años como estéys de gratis esperando   190
a beneficio de natura, al primero enojo que les hagáys, que
no pose tres clauos, [515] os an de cargar de coces y echar
de casa para suzio.)

FELIDES.   Bolué acá, vellacazo. ¿Qué váys rezando?

SIGERIL.   A buena fe, señor, que por tal rezar no gané la glo-   195
ria, que en buen romance te digo que digo mal de mí
mesmo. [516]

FELIDES.   Tan atufado te a hecho Dios que por dezirte vna
palabra desabrida te auemos de aplacar con música tu
enojo.   200

SIGERIL.   No me an puesto essas vuas la dentera, que agraz
más azedo es.

FELIDES.   Llégate aquí y dime la causa, que quiero que seamos
amigos.

SIGERIL.   Yo soy tu criado, y no es menester essos cumplimien-   205
tos, que son palabras. Mas veo que otros muchos vsan con
sus amos del proueruio que se dize, a vn ruyn, ruyn y
medio. [517] Y hazen bien, porque éstos medran y los que
más lealmente seruimos desmedramos. [518]

FELIDES.   Ea, ya no pase adelante tu furia, y dime qué es lo   210
que mi señora es contenta que haga, y verás cómo lo pondré luego por obra como ella lo manda y tú quieres.

SIGERIL.   Por / mi vida, que tanto es a vos necessario como   [E 2v]
a mí prouechoso.

FELIDES.   Dilo ya. No gastes el tiempo en dilatarlo.   215

SIGERIL.   No es más, sino que cumplas las vltimas palabras
que en la carta te escriue.

188	1539: ha	207	1539: prouerbio
192	1539: hos	210	1539: lo q̄ es
198	1539: echo	217	1539: te *omitted*

FELIDES.   ¿Qué son?

SIGERIL.   Esso de qué son, muchas vezes tórnala a leer y verlo
   as, pues ya las tienes oluidadas.   220

FELIDES.   Yo la doy por leýda, que por no desmayar más mi
   coraçón con las lástimas que dize, no la quiero al presente
   tornar a ver, sino estando sólo contemplándola hazer el
   sentimiento que es necessario.

SIGERIL.   Ella concluye con rogarte que porque esté oculto lo   225
   passado, y se aumente en honrra vuestra fama, se negocien
   los casamientos, y porque más astutamente lo hará Celestina que otra persona, te encomienda la tengas por enco-
   mendada embiándola luego a llamar sin alteración ninguna. [519] Y en esto harás a Polandria seruicio y a ti no daño.   230

FELIDES.   Hágote saber, Sigeril, que me marauillo de ti dezír-
   melo por esse norte, [520] como que yo me escusasse de lo
   poner en effecto, sabiendo tú quánto este desseo de mí es
   desseado, y quántas vezes te he dicho que me parescía
   bien que essa buena vieja entendiesse en ello, y con escusas   235
   que as puesto, te as escusado de yr a dezírselo. Ansí que,
   pues también sea enpeçado, justa cosa es que sin tardanza
   se acabe como dize. E no te detengas en yr a su posada
   y de mi parte suplicarla se venga contigo.

SIGERIL.   ¡Qué Condessa para auer necessidad de suplicacio-   240
   nes! Quiera Dios que la halle en casa, que mal me andarán
   las manos, o la trayré de camino.

FELIDES.   Bien me paresce que será que lleues algún dinero,
   para que no ponga inconuenientes, dándoselo ante mano.

SIGERIL.   Gentil cosa sería éssa, por cierto. ¿No sabes que en   245
   el mundo quanto se habla y se anda, quanto se miente,
   quanto se embauca, quanto se trafaga, quantos engaños
   se hazen, todo es por auer dinero; [521] que a buena fe, todos
   fuessemos sanctos si como dizes, a casa nos truxessen las
   monedas; que no oluidaría su merced el vso de a dineros   250

232   1539: escusase   240   1539: condessa
236   1539: has; has   243   1539: parece; 1536: Dinero
237   1539: empeçado   250   1539: holuidaria su Merced

pagados, braços quebrados. [522] Y con el ceua de antes / ven-   E iij[r]
drá la señora por la carne de agora.

FELIDES.   Yo te hallo por hombre que sabes lo que me cumple.
Por esso ve y haz todo lo que mejor vieres.

SIGERIL.   Pierde cuydado, que en manos está el pandero que   255
le sabrá bien tañer. [523]

¶ AUCTO .xij.

Pandulfo dize a Rodancho que pongan en effecto su determinación, que es castigar a Celestina, y él dize que es contento. Y como lo van a cumplir, tópanla con vn jarro de vino,
y en la misma calle se vengan muy bien della. Y ansí la dexan   5
llorando y se van. Introdúzense:

¶ Pandulfo.   ¶ Rodancho.   ¶ Celestina.

PANDULFO.   Hermano Rodancho, no creo en tal si no es muy
propia para esecutar la sentencia que emos dado contra
aquella barbuda.   10

RODANCHO.   ¡O pese a mares! [524] Antójaseme que dissimulas
tomando paresceres. Si por ti no queda, renegaría yo de
mis braços si por mí quedasse. Y aýn te digo más, que la
tengo de acabar de pelarme las barbas vna a vna, [525] que
la mala yerua si no se siega, cada día multiplica. [526]   15

PANDULFO.   Mal grado aya el judío de mi linage, [527] porque
no es la culpa sufficiente de lo acortar los passos, que ésta
me metería yo por el cuerpo si no se la passara hasta las
espaldas. Mas tengo acordado que la hagamos que reposen
algunos días sus piernas, assentándola la mano con vn buen   20
castigo, con que la desmolada pague lo hecho, y se emien-
de en lo por venir.

RODANCHO.   Mira, que pesar de quien con tal couarde se acompaña, que a hombre de auenturar la vida por lo que le

251   1539: Braços

9   1539: executar   17   1539: suficiente
14 1539: Barbas   21-22 1539: emmiende

cumple, y él no a vergüença de estoruarlo. Ora, di lo que   25
quisieres, que pues me as metido en el juego, no sería yo
Rodancho si a cenar / no la embiasse con su amigo Plutón.   [E 3v]
PANDULFO. Mal me tienes conoscido, por vida de San Serván, [528] que si euito que la acabemos, que no es por otra
cosa sino por ver muy claro que más dolor es la affrenta   30
para siempre que la lástima que breue se passa, avnque
sea con la muerte. Y señalarémosla de arte que sea conoscida para mientras biuiere.
RODANCHO. Todo esso es fanfaronerías y escúsate quanto te
escusares, que en fin es vieja, y los sabios aueriguan que   35
el delicto que los moços cometen se reprehenda por palabras y se castigue blandamente por ser por ignorancia,
y el de los uiejos sean pocas las reprehensiones y mucha
la pena porque estos tales pecan por malicia.
PANDULFO. Pues cuerpo de Sant Ylario [529] con quien te hizo,   40
¿y no mirarás el prouecho que a traýdo a algunos de nosotros condessas pellejas [530] que en su casa mantiene?
RODANCHO. ¿Déssas dirás, por vida de quien te parió? No me
hables en mirar estando con enojo a tal alcahueta como
aquélla.   45
PANDULFO. Descreo de Mahoma [531] si de verdad lo supiesses
si no hiziesses más de lo que dizes, porque ella es tan marcada en hazer vnos encantamientos, que por nuestra señora,
que al más desuellacaras [532] que a ella se allegue, haze de
arte que le torna humilde y honesto, siendo la renegada in-
dómita y soberuia, y al rufián que en su vida supo dar a su
puta sino dos mil açotes, tiene modo de boluerlo beníuolo
y amoroso vsando la señora de su desenfrenada embidia y
maldita cobdicia, y el que en sus días no suffrió palabra,
busca modos de tornarle cuerdo y suffrido, viendo claro   55
quán loca e impaciente es, y el que jamás vsó de dar vna
sed de agua a su yça, sino pelarla como a páxaro, tiene
encestamientos [533] con que le haze ser liberal y magnáni-

28 1539: conocido
29 1539: que no la
32-33 1539: conocida

34 1539: fanfarronerias
38 1539: viejos
43 1539: diran

mo, y averiguado toda la escaseza y malicia reyna en su
cuerpo. En conclusión, puedes creer que al vellaco que no   60
cae, ante omnia con vn certum quid, [534] ella le amonesta
tales sermones que avnque esté cursado en caminar aposta,
le atraerá a que sea continente y casto prouando ser ella
dissoluta en sus obras y luxuriosa en desseo, y por tanto si
grauemente los viejos son castigados, más es por el mal   65
enxemplo que dan / que por la culpa que cometen.   E iiij[r]
RODANCHO. No creo en la vida en que biuo si no me as con-
tentado en quanto as dicho, porque es muy conoscido que
más que esso en ella se conoscerá, que vna hechizera que no
a dexado parte del mundo que no [a] andado, no se le a   70
passado vileza sin tentarla, ni a venido fortuna que no aya
corrido, ni a visto a bueno que no prosiguiesse, ni a sabido
de malo que a él no se aya llegado. Finalmente, no ay vicio
en el mundo que no le aya prouado. Y boto a tal que si ve
su fin, no le pese tanto de morir, por ser viciosa de los vi-   75
cios que la sobran, quanto por ser viciosa de las fuerças que
le faltarán; y veo que como dizen, quien roba al robador
cient [535] días gana de perdón, [536] por el consiguiente los
ganará quien mata al matador, que ésta ya sabes que demás
de robar las haziendas mata las vidas.   80
PANDULFO. Por vida de los ángeles, que yo estoy ciego, o es
Celestina aquélla que viene haldeando por allí abaxo, que
avnque haze escuro, en el tino [537] de su andar la conozco.
RODANCHO. Ponte aquí detrás y escuchemos lo que viene consigo razonando, que yo pondré que me degüellen si no es   85
su merced.
PANDULFO. Muy bien estamos, y ansí passe tan auiso que sin
hablar palabra peguemos con ella, y mira que sean espaldaraços, [538] y alguna notable cuchillada.
RODANCHO. Sea ansí, que podrá ser que sea tan buena como   90
estocada.
CELESTINA. O gloria sea a Dios que an visto mis ojos tiempo

---

60 1539: Cuerpo
62 1539: aun que; de caminar
63 1539: hatraera

70 1539: no an dado
74 1539: vee
88 1539: E mira

tan desseado de tal abundancia de vino que lleua hombre
vna cántara [539] por menos de lo que le solía costar vn
açumbre. [540] Y ansí goze yo de mis canas, que tuue razón   95
en reñir anoche con aquel suzuelo de arcaller, [541] porque
le encargué cincuenta vezes que me hiziesse de quatro
açumbres este cangiloncillo, [542] y no cabe poco más de tres.
Mas ansí passaré mi lazeria repartiéndolo en comida y cena
mientras otro se haze que sea mayor, y no mirando a la   100
regla que manda tres postetas [543] en cada assentada. [544] Yo
no sería Celestina si no la quebrantasse reglándome con
açumbre y medio en seys, que avnque no es para matar
la sed la copa de vn cuar/tillo [545] suffrirá la persona su   [E 4v]
desuentura, que todo lo haze afforrarnos en la santa taber-   105
na para cumplir las faltas que en la comida tuuiere, que
ansí medre yo que fue cuerdo el que dixo, "Con pan y
vino andan camino," [546] porque este licor, avnque sea solo,
tiene sustancia de poner demasiadas fuerças como lo veo
por mí, que a la venida, arrimándome a este negro bordón   110
no podía dar passo, y agora me siento tan aliuiada con la
vezezilla que me eché y con el suaue olor que sube deste
jarro, que así sea yo próspera que alçándome estas pobres
haldas apostasse a correr a qualquiera, avnque fuesse moça
de quinze años.   115

PANDULFO. Válala el diablo a la puta vieja, y qué fundamento
a tomado con el vino.

RODANCHO. Maldito sea vn loco perenal [547] como que sabiendo que se engendró con ello y nasció con ello, y se crió
con ello, y se sustenta con ello, y todo quanto gana es para   120
ello, y que no solamente en la vida, mas en la muerte a de
rauiar por ello, ¿y espántate de que sea su tema pensar
en ello?

PANDULFO. Lo bueno es que trae, según dize, tres açumbres
de vino, y mal aya quien bien me quiere si gota lleuare   125
a su casa.

---

98   1539: cangilonzillo; 1536: no sacabe   113   1539: assi; prosperada
105 1539: santa *omitted*   116   1539: Vala

RODANCHO. Por vida de la que tú sabes y mía, que no lo emos de prouar tan solamente.

PANDULFO. No más beuerlo todo, que se saluará el juramento.

RODANCHO. Lo que digo, yo lo cumpliré, y es que enuestida 130
en ello lo lleuará.

PANDULFO. Sea como mandares, que cerca llega.

CELESTINA. Ansí que por esperiencia veo que a quantos males
ay, aprouecha el vino; [548] mas boluiendo a otra plática,
mala ventura fuera la mía si a los halagos del señor Pan- 135
dulfo, y a los fieros que me hazía, aplacara con darle diez
ducados como quien se burla. Quiça pedía el rufianazo con
su poca vergüença para vnos guantes o çapatos; por esso
hize yo bien que le hize encreyente que no me auía embiado Felides cient ducados, ni cient cornados, que harto 140
boua fuera la vieja de Celestina si le diera el diezmo [549]
por temor, no deuiéndole a rey ni a roque. [550]

PANDULFO. Ea, Rodancho, que tiempo es de esecutar la pena,
pues confessó el delicto.

CELESTINA. ¡Jesús, Jesús! ¡Ay, ay! 145

RODANCHO. Pégala sin duelo a la traydora.

CE/LESTINA. ¡Justicia, justicia! E v[r]

PANDULFO. No creo sino en Dios, si no me a corrido hasta la
mano la sangre que en la espada traygo.

RODANCHO. Tira por aý arriba. No nos detengamos aquí, que 150
descreo del diablo si no la quisiera hazer el cuerpo harnero, [551] no obstante que queda la vna pierna cortada y
avnque la herida no es mocosa.

PANDULFO. Corre empós de mí y dexémonos de pláticas.

CELESTINA. ¡Ay, desastrada de mí! Desuenturada fue la hora 155
que yo quise yr por vino. ¡Ay, qué negra suerte me a venido!, que bien me basta auer biuido tantos años con la
cara cruzada, [552] sin que esso poco de tiempo que me faltaua de cumplir la jornada que en este negro mundo tengo
de estar, me viniesse tal desastre de procurar de oy más 160
gastar mi pobre ganancia en muletas. ¡O traydor de

---

127   1539: hemos   134   1539: aya
133   1539: espiriencia   141   1539: Celistina

Pandulfo, vinieras sólo por encubrir tu falsa trayción! Pocas armas lleuaua la cuytada de Celestina que no se pudo
deffender de tales dos galfarros. [553] No son más los brauos
lobos con las pacientes ouejas como ellos se mostraron   165
comigo. ¡Ay, que me fino! Señores, socorredme los que me
oýs. ¡Ay, Santa María, y cómo me desangro, que se me sale
el alma! ¡Confisión, confisión! [554]

PANDULFO. Rodancho, hazme este plazer por lo que deues a
las armas, que dissimuladamente te allegues hazia donde   170
quedó aquella maldita. Veamos si a cessado de pedir
misericordia.

RODANCHO. Esso en vn ayre [555] lo haré, y aýn juro por el se-
pulchro santo de San Macías, [556] si por dicha, alguno hallo
allí y me pregunta por el caso, no mire que sea alcalde, ni   175
corregidor, que no le hienda la cabeça por medio.

PANDULFO. Yo conozco que eres el diablo. Por esso hazlo todo
cuerdamente, que a esta esquina te esperaré.

RODANCHO. No creo en la fe morisma, si no está muerta o
desmayada; mas quiero prouar si buelue. Y pues está con-   180
firmada, dalla he el bautismo desta manera por salir con
mi interés y euitar que nadie goze del vino.

PANDULFO. ¿Asla visto, que vienes tan de priessa?

RODANCHO. Aguijemos, cuerpo de Dios, que yo te lo diré
desque estemos en saluo.   185

PANDULFO. Dilo ya, que ves allí la yglesia. [557]

RODANCHO. ¿Qué más?, sino que quando allegué, estaua sin
habla y tan sin sentido como muerta; y por / cumplir mi   [E 5v]
promesa, dende la cabeça hasta los pies la vañé en el vino,
y en lugar de coroça [558] la atesté muy bien el jarro encima   190
de los tocados.

PANDULFO. ¿Y nunca boluió en sí?

RODANCHO. Mira, que pesar de tal con quien me parió, dígole

164 1539: defender; brabos
167 1539: sancta
171 1539: ha
173 1539: aun

174 1539: sancto; san *omitted;* des-
     dicha
178 1539: te espero
181 1539: dalle
181 1539: baptismo

que está sin pulsos y replícame donayres. [559] Algo peor
fue que yo que se le estaua poniendo, allegaron cinco gen- 195
tiles hombres arrufaldados, y por defenderla, echaron mano
contra mí en que vuimos vna brega, y los tres vi que no se
alabarán de las cuchilladas según los embié.

PANDULFO. ¿E as hecho tal ecesso y estámonos en la calle?

RODANCHO. Entra presto en esse portal. No nos pongamos en 200
manos de la justicia.

PANDULFO. Algo mejor estamos aquí.

RODANCHO. De vn poquillo.

¶ AUCTO .xiij.

Areúsa viene a uer a Elicia, y despúes que an passado
algunas pláticas, Areúsa la pregunta por Celestina. E como
Elicia la dize que es yda por vino, viendo como tarda, la van
las dos a buscar, a la qual hallan tendida del arte que la dexa- 5
ron Pandulfo y Rodancho, y lléuanla con grandes lástimas a
su casa. E introdúzense:

    ¶ Areúsa.   ¶ Elicia.   ¶ Celestina.

AREUSA. No deue de estar acá nadie, que tan sola está la casa.

ELICIA. ¿Quién anda aý? 10

AREUSA. Agora que me ves acá arriba, ¿preguntas que quién
es? Por mi salud, bien te podía auer robado y que no lo
sintieras.

ELICIA. Mas, ¡qué descuydo tan grande es vn solo punto tener
la puerta abierta!, que como tú entraste podía venir otro. 15
E si la persona hazíalo, que Dios la ayudaua tomarla en
sobresalto.

AREUSA. Por esso hize yo bien, que entrando y cerrando todo
fue vno.

ELICIA. Desta manera estaremos seguras; y esto aparte quiero 20
que me digas, hermana Areúsa, qué buena venida fue ésta.

194 1539: Algo *omitted*   196 1539: arufaldados
195 1539: salierõ   199 1539: Y; hecesso; estamos

AREUSA. ¿E cómo, amiga Elicia, házeste marauilla de que yo
te venga a ver y a holgarme con/tigo? [E 6r]

ELICIA. No me marauillo, sino por ser la ora que es, que jamás
me acuerdo tan tarde verte salir de casa. 25

AREUSA. Pues no te espantes, que lo que no acaece en vn año
vemos acaecer en vna hora; [560] quanto más que mayor milagro sería ver vn buey volar. [561]

ELICIA. Dexémonos desso, y dime si ay alguna cosa nueua
que hazerme saber. 30

AREUSA. Contarte he mil passatiempos que con Grajales tengo.

ELICIA. A buena fe, que rescibiré merced en ello.

AREUSA. Tú sabrás que desde el día pasado que comimos acá,
quando vino con él Barrada, [562] no lo he querido mirar de
buen rostro, fingiendo que estoy enojada. 35

ELICIA. ¿Y de qué causa le dizes que tienes el enojo?

AREUSA. De cosa que de risa no te lo puedo dezir.

ELICIA. Ea, pues no te lo rías todo, y dilo de manera que gozemos de tu gozo.

AREUSA. ¿Ya te acuerdas como delante de Barrada me estaua 40
besucando a la mesa, y haziendo coxquillitas y fiestas?

ELICIA. Malgrado aya la mala vieja, porque entonces me hizo
estar al olor y no al sabor. [563]

AREUSA. ¿Qué me dizes? ¿No estuuiste presente?

ELICIA. Por mi vida, ansí te hazes de nueuas como si no vi- 45
nieras acá, sí que [564] bien sabes que quando Grajales y
Barrada vinieron, estáuamos aquí todas tres, y ansí como
les baxaste [a] abrir, me subí yo a assar el tocino y gallina,
que mala pro [565] os hiziera.

AREUSA. No me salue Dios si no tienes razón, porque creo 50
que no lo gustaste.

ELICIA. Ni lo proué ni baxé acá, que fue lo más negro, que
por el sermón que me auía hecho aquella ydiota [566] maldita, no curé de abaxar avnque tú y Grajales me lo rogáua-
des, ni avnque la vieja por dissimular me lo mandó, ni 55

22 1539: marauillada
27 1539: ora
29 1539: cosa de nueuo
34 1539: le

41 1539: coxquillas
47 1539: estavamos
48 1536, 1539: baxaste abrir; 1539:
    yo assar; 1536: tocido

mostré algún [567] amor al desuenturado de Barrada, que hasta la chimenea me lo subió a suplicar, que en mi ánima, no
le faltaua sino besarme los pies, pidiéndomelo por merced.

AREUSA. No dexaste de ser harto boua en no cumplir tu voluntad con él.   60

ELICIA. Dios lo sabe si por mí quedó de le hazer plazer, que
en fin es hombre de bien y despensero, que nunca le faltan
dos pieças de oro en la bolsa.

AREUSA. Y tales que las dio a Celestina, y aýn te doy mi fe,
que eran doblones.   65

ELICIA. O maldita sea tal muger, que le cojó [568] quatro ducados, y / me a querido oy matar porque le pregunté quánto   [E 6v]
le auía dado.

AREUSA. ¿En fin, que lo negó todo?

ELICIA. Tres reales me dixo que le auían dexado para chapines.   70

AREUSA. El caso es que ella le empeçó a pelar para primera
vista del pleyto, [569] y antes que se concluya, le tendrá al
asnazo [570] desnudo de sus ropas y cinchado con la aluarda;
y lo que peor veo es que nunca te veo más medrada vn
día que otro.   75

ELICIA. Y aýn esso lloro yo, que ella se lo recauda y se lo
come y beue sin que sea sentida, que hasta que Dios me
dexe biuir por mí en vn rincón, no espero gozar de cosa.

AREUSA. No cures agora de llorar, sino dime a dó está su merced que tanto se detiene.   80

ELICIA. Ansí me cumpla Dios mis desseos como te quería dezir
la ynouación desta noche, que quiso la señora yr por vino,
y a buena verdad, más a de tres horas que fue y nunca se
acuerda de boluer más que si fuesse para quedarse allá.

AREUSA. Yda sin buelta como potros a la feria, [571] que a buena   85
fe no conosces el bien que tenemos en poder hablar sin
estar al oýdo aquella gruñidora.

ELICIA. En mi conciencia, que bien lo puedes dezir, que es
vna vieja que no entiende en otro sino en este negro beuer;
que no me ayude Dios si no la veo jurar muchas vezes que   90

---

66 1539: Muger   85 1539: heria
66-67 1536: Ducadas; 1539: Ducados   87 1539: oydo de aquella

no le hinche nada media cántara al día, porque está ya cursada, la tiene de beuer.

AREUSA. Yo bien conozco que quatro açumbres que se los suele colar, mas ¿qué demasías pide agora?

ELICIA. Tantas que la do [572] al diablo, porque ella dize que a menester açumbre y medio a la comida y otro tanto a la cena, y vno al almorzar.

AREUSA. Essos quatro me parescen.

ELICIA. No, que pide para merienda y entre día, otros dos que salen por sus cabales seys.

AREUSA. Si esso es ansí, tú meresces tanta pena en lo consentir como ella en lo hazer, porque ladrón y encubridor, pena por ygual. [573]

ELICIA. No me digas, por amor de Dios, essas patochadas, [574] que ya sabes si va en mi mano quitárselo.

AREUSA. No pienses que soy tan boua que no se me entiende si lo a de dexar de beuer. Empero, presuponiendo que lo beua, as de tener cargo de rogarla que sea poco y muy templado, y amonestándola que / tenga por cierto que el demasiado y desordenado beuer no torna a los hombres sino borrachos, mas a los viejos tórnalos borrachos y locos.

ELICIA. Muy incrédula eres con pensar que esto falta de dezirle, pues por el siglo de mi padre, que no me aprouecha ponerla ante los ojos como los viejos son más obligados a la virtud que los moços a la seruidumbre; y aýn te digo que el día passado me deshonrró, porque la dixe que auía oýdo en Sant Francisco [575] a vn predicador prouar con Séneca las virtudes que los viejos an de tener para que juntamente les hagan el acatamiento que a sus canas y auctoridad se requiere. [576]

AREUSA. Sepamos, por tu vida, essas propriedades para que vsamos dellas si Dios nos llegare a viejos.

ELICIA. Lo que han de tener es que sean templados en el comer, honestos en el vestir, sobrios en el beuer, atentados en el hablar, prudentes en el aconsejar; finalmente, deuen

95

97

100

105

[E 7r]
110

115

120

125

ser pacientes en los dolores que les combaten, y muy linpios de los vicios que les tientan.

AREUSA. Tal la dé Dios la salud como ella guarda la menor déssas.

ELICIA. E aýn por tanto es por demás quebrarnos la cabeça 130
en hablar aquí sus cosas ni mentárselas a ella, que ya sabes que quien malas mañas a, tarde o nunca las perderá. [577]

AREUSA. Pues a mí me paresce si no tienes qué hazer que la salgamos a buscar, porque ya sabes que de hombres sospechosos siempre se a de sospechar; [578] ya me entiendes. 135

ELICIA. Por cierto, que es muy bien que vamos [579] luego y sabremos si la a acaescido alguna desdicha de las que suelen.

AREUSA. O acaso la aurá vencido su amigo leal, [580] pues a otros más fuertes y constantes a derribado.

ELICIA. Válame Dios, y qué maliciosa eres en pensar antes el 140
mal que el bien.

AREUSA. Como ansí en tu ánima que me digas qué pensamiento es el mío.

ELICIA. Anda ya, que no es menester aclararte lo que por el negro mosto lo dexiste. [581] 145

AREUSA. ¡O hi de puta, [582] y cómo te pueden dar vn jubón [583] por adeuina!

ELICIA. ¡O hi de ruyn, [584] y cómo será bien que tomemos los mantos y sombreros y no nos detengamos más!

AREUSA. No serías tú culebrilla si no dixeras que a media 150
noche / as menester atapamientos porque no aojen tu [E 7v]
dispusición. [585]

ELICIA. A la fe, puedes creer que más contenta estoy con ser pequeña y bien hecha, que no con tener tus quartos y ser motejada de varal de taberna, quanto más que bien sabes 155
que todo lo chico es más sabroso que lo grande. [586] Si no, mira por esperiencia que vn cabrito siendo mediano es más salutífero y sabroso que vn cabrón, y vn pez más que vn grande barbo, y por el consiguiente otros muchos.

126 1539: limpios
132 1539: ha
137 1536: la acaescido
150 1539: culibrilla

154 1539: echa
155 1539: tauerna
157 1539: espiriencia

AREUSA. De verdad, hermana Elicia, que no pensé que tan   160
simple te auía formado la natura. [587] ¿Tú no vees que esso
se entiende siendo de tierna edad? Mas si con auer dos
años y medio de ventaja a los que yo he, prueuas lo que
as dicho, no dexaré de te lo negar. Y aýn la regla que as
declarado es falsa; que aueriguado estará que vn cordero   165
no es tan sano ni de tal sabor como quando es ya carnero.
Y déstos, mil podrás hallar. Y finalmente as de callar, porque a toda ley la auctoridad y cuerpo de la persona es
lo que primero miran.

ELICIA. Hállote tan contraditora en quanto alego que no te   170
digo de mançanos y camuesos y duraznos, que los que son
enanos echan por la mayor parte más linda fruta.

AREUSA. Vamos de aquí, que todo esso es ayre, que ya concedes en te dar por vencida.

ELICIA. Concluyamos en lo que quieres, y anda delante porque   175
cierre yo la puerta.

AREUSA. Si como la noche haze escura hiziera con luna, yo
te doy mi fe que me holgara mucho por yr tan desembuel-
tas, que por toda esta calle no dexáramos de baylar lo
possible.   180

ELICIA. No seas ya tan loca, nora negra, [588] que basta que se
hizo tu voluntad en yr sin mantos ni sombreros. Y hablemos en otra cosa, que tanto es lo de más como lo de
menos. [589]

AREUSA. Por agora, conuiénenos callar, que no sé qué bulto   185
es aquél negro que allí abaxo se paresce.

ELICIA. ¡Que me maten, si no es la pobre vieja que está
desmayada!

AREUSA. Ven apriessa, que duelos tenemos. [590]

ELICIA. ¿Qué es lo que tiene?   190

AREUSA. ¿Vesla bañada en sangre, y pregúntaslo?

ELICIA. ¡Ay, desuenturada de mí!, que en esta pierna tiene
vna mala herida.

178-179 1539: desenbueltas   189 1539: a priesa
180 1539: posible   191 1539: Veo la vañada
181 1539: abasta

AREUSA. Yo te certifico que / en su vida [591] más la assiente   [E 8r]
derecha.   195

ELICIA. Por la passión de Dios, [592] que la llamemos, y acaso
boluerá en sí, y se pondrá remedio en su mal.

AREUSA. ¡A, madre! Madre Celestina, ¿no me oyes? Acaba ya
de responder. No estés tan transportada.

ELICIA. Amarga [593] fue ella, que no va en su mano. Bueno   200
será atarla [594] esta cuerda muy rezio a los pulgares, [595] que
podrá ser que aproueche.

AREUSA. Por más prouado tenía ella dexando aparte el rociar
con agua y trauar de las orejas, y dar vn fuerte humo [596] a
las narizes de pluma de perdiz o gallina.   205

ELICIA. Esse aparejo no le tenemos aquí. Y demás desto yo
la oýa dezir muchas vezes que era esperimentada cosa meter vn palico de ruda [597] por las narizes, y a falta del
otro, qualquiera.

AREUSA. Pues vees que es bueno, hazlo.   210

ELICIA. ¡Señora, a, [598] señora tía!

AREUSA. No la metas tanto, que es miembro ésse de donde no
a de auer mucha causa para salir sangre.

ELICIA. Mira si es mala la esperiencia, que por mi salud, ya
estiende las manos.   215

AREUSA. Poco coraçón tienes. ¿Qué desmayos son éstos?

CELESTINA. ¡Ay, ay!

ELICIA. Preguntémosla quién fue el que la quería ahogar en
vino y daua por casco de su cabeça el mesmo jarro.

AREUSA. ¡Dios me libre de personas necias! En todo tu seso   220
dizes que viendo quál está, la hiziésemos essas interroga-
ciones, que pues se las quitamos sin darle pena, mala cuenta
sería lastimarla con tales preguntas.

ELICIA. Sea ansí, que más ay días que longanizas. [599]

CELESTINA. ¡Ay, Sancta María y valedme!   225

ELICIA. Espantada me tienes con tantos sospiros. Esfuerça,

197	1539: remidio		219	1539: mismo
206	1539: yo no		221-222	1539: interogaciones
210	1539: vees		224	1539: mas son
212	1539: mates		225	1539: santa; *y omitted*

esfuerça, y dinos lo que sientes, que a dos horas que estamos aquí Elicia y yo.

CELESTINA. Aýn no os auía visto. Lo que quiero, que luego
me lleuéys a mi pobre rincón para que vea yo allí fenecer   230
mi afligida postrimería. [600]

AREUSA. No te fatigues, que a la hora se hará.

ELICIA. Señora tía, ¿no amansaréys mis lágrimas hablando
vna palabra?

CELESTINA. Déxame, que Dios sabe si querría, mas no puedo.   235
Y hazedme esta caridad, que no os detengáys en lleuarme.

ELICIA. Daca tus dos manos, Areúsa, y asidas con las mías yrá
como assentada en nuestros braços.

AREUSA. ¿Madre, vas a tu plazer?

CELESTINA. Bien voy. Abre presto aquella puerta, Elicia, y en   240
entrando, me tended en mi triste cama.

ELICIA. Areú/sa, si estás cansada, yo la subiré en braços por   [E 8v]
esta escalera.

AREUSA. Adereça tú allá [a]rriba, que yo la pondré en saluo.

ELICIA. ¿Señora, no os parece si [601] lo tengo todo a punto?   245

CELESTINA. Ello está bueno, y yo estoy echada a mi plazer. Por
tanto, dame acá aquel cangilonzillo, por si me desmayare.

ELICIA. Vesle aquí, que dos açumbres de lo de Madrigal [602]
auía traýdo como tú te tardauas.

CELESTINA. Harto me bastará para que moje la boca mientras   250
amanesce; y no bayas agora, que es tarde, a buscar más.

ELICIA. Matado sea tal garguero. Por ella se puede dezir, el
mal del milano, las alas quebradas y el papo sano. [603]

AREUSA. Y cómo se dirá con razón esso y más, pues con tal
herida tiene tales alientos.   255

CELESTINA. ¿Qué estáys murmurando vosotras?, que me hazéys dolor de cabeça.

AREUSA. No dezimos sino si quieres que te curemos essa pierna.

CELESTINA. No es necessidad, sino que os salgáys fuera porque
repose vn poco, que yo tengo vngüentos con los quales seré   260
breue guarida. [604]

229	1536, 1539: nos		244	1536: allarriba; 1539: alla riba
230	1539: fenescer		247	1539: Cangilonzillo
231	1539: postremiria		251	1539: vayas

AREUSA. Pues allí abaxo estaremos. Duerme vn rato, y si algo
vuieres menester, llama.
CELESTINA. Anda con Dios, que sí haré.

¶ AUCTO .xiiij.

Sigeril, como va a casa de Celestina, oye a la puerta a
Elicia y Areúsa platicar con Celestina sobre su desuentura;
y marauillándose de tal caso, entra por se informar dello, y
dize la embaxada que de Felides trae. Y avnque Celestina   5
se escusa de yr, concluyen en que le trayga, en que vaya, y
que yrá. E introdúzense:

¶ Sigeril.   ¶ Areúsa.   ¶ Elicia.   ¶ Celestina.

SIGERIL. ¡Qué ruydo tan grande que tienen las tres señoras!
Por vida de San Pedro, [605] que las tengo de escuchar antes   10
que llame.
AREUSA. Elicia, recordemos [606] ya a Celestina. Mal sueño la
dé Dios.
ELICIA. Por mí no quedará, mas yo te prometo / que según   F [1r]
ella se aurá afforrado con los dos açumbres, que ni se   15
acuerde de cuchilladas, ni avn de recordar. Maldita sea vna
vieja que çuffre affrentas y passa dolor y rescibe cinco mil
injurias con bofetadas, palos, espaldaraços, y otros vituperios semejantes, y no pierde la costumbre del vino.
AREUSA. ¿Tú no as oýdo dezir que avnque muda el pelo la   20
raposa, su natural no despoja? [607]
ELICIA. Está atenta y oygamos lo que está consigo gruñendo.
CELESTINA. O, cómo siento gran aliuio con essos traguillos de
vino que me dexó aquella rapaça de Elicia, avnque la porquezuela dixo que auía dos açumbres. No la medre Dios   25

263   1539: vuires

---

7   1536, 1539: E intre.   20   1539: aun q̃
10 1539: sant   21   1536: Raposa
15 1539: aforado   24   1539: rapaza
17 1539: çufre afrentas; recibe

si açumbre y medio aýn apenas creo que era. Y en fin, poco o mucho, ello me a dado tanta salud que no siento estar herida, y ansí no muera yo ansiada, que lo que dizen, que todos los duelos con pan ser buenos, [608] está la letra corrompida, [609] que a de dezir sino con vino, porque es algo   30
más cierto.

ELICIA.   Entremos, que vn laborintio [610] es oýr su tema de nunca acabar.

AREUSA.   ¿Qué tal estáys, señora tía, después que os dexamos?

CELESTINA.   Mejor me paresce que estoy, loores a Dios.   35

AREUSA.   Y aýn por tanto entramos, que sentimos que estauas despierta.

CELESTINA.   Quieres dezir que me escucháuades. Pues ruégote que no lo tengáys por costumbre tú ni essa otra señora, que te hago saber que adonde se pone por trayción el abrir   40
de las cartas, y el tener parte con muger agena, se dize por el consiguiente el escuchar a nadie lo que habla, que con esto es causa de poder matar vn hombre a otro.

ELICIA.   Cuéntanos el casso que te acontesció anoche, y déxate desso, que es todo ayre. [611]   45

CELESTINA.   Harto es ayre para quien es viento; pues no embargante, [612] que lo dixe a Areúsa. Mira que entiendas, que a ti lo digo, hijuela; entiéndelo tú, mi nuera. [613]

AREUSA.   Hermana, si quieres que tengamos paz, concede con ella a quanto dixere y vsa del refrán que dizen: A palabras   50
locas orejas sordas. [614]

CELESTINA.   ¿Qué estáys murmurando entrambas?

AREUSA.   No dezimos más sino pedirte por merced nos digas lo que te suplicamos.

CELESTINA.   ¿Qué os tengo de contar, sino que viniendo con   55
el vino anoche, que negros tres açumbres eran, me salieron al encuentro el rufianazo de Pandulfo / con otro vellaco   [F 1v]
que me paresció a Rodancho?

AREUSA.   ¿No oyes la fiesta, Elicia?

ELICIA. Bien la entiendo, y sé que a vn traydor siempre ay   60
dos aleuosos. [615]

CELESTINA. ¿Qué dezís?

ELICIA. Que si vuo alguna causa para que ellos tuuiessen
razón, porque quien no deue no paga. [616]

CELESTINA. Donosa está la rabosa, [617] por su vida, ¿y qué les   65
auía yo de deuer [a] aquellos desuellacaras?

AREUSA. [618] No te enojes tanto porque lo pregunto, que ya
sabes que quien pregunta no hierra. [619]

CELESTINA. Es verdad, mas maldita sea por otra cosa barrunto
que fuesse sino porque no le presté al señor Pandulfo diez   70
ducados el otro día.

SIGERIL. Por mi vida, que no aguarde yo más palacio [620] para
llamar, que bástame lo que de aquel couarde he sabido,
y que todas sus fanfarronerías no bastaron para yr solo
contra vna desuenturada vieja. Ta, ta.   75

CELESTINA. Ve presto a essa ventana y mira quién llama a
la puerta.

ELICIA. ¿Quién da aý golpes?

SIGERIL. Señora Elicia, yo soy. Di si mandas a la buena madre
cómo la querría hablar.   80

ELICIA. Espérate, que yo te abriré.

CELESTINA. ¿Qué estadas [621] son éstas, perdida? ¿No me dirás
quién llama?

ELICIA. Sigeril es, que te viene a dezir no sé qué de partes de
su amo Felides.   85

CELESTINA. Ábrele; no te detengas más, quiera lo que quisiere.

ELICIA. Sí, que no baxaua yo a otra cosa.

SIGERIL. ¿Dexístele como estaua aquí?

ELICIA. Entra, que ya se lo hize saber.   90

SIGERIL. Dios te salue, madre honrrada.

CELESTINA. En buena hora vengas, hijo Sigeril.

SIGERIL. Señora tía, Felides me embía acá, y antes que te

---

62 1539: dizes
66 1536, 1539: deuer aquellos
67 1536, 1539: (Si.) Areusa

68 1539: yerra
69 1539: barunto
71 1536: ducacas

diga lo que vengo a negociar, querría saber de qué estás
mal dispuesta. 95

CELESTINA. Dios te guarde por el cuydado, que tal sea mi
vejez como tu cuydado me paresce, avnque, a osadas, que
no están engañados los coraçones, porque lo que no hiziesse
esta cuytada de Celestina por ti, no lo haría por el pariente
más cercano que tiene. 100

SIGERIL. Señora, muy bien conoscido tengo yo todo esso, y
estoy para seruirlo, mas la merced que agora te pido es
que me digas qué mal es el que sientes.

CELESTINA. Hazme vn plazer, que no cures para comigo de
señoríos, sino que me hables muy llanamente, pues soy más 105
que vna palma, [622] y quanto a lo de mi enfermedad, te
quiero dezir en confisión, en dos palabras, todo el caso;
que en fin, para estar como / entre padres e hijos nos- F ij[r]
otros, no a de auer nada encubierto; assí que el maluado
de Pandulfo salió a mí con otro peor, que es Rodancho, 110
y me dieron vna gran cuchillada en esta pierna, sobre
auerme dado mil espaldaraços. Y porque no ymagines que
yo les auía hecho alguna trayción, te juro por estas canas
que con ellos nunca palabra atrauessé; sino que ya te
acuerdas de las blancas que me embió Felides, que avn tú 115
mismo las truxiste.

SIGERIL. Malgrado aya la vieja codiciosa, porque blancas llama a cien ducados.

CELESTINA. ¿Qué dizes, vellaquillo?, que estás ojeando a
Elicia, a buena fe, de la hazer entrar a la cámara. 120

ELICIA. Passa con ella, Sigeril, que yo te prometo que te haga
encreyente su merced que atruena.

SIGERIL. No digo, madre, sino que no era tan poco cient ducados que te truxe para que los llames blancas.

CELESTINA. Mira que te digo aquí al oýdo de la que sabes. 125

SIGERIL. ¿De quién es la que sé?

CELESTINA. O maliciosito, ¿y cómo no quieres disimular cosa

97 1539: aun q̃
101 1539: conocido
112 1539: espaldarazos
113 1539: echo
116 1539: truxuiste
117 1539: codiciosa *omitted*
122 1539: su merced encreyente
127 1539: dissimular

viendo que te hazía del ojo? Por eso dizen que no ay peor
saber que el no querer. [623] Dígolo al tanto que yo he dicho
a essa rapaça y a esotra que es también mi sobrina, que   130
me auías traýdo dos ducados, y agora aslo borrado con
dezir que eran más de cincuenta.

SIGERIL. Esso es lindo, como que no fuessen ciento.

CELESTINA. Si quiés [624] que te diga vna verdad, asme de jurar
que no saldrá de tu boca.   135

SIGERIL. Yo te certifico que no lo diga a persona.

CELESTINA. Pues que me lo as prometido, yo sé que eres
hombre que cumplirás tu palabra, avnque a otro no lo
dixera; y es que te hago saber que pienso que fueron cient
ducados. Y como yo estoy tan negra adeudada, sin dar   140
parte a nadie, los pagué, y por mi vida y tuya, esto para
entre mí y ti, que quando aquellos vellacos me hirieron,
yua a pedir, como por amor de Dios sobre mi rosario, vn
triste açumbre de vino; que dende ayer de mañana no me
he desayunado ni beuido valía de vn ardite. [625] Assí que   145
como te digo, yo los pagué en la ora que me los diste, y
désta no me vea sana, si no deuo más de otros quarenta,
que para aquí adelante Dios, no sé de qué, sino que cada
día pago. Y en esto siento la gloria, [626] porque dizen, Paga
lo que deues; sanarás del mal que tienes. [627]   150

AREUSA. Escasa obra mete la señora con sus secretos. Estále
enbaucando para que nos haga creer que ni le traxo ningún
dinero, mas pues sabemos / quándo y quánto, poco la apro-   [F 2v]
uecha, que harto es ciego el que no ve por tela de cedaço. [628]

CELESTINA. Y lo que te apercibo mucho, mi amor, es que desi-   155
mules a todo lo que te dixere, en especial a los dineros.

SIGERIL. Esso es lo de menos que yo haré.

CELESTINA. Ansí que pues ves que lo merece, y que te ama
tanto, de razón a de cumplir con ella en lo que te he
rogado.   160

---

128 1536: hazian; 1539: esso	143 1539: por amor de Dios *omitted*
130 1539: rapaza	145 1539: auia
137-138 1539: que eres hombre *omit-*	146 1539: como te digo *omitted*
ted	152 1539: embaucando
139 1539: cien	155-156 1539: dissimules

SIGERIL.   Yo proueré oy lo que dizes, y en lo demás, acábame de contar lo que te passó con Pandulfo.

CELESTINA.   Por el ánima que en las carnes tengo, que se me a pasado de la memoria en lo que estáuamos, por dezirte lo que tanto me encargó aquella dama, digo aquel gentil-hombre amigo tuyo.   165

SIGERIL.   No te acuerdas qué dezía de los dos ducados que te embió Felides.

ELICIA.   ¿Paréscete Areúsa si se las he entendido? A la fe, el que las sabe las tañe. [629]   170

AREUSA.   Tiénele ya enredado.

CELESTINA.   Es verdad, por mi salud, y no te marauilles que tenía los sentidos en otra parte.

SIGERIL.   Bien lo creo. Por esso concluye, que es tarde.

CELESTINA.   No es más, sino que el bonito me vino que le dies-   175
se diez ducados de mi lazeria para lleuar a su putilla de aquí.

SIGERIL.   ¿Y es Quincia, por dicha?

CELESTINA.   ¿A quién pues auía de ser sino a éssa?, que la sacó el día passado de casa de su ama Paltrana por engaño,   180
que ya sabes que aquel rufianazo no se atreuiera a mañ-tener vn gato, y aýn Dios sabe si a la cuytadilla pondrá a ganar en otra tierra para que él desperdizie.

SIGERIL.   Dessas pieças es el mancebo, que con tan poca jus-ticia haze tan fiero castigo.   185

CELESTINA.   Parésceme que sí, mas no me llamaría yo Celes-tina la Coxa, pues ansí me nombrarán de aquí adelante, si no pagassen muy bien él y el otro ladrón de Rodancho.

SIGERIL.   Esto se quede para más despacio, que todo se reme-diará, y quiero dezir a qué fue mi venida.   190

CELESTINA.   Di lo que mandares, que detenido te as en oýr nuestros duelos.

SIGERIL.   Oyeme y no tengas pena, que todo esso te doy mi fe que aya vengança, de arte que tú ayas plazer y ellos no descanso. Quanto a lo primero, yo fue embiado acá por   195

---

164   1539: passado
167   1539: ducadas
169   1539: Parece te

189-190   1539: despacio porq̃ os quiero dezir

Felides mi señor a rogarte tengas por bien de te allegar
hasta su posada, porque te a de contar ciertas cosas, de las
quales él está en tan propinca [630] tristeza al presente quanta
gloria crescida en lo passado. Y tiene por máxima que el
descanso que él confía tener con tu vista, / le a de atraer   200
perpetua confiança de descansar, ansí que si te paresce   F iij[r]
yr comigo, no solamente a él darás consuelo, mas a tus
deudas y cuyta causarás rescate con reposo.

CELESTINA. Hijo mío, yo estoy tan contenta de tu razonamiento quan marauillada de tu demanda. Y no tomes admi-   205
ración porque yo esto diga, que ya sabes que el cantarillo
que muchas veces va a la fuente, en alguna se quiebra. [631]
Y si pongo escusas, mi honrra es la que me manda escusar,
a que la fama que mis antepassados dexaron por vsar de
virtud, yo no corrompa haziendo vilezas.   210

SIGERIL. De verdad, no sé por qué dizes sin saber la causa
respuesta del hecho. Y podrá ser que Felides, como te ama
tanto, más te embía a llamar para que le ayudes a sentir
su sentimiento, que no a que trabajes en remediar su
trabajo.   215

CELESTINA. Muy poco sabes del mundo; pues créeme, que
antes que tú le gustasses, ya me tenía a mí harta. Bien se
me figura que su querer no es más sino que yo quiera yr
a casa de Paltrana a negociar sus negocios. Y te doy mi
palabra, que por mil doblas [632] que me diessen, no andaría   220
ya vn solo passo por agradar a nadie, viendo claro disfamar mi linage. Y no pienses que soy tan boua que no me
passa por pensamiento que quien se allega a los buenos
será vno dellos. [633] Mas acuérdome que en la mocedad fue
seruida, y que mis pecados me hizieron en la vejez seruir,   225
y esta sola causa me constriñe a que ya cierre mis ojos a
ver desonestidades, atape mis oýdos a oýr mensajes, ponga
freno a mi boca a relatar embajadas, ate mis manos a recebir

197 1539: ha   217 1539: gustases
199 1539: crecida   224 1539: fuy
203 1539: y con   226 1539: que yo
209 1539: Fama; ante pasados   228 1539: embaxadas
210 1539: vileza

presentes, porque el no tomar es respuesta de despedir, que no dan morcilla, sino al que mata puerco. [634] 230

SIGERIL. Por mi vida, no tienes razón de fundar argumento, que para essecutarle como dizes, causarías muerte, y a no cumplirle no recibirías perjuyzio, que no puedes tanto hazer con Polandria que lo más ella no aya hecho, que si los desposorios te ruegan que ordenes, las manos y volun- 235 tades ya están concedidas. Y si ellos quedaren contentos, tú saldrás satisfecha.

AREUSA. [635] Nunca te acontezca a perro viejo cuz cuz, [636] que pensarás que quiere el pan y te mor/derá la mano; sino [F 3v] procura de hablar a Celestina de otro norte, que no dessea 240 otra cosa sino auer ydo.

CELESTINA. Sigeril, avnque hables en secretillos con Areúsa, no te dexaré de dezir que lo que se me recrescerá de los caminos será atajarme los passos los que tienen embidia de mi bien y se gozan de mi mal, en especial con estos 245 señores que en sintiendo a hombre vn doblezico, no an menester auezarse a desplegarle que allí deshonrran sus canas, maltratan su persona, infaman su vida, desprecian su parentela. Finalmente, dan fin a sus tristes días en vitupe- 250 rar su cuerpo y desminuyr su casa. En conclusión, yo determino de aquí adelante de biuir a mi honrra por morir con mi fama, que por la tierra que me a de comer, [637] porque tú holgaras y tu amo no penara, yo lo hiziera de ojos si no estuuiera en este propósito.

SIGERIL. Tú lo harás mejor que lo dizes. 255

CELESTINA. Ansí te dé Dios vna muger como tú meresces, y me guarde que tal no haga, avnque yo conosco todo lo que me puede susceder en contratar con Felides, que por vida de mi ánima peccadora, que sin fingir ninguna cosa sé que es vn Alexandre. Empero, más sabe el nescio en su 260 casa que el cuerdo en la agena. [638]

AREUSA. Señora tía, concede ya, por amor de Dios, su im-

232 1539: esecutarle
233 1539: recebirias
238 1536, 1539: (Cele.)
247 1539: abezar se

257 1539: conozco
260 1539: necio
261 1539: el agena

portunación, y no seas tan importuna que digan por ti, Al
ruyn mientras más le ruegan, más se estiende. [639]

CELESTINA. No miráys la descarada quán sin vergüença habla. 265
Pues yo te prometo, que si de aquí me leuanto que no me
la vayas a penar al otro mundo.

SIGERIL. No ayas enojo por tan poca cosa con Areúsa, que yo
juraré que no lo dixo por te injuriar, sino no mirando.

CELESTINA. Pues a los inocentes es bien castigarlos porque 270
tengan seso.

SIGERIL. No aya más, que yo me voy y cumpliré tu voluntad,
despidiendo a Felides con lo que me has dicho.

CELESTINA. No te vayas, que por amor de ti, avnque hago
pesar a la dama que era intercessora, quiero que digas a 275
tu amo que dándome Dios salud, yo haré por obra todo
lo que me manda, y más adelante.

SIGERIL. En gran merced te lo tengo, mas el quándo querría
saber, porque no sea reprouado por mensagero que no
sabe negociar lo que se requiere en semejante caso. 280

CE/LESTINA. Con ayuda de nuestro señor en aliuiándome vn F iiij[r]
poco yré, que será mañana o essotro, que del lunes al martes pocas son las artes. [640]

SIGERIL. No me paresce ser cosa justa al que está en dubda
amanescer, quedar esta noche sin remediar. 285

CELESTINA. ¡Pues ansiada de Celestina que tal oye! ¿No ves
quál está la pierna para tal breuedad?

SIGERIL. En esso no pongas escusa, que vna mula y vn moço
no a de faltar.

CELESTINA. Ora, ya me auenturaré a cumplir luego lo que 290
dizes, con tal que vengas muy presto con el aparejo que as
nombrado.

SIGERIL. Verlo as por la esperiencia si me detengo, y queda
con Dios.

CELESTINA. Con El vayas. 295

264 1536: rueguan   286 1539: vees
275 1539: pessar   293 1539: espiriēcia
285 1539: amanecer; remedio

¶ Aucto .xv.

Felides, espantándose de Sigeril como tarda tanto, llama a Caluerino, su moço despuelas, el qual finge de rufián algunas veces; y los dos salen a passear, y en el camino topan con Sigeril, y como él cuenta a Felides lo que dexa acordado, despídese con yr a lleuar lo necesario para traer a Celestina. E introdúzense:

¶ Felides.   ¶ Caluerino.   ¶ Sigeril.

FELIDES.   Nunca tanto vi detener a Sigeril en quantos caminos
a hecho como esta noche. Y a la verdad, si no me atreuo a   10
yr a buscarle o a negociarlo yo, es porque en este tiempo,
antes juzgan el mal que aprueuan el bien. Que como las
ocasiones sean muchas, y los virtuosos pocos, y la carne
flaca, y el coraçón tierno, hazen que haga a mis fuerças
fuerça a que deseen lo que desseo. [641] Ansí que conjecturan-   15
do la sutileza del mundo ser tan sutil, passo esta primavera
en flores con esperança que al otoñada terné algunas frutas. Y no puede mi sufrimiento tanto sufrir que no me amo-
neste que salga a esperar al que esperança me suele traer.
E si Caluerino no está durmiendo, el yrá / comigo, que vn   20
diablo es para passar tiempo. ¡Ola, Caluerino! ¿Eres acos-   [F 4v]
tado?

CALUERINO.   ¿Qué llamas acostar? Descreo de quien la crisma
me puso, [642] si pensasse que no auías oýdo los golpes de
las armas y grita de la gente que mi espada a hecho retraer   25
por essa calle abaxo, yo los atajasse, por Sant Martín, [643]
y a veynte y cinco o treynta que son, mi braço derecho ante
tus ojos los traxesse muertos o mal heridos.

FELIDES.   No me espanto que hombre tan animoso tenga ánimo
para acometer a tantos. Enpero, como haze luna te pares-   30

---

3   1536, 1539: Rufian
12   1536, 1539: juzguan
15-16   1539: conjeturando
17   1536, 1539: atoñada
24   1539: pensase

26   1539: atajase
27   1539: veinte
29   1539: q̃ vn hōbre
30   1539: Empero
30-31   1539: parecerian

cerían las sombras de diez veynte, y serían menos de los que dizes.

CALUERINO. Porque eres mi señor, y soy obligado a hazer lo que cumpliere a tu seruicio, no ay necessidad de affirmarte por palabras lo que por obra puedo essecutar. [644] ¿Adónde mandares que vamos?   35

FELIDES. Yo te lo agradezco por la voluntad que muestras tenerme, y te doy mi palabra que no pierdas nada comigo.

CALUERINO. Señor, si te plaze, no estemos detenidos en tal tiempo, si no sea luego la yda adonde tienes determinado,   40
porque puedes tener por cierto que quando me voy a matar con alguno, me pesa si vn punto se passa sin essecutar mi propósito.

FELIDES. Tú tienes razón en hazer en breue lo que se suele dilatar a tiempo largo. Mas con todo esto, holgaré que me   45
digas quántos as muerto con essa liberalidad que publicas, porque en este pueblo muy pocos as priuado de la vida, que testimonios de tus cruezas [645] manifiesten.

CALUERINO. Y como es causa lícita, que auiendo paz, no aya en otra tierra esperimentado; pues me basta para satisfa-   50
ción los ciminterios [646] que enchí en la guerra de Alemaña, [647] que tan claro saben los capitanes y alférezes de toda la armada lo que hize por obras y amonesté de consejos.

FELIDES. Harto alimaña [648] eres tú, pues piensas que yo he de pensar, que pongo caso que es moderna, allá te hallasses,   55
porque quien nunca vio mar no puede contar batallas allende del puerto.

CALUERINO. No creo en la casa santa [649] donde oy entré, si no me espanto de verte espantar, porque digo que estuue en el combate dicho, que descreo de quien me parió, si te con-   60
tasse las tierras y prouincias que he andado, ni mi sentido bastaría a traerlas a la memoria, ni / la lengua a acabarlas   F v[r]
de manifestar, ni tus oýdos a tener sufrimiento de escucharlo.

34 1539: afirmarte   53 1539: ameneste
35 1539: secutar   58 1539: sancta
51 1539: cimenterios   61 1539: pro vincias

FELIDES.   Ora, di alguna parte de las partidas que as visto,   65
que holgaré mucho de saberlo.

CALUERINO.   He corrido tantas, prouado tantas, salteado tantas, que no sé cómo empeçar, mas de que te hago saber
que no he dexado en España reyno que de mirar fuesse, ni
cosa de ver en el reyno de León y de Francia, ni en el de   70
Aragón y Cataluña, ni en el de Portugal con Lisboa, ni en
Ingalaterra [650] y Londres, ni en Flandes con sus comarcas,
ni en Lombardia con Milán, ni en Ytalia con Florencia, ni
en Sicilia con Palermo, ni en Austria con Viena, ni en Bohe-
mia, ni Vngría; finalmente, estos ojos an visto a toda Euro-   75
pa, y por la contractación tienen noticia de toda Assia.

FELIDES.   Por cierto, según dizes, tú as visto tanto que de ver
no te falta nada; y porque me parece que aýn dirás más,
sino que el tiempo lo ocupa, es bien [651] que al presente salgamos a passear vn rato mientras Sigeril viene.   80

CALUERINO.   Por mí no quedará, que ya estó apunto.

FELIDES.   Pues yo no quiero lleuar otras armas sino este montante, [652] y con essa ropa de tafetán yré, que no es a lugar
do peligro se pueda recrescer.

CALUERINO.   Venga lo que viniere, que no estimaré en vn clauo   85
perder vn braço o pierna con hazer menos las cabeças a
los que tuuieren osadia de nos acometer, y plázeme que
haze escuro, porque avnque haga carnescería, [653] no será
conoscido.

FELIDES.   Yo te prometo, si paras bien mientes, que es aquel   90
que por aquella calle atrauiesse hazia nuestra possada Sigeril, o yo no tengo buen tino.

CALUERINO.   Por vida de los sanctos, que no es otro.

FELIDES.   Llámale por alguna seña. No vaya adelante.

CALUERINO.   ¡Ce, ce, ce! ¡Ola, ola!   95

SIGERIL.   ¿Quién diablos me llama a tal hora?

CALUERINO.   A vos [654] digo, gentilhombre.

SIGERIL.   O Caluerino, ¿y qué es lo que mandas?

69	1539: mirar no fuesse	84	1539: recrecer
71	1539: y en; en el de	88	1539: carneceria
74	1539: cicilia	91	1539: aquela
76	1539: contratacion	93	1539: santos

CALUERINO. Pesar de tal con quien os hizo. ¿Por qué a gentilhombre respondáys como si lo fuessedes?   100

SIGERIL. Las burlas aparte y di lo que quieres, que voy muy
de priesa a hablar a nuestro amo sobre cierta cosa que le
cumple.

CALUERINO. Reniego de la leche que mamé [655] si tú a la possada fueres agora.   105

SIGERIL. ¿A qué propósito me tienes asido y enpieças a jurar
lo que / no te aprouecha, que de ningún arte me puedo   [F 5v]
detener?

CALUERINO. Acaba, nescio; no porfíes en yrte, que Felides te
vido desde que asomaste y nos espera allí detrás.   110

SIGERIL. Desa manera plázeme que yo le veo, y otro día no
hables necedades llamando a cada vno nescio, que por fiero
que seas, no faltará quien te amanse, pues vemos muchas
veces vn pequeño ratón matar a vn terrible elefante. [656]

FELIDES. Tan mesurados venís platicando como si estuuiesse   115
aquí algún majadero de vosotros.

CALUERINO. No te marauilles, que por vida del rey Tyros, [657]
estremados he passado con su merced que viene hecho vn
Ector. [658]

FELIDES. Sigeril, ven acá y dime lo que as negociado con la   120
buena vieja.

SIGERIL. Yo te quiero dezir en dos palabras [659] lo que en vna
hora no acabaría si lugar tuuiessemos, y es que a Celestina hallé herida en vna pierna de vna gentil [660] cuchillada
que Pandulfo la dio, porque no le prestó la desuenturada   125
vnos dineros.

FELIDES. ¿Qué me dizes? ¿Es possible que le aya venido tal
desdicha?

SIGERIL. Possible es, y por más impossible ternás lo que ne-
goscié en tal tiempo.   130

FELIDES. Dilo, que de lástima no podré oýrte.

SIGERIL. Oyeme, que despúes la ternás. Y al presente es
necessario de vna mula y vn moço, porque dexé con ella

---

106   1536: proposido; 1539: empieças   118   1539: pasado
114   1536, 1539: Elefante

concertado que vendrá luego, y hasta acabar esto, Dios
sabe lo que passé rogándoselo.   135

FELIDES. No digas más, que razón es que no tardes; sino ve a
la caualleriza y di a Perucho que aderesce breuemente vna
mula y se vaya contigo porque la traygáys, que a la posada
os voy a esperar.

SIGERIL. Sea ansí, que adelante de mí la ensillará el borrico.   140

¶ AUCTO .xvj.

Perucho, vizcaýno, que es moço de cauallos de Felides,
está alimpiando vn cuartago de su amo, y quéxasse de la vida
que tiene. Y como empieça a cantar por despedir su enojo,
entra Sigeril, y los dos van con Celestina. Y después de auer   5
reýdo con ellos, Areúsa y Elicia la traen. E introdúzense:

¶ Perucho.   Sigeril.   Celestina.   Areúsa.   Elicia /

PERUCHO. ¡O, Perucho, Perucho, quán mala vida hallada le   [F 6r]
tienes! Linage hidalgo, tú cauallo limpias. No faltará de
comer vn pedaço oguia, [661] sin que trabajo tanto le tengas.   10
Juras a mí, siempre cauallo asuzio [662] mi amo le haze, y
Perucho almohaçando. El nada le pena por carreras hazer
en amores que tiene. Entretanto, busco otro; adereçarme
le tengo si pide, y cantarle empieço bizcuença. [663]

　　　　　¶ Lelo lirelo çarayleroba   15
　　　　　yaçoe guia ninçan
　　　　　aurten erua
　　　　　ay joat gauiraya
　　　　　astor vsua
　　　　　lelo lirelo çarayleroba.   20
　　　　　¶ Aytjoat gauiraya
　　　　　aztobicarra
　　　　　asso amorari
　　　　　gajona chala

23 1539: esso

y penas naçala 25
fator que dala
lelo lirelo çarayleroba. [664]

SIGERIL. Precioso borrico es éste, que se quexa de la vida que passa y dize estar desesperado, y pónese a cantar; y tal le dé Dios la salud como yo le entiendo, avnque no dexaré 30 de responder a algunos vocablos comunes que en bizcuença dizen. Y por mi vida si aguardo a oýr sus borricadas, según el espacio tiene, no acabe en tres horas de almohaçar aquel cuartago. Determino de entrar a hazer que luego aderece vna mula para yr por quien tanto tengo de su sí 35 como de su no, si tardamos. ¿Qué músicas son éstas, hermano Perucho? A buena fe, que no puedes encubrir andar enamorado.

PERUCHO. Con bueno te vienes. Cosas le dizes que no as entendido. 40

SIGERIL. ¿Cómo no? Yo te prometo que era de amores el cantar. Por esso no lo niegues.

PERUCHO. Tu coraçón como tienes, ageno le juzgas; [665] que amo ronda amigas, tú no le faltas. Perucho, el trabajo de alimpiar lodo le hazes, que me se quiebran manos, poluo 45 narizes hinche; y claro le digo, a señor mañana seruir no le tengo.

SIGERIL. ¿Tan enojado estás sin propósito? Sepamos la causa.

PERUCHO. Sabe que quieres que yo entiendo, y si digo, cumpliréle. 50

SIGERIL. No passes de aý, que te he menester para otra cosa.

PERUCHO. ¿Tú a mí menester as? Cabiliz orduachez. [666]

SIGERIL. Mala sea / para la puta que te parió, que bien te [F 6v] entendí que dixiste que me fuese nora mala, y si no mirara que eres vn grandíssimo asno, más coces te diera que pelos 55 tienes.

PERUCHO. ¿Qué? Que aýn no conoscido Perucho le as. Si catas machete [667] con él, cabeça quiebro quien cortesías no le dize.

26 1539: jator
31 1536: cõmunes
31-32 1539: bizcuence

54 1539: dexiste; fuesse
59 1539: hize

SIGERIL. (Locura me parece tomarse la persona con estos dia- 60
blos que no estiman en vn quarto tirar lo que en las manos
tienen al que les haze enojo, y con son de bouos son atreui-
dos; en especial este asnazo, que a buena fe, su puñalejo
es bouo, sino que pueden partir vna vaca con él; y jamás
se le verán quitado de la cinta.) 65

PERUCHO. ¿Qué le dizes? ¿Qué le hables en tus dientes? ¿Perucho le oyes, castigando te ordenas?

SIGERIL. Yo te doy mi fe, que pienso que no lo entendiste;
porque no dezía sino que me hagas este plazer, que ansí
comoquiera, eches la silla y el freno a la mula negra, que 70
nos embía nuestro amo por Celestina la vieja, que solía
venir acá. Y no auemos de hazer más de allegar y traerla,
que apercibida está ya dello, y Felides te dará buenas
albricias. [668]

PERUCHO. Vizcaýno, si le hables bien, de cabellos le traes; 75
si contento no le hazes, rey no le puedes.

SIGERIL. Por esso, procuro de tenerte siempre amistad, porque
tenéys ley de caualleros, que todas las cosas se han de
hazer por buen arte.

PERUCHO. Asida le tengo mula. Mira si es hora. Vayámonos 80
luego.

SIGERIL. Tú lo as hecho muy breuemente como hombre de
bien en aderesçarla como te rogaua; y yo te prometo que
de aquí adelante me tengas a lo que te cumpliere, como
leal amigo. 85

PERUCHO. Yo te agradezco voluntades que pones; y súbete en
silla, y caualgado te yrás.

SIGERIL. Guarda fuera, que éssa estremada pulla [669] es.

PERUCHO. Yo le subo en ancas; si no le quieres, en pies te
andarás todo cayendo, que escuro le haze. 90

SIGERIL. A mi plazer estoy. Daca la mano y tente por detrás
en la silla.

PERUCHO. Buenos sudores la mula le damos con carga que
lleua.

SIGERIL. No se te dé nada de su trabajo, que ves allí la casa. 95

65 1539: se le quita   80 1539: vayamos
70 1539: que eches

PERUCHO.   Y a la ventana hermosa le haze si catas.

SIGERIL.   Calla, que aquélla es Elicia; y aýn es muger que contenta a quien la sirue.

PERUCHO.   Sí, amor mío le quiere yo agradarla por cierto.

SIGERIL.   No hables en esso agora, que lo oyrá. Y / quando   100
estemos dentro, mete obra con ella, que yo te fauoresceré.   [F 7r]

PERUCHO.   Quita la gorra, que mucho nos mira.

SIGERIL.   Buenas noches, señora Elicia. Abranos si mandare.

ELICIA.   Vengáys en buen hora, que en diziéndolo a mi tía,
os abaxaré a abrir.   105

SIGERIL.   Déxate de essas licencias, que ya sabes que está
concertado.

ELICIA.   Avnque esso sea, no va nadie tras vosotros; y espé-
raos si queréys vn poco.

SIGERIL.   Ansí lo auremos de hazer.   110

ELICIA.   ¿Dormís, tía?

CELESTINA.   ¿Tanto me hoyes roncar que preguntes si duermo?

ELICIA.   No, empero quien pregunta no hierra. [670]

CELESTINA.   Di ya lo que quieres; no te medre Dios, porque
empieces ya tus prolixidades.   115

ELICIA.   ¿Qué tengo de querer, que ansí te enojas? No es más
de dezirte como está a la puerta Sigeril y otro moço con
vna mula.

CELESTINA.   Ansí me vea yo sana, si vna rueca aquí tuuiera,
yo te la hiziera pedaços en esse cuerpo, porque tengas aui-   120
sos para el mal y no para el bien, que si otro llamara para
pedirme algunos dineros, tú le subieras hasta encima de
mi cama; y porque ves que es Sigeril, el que tanto prouecho suele traer a esta casa, me le vienes a dezir. Ve corriendo y ábrele, merdosilla. No estés más escuchándome.   125

ELICIA.   Ruego a Dios que nunca acá bueluas, que no tardaré
en abrirle.

CELESTINA.   A osadas, que tú me pagues muy bien el gruñir
que lleuas.

ELICIA.   Sigeril, entra ya, que estáys los dos pasmados viendo 130
que es media noche, y que estoy hecho bestia a la puerta.

---

97   1539: aun   112   1539: oyes; preguntays
105 1539: baxare   117   1539: te *omitted*

PERUCHO. Entrado Perucho presto le tienes, Sigeril. Pereza no le puso. Abraço tuyo querría. Vn ducado más no estimasse, que bonita como oro [671] semejado te me as.

SIGERIL. ¿Qué cosa es ésta, Elicia? Para bien sea el enamorado nueuo, que gracioso es, a marauilla.   135

ELICIA. Apártate allá, borrico, que por el siglo de mi padre, [672] bofetón te dé que tengas por bueno soltarme.

PERUCHO. ¡Juras a Dios! Mi mano braço tiene tuyo apretando; si boca no besas, soltar no le tengo.   140

ELICIA. ¿Qué desuergonçado es éste que as traýdo en tu compañía, Sigeril, que sin conoscerme quiere que le conozca?

PERUCHO. ¿Qué ruyndades hallado le as al vellaco yo, porque vergüença con hermosas no le tienes?

ELICIA. Está quedo. ¿Qué borracherías son éssas, que andas   145
con la saya entremetido? /

PERUCHO. No le busco faldilla, que sastre no more, mas ca- [F 7v]
misa cortarle quiero si delgado tu lienço en haldas le miro.

SIGERIL. No se suffre ya tal descortesía, que en público le alces las haldas; que basta que as echo más de lo que   150
pensé en besarla.

ELICIA. Otra badajada [673] oyremos de aquí a vn rato.

SIGERIL. Crudelíssima, [674] ¿por qué me llamas badajo?

ELICIA. Porque tengo razón, que dexiste vna tras otra muy notables.   155

SIGERIL. Sepamos qué fueron y pierde el vn ojo.

ELICIA. A la fe, pierde los entrambos, que no estoy de burlas. Y si quieres oýrlas, harto buena fue dezir que en público no me alçase las haldas, dando a entender a este gauacho [675] que en secreto no lo estoruaría. Y no contento entre risas   160
y palabras glosar que me auía besado, que mayor affrenta no podía ser en el mundo que atreuerse esse ahorcado a tal cosa y consentirlo yo.

PERUCHO. Si besé o no, yo le callo. Si ahorcar merezco, aparejado me estó; de tus piernas le querría acontescer, que   165
blancas bonitas lo atapaste.

142   1539: conocerme
153   1539: crudilisima
158   1539: oyras

161   1539: afrenta
164   1539: Si la horca
165   1539: acontecer

SIGERIL.   Essa es más negra que ninguna, porque me paresce
que sin tormento confiessa que las vido.

ELICIA.   ¡Qué gentil criança que as cobrado de poco acá!, que
porque vn borracho diga nescedades, tú como testigo las   170
declaras. Pues sábete Sigeril, que no soy de las que se pican
de vsar palacio.

PERUCHO.   Si nescedad y bouerías le hago, mano encima rodilla
metí, que caliente muslo tenías.

ELICIA.   Estar la persona con bestias y locos, más que esto   175
mereze oýr; y mejor será dexaros y subirme.

SIGERIL.   Espera agora, que llama Celestina, y no sé a quién.

CELESTINA.   ¿Oyes, Areúsa? Por tu vida, que vayas abaxo y
mires qué negocios tiene aquella putilla de Elicia con Sigeril, que a vna hora que le fue [a] abrir y nunca a buelto.   180

AREUSA.   Que me plaze.

ELICIA.   ¿Areúsa, embíate la barbuda [676] con sus malicias para
que acechases qué hazíamos? Por esso, bien que no sabrá
de ninguna traycíón que ayamos cometido.

AREUSA.   Ya no la conosces, que es menester gastar palabras   185
en lo que ves claro.

SIGERIL.   Astoa, [677] mira que andes listo, que la segunda señora de dar y tomar [678] es.

PERUCHO.   Ea, mandoa, [679] consejo a ti le busca, que a mí no
le cumples tus monestaciones, que tanto le entiendes viz-   190
caýno como castellano. /

AREUSA.   ¿Es possible que auía borricadas en el portal y no lo   [F 8r]
sabía yo?

ELICIA.   Más ay de lo que piensas; y plazer me harás que preguntes a Sigeril qué quiere dezir astoa y mandoa, porque   195
los dos están de vna, y lo hablauan agora.

SIGERIL.   Señora Elicia, muy contraria te hallo para comigo,
que de verdad astoa quiere dezir asno que yo le llamaua, y

167   1539: que ninguna *omitted;* pa-
      rece
170   1536: nescedadas; 1539: necedad
173   1539: necedad
176   1539: meresce

180   1539: ha; 1536, 1539: fue abrir
185   1539: conoces
190-191   1536, 1539: Vizcayno; Caste-
      llano

él por boluerme la respuesta semejante dixo mandoa, a qué
en romance es mulo.   200

PERUCHO. Todos Perucho asno le dizen, y esta gorguera bien
le paresces.

AREUSA. Ay, amores, échateme aquí vn poco. Gozarás de mis
pechitos, que para ti los tengo guardados.

ELICIA. Ya me alegro algún tanto por ver que dexándole yo,   205
le as tomado tú. Y en fin, mal de muchos consuelo es, [680]
que no quedará con tentarte las tetas solamente.

AREUSA. Mira qué mal, si que no me hará correr sangre por
mucha obra que meta, ni aýn nos quemarán por vernos
juntos, que a buena fe, nescia es quien a tal perla no da   210
su cuerpo.

SIGERIL. Gran fauor es éste, borracho, y avnque tengo zelos
dello, yo lo callaré.

PERUCHO. Tú no le quieres biuo boluer a Felides con mandado, que borracho fantasía dizes, y llorando pagarás, que si   215
quisieren bien, tú no le as de cocar en embidia.

ELICIA. ¡Calla! Mal gozo vea yo de ti, y requiébrate con la
dama que tienes delante.

SIGERIL. Yo te certifico, hasta oy vi tan sentido vizcaýno
como éste.   220

PERUCHO. Nos [681] váyades, señora, que por cierto, lo dicho
cumplirás, que buey cuerno, hombre palabra, [682] hazer que
le dize tiene.

AREUSA. Soy contenta de esperar; mas ansí te me guarde Dios,
que no sé lo que haga en tu seruicio.   225

PERUCHO. Yo te lo tengo hazer, y serviré siempre que plazeres aurá.

AREUSA. Pues para que cumplas tu desseo y veas la voluntad
con que te amo, menester auemos subir arriba, y en vna
cámara apartada que nadie nos vea hablaremos largo.   230

PERUCHO. Este lugar le basta, que esotra hermosa y Sigeril
no le abrirán ojo para mirarle.

ELICIA. ¿Qué os paresce? ¡Qué diligente anda el moço!

202   1539: pareces   228   1536: vũtad
206   1539: has   231   1539: essa otra
219   1536, 1539: Vizcayno

AREUSA. Ten quedas essas manos, que no te aprouecha nada,
que nos llama Celestina.   235

PERUCHO. Quan/to quisiere, haga gritos, que antes miraré he- [F 8v]
chura deste verdugado.

AREUSA. Quita [a]llá tu boca, cochino, que hiedes al establo.

SIGERIL. Elicia, ¿no notas qué tiros tan preciosos pasan los
dos, y como la a besado a su plazer?   240

ELICIA. Por él se dize, Hízeme truan y comíme el pan, [683] que
más lo precio que a diez doblas, porque si Areúsa me affren-
tare con lo desta noche, se dé a ella con las piedras.

CELESTINA. Como creo en Dios, que no hazen cuenta de mí
estas señoras, porque si Elicia está vna hora en yr abaxo,   245
Areúsa tarda tres en llamarla. Quiero ver si me oyrán, que
ronca estoy de dar bozes. ¡Elicia! ¡Areúsa! ¿Auéysos muerto?

ELICIA. Subamos presto, que ya oyes lo que haze la renegada.

AREUSA. Señora tía, no des tanta priesa, que ya vamos.

CELESTINA. Lores a Dios que auéys concluýdo.   250

PERUCHO. Madre, no les empieces riñas, que holgarle tienen
moças.

CELESTINA. ¿Y de dónde, en buen hora, nos vino procurador?

SIGERIL. No te pese de oýrle, que es el más donoso que jamás viste.   255

CELESTINA. No me viene bien que en mi casa hombre lo sea,
sino que quien entrare tenga mucha cortesía. Pues yo no
me pago de acoger a ninguno, que no mirando nuestra
honrra, es mal criado.

AREUSA. Por costumbre tienes de tomar todas las cosas hasta   260
el fin, que sabiendo que este vizcaýno es moço de cauallos
de Felides, as de hazerte sorda a lo que dixere, pues no se
le entiende más.

CELESTINA. No curemos de más pláticas, que todo el que comigo contratare a de ser muy honesto, para que mi fama   265
y honrra no se pierda, que vna sola lengua basta para disfamar vn pueblo, [684] quanto más vna pobre casa como la mía.

SIGERIL. Poco haze al caso gastar en esto almazén; [685] sino
vamos luego, porque es tarde.

---

238 1536, 1539: Quitalla   262 1539: has
261 1536, 1539: Vizcayno   268 1536: Almazen

CELESTINA. Hijo, empeçá [686] a baxar adelante, que pues os   270
hize venir, no soy tan perezosa que me detendré en ello.

AREUSA. Daca la mano, y de esotro braço te lleuará Elicia, e
yrás por esta escalera como nouia.

CELESTINA. No abaxéys tan a priessa, que según la fuerça yo
tengo en las piernas, poco a menester para rodar todas tres.   275

ELICIA. Descansada estoy que emos descendídote sin quistiones.

SIGERIL. Mira si yrás bien en la silla / assentada, porque en   G [1r]
las ancas será impossible que puedas llegar.

CELESTINA. Pues pon algo en essos estriuos para en que ahirme.   280

SIGERIL. En esta tablica pondrás los pies, que es propia.

CELESTINA. Ea, ayudadme todos quatro a subir.

SIGERIL. Elicia, ten tú essa mula, y Areúsa le adobará las haldas en la silla, e yo y tú, Perucho, tendremos estas tablas y
arriba con ella.   285

AREUSA. ¿Sientes algo?, que paresce que te congoxas.

CELESTINA. Que me saques esse manto vn poco hazia fuera.
Agora estoy a mi plazer. Daca aquel cangiloncillo. Beueré
vnos tragos y despachemos de aquí.

ELICIA. Vesle aý, que vna açumbre de lo tinto tiene.   290

CELESTINA. Anda, no cures de más, que para el presente harto
me basta.

PERUCHO. En balde no le dizen, ordiçarra [687] siempre andas.

AREUSA. Sigeril, por vida de lo que más quieres, que me digas
lo que dixo este borrico a Celestina.   295

SIGERIL. Calla, cuerpo de Dios, que la deshonrró y a enten-
derlo ella, tendríamos pleyto.

AREUSA. Dímelo al oýdo, que no lo sabrá nadie.

SIGERIL. Muy claramente dixo que andaua contino borracha.

AREUSA. No passe de aý, que no faltó razón para dezirlo.   300

CELESTINA. Hijo Perucho, lleua dessas riendas y guíanos bien,
que yo con esta varilla daré a la mula. Y Sigeril yrá a detrás
por retaguarda, [688] ansí a mi culpa si no fuéremos bien
seguros.

---

271   1536: pereszosa; 1539: pereçosa   286   1539: parece
280   1539: *second* en *omitted*   288   1539: cangelonzillo
281   1539: tabla   296-297   1539: entendello

SIGERIL. Dessa manera lo tenía yo determinado, y quedá en   305
buen hora hasta la buelta, Areúsa y Elicia.

PERUCHO. También yo no le voy sin Dios. Quedaros entrambas, y acordaré de ti Areúsa, si tú no oluidas, ya entiendes.

AREUSA. Pierde cuydado, y la Magdalena os guíe.

CELESTINA. Tené gran cuydado de la casa, que andan mil ve-   310
llacos de noche, y no barrunten que estáys solas, que luego
en hablando con Felides, seré de buelta.

AREUSA. No lleues pena, que no somos niñas, para hazer cosa
desonesta.

¶ AUCTO .xvij.

Castaño, alguazil, va platicando con Falerdo su porquerón [689]
que andan a rondar, y topan con Celestina, como la lleuan
Sigeril y Perucho, y por ser la hora vedada, y verla yr en mula
la quisieran lleuar a la / carcel. Perucho, como lo vee, huye,   5
y estando en esto, passa Martínez, racionero, [690] y después de   [G 1v]
dar ciertos auisos del guardar de la justicia a Castaño, la dexa
yr por su intercessión. E introdúzense:

¶ Castaño.	Falerdo.	Celestina.	
¶ Sigeril.	Perucho.	Martínez.	10

CASTAÑO. Falerdo, passas por tal tiro como éste, que de quinze días acá no emos tomado sino nueue espadas que de
prouecho sean, ni a auido más de las cuchilladas de los
mercaderes.

FALERDO. Cuerpo de Dios con quien me parió, y queda por   15
diligencia de nosotros, o por no rondar desde prima
noche [691] hasta el alua, lo que nunca justicia en este pueblo
a hecho; que por vida del rey, los que me conoscen se
marauillan de como no me ando durmiendo de día.

CASTAÑO. Por nuestro señor, que tienes razón. Mas veo que   20
mientras con más rigor anda la justicia, menos gana, que el
temor haze todo el mundo refrenarse de los vicios.

FALERDO. Es verdad, mas bien sabes que la semana passada

tomamos veynte y seys espadas y onze broqueles y dezi-
seys [692] puñales y caxcos y guantes y tres cotas, que valía   25
a no nada [693] buenos dineros el rescate de todo. Mas como a
vnos lo des por amistad, y a otros por ruegos, yo juraré
a Dios que más gana el sacristán en tañer a queda que tú
en coger las armas.

CASTAÑO. Yo te doy mi palabra, que de aquí adelante no   30
passe la burlería que hasta aquí, que en fin, mi officio
requiere ser antes tenido por cruel que aprouado por muy
beníuolo.

FALERDO. Y aýn esso es lo que reniego, que el mismo nombre
te amonesta a lo que as de hazer.   35

CASTAÑO. Escucha vn poco, que ves allí, me parece que tendremos caça con aquella que viene en mula de poca manera y trae dos que la guardan.

FALERDO. Yo te affirmo la empresa, que no creo en tal, si no
es Celestina; y merece más pena por los passos en que va.   40

CASTAÑO. ¡Ha, o buena vieja! Mándese apear que la quiero
hablar dos palabras.

CELESTINA. Dos o quatro te escucharé; y si es cosa en que
mis pobres fu/erças hagan algo en tu seruicio, yo diré a   G ij[r]
estos mancebos que se aparten para que lo digas sin per-   45
juyzio ninguno; [694] que ya sabes que como a madre que te
dessea seruir puedes descubrirte.

CASTAÑO. Bien tengo creýdo que lo harás, mas para que mejor
me entiendas, quiero que no estés en mula y yo a pie, que
harán de mí burla quien passare y lo viere.   50

SIGERIL. Merced nos harás, que por esta noche no aya embaraço en nuestra yda, porque yo la lleuo para vn negocio
que cumple más a la salud de mi señor Felides que al
prouecho que la puede a ella susceder.

CASTAÑO. No gastemos pláticas, que de apearse tiene y darme   55
cuenta de lo que a de enredar.

CELESTINA. No me lo mandes, que de ninguna manera lo haré,
que bástame que estoy coxa y ansiada sin que resciba
agora tormento en baxar y subir.

---

39 1539: afirmo; empressa   58 1539: que bástame *omitted*
54 1539: suceder

FALERDO. ¿Para qué es dilatar razones con quien sus obras   60
manifiestan la vida que tiene?, sino tomarla de aquel braço
y derribarla en tierra y dar con todos a la hora en la cárcel.

PERUCHO. Juras Sant Pedro que no te le aguarde, que pies
ligeros cabeça saluarle hago, que affrentado justicia muchas vezes le hazen quien mugeres se acompaña. Y ya   65
lexos me los tengo, alegre le estó, que bien lame su cuerpo
buey que no prenden. ⁶⁹⁵

CASTAÑO. Acaba, si quiés, de echarla dessa mula abaxo.

FALERDO. Jamás me acuerdo ver fuerça de muger en las manos tan grande, que no la puedo desasir de la silla.   70

SIGERIL. No llores, que no te an de ahorcar, que a mí también
quieren echar preso.

CELESTINA. ¡Ansiada fue yo! ¿Dónde fue el vizcaýno, que lo
dixera a tu amo?

SIGERIL. ¿Ya no viste que el borracho huyó de miedo?   75

CASTAÑO. ¿Qué te aprouechan essas lástimas ni porfía?, que
no se escusa tu yda a la cárcel.

CELESTINA. Por amor de Dios, que me oygas vna palabra, y
después haz lo que quisieres.

CASTAÑO. Di catorze, que yo aguardaré.   80

CELESTINA. Lo que quiero dezir es que soy vna vieja pecadora,
y Dios por su infinita piedad me concede mis oraciones en
sanar a quien curo, avnque no por mis merescimientos; ⁶⁹⁶
es por su gran misericordia. Ansí que Felides, según me
informó su criado que está presente, se a sentido des/de   85
prima noche muy congoxado de las muelas, ⁶⁹⁷ y para que   [G 2v]
le haga vn cozimiento que suelo vsar muy prouechoso, me
embió esta mula con Sigeril y el otro moço que se fue, para
que me lleuassen; que ya ves que avnque quisiese argüir
otra cosa, mi hedad me salua. Y si no he procurado de ga-   90
narte la voluntad visitándote y viendo que me mandaua la
señora tu muger, es porque todos los que van a las casas

---

62   1539: tiera; todo
62   1539: Juro a
64   1539: afrentado
76   1539: te *omitted*
83   1539: merecimientos

85   1536: Criado
86   1536, 1539: Muelas
87   1539: la
91   1539: y *omitted;* lo que

de los juezes vnos van por les rogar, otros por los auisar, otros por los engañar, otros por los importunar, otros por los asechar; y aueriguado puedes creer que muy pocos son los que van por los visitar. De manera que, después que la vara te dieron, propuse de te dar poca molestia con mi vista. Y pues he dicho lo que quería, haz de mí lo que quisieres, avnque no dexaré de tornarte a auisar que seas tan mirado en tus obras, tan refrenado en tus palabras, tan sentido en tus sentencias, que des ocasión que no aya qué reprehender en tu vida, ni contradezir en tus hechos.

CASTAÑO. Muy bien he oýdo lo que me as aconsejado. Dexa pasar a vn cauallero que viene aquí, que a todo te responderé.

CELESTINA. El venga mucho en buen hora, que el señor Martínez, racionero, es persona que nunca me dexó por su nobleza de fauorecer.

MARTINEZ. ¿Qué cosa es ésta, madre? ¿Cómo estás aquí detenida?

CELESTINA. ¡Ay, mi señor, que mis grandes pecados son! Y a vos me encomiendo.

MARTINEZ. Sigeril, ¿a auido algún ruydo que ansí quiere Castaño lleuaros a la cárcel?

SIGERIL. No me ayude Dios si yo siente causa legítima, más de porque nos topó tan tarde y va a curar a mi amo, que está mal dispuesto.

MARTINEZ. No tengáys pena, que yo le rogaré que no hable en ello.

CELESTINA. ¡Ay, señor! Hazeldo, [698] como veys que lo emos menester; que ya sabéys en la prosperidad que me vi en mi tiempo y la negra pobreza que passo agora, y sobre todo, ver mis tristes canas affrentadas, que es lo que más toca a mi honrra.

MARTINEZ. No te aflixas dessa manera, que yo tengo noticia dello. Y como sean bienes de fortuna, no te as de espantar, que lo que no te da la natura que es tu madre, te quite la

95
100
105
110
115
120
125

---

102 1539: echos
104 1539: passar
113-114 1539: castellano

123 1539: afrentadas
127 1539: quita

fortuna que es tu madrasta; [699] que ya sabes que su rueda
es como la de los arcaduces, que hinchendo dos se vazían
quatro. [700]   130

CELESTINA. Por tanto, / no me marauillo, que días a que la G iij[r]
conozco ya, que sé no sabe qué cosa es fortuna que nunca
la a prouado. Y habla ya al alguazil, que todavía espera
a que te vayas.

MARTINEZ. Señor Castaño, ¿qué enojo tienes con esta desuen- 135
turada que tal llorar haze?

CASTAÑO. No más de que a esta hora son vedadas las mugeres que anden, pues tiene tiempo en el día. [701]

MARTINEZ. Ansí es; empero, si se recresce caso no pueden
hazer menos de salir. Y no siendo en daño de partes, no 140
deues culpar a la que topares.

CASTAÑO. Y aýn hasta aueriguar si causa daño o prouecho su
camino, la tengo de poner en cobro, que de personas sos-
pechosas, más que esto se a de temer.

MARTINEZ. De verdad yo estoy informado como biue la des- 145
uenturada, y no ay que sospechar della, sino que por amor
de mí, vaya ésta por prima suelta, y quedaré en obligación de te lo satisfazer.

CASTAÑO. No me lo mandes, que soy justicia y tengo de hazer
mi officio.   150

MARTINEZ. Y veamos, ¿sabes tú qué cosa es justicia?

CASTAÑO. Pues soy vno della, sélo; y es esecutar la sentencia
en el culpante [702] para que le sea castigo del delito que
cometió y escarmiento de los que lo vieren.

MARTINEZ. Hágote saber que no es ésse officio de justicia, 155
mas propiamente justicia no es otra cosa sino defender el
bien común, procurar por los inocentes, sobrelleuar a los
ignorantes, corregir a los culpados, honrrar a los virtuosos,
ayudar a los huérfanos, hazer por los pobres, refrenar a los
cobdiciosos, humillar a los ambiciosos. Finalmente, es dar 160

128	1539: Fortuna		
133	1539: Y *omitted;* 1536: Alguazil	144	1539: ha
137	1539: a *omitted*	150	1539: oficio
139	1539: recrece	152	1539: executar
142	1539: o *omitted*	155	1539: oficio

a cada vno lo que le pertenece por justicia, y dessapossessio-
nar a los que posseen algo sin ella. Ansí que, pues que esta
muger está inocente de cosa de crimen, y lo que contra
ella alegas es ayre, no deues de hazer más de lo que
te ruego.   165

CASTAÑO. Por vida del marqués, mi señor, que si vuiera hecho
trayciones que la muerte meresciera, antes mi vida pusiera a
perder que consentir hazerla ninguna affrenta, y esto tanto
por lo que te deuo, como por lo que me as auisado. Y suplícote me perdones si a lo que me mandas no fue liberal   170
en conceder, que en otro seruicio satisfaré este hierro, y
luego se puede yr en paz adonde por / bien tuuiere, que yo   [G 3v]
affirmo que es buena muger.

MARTINEZ. Por aora no aya más, sino que yo te lo agradezco
y ella no se detenga.   175

CELESTINA. Ruego a Dios, señor, que él os dé el pago, pues
yo no puedo, que ansí me fauorescistes.

MARTINEZ. No es menester para comigo cumplimientos, que
más que esto haré por ti; y lo passado no te pene, que cosa
es que acontesce.   180

CELESTINA. Nuestra señora quede en tu guarda, que ya nos
vamos.

MARTINEZ. Y a ti ayude en tus negocios.

¶ AUTO .xviij.

Felides dize a Eruión su escudero que le dé vn libro de
leales amadores para sobrelleuar su pena entretanto que Sigeril
trae a Celestina; y estando los dos en diuersas pláticas tocantes
al mismo caso, llega Sigeril con la vieja. Y Felides la dize   5
lo que a de hazer; y avnque a los principios se escusa ella,
despídese con que yrá a negociarlo con Paltrana el día siguiente. E introdúzense:

163	1539: ingnocente	174	1539: agora
168	1539: afrenta	177	1539: fauorecistes
172-173	1539: afirmo	180	1539: acontece

4	1539: y *omitted*	6	1539: y *omitted*
5	1539: le dize	7	1539: que *omitted*

¶ Felides. ¶ Eruión. ¶ Sigeril. ¶ Celestina.

FELIDES. Ola, Eruión, hazme vn plazer, que me busques en 10
la recámara el libro de bien amar,⁷⁰³ porque passaré tiempo
vn rato con él, que es tan sutil que no solamente aliuiará
mi passión, mas abiuará el ingenio que tan turbado tengo.

ERUION. Más turbado me tienes en oýrte que tú estás en
dezirlo. 15

FELIDES. ¿Cómo puedes tú turbarte con la turbación que a
mí me da la gloria?

ERUION. Por cierto, agora me espanto más en ver quánto dominio tiene sobre ti el amor, quán robado tiene tu juyzio,
quán muerta tiene tu persona, pues sientes tan ligados tus 20
miembros que no tienes facultad de poder con ellos vsar
exercicio ninguno⁷⁰⁴ de plazer ni descanso.

FELIDES. ¡O, qué contrariedad es no estar hombre informado
de la cosa antes que dé su parescer!, porque si supiesses
quién me cautiuó, affirmarías la tal prisión⁷⁰⁵ ser biena- 25
uenturança.

ERUION. ¡O, señor, señor! ¿Por dicha pensarás que no lo
sé? / Cree que sé por aueriguado que ella es muger, y G iiij[r]
que no ay amor de ninguna que no se passa tan breue
quan largo es de alcançar; que avnque no es en todas regla 30
cierta, a personas esperimentadas he oýdo dezir que es
comparado al huego⁷⁰⁶ de las estopas en el acabar y a la
leña verde en el ascender, que tanto ahuma su huego que
primero da mil enojos con el esperar que vn prouecho con
su lumbre. 35

FELIDES. No sin causa digo yo que no lo conosces, pues con
tus desatinadas palabras hazes salir de sentido mis sentidos,
das tormento a mi affligido y llagado coraçón a traer lágrimas a mis llorosos ojos.

ERUION. Conoscer si amas en buen lugar no lo sé; conoscer si 40
tu amar está mal empleado no lo affirmo; conoscer si el

---

16 1536: turbate
25 1539: afirmarias
30 1539: aun q̃
31 1539: espirimentadas

36 1539: conoces
37 1539: dessatinadas
38 1539: afligido

cautiuerio te haze libre no lo certifico; conoscer si está tu
coraçón herido no lo niego; conoscer si hazes sentimiento
con lágrimas, muy bien lo aprueuo, porque es cosa que se
vee la esperiencia clara, de lo qual estoy tan marauillado,   45
que para dezirte lo que me parece, enmudezco, no sabiendo
cómo empeçar materia tan ardua.

FELIDES. Empieça lo que quisieres, que yo te escucharé a
todo sin contradezirte palabra.

ERUION. Digo, señor, pues me das licencia, que muy fuera de   50
razón, muy sin causa, muy sin acuerdo derramas lágrimas
por tu rostro, y es ocasión que das al vulgo que más blaso-
nerías digan de ti, que tú lástimas en dessear lo que desseas.
Porque a las personas generosas y de alto linage, y de
suntuosa casa, y de gran renta, y que esperan como esperas   55
ser señor de vassallos, más vezes an de hallar sus súbditos
su cara alegre que sus pensamientos tristes; porque de verdad, no es más el ministro de la gente que manda que vn
espejo, [707] que de la manera que está, dessa arte parescen
los que en él se miran. Quiero dezir que si estás alegre,   60
que es la clareza que tus criados andarán con aliuio y plazer. Si estás escuro, por el consiguiente, los tuyos andarán
perdidos; ansí que por esto que he dicho, y por otros exem-
plos que diría, te declaro quán mal paresce llorar a los
semejantes que tú, porque no se requiere que llore ninguno   65
de tu estado, sino que por causas muy legítimas / que le   [G 4v]
constriñan a ello.

FELIDES. Yo acepto por buena tu plática, mas querría que me
dixesses las causas que fuerçan a llorar, pues no aprueuas
por verdadera la mía, siendo de tanta lástima.   70

ERUION. Soy contento de declararte en qué casos los compete
hazer doloroso llanto, y son, o por la pérdida y daño de su
casa, o por algún detrimento si hallan en su honrra, o por
los que poco pueden y mucho mal passan, o por la prosperidad que tienen los tyranos, o por la muerte de sus pro-   75
pincos [708] amigos, en especial si eran doctos y con su saber

---

45   1539: espiriencia   56   1539: vasallos
48   1539: escuchara

dauan fructo que otros supiessen. De manera que por estas razones y otras semejantes juzgo según mi juizio que los grandes señores deuen dolerse con esquiuo dolor.

FELIDES. Admirables cosas as hablado, no menos sentidas de   80
oýr que notadas para guardar.

ERUION. No digo más, porque me paresce que llaman a la puerta.

FELIDES. Párate aquella ventana y mira quién es.

ERUION. Sigeril y Celestina son. Ya les voy [a] abrir.   85

FELIDES. Espérate, que yo baxaré allá, que no tengo suffrimiento para suffrir a esperarlos que suban.

ERUION. No des tanta prisa a tu apressurado desseo, que apocas tu persona y desminuyes tu fama en hazerte sieruo de
tu criado y de la que no meresce serlo.   90

FELIDES. No te marauilles que el coraçón vemos que manda
a las carnes; y como él esté sin sossiego, el cuerpo no puede
tener reposo.

ERUION. Haz lo que por bien tuuieres, que aquí aguardaré.

CELESTINA. ¿Abres ya, hijo?   95

FELIDES. Y el menor de los que tienes es el que abre la puerta.

CELESTINA. ¡O mi señor Felides! ¿Y tú eras? Dichosos mensageros que tal portero les sale a rescebir.

FELIDES. Entra, madre, que más dicha tiene el que viéndote
en su casa vee su remedio cierto.   100

CELESTINA. Todo esso Dios lo remediará, y abreuiando en ello
te assienta en essa silla, porque proueamos en lo que toca
a tu salud, que Sigeril me dixo que te auías sentido mal
dispuesto, y por vida desta ánima pecadora, como de la
cama me leuanté, y así arrebuelta [709] vengo por no aguar-   105
dar a vestirme.

FELIDES. El propio médico ya sabes que despacio quiere oýr
la relación de la enfermedad para que conforme a ella

81	1539: notables	90	1539: merece
82	1539: parece	95	1539: Abre
85	1536, 1539: voy abrir	97-98	1539: mensajeros; recebir
86-87	1539: sufrimiento; sufrir	102	1539: te toca
88	1539: priesa; apresurado	105	1539: ansi rebuelta

ordene la/medicina. Así que yo me opongo a seruirte la G v[r]
priesa con que te apressuraste a venir. Y la merced que 110
agora te pido es que nos subamos a mi aposento para
que comuniquemos lo que haze a mi caso.

CELESTINA. ¡Ay, desuenturada fue yo! Y no miras mi negra
pierna, que passo con ella tal passión que para mudarme
dos o tres personas de vn lugar a otro, he de juntar a gritos 115
la vezindad, quanto más subir escaleras. Por cierto, señor,
avnque estamos en el patio, puedes dezir lo que quisieres
sin impedimento ninguno.

FELIDES. Pues que tú ansí lo mandas, yo soy contento; porque
a quien deuo agradar, no es justo enojar. Y lo que dezirte 120
quiero es que muy notorio sabes la pena que he passado
por mi señora Polandria, y la gloria que rescebí quando
mi petición concedió; y ansí mismo ves el trabajo en que
estoy hasta ver cumplido mi desseo, el qual es ordenar mis
casamientos con ella; y para que, como eres sabia, sabia- 125
mente lo hagas, te embié a llamar, encomendándome en
tu discreción y esperando tu remedio.

CELESTINA. A todo tu razonamiento yo responderé, avnque no
tan elegantemente como meresces, mas como mi abilidad
alcançare. 130

FELIDES. Para que es nada desso, pues tú me puedes dar li-
ción en todo, sino di lo que por bien tuuieres, que mi
atención está aparejada a te escuchar.

CELESTINA. Lo que quiero dezir es que por la tierra que me
a de comer, [710] el alma y la vida auenturase en tu seruicio 135
si en mi mano fuese; digo, sin tocar a mi honrra. Mas como
esta negra fama diuulgue por todo el mundo lo que hombre
haze en vn rincón, rehusara la persona de hazer lo que
quiere por cumplir con lo que deue; y por mi salud, señor, que Sigeril me lo empeçó a dezir por çifras, [711] y yo 140
le dixe lo que me paresçió, conforme a la demanda insuf-
ficiente a mi honrra.

109 1539: medecina: ansi
110 1539: con te q̃
111-112 1536, 1539: cõmuniquemos
118 1539: impedemento

119 1539: que omitted; ansi
122 1539: recebi
127 1539: descricion
141-142 1539: insuficiente

FELIDES. Euitando essos embaraços que puedes poner, pues no menoscaban tu fama ni persona, me as de otorgar lo que a él le negaste.   145

CELESTINA. ¡Ay, cuytada de Celestina que tal oye! Y como dezías bien si a mí mal no viniesse. Mas la triste que no puede salir de casa por estar como está, y ya que puede, no osa por/las trayciones que ay oy en el mundo, que no [G 5v] lo digo, porque soy la mejor dél, empero veo que no hago   150 mal a nadie, y todos paresce que dessean daño para mí, que yo nunca vea el domingo, si quando el rufianazo de Pandulfo, tu criado, me hirió la otra noche, yo le auía enojado, quanto a lo que vale este papel.

FELIDES. Pierde cuydado del castigo que aurá él y el otro   155 vellaco de Rodancho, que me informaron que los dos te auían acometido.

CELESTINA. ¿E si supiesses el por qué?

FELIDES. Ya sé que porque no le prestaste vnos dineros.

CELESTINA. Pluguiera a Dios los tuuiera, que en mi vida negué   160 nada a nadie, mas como dizen, vn ciego mal guiará a otro, [712] que entenderás que quien no tiene para sí, mal ayudará a otro. [713]

FELIDES. No son menester aquí essas lástimas ni escusas, que yo conozco la miseria que passas, y proueerse a largamente.   165

CELESTINA. Pues si te dixesse la affrenta que nos ha hecho Castaño alguazil en el camino, quiriendo [714] nos lleuar a la cárcel, sobre auerme deshonrrado.

FELIDES. ¿Qué me cuentas? ¿Es posible que esta noche te a acontescido esso?   170

CELESTINA. ¿Cómo esta noche? ¡Ay, dolor de mí! Dígote que agora en el camino fue, y pensé que yo y Sigeril durmiéramos con grillos, porque el otro señor del vizcaýno, el temor le hizo temer de la prisión que vía a los ojos, y ansí nos dexó en los cuernos del toro [715] y acordó de tomar por   175

151	1539: parece	170	1539: acontecido
168	1539: desonrrado	173	1539: Vizcayno
169	1539: posible		

armas a sus pies, y lo que más passó, a Sigeril pongo por testigo que te lo diga.

FELIDES. Quanto me hallo corrido de la ciuilidad[716] del alguazil, tanto me río de la gracia del borrico quan donosa fue. Y hablemos al presente en lo demás, que yo te pro- 180 meto, si puedo, a cada vno se dé el galardón que meresce, porque si Castaño tiene vara, Felides está aquí que se la hizo dar.

CELESTINA. Señor, yo tengo visto quién tú eres y lo que hazes por quien algún seruicio te haze; mas como digo, los viejos 185 hemos de mirar que todos miran nuestra vida, y hemos de presuponer de trabajar mucho por bien vivir, y muy mucho[717] más por mejor morir. Y créeme vna cosa, que según andas sin sentido, ansí trae essa dama soleuantada tu memoria como el am/ber las pajas, e si te çuffriesses de yr 190 y venir, o embiar a su casa a mí el cargo, si no truxesses [G 6r] su coraçon al tuyo como la piedra ymán atrae el yerro.[718]

FELIDES. No hables tal cosa, que ella me ama, ella me quiere, ella me busca plazeres, ella me quita muerte y me da vida. Y como no sea en su mano lo demás, haze lo que puede y 195 no lo que quiere.[719]

CELESTINA. Sea sus parientes que te hablen en ello, y te lo rueguen y te lo pidan por merced. ¿Por ventura no eres de tan nobles padres como ella? ¿No eres de tan generoso linage como ella? ¿No eres de tanta hazienda como ella? 200 ¿Por dicha no tienes más renta que ella, y en todo como es claro, más sublimado que ella?[720] Ten esto que te digo como desta vieja que dessea tu bien, y donde pudieres ser rogado nunca ruegues. Y si te paresce mal porque te lo digo a manera de quien reprehende, tómalo a buena parte, 205 porque al fin, más vale vna amorosa reprehensión del amigo que vna fingida adulación del enemigo.[721]

FELIDES. Tus consejos me parescen tan eloquentes quan esperta la que los dize, excepto que para mi negocio no se puede hazer menos de hablarse, ni se escusa que tú lo ha- 210

177 1539: por testigo, te *omitted*   184 1539: y *omitted*
178-179 1536: Alguazil   190 1539: çufriesses
181 1539: merece

gas, porque a la verdad, en ello va a mí la vida, y a Polandria vida y honrra, y a ti descanso como verás por satisfación
de tus trabajos. Y en esto sea yo tan priuado contigo para
que lo concedas como fue con Polandria quando tal aliuio a
mi coraçón otorgó.   215

CELESTINA. Jamás pensé que tanto me doliera tu dolor, y hágote saber que me pongo a cumplir tu ruego, teniendo por
mejor esperar la muerte, procurándote el remedio, que
tener yo reposo viendo que estás desconsolado.

FELIDES. O mi buena madre, Dios me dé lugar en que pague   220
con obras la voluntad que de hazerlo tienes, juntamente con
el amor que me muestras.

CELESTINA. No quiero más detenerme por yr a rreposar esto
que queda de aquí a la mañana, y pensaré entretanto lo que
he de dezir a Paltrana, y con qué achaque entraré.   225

FELIDES. Nuestro señor vaya en tu guarda, y encomiéndote
mucho que vayas temprano, porque la tomes en / casa   [G 6v]
antes que vaya a missa, y que no dexes de ver y hablar a
mi señora Polandria.

CELESTINA. Déxame el cargo, que yo lo haré mejor que   230
mandas.

FELIDES. Suplícotelo yo.

¶ AUCTO .xix.

Albacín, que es amigo de Elicia, dize que la quiere yr a
ver, a la qual halla sola; y estando los dos holgando, viene
Areúsa, y passan entre todos diuersas pláticas en que Elicia
le dize como Celestina la a mandado que no entre en su casa;   5
y él, como lo oye, se despide dellas jurando que la vieja se lo
a de pagar. E introdúzense:

¶ Albazín.   ¶ Elicia.   ¶ Areúsa.

211   1539: me va a mi   223   1539: quiro

2   1539: Albazin   5   1539: mando

ALBACIN.   O quán gentil enamorado hago, que cinco o seys
días a que no vi a Elicia. No creo en quien me parió, si   10
discreta ella fuesse, si no tenía causa para aborrir mi vista,
y aýn mi conversación, que sé claramente las quistiones
que con Celestina passa, porque me quiere bien y suffre su
pena por euitar mi enojo en darme parte. Y con todo esto
soy tan comedido, que viendo quántos la dessean, que de   15
ojos la seruirían y gastarían por ella quanto tuuiessen, y
como a todos trae con la dentera por tenerme a mí contento,
aýn dándola a entender que conozco lo que me ama, vnos
alfileres, jamás me acuerdo lleuarla para se tocar, con auer
rescebido de la pobreta los vestidos que a cuestas traygo   20
de las monedas que poco a poco auía cogido de la vieja,
avnque yo dissimulo, diziendo que es librea que me dio
mi amo el infante. Yo determino yr luego a su posada y
gozar de quien se goza comigo, que no puedo despender
hora tan bien empleada como la que estuuiere retoçandola,   25
que juntamente con coger flores no dexaré de gustar de
la fruta. Y sin más dilación en esto, y entretanto mi amo
acabara de jugar para que venga aora / que se acueste.   [G 7r]
¿Qué nouedad es ésta, que están las ventanas cerradas? O
ella está sola, o duermen. Bueno será tirar este par de pie-   30
dras, y si responde la vieja gruñidera, podré tomar las viñas
sin ser sentido, y con dezir que vino cumpliré.
ELICIA.   ¡Qué gran majadero deue ser quienquiera que tira!
ALBACIN.   ¡O, qué señal tan estremada, que pues sola habla,
sola está! Tiremos la segunda.   35
ELICIA.   Por mi vida, que es donosa cortesía de hombres de
bien estar quebrando la ventana a pedradas. Si no abro
y miro quién es, pensarán que está aquí alguna bestia, y
no acabarán esta noche.
ALBACIN.   A buena fe, que suena ya quitar las aldauas.   40
ELICIA.   Poco ruydo veo para tal estruendo y artillería con
que se combatía esta negra ventana.

---

11   1539: mi vida   16   1539: tuuiesse
13   1539: sufre   20   1539: rescibido; pobre
14   1539: darle   23   1539: ellinfante

ALBACIN. No tornes a cerrar, perla, que vn cierto criado
tuyo es.

ELICIA. Lores a Dios, señor Albacín, que te auíamos de ver.　45

ALBACIN. Abríme, amores, que verme y mandar podéys.

ELICIA. Entra, ya que estás a la puerta. Y no lo creo, que
por mi salud, agua de mayo [722] no es tan desseada como
de mí tu persona.

ALBACIN. ¿Nunca oýste dezir, véeme a desseo y olerte a　50
poleo? [723]

ELICIA. Déxate dessos refranexos, que es todo ayre, que donde
ay afficción ni se mira tiempo ni sazón. [724]

ALBACIN. Asentémonos vn rato, porque me quiero yr muy
breue.　55

ELICIA. Por su vida, diga si lo dize de veras, o si lo a estado
pensando.

ALBACIN. No, de verdad, sino que el infante pedirá de cenar,
que juega agora y acabará presto.

ELICIA. Suba adelante, que no se suele hazer rogar otras ve-　60
zes y más agora, que tengo por mí la casa.

ALBACIN. Todavía lo auré de hazer, avnque cayga con mi amo
en falta.

ELICIA. Dios le guarde al niño, y quán de presto se arroja en
la cama a desazerla.　65

ALBACIN. Harto mal sería si ella quedasse hecha desta vez.

ELICIA. No lo crea si se lo dixeron en el camino, que engañado le an.

ALBACIN. Tal engaño no tardaré yo en ponerle por obra.

ELICIA. Ea, pues empieças ya lo que sueles.　70

ALBACIN. ¿A qué llamas empeçar?

ELICIA. No seas dessa condición, que nos oyrán los vezinos.

ALBACIN. Guarda no nos ahorquen porque hazemos moneda
falsa. [725]

ELICIA. Dios me libre de tal hombre. Sossiégate vn poco,　75
que me quebrantas.

ALBACIN. Escusado es, que no va en mi mano.

75　1539: sosiegate

ELICIA.   Basta ya. No te ma/tes en vna hora, que quien mucho   [G 7v]
abarca poco aprieta. [726]

ALBACIN.   Cesso porque me lo mandas, mas no porque quisiera,   80
que en dos leguas no suelo cansarme.

ELICIA.   Por tanto, no fue mi voluntad que fuesses a posta.

ALBACIN.   Eres como hecha de oro, y tu condición es tal que
no quieres que tome mucho trabajo en vn día, porque lo
que se haze con mucha priessa se llora con gran espacio. [727]   85

ELICIA.   Nota lo que dize, como concierta con lo que haze.

ALBACIN.   Tan aueriguadas as de tener mis trauessuras, estando
solo contigo, como mis dissimulaciones quando alguno está
presente.

ELICIA.   No me marauillo, que eres vn santico de Pajares. [728]   90

ALBACIN.   Dios me guarde tales dos mançanas, que no hallo
fruta más sabrosa que ellas.

ELICIA.   Terrible condición tienes con tu pesadumbre, que no
estarás quedo sin souajarme los pechos.

ALBACIN.   Déxame holgar, por mi vida, esto que me cabe.   95

ELICIA.   ¡Ay, desuenturada fue yo! Sossiégate, que me paresce
que llaman a la puerta.

ALBACIN.   Cuerpo de Dios, y si es la gruñidera . . .

ELICIA.   Areúsa es, que en la habla la conozco.

ALBACIN.   Abrela, que luego me yré. No barunte algo.   100

ELICIA.   Hermana Areúsa, entra. No te vayas, que yo guardo
la casa.

AREUSA.   Por buena fe, ya me quería yr, porque sentí como
tenías compañía; y aýn será bien que te subas a pasar
tiempo, que en la mañana me bolueré.   105

ELICIA.   Dexémonos dessas fiestas, que no oýste a nadie, sino
prúeuasme con di mentira, sacarás verdad. [729]

AREUSA.   Avnque yo mienta, no haze al caso. Y pues para comigo vsas de encubrir lo que oý, no ayas miedo con mi
vista rescebir enojo, y queda con Dios.   110

---

80   1539: ceso   98   1539: gruñidora
82   1539: fueses   104   1539: passar
83   1539: hecha *omitted*   108   1539: aun q̃
93   1539: pesadumbres   110   1539: recebir; y *omitted*
96   1539: desuentura; parece

ELICIA. Ansí nuestra señora me salue, que no as de salir de aquí, que entre nosotras escusado es essos atufamientos; que yo te prometo quando ay causa, que todas tenemos la chimenea baxa para que de improuiso nos sube el humo. [230] E atento que burlaua, no te auías de ensañar, que bien se me entiende que no hazíamos tan poco ruydo Albaçín y yo que no nos auías de oýr. Ansí que avnque te pese, as de jugar [731] vna gallina con nosotros. 115

AREUSA. Porque no piense Albaçín que le dexaste por majadero, arriba subiré, y ruégote que otro día no encubras tus cosas de mí, pues sabes si las sé tener secreto. 120

ELICIA. Mira a / Albacín, qué passear trae por la cámara. [G 8r]

AREUSA. Déxame con él, que le quiero hablar.

ELICIA. Luego puedes, que ya nos a visto.

AREUSA. Bueno pro [732] haga, señor Albazín. 125

ALBACIN. Lo que me truxeres, que agora no me ves comer nada.

AREUSA. No lo digo por tanto.

ALBACIN. ¿Mas a qué propósito lo dizes?

AREUSA. A que soléys todos dezir quando estáys en algún negocio si entra la persona, "En hora buena vengáys." Por bolueros la respuesta lo dixe. 130

ALBACIN. ¿Qué te paresce, Elicia, de la señora Aréusa tu compañera si viene armada con sus malicias? A osadas, que qual tú y ella soys, tal os peguéys. [733] Mas bien aya quien a los suyos, etc. [734] 135

ELICIA. No te marauilles que como somos maliciosas siempre pensamos malicias, y no nos espantaremos porque digas piénssasse el ladrón que todos son de su coraçón. [735]

ALBACIN. Ora, no gastemos tiempo en pláticas, sino entendamos en algo que aproueche. 140

ELICIA. ¿Qué prouecho podemos buscar que no hallemos daño si la vieja deslenguada viene?

115 1539: Humo. Y
117 1539: albacin; aun que
119 1539: Albacin
125 1539: albacin
126 1539: truxeredes

131 1539: ora; y por
132 1539: volueros
133 1539: parcee
139 1539: piensa se

ALBACIN. ¿Adonde está la maldita?, que aýn no me auía acordado de preguntar por ella. 145

ELICIA. Más a de dos horas que vino Sigeril por ella de parte de Felides, y no tardará en venir.

AREUSA. Quiçá que la embiamos con poca honrra, sino que la condessa no podía yr en mejor mula ni con más de vn criado y vn escudero. 150

ALBACIN. Quede esso aparte y sepamos si tiene ya las mañas que solía en gruñir quando entro acá.

ELICIA. No cures de saberlo, que ya no dize nada.

AREUSA. Espantada estoy de ti, Elicia, como buelues por quien sabes lo que haze quando sabe que Albaçín viene acá. 155

ELICIA. No lo quería dezir por euitar enojo, mas ya que lo a dicho Areúsa, hágote saber que no ay día que no allegamos a matar sobre el caso, que dize que quando viere o supiere que entras en su casa, yo tengo de salir.

ALBACIN. O pesar de tal[736] con la puta hechizera, porque 160 pierde el tiempo y no las costumbres.

AREUSA. Burlando lo dirás. Yo te prometo, más años tiene a cuestas que los dos más antiguos del pueblo. Y esto sin jurarlo se vee en ella por esperiencia, que tiene ya los ojos hundidos, las narizes humidas, los cabellos blancos, el oýr 165 / perdido, la lengua torpe, los dientes caýdos, la cara arru- [G 8v] gada, los pies hinchados, los pechos ahogados. En conclusión, es mi pensar que si la sepoltura hablesse, como acá será suya, la compelería por justicia a que fuesse a poblar su casa. 170

ALBACIN. Por esso es cosa admirable de ver, y aýn dina de notar, en que todas las cosas corporales del hombre se enuejecen, si no es el coraçón interior y la lengua exterior, porque el coraçón siempre está verde para pensar maldades, y en la lengua jamás falta abilidad para dezir mentiras y 175 malicias, como vemos en su merced.

ELICIA. Bástete saber lo que as sabido della, y como rescibe

144   1539: avn *omitted*
146   1539: oras
149   1536, 1539: Mula

162   1539: Años
163   1536, 1539: dos los
164   1539: espirirncai

pesar de que tú ayas plazer comigo, y si quiés que yo no
tenga pena de la pena que tú tendrás, es que acordándote
de lo que yo te amo, oluides lo que ella te aborresce, y te   180
vayas; lo vno por cumplir con tu señor el infante, que es
razón, y lo otro porque no venga la que tememos, que
muchas vezes acontesce venir después de gran plazer gran
angustia. Y por esso se dize, que ni bien cumplido, ni mal
acabado. [737]   185

ALBACIN.   Ora es a la verdad que me vaya. Mas no me llamaría
yo hijo de mi padre si no me pagasse la embaucadora las
quistiones que contigo tiene, juntamente con el enojo que
me da.

ELICIA.   Por mi vida, que no pongas las manos en vna muger   190
tan ceuil, que no ganarás honrra avnque vengues tu coraçón.

ALBACIN.   A Dios queda, que no he menester consejo.

ELICIA.   Con él vayas, y haz lo que te ruego.

AREUSA.   Yo te certifico que ella fue con la pierna colgando y 195
venga con el braço a cuestas. Y en fin, regla es prouada
que quien en mal anda, en mal acaba. [738]

ELICIA.   Acostémonos por dissimular, y nunca tal viste.

AREUSA.   Sea ansí, que para con ella, todo es menester.

¶ AUCTO .XX.

Perucho, vizcaýno, entra muy de priessa en casa de su
amo Felides y pregunta a Sigeril por Celestina; y después de
contarle él lo que les passó, entra a dezir a su señor como aya
venido. Y Feli/des le manda entrar. Y como a reýdo con él   5
sobre la diligencia que puso en defender la vieja del Alguazil, H [1r]
le embía a la posada de Celestina a que le acuerde que vaya
a do está concertado. E introdúzense:

     ¶ Perucho.   ¶ Sigeril.   ¶ Felides.

181   1539: ques

---

6   1539: deligencia

PERUCHO. Bueno me he saluado de entre manos justicia. Mi   10
posada abierta le veo. Sigeril también le miro passeando.
Soltarse deuía la vieja. Qué hizo, preguntarle haré. Juras a
mí, él ya hablar se me quiere, que en risa le noto que
esperiencia.

SIGERIL. O mi leal amigo, ¿qué te as hecho esta noche?, que   15
me dizen que te quieren prender por la cuchillada que diste al alguazil.

PERUCHO. ¿Qué prendimiento me quieren poner?, que espada
nunca le eché mano.

SIGERIL. ¿Para qué es nada desso? Pues vi las marauillas que   20
heziste por defendernos.

PERUCHO. Mi persona nada le hizo en justicia. Tú burlas mi
huyr. No le cures cocarme, que no sola ésta deues. Y casti-
gártelo he todo, que a buena fe, padre no le tienes
Roldán, [739] ni parientes Hetor nunca fuiste.   25

SIGERIL. Perucho, no me entiendes, y por esso te enojas por
cada palabra.

PERUCHO. Razón hago si me enojo, que corto palabras siempre
le fue, y más quise ausentar poco que hablar mucho, que
vosotros en Castilla judeguas [740] estáys que seruís esclauo   30
alcaldes, en offrecimientos parolas, y dádiuas hazienda.

SIGERIL. Si quiés que te cuente lo que nos acontesció, calla
y sabráslo.

PERUCHO. Dile todo, acaba.

SIGERIL. El caso fue que Castaño porfiaua en lleuar a la vieja   35
a la cárcel, y a mí por el consiguiente, que ni bastauan
ruegos, ni prometimientos, ni amenazas.

PERUCHO. Tú que amenazas justicia no le creo. Llorar besán-
dole manos bien podrías gritos.

SIGERIL. Escucha, cuerpo de Dios contigo, y sabrás si nos dexó   40
el alguazil passar por mis importunaciones, o por intercessión de otro.

PERUCHO. Pues sueltos venistes, di quanto te quixeres.

14	1539: espiriencia	25	1539: fuyste
15	1539: echo	31	1539: ofrecimientos
22	1539: *second* mi *omitetd*	36	1539: Carcel
24	1539: pedro no tiene	41	1536, 1539: Alguazil

SIGERIL. Ello no es más de que no aprouechando nada lo / que [H 1v]
ha_íamos, su merced porfiaua en cumplir su voluntad, y el 45
vellaco del porquerón la empe_aua a derribar de la mula,
quando estando en esto, passó Martínez, el racionero que
mora junto a la portería de Sant Francisco, [741] y trabajó
tanto con Castaño a que tuuo por bien que sin embara_o
viniéssemos. 50

PERUCHO. Luego luego [742] vencido le vuo en diziendo palabras.

SIGERIL. No lo hizo tan presto el alguazil que primero no
riñese con él Martínez; y como es tan noble persona,
no quiso Castaño perder su amistad, y muy humilmente le
pidió perdón, porque luego no lo auía aceptado y nos dio 55
por libres.

PERUCHO. Buen cuento te le tienes dicho, pues Perucho que
le está oyendo se fue, causa que racionero viesse vosotros,
que yo le dixe todo como dexaua.

SIGERIL. Marauillárame yo si no fueras tú parte en nuestro 60
fauor.

PERUCHO. Del lodo pondráste si no le crees que topé.

SIGERIL. Yo creo ser verdad lo que dizes. Por tanto, entremos
a ver si duerme nuestro amo, que me a preguntado por ti.

PERUCHO. Entra y cátalo, que yo me se aguardar. 65

SIGERIL. Plázeme que rezando está.

PERUCHO. Mira que en tiempo apercibo guardaste desmandar
perjuyzio a mi persona delante señor riendo, que por esta
cruz, si hablare, boca lleua coca. [743]

SIGERIL. Calla ya, que no cumple nada deso entre amigos y 70
hermanos como somos.

PERUCHO. Abierto le as puerta. Espien_a [744] dezirle, que yo
escucho hasta que llamen a mí.

SIGERIL. Buenos días, señor.

FELIDES. ¡O, Sigeril, y cómo te as tardado en venir oy! 75

SIGERIL. Bien me paresce rezar y hazer burla, porque vn día
que ves a hombre que madruga, affréntasle con las mañanas que se le pegan las sáuanas al cuerpo. [745]

52 1536: Alguazil   67 1539: Y mira
62 1539: lo   77 1539: afrentas le
64 1539: auer

FELIDES.   Tal te dé Dios la salud como tú madrugaste, viendo
que a dos horas que salió el sol.   80

SIGERIL.   Agora veo que cocas de hecho, que sabes que no se
encerrará la luna en estas tres horas, y quieres argüir que
a dos que es salido el sol.

FELIDES.   No es possible tal mentira, porque yo te contaré todo
el tiempo desta noche en que se a gastado, y verás clara-   85
mente como nos sobra tiempo, avnque sea de día.

SIGERIL.   Ea, tráçalo, que presto estoy a oýrlo.

FELIDES.   Desta manera lo puedes saber. La madre honrrada
vino aquí a las / onze, y estuuo comigo hasta la vna.   H ij[r]

SIGERIL.   A todo callaré, empero a eso no puedo, porque quan-   90
do la traxe, serían las diez y no estuuo acá media hora por
la priessa que le dauas a que negociasse luego tus secretos.

FELIDES.   Sea ansí, y calla. Dezir te he lo demás. Después de
yda, yo estuue contemplando más de ora y media, y leyendo
casi otras tres, y según se me antoja auré dormido bien   95
otras quatro; ya que rezo tan buen rato, que dos vezes he
contado el relox. De manera que si notas el tiempo que a
passado después que venistes, hallarás ser más tarde de lo
que yo digo.

SIGERIL.   Señor, sea tarde o temprano, que no contradiré lo que   100
dixeres; y si mandas que entre Perucho, llamaréle, que está
el desuenturado en los coredores esperando que le llame.

FELIDES.   Dile luego que parezca a luz, para que nos cuente
sus hazañas.

SIGERIL.   ¡A, Perucho! Ven acá, que te llama mi señor.   105

PERUCHO.   Ya le vo[746] sin detenerme.

FELIDES.   ¿Qué es de ti, borracho? ¿Es buen cobro éste que as
dado de la que te encomendé que traxesses?

PERUCHO.   Poco vino beuido le tengo anoche. ¿Para qué digas
borracho? Y en donayre me lo pasaré, y si encoméndaste   110
no a mí dixiste, mas a secretario Sigeril. Ruego mucho
mal no me culpes por huýda que yo le quiero más guares-
cer en pies que demandar que dexe passarme llorando.

79	1536: dé *omitted*		82	1539: oras
80	1539: oras		86	1539: aun q̄
81	1539: echo		88	1539: honrada

FELIDES. O cómo eres gran borrico, y tú no ves que entre
villanos que no se curan de vergüença ni de honrra vsan   115
de boluer las espaldas por saluar la vida, y que ningún
hidalgo le a de pasar por pensamiento semejante cosa.

PERUCHO. No me le cures cantar quirios, [747] que si hize mal o
miré bien, yo lo supe mi prouecho cumplir.

FELIDES. De arte que dizes que sobre el saluarse no ay ley a   120
que nadie mire.

SIGERIL. Señor, dile lo que quisieres, que más le vale vergüença en cara que manzilla en coraçón. [748]

PERUCHO. Mal contento me hazes contigo estar, Sigeril. Yo te
juro que vergüença que a mí echas, yo te la dé, que acuer-   125
des tu vida toda de Perucho, que a buena fe, muchas juntas
ya deues, y todo lo pagues, que razón me la tengo en dezirte avnque presente mi señor está.

FELIDES. No aya más que burlándolo dezía él, y no tomes enojo, que todos los vizcaýnos soys en estremo súpitos. [749]   130

PERUCHO. Harto antes me tiene siempre enojado, y no es
bueno / dilatarme en hazer la vengança, que quien nunca   [H 2v]
paga, contino deue. [750]

SIGERIL. Señor, suplícote que no hables en ello, que lores a
Dios, también tengo como él vna capa, y vna espada, y bra-   135
ços para hazer lo que pudiere. Pues no so yo tan cordero
que me dexe comer de sus fieros que son de lobo y al fin
serán las obras de gallina. [751]

PERUCHO. Alto, alto, dexa razones y busca armas, que no les
tendrás, y prueua que quiero mi mano en que escarmientes.   140

SIGERIL. No he menester más armas de las que tengo para
contigo, que éstas sobran. Y vamos luego aý fuera, que por
mí no quedará si mi señor nos da licencia.

FELIDES. Yo mando que no aya aquí más desafíos, que no
paráys mientes en que esté hombre delante para deziros   145
descortesías.

PERUCHO. A buena fe, criado tuyo me soy, he obedescer tengo
tu mandado, avnque no le tenía voluntad perdonarle.

130 1536, 1539: Vizcaynos

FELIDES. Ea, tú, Sigeril, sé su amigo y daos las manos sin
más alargar. 150

SIGERIL. Soy contento, y digo que estoy presto a todo lo que
le cumpliere.

PERUCHO. En mí no menos te hallarás.

FELIDES. Perucho, agora he menester que hagas vna diligencia en mi seruicio. 155

PERUCHO. Dozientas presto les pondré en obra si me dizes.

FELIDES. No es otra cosa más de que te allegues a casa de
Celestina a dezirla de mi parte que le ruego yo que no
tarde en yr adónde sabe, porque la estoy esperando; y con
la respuesta que venga acá luego. 160

PERUCHO. Aguárdate que verás si tardo en boluerme.

FELIDES. Ve con Dios. Y tú, Sigeril, salte allá fuera hasta que
te llame.

SIGERIL. En el patio estaré.

¶ Aucto .xxj.

Celestina dize a Elicia que mire quien llama a la puerta, y
ella, como ve que es Perucho, le baxa [a] abrir, con el qual
ríen, escarnesciéndole sobre el caso passado, y Areúsa de sus
amores, en que se detienen vn rato. Y él por se despedir, dize 5
a la vieja a lo que fue su venida, y luego ella como él se va
dexa la casa encargada a Areúsa y a Elicia, y pone por obra
de yr a hablar a Paltrana. E introdúzense: /

　¶ Celestina.　　¶ Elicia.　　¶ Perucho.　　¶ Areúsa.　　H iij[r]

CELESTINA. Elicia, ¿no oyes quién llama? Jesús, y qué dormir, 10
si ay quien la recuerda.[752] Elicia, desuergonçada, ¿por qué
te hazes sorda?

ELICIA. ¿Qué bozes son éstas, tía? ¿Queréys algo?

CELESTINA. Mira la porquezuela, con que se leuanta oyendo
quebrar la puerta a golpes. 15

3　1536, 1539: baxa abrir　　　　4　1539: escarneciendo le

ELICIA. Passo ya. No me deshonrres, que miraré quién es y abrirle, y luego sin tantas negras quistiones.

CELESTINA. ¡Anda! No tardes. Maldita seas. Y échate vna faldilleja encima; no baxes desnuda.

ELICIA. Yo me lo tengo en cargo, que no soy tan dissoluta como me hazes. 20

CELESTINA. No me respondas más, que me pudres. Podrida te veas.

ELICIA. Hártate de gruñir, que jamás comprehenden las maldiciones que hecháys todas vosotras. 25

CELESTINA. Dios me libre de tal vellaca, si puedo con ella, que dexe de hablar entre dientes.

ELICIA. ¿Quién está aý?

PERUCHO. Yo me estoy, que vengo a mensages apressurados.

ELICIA. Pues aguarda, que ya voy a abrirte. 30

PERUCHO. ¡O, Elicia, mi señora! ¿Cómo te va en vuestra salud?

ELICIA. Bien, a Dios gracias, y a tu seruicio.

PERUCHO. Hermosaça [753] estás, mas no antojas mercedes hazer a mí.

ELICIA. Ansí Dios te guarde, que subas presto. No piense mi 35
tía alguna malicia como la noche passada.

CELESTINA. ¿No acabáys vosotros de subir? Sea esto, Elicia, como lo que sueles.

ELICIA. Gran desdicha es la mía, que no me darás lugar a que cierre. ¿Tengo de dexar la casa abierta? 40

PERUCHO. Terrible [754] condiciones se tiene la vieja por celos guardar.

ELICIA. No lo puedes creer lo que haze, que aýn poco es lo que dize.

CELESTINA. ¿A dama esperáys que abaxe yo por vos? 45

PERUCHO. Ya nos estamos acá que as en tanto reñir.

CELESTINA. ¿Es possible que eres tú el que vienes?

PERUCHO. Grandes espanto por cierto te quieres tener en mirarme, pues no te santiguas, que le so Perucho, y otra noche vine en mula. Ya sabes. 50

CELESTINA. Lo que sé es que yo jurara que estauas diez

22 1539: más *omitted;* pudrees   49 1539: se

leguas de aquí, según el passo que lleuauas quando nos
topó el alguzil. [755]

PERUCHO.   No te empieces tus co/sas, que bien las conozco.

CELESTINA.   Conosce lo que quisieres, que yo conoscí lo que   55
heziste, y por más claro, lo que huiste.

ELICIA.   ¿Cómo, señora? ¿Estás burlando, o affréntasle de veras?

CELESTINA.   Pregúntaselo a su merced, que no negará la verdad, y si la contradixere, aquí estoy yo que no lo consentiré.

PERUCHO.   Si corrí mucho, no pienses que corro por esso, ni   60
anque burles harto, que fidalgoa [756] me soy. Y no le viste
Perucho ladrón hurtar, ni traydor ser.

ELICIA.   Aýn no te contentas, que en las primeras palabras te
llamen couarde.

PERUCHO.   Déxate desso, que la couardía yo me tomé, y nadie   65
me hizo que hiziesse, y quiças fue por aprenderme a ligero
andar, que harto tenía nadie alcançarme estonces.

ELICIA.   Por mi vida, Perucho, que avnque nos hazes reýr, que
a ti pones del lodo; y en demás, siendo enamorado, no paresce bien que digas tales palabras.   70

CELESTINA.   ¿Y de quién se enamoró el borrico?

ELICIA.   De vna señora que bien conosces.

CELESTINA.   ¿Es de ti, por dicha?

ELICIA.   No, a buena fe, que ante mis ojos escojó como
enperas. [757]   75

PERUCHO.   No le hables cosa escusada, que antes me querría
tu cuerpo que le dixera a otra que mayor es, y tú más mo-
cica le estás, que cierto, fruta nueua mejor sabe que la que
días se vende.

CELESTINA.   ¿De manera que das a entender que es Areúsa, y   80
que esta otra es más mochacha [758] y la tomarías de mejor gana?

ELICIA.   De ser Areúsa no dubdes, que yo estaua presente
a los requiebros. Empero, a quál tiene más afficción no
me entremeto.   85

55	1539: Conoce; conoci	71	1539: borico
56	1539: heciste; huyste	72	1539: conoces
61	1539: avn q̃	75	1539: emperas
67	1539: acançarme	83	1539: dudes

CELESTINA. Sea a quien fuere, sepamos de la bestia cómo defenderá a vosotras que venistes ayer al mundo, [759] pues no tuuo saber para librar a vna muger de días como es Celestina.

PERUCHO. Tú de años muchos estás, que no días. E si moça 90
fueras, al campo fuera yo vencedor, por lleuar fama en la empreso; [760] mas de viejas tan vieja no me curo, que forçar no la aurán al camino.

CELESTINA. ¡Ay, dolor de mí, porque me tengas en possessión [761] de muy vieja! Pues por los huessos de mi padre, [762]   95
que conozco yo en el pueblo biuda que se quiere desposar, y el vulgo la tiene por más moça, y me lleua nueue años con ocho y medio; que si en la vista parezco muy anciana, las canas me vienen de linage, y la vejez de enfermeda/des. H iiij[r]

PERUCHO. Ya entiendo todo. No más le digas que yo seruiré 100
a quien seruir le tengo.

CELESTINA. Elicia, di [a] Areúsa que se leuante y salga acá. Veamos los seruicios que le hará aquí el señor Perucho, que todos los de su tierra son francos. [763]

AREUSA. Esso de leuantar muchas vezes, como si durmiera yo. 105
De verdad te digo que desde que a Elicia llamaste, no he pegado ojo, sino escuchar aquí de fuera, porque ella me dexó descubierta; y más estando en casa mis amores, no era causa para que yo durmiesse.

PERUCHO. En cierto me quisiera entrar a cubijarte, [764] mas no 110
le sabía que estauas en el cama echada.

[AREUSA]. [765] Veréys si son de echo las fiestas. Avnque aya celos, mi Perucho es como vn pino de oro. [766] Dios me le guarde.

PERUCHO. Adrede paresce que me lo dizes por cumplimiento. 115

AREUSA. No digo ansí te logres, sino que te quiero como a mi vida; mas as de ser discreto de aquí adelante.

CELESTINA. O qué buen dissimular, quebrarle los ojos y vntarle el caxco. [767]

AREUSA. Decláranos essa retórica, que no la entiendo. 120

---

91 1539: vencedor yo   112 1536: (Ce.); 1539: (C.); aun q̃
102 1536, 1539: di Areusa   115 1539: parece

CELESTINA. No ay qué te declarar más que le halagas con dezir que le amas mucho, y juntamente motéjasle de asno.

ELICIA. ¿Para qué acreminas [768] dessa arte lo que dixo Areúsa?, que no lo diría porque le quiere mal, sino por auisarle.

PERUCHO. Dígale porque quixere que yo no me peno. 125

AREUSA. ¿Veys quán firme está en amarme el mi coraçón, y pensáys que es fingido lo que dize con lo que por mí suffrirá?

PERUCHO. Poco le piensas que más te hará que le quieras.

ELICIA. Por mi salud, más negra es ésta, que como él piensa, 130 muchos cauallos y mulas de su amo dize que a rratos te ayudará que tú piensas también, avnque pocos.

CELESTINA. Hermano Perucho, en mi conciencia, mal emplea- da está la cuytada de Areúsa, hablándote la verdad, pues se empleó en vn gentilhombre que no alcança su dicha a 135 que sea moço despuelas.

AREUSA. Señora tía, no me le injuries, que se enojará; que si él rescibe pena, no puedo yo tener plazer, y al fin su dis- posición y gentileza meresce quanto por él yo haga.

CELESTINA. Tal fue mi ventura qual él tiene la vista y vestido. 140

ELICIA. Déxalos agora con su lazeria, que quien sea, a dama hermosa le paresce.

PERUCHO. Linda dama / hallo, otro fea le tiene. A mí no [H 4v] le digas palabras dañosas que no agradan, y heme la abraço bien en plazeres. 145

AREUSA. Xo [769] nuestro burro, si se atreue, apártate allá, que basta que hables de boca y las manos estén quedas.

PERUCHO. No lo creo de que te ensañas. Toma. Sacaré de bolsa que traygas chapines.

CELESTINA. Mira si te da algún dinero, que yo apostaré que 150 sea todo ayre, porque todos los vizcaýnos son manda po- tros y da pocos. [770]

121 1539: te *omitted*
128 1539: sufrira
131 1536: Cauallos
132 1539: aun que
137 1539: lo
138 1539: recibe

138-139 1539: dispusicion
141 1539: hagora
142 1539: parece
145 1536, 1539: emplazeres
146 1536: ella

AREUSA. Dale sossiego a que cuente las monedas que trae, que no las quiere para otra sino para mí.

PERUCHO. En cierto estás, mas voluntad le toma si obra no   155
cumple, y vesle aý: quatro reales y siete marauedís también que me truxe con juegos ganados.

AREUSA. Yo te lo agradezco, y porque no digas que soy mal criada, lo tomo; empero, satisfazerlo he a tu contento.

PERUCHO. Esso me haze descanso esperar. Y luego, besar vn   160
vez querría si le mandas.

AREUSA. Sí, que no a de ser en buen hora con testigos nuestros negocios. Mañana, Dios quiriendo,[771] ven acá, que estaré sola y tendré lugar a arreuerte.[772] No digo a tan poco, mas a que hagas lo que falta. Ya me entiendes.   165

PERUCHO. En merced auré lo que prometes a después.

ELICIA. Madre, pregúntale aquel asno a qué vino, que en todo el día concluyrá su plática con Areúsa, y ella, como tiene cogida la hebra no sabe como le despedir.

CELESTINA. Bien será que oluidado se le deue de auer.   170

ELICIA. Ansí Dios te sane que le despidas muy breue, que todas tenemos desde que se assentó dolor de cabeça en oýr su lengua destropajo, y más en oler aquel tufo de vino que por la boca le sale.

CELESTINA. A de ser esta amistad que cobraste con Areúsa   175
para que no tengas memoria de dezir lo que tu amo Felides te mandó que me dixesses.

PERUCHO. Concertado he ya con mi señora Areúsa.

ELICIA. Notas aquella palabra, que sustancial es.

CELESTINA. Bien la entiendo. Nunca ellos medren.   180

AREUSA. ¡O cómo entrambos [tres] oýs lo que se os antoja! Dixo esotro peccador que me auía ya hablado, y glosáys al reués. A osadas, que no sin causa dizen, No auría palabra mal dicha si no fuesse retrayda.[773]

CELESTINA. Sea lo que fuere y diga lo que dixere, y acabe-   185
mos de atajar/le, pues no se le entiende más. E dirá lo que   H v[r]

156	1539: vesla	175	1539: cobrasse
162	1539: buena	181	1536, 1539: tras
164	1539: a *omitted*	182	1539: pecador
173	1539: de estropajo		

a mí cumple, que si la triste de Celestina comiese lo que vosotras borracheáys quando yo salgo de casa, trayría otras colores en el rostro de las que traygo, mas veo que el harto del ayuno no tiene cuydado ninguno. [774]

190

ELICIA. Dessa manera tú te contradizes, que si ansí lo hiziéssemos, daríamos priessa en que él acabase y tú te fuesses.

CELESTINA. No me respondas, putilla, que por mí an passado essas dissimulaciones, y a quien cueze y amassa no le hurtes hogaça. [775]

195

AREUSA. Espantada estoy, tía, de tu saber ponerle con el poco seso de Elicia, para que este vizcaýno no tenga qué contar y reýr por las plaças, quanto más que me dizes tú a mí que en el callar se conosce el sabio, [776] y que quien calló venció, [777] y otros consejos que tú auías de vsar, pues los das a otro.

200

CELESTINA. ¿Nunca viste vn gran predicador hazer marauillosos sermones al pueblo y ser él en sus obras malo?

AREUSA. Hartos ay en el mundo dessos, empero no as de mirar sino a los buenos. Y al presente no se hable más en esta materia, porque concluya Perucho su razonamiento.

205

CELESTINA. Que me plaze de escuchar.

PERUCHO. No le digo ni me vengo a más de rogarte Felides no engorres [778] andar donde sabes, que en casa espera que vayas allá, y detenido me aquí y boluer seré presto que le prometí no tardar.

210

CELESTINA. Razón será que no caygas en falta, que te estará Felides esperando; y dile como quedaua cubriéndome el manto para yr.

215

PERUCHO. Bien le contaré todo, y quédate en buen hora las dos que Areúsa dentro en mí lleuo.

CELESTINA. Con Dios vaya, que ella lo conosce de ti.

AREUSA. No me oluides, que no estás engañado.

---

187 1539: comiesse
195 1539: dessimulaciones; amassa
198 1539: saber de
200 1539: conoce
208 1536: descuchar

210 1539: engores
211 1539: aqui a boluer
218 1539: conoce
219 1539: holuides

PERUCHO. En cargo me lo auré. 220

CELESTINA. Yo voy luego a hablar a Paltrana. Hazé de las vuestras que solas quedáys, y si a la vna no fuere venida, comé, que podrá ser que no venga hasta la noche.

AREUSA. Avnque tienes poca confiança de nosotras, ninguna trauessura nos as visto hazer quando vas fuera. 225

CELESTINA. No estando yo en casa, mal puedo ver lo que hazéys.

AREUSA. Por tanto es peor que lo ves mal, y lo riñes bien, porque otros te digan lo que se les antoja.

CELESTINA. Sed virtuosas y haréys / callar a todos, que qual 230
te dizen, tal coraçón te hazen, [779] y quedá en paz hasta [H 5v]
la buelta.

AREUSA. Con ella vayas.

ELICIA. Hermana Areúsa, ¿qué te paresce qué dominio tiene sobre nosotras? 235

AREUSA. Maldita la pena tengo por quanto parla, [780] que por vn oýdo me entra y por otro me sale. [781]

ELICIA. Yo me fatigo mucho, por cierto, sino que me vaño en agua rosada [782] quando está con mayor enojo; y como toda su hazienda sea baladrear, no me doy vna haua, [783] porque 240
ladre el perro y no me muerda es vulgarmente el refrán. [784]
Y entre estas y estotras, si quieres, juguemos a los naypes vna caxa de diacitrón, [785] que conforta el cuerpo.

AREUSA. Por mí no quedará, que aquí tengo los dineros que me dio el borrico, que no me daré vn quarto por perderlos 245
o ganarlos. Empero, juguemos tres o quatro libras de to-cino, que es para merendar de menos costa y más pro-uecho.

ELICIA. Por mi vida, que a de ser lo que dixe, siquiera com-premos vn día colación de caualleros, avnque no tengamos 250
renta de señoras.

AREUSA. Sea ansí, que yo te prometo de te embidar [786] vna tarja [787] y otra.

---

221 1536: habar   245 1539: por *omitted*
224 1539: Aun que

ELICIA. Salgámonos agora aý fuera, que en viendo que estará
con Felides, enpeçaremos.   255
AREUSA. Soy contenta.

¶ AUCTO .xxij.

Poncia estando a la ventana, vee a Celestina venir coxean-
do, la qual le pregunta por Paltrana y la ruega que le haga
saber como está allí que viene a pedir vnos vntos para curar
su pierna. Y Poncia lo dize a Paltrana, y la manda entrar, en   5
conclusión que después que la buena vieja la cuenta sus duelos, declárala por cifras lo que Felides le encomendó acerca
de los casamientos de Polandria. Y oye la respuesta muy fuera de su propósito, y ansí se despide. Y Poncia se entra a dezir
a su señora lo que a oýdo. E introdúzense: 10

¶ Poncia.   ¶ Celestina.   ¶ Paltrana. /

PONCIA. Válasme Dios, y cómo me paresce aquella vieja en   [H 6r]
los rabos ⁷⁸⁸ y las cuentas ⁷⁸⁹ a Celestina. Y aýn lo affirmo,
porque en el coxear demuestra la herida que tiene. Ella
es, sin duda, que ya la he conoscido en acercarse.   15
CELESTINA. Dios sea contigo, hija Poncia. ¿Qué hazes de mañana a la ventana?
PONCIA. ¿Marauíllaste desto? Por mi salud, más me marauillo
yo de ti querer contrahazer a Traso el coxo ⁷⁹⁰ en el andar.
CELESTINA. ¡Ay, dolor de mí! ¿Cómo te lo ríes? ¿No sabes   20
que mis pecados fueron causa que Pandulfo y Rodancho
injustamente me hiriessen sin merescello?
PONCIA. Muy bien sabemos acá como fue, y nos a pesado por
tu desdicha. Empero, no dexaré de te lo dezir, que tenemos
aueriguado que ser los hombres trauiessos en la mocedad,   25
vienen a ser enfermos en la vejez. ⁷⁹¹ Y esto ya me entiendes que lo digo, porque si agora estauas ynocente de la
pena, de antes serías deudora de la culpa.

12 1539: parece   22 1539: merecello
13 1539: afirmo   25 1539: moceda
15 1539: dnbda; conocido   27 1539: inocente

CELESTINA. Essa cuenta a Dios del cielo que la sabe la tengo
de dar, que él es juez que rectamente juzga a cada vno, y   30
y le da el galardón según las obras a hecho.

PONCIA. No te la pido, por cierto, ni te lo dixe porque llorases.
Mas yo cumplo con dezírtelo por el desseo que tenemos en
esta casa de tu bien; e si te enojares comigo, dos trabajos
tendrás, que quien bien te quisiere te hará llorar, y quien   35
mal te hará reýr. [792]

CELESTINA. No cures para comigo dessos refranes, que muy
hollados los traygo días a; sino por caridad, que digas a la
señora Paltrana que está aquí la sinventura de Celestina
que la viene a suplicar por ciertas cosas para vnos vn-   40
güentos.

PONCIA. En buena fe, de buena gana cumpla yo esto, y aýn
por señas que acaban de venir en este punto ella y mi señora Polandria de misa.

CELESTINA. ¡Jesús, y cómo madrugaron tanto!   45

PONCIA. Fueron arebueltas con vnos sombreros a la missa
del alua.

CELESTINA. Mi amor, ansí gozes de esos cabellos que no tardes, [793] que muero desta llaga.

PONCIA. Luego salgo.   50

CELESTINA. Para mi postrería, que no ay mejor cosa que ganar
hombre la voluntad de los criados si a de negociar con el
amo, porque está en manos dellas dezir que duerme, o escriue, o está alguno en la sala, o tiene alguna occupación /
de modo que no pueden hablarle, y con dezir vno por   55
otro, le despiden o le meten. Dígolo al tanto, que estando   [H 6v]
bien con Poncia, que es como secretaria, vrdiré a mi saluo
las madexas [794] con Paltrana, y por el consiguiente con Felides si no soy desgraciada para sus criados.

PONCIA. Señora, aquí está en el patio Celestina, aquella vieja   60
que solía venir acá.

PALTRANA. ¿Y qué quiere? ¿No dezían que la auía muerto

30 1539: rectamente
31 1539: echo
39 1539: sinuentura

44 1539: missa
48 1539: ansi; dessos
60 1539: en el patio esta

Pandulfo? ¿Si [795] a resuscitado otra vez como quando murió a manos de Sempronio y Pármeno? [796]

PONCIA. No la mató, mas ella viene qual nunca nadie venga. 65

PALTRANA. Dila que entre, que por amor de Dios, somos obligados a hazer mucho, y yo la mandaré dar lo que pidiere, si lo ay en casa.

PONCIA. Pienso que no te viene a demandar sino para vnas vnturas, no sé qué cosas, según me dixo. 70

PALTRANA. Llámala, acaba.

PONCIA. Madre honrrada, entra acá, que mi señora Paltrana lo dize.

CELESTINA. Buen gozo vea de ti quien bien te quiere, porque tan presto se lo dixiste; y dime, mi amor, ¿qué haze su 75 merced?

PONCIA. Sola está. No te detengas, que manda que entres luego.

CELESTINA. Que me plaze; y ansí te logres que me des la mano hasta entrar en la sala. 80

PONCIA. Esso es lo de menos que yo haré.

CELESTINA. Tal marido te dé Dios como tú lo hazes comigo, que no puede ser sino muy bueno.

PONCIA. Señora, ves aquí traygo a la pecadora vieja, que es conpassión mirarla. 85

PALTRANA. ¿Qué desuentura fue ésta, cuytada de ti, que ansí te pararon?

CELESTINA. Si no lo supiesses, contártelo ýa; empero, como a todos sea notorio quan aleuosamente me hirió Pandulfo, noble gente.

PALTRANA. ¿Ansiada [797] fue tu vida? ¿Estuuiéraste en la cama? no alargo más de venir a encomendarme a Dios y a la 90 Que no faltará quien lo pidiera en tu nombre, porque ya sabes que el braço en el pecho, y la pierna en el lecho. [798] 95

CELESTINA. ¡Ay, dolor de Celestina, y cómo dizes bien! Si al-

---

63 1539: resucitado
70 1539: cosa

72 1539: honrada
74 1539: goze

guno me fauoresciesse en pedirlo; mas donde fuerça viene, derecho se pierde. [799]

PALTRANA. No llores ni te afflijas tanto, que todo se remediará. 100

CELESTINA. Señora, señora, y cómo lo dizes tan disimuladamente. En mi conciencia, que si te informase de dos males / terribles que me atormentan, mas te dolieses de affli- [H 7r]
gido biuir.

PALTRANA. No seas perezosa en dezirlo, que yo pondré dili- 105
gencia en que se prouea.

CELESTINA. La vna es la salud de mi cuerpo, que a dezisiete [800] años que no me acuerdo vn mes solo passarme sin
estar con diuersas enfermedades. Y la otra es la libertad de
mis miembros, que me a faltado después que ansí me tra- 110
taron, que ni me abastan muletas, ni ayuda de vezinos y
amigos para poder visitar a quien bien me haze, o querría
hazer. Y éstas me parescen que son causas para que haga
sentimiento dellas, porque bien puedes conjecturar qué
uale el que no tiene salud, y qué puede el que no tiene 115
libertad. Y acerca desto me acuerdo oýr que dize Platón que
entre todos los bienes temporales no ay mayor ni aýn otra
ygual felicidad como es la riqueza de la salud; [801] porque
el hombre que de enfermedad es perseguido, ni con las riquezas tiene contentamiento, ni en los deleytes toma gusto. 120

PALTRANA. Lores a Dios as de dar por todo, que El tiene poder
para darte el descanso; pues para esso no aprouechan los
thesoros del mundo.

CELESTINA. A la verdad también es parte mi negra pobreza
para multiplicarme las dolencias. 125

PALTRANA. Otras mayores ay en el pueblo. Yo te certifico que
como no tengas deuda, no es muy grande.

CELESTINA. ¡Ay, mala suerte me vino! ¿Y qué es lo que llamo
yo estar pobre sino lo que deuo? Que no tengo cosa hasta
vna escudilla, [802] que no pienso que otro es señor della; y 130

99 1539: aflijas
101-102 1539: dissimuladamente
103-104 1539: doliesses; afligido
105-106 1539: deligencia
115 1539: vale
119 1539: persiguido

aquél tiene verdadera riqueza que no deue nada a nadie. [803]

PALTRANA.   Todo se remediará como pudiéremos. No tengas
pena, y di si as menester algunas medicinas para tu pierna,
porque lleuarás vna cédula a mi boticario, con que dé muy   135
cumplidamente todo lo que te ordenaren.

CELESTINA.   Dios te pague lo que te deuo, que mis seruicios
no serán sufficientes. Y si quiés saber a qué fue mi venida, no es a más como dixe a Poncia, sino a enojarte en que
mandes buscar al cozinero algunas enxundias [804] para vna   140
mistión [805] que tengo de hazer para ablandar y estender los
nieruos. [806] Y suplícote, por amor de Dios, me perdones
tanto por lo que te inportuno como por el fastidio que te
he dado con mi plática tan prolixa.

PALTRANA.   Sepamos qué vntos son, que dársete an los que   145
vuiere.

CELESTINA.   Se/ñora, pues eres contenta que lo diga, ellos   [H 7v]
son enxundias de gallina y capón, y ánade, [807] y ansa-
rón, [808] vnto de tasugo, [809] y de cauallo, [810] y de culebra, [811]
y de bíuora, buche de garça, [812] vnto de conejos, [813] y al-   150
gunas cañas de vaca. [814] Estos me harás merced si possible
fuere que me busque vn criado de casa.

PALTRANA.   Jesús, ¿y qué çurujano [815] ordenó recepta tan
larga?

CELESTINA.   Ansí me vea yo sana, como la que los pide los   155
halló prouechosos algún tiempo, porque no ay mejor çurujano que el bien acuchillado. [816]

PALTRANA.   ¿En tu ánima, fáltate más de buscar para que
hagas essa medicina?

CELESTINA.   De poquilla es lo que falta, sino que tengo de   160
buscar por toda esta tierra y sus rededores hasta media
onça de vnto de hombre. [817] Y maté ayer vn gato [618] que
conciencia se me hizo por auer seys años que le criaua;
mas aurías plazer si viesses el vnto que tenía. Y de la bo-
tica trayré azeyte de vayas y de eneldo, [819] y de almen-   165
dras, [820] y dialtea, [821] y vngüento marciatón, [822] y otros pol-

uos que le he de mezclar de muchas cosas. Y ansí mismo
he de hazer para lauarla primero a manera de baño vn cozimiento de vna cabeça de carnero negra, [823] con vna mul-
titud de yeruas que tengo yo secas todo el año en mi casa,   170
las quales cojo cada mañana de Sanct Juan. [824]

PALTRANA. Ora yo tendré cargo de hazerte aparejar essos que
as dicho, pues tanto cumplen a tu salud; y mira si quiés
comer acá, si no ora es que te vayas, que yo te embiaré
guysado.   175

CELESTINA. Nuestro señor prospere tu vida, ansí consuelas
mi tristeza, que no he necessidad al presente de otra cosa,
avnque no se me acordaua de dezirte vn poquillo si mandas
a Poncia que dexe de labrar y se salga afuera.

PALTRANA. Oyes, guarda essa almohadilla y ve a mirar si ade-   180
recan de comer, y hasta que te llame no entres.

PONCIA. Ya voy, señora.

PALTRANA. No quede por la rapaça, que ya es yda.

PONCIA. Ansí me ayude Dios, que tengo de escuchar aquí a
la vieja lo que dize.   185

CELESTINA. Por la tierra que me a de comer, que en el camino he pensado esto que oyrás, y es que de dos o tres días
acá he oýdo o no sé qué personas como a Felides, cauallero
muy generoso que bien conosces, tratan casamiento con vna
señora ansí de gran renta como / de sublimado linage,   190
natural del reyno de Aragón, y agora andan en los nego-   [H 8r]
cios, y como las mercedes que yo de tu casa rescibo sean
inumerables, y los seruicios de mi pobre persona sean pocos,
acordé hazerte saber esta nueua, creyendo que te comouerá
a pensar si cuadra para la señora Polandria, que por cierto   195
no osara yo mentarlo, si avnque es más merecedora ella de
vn príncipe. No meresciera yo el ser dino de todo estado
por grande que sea, y no lo digo por alabarle, que en mi
vida le hablé, sino que a muchos he oýdo dezir que no
le hallan vicio ninguno, que quien con él contrata me a   200

---

169 1536, 1539: Carnero   190 1539: assi
171 1539: san   197 1539: mereciera
175 1539: guisado   200-201 1539: contratar me afirmo;
189 1539: conoces   crecida

affirmado ser de crescida bondad. Los que le acompañan
me juran ser de estremada conuersación. Sus vezinos y deu-
dores publican su franqueza y liberalidad. En el pueblo,
grandes y chicos cuentan y no acaban el pan que coge, el
vino que encierra, el ganado que sostiene, el azeyte que   205
haze, la miel que vende, las casas que alquila, las viñas
que arrienda, la casa que trae. Finalmente, en todas estas
tierras saben la tierra que manda, y no ay rincón en Castilla
do no sea notoria la generación do ⁸²⁵ desciende. Y no
pienses que él entiende en nada desto, sino los mayordo-   210
mos y hazedores y recaudadores que pone de su mano. Ansí
que esto te he dicho para que tú me digas tu parescer, y
veas como las mugeres generosas y virtuosas por dos cosas
an de ser casadas: la vna porque el señor les dé hijos de
bendición en quien dexen su hazienda y memoria; la otra   215
para que con sus maridos biuan acompañadas y honrradas
cada vna en su casa. Y concluyo en rogar a mi Dios lo haga
si ve que le pueden seruir con este sancto matrimonio.

PALTRANA. Muy larga ha sido tu plática, y hágote saber que
ella fuera corta en comparación de la que se te auía de   220
responder si por obra se vuiera de prouar a hablarlo. Empero, breuemente te digo que te agradezco el cuydado,
y te ruego sea ésta la primera y postrera vez que me lo
digas, porque bien puede creer que es cierto que ningún
sabio puede ser conoscido sino de otro sabio, ⁸²⁶ ansí que   225
las virtudes de vn hombre no serán conoscidas sino por
hombre, y las tachas de la muger por otra semejante. Y
pongo caso que ay tantas noblezas en esse cauallero, algunas / faltas tendrá ocultas que no conosces ni piensas, [H 8v]
las quales podrían causar tanto daño como esotras proue-   230
cho. E yo como soy muger conozco los hierros en que mi
hija puede tropeçar, y no porque aprueuo que cayga en
ellos, mas por la mayor parte las mugeres tenemos vnos

205 1539: aziyte   225 1539: conocido
215 1539: a quien   226 1539: conocidas
219 1539: a sido   228 1539: Cauallero
220 1539: 10   229 1539: conoces
224 1539: puedes

estremos, que con poco fauor crescemos en mucha soberuia, y por poco disfauor cobramos gran enemistad, que   235
aueriguado es que todas querríamos mandar y no ser mandadas; todas desseamos ser libres y que todos fuessen nuestros cautiuos; todas morimos por regir, mas no queremos
ser regidas. Finalmente, tengo por aueriguado que a de ser
sapientísimo el que supiere conoscer la propriedad de otro;   240
porque como dizen los sabios, en vna cosa sola an de ser
los hombres perezosos, y es en eligir al amigo. Y en esto
puedes pensar quanto la razón constriñe a la muger en
que se remire antes que diga el sí a tomar marido, porque
él ha de ser tan sufficiente a recebir el buen seruicio con   245
plazer, como a callar lo que viere mal hecho con dissimulación.

CELESTINA. Muy bien dizes en todo, y quanto a lo de los
desmanes que hazemos, muy pocas vezes las nobles y generosas los piensan ni saben sino vsar de virtud. Quanto al 250
conoscer primero la manera y condición dél, ya te he dicho
lo que todos dizen; empero, si quieres escodriñar los secretos y pensamientos ocultos que tienen, es impossible que
lo alcances, porque a Dios que es el immenso secreto es
dado a saber, y si esto las gentes se pusiessen a mirar, no se   255
casaría persona, y sería causa que ni se aumentasse el
mundo, ni se criassen generaciones. Y en fin, el marido
tiene fe, y por malo que sea, no puede hazer menos, sino
que si vn día riñen, otro tienen paz, pues que si le nasce
vn hijo, yo le digo que es incomparable el amor que a la   260
madre muestra porque le parió; que lo que los padres aman
a los hijos, no me atreuo a compararlo, mas de que me sigo
por vn prouerbio que los antiguos tenían, el qual hallo
muy aprouado, que dezían que de los olores el pan, y de
los sabores la sal, y del amor el hijo. [827] Y por no te dar   265
más fastidio, cesso, porque los pages traen ya la comida, y

240	1539: sapientissimo; conocer		256	1539: aumentase
242	1539: *first* y *omitted;* elegir		257	1539: criasse
246	1539: plazer y callar; echo		259	1539: riñere; tiene
250	1539: a		263	1539: proueruio
252	1539: escudriñar		266	1539: pajes

pues tienes entendimien/to para conoscer lo bueno y euitar   I [1r]
lo malo, tú pensarás lo que más cumple a tu honrra y ensalçamiento de estado, y me darás la respuesta quando
mandares, porque holgaría de todo tu plazer.   270

PALTRANA. Vaya Dios contigo, que no te responderé más de
lo que as oýdo, ni quiero que en mi presencia lo tornes a
dezir, ni en mi ausencia lo emmientes, [828] que auré enojo
dello.

CELESTINA. Sea ansí, que no haré más de lo que tú eres seruida.   275

PONCIA. Yo entro luego a dar las nueuas a mi señora Polandria
de todo lo que he escuchado, que a buena fe, si yo voy triste, ella no esté muy alegre viendo quán desconcertado está.

¶ Auto .xxiij.

Polandria llama a Poncia y la pregunta si a oýdo las pláticas que passaron entre Celestina y su señora Paltrana, la
qual como le dize la summa de todo, Polandria la manda que
dé vna carta a la vieja para Felides, si no es yda. Y ella la haze   5
entrar en el aposento de su señora, y dássela Polandria mesma.
E introdúzense:

¶ Polandria.   ¶ Poncia.   ¶ Celestina.

POLANDRIA. O cómo tengo crescida pena, hasta saber qué conciertos eran los que Celestina hazía con mi señora madre   10
Paltrana. El coraçón tengo soleuantado con pensar no fuesse lo que hablauan tocante a Felides, mis entrañas. [829] A
Poncia quiero llamar, porque a rato que no está aquí, que
por dicha ella aurá oýdo algo. ¡Poncia! ¡A, Poncia!

PONCIA. De verdad, señora, ya me venía sin que tú me llamaras.   15

POLANDRIA. Bien se paresce por la obra en ver quán ligera-
mente respondiste a la primera boz, sino que tienes por

278 1539: no queda

---

1 1539: Aucto   13 1539: ha
3 1539: señora Polandria   15 1539: llamases
6 1539: apossento

costumbre de no responder hasta que te llamen dos o
tres vezes.

PONCIA. / Pluguiera a Dios, señora, que mi descuydo lo cau- 20
sara y no mi cuydado. [I 1v]

POLANDRIA. ¿Qué es lo que dizes, Poncia?, que me paresce
que estás triste.

PONCIA. No estoy tanto quanto la tristeza da causa que estuuiesse; y es porque si mi sentimiento se sintiesse, más 25
sentiría. 830

POLANDRIA. Dime muy breue lo que sientes, y lo que se auía
de sentir, que me turbas en gran manera.

PONCIA. Poco es lo que te puedes turbar ymaginándolo, en
comparación de lo que te turbarás quando lo sepas. 30

POLANDRIA. Por la passión de Dios, que me digas si es alguna
ynouación la que sabes, por la qual nos pueda venir daño,
o si as entendido si entiende mi señora Paltrana en lo que
andamos, porque se a detenido tres horas con Celestina en
diuersas razones, y muero por saberlas. 35

PONCIA. No quiero alargar en mi plática, pues fuiste diligente
en tu obra; y hágote saber que la cosa pensada jamás es
errada, 831 que para dezirte lo que sé, y lo que passa,
es para mí tan pesado de tenerlo que la lengua no me dexa
callar, mi coraçón no lo suffre, ni la razón permite que 40
tarde en declarártelo; que yo te juro, avnque desimules
mucho, tu pena futura me da tanta pena al presente, que
la sangre se yela, los neruios se me secan, los poros se me
abren, el ánima se me arranca, mi espíritu se desmaya, y
la causa desto tú la causaste en seguir antes tu apetito que 45
tomar mis consejos, pues por el deleyte de vna hora te es
lícito padescer tormento cien años si tantos viuieres. Por
remediar al doliente quedaste sin remedio de salud. Por aliuiar su cuydado cargaste sobre ti los pensamientos. Por
darle vida quesiste 832 ser la vencida. Finalmente, por darle 50
vida pusiste en peligro tu fama; que te hago cierta que
están tan inciertos vuestros casamientos quan cierto tu daño,

20   1539: descuido
36   1539: quiro a alargar
43   1539: ñeruios
47   1539: viuires

que Celestina no vino a más de negociarlo e hizo aquella
dissimulación de pedir emxundias, como dicen, en achaque
de lana está etc. [833] Y a los principios y al cabo respondió   55
tan fuera de propósito, quan dentro tú estás.

POLANDRIA. Mucho as hablado, y mucho más he yo callado
hasta ver en lo que parauas, porque he tenido por mejor
escucharte rescibiendo enojo, que atajar tu plá/tica, y que-   I ij[r]
dar con dubda del fin. Mas ya que has concluýdo de dezir   60
lo que querías, yo te quiero responder lo que me paresce
a lo que dizes, que fue diligente en hazer lo que mucho
auía de pensar. Yo te concedo que todas las cosas muy
miradas traen fructo de más prouecho que las que se hazen
de repente. Empero, quando ay dos estremos, siempre el   65
mayor, o digo, el más oculto en casos semejantes se ha de
eligir; y al propósito que lo digo, bien creo que me entiendes, porque si no le concedía sus esclamaciones, él moría
en la congoxa, y yo no tenía reposo por su dessosiego, que
de día con sospiros y de noche con passeos, no podía ha-   70
zerlo tan encubiertamente que avnque la boca no hablasse,
el coraçón no descubriesse; porque si passaua alguno del
pueblo y le topaua a horas extraordinarias vna noche y otra
noche y tercera noche, avnque no le viessen cantar, avnque
no le viessen tañer, avnque no le viessen sospirar, avnque no   75
le viessen hablar, ni hazer señas, ni estar parado, ni passar
de priessa, ni poner escalas, ni hazer agujeros metiendo
puñales, ni midiendo paredes, ni otros auctos y meneos
que de amadores son lícitos hazer, créeme, que en solamente verle por nuestra puerta quien entendimiento tu-   80
uiesse, entendería a lo que andaua, que harto ciego es el
que no vee por tela de cedaço. [834] Pues querer yo mandarle que haga de arte que no passe por aquí es hazer de lo
impossible possible; y más quise errar y dar causa que

59	1539: recibiendo		74	1539: aun que
60	1539: duda; as		76	1539: señales
62	1539: deligente		82	1539: ve
67	1539: elegir		83	1539: harte
69	1539: dessasosiego		84	1539: posible
73	1539: oras estraordinarias			

nadie tenga qué dezir, y hazerme sorda, dando causa a 85
que juzguen do no ay qué juzgar, que el día de oy más
crédito dan a la murmuración del mundo que a la justa
verdad del justo, que en fin se dize que más veen quatro
ojos que dos.[835] ¿Dízesme más después de otros rodeos
con que finges la passión que passas y la turbación que 90
tienes, o imitas a la poca que me hallas? Que Paltrana mi
señora respondió a Celestina muy fuera de propósito, quanto al otorgar de los casamientos. En verdad, que estoy
marauillada de ti, como te marauillas de que luego no se
hizo, pues vemos que Çamora no se ganó en vna ora.[836] 95
Y te contradizes a lo que / me as dicho, que se ha de pen- [I 2v]
sar la cosa antes que se haga. Y si respondes que no fue
Paltrana sabrosa en oýrlo, basta que sepas en la primer
vista que tuuo por bien de responder a la demanda, y a la
segunda vez no dubdo sino que dará confiança, y a la ter- 100
cera creo aueriguadamente que lo concederá. Ansí que ya
te he dado la disculpa de mi culpa, hazme vn plazer, que
no me reprehendas más con tus pesadas reprehensiones,
sino que abreuiando de replicar sobre la materia, te apresures en baxar hasta la puerta, que no será salida Celestina, 105
y le des esta carta, encargándola mucho tenga cargo de la
dar luego a mi señor y coraçón Felides; que si de Dios está
ordenada nuestra compañía, no se desconcertará por quantos inconuinientes[837] (h)e interualos en el mundo pueden
succeder. 110

PONCIA. Yo quiero callar, lo vno por cumplir lo que me mandas, lo otro por no saber, al contrario de lo que alegas,
autoridad que lo niegue. Empero, merced me harás que
esta carta abras, o me des facultad para abrirla, porque vi
la que él te embió quán elegantes razones tenía, y pues no 115
vi la que tú le escreuiste en respuesta, querría si eres seruida, oýr o leer si van muy solícitas las palabras de ésta.

95	1539: vn hora		104	1539: de *omitted*
96	1539: se a		109	1536, 1539: he
98	1539: primera		110	1539: susceder
100	1539: dudo		113	1539: auctoridad
102	1539: desculpa		116	1539: si fuesses

POLANDRIA. Poncia, ansí Dios me salue, que la demanda es muy pequeña para tan grande el ruego, mas certifícote que no va en mi mano abrirla, que no teniendo noticia que mis secretos son a ti públicos, quando la cerré hize juramento sobre vnos euangelios de mis horas que no la vería de mi parte nadie. Y por el consiguiente le escriuo tomándole juramento que en leyéndola para sí, no cure de leerla a persona, page, ni criado, sino que al prouiso tenga por bien que el mayor pedaço sea la menor letra. 120

125

PONCIA. Hasta oy jamás me acuerdo ser causa de que nadie quebrante lo que jura, ni agora pienso que lo seré; y a la vieja salgo a llamar, que tú se la darás, porque con tales nueuas tome aliuio el desconsolado. 130

POLANDRIA. Mira que buelua a subir disimuladamente, que no la detendremos nada en palabras.

PONCIA. Vesla allí do va, que para baxar cada escalón / a menester media hora. I iij[r]

POLANDRIA. Díselo quedo o por señas. 135

PONCIA. Ola, Celestina.

CELESTINA. ¿Qué quieres, hija, que tan quedico [838] me llamas?

PONCIA. Que os alleguéys al aposento de mi señora Polandria, que os quiere hablar, y que sea de manera que no lo barrunten. 140

CELESTINA. A mí me plaze por cierto, y éntrate que yo me yré de mi espacio, [839] como que la quiero ver.

PONCIA. Sea ansí, y no te detengas mucho, que saldrá Paltrana.

CELESTINA. Ay, ¡qué perla está la señora Polandria! Tal me venga la vejez como ella tiene la vista. 145

PONCIA. Señora, ya viene Celestina. Sumariamente le di todo tu intento, porque no se descubra con la plática luenga la obra breue.

POLANDRIA. Déxame el cargo, que yo tendré modo, Dios quiriendo, para que la honrra de mis antepassados no se corrompa y mi vida se conserue, y este hecho se prosiga a mi saluo. 150

---

122 1539: Euangelios; viera
123 1539: lescriuo
125 1539: paje

131 1539: dissimuladamente
140 1539: barunten
141 1539: yra

PONCIA. Plázeme que sabes lo que saber te conuiene, que en
fin vemos que vna vua dañada podrece a todo el razimo, [840]
y esto que digo no lo tomes por los estremos, que más lo   155
doy por enxemplo a lo que el vulgo juzgara que a lo que
tú meresces.

POLANDRIA. Ora sea lo que fuere, que siempre vsas de arrojar
la piedra y esconder la mano; [841] mas passe por donaire,
que nos oyrá Celestina, que llega cerca.   160

CELESTINA. Nuestro señor sea en tu guarda, mi amor.

POLANDRIA. E a ti dé la salud, que vee que as menester.

CELESTINA. Esto aparte, ¿qué es lo que mandas?, que Poncia
me dixo que tú me llamauas, y ansí bueluo desde la escalera con el trabajo que Dios sabe y mis miembros sienten,   165
que por esta ánima pecadora te juro que en descanso tengo
los seruicios que por tu mandado hago.

POLANDRIA. Yo lo creo muy bien, y tengo concepto de la voluntad que me tienes. Por tanto, no gastemos tiempo en
lo que se puede escusar, sino declararte he a lo que te rogué   170
que viniesses.

CELESTINA. Lo mismo te suplico yo, porque salgo de con tu
señora madre Paltrana, y me vieron baxar las escaleras, y
si me viessen agora aquí, sospecharían alguna malicia;
y quitar la causa es quitar el pecado. [842] Y más que me   175
embiará de comer Paltrana, y no hallándome en mi pobre
rincón, tendría con ella vn ra/to no muy bueno.   [I 3v]

POLANDRIA. No sé qué te diga, más de que es grande la deuda
que te deuo, lo vno por las obras que me hazes, y lo otro
por las amonestaciones que me das. Empero, satisfazerse   180
ha todo, y lo que te quiero dezir es que ésta des en llegan-
do a mi alma y coraçón Felides, y le digas que si soy al
presente breue en el escreuir, [843] corta en el hablar, que es
por la breuedad del tiempo. Empero, que vista la letra,
ponga en effecto la obra, si quiere descanso a su pena y   185
holgança a mi congoxa, y que no te dize más, de quedar
fuera de mi memoria y dentro en sus pensamientos.

159 1539: donayre   180 1539: santisfazerse
164 1539: assi   185 1539: efecto
168 1539: yo te lo

CELESTINA. Avnque as dicho poco en la materia, yo te prometo de alargar bien en la sustancia. Y Dios quede en
vuestra guarda.   190
POLANDRIA. Con El vayas.

¶ AUCTO .xxiiij.

Celestina viene hablando consigo del despacho que trae a
Felides, y tópale en el camino y a Sigeril con él, al qual des-
pués de contarle lo que passó con Paltrana, le da la carta de
Polandria; y [él], [844] con sobrada alegría, avnque con la primer   5
nueua tuuo tristeza, da a la vieja honrrada cincuenta ducados.
Y entrodúzense:

¶ Celestina.   ¶ Sigeril.   ¶ Felides.

CELESTINA. O, cómo salgo espantada, lo vno en ver quán
áspera respuesta me dio Paltrana, y lo otro quando pienso   10
que tan noble donzella como Polandria quede con infamia
por cegarla el negro amor tan de súpito, que a no concer-
tarse este negocio en que ando, ella pierde su honrra, y
deshonrra a su linage. Empero, si Dios por su misericordia
no muda a su madre el propósito en que oy está, para   15
conceder estos casamientos, ella queda con desuentura y él
con tristeza. ¡O, qué mundo es éste tan falso! ¿Quién auía
de pensar que / Melibea con Calisto y Polandria con Feli-   I iiij[r]
des auían de cometer tal caso sin primero ser sus legítimos
maridos? Por cierto, la generosidad de su linage, la ver-   20
güença de sus rostros, la honestidad de sus personas, el
callamiento de sus bocas, el encerramiento de sus cuerpos,
ninguna causa déstas no las combidaua ni combidó, avnque errassen, porque no auía nobleza que ellas no tuuiessen.
No auía bondad que les faltasse. No hallaron causa lícita   25
para hazerlo. ¿Pues qué diréys, donzellas, las que esto oyer-
des, dando escusa de escusarlas? Que no os responda Celes-

3 1539: en camino
5 1539: y es
22 1539: enceramiento

24 1539: herrassen; ellas; tuuiessen
25 1539: causa legitima
27 1539: dando cuenta

tina que no tenéys razón en vuestras razones, sino que creáys
que tenéys los cuerpos grandes para parecer, tenéys los pies
grandes para andar, tenéys las manos grandes para vsar de 30
exercicios, tenéys los ojos grandes para ver, tenéys las orejas
grandes para oýr, tenéys la boca grande para comer. [845] Finalmente, todos los miembros tenéys grandes, que a su saluo
pueden vencer; y a vno sólo que os dio naturaleza, el más
pequeño, el más ygnoto, el más encerrado, que es el coraçón, 35
éste a de tener tan ynumerables pensamientos que pueda con
su vigor salir con lo que quiere, sin que ninguna obra de
los miembros esteriores tengan fuerça de se lo resistir; y si
quisierdes contra esto arguyr que entre generosas no vence-
rán los pensamientos, sino la virtud, concedéroslo he si las 40
tales son sapientes. Empero, si les falta saber para desuiarlo,
muy poca parte será el linage para no quererlo, que vemos
por esperiencia que debaxo del christalino yelo está el cena-
gal peligroso; en la muralla labrada se cría la culebra maldita; en lo interior del diente blanco taladra el neguijón [846] 45
importuno; en el paño muy fino haze la polilla mayor estrago. Ansí que, boluiendo a mi propósito, helo dicho por
Polandria; y no sé a qué causa me quiebro comigo la cabeça en llorar duelos agenos, pues tengo harto que ver en
los míos, que buen camino auía yo hecho para que me 50
remediara Felides, si para el desconsuelo que rescibirá con
la despedida de Paltrana no lleuáramos algún consuelo
de / Polandria con esta carta. Y en fin, alégrome que del [I 4v]
agua vertida no toda perdida. [847] Y por vida de lo que más
quiero, que pienso que son Sigeril y Felides aquellos dos 55
que vienen por allí arriba.

SIGERIL. Señor, si te paresce, vamos a la posada, que ya es la
vna y vergüença es de dezir a quien te topare que a tal
hora no as comido.

---

29 1539: parescer
37 1539: quisiere
38 1539: se lo *omitted*
39 1539: quisieres
43 1539: espiriencia; Christalino
44 1536, 1539: Culebra

45 1539: te ladra; 1536, 1539: Negui-
    jon
46 1539: Paño; 1536, 1539: Polilla
51 1539: recibiera
56 1539: ariba

FELIDES. Ora essas vergüenças yo huelgo de passarlas con 60
topar tal encuentro como el que veo.

SIGERIL. Aýn no es malo, pues es la venerable Celestina.

FELIDES. No passe adelante la plática, que lo oyrá.

CELESTINA. ¿Qué es esto, señor Felides? ¿Con tal sol te passeas?
Buéluete a la posada, pecadora de mí, que te matará el 65
calor desta siesta. [848]

FELIDES. No haze al caso que no salgo del barrio. Y sepamos, ¿qué nueuas ay?

CELESTINA. Mal gozo vea yo destas canas si tal dixere por la
calle, que no paresce bien y puede por vna palabra venir 70
mal, que hasta las paredes tienen oýdos. [849]

FELIDES. Que se haga ansí, y tú, Sigeril, pon vnas sillas en
la sala de embaxo. [850]

CELESTINA. Avnque me perdones, no dexaré de te dezir que
otro día no quieras saber en público lo que tremo dezirlo 75
en secreto, que si fuera otro que no tuuiera entendimiento, dixérale que era el moço del escudero.

FELIDES. Es verdad, y entremos, que por cierto, fresca está
la casa.

CELESTINA. Señor, como, lores a Dios, tienes muchos criados, 80
mientras vno bare, [851] otro riega, y otro trae estas espa-
dañas.

FELIDES. No creas que siempre lo hazen a sabor de hombre,
que yo te certifico que en todo este verano no an hecho lo que
oy, y lo que lo a causado es vn moço muy liberal que res- 85
cibí anoche para cosas semejantes.

CELESTINA. Dessa manera, a mí el cargo, si no fuere cedaçuelo
nueuo tres días en estaca. [852]

FELIDES. Buena arte me paresce que tiene en los principios.
Lo del fin no lo sé. 90

SIGERIL. Bien podéys, señor, entrar, que ello está ta[n] bien
adereçado que no fue menester que yo pusiesse sillas ni
mesa.

---

75 1539: temo
91 1536, 1539: tambien

92 1539: aderesçado

FELIDES. Madre mía, por me hazer merced, que empieces tu
embaxada para ver mi consuelo o desconsuelo.   95

CELESTINA. No quiero ser perezosa en lo que puedo abreuiar,
porque toda plática que se pone prolixa es fastidio al oyente, y no atrae prouecho al que la di/ze.   I v[r]

FELIDES. Si esso vsas, a mí tendrás contento y a ti satisfecha.

CELESTINA. El caso es que, como lo más priua a lo menos,   100
avnque Dios sabe el dolor de mi negra pierna con que me
acosté la noche passada del cansancio que lleué quando de
acá salí, sobrepujo a éste el cuydado de la encomienda
que me encomendaste, y por los huessos de mi padre, que
está presente Celestina, que en toda la noche pegó ojo es-   105
perando que amanesciesse para yr. Ya me entiendes.

FELIDES. Di lo que te passó allá, que bien conozco todo esso.

CELESTINA. Que me plaze, que no vengo a otra cosa.

SIGERIL. ¡O hi de puta, y cómo le enlauia la trabucadora, su-
biéndole en las nuues lo que a hecho!   110

CELESTINA. ¿No ves al vellaquillo de Sigeril, qué hablar tiene
entre dientes?

SIGERIL. Vellacos días biuas.

FELIDES. No pienses que lo a de agora, que enfermedad vieja es.   115

SIGERIL. En mi conciencia, no dezía palabra de perjudicar
a persona.

FELIDES. Sea lo que fuere, que estando yo delante, as de ver
y oýr y callar. Y tú, madre, no hagas cuenta de rapazes, sino
acaba tu razón.   120

CELESTINA. A buena fe, si pensara que auías de auer enojo,
no le mentara, que por vida de mi alma, Sigeril es buen
mancebo y que siempre procura de me dar plazer.

FELIDES. Harto alabado está. No le alabes agora.

CELESTINA. Ansí que no vuo amanescido quando su merced   125
de Perucho llamó a la puerta, en conclusión que, después de
auer reýdo aquellas mochachas con él, dixo a lo que yua
y se vino. [853]

---

101   1539: aun q̃   126   1539: llama
118-119   1539: oyr y ver

FELIDES. ¿Qué mochachas?

CELESTINA. Essas cuytadillas de Areúsa y Elicia.   130

SIGERIL. Rauia en tales niñas, que la vna passa de treynta y
ocho años y la otra de veynte y cinco. [854]

CELESTINA. Y como digo, dexélas encargado [855] la casa, y fue a
do era necessario, y Dios que lo ordenó allegué a tal tiempo que me dixo Poncia que en aquel punto entraua Polan-   135
dria y su madre de missa.

FELIDES. ¡Jesús, tan temprano!

CELESTINA. Pues esso llamo la dicha, que otros días están hasta
las nueve o las diez en la cama, e oy fueron a la del alua.

FELIDES. ¡O lores a Nuestro Señor, que tan bien lo haze!   140

CELESTINA. Escucha y verás lo que hize.

FELIDES. Dilo breue.

CELESTINA. Yo rogué a Poncia que dixese a Paltrana que la
quería hablar para pedirla vnos vntos, y ella lo hi/zo. Y   [I 5v]
como aquella señora es tan noble y me tiene perdida la   145
mala voluntad, mandó que entrasse. En fin que, auiéndola
yo contado mis cuytas, la declaré por lindo modo lo que
quería, como que salía de mí. Y passamos sobre ello diuersas alegaciones, yo en hazer por ti lo que podía, y ella en
escusar a su hija, concluyendo en que no lo haría, y dándo-   150
me esta respuesta me despidió. Y mandó con amonestaciones que no se lo mentasse más en pressencia ni en ausencia.

FELIDES. ¡O sentimiento grande de sentir! ¡O dolor terrible
para doler! ¡O passión inumerable [856] para compadescerse!
¡O lástima que tanto lastima! ¡O tormento del coraçón   155
que todo el cuerpo atormenta! ¡O vida desconsolada, pues
no trae la muerte que me consuele! ¡O fin de desesperación,
que no tiene medio para buscarle remedio!

SIGERIL. ¿Qué desmayos son éstos, señor, en desesperar de
lo que esperar puedes, dando a entender que tienes más   160
pena injusta que causa justa?

FELIDES. ¡O cómo eres simple en dezir tales simpledades!,
que aueriguado es que no hago tanto por obra como deuría
por razón.

134   1539: ordena   140   1536: tambien
135   1539: entrauan

CELESTINA. A la verdad, si tus fuerças te pudiessen esforçar,   165
no auías tan de súpito de perder el crédito de la esperança. Empero, no puedes más, y a do fuerça viene, derecho
se pierde. [857]

FELIDES. Muy poco aprouecha lo que dixeres, para euitar que
no haga yo lo que de hazer soy obligado.   170

CELESTINA. Bastan essas obligaciones para que me hagas vna
de vn manto y vna saya de contray, (h)e yo me obligaré de
te dar más alegría con vna cosa antes que de aquí me vaya,
que tristeza en quanto te he dicho.

FELIDES. No digo manto y saya, que es lazería; mas del mesmo   175
paño otro tanto para otras diez que quieras vestir.

CELESTINA. No prometas lo superfluo, que dixen que el mucho
prometer al poco pedir es especie de negar. [858]

FELIDES. De cierto te digo que mi condición no es enchir de
palabras, sino cumplir con obras.   180

CELESTINA. Yo ansí lo creo, y con esta carta que tan guardada
he tenido, pienso que daré gozo a tu coraçón, y fuerça a
tu vltimada [859] flaqueza.

FELIDES. ¡O bendito tal sobre escri/pto! ¡Bendito lo que es-   [I 6r]
cripto está dentro! ¡Bendita quien la escriuió!, pues con tal   185
escreuir aliuia mi congoxa y sobrepuja mi alegría.

SIGERIL. Bien creo, señor, que as conoscido de nosotros días a,
que conoscemos lo que sientes con carta o mensaje de Polandria, según el sentimiento sueles hazer, y mejor harás al
presente dexar para Dios essas bendiciones y leérnosla, por-   190
que se prouea lo que ella manda proueer.

CELESTINA. Lo mesmo te ruego yo. No se diga por ti en hazer
milagros, Quien de mucho mal es duecho [860] poco bien le
abasta. [861]

FELIDES. Yo hago vuestro consejo, que muy bueno me paresce.   195

SIGERIL. Léela alto si mandas, porque ayamos plazer con darnos parte del tuyo.

172	1536, 1539: He	190	1539: estas
179	1539: henchir	192	1539: mismo
186	1539: escriuir	194	1539: basta
187	1539: conocido; ha	195	1539: parece

FELIDES. Desta manera la torno a leer para que oygáys lo que dize, y sepáys lo que haze.

CELESTINA. Y como ansí prescias lo que tan presciado tenías, 200 lo que por palabras ponías en reliquias, por obra hazes tan menudos pedaços. No sé qué me diga, sino que digo que has caýdo en caso desesperado con lo que te escriue, o tú estás no sé cómo después de leerla.

FELIDES. No me juzgues cruel porque hize tal crueldad, que 205 yo soy mandado y tengo de hazer lo que me mandan. Y porque veas si satisfago tu trabaxo con alguna satisfacción, toma en albricias estos cincuenta ducados, y el paño que me pediste no perderás.

CELESTINA. Ay, mi señor Jesu Christo aumente tu estado con 210 cincuenta cuentos de renta, y prospere tu persona y casa en darte a Polandria en compañía, que sí hará. E yo le ruego que como tiene el poder, tenga el querer.

SIGERIL. ¡O cuerpo non de Dios [862] con la vieja, y qué buenos repelones se lleua! A pocas bueltas quedará pelado nues- 215 tro amo.

FELIDES. Ora, madre, essas gratificaciones no son nescessarias para comigo, que pagado lo tienes.

CELESTINA. Para [863] la tierra que me ha de comer, que en vo- luntad sí tengo, avnque en obras no sea. 220

SIGERIL. Señor, dime al oýdo qué te escriuió, que tan de re- pente rasgaste la carta.

FELIDES. Porque no te puedo encubrir cosa, te ha/go saber [I 6v] que me embía a mandar que vamos allá esta noche a la hora acostumbrada, y más me toma juramento que en le- 225 yéndola, sin leella a nadie la haga pedaços.

SIGERIL. Huelgo de saberlo, porque adereçaré lo que suelo aderesçar.

CELESTINA. Si me das licencia, yrme he, que es tarde para que comas, y a la verdad, yo no me he desayunado. 230

FELIDES. Plazer me harás que no te vayas sin comer, y tendrás-

---

me echado otro cargo muy grande si te estás comigo hasta la noche, que yré fuera, y en cenando te yrás.

CELESTINA. Maldito el daño que a Celestina le viene en tal combite, que la ración de palacio, quien la pierde, no le an grado. [864]

FELIDES. ¿Qué dizes?

CELESTINA. Que esso es lo de menos que por tu seruicio haré, que más quiero ser nescia que porfiada, [865] avnque auía de dar vna buelta hazía mi pobre rincón.

FELIDES. Sigeril, ve presto a que pongan la mesa y traygan la comida, que nos vamos [a] assentar.

SIGERIL. No tardéys, que todo está a punto.

¶ AUTO .XXV.

Elicia estando a la ventana ve a Albacín que passa por su puerta, y ella le habla de arte que él sube, y como están retoçando, Barrada llama y dize que viene a hablar a Celestina. Y Elicia responde que no está en casa. Y oyendo que Albacín está con ella se va jurando de hazer vn buen castigo a la vieja y cobrar sus quatro ducados. Albacín riñe Elicia por celos de Barrada. Y entrodúzense:

¶ Elicia.   ¶ Albacín.   ¶ Barrada.

ELICIA. ¿Dan de priessa, señor Albacín?

ALBACIN. ¡O mi señora Elicia, y estauas a la uentana y no te vía! [866]

ELICIA. No es de marauillar, que pensando en la otra dama que yuas a uer, a mí no vías.

ALBACIN. ¿Para qué son essas cosas, pues que soy de todo tuyo, y que no aurá seruicio que me mandes que de ojos no lo haga?

ELICIA. Dexémonos de fiestas, que es la casa baxa, y todo lo que se promete de palabras no se cumple de obras. [867]

235

240

5

10

15

242 1536, 1539: vamos assentar

1 1539: Aucto

ALBACIN. Esso será entre los / ceuiles, que aueriguado es morir   20
el hombre por la palabra y el buey por el cuerno, [868] (h)e   [I 7r]
si por ti no es hecho lo que deuía, a ssido por ser tú causa
de euitar los gastos que de mi voluntad he querido hazer,
y por esperiencia lo verás quando fueres contenta, que
avnque tengo al presente poco, no falta la merced de Dios.   25

ELICIA. Ora no te pido nada, que jamás te hize plazer por lo
que me dauas ni auías de dar, sino por lo que te amo. Empero, nunca más perro al molino, [869] y no gastemos almazén, [870] que nos oyrán los vezinos. Y se estorua tu yda,
por tanto prosigue tu camino y harás mejor.   30

ALBACIN. Por vida del infante, que se te a de quitar el enojo.

ELICIA. Yo te prometo que no sea esta semana, que me pesa
de ver tus cosas.

ALBACIN. Si te pesa, lléualo en dos vezes, que por agora comigo lo aurás allá dentro.   35

ELICIA. Sal fuera. No comiences a necear.

ALBACIN. Que sea nescio o discreto sobre juramento me va
de abraçarte.

ELICIA. Acabemos ya, que no te aprouecha nada quanto hazes.

ALBACIN. ¿Cómo, que tienes tú más fuerça que yo para no   40
te derribar?

ELICIA. Apártate allá, que me brumas.

ALBACIN. A la fe, téngote a mi mandado, y si pensauas que no
te auía de poder echar, a la obra me remito, que más vale
vna de varón que ciento de gorrión. [871]   45

ELICIA. Jesús, y como lo dize su merced, para que nos demos
por vencidas, y que huela la casa a hombre.

ALBACIN. Dígolo porque si no quiero, no te leuantarás en
esta ora.

ELICIA. Déxame leuantar, que eres pesado en todo quan-   50
to hazes.

ALBACIN. Esso de dexar, muchas vezes, que en términos anda
el mancebo de lo hazer.

ELICIA. ¡Ay, desuenturada de mí!, que no sé quién llama.
Suéltame presto.   55

21 1536: he; 1539: ꝫ   24 1539: espiriencia
22 1539: sido   25 1539: aun q̃

ALBACIN. Mira si es Celestina, que aquí te espero.

ELICIA. Tiempo tiene ella para venir, que aý anda en negocios de casa de Paltrana a la de Felides.

ALBACIN. No te detengas, sino despide a quien fuere, avnque
sea Areúsa.   60

ELICIA. Calla ya, que sí haré.

BARRADA. Primero quebrara hombre aldauas y puertas que
nadie responda.

ELICIA. ¿Quién está aý, que tal barahunda [872] tiene?

BARRADA. Yo soy, señora Elicia.   65

ELICIA. ¡O señor Barrada, qué buena venida es ésta!

BARRADA. Es criado tuyo que te dessea seruir, y a lo que viene,
ya le entenderás.

ELICIA. Por la passión de Dios, que mudes la plática, que
está / aquí vna prima mía. No lo entienda, que ya sabes   70
que en auiendo lugar, cumpliré contigo lo que hasta agora   [I 7v]
se a dilatado.

BARRADA. ¿En fin, que dizes que en la posada de Felides la
hallaré, que cena esta noche allá?

ELICIA. Ya te he dicho otras dos vezes que a comido oy con   75
él. No me preguntes más.

BARRADA. Queda con Dios, que yo la voy a buscar.

ELICIA. Con El vayas.

BARRADA. ¡O cuerpo de Sant Juan con Albacín! Ansí goza lo
que hombre suda, que si come o merienda con Elicia, los   80
dineros míos y de otros semejantes que yo lo pagan, que
no es possible que vn desuenturado de paje tenga qué dar,
si no fuere por desuentura de mes a mes hurtar vn pedaço
de hacha [873] de hasta diez o doze marauedís, y mirando
bien en ello, más razón tiene de se quexar él de mí que yo   85
dél, porque quando yo empecé a hablarla, ya él era viejo
en posseerla; mas de quien me quexo y quien lo pagará es
de aquella vieja embaucadora que assí me embaucó por
cogerme las monedas que traýa. Y por vida del rey, que
avnque no sea yo Pandulfo para cortarla la pierna con   90

compaña de rufianes, que sea Barrada sin yr acompañado de despenseros para hazerle vn buen castigo y cobrar mi hazienda libremente, que de qualquier injuria y mal que se le haga es merecedora; y pongo que la quisiesse perdonar, no hallo causa propria que lo mande, que muchas cosas 95 cometen los hombres que avnque al parescer son graues, la desculpa que dan dellas las haze leues. Pero hablando la verdad, a la culpa y delito desta señora yo no hallo vna razón con que las escuse, y sé dos mil por donde las condene. Y con esta determinación, determino passear dos 100 otres [874] horas por esta calle mientras viene para tomarla en escampado.

ALBACÍN. A de ser para mañana la venida, Elicia. Yo te prometo que me paresce que basta la plática que con el señor Barrada as tenido, sin que le ojees por dónde va. 105

ELICIA. ¿Con quál diablos de Barrada?

ALBACÍN. Que no digo sino con aquel conde o marqués, que antes de mucho le harás, maguer que [875] es despensero.

ELICIA. Otra le a dado para no concluyr.

ALBACÍN. No te marauilles que ya no sea badajo. Todo se me 110 entiende y veo por esperiencia que quieres vno en saco y otro so el sobaco; [876] pues estando yo dentro, conciertas con Barrada en la calle. Y esto to/das por la mayor parte [I 8r] vsáys en no guardar ley a hombre, por leal que os aya sido; que en amar tenéys estremos, en aborrescer desorden, en las 115 obras dubias, en el dar auarientas, en tomar descomedidas. En conclusión, soys vnos tremedales donde los sabios hallan peligro y los simples atolladero, que los cuerdos tienen por vosotras enlodadas las famas y los nescios perdidas las vidas.

ELICIA. Gran sufrimiento he tenido en suffrir tus palabras, y 120 vergüença auría de mi vergüença si no te respondiesse conforme a lo que meresces y según a lo que as dicho. Y lo que digo es que mal conosces a las mugeres, que ni somos tan

95	1539: propia	112	1539: en el
96	1539: aun q̃	115	1539: aborrecer
102	1539: escanpado	119	1539: necios
104	1539: parace	120	1539: sufrir
111	1539: espiriencia	123	1539: conoces

locas como pensáys, ni vosotros tan discretos como os loáys, que hasta agora, más hombres hemos visto dexarse al querer 125 de mugeres, que mugeres al querer de los hombres. Aueri-guado está que vn hombre no tiene coraçón para apoderarse con tres mugeres cuerdas, y vna muger lo tiene para acocear a trezientos liuianos. Yo te prometo si conosciéssedes los hombres quán de veras aman las mugeres quando an de 130 amar, y quán de coraçón aborescen quando an de abores-cer, que, o nunca las comunicássedes con amor, o si las amás-sedes, no las dexássedes por miedo de su temor. Y assí verás que nunca ay grande aborrecimiento, sino donde ouo prime-ro sublimado amor. [877] ¿Cómo, Albacín, viendo lo que te he 135 querido, lo que te he amado, lo que te he seruido, las quis-tiones que por ti he sufrido, y demás de mi persona los dineros y ropas que te he dado me das tú el galardón de todo lo hecho y de lo que tenía en voluntad de hazer, en pedirme celos, porque venga todo el reyno a buscar a Celes- 140 tina, como aquel cuytado de Barrada vino? Agora creo, af-firmo y confieso que tienes malas entrañas, iniquos pen-samientos, dañada voluntad, perjudicables [878] palabras y peores obras; y en fin, es claro que de las çarças auemos [879] de esperar escaramojos, [880] de las encinas bellotas, de las 145 hortigas [881] ronchas, y de tu boca tengo de oýr malicias como sea maliciosa.

ALBACIN.   No ay hombre tan constante, tan fuerte, tan esforça-do en sus hechos que vna muger no le abata, no le derribe, no le vença con su lengua; que ni la serpiente en la cola, ni 150 el osso en los / braços tiene tanta fuerça como vuestra [I 8v] lengua quando se desmanda, y no corre tanto peligro la vida del que toma el toro en los cuernos, [882] como la fama del triste que cae en vuestras lenguas. Y ansí era costumbre entre los antiguos, que la muger que pecaua con el cuerpo 155 fuesse perdonada por quanto era de flaqueza, y la que pe-casse con la lengua fuesse castigada pues pecó con malicia.

---

129   1539: a
131   1539: aborecen
134   1539: aborecimiento; vuo
136   1536: te amado

139   1539: echo
141-142   1539: afirmo
145   1539: escaramujos
146   1539: ortigas

ELICIA. Ora, di lo que quisieres, que a todo tengo de callar, que ya no puede ser el cueruo más negro que sus alas. [883] Y yo soy la sola y la desuenturada, y la que de tu boca 160 tengo de ver el baldón antes que la promesa.

ALBACIN. Con todo quanto hemos passado, dime qué te prometí, que yo lo cumpliré muy bien.

ELICIA. Lo que me prometiste no fue casa, ni viña, ni casamiento, ni cosa de calidad para rehusarlo por no tener, sino 165 negocio que si riñes comigo, es por dexarlo, y si lo dexas, es por no querer, o por ventura por no poder, que no es más de que me vengues de la vieja.

ALBACIN. Esso me tenías encubierto. Dame la mano, y yo te doy mi fe de castigarla antes de tres días, de manera que 170 ayas plazer, y te saque de su casa con tu honrra; y sea ésta renzilla de Sant Juan, que es paz para todo el año. [884] Y al presente, con este abraço me despido, que es tarde.

ELICIA. Nuestro Señor vaya en tu guarda, y haz lo que te paresciere mejor. 175

¶ AUCTO .xxvj.

Celestina sale de con [885] Felides muy contenta, razonando de los cincuenta ducados que le dio, y topa con Barrada, el qual la haze vn estremado castigo; y queriéndola sacar de la bolsa sus quatro ducados, la halla los cincuenta y se los toma. 5 Y ella queda llorando y pidiendo justicia. E introdúzense:

¶ Celestina.   ¶ Barrada.

CELESTINA. Bendito sea Dios, que ansí remedia a los que poco pueden, como a mí a remediado, que esta mañana no tenía para media açumbre de vino, y agora me voy [a] acostar 10 con cincuenta ducadillos, como quien se burla. Por esso dizen que todo el / mundo trabaje, y que el trabajo se K [1r] emplee en persona que sepa satisfazer, que quien a buen árbol se arrima, etc. [886] Y en fin, sea el que ha de gratificar hombre que tenga, que avnque sea escasso, dará más que 15

10   1536, 1539: voy acostar

el que es franco y no tiene de qué; porque cierto es, que más da el duro que el desnudo. [887] E ya que lleuo la pluma, ruyn sea Celestina si la pusiere al ayre, que se la yrá sin verlo. Digo que daré siete ñudos [888] a cada blanca de éstas, y no lo pondré en poder de Elicia ni de Areúsa, que son vn poco de viento ellas y quantos vienen. E si la rapaza de Elicia todavía me pidiere parte de los quatro ducados que me dio Barrada, negaré fuerte como suelo, y con darle para vnas seruillas, la haré pago. Y no quiero alargar en esto, que se me antoja ser aquél Barrada. Y aýn con la luna veo ser él claramente, y razonando viene. Quiero yr de espacio [889] por escuchar algo de lo que dize.

BARRADA. No creo en la fe de los moros, [890] si no he espiado muy bien los passos de la barbuda, pues la topo a tal hora, y en calle tan encubierta, que avnque hombre la haga pieças, no lo sabrá criatura de Dios abaxo. Y euitando pláticas, me cumple a reboluer el cabo desta tripa a la mano, [891] porque desque le dé rezio saltará la flema que dentro tiene, y no querría por dos doblas que me alcançasse parte del rocío, que además del olor dubdo no [892] quedar mancha en la ropa que cayere.

CELESTINA. ¡Ay, ansiada de la que tal oye! Negra de ti, Celestina, que no sabes qué remedio tomar, que si me determino a huyr, no podré por estar coxa. Si me quiero esconder, no aprouecha, que ya me ha visto. Si doy bozes, él lo hará peor, y los que me socorrerán serán pocos, por ser tan tarde. Bueno es hablarle amorosamente; que como dizen, honrra al bueno porque te honrre, y al malo, porque no te deshonrre. [893] Y cerca viene. Veamos qué dize.

BARRADA. Por vida de tal, doña [894] hechizera, que os he topado en lugar a do me deys cuenta con pago de los dineros que os di, y de la burla que me hezistes.

CELESTINA. ¿Qué as comigo, hijo Barrada?, que me parece que estás algo enojado.

BARRADA. El enojo que tengo, tú lo causaste, / y tú lo paga-

32 1539: le cabo

rás, y daréte a entender cómo burlan las tales como tú a [K lv]
los hombres.

CELESTINA. ¿Y qué burla te he hecho, amarga fue yo? ¿No
sabes que por te hazer plazer hize a Elicia que lo que con
otro no haze lo haga por ti? Pues te lo prometió avnque as 55
sido perezoso en no auer ydo más a mi casa que tan aparejada está para tu seruicio.

BARRADA. Ora, sin dilación procura de me dar los quatro ducados que te di, y luego yo te diré si he ydo a tu casa,
juntamente con te dar las gracias de lo que allá he nego- 60
ciado, y tanto a tú honrra como a mí prouecho.

CELESTINA. Mala noche me a venido. No sé en qué a de parar
mi desdichada postrimería

BARRADA. ¿Qué gruñes, vieja maldita? ¿Lloras ya lo que presto llorarás? 65

CELESTINA. No lloro, sino que estoy aparejada a cumplir contigo mi palabra, y de te dar los dineros que me pides, que
yo conozco que me los diste liberalmente. Y lo que te
suplico agora es que te vayas comigo a mi casa para que
te contente, y mirando mis pobres canas, refrenes tu mucha 70
yra, en no me affrontar en esta calle, acordándote de la
afrenta que Pandulfo me hizo sin razón; y tú, avnque la tengas, no la hagas, por la passión de Jesuchristo.

BARRADA. No cures de me dar suplicaciones, que nunca las
vendiste dulces; ni me enlauies con lo que te castigó Pan- 75
dulfo, que ninguno paga que de antes no deua. ⁸⁹⁵ Y no por
esso te auré lástima, que para vn traydor no faltan dos
aleuosos, ⁸⁹⁶ que si a Elicia hallé riendo con Albacín en tu
posada, a ti dexaré llorando en este camino. E para que
veas mis palabras como las executo con obras, enpieça a 80
rescebir desta colación.

CELESTINA. ¡Ay, ay, ay! ¡Sancta María váleme, que me an
cegado!

BARRADA. Boto a la casa de Meca, ⁸⁹⁷ que mejor digas enmer-

---

66 1539: sin que   80 1539: essecuto
70 1539: camas   81 1539: recebir
72 1539: anque   82 1539: santa

dado; y hagamos cuenta con tu bolsón, que tienes olorosa   85
la persona.

CELESTINA. ¡Justicia! ¡Justicia, señores, que me roba este sal-
teador! ¡Justicia, que me lleua cincuenta ducados!

BARRADA. Mándote yo que sobrehecho es, te quedas pidiendo
misericordia, que quien roba al robador cien días gana de   90
perdón. [898] Y pues yo me voy, bien te puedes secar [899] y
hazer cuenta que nunca los viste.

CELESTINA. ¡O desastrada / vida la mía, que tantos trabajos K ij[r]
passa! ¡O, Señor, lleua deste amargo mundo a esta cuytada
de vieja! ¡O cómo es prouerbio cierto, que por grandes   95
bienes que tenga, el que mucho biue, mucho mal a de
ver! [900] ¡O muerte!, ¿y cómo no vienes? ¡O fortuna!, ¿y
cómo me eres contraria en desfauorescerme con lo que mi
ventura me fauoresce? De aquí adelante me nombraré con
razón triste malauenturada, llena de dos mil afrentas. ¡Ay,   100
que me fino, que me desmayo! ¡Jesús, Jesús!

¶ AUCTO .xxvij.

Grajales, yendo a ver a su amiga Areúsa, topa a vn rufián
llamado Brauonel, que es compañero suyo. Y como van los dos
hablando, veen a Celestina de la manera que la dexó Barrada,
a la qual lleuan a su casa jurando que la an de vengar; y ha-   5
llan a Elicia y a Areúsa allá. Y despidiéndose Brauonel, Grajales queda a holgar con Areúsa. E introdúzense:

    ¶ Grajales.   ¶ Brauonel.   ¶ Celestina
        ¶ Areúsa.   ¶ Elicia.

GRAJALES. ¿Adónde por estos barrios, hermano Brauonel?   10

BRAUONEL. ¡O amigo Grajales! Descreo de Mahoma [901] si no
venía pensando en tus cosas, porque solías descubrirme
tus negocios, y despúes que en buen hora tomaste la yça [902]

98 1539: desfauorecer me

12 1539: descobrirme

nueua no te precias de dar parte a hombre de nada, con
pensar que avnque es poco mi fauor, no te puede fauorescer.   15
GRAJALES. Marauíllome de ti dezir semejantes palabras, que
ya sabes como sé que supiste de Areúsa desde el primer
día que la conocí, y ella y yo estamos prestos para lo que
te cumpliere.
BRAUONEL. ¡O pesar de tal contigo! Tórname a dezir esso de   20
la señora, que la tienes para lo que me cumpliere, que
no tardaré en señalarte en el libro, [903] que ya entiendes.
GRAJALES. / No fue tan grande mi necessidad como tú nescio   [K 2v]
me hazes, que quanto a lo exterior as de entender que no a
lo interior; [904] y hasta el vulgo dize, que ni bolsa, ni mu-   25
ger, ni espada jamás ande prestada. [905]
BRAUONEL. Esso te cale desdezirte de lo dicho, que caýdo as
del asno. [906]
GRAJALES. Ora no soy tan cursado en estas cosas como tú; empero no caygo tan de repente como piensas.   30
BRAUONEL. Todos somos sanos, loores a Christo, y no lo exa-
minemos por saber do yuas dirigido.
GRAJALES. Hermano, para dezirte la verdad, a dar voy vna
manezuela a Areúsa, que yo te certifico, no tengo otro cabo
a do yr.   35
BRAUONEL. Renegaría Brauonel de las [907] que en la cara tiene,
si tuuiesse vn mes suffrimiento a se compadescer con tener
a cargo seys ni siete.
GRAJALES. ¿O, qué diablos dizes? Cuéntame en tu conciencia
las que tienes y con las que cumples.   40
BRAUONEL. Rape el diablo la que yo tengo.
GRAJALES. No ay, por Dios, quien te entienda, que ya dizes
que tienes muchas, ya que no tienes ninguna.
BRAUONEL. Conc[i]encia [908] te dixe, y torno a dezir que la
tengo, como agora llueue buñuelos. [909]   45
GRAJALES. Prescioso llouer sería. Por mí te juro que nunca
los vi.
BRAUONEL. Pues dessa arte te certifico que reyna en mí la

---

15 1539: puedo
18 1539: presto
23 1539: necio
44 1539: Concencia

conciencia que a vn gayón que tiene debaxo de su mano
quatro cantoneras, [910] y dos y aýn tres de ventana, y diez   50
al burdel que son de toda roça. [911] ¿Parécete que mi officio
es razonable para le dexar por vn no sé qué que llamáys
pecado?

GRAJALES.   Yo affirmo ser verdad esso que dizes de las abusiones, que a cada nonada dizen a hombre que entra en el   55
infierno; y veemos que Dios no es achacoso, que en fin,
buen coraçón quebranta mala ventura. [912]

BRAUONEL.   Calla, que yo te haré hombre o no quedará de mí
pedaço. Y agora, vente comigo. Tendrásme compañía a vn
gentil capón que dexé puesto a assar en mi posada desde   60
prima noche.

GRAJALES.   En merced te lo tengo. Y de casa de Celestina estamos más cerca a do podemos beuer sendas vezes con dos
pares de perdizes que embié a Areúsa que aparejasse.

BRAUONEL.   Por los sanctos de Dios, [913] que as hablado como   65
capitán; y luego yremos a hazer la rechaça [914] con lo que
te he dicho.

GRAJALES.   Sea ansí; ¿mas no sea por / desdicha la vieja aquel   K iij[r]
bulto que se parece?

BRAUONEL.   ¡O descreo de Plutón, [915] y cómo as acertado!, que   70
sin dubda ella está con duelos.

GRAJALES.   Alçala de esse braço. Veremos qué mal tiene o si
está herida.

BRAUONEL.   Pese a tal con quien te parió, porque de el arte
que está envestida en suziedad tan clara, y me digas escu-   75
sándote tú que la mire yo.

GRAJALES.   No lo dixe por tanto, que yo huelgo de lo hazer,
y nota si me escuso.

BRAUONEL.   ¡Cuerpo de Santiago, y qué hedentina [916] tiene,
además de estar tan empringada en ello!   80

---

54   1539: afirmo   69   1539: paresce
56   1539: vemos   71   1539: duda
65   1539: los sanctos de *omitted;* ha-   74   1539: del
        blado bien   75   1539: enuestida ensuziada
68   1539: assi

GRAJALES. No me ayude Dios, si no fue notable la bacinada y el castigo.

BRAUONEL. ¡Boto a mares![917] ¿Qué es sino muy gentil tripa de vaca, que dándola de butagazos[918] rompió y echó de sí el caldo espeso que tenía? Y aýn puedes creer que era hom-   85
bre cursado en el officio, el que la maltrató.

GRAJALES. Hablémosla, que pienso que está desmayada.

BRAUONEL. ¿De dónde bueno me vino a mí conocimiento de hablarla? Empieça tú, que yo te ayudaré.

GRAJALES. ¡Ola, madre! Bolué en vos. Acabá ya.   90

BRAUONEL. A essotra puerta, que ésta no se abre,[919] me lla-mad essos ratones.[920]

GRAJALES. Tiene frío el rostro, y los pulsos que no andan. Quiere que responda.[921]

BRAUONEL. ¡A pesar de Xilbarto[922] con quien te vistió![923]   95
¿Por qué no puedas boluerla?

GRAJALES. Buena dissimulación es ésta. Como si fuesse en su mano ni en la mía el sanarla.

BRAUONEL. Desta suerte se le ha de dar salud, que no trauán-dola de los dedicos.   100

GRAJALES. A buena fe, que antes de mucho le des el fin a la desastrada si tales golpes das con su triste cuerpo.

BRAUONEL. Más alto, que yo la tengo de arroxar estotra vez segunda, y a mí el cargo si a la tercera vez no fuere buelta y sin peligro de la vida.   105

GRAJALES. Haz lo que quisieres, y si la matares, tu alma en tu palma.[924]

BRAUONEL. No ayas miedo, y mira como vuelue con esta mano que la daré agora.

CELESTINA. ¡Ay! ¡Ay! ¡Santísima trinidad! ¡Virgen María, va-   110
ledme! ¡Ay! ¿Qu[é] es esto?

BRAUONEL. Burlámonos contigo, que después se te dirá.

CELESTINA. ¡Quítate allá, traydor perro! ¡No me mates, Ba-

---

86 1539: oficio

91 1539: essa otra

95 1539: xilberto

99 1539: a

103 1539: arrojar

108 1539: que mira

110 1539: santissima

111 1536, 1539: ques

rrada, que no ay quien me socorra! Déxame siquiera confessar, Barrada.   115

BRAUONEL. Grajales, ¿passas por tal tiro, [925] y cómo piensa la
sinventura que somos Barrada, el qual la deue de auer
parado ansí?

GRAJALES. Cosa es de creer, y pues desuaría, / no es de   [K 3v]
culparla.   120

CELESTINA. Por la passión de Jesuchristo, que te contentes con
cincuenta ducados que me as tomado, y tengas por bien
dexarme con la vida para hazer penitencia de mis pecados.

GRAJALES. ¿Qué dizes, madre? Buelue en ti, que no está aquí
Barrada, sino Brauonel y yo, que haremos lo que te   125
cumpliere.

CELESTINA. ¡Ay, mi hijo Grajales! Perdóname, por caridad, tú
y esse otro cauallero si algo os he dicho, que no lo dezía
sin causa a aquel ladronazo.

BRAUONEL. Señora Celestina, cuéntanos lo que te a hecho,   130
que lo vengaré de manera que él quede pagado y tú
satisfecha.

CELESTINA. No sé si podré dezirlo, pecadora fue yo.

GRAJALES. Dilo en dos palabras, que luego te lleuaremos a
tu casa.   135

CELESTINA. El porqué, tanto Dios me lo demande si yo le
pienso, mas de quanto venía sola de hablar con Felides, y
topóme el vellaco aquí, y enpeçándome a assegurar con
unas palabrillas, me dio con vn diablo de vientre que ý me
paró qual veys. [926] E no contento con esto, me lleuó cin-   140
cuenta ducados que me auía dado Felides.

BRAUONEL. Tal traycíon passa en el mundo, y semejante robador se ha de consentir. Derrenegaría [927] yo de la leche que
mamé si no me la pagasse tan bien que tu castigo no fuesse
nada en comparación del suyo.   145

GRAJALES. Madre honrrada, de mí puedes tener cierto que perderé la vida por cobrar tus dineros, y satisfaré a tu injuria.

---

115   1539: Barrada *omitted*   138   1539: empeçandome
128   1539: hos   139   1539: y *omitted*
129   1539: a *omitted*   144   1539: tambien

CELESTINA. ¡Ay, mis hijos! Dios por su misericordia aya piadad [928] desta pobre vieja, y os dé gracia con que cumpláys
por obra lo que me auéys prometido de palabras.   150

BRAUONEL. Descuyda y no tengas cuydado, que mejor se hará
de manos que de lengua dezimos.

CELESTINA. Pues, por caridad, que luego me lleuéys a mi
negra casa, siquiera por que me alimpien y descanse algún tanto.   155

BRAUONEL. Grajales, daca essas dos manos, y áselas en estas
mías, para que sin dilación la lleuemos en los braços.

GRAJALES. Estás bien. Mira si te cayrás. [929]

CELESTINA. Muy bien voy, y mejor que merezco.

BRAUONEL. Entre éstas y estotras ve derecha. No te pegues   160
a nosotros, que nos pegarás de tu fruta.

CELESTINA. Desuenturados fueron oýdos que tal oyen.

GRAJALES. No te aflixas, sino responde, que cerca estamos.

CELESTINA. Para mientes / si está abierta la puerta.   K iiij[r]

GRAJALES. No está cerrada, que a Elicia y Areúsa veo que   165
platican en el portal, y ay candela.

BRAUONEL. Empuxa esse postigo, que no tiene aldaua.

ELICIA. ¿Quién viene, que tan desmesuradamente abrió sin
llamar?

AREUSA. Sal allá, prima, y veamos si es buena cortesía ésta. 170

CELESTINA. ¿De qué os acelerastes, loquillas, que salís tan
turbadas?

AREUSA. Válasme Dios, tía, ¿y qué es esto, que ansí vienes?

ELICIA. ¡Jesús!, ¿y qué crueldad vsó contigo el vellacazo que
tal te paró?   175

CELESTINA. Mi negra ventura es.

GRAJALES. Ora, sus. No os santiguéys entrambas en ver lo
hecho, sino póngase el remedio en lo que auéys de hazer,
y subilda luego arriba sin dilatarlo.

ELICIA. No tardaremos mucho en hazer lo que dizes.   180

BRAUONEL. Amigo Grajales, si quiés quedar con ellas hasta
que la suban, esperarte he, porque nos vamos a cenar vn

bocado, y si no, queda con Dios, que es algo tardezillo. ⁹³⁰

GRAJALES. De yr yo agora es escusado, por negociar lo que
cumple a esta cuytada. Empero, merced me harás que suba-   185
mos a beuer con alguna fruta sendas vezes.

BRAUONEL. Adiós, adiós, que no espero más; que otro día
vendrá, con que nos holguemos.

GRAJALES. Con El vayas.

BRAUONEL. No creo en quien me vistió si no voy más picado   190
de Areúsa que muerto de hambre. Y a pocas bueltas que
boluamos, la descubrirá hombre su secreto. Y con esta determinación quiero entrar en aquella taberna sobre qué
vino an echado.

¶ AUTO .xxviij.

Felides llama a Sigeril para que se apareje, que quiere yr
a hablar a Polandria. Y ansí van los dos. Hallando vn postigo
abierto, entran en el vergel a do está Polandria esperando sola.
Y Felides haze venir allí a Poncia, que con su señora no auía   5
salido, y la da cien ducados para ropa. Y de esta manera acaba con ella que Sigeril cumpla su voluntad. Y después de
auer holgado amo y criado con sus señoras, se despiden muy
alegres. E introdúzense: /   [K 4v]

¶ Felides.   ¶ Sigeril.   ¶ Polandria.   ¶ Poncia.   10

FELIDES. ¡Pajes! ¡Pajes! ¡Sigeril!

SIGERIL. Cuerpo de Dios con su merced, que porque tiene
tres pajes ha de hazer autoridad en llamarlos a todos para
que responda vno solo.

FELIDES. Terrible caso es tratar la persona con nescios, que   15
an ya tañido a maytines y el rapaz no viene, mandándole
yo que viniesse a las onze. ¡Ola, Sigeril!

SIGERIL. Ya vengo, señor. Por esso mira si es ora que vamos.

FELIDES. Acaba ya, que eres incomportable en tus venidas.

SIGERIL. A buena fe, que no soy tanto quanto piensas, que   20
las doze no más an dado.

FELIDES. Concluyamos la plática y daca la ropa que te mandé
aparejar.

SIGERIL. ¿Quieres la verde que sueles lleuar a caça?

FELIDES. No te dixe yo verde ni azul, sino la de Londres   25
que está afforrada en armiños.

SIGERIL. Vesla aquí, y el laúd, si le quieres lleuar, también
traygo.

FELIDES. Maldito seas. Sabes que te dixe en secreto como me
escriuió que fuésemos muy ocultamente, de arte que no   30
nos sintiesse la tierra, y preguntásme con descuydo si a de
auer música.

SIGERIL. Pues que ansí es, bastaráme lleuar espada y broquel, y esta carmellona[931] que va aforrada, y aýn el guan-
tezillo que no es malo.   35

FELIDES. Loores a Dios, ¿y por qué digas como en desprecio
que te basta lleuar quatro armas a vso de rufián?

SIGERIL. No digo que es poco, sino que no aurá necessidad
de vestirme la cota ni coraças.

FELIDES. Sal tras mí, y determina de no ser fanfarrón de aquí   40
adelante como Pandulfo, que ni tienes parescer ni hechos,
avnque le contrahagas.

SIGERIL. Sea como mandares, y pues no nos verán por la escuridad, euitemos palabras. No seamos conoscidos por hablar.   45

FELIDES. Tienes razón, y cúmplenos yr sosegados, que no
estamos lexos de la puerta falsa del vergel.

SIGERIL. Señor, allega muy passo, que me paresce que está
entreabierto.

FELIDES. Verdad as dicho, que el llamar nos escusa tal dicha   50
como está.

SIGERIL. Yo te prometo que no sin causa quedó sin llaue ni
cerrojo.

FELIDES. Ora, entra muy quedo, y ten confiança, que antes

---

22 1539: platicar   40 1539: fanfaron
31 1539: si *omitted*

que salgamos, negociaré / tus negocios con Poncia de arte   55
que bueluas tan alegre como yo contento.   K v[r]

SIGERIL. Mil vezes te beso, señor, las manos por la promesa
que me as prometido de hazer.

FELIDES. No estamos en tiempo ni lugar de gratificaciones, y
calla, remitiéndote a la obra.   60

SIGERIL. El callar me conuiene, porque si bien lo miras, verás
a la señora tu señora Polandria, junto a la fuente, que anda
entre aquellos nogales, que la he deuisado en el ayre del
cuerpo.

FELIDES. Ven apriessa, que yo me adelanto a hablarla.   65

SIGERIL. Anda, que bien te seguiré.

FELIDES. O mi señora, la tierra que pisas, éste tu humilde sieruo humilmente besa.

POLANDRIA. O mi coraçón, no estéys caýdo en el suelo, que
se me caen los braços para os abraçar.   70

SIGERIL. ¿Cómo, señores? ¿Tan poco esfuerço ha de auer en
tan fuertes y constantes coraçones? No estéys de rodillas
el vno por el otro, sino vsad como leales amadores de elegantes palabras pues podéys, para dar a los que poco pueden exemplo en que firmemente hagan sus obras.   75

FELIDES. Mi vida, no notáys lo de nuestro criado.

POLANDRIA. Notando el sobrado gozo que siento en tenerte
ante mis ojos, mis sentidos no sienten lo que Sigeril dize.

FELIDES. Leuantaos vos mi alma, que no es razón que salga
yo de la razón que me amonesta que tome yo aliuio por te   80
aliuiar.

POLANDRIA. Ya, mi señor, que no tenemos tan aliuiadas las
lenguas, ni tan sordos los oýdos, que en este rato necessario
será que me digas como as estado, juntamente con dezirte
yo lo que acá passa, porque declarándonos nuestras penas,   85
claro es que descansarán nuestros coraçones.

FELIDES. Por cierto, señora, la certidumbre que de mí podéys
saber, muy breue os hago cierta que desde la noche passada que de vos me partí, avnque a poco he tenido tan grande enfermedad, quan crescida salud esta noche siento.   90

70 1539: abraçaros   89 1539: aun que

POLANDRIA. Amores míos, donde tanta fidelidad de amor reyna, no aya males encubiertos, sino muy presto me dezid
de qué fue vuestra mala disposición.

FELIDES. No rescibáys congoxa en congoxaros tan de repente,
que si he estado enfermo, no an sido tercianas [932] ni quar-   95
tanas [933] que ouiesse menester xaraues ni purgas para las
despedir. Empero an sido dos causas de hulti/mada tristeza   [K 5v]
que me an atormentado grauemente. La vna estar ausente
de vuestra presencia, la qual es harto ligítima; [934] y la otra,
la pena que vos auéys tenido por las cosas pasadas. Y ansí   100
es aueriguado que la tristeza es la mayor enfermedad de
quantas hombre puede tener, [935] que si está opilado, [936]
medicinas ay que desopilan; si está herido, çurujanos [937]
ay esperimentados que se obligan de [938] sanallos. Mas al
que está triste y dubitatiuo del alegría, no ay remedio que   105
sanalle pueda, sino la possessión de su desseo, que ya
que aya esperança, no ay entera sanidad, porque vemos
muchas veces que el esperar desespera. [939]

POLANDRIA. De verdad, puedes saber que no sé respuesta que
te dar tan elegante que compararse pueda a la sutileza de   110
la vltima de tus sentidas palabras. Y no te digo más por
no tener qué dezir, que como se abiua tu lengua, se em-
botan mis sentidos.

SIGERIL. ¡O, mal grado aya el hombre que sirue confiando
en mercedes, a lo menos esperar remedio del que le busca!   115
Digo que vn enfermo no puede auer consuelo de otro que
del mismo mal está herido, ni vn triste amador verá socorro de otro ansí mesmo penado. Mi amo huelga con
la presencia de su señora; yo me deshago con ausencia de la
mía. El día echado en sus braços, yo sin socorro assentado   120
en estas yeruas; ellos están philosophando de gozo, yo la-

93   1539: dispusicion   111   1539: sentidas *omitted;* E no
95   1539: auia sido   117   1539: este
96   1539: vuiesse; mester   118   1539: mismo
99   1539: e la otra   120   1539: socoro asentado; 1536: as-
104   1539: sanallo   sentado
105   1539: estar   121   1539: phisophando

mentando de angustia. Suplicarles que hable a Poncia hallo
ser atreuimiento; callar sin dezirlo veo que me es muerte.
No sé qué haga, pues no ay lugar de hazer lo que querría.

POLANDRIA. Por mi vida, señor, que llames acá a Sigeril, que 125
está platicando consigo mesmo. Preguntarle hemos lo que
siente.

FELIDES. Lo que él puede sentir bien lo siento, y es la causa
no ver aquí a Poncia, la qual dize que se le a mostrado tan
cruel, quan firme él está. Y por cierto, si te paresce, bueno 130
sería que la hiciesses venir, y pues las manos se han dado,
procuremos que las voluntades cumplan por obra, que en
fin aueriguado está que tarde que temprano, lo han de effe-
tuar. ⁹⁴⁰

POLANDRIA. Razón tienes, mas ansí Nuestro Señor nos cumpla 135
nuestros desseos / como no bastó razón con ella para que [K 6r]
quisiesse comigo salir. Y si mandas, alléguesse Sigeril hasta
aquella reja y llámela, que en mi aposento quedó.

FELIDES. ¿Por qué fue tan descortés, siendo tan descomedida?

POLANDRIA. Díxome que si Penuncio o Boruga viniessen, que 140
no le era lícito que la tornassen a deshonrrar, y que deter-
minaua guardar su honrra por todas las vías que pudiesse.

FELIDES. En gran manera, es discreta la rapaza; y avnque no
sea por más de por oýrla, le diré que la llame.

POLANDRIA. No lo dilates, que es lástima ver al cuytado lo 145
que haze.

FELIDES. ¿Sigeril, en qué entiendes?

SIGERIL. Señor, el que no tiene entendimiento en sí, no puede
entender en nada.

POLANDRIA. ¿Qué os paresce si sabe dar respuesta? 150

SIGERIL. Sin dubda, señora, digo que cómo esté falto de sabiduría, ansí me niega el saber como tengo de elegir lo que
me cumple, y apartarme de lo que me es dañoso, que como
si esto supiesse sin que otro me alabasse, yo me alabaría
de sabio. 155

122 1539: hablen
131 1539: hiziesses
133 1539: an
137 1539: quisiese; E; allegue se

142 1539: honra
144 1539: *second* por *omitted*
154 1539: si *omitted;* alabase

FELIDES.   Basta que de oy más puedes poner cátedra de rethórica, según demuestras por tus palabras.

SIGERIL.   La verdad es, que si yo la puedo tener de rethórica, será por las liuiandades, que siendo tan liuiano, digo con jatancias, empero tú la puedes tener de philosophía natu-   160
ral, para magnifestar [941] las elegancias que tu lengua funda.

POLANDRIA.   Si tan a la larga va esta obra, tarde se concluyrá, que tú con el propósito de le interrogar, y él con la ocasión de te responder, acortáys el tiempo procediendo en razones.

FELIDES.   Por tanto, es bien que no se detenga más sin lla-   165
marla.

SIGERIL.   Si tú eres contento y la señora Polandria, muy breue la haré venir.

FELIDES.   No tardes, que ella y yo holgamos dello.

POLANDRIA.   Mira, Sigeril, que sean tus obras tan ocultas como   170
las insignias parescen discretas, y que si escusare tu venida, la digas que de parte de mi señor y tuya, Felides, vas a se lo rogar.

SIGERIL.   Yo lo haré como conuiene a su fama y a mi prouecho, que en manos está el pandero, etc. [942]   175

POLANDRIA.   Espantada me tiene tal astucia de mochacho, que para ser / de tan tierna edad, los consejos a estudiado de   [K 6v]
maestro, podiéndose [943] nombrar discípulo; y en fin, cada vno busca a su semejante, que ella bachillera y él licenciado bien se juntan.   180

FELIDES.   Por esso dizen que tal para qual, etc. [944]

SIGERIL.   ¡Ce! ¡Ce! ¡Señora Poncia!

PONCIA.   ¿Qué priessas son éstas, Sigeril?

SIGERIL.   La priessa que traygo, diéronmela que te la diesse, y por esso te la doy.   185

PONCIA.   ¿Y qué apresuramiento en buen hora me puedes tú dar que no lo tome yo de espacio?

SIGERIL.   Párate aquí a esta rexa. No hables desde la lumbre [945] con passión.

PONCIA.   No te marauilles que por no resfriarme con el ayre   190
que a venido, me estoy queda.

---

161   1539: manifestar   165   1539: no detengamos
163   1539: interogar   181   1539: dezen

SIGERIL.   Yo no sé, mi señora, quándo te merescí que tan mal
me tratasses, que el frío que haze no es tanto quando tú
motejas la frialdad que en mí as hallado; y el viento que
dizes que haze, bien das a entender que son ayre mis pa-   195
labras. Mas todo lo he de sufrir por dezirlo quien lo dize,
que no ay disfauor que tú me digas que no tome yo por
fauor.

PONCIA.   Andate a essas que ni esoy apassionada, ni te desfa-
uorezco, sino que te respondo conforme a lo que hago, que   200
es estarme al brasero.

SIGERIL.   No mirando a quien te lo suplica, mira a quien te lo
embía a rogar, y hazme merced de te llegar aquí junto.

PONCIA.   Desde aý puedes dezir lo que mandares, que no ay
testigo de vista ni de oýda que lo ocupe.   205

SIGERIL.   En estremo eres porfiada, que tienes tan poca confiança de mí, que avn teniendo rexa en medio, no te confías
a llegar.

PONCIA.   ¿Cómo no? ¿Por tan flaca tienes la resistencia que en
mí ay, que no podrá resistir a tus importunidades? Pues   210
porque veas en quán poco tengo tus fuerças con mi firmeza,
anda allá, que no digo escucharte, mas vamos a ver qué
me quieres.

SIGERIL.   O loores a Dios que te a dado gracia para que sa-
liesses!   215

PONCIA.   No seas tú gracioso en obras ni palabras, que están
frontero nuestros amos.

SIGERIL.   Ya lo veo; y no me tengas por tan descomedido que
auía de hazer ni dezir cosa que no deua.

FELIDES.   Perla mía, ¿no miráys quán en seso vienen hablando   220
los dos enamorados?

POLANDRIA.   No lo dexo de notar, y me marauillo de Poncia,
como quiso venir.

FELIDEL.   Tal perrillo⁹⁴⁶ / yua para no traerla.   [K 7r]

PONCIA.   Escuchemos la parola con que allegan.   225

192	1539: mereci	211	1539: fuerzas
206	1539: porfiado	214	1539: lores
207	1539: aun tiniendo	224	1539: la *omitted*

SIGERIL. Ves aquí a Poncia, que ni ruegos míos, ni promessas vuestras no bastaran para ser causa que viniera, si de su proprio motiuo y voluntad no fuera constreñida a lo querer.

PONCIA. A la fe, sabe que donde voluntad falta, no pueden sobrar obras; y di lo que quisieres, que yo hize lo que quise.   230

FELIDES. ¿Qué os paresce de los dos matadores, si se echan tiros crueles?

POLANDRIA. Parésceme que están sus mercedes de dar y tomar.

PONCIA. Señora, no digas entre burlas y juego semejantes cosas, que avnque él esté de dar, Poncia no está para tomar.   235

POLANDRIA. Si pequé, demándola [947] perdón, por su vida.

PONCIA. Yo tengo que ser la perdonada de ti. [948]

FELIDES. Todos estos perdones son gastar almazén; [949] sino entendamos en lo que se a de entender.

POLANDRIA. Contigo lo a Felides, Poncia; por esso mira lo que   240
respondes.

PONCIA. Yo no he de mirar la respuesta sin oýr la demanda. Diga lo que fuere seruido, que yo responderé lo que bien me estuuiere.

FELIDES. ¿Tanta furia para mí, hermana Poncia? No temas   245
que te demandaré ni aconsejaré cosa de que no te venga bien della.

PONCIA. Si temor tuuiesse, ya auría huýdo, o no viniera acá. Por tanto, di lo que quisieres, que tan presto estoy para oýr como para responder.   250

POLANDRIA. ¡Qué apocamiento es éste tuyo, que estás en pláticas con vna rapaza dos horas!, sino dezirla breue lo que se la ha de dezir, y no darla alas a que se yguale la porqueçuela. [950]

FELIDES. No he yo pena de sus razones. Antes me huelgo de   255
oýrla.

SIGERIL. Señora Polandria, la condición de Poncia es de aquel arte, y la de mi señor por el consiguiente es de escuchar al que sabe menos.

---

228   1539: constriñida   240   1539: ha
233   1539: Parece que   253-254   1539: porquezuela

FELIDES. Ora, no passe de aý, que yo quiero ser vuestro ca- 260
samentero.

PONCIA. Las mercedes que nos quieres hazer, te tengo en
merced. Mas pues las manos Sigeril y yo nos hemos dado
de palabra, ⁹⁵¹ no la tomes tú a me mandar que lo haga por
obra, que no lo haré de ninguna arte. 265

FELIDES. Oyeme lo que te diré, y harásme plazer.

PONCIA. El menor seruicio será ésse.

FELIDES. Lo primero es, que pues conoces que es tu esposo,
vses con él del officio que los desposados suelen vsar, que
es tratar la flor, mientras no se goza la fru/ta. Lo segundo, 270
que si te paresce ser deshonesto lo dicho por no auer auido [K 7v]
en vuestros conciertos testigos, que al presente lo confir-
méys ante nosotros, para que más firmeza aya en vuestras
burlas.

PONCIA. Ponderando, señor, tus palabras, responderé, no se- 275
gún meresces, mas como mi saber alcançare. Y a lo primero
que dizes, quanto a lo del hablar y lo tocante a despossados,
como son burlas y retoços, digo que ya sabes como no sabe
nadie de nuestros negocios, y que los que me conoscen, al
primer desdén que me viessen o supiessen que salía de 280
regla, oluidarían el concepto que de mí an tenido de buena,
y affirmarse ýan en reprouarme por mala; que vna muger
encerrada o donzella recogida, no basta dezir que no habla
con nadie por la castidad que guarda. Empero que no la
hallen insignias de desseo si fuesse en su mano; y esto es 285
que dexando las lenguas de otro, y mirando las nuestras
proprias, no ay palabra que el hombre diga a la muger que
no sea piedra, ni respuesta della que no sea sotil vidrio;
ansí que batallando estos dos contrarios, es aueriguado que
el vno a de quebrar a pocas bueltas. En lo segundo que de- 290
xiste ⁹⁵² acerca de los casamientos, ya sabes lo poco que él
tiene, con la lazeria que yo espero, si se junta, a qué colmo
llegará. Y ansí suelen dezir que dos árboles secos, etc. ⁹⁵³
Y como claro sabes que matrimonio no es otra cosa,

271	1539: parece	280	1539: viesen
272	1539: vuestros contratos	282	1539: afirmar se
279	1539: conocen	292	1539: laziria

después de la multiplicación que Dios mandó, sino el marido   295
ganar lo perdido y la muger dar cobro de lo ganado, verás
la razón que yo tengo en no lo hazer hasta tanto que vea lo
que él a de ganar y lo que tengo yo de guardar. Y no me
culpes, caso que en mí atreuimiento lo halles, que de uerdad no lo dexo porque no le amo y querría biuir con des-   300
canso en su compañía, sino porque veo que nuestro amor
será cuyta, si no tenemos en qué entender para sin vergüença biuir.

FELIDES. A me dado tan grande delectación tu sapientíssima
respuesta, que lo que respondo es darte estos cien ducados   305
para que cortes mientras se concluyen nuestros negocios
ropas; y yo te prometo que ansí como te doy éstos en secreto, de te dar otros dozientos en público el día que nos
velaremos, que os velaréys vosotros, el qual será antes de
ter/cero día, mediante Dios; y al presente no dexéys de ha-   310
blar, que holgaré dello.   [K 8r]

PONCIA. Yo os beso, señor, las manos, ansí por la merced hecha, como por la que tenéys en voluntad de hazer. Rescibo el don, juntamente con aceptar lo que me mandáys.

POLANDRIA. A buena fe, Poncia, que por mucho que as estu-   315
diado, no niegues que tus fuertes meneos venció la inuencible moneda, y puede Sigeril quexarse diziéndote que
obras son amores, etc. [954]

SIGERIL. Por cierto, señora, mi quexa será dar loores a Jesuchristo que lo a ordenado, y gracias a mi señor Felides   320
y a vos, que lo avéys hecho, y a ella que lo a concedido.

FELIDES. Ora, sus, no nos detengamos esta noche más en pláticas, sino apartaos allá los dos a retoçar vn rato, que me
quiero yr breue.

PONCIA. Por mandármelo tú a mí me plaze de le hazer pla-   325
zer, con tanto que los retoços sean honestos.

299-300   1539: cosa que; verdad
304   1539: grande declaraciō
312-313   1539: echa
315   1539: has
319   1539: quexar

320   1539: y *omitted*
321   1539: aueys echo
322   1539: tengasmos
323   1539: aportaos

FELIDES. Anda ya, que avnque aya algún besico, no te sabrá mal.

PONCIA. Quédalos tú dando a mi señora Polandria, que si me supieren o no, yo los sabré gustar. 330

SIGERIL. ¡O mis amores, bendito sea aquel alto hazedor de las cosas que ansí a hecho lo que tan desseado tenía!, que era a cabo de tantas malas noches y peores días verte vna hora en mis braços y gozar del gozo que por impossible he pensado auer. 335

PONCIA. Por la passión de Dios, te ruego que pues tienes licencia para lo exterior, no lo tomes en lo interior; y lo que hasta aquí as sufrido, tengas sufrimiento para sufrir [955] esto poco que nos queda, y cumplido el matrimonio, cumplirás con tu voluntad. 340

SIGERIL. O mi señora, no me mandes que con mi flaco poder tan fuerte cosa pueda acabar, que no es en mi facultad hazerlo.

PONCIA. Sossiega essas manos, y ten vergüença de mi vergüença. No me descubijes. [956] 345

SIGERIL. Calla, bien de mi vida, que no ay aue que se coma si primero no se le quita la pluma. [957]

PONCIA. ¡O Nuestra Señora, y qué atreuido te as mostrado en auer hecho tal atreuimiento!, que a sido deleyte tan breue, que a no tener causa legítima, es de muy larga congoxa. 350

SIGERIL. Por esso la tiene tal que escusará los inconuinientes [958] que quisiere poner alguno, y dará razón de la sinrazón [959] que alegaren que fue.

PONCIA. Basta lo passado para agora / y leuantémonos, que [K 8v] se me antoja que no está[n] Felides y Polandria a do 355 quedaron assentados.

SIGERIL. No te apresures, coraçón mío, que ellos están detrás de aquel mançano holgando como hemos holgado.

FELIDES. ¿Mis entrañas, passáys por tal auto, como el que entre dos amantes passa? 360

337 1539: enterior
338 1539: suffrido; sufrimēto
339 1539: e
341 1539: me lo mandes

351 1539: escussara
355 1536, 1539: esta
356 1539: asentados

POLANDRIA. Paso por lo que comigo as passado, y querría, si mandas, que no pasasse más esta noche, contentándote con lo justo, que podría ser que fuesses sentido de algunos que madrugan, si nos detenemos.

FELIDES. La razón que das magnifiesta la razón que tienes. Y quiero llamar a los otros nouios, porque os entréys y nos vamos.   365

POLANDRIA. Sea ansí.

FELIDES. Sigeril, acaba ya de venir, que tiempo es que vamos a la posada.   370

SIGERIL. Essa breuedad del tan breue tiempo nos hizo diligentes en la venida.

FELIDES. ¿Que de otra manera dizes que era escusado tan presto?

POLANDRIA. No le preguntes esso, sino mira a la cuytadilla de Poncia, qué mudada trae la color, [960] y aurás lástima della.   375

PONCIA. Señora, venga como viniere, que a vos no se os fue la sangre al colodrillo.

POLANDRIA. Anda ya, que por dezirme andas. Calla y callemos, que sendas nos tenemos y acertarías.   380

FELIDES. No la quieras hazer tan mal criada que se afrenta, e si más quisieres proseguir en la risa, sea en tu aposento y muy callado, porque os hago saber que lo que se ríe muchas vezes de burlas se llora de veras. [961] Y con esto me despido, dexándote con tanto plazer como yo lleuo descanso.   385

POLANDRIA. Lo mesmo ruego yo a Dios, te dé tanto fauor quanto yo te he dado de vitoria.

SIGERIL. A vos, mi señora Poncia, no digo más, sino que al cuerpo que lleuo os ruego saludéys, pues el coraçón acá os queda. [962]   390

PONCIA. Nuestro Señor te guíe, que si yo te robé el coraçón, puédole restituyr; empero tú me hurtaste la libertad, y será mala de boluer.

FELIDES. ¿Qué te parece, Sigeril, qué sublimada pena traximos

---

361	1539: Passo	373	1539: escusado era
362	1539: passase	381	1536, 1539: he
365	1539: manifiesta	387	1539: victoria
368	1539: assi		

y qué sobrado gozo lleuamos? Y pues vamos solos, cuénta- 395
me lo que passaste con ella.

SIGERIL. En la possada te lo diré largo, que no es más de que
yo la oue a mi plazer, avnque con rogar; y veo que los dineros fueron intercessores más quel ruego. Y ansí hallo por
cierto lo que se dize, que dádiuas / quebrantan peñas. [963] 400

FELIDES. No ay dubda, y cesse por agora esto, que más largo L [1r]
me lo contarás.

SIGERIL. A mí me plaze. Vamos por aquí arriba, qu[e] está
encubierto.

FELIDES. Bien as dicho. 405

¶ AUCTO .xxix.

Brauonel, como se enamoró de Areúsa, quando fue con
Grajales a lleuar a Celestina, propone de la yr a hablar. Y
con esta determinación va a la posada de Celestina a do la
halla; y hablando sobre el caso a la vieja, dala ciertos dineros, 5
por los quales concierta con Areúsa que le dé la palabra de
lo hazer. Y ella, avnque se escusa, le promete que lo hará. E
introdúzense:

¶ Brauonel.　　¶ Celestina.　　¶ Areúsa.

BRAUONEL. ¡O mal grado aya quien me parió, y qué gran 10
mustiedad [964] y superfluos pensamientos tengo desde la
noche passada que vi a Areúsa y el diablo me encontró
con Grajales para yrme con él. Mas no creo en tal si por
su mal no sea, que sin ponerme a conjeturar lo que puede
succeder, determino yr a hablar a Celestina, que ella está 15
siempre allá, y con dezirla hombre de papo [965] que trastor-
nara el mundo en vna hora, se vencerá en vn credo. [966] Y
en fin, la lengua a de cumplir, que por vida del emperador,
bien creo yo alcançar la cosa, mas ella seguro tendrá que
no verá vn quarto de mí en sus días; que estas putas en 20
más estiman vn fiero que hombre las promete hazer, que
quantos seruicios otros las hazen. Y por las reliquias de

397　1539: posada　　　　403　1539: questa

aquella casa santa [967] de le meter tanta parola quanto el
asno de Grajales la mete bastimento, que harto sería contra
natura la que ama a vn puerco como aquel que anda lleno   25
de grassa de la despensa, porque la mantiene, no amasse a
Brauonel, viéndole tan apuesto. Y sin / darle nada, le diesse   [L 1v]
ella para ayuda, etc. [968] Quiero callar, pues estoy cerca, y
la puerta veo cerrada, que podrá ser estar dentro Grajales,
y avnque digo de pico [969] que haré y acontesceré [970] de   30
manos, rezio caso sería, que del dicho al fato, etc. [971] Ansí
que con este pomo de la espada, empieço a llamar si me
oyeren.

CELESTINA. Hija Areúsa, di a Elicia que se leuante y baxe [a]
abrir, que nos quiebran las puertas.   35

AREUSA. No está aquí, que dos horas a que fue a sacar vna
lauor en casa de la vezina viuda.

CELESTINA. Pues mira tú quién es desde essa ventana, que
pensarán que estamos sordas.

AREUSA. Soy contenta.   40

CELESTINA. Ve presto. Ansí te gozes.

AREUSA. ¿Tú eras, señor Brauonel?

BRAUONEL. Yo soy, mi señora.

AREUSA. Dexémonos de señoríos, y di lo que quieres tan tarde.

BRAUONEL. Querría, si tú quisiesses abrirme, hablar con   45
Celestina.

AREUSA. Yo sí quiero, de verdad. Mas si no es muy de priessa,
en la mañana que vengas basta, que no madruga ella tanto
para que no te espere.

BRAUONEL. Merced me harás que me mandes abrir, porque   50
me va mucho en ello; o la digas como estoy aquí.

AREUSA. Que me plaze. Y espérame que luego bueluo a abrirte, o con la respuesta.

CELESTINA. ¿Areúsa, oyes? ¿No acabas oy de dezirme quién es?

AREUSA. Ya yua a dezirte como es Brauonel, aquel gentilhom-   55
bre que vino con Grajales a traerte, y dize que te viene a
hablar, y si mandas, que le abra.

CELESTINA. Brauonel es. El y años buenos entren en mi casa;

que yo soy muy contenta que entre y me diga lo que le
cumple, que lo haré de tan buena gana como si fuesse   60
mi hijo.

AREUSA. Pues, a abrirle voy.

CELESTINA. Mucho en buen hora, y suba acá, que no haze al
caso que me halle en la cama.

AREUSA. Entra, señor Brauonel, que mi tía huelga dello.   65

BRAUONEL. ¡O cuerpo de Dios comigo! ¿Es possible que me
auía de ver cabe ti solo?

AREUSA. ¿Qué fiesta es ésta? Sube arriba y déxate de pláticas.

BRAUONEL. ¿Adónde puedo yo subir, perla, que no os lleue
en mi coraçón metida?   70

AREUSA. Otra le a dado, ⁹⁷² por mi salud, de te dexar aý y
subirme, que oyes a mi tía lo que haze porque no subimos,
y querrías vsar del palacio.

BRAUONEL. No la oygo, por cierto.

AREUSA. Escucha vn poco, y verás si lo arguyo. /   75

CELESTINA. ¿Por qué no tienes empacho, ⁹⁷³ Areúsa, de dete- L ij[r]
ner en el portal a esse señor?

AREUSA. Ya vamos, que estaua cerrado.

BRAUONEL. Buenas noches, madre honrrada.

CELESTINA. Hijo Brauonel, seas muy bien venido. ¿Mandas   80
alguna cosa de mi pobre persona o posada?

BRAUONEL. Tú me as de mandar, señora madre, que la voluntad presta la hallarás en mí para hazerlo.

CELESTINA. En mi ánima, éssa no te tengo yo perdida, para
cumplir lo que te cumpliere, que en fin, déuotelo, que des-   85
pués de Dios, tú me diste la vida, que nunca Grajales me
pudiera boluer en mí, según el desmayo tenía.

BRAUONEL. No cures de dezir esso, que me afrento, que muy
poco es en comparación de lo que por ti haré. Y porque
quien no cumple de obras, paga con palabra, ⁹⁷⁴ yo no seré   90
sino vizcaýno en mi plática. ⁹⁷⁵ Y pues tienes conocido lo
que te desseo seruir, remitiéndote a la obra, te diré a qué
fue mi venida.

---

76 1539: enpacho   91 1539: E
90 1539: obra

CELESTINA.　Si quieres dezirme algún secreto, sálgase fuera
Areúsa. No tengamos testigos.　　　　　　　　　　　　　95

BRAUONEL.　No se vaya, que cosa es que lo puede oýr.

CELESTINA.　Déxala. No cures de llamarla, que ella haze bien,
que es muger de vergüença, y no quiere estar a do algo
hablan, si no es llamada de las partes.

BRAUONEL.　(Por vida del rey, que ya me empieça la maldita　　100
vieja a subirla en las nuues.)

CELESTINA.　¿Qué es lo que dizes de nuues?

BRAUONEL.　Digo que viendo el cielo cubierto de nuues y que
quiere venir grande agua, no se me penó vn quarto [976] por
venirte a hablar. Y lo que te he de dezir, por cifras te diré　　105
claro; y es que yo estoy muerto por Areúsa desde antenoche
que la vi abaxo quando te traximos mal dispuesta. Y vén-
gome a encomendar a ti que me remedies como tienes el
poder, que ni como, ni duermo, ni se me alçan los braços
para desuaynar vna espada, según estoy. [977]　　　　　　110

CELESTINA.　Hijo mío, muy gran cosa me pides para lo poco
que en ello mis fuerças pueden hazer; que por la tierra que
me espera, desde que la conozco, en mi casa y fuera della
jamás la he visto hazer cosa deshonesta, y avnque sé que
no dexara de cumplir mi mandado, no me atreuiera a man-　　115
darla que hiziesse ninguna vileza, que son las moças tan
liuianas, que si les dan facultad para poco, hazen ellas
mucho, / y ansí se dize que quien haze vn cesto hará... [978]　[L 2v]
Ya me entiendes.

BRAUONEL.　Bien se me entiende todo. Empero, como lo que　　120
te ruego es hecho de hombres, y lo que Areúsa ha de hazer
sea obra de mugeres, no te marauilles.

CELESTINA.　Por los huessos del padre que me hizo, que no
me hago marauillada de tu pena, ni de pensar que la puedes alcançar, que en fin, tan pronto está su carne para ser　　125
vencida como la tuya se venció; mas no querría que por
mi causa la succediesse algún daño.

104　1539: cuarto
107　1539: E
109　1539: ni e me

115-116　1539: mãdar le
121　1539: echo; a
127　1539: sucediesse

BRAUONEL. ¿Qué la puede succeder que yo no muera por sal-
uarla? ¿Por dicha es el señor Grajales el que la enojara?

CELESTINA. Ya que lo sea, puede lo hazer, por ser su primo y   130
tenerla a cargo desde que nació.

BRAUONEL. Dessa manera, él me burló ayer, que me dixo, y
avn con juramento, que oy a dos meses no la conocía. Ansí
que dexados essos inconuinientes, me harás merced que la
llames y se lo digas, que demás de gastar veynte pieças   135
de oro contigo y con ella, te doy mi palabra como hijodal-
go de hazer vn castigo a Barrada que en todo el reyno sea
sonado, porque yo me cortaría esta mano si con ella no le
cortasse la cabeça para te la traer a que en más venga [979]
tuya le peles cada día las barbas, y después la lengua al   140
humero. [980]

CELESTINA. (Mal cuexco es éste para echarle dado falso. [981]
Quiérole conceder lo que pide por no tener embaraço en
mi persona, que a vnos ha de contentar hombre por valor
y a otros por temor.) [982]   145

BRAUONEL. ¿Qué me respondes entre dientes madre?

CELESTINA. Que el amor que te tengo por lo que por mí heziste
es tan grande que acuerdo llamarla y haré con ella que se
determine a hazer lo que le rogaremos. Y te doy mi fe, que
por ver la vengança que deseo de aquel traydor, ponga   150
todas mis fuerças en que se cumpla tu voluntad; y porque
mejor lo conceda, si tienes aý algunas blanquillas, no dexes
de dármelas para vnos tocados que le auía de comprar
mañana; y me dio vna prenda que diesse.

BRAUONEL. No creo en tal, si en mi poder reyna otra moneda   155
si no son estos siete reales, que hecho vn perro he estado
oy, que perdí esta tarde a los dados quinze doblas sin ganar
vn quarto.

130	1539: no sea	142	1539: hechar le
131	1539: nascio	144	1539: a de
133	1539: conoscia	149	1539: rogamos
134	1539: inconuenientes	150	1539: desseo
135	1539: veyte	151	1539: E
137	1539: barada	156	1539: echo
139	1539: vengaça	157	1539: pues perdi

CELESTINA. Otro día te esquitarás, [983] que ansí es el / juego.   L iij[r]

BRAUONEL. No rescibo yo passión por embidar vn resto de   160
cien ducados y perderle; empero, que en treynta manos no
gané vna sola.

CELESTINA. Ya hecho es; y si te parece, dame essas blanquillas, que dándolas en señal, me fiarán lo que más montare,
que como dizen, más vale algo que no nada. [984]   165

BRAUONEL. Veslas aý, que por nuestro señor, que holgaría
que los echasses a mal antes que dezir a Areúsa que te
diesse lazeria.

CELESTINA. ¡Ay, dolor de mí! ¿Por qué a mal los auía de echar,
avnque fuera sólo vn real, quanto más siendo siete? Hágote   170
saber que en dármelos tú los precio más que si fueran
veynte ducados de mano de otro.

BRAUONEL. Ora llámala, porque se negocie breue lo que
cumple.

CELESTINA. Soy contenta. ¡Areúsa! ¡Areúsa!   175

AREUSA. ¿Qué mandas, señora tía?

CELESTINA. Que entres acá luego.

AREUSA. A buena fe, larga a sido vuestra plática, y aýn si no me
llamárades, bien podía amanescer primero que yo entrara.

CELESTINA. Por tanto, te diré summariamente a qué vino el   180
señor Brauonel.

AREUSA. Si es cosa que sin perjuyzio se me puede dar parte,
holgaré de saberlo.

CELESTINA. La verdad es que yo he rehusado con él de no
dezirte lo que quiere, y le deuo más que a mi padre, y él   185
me lo a rogado que te lo rogasse. No pude hazer menos
darle mi palabra que te lo diría.

AREUSA. Sepamos ya lo que es, que más estás en dezirlo que
yo en hazerlo.

BRAUONEL. Tal me dé Dios la salud, qual essos principios son.   190

AREUSA. Pues, ¿qué quieres que diga?, que empieça y no acaba.

CELESTINA. Lo que dize es que él anda muy penado por ti,
que te suplica tu amor no le niegues, y yo ansí te lo ruego.

163 1539: echo   179 1539: amanecer
167 1539: *second* a *omitted*   180 1539: sumariamente
170 1539: aun q̄

AREUSA. Tan espantada estoy de su pedir como de tu conceder, que los hombres no es marauilla que pidan, mas an de 195
saber lo que piden, y a quién. Dígolo porque anteayer no
me conocía Brauonel, y agora demanda semejante don. Y
tú también no me auías de tener por tan dissoluta que
auías de aceptar su ruego por importuno que fuesse.

CELESTINA. Razón tienes, y esso es lo que yo te agradesceré, y 200
él te terná en merced, que lo que por otro no as hecho, lo
hagas por su intercessión.

AREUSA. Señor, no me lo mandes, que no aprouecha.

BRAUONEL. No tan cruel, perla.

AREUSA Cruel, o mi/sericordiosa, ansí me crié. 205

CELESTINA Apártate allá, Brauonel. Diréla vn poco al oýdo. [L 3v]

AREUSA. Vesme aquí. Di lo que quisieres.

CELESTINA. Que mires, que tanto es lo de más como lo de
menos; [985] y que basta la porfía que as tenido, y no seas
más porfiada, que Grajales no lo a de ver ni sentir según a 210
las horas viene. Y éste es hombre de hecho, que a vna vez
que se assiente a jugar, te sacará el pie del lodo. Y aýn te
digo que denantes [986] burlando, como me vido los alcorques
rotos, sacó muy liberalmente dos reales para que comprasse
vnos; mas nunca yo los rompa si no los almorzaremos de vn 215
par de gallinas.

AREUSA. Tía, tía, y cómo huelgas que se tome la caça con tan
poco ceuo.

CELESTINA. No seas más prolixa, que tras lo poco viene lo
mucho; [987] y dale tu palabra que lo harás, porque se vaya, 220
que es tarde. No busquemos cinco pies al gato. [988]

AREUSA. Acabemos que sí haré, y si algo me escuso, ya sabes
el porqué.

CELESTINA. Ansí, hija, que dizes que no aurá otra cosa, y lo
otorgas otra vez, estando el señor Brauonel delante. 225

AREUSA. Ya te he dado mi palabra. No ayas miedo que la
desdiga.

205	1539: miseicordiosa	214	1539: liberamẽte; cõprase
209	1539: *second* y *omitted*	215	1539: almorçaremos
211	1539: oras; echo	224	1539: abra otro
212	1539: asiẽte; aun		

CELESTINA. ¿Eres contento, ya que he concluýdo lo que tanto desseauas?

BRAUONEL. Estoy tan alegre quanto en mi vida pensé estar. Y 230 en verme junto cabe esta rosa, veo la mayor gloria que nunca vi.

AREUSA. No te empieces a desmandar, ya que tiempo tienes.

BRAUONEL. ¿Por tentarte los pechos hallas ser trauessura?

AREUSA. ¿Y besucarme no es nada? 235

BRAUONEL. Por mi vida, que nos entremos allá, que yo te doy mi fe de no me desmandar a cosa que no deua.

AREUSA. Tomalde⁹⁸⁹ el dicho, pues escusado es por agora.

BRAUONEL. ¿Por qué, mi bien?

AREUSA. Porque no puedo. 240

CELESTINA. La verdad que te diga, ella está ocupada de su persona, y pues te a prometido que no aurá falta de aquí a dos días, conténtate.

BRAUONEL. Si ansí es, no quiero saber más, porque no se escuse la promesa por la inportunación; y si me days licen- 245 cia, saldré por esse pueblo hasta que sea de día.

CELESTINA. Tú la tienes para darla a nosotras.

BRAUONEL. Esso es bueno. Quede Dios contigo.

CELESTINA. Y en tu compañía vaya.

BRAUONEL. Y con vos, mi señora, quede este abraço, junta- 250 mente con esta fruta.

AREUSA. Anda con Dios, que todo esso es ayre, y poco te satisfaze a ser solamente essos. /

¶ AUTO .XXX. L iiij[r]

Ponzia dize a Polandria que se prouea en cómo se negocia-rán los casamientos. Y su señora responde que no ay otra suf-ficiente que lo haga sino Celestina; y con este acuerdo Poncia

233 1536: ha
234 1539: trauesura
245-246 1539: promessa; importuna-cion; lecēcia
250 1539: E

1 1539: Aucto   3-4 1536: casamētos; suficiente

dize que dirá a Sigeril que la diga que buelua a hablar a   5
Paltrana. E introdúzense:

¶ Poncia.   ¶ Polandria.

PONCIA. Señora, razón sería que se pusiesse algún medio en
   los fines que esperamos; y porque no es cosa que estando
   caliente se a de enfriar, que será necessario poner huego   10
   de principio. Lo digo que ya ves como a Paltrana habló la
   vieja el día passado, y caso que no la dio la respuesta conforme a la demanda, contentástete con que la oyó; y ansí
   vemos tirar vna pella ⁹⁹⁰ de yesso a la pared, y no pegando
   a la primera vez, pegar en la segunda. Y mi parecer es   15
   dezirte que tomes el tuyo en mirar quién o cómo lo negociará, para que nuestro gozo gozemos como es de razón;
   y esto tanto cumple a tu honrra como a mi fama.
POLANDRIA. La verdad es, Poncia, que la diligencia es madre
   de la buena ventura, ⁹⁹¹ y pues nuestra ventura quiso que   20
   ansí quisiéssemos aceptar en ⁹⁹² las tentaciones de la carne,
   no quieras tú dar tanta priessa a que se acabe que sea
   causa que se pierda, que muchas vezes ponen tanta lumbre a lo que está al huego, que se quema; y como sabes
   que lo que hezimos se hizo por sus tiempos limitados, no   25
   te as de apresurar agora dessa manera, que poco a poco se
   hará, sin que se sienta nada dello. Y no es tan grande el
   delicto cometido, y tan corta nuestra vida, que viniendo
   nuestro fin se dibulgara primero que se sepa.
PONCIA. Señora, yo no digo que nuestra vida es larga, ni niego   30
   que es corta; empero llamo yo felicidad en el biuir quando
   no ay pena, y se espera holgança sin sospecha de daño.
   Y como el tiempo viene sin alas, ⁹⁹³ y la fortuna anda sin
   pies, ⁹⁹⁴ y las adulaciones se hagan encubiertas, / auemos [L 4v]
   de prosuponer ⁹⁹⁵ que si esperamos a que passe el tiempo,   35

12	1539: E caso	27	1539: grēde
13	1539: contentaste	29	1539: diuulgara
15	1539: pega; E	33	1539: es tiempo; Fortuna; 1536:
20	1539: E pues		ande
24	1539: fuego	35	1539: tĩpo
26	1539: apressurar		

pensaremos que no se muda y no dexa de correr, y no ay
cosa que tan mala sea de cobrar como el tiempo perdido.
Y si pecamos con la carne, no es marauilla, que de carne
nascimos y de carne somos y en carne offendemos; que
puedes creer que ella possible es darnos la muerte, mas
nosotros impossible hallo que es huyr de sus desordenados
vicios. Y tórnote a persuadir con propinquas amonestaciones que el remedio se ponga pues el hierro es hecho, que
a la verdad, gran trabajo es suffrir vn reués de fortuna,
pero mayor es quando se empieça a sentir, y no se puede
remediar. E sin comparación es mayor quando lleua remedio la pérdida, y el que quiere no puede, y el que puede
no quiere, que si como yo soy diligente pudiesse poner la
diligencia, de mí puedes estar segura que no tendría tanta
pereza para hazerlo como tú eres perezosa en empeçarlo.
Y perdóname por estas razones, que la razón me incita a
las dezir.

POLANDRIA. Por cierto, amiga Poncia, yo sería digna de reprehensión si tus palabras tan sentidas contradixesse, mas
ya que me as aconsejado lo que me cumple hazer, querría
que me aconsejasses quién lo hará, porque si a mi señora
Paltrana alguna persona va a hablar como de mi parte,
demás de ser desonesto, ella y quien lo supiere dirán que
yo lo quiero por amor intrínsico, si de la de Felides no co-
braremos buena fama, que se podrá dezir que ay oculto
entre nosotros algún concierto. Pues si Celestina la buelue
a puntar el negocio, no dexará de venirla sospecha en ver
que la vieja de su propio motiuo se mueue sin interés a
poner tanta diligencia; ansí que ya te he dicho lo que me
paresce, porque me digas tu parescer.

PONCIA. Lo que yo veo es que huelgo mucho que miras los
interualos que pueden succeder, yendo de vna manera o
de otra a negociarlo. Y como toda esta vida sea trabajo,

37	1539: t̃po	63	1539: propio
39	1539: ofendemos	64	1539: deligencia
44	1539: sufrir	67	1539: suceder
55	1539: ya *omitted*	68	1539: lo *omitted*

somos obligados a elligir de dos o tres estremos peligrossos
el que es menos y más seguro. Y he pensado que buelua   70
Celestina a concluyr este negocio, porque ella es tan cau-
telosa que sobre mi ánima no la fal/te vna cautela que   L v[r]
hurdir para hazer lo que tomare a cargo; y mi consejo es
éste. Tu parescer sea el que mandares.

POLANDRIA. También me an parescido tus consideraciones, que   75
no digo más de rogarte ordenes cómo se lo diremos a la
madre honrrada sin embaraço.

PONCIA. No es cosa segura hablarla tú acá ni yr yo a su casa
a se lo dezir, sino en passando Sigeril le llamaré, para que
de parte de Felides se lo diga.   80

POLANDRIA. De essa manera, camino es que con ayuda de Dios
se dará fin a la jornada.

PONCIA. Pues señora, yo me salgo a mi cámara a dormir vn
rato mientras amanece.

POLANDRIA. Ve con Dios, que razón tienes.   85

¶ Auto .xxxj.

Sigeril, passando por la puerta de Paltrana, vee a Poncia,
que está a vna ventana. Y después de auer passado entre
los dos diuersas pláticas, ella la declaró que tenían acordado que Celestina tornase a entender en los casamientos.   5
Y él dize que lo dirá a Felides para que lo ponga por obra.
E introdúzense:

¶ Sigeril.   ¶ Poncia.

SIGERIL. Qué buena dicha he auido, que a buena fe, a Poncia
veo a la ventana, y aýn se ríe en que me a visto! Quiérola   10
hablar antes que ella empiece, por ganar desta vez la honrra a la suya. Mi señora Poncia, ¿cómo tan tarde al frescor?

---

69   1539: elegir   77   1539: honrada
70   1539: menor   81   1536: Polandria *omitted;* 1539:
75   1539: parecido   dessa

1   1539: Aucto   6   1539: por la obra

PONCIA. O señor Sigeril, adelantaste por lo que dizen: Antes
di que te digan. [996]

SIGERIL. No entiendo esso, por nuestro señor. Tórnamelo a   15
declarar.

PONCIA. Bien me paresce hazer escuro lo que manifiestamen-
te es claro.

SIGERIL. Por mi vida, por más que alegues, aquello llamo yo
turbio, que a mi intelligencia es ygnoto.   20

PONCIA. Loores a Dios, que vltrajándome de nescia te quieres motejar de insipiente, pues sabe que no me a sabido
bien tu venida por estos barrios hasta saber a dó yuas.

SIGERIL. ¿Zelos son éssos, señora?

PONCIA. Que sean o no, a buena fe, tú puedes / hazer; em-   25
pero, sabe que yo no dexaré de saber lo que hizieres, que   [L 5v]
no sueles tú madrugar sin propósito dos horas antes del
alua, y con el tiempo que haze.

SIGERIL. ¡Ha, ha, ha!

PONCIA. ¡Qué buena risita éssa, no auiendo de qué!   30

SIGERIL. Por mi vida y tuya, que sí ay, que me dizes cosas
que es plazer oýrlas.

PONCIA. Y aýn esso es lo negro, que te huelgas tú y yo rauio,
que agora en la cama auías de estar, y no por las calles.

SIGERIL. Anda ya, que eres vna traydora, que si a cuenta en-   35
tramos de mi venida o de tu estada, [997] aýn quiça te
podría hombre a pocas bueltas vencer.

PONCIA. En mi ánima, que no tardé en te dezir a lo que me
paré aquí, sin que pienses algún inico pensamiento.

SIGERIL. Ea, no tanto mal contra el pobre de Sigeril.   40

PONCIA. Si no tuuiese razón, no soy tan deslenguada que auía
de dar licencia a mi lengua a que se deslenguase en tu
perjuyzio. Mas como la tenga primero, que tú me digas a
dó vas, te contaré yo a qué causa estaua de pie.

SIGERIL. Dalo a Dios, que otro día me lo dirás, o ábreme,   45
que estoy en la calle y nos oyrán los vezinos.

17-18 1539: manifistamẽte
20 1539: inteligencia
22 1539: insapiente
30 1539: risa

32 1539: de oyrlas
42 1539: *second* a *omitted;* deslen-
guasse
43 1539: tu *omitted*

PONCIA. Déxate de essas fiestas para comigo, que a buena fe, que agora lo sepas.

SIGERIL. Di lo que mandares, que no lo dixe por tanto.

PONCIA. No es más, sino que por el agua que esta noche a 50
llouido, quito vnos albahaqueros desta rexa, y para que
rescibiessen el rocío de la mañana, torné agora a mirar si
hazía ayre para ponerlos. Y no te quiero dezir qué tanto [998] he reposado después que se vino [a] acostar mi
señora. 55

SIGERIL. Corrido estoy en forma de las saluas que as hecho
por tan mínima cosa, sin pedírtelas. Y pues as dicho tu
escusa, bien será que oygas la mía.

PONCIA. Mira si la oyré.

SIGERIL. Yo te certifico que la principal causa que tuue para 60
salir tan temprano fue yr a casa del Marichal a dezirle de
partes de mi señor Felides que se aparejasse para de aquí
a media hora yr a caça, porque a las seys han de estar en
el monte. Y como venía de allá, quise me venir avnque
rodée por esta calle por ver si te vería. Y quiso Dios que 65
mis passos no fuessen embalde.

PONCIA. Quiera Dios / que ansí sea. [L 6r]

SIGERIL. Por mi vida y tuya, que no es otra cosa.

PONCIA. Hombre eres, por amor de Dios, que hagas cosas de
hombre que procura por la virtud, que ya no tienen en 70
veneración al de linage ni al pobre, sino aquel que vsando
de nobleza limpiamente sostiene su honrra que no se cayga. Y créeme que el que más multiplica, y más rico está, es
el que más priua. Y bien creo que tu entendimiento basta
para entender por lo dicho lo que podría dezir acerca del 75
ganar honrra en esta vida y dexar fama en la muerte.

SIGERIL. En rrealidad, de verdad te digo que son tan promp-
tos tus consejos y tan salutíferas tus palabras, que para
fundar yo elegantes respuestas sobre la elegancia que tienes,

50 1539: es *omitted*
53 1536: ponerlo
54 1536, 1539: vino acostar
57 1539: Y *omitted*
59 1539: lo

61 1539: tenprano; marichar
64 1539: Monte; aun que
66 1539: en balde
73 1539: lo que

auía de auer estudiado más y seruido menos. Empero,   80
toma mi voluntad, que es obedescer lo que mandas, en re-
compensa de mi ygnorancia quanto al saber. Y porque no
nos detengamos, pues no eres seruida que entre, te suplico
me digas la ocupación que te a estoruado de no reposar
esta noche.   85

PONCIA. Sigeril, hágote saber que quanto me plaze del propósito que tienes en lo que te he aconsejado, tanto me pesa
de la nouedad que en ti hallo, en requebrarte comigo,
que demás de ser cosa pueril, toca en sandíos, [999] porque
sin dubda se podrá dezir liuiano el que después de auer   90
caçado el aue, teniéndola debaxo de su poder la pone más
ceuo a la mesma, no siendo necessario. Ansí que los días
passados no me parescían mal tus razones, pues a ellas te
respondía, mas ya que el dominio tienes sobre mí, no siendo nada mía por ser toda tuya, no cale cumplir [1000] con   95
cumplimientos de quien sabe mucho o poco, sino que tu
saber sea que cumplas lo que me as prometido en saber
allegar, y yo hazer lo que soy obligada en saberlo guardar.
Y tocante a este punto no alargo, que en fin, al buen entendedor, etc. [1001]   100

SIGERIL. Porque no digas que armo philosophías, no digo más
de conceder a lo que as dicho y rogarte me cuentes, porque me quiero yr, tus negocios.

PONCIA. Plázeme de te lo hazer saber, que lo que es, tanto
toca a ti / como a mí, y aýn a tu señor como a la mía; [1002]   105
y de necessidad te lo auía de dezir sin que tú me lo acor-   [L 6v]
dasses, porque estaua acordado; y es que conjeturando
entre Polandria e yo quien entendería en estos casamientos, hallamos ser peligroso que se hablasse de la parte della, y tocante en infamia, negosciarse de partes dél; ansí   110
discerniendo estas ocasiones, quedó concluýdo que Celestina buelua a hablar a Paltrana, y para esto es menester
que a la hora te embíe Felides a su casa a rogárselo,
porque plazerá a Dios que para el domingo esté hecho.

86   1536, 1539: sabar   101   1539: philosophia
93   1539: parecian   108   1536, 1539: he yo

SIGERIL. Muy bien se negociará por essa vía, que yo tengo   115
por tal a la vieja, que su poder podrá poco, o lo hará breue.

PONCIA. Pues ve con Dios, y no te detengas.

SIGERIL. Con El quedes, que no as menester encargármelo.

¶ AUTO .xxxij.

Felides pregunta a Canarín, su paje, por Sigeril, el qual le
responde que no sabe dél, y que le vee andar pensatiuo.
Y sobre esto, como están riendo, entra Sigeril, y después [1003]
a reñido con Canarín, dizen a su amo lo que Poncia le dixo,   5
y Felides le embía luego a casa de Celestina con vn buen presente. E introdúzense:

        ¶ Felides.   ¶ Canarín.   ¶ Sigeril.

FELIDES. Canarín, di. ¿Sabes de Sigeril, dónde está?

CANARIN. Señor, no, que desde que anoche cenamos, salió a   10
passear y no a buelto.

FELIDES. ¿Pues, dónde puede auer dormido?

CANARIN. Por cierto, señor, que yo no le fuy [a] assechar, que
según él anda, por más que le notasse sus passos, no le
tomaría tino.   15

FELIDES. Tórnamelo a dezir esso, que no te entiendo.

CANARIN. Digo que Sigeril de pocos días acá tiene dos estremos [1004] muy estremados.

FELIDES. ¿Qué cifras son éssas, rapaz? Por Dios, ni tú sabes lo
que hablas, ni lo que quieres dezir. Aclaraos, [1005] mala   20
pascua / os dé Dios, y sepamos qué cosa es estremo, y   [L 7r]
como son dos y no tres ni quatro.

CANARIN. Si yo dixera estremos entre algunas mugeres o personas comunes, entendieran lo que el vulgo entiende, que
son vnas cuentas de oro o de plata que suelen poner en los   25
rosarios por paternostres. Empero, propriamente hablando,
estremo no es sino tomar vna cosa muy hasta el cabo, y

1   1539: Aucto   9   1539: Sabes canarin Sigeril
2   1536, 1539: Canerin   13   1536, 1539: fuy assechar

sentir con gran sentimiento lo que a succedido y puede succeder.

FELIDES. Por nuestro señor, no pensé que sabías leer, y sabes   30
distinguir.

CANARIN. No te marauilles porque hable necedades, que otros aurá más necios en el mundo y passan.

FELIDES. Dexémonos de bachillerías, y di cómo conociste en él que tenía dos, y quáles son.   35

CANARIN. A la verdad, yo poco conozco, mas bien he conocido los dos que tiene, que avnque de lo interior no aprueuo, de lo exterior juzgo.

FELIDES. Acaba ya, rapazejo.

CANARIN. Señor, digo que la semana pasada se assentaua con   40
nosotros a comer o a cenar, y en buena fe que se leuantaua de la mesa sin desayunarse, y siempre la mano en las mexillas, [1006] el más pensatiuo del mundo.

FELIDES. He, he, he.

CANARIN. ¿De qué te ríes, señor?   45

FELIDES. De ver el nescio el prouecho que os daua en dexaros toda la comida.

CANARIN. Para esta cruz, señor, que porque es mi compañero, me pesa, que a los otros plázeles.

FELIDES. Desso me río más, en oýr que todavía perseuera.   50

CANARIN. Oye, pues, y diréte el segundo estremo que tiene de dos días acá.

FELIDES. Dile, que por nuestro señor, el primero de enamorado me parece.

CANARIN. Por vida de mi padre, que lo pienso, avnque no a   55
passado por mí, que lo que agora vsa es, quando comemos tener sobrada alegría, y preguntar a cada vno como le va de amores. Y con este dessossiego [1007] se leuanta sin desayunarse menos que antes.

FELIDES. ¡O, qué tiros tan notables para mejor creer su en-   60
fermedad! [1008]

36-37 1539: conoscido; aun que   51 1539: te *omitted*
40 1539: asentaua   53 1539: Dilo
46 1539: necio   54 1539: paresce

CANARIN. No sé para qué te das palmadas en la frente, [1009] que no es mucho que tenga vna amiga, pues es ya mancebo y presume dello, que pardiez, [1010] si fuesse yo de su edad, que no anduuiesse a dar músicas para otro.   65

FELIDES. Ansí me an dicho que tienes gracia en el cantar.

CANARIN. Señor, avnque sea desgraciado, por complazer / a [L 7v] mis amigos hago lo que puedo, y con todo esto, andan dándome quando les hablo vna palabra.

FELIDES. ¿Quién se atreue a te dar?   70

CANARIN. El que se atreuía ya no está en casa, que Pandulfo es, que la otra noche me cargó de bofetones, porque le dixe que auía huýdo de la justicia, dando vna música por él.

FELIDES. ¿Y cómo, Sigeril estaua presente?   75

CANARIN. Sí, por vida mía, y hizo vn ademán después que el otro me auía messado a quitarme. [1011]

FELIDES. ¿De arte que él también era en dar la música?

CANARIN. Señor, a él tocaua harto la cosa, que en buena fe, muy triste andaua, y por esso dio priessa entonces que   80 se diesse.

FELIDES. Essas señas claramente dan a entender que no auía alcançado de su señora lo que desseaua, y agora según dizes que está mudado, podrá ser que esté contento; mas esto aparte, dime qué instrumentos vuo, y quién los tañía.   85

CANARIN. Yo cantaua, y a los puntos, [1012] contrahazía [1013] vn ruyseñor.

FELIDES. ¿Vos primero como cabecera? [1014]

CANARIN. No mires en abusiones, que los demás no eran sino Burañón que tocaua vn cántaro, y Pandulfo vnos cascaue-   90 les, y Sigeril tañía vna guitarra.

FELIDES. Música guinea [1015] se me antoja que fue, y semejante sería a quien se dio como quien la daua.

CANARIN. No te quiero dezir a qué damas era, porque el señor Sigeril tiene más fantasía [1016] que todo su linage, y   95 luego me dará si te lo digo.

FELIDES. En fin, no eran condesas.

71 1539: atreue   82 1539: señales
75 1539: Sigiril   97 1539: condessas

CANARIN. Aueriguado está, y callemos si mandas, que duelos
tengo con él, que creo que lo a oýdo, que está en los corredores.　　　　　　　　　　　　　　　　　　　　100

FELIDES. No ayas miedo, que ya viene.

SIGERIL. A la fe, oýdo lo he, vellaco rapazejo. ¿Paréceos [1017]
bien vuestras parlerías? Pues no me ayude Dios, si mi
señor no estuuiera delante, si no os diera vna buelta tan
buena como en vuestra vida la lleuastes.　　　　105

CANARIN. ¿Qué te he yo hecho, Sigeril? ¿Por qué me la juras?
Por vida de quantos bien quiero y de esta cruz, que no
tienes razón de amenazarme, que mi señor está aquí, que
dirá si te he yo arreboluido [1018] con él.

SIGERIL. Calla, merdosi/llo, que no soys salido del cascarón,　110
y ya sabéys venir con chismerías, y si a ti ouiera de mirar　[L 8r]
con tu talauarte, te diera cincuenta açotes.

FELIDES ¿Qué atreuimientos son éssos, Sigeril?

SIGERIL. Señor, Canarín es el atreuido, y tú le auías de mandar castigar, que como lo dize a ti, lo dirá a otros pajezi-　115
llos, que en fin es mochacho.

FELIDES. No es tan parlero como le hazes, que por Nuestro
Señor, yo le importuné a que me lo dixesse, y de verdad te
juro que es mayor tu vellaquería en escuchar que su culpa
en lo dezir. Y no hables más en ello, sino sed buenos ami-　120
gos.

CANARIN. Yo, señor, ¿qué he dicho en perjuyzio suyo? Por
vida de mi padre, que me pesa de que resciba Sigeril por
mí enojo, y quiera él ser mi compañero, que yo juraré
de no hablar más avnque lo vea.　　　　　　125

FELIDES. ¿Qué más quieres, Sigeril, del cuytado, pues te pide
perdón?

SIGERIL. Sobra esso, y perdóname tú si he hablado mal estando con furia a Canarín en tu presencia.

FELIDES. No aya más, que avnque has sido descortés, yo te　130

102	1539: paresce os		117	1539: lo
104	1539: hos		119	1539: es mejor
106	1539: he yo *omitted*		120	1539: sino aueys de ser
111	1539: vuiera		125	1539: aun que

perdono. Y dime si as hablado a Poncia esta mañana, o qué has hecho que tanto madrugaste.

SIGERIL. Para dezirte la verdad, yo he estado con ella esta madrugada más de dos horas, y después de otras diuersas pláticas que tuuimos, me dixo de parte de su señora Polandria, que te dixesse que a la hora embiasses a llamar a Celestina, y con ruegos, promessas y dádiuas la hiziesses que sin detardar fuesse a estar con Paltrana, y negociasse con diligencia estos casamientos, porque las dos dize que an conjecturado quién lo negociaría, y hallan que ninguna persona lo hará tan bien.

FELIDES. Por cierto, el acuerdo me paresce conuenible para que luego se ponga por obra. Y ansí me paresce que vayas a su casa mientras es hora de comer. Y porque aueriguado es que todas las cosas en este mundo se mueuen por algún fin, he pensado que los ruegos y promesas acá se los haré. E para euitar entreualo en su pereza, que la lleues / al presente dessa botillería [1019] algunas aues, vino y frutas, la cantidad que te paresciere. Y ruégote que no te duela el dar, porque ella no afloxe en el negociar.

SIGERIL. Soy muy contento de cumplir tu mandado.

FELIDES. Ora ve, y no te detengas, por me hazer plazer.

SIGERIL. En lo que tardaré en boluer lo verás. El diablo me mata a mí ser lazerado en hazienda agena, y siendo la franqueza tanto para mi prouecho como para su descanso, por vida de los sanctos, de no me detener en consideraciones, mas yo entre en la despensa y botillería y saque con qué harte a la vieja, y cumpla la voluntad de mi amo y propósito mío. Y con esta determinación voy, antes que sea más tarde.

135

140

145

[L 8v]

150

155

160

133 1539: te *omitted*
139 1539: han
140 1539: conjeturado
142 1539: parece
148 1539: botilliria
149 1539: pareciere

150 1539: en lo
156 1539: santos; tener
157 1539: botilliria
158 1539: su voluntad
159 1539: E

¶ AUTO .xxxiij.

Elicia dize a Celestina que trayga de comer, y ella la responde que no tiene blanca. Y estando en estas pláticas, llega
Sigeril con el presente que Felides embía a la vieja, y dízela
que luego vaya allá. Y ella se lo promete, y haze con él que   5
coma con ellas antes que se vaya. E introdúzense:

  ¶ Elicia.   ¶ Celestina.   ¶ Sigeril.

ELICIA. Tía, razón sería ya que truxesses [1020] o me mandasses
traer alguna lazeria que comamos, que la vna es dada, y
mal me haga Dios si no me desmayo de hambre.   10
CELESTINA. ¿Y téngote yo que no vayas y traygas lo que quisieres? A la fe, hija Elicia, tú te tienes la licencia para yr y
venir adonde se te antoja, que estás tan sobre ti que no oso
yrte a la mano. Y agora hazes cumplimientos en dezirme si
quiero que vayas. Ya, ya, bien conozco vuas de mi ma-   15
juelo, [1021] y veo lo que me obedesces. Ve por lo que bien
te estuuiere, que aquí está la cuytada de Celestina que
guardará la casa como suele.
ELICIA. Por cierto, tía, más querría ayunar que pedírtelo, según los enojos rescibes sin propósito.   20
CELESTINA. / ¿Pues, no quieres que me enoje, viendo tus cosas? M [1r]
ELICIA. ¿Qué cosas ves tan deshonestas porque te demando
algunas blancas para yr a la plaça, siendo la hora que es?
CELESTINA. ¿Qué llamas blancas, [1022] hija? Si dizes por mis
canas, yo te prometo que te puedo dar cantidad. Empero,   25
mal pecado, mercaduría es que pocos la dessean comprar, y
ansí no sé qué bastimento puedes traer con ellas.
ELICIA. Dexémonos desso, que dinero es lo que te pido, en
buen romance.
CELESTINA. Esso de dinero muchas vezes, a osadas, que si no   30
te desayunas hasta que yo te lo dé, que bien te puedes

1	1539: Aucto	20	1539: recibes
5	1539: se *omitted*	22	1539: desonestas
9	1536: comanos	25	1539: carnes
12	1539: Elecia	27	1539: ella

secar, [1023] que aýn no tengo para mí con qué embiar por
vn poco de negro vino.

ELICIA. (¡A, plega a Dios que seca te veas y ennegrescida!)

CELESTINA. ¿Qué gruñes entre dientes, picuda? [1024]   35

ELICIA. No gruño, sino que lloro mi ventura que es negra
pues vine a tu poder a que me des por regla hasta vn pedaço de pan.

CELESTINA. Mira su merced de la condessa, si piensa que lo
a de tener sobrado. Suffrí, [1025] en hora mala, suffrí, que   40
ansí hago yo; y pues no se gana que no se coma, que harta
estoy de auergonçar mis canas por tauernas y plaças empe-
ñándome para vos, que tenéys la garganta muy abierta. Sabé
qué cosa es el día malo como el bueno, [1026] y passá los
duelos como passan otras más delicadas, que no os dexó   45
vuestro padre con qué os regaléys. Y no me tornes a pedir
lo que no tengo, sino toma tu manto y pide a tus amigos
como yo pido a mis conoscidos.

ELICIA. En mal hora, tía, quieras guardar tanto, que por mi
salud, por más que ahorres, poco te aprouecha. Y si agora   50
no lo gano, gasta de lo ganado, que ni todo el tiempo a de
ser holgar, ni todas las horas trabajar, que vna cosa veo,
que jamás falta al gastador qué gaste, ni al mendigo qué
llore. [1027] Y ansí es claro que la hormiga guarda el pan el
verano para comer el inuierno. Quiero dezir que lo que te   55
han dado alguna vez en junto, gastes agora, que no te dan
nada, poco a poco; y si no, haz tu parescer, que por no
oýr tus preámbulos holgaré de estarme ayuna.

CELESTINA. ¿Qué es esto, Elicia? Aýn no me basta lo que por
tu causa he per/dido, sino que te pierdas tú ya en affrentar   60
mis canas reprehendiéndome de pródiga. Bendito sea Dios   [M 1v]
que tal consiente, que la vieja por humilde calle, y la moça
por desuergonçada alçe pico. Dezí, putilla, ¿qué es lo que
tengo de gastar y guardar, lo que me da el señor Albacín,
vuestro amigo, o el refrigerio que me vino de las amistades   65

---

34 1539: *second* a *omitted;* enegres-   43 1539: teneyo
    cida   48 1539: conocidos
40 1539: Sufri; sufri   60 1539: afrentar
42 1539: avergonçar   65 1539: o *omitted*

de Barrada, vuestro negro requebrado? [1028] Pues mírame a
la cara y no te marauilles por lo que digo, sino por lo que
no hago, que por el ánima que en las carnes tengo, si no
fuera deshonrra de mi hedad castigar tus locas palabras,
yo te hiziera vn castigo que se te acordara por algunos días   70
de Celestina.

ELICIA. Mira, tía, no pienses que avnque no soy vieja me mamo
los dedos, [1029] que todo se me entiende, lores a Dios. Y
avnque sepa morir, no dexaré de responder a lo que me
as dicho; porque si soy mala de mi cuerpo, tú fueste [1030]   75
en aconsejármelo, y todavía eres a persuadirme que lo sea.
E si Albacín no me da muchas joyas ni dineros, hasta agora
gracias a Dios, poco te a lleuado de tu hazienda, y no lo
tengo de querer mal, pues yo conozco dél que me quiere
bien; y avnque arguyas que por mi causa te maltrató Ba-   80
rrada y te robó los cincuenta ducados, a la fe, di lo que
quisieres, que tu negar que te auía dado quatro ducados, y
el euitarme que no le hiziesse luego plazer fueron las causas
que te acarrearon esse pesar.

CELESTINA. Landre en tal lengua.   85

ELICIA. Si suelto mi lengua, no es por más de porque me as
amenazado, y si he de ser castigada, más vale por mucho
que por poco, que como dizen, preso por mil, etc. [1031]

CELESTINA. Calla ya. Mala rauia te mate, que están dando
golpes [a] aquella puerta, y con tus respuestas no puedo   90
responder.

ELICIA. Por amor de Dios, que no nos oygan, que Sigeril paresce en la boz.

CELESTINA. Ve presto y ábrele, que dissimularemos la quistión
porque no lo entienda.   95

ELICIA. ¡Ay, tía, tía, y qué azémila trae cargada no sé de qué!

CELESTINA. No te detengas, que Dios me viene a ver.

73 1539: loores
75 1539: has; fuyste
77 1539: Joyas
78 1539: ha
79 1539: yo *omitted*
81 1536, 1539: Ducados

82 1539: te *omitted;* 1536, 1539: Du-
     cados
86 1539: sueto; has
90 1536, 1539: golpes aquella
94 1539: disimularemos

ELICIA. Ya voy, que no es cosa de de/tenerme.   M ij[r]

SIGERIL. Señora Elicia, ¿no acabas de quitar essa aldaua oy?
Que es vergüença a medio día hazer plaças [1032] en mitad   100
de la calle de lo que traygo.

ELICIA. Entra y perdona, que no podía abrir.

SIGERIL. Donde no ay hierro no ay perdón. [1033] E dime si está
en casa la madre vieja.

ELICIA. Sí, en buena fe, y aѵn que se holgará con tu venida   105
harto. [1034]

SIGERIL. Holgarse a ella con el presente, que es razonable.

ELICIA. ¿Qué es lo que la traes, por tu vida, señor Sigeril?

SIGERIL. Ora subamos y ten deste serón [1035] por este cabo, que
arriba lo verás.   110

ELICIA. ¡O, cómo pesa! Guarte no rodemos. Mas poco se me
daría, que en fin puedo dezir, pésame de lo que no
me pesa. [1036]

SIGERIL. Esso se entiende quando lo dizen por la bolsa.

ELICIA. Ahirma [1037] bien en essos escalones que es otro que   115
palabras, que a mi cargo, si esta carga es mala.

SIGERIL. Alça bien, que ves aý a la vieja que sale al corredor.

ELICIA. Como creo en Dios, que la dexé echada y que dizes
verdad.

CELESTINA. En ora buena venga mi hijo Sigeril. ¡Jesús! Dios   120
sea contigo, ¿y qué bulto es ésse que traéys los dos y cubierto con manta? Ansí me salue Nuestra Señora, que paresce algún muerto. [1038]

ELICIA. Calla, señora tía, que mejor es de lo que piensas.

SIGERIL. Madre honrrada, Dios te dé salud; y assiéntate y   125
desemboitueremos el muerto, que acaso esforçará oy tu vida.

CELESTINA. Por mí no quedará, que ya me assiento.

SIGERIL. Descoje desse cabo la soga, Elicia, que ya está quitado el ñudo. [1039]

ELICIA. Abre dessa parte, que desliado está todo.   130

SIGERIL. Quanto a lo primero, ves aý dos pares de gallinas,
mas ocho pares de perdizes, tres liebres, quatro conejos, esse

---

99 1536: adalua   121 1536: bueto; 1539: que muerto es;
105 1539: aun   traes
120 1539: hora

quarto de carnero, estas dos pieças de vaca, el pernil de
tocino, [1040] que par Dios, [1041] por ser tal le traxe; esse costalejo de pan, que juro por nuestro señor que es de lo que   135
come su merced. Pues lo principal no he sacado, que son
estas dos botas de vino, y ésta del blanco yo te doy mi fe
que es de Sanct Martín de Valdeyglesias, [1042] y esta otra
de tinto de lo de Toro, [1043] muy bueno y estremado. También traygo aý vnos melones y vnos duraznos. Sácalos   140
tú, / Elicia, para que comáys sobre tarde, que no auía otra   [M 2v]
fruta en la botillería, y por tanto no traxe más.

CELESTINA. En mi ánima, Sigeril, que veo tan cumplidas las
cosas de tu señor Felides que cumplir yo de palabras en
rectificación de sus obras sería escusado, sino remitirlo a   145
que en obra lo pagare, Dios mediante.

ELICIA. Por mi salud, que es tu amo el más liberal que en
mis días vi; y como es generoso, ansí sus dádiuas son
generosas. [1044]

CELESTINA. Todo esso, sin que tú nos lo hagas saber, lo sabe-   150
mos. Y lo que más cumple al tiempo en que estamos y a
nuestro prouecho es que peles vn par dessas aues y las
adereces luego, porque Sigeril coma con nosotras, que es
mucha razón.

SIGERIL. Elicia, hermana, por vida de quantos aquí estamos,   155
que no es tan bouo Sigeril que no auía de traer algún roço
en las mangas para el presente, sin esperar a que guisases;
ansí que bien puedes poner la mesa. Y ves aquí este capón
assado, y este par de palomas fiambres que hallé con este
jamoncillo de tocino; [1045] y aýn el queso no es podrido.   160

CELESTINA. Buenos años te dé Dios, ¡y qué apercibido eres en
todas tus cosas! Mas, mi amor, por tu vida, dirásme vna
verdad.

SIGERIL. Par Dios, si la sé, que sí. Diga.

133	1539:	cuarto	157	1539:	las manos
138	1539:	sant	158	1536:	Capon
140	1536, 1539:	Melones; Duraznos	159	1536, 1539:	Palomas
145	1539:	remetir lo	160	1539:	Jamoncillo
151	1539:	E lo	164	1539:	Por

CELESTINA. No es más de que me digas si estuuo tu señor 165
Felides presente a ver todo esto que truxiste. Dígolo del
serón, que lo de la manga bien se me entiende que sería de
rapiña como soléys los de palacio.

SIGERIL. Madre, yo te juro a Dios y a esta cruz, que la liberalidad de Felides es tanta y el concepto que tiene de mí 170
tan bueno, que ni sabe lo que traxe ni lo preguntará, mas
de que me mandó que entrasse en la despensa y botillería
y te traxesse muy cumplidamente lo que fuesse mi voluntad,
de todo lo que hallase. Y te certifico que no fue perezosso
Sigeril en hazerlo, que sin dar cuenta a persona de casa, 175
henchí de lo que me paresció.

ELICIA. Tú lo has hecho como quien eres, y a buena fe, que
no pierdas nada con mi tía.

CELESTINA. Mira la boua. Necio / es el mancebo que no se le M iij[r]
entiende, que quien siembra coge. [1046] No sería yo Celes- 180
tina si no ganasse él en estos caminos.

SIGERIL. No es menester que me lo affirmes, que yo sé que no
me vendrá a mi daño por hazer a ti prouecho.

ELICIA. Por mi salud, que me paresce que nos assentemos ya
a comer, que se passa el tiempo en pláticas. 185

SIGERIL. Razón tiene Elicia en lo que dize.

CELESTINA. Yo niégolo. Empecemos, que por mí no quedará,
pues está aparejado.

ELICIA. Beue a cortesía, señora, si quiera, porque tenemos
combidado a la mesa. 190

CELESTINA. Golosa, no me mires lo que beuo, que algunas
vezes te lo auré reñido, y come tú hasta que reuientes, que
yo beueré hasta que me harte.

SIGERIL. No ayamos enojo sobre el beuer, que paresce mal,
que aueriguado es que ni tú as de suffrir la sed, ni ella 195
la hambre. [1047]

165	1539: est ua		177	1539: E a
166	1539: auer		179	1539: el *omitted*
168	1536, 1539: Palacio		182	1539: afirmes
172	1539: botelliria		189	1539: Beua
173	1539: cunplidamente		194	1539: aya mas
174	1539: perezoso		195	1539: sufrir

CELESTINA. Calla, hijo, que ansí gozes, no podrás creer las
malicias de Elicia, que no puede ver y oýr y callar; pues
sabemos que assí como al enfermo, por no poder comer, le
sacan la sustancia [1048] de las aues que beua. Por el consi-   200
guiente, a quien tiene mis días, pues no puede mascar, le
es lícito beuer algunas vezezillas de vino para esforçar
la virtud.

SIGERIL. No sé si comes mucho o poco, que bien veo que roes
essa pierna de la paloma, avnque no tienes muelas.   205

CELESTINA. Ay, maliciosico, tú también me descalabras con
las piedras de Elicia. En mi ánima, que sin dezirte mentira,
ya que passó dolor en las encías, súffrolo por el sauorcillo
de la sal y pimienta que tiene, que incita la gana del beuer.

ELICIA. Anda, ya, tía, que callos tienes hechos desde que te   210
faltaron los dientes y muelas.

SIGERIL. Dexando esso, yo te querría preguntar vna cosa que
a días que desseo saber.

CELESTINA. Di lo que quisieres, que si Celestina lo sabe, tú
lo sabrás.   215

SIGERIL. Ya as conoscido, madre, como los vinos mejores son
de Sanct Martín de Valdeyglesias, y de Toro, y de Madrigal. [1049] Querría que me dixesses, pues tan cursado tenemos el vino ser estremado destos lugares, por qué los pueblos
se nombraron destos nombres.   220

CELESTINA. ¡Jesús, Jesús!

SIGERIL. ¿De qué te santiguas tantas vezes?

CELESTINA. ¿De qué, hijo? / De la pregunta que has hecho;   [M 3v]
que ansí me lleue Dios a paraýso, quistión es la que as
puesto que entre philósophos no se acierte a desatar.   225

SIGERIL. Por ser sutil la pregunta, te lo he preguntado, y
avnque entre philósophos no se sepa distinguir, no me

199	1539: ansi	213	1539: ha
205	1539: aun que	216	1539: Ya auras
206	1539: malicioso	217	1539: sant
207	1539: piedraes	218	1539: queria
208	1539: enzias	227	1539: philosofos; se *omitted*

marauillaría que tú la supiesses declarar, que en fin, cada vno en su officio. [1050]

CELESTINA. Tiros me echas estremados, motexándome del be- 230
uer. Empero, porque no digas que no te lo quiero dezir,
sabe que el pueblo que se nombra Sant Martín, es porque
ansí como el señor Sant Martín cubrió al pobre con su
capa, [1051] ansí esta villa tiene tales cepas que an virtud de
dar calor a los estómagos fríos y debilitados, y aýn algo 235
más que los vestidos de paño.

SIGERIL. Por nuestra señora, que es buena essa distinción.
¿Mas por qué se dize de Valdeyglesias?

CELESTINA. Plázeme, hijo que lo apuntes todo. E díxose de
Valdeyglesias porque, como el hombre deuoto suele entrar 240
en las yglesias por su contemplación y sale consolado, ansí
puede entrar en cada casa de aquella villa y salir conortado, porque casi en todas ay ramo de tauerna. [1052]

SIGERIL. Acábame de dezir lo de Toro y Madrigal, que en-
creýble es lo que me huelgo en oýrlo. 245

CELESTINA. Toro, aquella ciudad de tan buenos tintos, se dixo
porque el toro es el más rezio de las vacas y de los ganados, y ansí este vino es el más fuerte y sustancial de los
otros vinos.

SIGERIL. No creo en la vida si no eres sapientíssima muger. 250

CELESTINA. ¡Ay, dolor de mí! ¿Y tú no ves que el que las sabe
las tañe? [1053] E oye de Madrigal, porque concluyamos.

SIGERIL. Dilo, que comida de carpinteros [1054] me parece ésta.

CELESTINA. Madrigal se nombra por el salutífero vino que
tiene para las mugeres que solemos estar enfermas de la 255
madre, porque en mi ánima, jamás hallé más prouechoso
emplasto ni poluos ni otras vnturas ni medicinas para este
mal como vna copa desto puro. [1055]

SIGERIL. Basta, que tú me as hecho merced en me lo dezir,
que sé más que sabía, y agora yo me voy, que me he dete- 260
nido mucho, y quiero te dezir breue a qué fue mi venida.

229   1539: oficio
230   1539: hechas; motejãdo me
232   1539: sanct

246   1539: cibdad
247   1536: el Toro

CELESTINA. Dilo, mi amor, que todo se hará lo que dixeres.

SIGERIL. No es más de que Fe/lides te ruega que luego vayas Miiij[r]
a estar con él para que negocies con Paltrana lo començado.

CELESTINA. Sigeril, tú te puedes yr en buen hora, y dirás a tu 265
señor que con la respuesta seré antes de la noche allá, y
que sin que él me lo encargue, lo tengo yo en cargo.

SIGERIL. Ora, a Dios quedéys, que no es menester aquí más.

CELESTINA. Con El vayas.

¶ AUTO. .xxxiiij.

Celestina pregunta a Poncia por Paltrana, la qual después
de rogarla que negocie bien los casamientos, la dize que entre,
que desocupada está. Y la vieja entra con son de pedirla vnos
paños para su herida, y trasmuda la voluntad a Paltrana que 5
antes tenía con sus razones para que diziéndola lo que toca a
Felides en los casamientos, y oye la respuesta y de confiança. [1056] E introdúzense:

¶ Celestina.   ¶ Poncia.   ¶ Paltrana.

CELESTINA. Hija Poncia, mi señor Jesuchristo sea en tu guarda. 10

PONCIA. El te guarde, madre mía, y venga contigo, que al
mejor tiempo del mundo vienes.

CELESTINA. Ay, no medren tus liendres. ¿Y cómo sabes tú a
lo que vengo?

PONCIA. Madre, figúraseme que vienes a hablar con mi seño- 15
ra Paltrana.

CELESTINA. Dios te dé, mi hija, el marido como tienes la gracia, que ansí as sacado por discreción lo que es, que en
fin, porque veo que eres discreta, te hago saber como vengo
con ella a negociar cierto negocio tocante a Felides. Y no 20
tengas en poco este secreto que te he dicho, que en mi ánima, por todos los aueres del mundo no lo dixera a criatura.
Y mira que no te salga de la boca.

PONCIA. En mi conciencia, que te agradezco la voluntad con
que me lo dizes, mas ya sabes sin que te hagas de nue- 25

1 1539: Aucto

uas, [1057] que soy vieja en essos secretos que con/ciertas [M 4v]
entre Felides y mi señora con su madre Paltrana.

CELESTINA. Por el siglo de mi padre, que no me acordaua que
eras tú parcionera en estos negocios, mas ya, ya eres de
cabe el asa [1058] y encúbrote yo cosa.   30

PONCIA. Ora esso basta, que lo que sé desencubiertamente, no
es necessario encubrírmelo. Y lo que te ruego es que metas
con Paltrana toda la obra que possible fuere para que mediante tu diligencia se concluyan estos casamientos, que yo
te prometo, que demás de las mercedes que mi señora Po-   35
landria y Felides te harán, de te hazer en lo que pudiere
seruicios, que sea tu seruicio tam bien pagado que desees
seruir otra vez a quien agora sirues.

CELESTINA. Yo te doy mi palabra como hijadalgo que no salga
de con ella sin lo acabar, o a lo menos, señales de lo hazer   40
muy breue; y mírame al rostro, que hasta oy prometí cosa
que no la cumpliesse, o la vida.

PONCIA. Dessa manera, poco es auer resuscitado [1059] vna vez
para cobrar tantas vidas como as perdido; porque hallo por
impossible poderse cumplir todo lo que se promete.   45

CELESTINA. ¡Ay, dolor me vino! ¿Y quién no a discrepado en
sus días vn punto de lo que prometiesse? ¿Cómo aurá puesto
su vida al tablero, si no siempre sustentándola con honrra
del arte que Celestina la a sostenido, que aýn Catón verás
que dize, que jamás te acontesca prometer lo que estás en   50
dubda de cumplir; [1060] ansí que, pues yo lo digo, no aurá
falta. Y éntrala a dezir como querría entrar a hablar con su
merced, si manda que entre.

PONCIA. Madre mía, por amor de Dios, no cures dessas licencias, que podría ser entretanto venir alguno que fuesse cau- 55
sa que no la hablasses al presente, sino entra luego que sola
está y sobre comer, que es la mejor ora del día para negocios.

CELESTINA. Bueno me paresce tu consejo, y acuerdo tomarle,

31	1539: desencubiertanente	50	1539: acontezca
45	1539: empossible	52	1539: dezir que
46	1539: Y *omitted;* descrepado	54-55	1539: dessas diligencias; podria
48	1536: snstentado la	57	1539: hora
49	1539: ha sustentado; aun	58	1539: parece

que abierta está la sala, y no me faltará vn achaque
con que entrar. 60

PONCIA. Sea ansí, y Dios te dé gracia con ella para que conceda tu petición y nuestros deseos.

CELESTINA. Mondándose está los dientes Paltrana. Propio me
vendrá hallarla contenta. La sanctíssima trinidad sea contigo, señora. 65

PALTRANA. ¡O amiga Celestina, en buena ho/ra vengas! ¿Y M v[r]
adónde vas con este sol, que te hará mal?

CELESTINA. Ya nunca veas amargura, ruego yo a Dios, que
ansí te dueles de mí. Mas tornando al propósito, ¿no te
paresce que es harta causa venir a verte? Que por mucho 70
mal que el calor me haga, será poco en comparación del
bien que tu vista me causa.

PALTRANA. Por tu virtud dizes esso, que no por los beneficios
que te hago.

CELESTINA. A osadas, señora, pluguiesse a Dios mis fuerças 75
pudiessen pagar las mercedes que de ti rescibo.

PALTRANA. No alarguemos en esso, que Dios es el que haze
las mercedes y no otro. Y dexando esta materia, holgaré que
me digas si as necessidad de alguna cosa al presente, que yo
haré lo que pudiere en remediarlo. 80

CELESTINA. Ansí tenga yo buena postrimería, y aumente Jesuchristo tu estado, que es tan poco lo que quiero demás
de visitar tu persona, que he vergüença dezirlo. Y avn te
juro que por no darte fastidio con mis importunidades, lo
pidiera a Poncia o a otra criada tuya si las viera por casa, 85
sino que como no auía persona en el patio ni corredores, me
atreuí a entrar, sin que te hiziessen saber como estaua aquí.

PALTRANA. No es marauilla que estuuiesse la casa sola, que
vnos estarán comiendo, y otros dormirán; mas ya sabes
que sin perjuyzio puedes entrar a donde yo estuuiere, que 90
jamás oue enojo con tu visitación; y di sin empacho qué es
lo que auías de pedir, que dártete a.

CELESTINA. Pues me mandas que lo haga, suplícote me per-

76 1539: recibo   86 1539: enlos corredores
81 1539: postremeria   91 1539: vue
83 1539: aun

dones, que vnos paños de alguna camisa vieja son los que
he menester para mi negra herida, que por mis pecados,   95
como cada día empeora, a todo el pueblo tengo enojado
con mis importunaciones.

PALTRANA. Déxate desso, que a los pobres obligados somos de
hazer el bien que pudiéremos, pues Dios lo da a quien El
le plaze. [1061] Y no auías menester para tan poca demanda   100
tantos perdones, sino esperarte as vn rato y vendrá Poncia,
que yo mandaré que te prouea dellos. Y si de priessa estás,
dala vna boz desde aý, y vendrá luego.

CELESTINA. Tanta salud dé Dios en tu casa quanto espacio yo
tengo, que ya ves si me lloran los niños para no detenerme.   105
Por cierto yo aguardaré, y aýn seré la dichosa, / por estar   [M 5v]
en tu compaña.

PALTRANA. Pues allégate acá y cuéntame algunas nouedades
de las que agora passan, que tú sepas.

CELESTINA. ¡O señora, y qué sé para contarte, pues me lo as   110
acordado!

PALTRANA. ¿Qué es lo que sabes, por tu vida?

CELESTINA. Qu[e] es vna cosa que se a hecho, la qual a muy
pocos días que yo te dezía que hiziesses.

PALTRANA. ¿Qué cosa puede ser? Dila sin dilaciones. Veamos   115
si cumplía auerla concedido.

CELESTINA. Si cumplía o no, Dios lo sabe, y todo lo que [E]l
haze es por mejor. [1062] Ya te deues de acordar de los casamientos que te empecé a hablar la semana pasada acerca
de la señora Polandria con aquel cauallero... Ya me   120
entiendes.

PALTRANA. Concluye, que bien tengo acuerdo que dizes por
Felides.

CELESTINA. Ansí ésse mesmo, en mi ánima.

PALTRANA. Di lo que se ha negociado, que no tengo tan caduca   125

96	1539: a *omitted*		113	1539: Ques
97	1539: emportunaciones		116	1539: cumple
105	1539: deteneme		117	1536: quel
106	1539: aun		119	1539: passada
110	1539: lo *omitted*		124	1539: desse

la memoria que del viernes hasta oy que es lunes, no auía
de tener noticia.

CELESTINA. Perdóname, por caridad, que no lo dezía por tanto.
Y lo que se ha hecho en su negocio es quel día que te lo
dixe, me paresce que le pujaron[1063] dos mil ducados en el   130
dote, y anoche se dieron las manos para desposarle mañana.

PALTRANA. ¿Es possible esso?

CELESTINA. Possible es, pues a sido.

PALTRANA. ¿Y cómo no me dizes con quién?

CELESTINA. ¡Ay, sancta María, que ignorar[1064] tienes lo que   135
sabes! Sí que bien te acuerdas que te dixe que con la hija
del marichal.[1065]

PALTRANA. ¿Y sepamos todo el dote quánto es, o en qué se le
prometió?

CELESTINA. Ansí acabe yo en bien, como no lo sé. Mas de   140
quánto, me dixeron esto que te he contado viniendo agora
en el camino, y yo, a la verdad, di gracias a Nuestro Señor
por no auer hablado en ello entonces, que ya era tarde, y
cayéramos en afrenta.

PALTRANA. Dime el que te hizo saber essas nueuas. ¿Era per-   145
sona de crédito?

CELESTINA. De verdad te certifico que avnque no es hombre
de casa de Felides ni de partes della, que no me dixesse
vna cosa por otra.

PALTRANA. ¡O válasme Nuestra Señora! ¡Quán de súpito se   150
haze lo que está ordenado del cielo!

CELESTINA. ¿De qué te pones pensatiua, señora?, que parece
que te arrepientes por no lo auer concedido.

PALTRANA. Que me pese o no, ya veo que no me aprouecha,
que sobrehecho es, vienen los pensamientos.   155

CELESTINA. ¿Qué cosa es pensar? A la fe, da gracias a Jesuchristo que te escojó lo mejor, que en tales casos más vale
que se dexe de ha/zer por ignorancia de lo que succede-   [M 6r]
rá, que no que se haga por vanagloria de las riquezas,
porque dezir yo que Felides no es cauallero generoso y   160

próspero en vienes de fortuna sería desdezirme de lo que
antes auía affirmado. Empero, si toca su pensamiento en
alguna liuiandad o locura, Dios lo sabe; que veemos a vn
árbol, que mientra más es populoso y grande, mucho más
es combatido del ayre que los pequeños. [1066]   165

PALTRANA. Tú tienes razón en quanto dizes, mas costárame a
mí quanto posseo y no le ouiera dexado de las manos, pues
tu aliuio me aliuia harto a que lo hiziesse, que conjectu-
rando la muerte quán cierta la tenemos, algunas vezes me
viene vna increýble tristeza de pensar si mañana fuesse   170
mi fin, cómo dexaría aquella mi hija, que es luz de mis
ojos, sin vn espejo en que se mirasse en el mundo.

CELESTINA. No te aflixas dessa manera, que Dios es grande, e
ya que Felides sea sapientíssimo, noble, apartado de vicios,
cumplido de virtudes, lleno de gracias, no por esso as de   175
prosuponer que a la señora Polandria la a de faltar otro
semejante. Y avnque haga ventaja al dicho, que tal sea mi
vejez qual aquella perla me paresce, que ni la podrán tachar
de necia, ni de baxo linage, ni de viciosa, ni fea, ni de
pobre, ni de cosa que le perjudique, sino que a todas so-   180
brepuja en quanto quisieres dezir.

PALTRANA. Essas alabanças ni me quitarán el angustia, ni me
acarrearán alegría, avnque por cierto mal hecho sería si a
mí me pesase del plazer que tendrá la que le cobra, que si
pena tengo, no es sino por la floxedad que tuue quando   185
me lo hablaste.

CELESTINA. Nunca otro pesar ayas que más te duela, que ni
sabías si era muy bueno, ni si sería malo.

PALTRANA. Anda ya, que jamás la cepa que es buena da mal
vino; [1067] ansí que cada vno por esperiencia veemos que   190
haze como quien es. [1068]

CELESTINA. Ora ya podría ser no estar tan concluýdos los casamientos como se dize, que si las manos no se an dado,

163 1539: vemos   178 1539: parece
167 1539: lo vuiera   183 1539: aun que
167-169 1539: conjeturando   188 1539: ni si era
173 1539: aflijas   190 1539: espiriencia
177 1539: aun q̃ ha uentaje

bien se podría desconcertar mediante Dios con la otra
parte, hablando lo de la nuestra.   195

PALTRANA. Dicha sería; mas si te lo certificaron, ¿qué aprouecha andar por las ramas? [1069]

CELESTINA. Como ya te he dicho, él que me lo contó no era
criado dél ni della. Quiçá me lo dixo del arte que se lo / di-   [M 6v]
xeron.   200

PALTRANA. ¿Y qué medio tendríamos para saber la certinidad [1070] deste negocio?

CELESTINA. ¿Qué medio? Aquí está, en buena fe, Celestina,
que si tú eres seruida, holgará ella de te seruir, yendo
dozientas [1071] vezes adonde tú la mandares, y si me fuere   205
honesto, hazer lo que no haría por mi madre que resucitase.

PALTRANA. Yo te le agradezco, mas otra cosa he acordado que
se haga, y será más disimuladamente.

CELESTINA. ¿Qué es?

PALTRANA. Sabe que vn hermano mío que se dize Dardano es   210
con Felides como vña y carne. [1072] Y quiérole embiar luego
a llamar para que vaya a su posada a visitarle como suele.
Y juntamente con saber lo vno, lo apuntará lo otro; que
Felides creo yo que si está libre, hará lo que mi hermano
le suplicare, que por ninguna cantidad de dineros ni de otra   215
cosa le encargaré que no se desconcierte con él. Y sobre
esto di tu parecer.

CELESTINA. Ansí muera yo conosciendo a Dios, que me paresce
muy bien si con diligencia se pone por obra.

PALTRANA. Yo te prometo que al propósito le embíe a buscar   220
para que vaya y lo negocie.

CELESTINA. Aquí no ay más que hazer, sino que no esperes a
la noche si pudiere yr esta tarde. Y si me das licencia,
yréme a reposar vn poco.

PALTRANA. Tú la tienes sin que la pidas, mas espera, que ya   225
vendrá Poncia, y darte a los paños.

CELESTINA. No son muy necessarios, que no me curo sino a
tercero día. [1073] Y quando en buena hora buelua a saber
mañana la respuesta, me los mandarás dar.

201 1539: tēdremos   229 1536: maña
223 1539: licecia

PALTRANA. Sea como quisieres, y vete por Sancta Clara, [1074] y   230
entrarás a offrecerla vn par de marauedís porque se
haga.
CELESTINA. Por cierto, que me plaze. Y avnque soy pecadora,
haré esta noche vna deuoción que siempre hallé prouada
para quanto pidiesse a la virgen María.   235
PALTRANA. Ella te oyga.

¶ AUCTO .XXXV.

Brauonel, yendo a cumplir su concierto con Areúsa, topa
con Celestina que viene de hablar a Paltrana. Y vasse con ella
platicando hasta su casa, a do hallan a Areúsa con Elicia. Y
como Brauo/nel está con él holgando, allega Recuaxo a bus-   5
car a Grajales, que es su amigo. Y oyendo a Brauonel allá   [M 7r]
dentro, buéluese sin llamar, jurando que él podrá poco, o serán
castigados los amores. E introdúzense:

| ¶ Brauonel. | | ¶ Celestina. | |
| ¶ Elicia. | ¶ Areúsa. | ¶ Recuaxo. | 10 |

BRAUONEL. No creo en la vida si hago oy cosa antes de essecutar mi desseo con Areúsa, pues tengo tiempo al presente,
que juro por los sanctos de Dios, [1075] como vna perla me a
parecido. Y avnque tiro sería, si yendo agora hombre a su
casa me pusiesse escusa, renegaría yo déstas [1076] que tengo   15
en la cara, si a la vieja y a ella no hiziesse vn juego que
se acordassen para todos sus días de las brauezas de Brauonel, y aýn Celestina confessasse ser poco el castigo que la
hizo Pandulfo y la afrenta de Barrada en comparación del
que mis fuertes braços essecutassen en su triste cuerpo.   20
Digo fuertes para contra mugeres, que en offensión de
hombres que saben qué cosa es mundo, [1077] voto a mares [1078] no les doy facultad, sino licencia a los pies. Y pro-
metiendo cumplimiento de boca, que cumplan las faltas de

4	1539: halla	18	1539: celestinana
10	1539: Ylicia	21	1539: ofensiõ
17	1539: acordasen		

la obra, como enchir la cabeça de viento la noche passada   25
a la madre deuota en la vengança que la prometí hazer
de sus persecutores. Y yo lo cumpliré qual la dé Dios la
salud a la embustidora. [1079] Y hela viene, por el corpus
meum. [1080] Quiérola hablar, que con ella me yré. A, señora
Celestina, ¿a dó bueno por acá?   30

CELESTINA. O mi hijo Brauonel, qué buen encuentro es éste!,
que yo salua venía de te topar, y aýn enojada comigo en
buena fe.

BRAUONEL. ¿Por qué, madre honrrada?

CELESTINA. Porque ay razón para estarlo.   35

BRAUONEL. Dímela, que descreo de quien me parió, si no me
enojo yo más por ignorar la causa. Que si es porque no he
cumplido mi palabra en lo que te prometí acerca de la
ceuilidad de aquel vellaco, no te congoxes, que por vida
del rey, que lo tengo bien a cargo, y que quando no te   40
cates, sepas el castigo que de mis manos / a recebido.   [M 7v]

CELESTINA. ¡Ay, Brauonel! Ansí acabe yo en seruicio de Dios,
que no tengo el enojo, ¿sino por qué eres tan desamorado
en no auer buelto a mi casa siquiera por reuoçar a Areúsa,
o por dezirme si as menester algo en que mis pobres fuer-   45
ças te puedan ayudar. Mas piensas que como a ti te pesaría de verme en tu casa, ansí he yo de recebir fastidio de
que entres en la mía quinientas vezes. Y no sin causa se
dize, Piénsase el ladrón que todos son de... [1081] Ya me entiendes.   50

BRAUONEL. Despecho del diablo si me as conocido, que jamás
recibo plazer sino el día que gasto dos pares de doblas con
mis amigos, y con esta me saquen el alma si a otro cabo
yua.

CELESTINA. Por cierto que lo creo sin que lo jures, y vámonos   55
juntos, que allá la hallaremos con Elicia.

BRAUONEL. Lo mesmo te suplico yo. ¿Mas de adónde [1082] es
agora tu venida?

CELESTINA. De ensalmar [1083] a Paltrana vna mano vengo. Y a

25	1539: hēchir		41	1539: recibido
26	1539: deuoto		42	1539: assi
37	1539: ygnorar		59	1539: ensarmar

buena fe, que a ser Celestina de veynte y cinco años,   60
no te diera tan por estenso la cuenta.

BRAUONEL. Ha, ha, ha.

CELESTINA. ¿De qué te ríes? ¿Hazes burla?

BRAUONEL. No, por cierto, que dispusición [1084] tienes para que
todavía fuesses ojeada, o por mejor dezir, requebrada de   65
algún galán.

CELESTINA. Mira el señor Brauonel, si coca de Celestina, pues
en mi ánima que alguno me querría ver en su cama más
que a diez pares de doblas, avnque me motejes de vieja.

BRAUONEL. Pardios, hablando la verdad yo lo creo, si el tal   70
es ciego.

CELESTINA. ¡O Sancta María, y cómo echas siempre a mala
parte las cosas.

BRAUONEL. Ya no te digo que si fueras moça que te lo echara
a buena.   75

CELESTINA. Acabemos de pullas, [1085] que es vergüença. Llama,
pues está cerrado.

BRAUONEL. Por vida del rey, que duermen las hermosas, que
hartos golpes doy.

CELESTINA. Da a essa aldaua rezio.   80

ELICIA. ¡Ay, Areúsa, desuenturada fue yo!

AREUSA. ¿Qué as, hermana?

ELICIA. Que está [1086] Celestina y Brauonel llamando a la puerta, y yo no he traýdo el negro lino que me dexó encargado; y a buena fe, que tengo duelos con ella toda esta   85
semana.

AREUSA. ¿Y por esso te matas, Elicia?

ELICIA. Ya la conosces, lo que hará; y no sé qué me haga.

AREUSA. Los hazimientos [1087] son grandes. Sábete que para
todo ay remedio sino para la muerte. [1088]   90

ELICIA. ¡Amarga de / mí! ¿Qué remedio me pondrás?   [M 8r]

AREUSA. Muy bueno, y es que te subas a la solana, y diréla
yo que fuiste por ello, que a osadas, que es muger que
pare poco en casa, y te baxarás.

ELICIA. Sea ansí, y por tu vida, que respondas luego, porque   95
quiebran aquellas puertas.

AREUSA. ¡Jesús, y qué barahunda! ¿Quién está aý?

CELESTINA. Gracias a Dios que te dexó recordar. [1089]

AREUSA. Mira si adeuina ya que estaua durmiendo.

CELESTINA. Ten nos aquí en pláticas si te paresce que hemos   100
estado poco en llamar.

AREUSA. Entra, no estemos otra hora en la calle.

CELESTINA. ¿Y dónde está la porquezuela de Elicia?

AREUSA. Por cierto, buena costumbre as tomado en deshon-
rrarla sin propósito, que aýn no basta en presencia, sino   105
en absencia.

CELESTINA. ¿Veréys qué deshonrras tan grandes le dizen por
preguntar a dó a ydo?

AREUSA. Dígote la verdad, que la cuytada fue por el lino que
la mandaste que traxesse, y por hazer [a] algunos proue-   110
cho, a otros les viene daño.

CELESTINA. Si pequé, yo pido perdón; y mira aquí al señor
Brauonel, que viene a uerte.

BRAUONEL. Y a seruiros, señora Areúsa.

AREUSA. En merced te lo tengo, que yo estoy a lo que me   115
mandares.

CELESTINA. Hijos, ya veo que os pesa porque estoy presente.
Yo me quiero entrar, que por mi coraçón juzgo el ageno. [1090]

AREUSA. Ven acá. No te entres, señora tía, que no ay para   120
qué.

BRAUONEL. Déxala. Váyasse, amores; que no creo en tal, si en
su vida mayor plazer me hizo.

AREUSA. Poco hazía al caso que estuuiera aquí para lo que
auemos de hazer.   125

BRAUONEL. Ea, ya, perla. No tan crudelíssima. [1091]

AREUSA. ¿Qué crueldades me as visto?

99	1539: adeuinaua	113	1539: verte
100	1539: emos	117	1539: por *omitted*
106	1539: ausencia	120	1539: No te entres *omitted*
107	1539: Veys; deshonrra; grande	122	1539: vayase
110	1536, 1539: hazer algunos	125	1539: auiamos

BRAUONEL. Esse apartarte de mí, que reniego de Lucifer [1092]
si no me traes muerto.

AREUSA. No me sobajes las manos, que viuo veo que estás.　　130

BRAUONEL. Traydoraza, ¿no sabes que ay muchas muertes,
y que la verdadera estoy pronto a ponerla en tu seruicio?

AREUSA. ¿A qué siruen tantos besucamientos, [1093] Brauonel?

BRAUONEL. A darte a entender lo que te amo, que no puedo
hazer otra cosa.　　135

AREUSA. Está quedo. Desuenturada fue yo, que no te aprouecha tal atreuimiento.

BRAUONEL. Aprouechará si mandares, avnque yo sea mal
criado.

AREUSA. Alçate de encima, que me matas. No entre mi tía.　　140

BRAUONEL. Ya me alço, mi señora. No te aflijas, que yo he
sido el descortés en el vencimiento desta batalla.

AREUSA. / Ya lo veo, que Areúsa a sido la vencida.　　[M 8v]

BRAUONEL. Calla, luz, que por San Pedro, el resto del mundo
no estime en vn quarto [1094] a vencer con tu fauor de aquí　　145
adelante.

RECUAXO. Bien será allegarme a saber si está mi leal amigo
Grajales con Areúsa, pues passo por su casa. Y por las reliquias que oy adoré, que auemos de hazer la xira [1095] con
el pastel que me hazen, que es de buen tamaño. Mas　　150
con todo esto, quiero escuchar antes que llame, y oyré si
está aquí.

AREUSA. No seas ya más pessado.

BRAUONEL. Avn bien que no me motejas de liuiano, que era
peor.　　155

RECUAXO. ¡O cuerpo de Dios con la fiesta, y esto passa, y que
se consienta! Por vida del rey, que no pare yo aquí más,
que trayción semejante el castigo pide, que renegaría yo
de quien me bateó, si el vrdir de la vieja, y la obra de
Areúsa, y el atreuimiento de Brauonel no lo pagassen todos.　　160
Y a dezirlo voy a Grajales, porque los tomemos como están
en descampado.

128　1539: apartate 　　　　　138　1539: aun q̃
130　1539: q̃ biẽ veo
136-137　1536: aprouecho 　　158　1539: semejate

¶ Aucto .xxxvj.

Sigeril va a saber de Celestina lo que negoció con Paltrana, la qual no se lo quiere dezir por ganar de su amo las
albricias. Y los dos van juntos, y como lo cuenta a Felides, él
se las da de gran valor. E introdúzense:　　　　　　　　　　　5

　　¶ Sigeril.　　　　¶ Celestina.　　　　¶ Felides.

SIGERIL.　Mi amo duerme agora, y podrá ser no recordar[1096]
　　hasta vísperas. Quiero yr a casa de Celestina, y sabré della
　　qué a negociado con Paltrana, que cada hora que se passa
　　en estos dilatamientos de casarnos se me haze vn daño.　　10
　　Y avnque Felides entretanto me llame, poco se me da,
　　que la escusa tendrá él por buena. En el portal la veo.
　　No sé qué nouedad es ésta. Nora buena estés, madre mía.
CELESTINA.　En éssa vengas, hijo Sigeril. ¿Y a dó bueno por
　　acá?　　　　　　　　　　　　　　　　　　　　　　　　15
SIGERIL.　Mas, ¿adónde vas tú, que estás en el portal y apa-
　　rejado el manto y sonbrero?
CELESTINA.　Por tu / vida y mía, que quiero yr a visitar a vna　N [1r]
　　enferma que a embiado cincuenta vezes a rogarme que la
　　vea, que bien puedo dezir, que estó aborrida con tantas　　20
　　negras curas como tengo, que persona no sabe llamar ya
　　a médico de ninguna enfermedad que tengan sino Celes-
　　tina acá, Celestina acullá.[1097]
SIGERIL.　Por mi vida, que no te a de pesar de hazer bien pues
　　puedes, que lores deurías de dar a Dios que te da buena　　25
　　manderecha[1098] en sanarlos, que si no llaman a médicos
　　sabios, es porque la esperiencia es madre de todas las
　　cosas,[1099] y cómo tú la tienes, quieren dar antes vn ducado
　　a ti por tu fama que vn real a los doctores por su ciencia.
CELESTINA.　Ya mi amor, ansí gozes de la que bien quieres, y　　30
　　a mí me dé Dios gracia con que le sirua, como jamás me
　　acuerdo lleuar vn marauedí por cura que hiziese a rico

18　1539: *second* a *omitted*　　　　28-29　1539: a ti vn ducado
25　1539: loores; de *omited*　　　　31　1539: *first* me *omitted*
27　1539: espiriencia　　　　　　　32　1539: hiziesse

ni a pobre, excepto si alguno por su virtud me embía
algún refrigerio. Esto tal rescibo y se lo pago en oraciones
si las obras no bastan, porque si los sano, la gracia de   35
mi señor Jesuchristo les da salud, que mis pecados son
tantos que poco aprouecharían mis diligencias, si su misericordia no socorriesse contino.

SIGERIL. (¿Qué diablos tiene la vieja agora que tan sancta
está? Quiérola preguntar lo que me cumple; que si estoy   40
con ella en palabras nunca acabará.)

CELESTINA. ¿Qué dizes, Sigeril? Habla claro, que ya sabes
que soy teniente [1100] de los oýdos.

SIGERIL. Digo que bien sabemos que Dios es sobre todo; empero, que el saber de las gentes ayuda a conseruar nues-   45
tro cuerpo humano de los humores corruptos que causan
dolencias y malas disposiciones. Ansí que dexando esto aparte me harás merced de me dezir qué negociaste con Paltrana, que de verdad, me va mucho en saberlo.

CELESTINA. En mi conciencia, que no abaxé el manto sino   50
para yr a dezírselo a tu señor Felides, después de visitar a
la enferma que te dixe. Y allá sabrás todo lo que passa,
y lo que queda concluýdo.

SIGERIL. Aquí te suplico yo que me lo digas, que allá ni grado
ni gracias, [1101] que aueriguado está que lo sabré.   55

CELESTINA. Ora mándame otra cosa, que de muy buena voluntad lo haré; y esso no me porfíes.

SIGERIL. ¿Tenemos el sí o el no?

CELESTINA. Si te lo digo, tanto sabrás / como Celestina. Y lo   [N 1v]
que puedo hazer por tu seruicio es yrme luego contigo   60
y dexar para la venida mis visitaciones, y desta manera lo
sabrás más breue.

SIGERIL. Pues vamos sin más detenimientos, que no puedes
encubrir que quanto te as escusado de me lo hazer saber
aya sido sino por ganar las albricias de mi amo.   65

33	1536: pobre	46	1539: coruptos
39	1539: santa	47	1539: dispusiciones
41	1539: en platicas	60	1539: seuicio
43	1539: tiniente		

CELESTINA. Sea por lo que fuere, que yo hago lo que me está bien, y no viniendo mal a ti dello, no as de rescebir enojo.

SIGERIL. Maldito sea el que recibo, y anda acá.

CELESTINA. Ve adelante por mi escudero, pues eres mancebo y gentilhombre. 70

SIGERIL. Plázeme, y calla, que en este pueblo, nonada que hablemos, quien no lo oyere, juzgará ser mucho.

CELESTINA. A la fe, callaré, porque estamos cerca.

SIGERIL. Por mi vida, que nos a visto Felides, que vesle allí en el patio, que se passea. 75

CELESTINA. Por tanto, no le andaremos a buscar.

FELIDES. ¡O mi desseada madre! Tú seas bien venida.

CELESTINA. Y tú, mi señor, bien hallado.

SIGERIL. Pregúntale, señor, lo que tenemos, que por ninguna vía me lo a quesido[1102] dezir. 80

FELIDES. No estoy en propósito de la rogar otra cosa.

CELESTINA. Por cierto, yo huelgo dezirlo, porque son tales nueuas que no pueden ser mejores, y de Sigeril me espanto, que en todo su seso pensaua que era Celestina tan boua que auía de perder sus albricias por dárselas a él a 85 ganar, que primero a mí, segundo a ti,[1103] se dize, avnque seamos próximos.

FELIDES. O madre y señora mía, por amor de Dios, te pido me digas con breuedad la suma, y despacio me contarás la historia de lo que te a passado. 90

CELESTINA. Por mucho que me detenga, estoy tan de priesa que lo auré de dezir breuemente, que Sigeril que presente está te puede informar el trabajo que tengo con mis enfermos.

SIGERIL. Es verdad que tienes infinitas curas, mas di a mi 95 señor ya lo que tanto le hazes dessear, que las albricias no las perderás dél.

FELIDES. No, por cierto, que yo se las mando.

67	1539: has; recebir		89	1539: summa	
68	1539: rescibo		91	1539: priessa	
69	1539: pues q̃		93	1539: del	
80	1539: querido		95	1539: verda	
86	1539: aun que				

CELESTINA. Pues sabe que los casamientos están conclusos
entre ti y Polandria.   100
FELIDES. ¿Qué dizes?
CELESTINA. Lo que oyes.
FELIDES. ¿Qué es lo que dizes?
CELESTINA. Digo y torno a dezir, lo que as oýdo.
FELIDES. ¡Jesús! ¿Es posible? Abráçame, que quiero que me   105
digas otra vez / lo que as dicho, y qué modo tuuiste para Nij [r]
negociar tan gran bien como he alcançado, si está hecho.
SIGERIL. Oyela, pues se assienta a contarlo, que ella haze más
de lo que puede en darse vagar a oýr tus milagros.
FELIDES. De muy buena gana estoy presto a oýrla.   110
CELESTINA. As de saber que los días passados, quando hablé
a Paltrana sobre este negocio, la dixe que te trayan vna
hija del marichal, y que porque vía yo que se trataua contigo el casamiento, la aconsejaua que te hablassen para te
dar a su hija Polandria; y ya te dixe como me respondió   115
aquel día tan ásperamente. Ansí que salí sin confiança por
estonces; y como ayer me embiaste a mandar que boluiesse
a darla otros toques, proponiendo ser antes deshonrrada
en tu seruicio que honrrada desobedeciéndote, fue armada
de tal arte que mis artes tuuieron fuerça para vencer su   120
demasiada porfía; y después de la auer metido otra plática, la [1104] dixe como eras ya desposado, o a lo menos
dadas las manos, para hazerse esta noche de lo qual a Paltrana pesó tanto, que con ninguna dissimulación pudo
tener suffrimiento a lo suffrir, y viendo que se lo certifi-   125
caua, empeçóme a dezir con gran dolor que ella se tenía la
pena de su culpa en no lo auer concedido. Y Celestina,
como no aguardaua sino oýr estas cosas y otras semejantes,
díxela por lindo estilo que no era persona de tu casa quien
me lo auía hecho saber; ansí que, consolándose ella con   130
esto, queda la cosa en que Dardano, vn hermano suyo,
vendrá a verte antes de dos horas por saber la certenidad [1105] de lo que as oýdo, y a ser intercessor en te suplicar

---

105   1539: possible   125   1539: sufrirmiĕto; sufrir
117   1539: enbiaste

tomes a Polandria su sobrina y tu señora. Y caso que lo
diga por cifras, hágote saber que no a de ser su venida   135
a otra cosa.

FELIDES. ¡O santo Dios, y qué astucia y sabiduría de muger!
Sin duda, los que de laurel coronauan los antiguos no ga-
nauan tal victoria como ésta que oy as ganado. Bendito sea
el hazedor del mundo que tal gracia te dio.   140

SIGERIL. Por mi vida, señor, que no dirás tanto como meresce en auer vrdido tal tela.

CELESTINA. Ya vees, señor mío, que es hora que me vaya, por
causa de mis ocupaciones. No te dexo en cargo más de
dos cosas: la vna que afirmes con arte lo que dixe yo a   145
ella y con / la misma que inuenté porque no me tomen en   [N 2v]
mentira, que no darán otra vez crédito a mis palabras; y
lo otro es que ni concedas luego, ni niegues contino, sino
haziéndote de rogar, les da confiança de lo hazer.

FELIDES. Muy bien dizes, y ansí propongo de lo cumplir, y   150
para gratificación de tus consejos y principio de paga de
las obras, toma este par de jarros de plata y aquella pieça
de contray con que te vistas, que es razonable.

CELESTINA. Bésote mil vezes las manos por las mercedes, y
esta plata que es poco embaraço lleuaré, mas el paño   155
manda algún moço que me lo lleue, que bien tendrá veynte
varas.

FELIDES. Anda con Dios, que lleuártelo an; y certifícote que
tiene la pieça treynta y seys.

CELESTINA. Nuestro Señor quede en tu guarda, y adelante   160
me voy, porque a osadas, que mi andar poco espere al
criado que lleuare la carga.

FELIDES. A la ora yrá tras ti. No te detengas en el camino.

¶ Aucto .xxxvij.

Albacín, yendo a vengarse de Celestina, la vee estar llamando a su puerta, y allí la da vna cuchillada por el rostro,
la qual da tales bozes que se llegan las vezinas; y él con

el ruydo buelue disfrazado, y saca a Elicia de entre la   5
gente, y ansí se la lleua. E introdúzense:

¶ Albacín.   ¶ Celestina.   ¶ Elicia.   ¶ Vezinas.

ALBACIN. Descreo de la vida si no tengo de cruzar oy la cara
a Celestina, avnque la aguarde por aquí hasta la mañana;
que tan peruersa vieja menester es que de todos sea casti-   10
gada, pues jamás se escarmienta. A lo menos, si la acabo o
la dexo mal herida, podré seguramente sacar a Elicia
sin que ella me ponga entreuallo [1106] como siempre a puesto en que no la hablasse. Bien apercebido voy. Sin detenimiento me quiero llegar hazia su casa, y por allí la espe-   15
raré. / ¡O qué tiro! Por vida del infante, que es aquélla   N iij[r]
que está llamando a su puerta. Euitando palabras mientras desenuayno, oyré lo que dize. Y sin dezirla cosa, pegaré con sus bienes, [1107] que no sepa la embaucadora de
dónde la vino.   20

CELESTINA. ¡Oyes! ¡Oyes, Elicia! Abre, maldita seas, que no
vengo vez que os halle despiertas. ¡O hideputa y cómo
responden! Ansí me puedo enronquescer primero que ellas
oygan.

ALBACIN. No es tiempo de aguardar más, que si tardo en pe-   25
garla, baxarán la a abrir, y ansí allego a darle con esta
per omnia. [1108]

CELESTINA. ¡Jesús! ¡Jesús! ¿Qué es esto? ¿Qué es esto? ¡Santa
María! ¡Justicia, justicia, que me han muerto! ¡Justicia, señoras vezinas, que me fino!   30

ELICIA. ¡Válasme Dios, y qué bozes que oygo dar a Celestina mi tía en la calle! ¡O nuestra señora, y qué vañada
está en sangre! Negra ventura le a venido. Allá baxo y
sabré qué desdicha fue.

CELESTINA. ¡Ay de mí, desuenturada! ¡Socorro, socorro, que   35
me muero!

ELICIA. ¿Qué es esto, señora tía? No te desmayes, por la passión de Dios, sino tomarte essa sangre. [1109]

5   1539: disfraçado   26   1539: haran la abrir
18   1539: Y *omitted*   28   1539: Jesus jesu; sancta
20   1539: le a venido   29   1539: an

CELESTINA.   Quítateme allá, traydora. Quítate de aý, maluada.
No me estés delante, puta. No me hables, vellaca, que por   40
tu causa me vino la affrenta que Barrada me hizo, y lo que
agora tengo, tú lo as causado.

ELICIA.   Amarga fue yo, porque me tardé vn poco en abrir,
soy la malhechora.

CELESTINA.   Deslauada sin vergüença, no te allegues a mí que   45
te acabaré.

VEZINA.   ¿Señoras comadres, no oýs las bozes que da Celestina? Salgamos a ver qué cosa es.

CELESTINA.   Ay, amigas mías, que poca ayuda me distes, siquiera por la vezindad que tenemos.   50

VEZINA.   Por cierto, comadre, agora oýmos tus gritos, y en
oyéndolos salimos a ver qué era.

CELESTINA.   Es mi ansiada postremería.

VEZINA.   Ora, dexa el llorar para después, y curémoste, que te
desangras mucho.   55

CELESTINA.   Méteme en mi casa, que con vna clara de
hueuo [1110] me curaréys.

VEZINA.   Sea ansí, que ves aquí estopas y vn par dellos que
trayamos en las mangas como vimos que estauas herida.

CELESTINA.   Lléuame quedo, que me matáys.   60

VEZINA.   Assegura las manos. Pondrémoste ya algo en esta
cara, que seys o siete puntos [1111] / auías menester.   [N 3v]

CELESTINA.   Déxame, que tiempo ay que tengo grandes vascas. [1112]

VEZINA.   Jesús, Elicia, cuéntanos agora quién la hirió, o por   65
qué.

ELICIA.   Por mi vida, señoras, que no lo sé ni ella me lo
quiere dezir, sino que paresce que tiene comigo el enojo,
según me a hablado, y por el siglo de mi padre, que ni
lo vi, ni sé quién fue.   70

CELESTINA.   Callá, vezinas. No preguntéys el hecho a la encubridora, que en vnos euangelios juraría que no era otro
sino el gayoncillo que tiene la putilla.

---

41   1539: afrenta; la que   67   1539: *second* lo *omitted*
50   1539: Vezindad   71   1539: echo

VEZINA. No la diffames sin saberlo cierto; y dinos qué gayón.

CELESTINA. El vellaco rapaz de Albacín, vno que es page del 75
infante, que Dios me lo demande si en el pueblo auía quien
me enojase si él no, porque reñía yo a la bonita de Elicia
que fuesse buena y no la consentía que le tuuiesse.

VEZINA. ¿Es un mancebico rubio muy peinado que suele pas-
searse por aquí? 80

CELESTINA. Esse mismo.

VEZINA. Pues si no le viste, no affirmes ser él, que de muy
tierna hedad es para tan gran atreuimiento tener coraçón.

ALBACIN. Mucha plática tienen las vezinas con ella. Ora es
de boluer dissimuladamente y haziéndome de nueuas, sacaré 85
a Elicia de arte que ninguna para mientes en ello. Este
sombrero y las baruas me quito, y la carmellona, [1113] pues
va con casco, me basta.

VEZINA. Ves allí viene Albacín. No creas que él lo hizo.

ALBACIN. ¿Cómo estás ansí, madre? ¿Qué trayción a sido 90
ésta? Nunca te a de faltar vna desdicha—o la pierna cortada, o la cara cruzada; que antes que de vno sanes, te
viene otro.

ELICIA. Ay, Albacín, por la passión de Dios, que tú te vayas
si no quieres ser deshonrrado de su boca, que aquí porfía 95
que tú la heriste.

ALBACIN. No dirá ella tal, que éssa sería más negra.

VEZINA. ¿Para qué dizes, Elicia, lo que la sinventura dixo con
ansia, pues se da facultad al enfermo y al loco que digan
lo que quisieren? 100

ELICIA. Abré de callar, porque está desmayada, mas Dios da
a cada vno lo que meresce. [1114]

VEZINA. Trae agua, que antes que nos vamos, [1115] la dexare-
mos buelta en sí.

ELICIA. Por ella voy. 105

74	1539: disfames		83	1539: edad
75	1539: paje		85	1539: dessimuladamente
77	1539: reñi		86	1539: pare
79	1539: ruuio; peynado		87	1539: carmelloña
82	1539: lo viste no lo		101	1539: aure

ALBACIN. Daca la mano, hermana Elicia, y salte comigo, que no creo en la fe morisma [1116] si ya en su casa quedas, pues que / soy hombre para te mantener a mi honrra y tuya muy ocultamente, que por los sanctos de Dios, yo la paré qual vees, y no me cumple parar aquí. N iiij[r] 110

ELICIA. Si esso es verdad, vamos luego; mas temo que nos verán essas mugeres que están con ella.

ALBACIN. Anda ya, cuerpo de Dios, que harto tienen en que entender en boluerla.

ELICIA. Por mí no quedará, que días a que lo desseo. Y sal adelante. 115

ALBACIN. Ves todos tus miedos perdidos, que en saluo estás.

ELICIA. No tengo pena de cosa sino de no aguardarte hasta mañana, y vuiérala cogido el vn jarro de aquellos dos que trae de casa de Felides, que con estar desmayada y del arte que está, jamás los a soltado de la mano. 120

ALBACIN. No se te dé vn quarto, [1117] que no me faltan al presente dos dozenas de reales.

ELICIA. Si por esso nos remediaremos, también lleuo yo no sé qué blancas. 125

ALBACIN. Bien está, y callemos por esta calle. No nos oyga alguno. [1118] Concertado tengo adonde as de estar.

ELICIA. Sea ansí.

¶ Aucto .xxxviij.

Paltrana embía a llamar a Dardano con Guzmanico su page, el qual venido, ella le ruega que vaya a estar con Felides, y le hable en lo de los casamientos, de manera que no se desconcierten. Y Dardano se despide para yr a negosciarlo. E introdúzense: 5

¶ Paltrana.   ¶ Guzmanico.   ¶ Dardano.

PALTRANA. Guzmanico, ve a casa de mi hermano Dardano y

---

109 1539: occultamente
119 1539: jaro

127 1539: donde
128 1539: Sia

---

1 1539: Auto
5 1539: negociar lo

8 1539: hermono

dile que le ruego yo se allegue acá, que le quiero hablar,
y que no dilate la venida, que es mucho [1119] necessario. 10
GUZMANICO. Ya voy, señora, y si mandas, esperaréle y vendré
con él.
PALTRANA. Si le hallares en disposición de poder venir a la
hora, espérale.
GUZMANICO. Sea como mandas, que muy presto bolueré. 15
PALTRANA. Mira no te detengas en otra cosa.
GUZMANICO. Espantado estoy quán de priessa embía a llamar
mi señora Paltrana / a su hermano. No puedo pensar qué [N 4v]
sea, mas no me peno mucho pues en ello me va poco. Lo
mejor será yr corriendo porque no me riña mi ama, mas 20
en buena fe, que me paresce Dardano el que entra en
Sant Juan. [1120] Él es sin duda. Antes que se assiente, le
hablaré.
DARDANO. Tarde salen oy a dezir misa. ¿Qué es esto?
GUZMANICO. A buen tiempo vino, que no dizen misa. Quiero 25
le hablar. Señor Dardano, mi señora Polandria os suplica
que luego si es possible te llegues a su posada, y que es
mucha necessidad que no lo dilates.
DARDANO. ¿Qué me quiere, que tan de priesa me llama?
GUZMANICO. No sé, por Dios. Mas parésceme que pues la prie- 30
sa es grande, el negocio no puede ser pequeño.
DARDANO. Ora vamos, que no es razón de me detener. Y tú
ve adelante porque le digas que ya voy, que estotros mis
criados, basta que vayan comigo.
GUZMANICO. Sea como mandas, que ansí lo haré. 35
DARDANO. ¡Qué correr lleua el rapaz! Por cierto su diligencia
vale más que el negocio que quiere su ama. Y ya sale a
la puerta. Hablado la deue de auer.
GUZMANICO. Señor, reñido me a [1121] mi señora porque vine
adelante. Por esso entra y descúlpame. 40
DARDANO. No tengas temor que nada te diga en reprehensión
de lo que as hecho.

---

13 1539: dispusicion
18 1539: Señora
21 1539: parece
22 1539: san

27 1539: possada
29 1539: priessa
30-31 1539: priessa
37 1539: E

PALTRANA. O hermano, vengáys en buen hora, que según lo que me visitas, no pensé que acordaras oy de venir.

DARDANO. Por cierto, señora hermana, ni tienes mucha razón 45
en tus razones, que si he dexado esta semana de venir a
verte, causa legítima he tenido que escusará mi tardança;
que las ocupaciones de quatro días acá tengo son tantas que no solamente me hallo ocupado para visitar, empero
certifícote que para ver missa no ay espacio, como puedes 50
informarte de Guzmanico que vido quando agora me llamó
como entré en la yglesia y me salí solamente con hazer
oración por ser tarde.

PALTRANA. Ea, ya, que todas essas escusas son escusadas para
vsar del querer donde ay el poder, [1122] que muy legítima 55
causa auía de ser la que impidiesse tu venida a mi casa
todos los días.

DARDANO. Es verdad, mas para entre nosotros dos, no cumple
hazer más cumplimientos de los que he hecho, porque
si no puedo, / no te marauilles que el rey va hasta donde 60
quiere; [1123] ansí que dime al presente lo que me as de N v[r]
dezir, pues con tanta efficacia me embiaste a llamar, porque se prouea lo que se ha de proueer.

PALTRANA. Muy bien dizes. Y lo que te he de dezir es de
tanta importancia que no me deterné en palabras, sino en 65
breue dezirte lo que haze a nuestro caso, porque no aya
detenimiento en se negociar.

DARDANO. Pues dime qué negocio es, que todos los que tuuiere sabes que he de dexar por entender en ello.

PALTRANA. Mi fin de llamarte es porque juntamente con rece- 70
bir tu parecer, pongas en obra lo que acordaremos. Y como
hermano, te pido me aconsejes en lo necessario a mi
honrra, y perteneciente a nuestro estado; porque quien
no pide consejo, no sería lícito que recibiesse amonestación;
y quien no a sido aconsejado, mal puede aconsejar; [1124] 75
de manera que mi dezir es, que claro vemos que en este
mundo, oy estamos riendo y mañana nos están lloran-

---

47 1539: ligitima; escusaran   54 1539: tadas
49 1539: vesitar   57 1539: Dias

do. [1125] Oy comemos con plazer; mañana nos entierran con
tristeza. Ansí que pues tan cierta tenemos la muerte y tan
incierta la vida, somos obligados de hazer lo que nuestros   80
successores dubdamos si harán mal. Y presupuesto ante los
ojos estos fines, y mirando los medios, hemos de poner remedio [1126] en que ya sabes como Polandria mi hija y tu
sobrina es de edad de eligirla marido. Y loores a Dios los
bienes para su dote no faltan, ni su mala dispusición lo   85
estorua, ni su abilitado linage se lo niega, ni aýn su cordu-
ra lo impide; y considerando estas consideraciones, en realidad, de verdad veo que la muger y hombre que tiene
hijas y no las pone cobro en su vida antes que mandarlo
en su muerte, que son como el corcho que va sobre el   90
agua a do la honda del río lo echa, en ser tan insensatos que siguen a la sensualidad do les lleua, y no sienten lo
que sentir deurían. Dígolo al tanto que vna persona que
no nos dessea daño, procurando nuestro prouecho me
habló la semana passada acerca del traerme a la memoria   95
mi oluido; y haziéndome saber como a Felides, tu propinco amigo, traýan a vna donzella muy noble que bien
conocerás, la qual es hija del marichal, y amonestán/do-   [N 5v]
me amorosamente como se trataua aquel casamiento con
este cauallero que te he dicho, por me auisar que viendo   100
lo que tiene, y sabiendo quién es, como sabes, le meties-
semos si fuese posible, en nuestra parte, dándole a Polandria con lo que la viene de su mayorazgo, pues no tengo
otro heredero. E yo, oyendo la plática sin más mirar en lo
que deuía de responder, di la respuesta muy sin sabor a   105
quien me lo dezía; y de gran arrepentimiento para mí,
respondiéndola muy ásperamente en aquel propósito, y
amonestándola que más en ello no me hablasse. Y aurá
dos horas que he sabido avnque no por muy cierto, que
la noche passada se dieron las manos, o ésta se las an de   110
dar, ansí que mi parescer es que te allegues a uisitarle
como sueles, y sabiendo si esto no es hecho, le puedes

apuntar lo que te pareciere, y no dexar lo de la mano por ninguna cosa, pues es su nobleza tan cumplida que por lo que te ama, cumplirá antes castigo por ser con tu san- 115 gre, que con los que más an negociado. Este fue mi intento dezirte. Tú me di tu parescer y consejo, como de ti espero.

DARDANO. Yo he escuchado tu plática sin responder a ningún punto de los que as apuntado, porque dize el philósopho, que no solamente pierde el título de ser sabio el hombre que 120 responde a cada palabra de las que le dizen sin oýrlas todas, mas cobra otro peor, que es de necio y soleuantado; porque ansí como vna cadena va trauada por sus eslauones, para que se aprouechen della entera, lo qual no pueden de ningún eslauón si está cada vno por su parte, ansí 125 mesmo las razones que van sobre buen fundamento se deuen oýr del principio hasta el cabo, pues va trauada vna razón de otra; y tomando a cada palabra el atajo para dar luego la respuesta, ni al oyente traería fruto la demanda, ni el oponedor [1127] podría gozar de lo que se le respondiese 130 por no yr fundado. De manera que mi escuchar ya te he dicho la causa, porque a sido el responder que te respondo a lo que me as interrogado. Es que Felides meresce toda honrra, ansí por ser cauallero tan generoso, como por las gracias y virtudes que en él moran, y aýn por la copia 135 de / rentas que possee y tierras que manda. Y lo que me [N 6r] a parescido para te aconsejar es que de mi consejo no busquemos otro si Nuestro Señor fuere seruido que se haga con él. Y en esto yo pondré la diligencia que ser pudiere, que la vigilancia del caçador leuanta el venado. [1128] Em- 140 pero, su ventura lo mata o lo dexa yr.

PALTRANA. Essa te suplico que pongas, y con toda breuedad como requiere el caso semejante. Y agora es propio tiempo que vayas, antes que anochezca, que se saldrá a passear, o por dicha a negociar lo que ymaginamos. 145

DARDANO. Nuestro Señor quede en tu guarda, que yo voy a estar con él sin entreuallo de ocuparme en el camino en otra cosa.

PALTRANA. El vaya en tu compañía, y te dé buena manderecha. [1129]   150

¶ AUCTO .xxxix.

Felides dize a Sigeril que saque vnas pieças de brocado y
de seda de las arcas para cortar ropas. Y ellos estándolas mirando, entra Canarín a dezir como está allí vn cauallero. Y
sabiendo Felides que es Dardano, tío de Polandria, sale a   5
hazerle entrar. Y después de se auer hecho los recibimientos
pertenecientes a quien son, Dardano le declara su intento, y
Felides, avnque al principio lo rehusa, diziendo como le traen
a la otra, concluye con que antes que diga el sí, quiere saber la
voluntad de Polandria. E introdúzense: 10

¶ Felides.   ¶ Sigeril.   ¶ Canarín.   ¶ Dardano.

FELIDES. Sigeril, por tu vida que abras essas dos arcas, que
    quiero cortar vna ropa de la tela de oro que me traxeron
    el jueues, y veré qué brocado y seda ay.
SIGERIL. Muy bien dizes, que según yo creo, menester será   15
    proueerse; y veslas aquí abiertas. / Mira qué pieças man- [N 6v]
    das que saque.
FELIDES. Saca essa de altibaxo, [1130] y otras dos o tres, que
    agora vernán los sastres, y entretanto estén sobre esta mesa.
SIGERIL. A la fe, señor, el sastre que ha de ser causa que se   20
    corten pienso que vendrá más presto.
FELIDES. ¿Quién es el que piensas que ha de venir?
SIGERIL. ¿Quién? El hermano de Paltrana, que según te cer-
    tificó Celestina, él ha de ser el casamentero de Polandria
    contigo.   25
FELIDES. Si esso fuesse verdad, yo te prometo que me con-
    tasse por el más dichoso de quantos an sido en el mundo
    amadores.

6 1539: recebimientos   19 1539: ahora
8 1539: al presente le   24 1539: a; *second* el *omitted*
10 1539: volutad   27 1539: *first* el *omitted*
18 1539: essas

SIGERIL.   Essas dichas bien las conozco, mas con todo esto as
de prosuponer que antes que le digas el sí con su sobrina,   30
conozca en tu saber que aya vn detenimiento para ser
rogado antes que rogar; y si mandas no se quite de encima
la mesa este brocado ni terciopelo, avnque venga, porque
pueda él confirmando lo que tienes por vista afirmar lo
que le dixeres por palabras.   35

FELIDES.   Como dizes se hará, y basta lo que me dixo la buena
madre acerca de lo que le tengo de dezir.

SIGERIL.   Canarín viene muy de priesa. No sé qué quiere.

FELIDES.   El lo dirá.

CANARIN.   Señor, vn cauallero está aquí en el patio, y me em-   40
bía para saber si mandas que entre.

FELIDES.   ¿Qué persona es?

CANARIN.   El hermano de Paltrana me paresce, que aν̃n no le
conozco.

FELIDES.   Quédate aý, que yo salgo allá.   45

CANARIN.   Sea ansí.

FELIDES.   ¿Qué es esto, señor Dardano? ¿Vsos nueuos as de
vsar en mi casa en embiar a percebirme [1131] como vienes?

DARDANO.   Señor Felides, no te marauilles del vso, que por
cierto, en casa de mi hermana hago lo mesmo.   50

FELIDES.   Para entre nosotros que somos propinquos amigos no
parescería mal quebrantarse essa regla, que aueriguado está
que más vale vn leal amigo que vn legítimo hermano. [1132]

DARDANO.   No ay dubda; empero ésta es mi costumbre, y me
parece que no es mala.   55

FELIDES.   Ora entremos a mi aposento, y assentarte as vn rato.

DARDANO.   ¡O qué hermosa tela ésta, para ser de plata! Y
estotra pieça de brocado es de tres altos. [1133]

FELIDES.   Razonable es lo vno y lo otro, mas el vellaco de Sigeril que lo sacó vna hora aý no tuuiera cuydado de lo   60
guardar, pues lo vieron los officiales. [1134] ¡Hideputa, rapaz!
¿Dónde [1135] venís que no / pusistes en cobro aquello?   [N 7r]

33   1539: aun q̃
35   1539: dizes
38   1539: priessa

42   1539: persana
51   1539: samos
61   1539: oficiales

SIGERIL. Señor, como dixo maestre Pedro que luego vendría a cortar las ropas, lo dexé en la mesa.

DARDANO. Estése donde está mientras vienen los sastres, que   65
por cierto el carmesí solamente basta para alegrar a quien entrare. Mas esto aparte, rescebiré merced que me digas tus desposorios con quién son, y quándo, pues las insignias [1136] de tu posada dan señal que será breue; y también   70
te lo digo porque me lo dixeron.

FELIDES. La verdad es que a mí me traen vna señora en este pueblo, y avnque se a tratado mucho, a tan pocos días que se empeçó que no a auido lugar de te hazer sabidor dello. Mas como en este negocio el fin no esté negociado, puedo te dezir quién es y lo que está hecho, porque antes que se   75
haga, dándome tu parescer me aconsejes lo que te paresciere para honrra de mi persona y ensalçamiento de mi estado.

DARDANO. Si por el saber estamos, claro es que de ti le puedo y suelo rescebir; mas lo que te podré en este caso aconsejar   80
será persuadir como verdadero amigo, y amonestar como carnal hermano, y es que, dexando de dezir quién es ella, pues no lo sé, y lo que te dan, pues lo ignoro, diré los beneficios que ganan los que debaxo del yugo deste santo sacramento del matrimonio se meten.   85

FELIDES. Esso holgaré que me digas, si no rescibes pena.

DARDANO. Sabe que según he oýdo y leýdo, cinco bienes [1137] alcança el hombre el día que se vela con su muger a forma de christiano, y con la misa y cerimonias [1138] que la yglesia manda en tal aucto. El primero es la memoria que dexa   90
después de sus días con los hijos que Dios le da, y éste hallo que es vn bien incomparable, porque demás de la honrra que suele tener el padre con vn buen hijo, sabes como los antiguos tenían por costumbre que el hombre que no vuiesse engendrado, y la muger que no vuiesse parido   95
con orden matrimonial fuessen como estériles y árboles sin fruto echados del templo. [1139] El segundo bien es que euitan

---

67   1539: recebire
68-69   1539: insinias; possada
75   1539: echo

76-77   1539: parecer; pareciere
81   1539: amenestar
91   1539: esta

el adulterio, porque aýn callando el pecado que es manifiesto, mas despende vn mancebo con vna concubina en vn
mes que gastaría con su muger propia en vn año. El ter-   100
cero [1140] bien es la auctoridad que co/bran en siendo ca-   [N 7v]
sados, como por esperiencia sin dezirlo lo vemos. El quarto
bien es la santa y amigable compañía del varón con su
muger, que ni frayles pobres, ni hermitaños solitarios, ni
monjas encerradas, ni donzellas vírgines [1141] alcançan tal   105
corona en el cielo como los bien casados, que conformán-
dose el vno con el querer del otro, se conforman con la
voluntad de Dios, ansí en las angustias como en los plazeres. El quinto bien es la paz y reconciliación que el matrimonio suele causar; que vemos por él vnos mortales   110
enemigos boluerse propinquos y perfectos amigos; ansí que
estos beneficios sé que acquieren [1142] los que dignamente
y sin inicos pensamientos se ponen a seruir a su criador en
esta orden de casados. Lo que te suplico es, me digas si te
a parescido bien mi plática para que aprouemos si es proue-   115
chosa tu obra.

FELIDES. De verdad, tus razones lleuan tanto fundamento y
razón, que yo digo que el hombre que tiene aparejo para
ganar estos beneficios y lo dexa por negligencia, que es
irracional. Y desde agora affirmo que mediante nuestro   120
señor, lo que he dilatado en mi negocio, haré de manera
que se negoscie breue. Y sabe, pues no lo as sabido, que
es con vna hija del marichal.

DARDANO. ¿Y en qué términos está la cosa?

FELIDES. En que ni he dicho el sí, ni el no, lo vno hasta ha-   125
blarte, y lo otro por auer poco que se habla.

DARDANO. Señor Felides, como sea cierto que todos tenemos
siempre en costumbre de dessear lo que otros dessean, y
pensando de te dezir que concediendo ser essa donzella de
buena sangre y de gran fama y no de poco dote, si como   130

100	1539: gastara	112	1539: adquierẽ
102	1539: espiriencia	120	1539: inrracional; afirmo
105	1539: monjes encerrados	122	1539: has
107	1539: querer del *omitted*	127	1539: filides
111	1539: propiquos	129	1539: donlzela

dizes no as concedido en tomarla, concedas en rescebir
otra, que a mi pensar no tiene más baxo linage, ni menos
honrra, ni aýn más pequeño mayorazgo. Y demás de ser
donzella a quien yo deuo seruicio por la conuersación, [1143]
soy obligado de hazer por ella como por parienta carnal,   135
la qual es mi sobrina Polandria, que bien conoscerás. E
dime la respuesta de lo que te paresciere, que a mí me a
parescido esto para confirmar nuestras amistades verísimas,
en natural parentesco.

FELIDES. Quanto a lo que dizes / de que te diga si está con-   140
cluso con la otra parte, certifícote que no más de andar en   [N 8r]
essos términos; y en lo del linage y tocante en esto, que
me dixiste muy claramente, sé quánta diferencia y en
quántos quilates sobrepuja la generosidad de Polandria a
la de la otra, avnque no lo auía de dezir en tu presencia. Y   145
a lo que dizes, si la conozco de vista, por nuestro señor,
que desde que sé qué cosa es passear, passando por su
posada la auré visto dos o tres vezes, y esto a días. También
me dexiste [1144] que por vñir nuestra amicicia [1145] en verda-
deros parientes, holgarías que nos concertássemos, el que   150
mejor librasse de los conciertos sería yo en lleuar a parienta
tuya; y en ser la señora Polandria, más hállome confuso en
el determinar por auerse hablado primero con estotra parte.

DARDANO. Essas confusiones mínimas son en respecto de lo
que yo desseo seruirte por la voluntad que mi hermana te   155
tiene, pues desea tenerte por hijo.

FELIDES. En verdad, que el amor que me tienes, juntamente
con las obras que muestra la señora Paltrana en me lo
embiar a dezir, me constriñen a que haga lo que no pensé
hazer, avnque no soy merecedor della; ansí que concederé   160
lo que me dizes con tal que tu sobrina Polandria otorgue
en lo que hizieres; porque muchas vezes los padres conciertan vno, y los hijos disponen otro. [1146]

DARDANO. Muy presto se acabará esso con la donzella, que no

---

132   1539: linaje
137   1539: parescire
138   1539: parecido; para conseruar
143   1539: dexiste

151   1539: librase
159   1539: cõstriñe
160   1539: aun q̃

discrepará punto de lo que su madre la mandare. Y luego   165
voy a negociarlo por boluer con la respuesta. Merced me
harás que me esperes.

FELIDES.   Nuestro Señor vaya contigo, que no saldré esta noche
de la posada.

¶ AUCTO .xl.

Requajo, yendo consigo razonando en la vellaquería de
Areúsa en tener a Brauonel, topa con Grajales, al qual se lo
cuenta todo. Y los dos van a casa de Celestina a vengar aquel
hecho; y hallan allá a Brauonel con Areúsa, y allí dan el fin   5
a ella; y él escapa muy mal herido. E introdúzense:

¶ Recuajo.   ¶ Grajales.   ¶ Brauonel.   ¶ Areúsa. /

RECUAJO.   Renegaría yo de la leche que mamé si el juramento   [N 8v]
        que hize de castigar a la vellaca de Areúsa no lo cum-
        pliesse, que sin que la puta buscara pan de trastrigo, [1147]   10
        tomando conuersación con el rufianazo de Brauonel, le
        bastaua la compañía de Grajales, pues lo haze con ella
        mejor que meresce. Mas por vida del rey, que no coma
        bocado que bien me sepa hasta toparle y dezírselo, porque
        luego se essecute en ellos la pena del hierro que an come-   15
        tido. Y a buen tiempo salí, que hele aquí viene.

GRAJALES.   ¿Dónde por acá, amigo Recuajo?

RECUAJO.   Déxame, cuerpo de Dios, que estoy para renegar
        de la fe.

GRAJALES.   ¿Cómo ansí? ¿As auido con alguno enojo?   20

RECUAJO.   ¡Pese a tal con quien te parió! So yo hombre que
        por reñir con media dozena juntos se me da vna tarja, [1148]
        si no fuesse por ýrsseme alguno de entre las manos.

GRAJALES.   Por alguna dessas causas digo si as rescebido pena,

169   1539: possada

4	1539: E	17	1539: amigo mio Recuaxo
8	1539: Aun renegaria	22	1539: dazena
11	1539: le *omitted*	23	1539: fuese; yr se me
13	1539: merece	24	1539: recebido
15	1539: esecute		

que mi persona hallarás muy aparejada para lo que 25
mandares.

RECUAJO. No creo en la vida si por cosa del mundo se me
diera la mitad como por lo que es, y más, por ser tocante
a tu honrra. Mal grado aya el puto de mi linaje.

GRAJALES. ¿Qué dizes? Dime ya lo que es, por amor de Dios. 30

RECUAJO. ¿Qué quiés que te diga, sino que Areúsa tu querida
quiere y a querido vsar de sus madexas [1149] con otro en
menosprecio tuyo. [1150]

GRAJALES. ¿Es possible que me a hecho la traydora semejante
trayción? 35

RECUAJO. Possible es, que voto a Mares que el galán ouo de
de ser el que presume de rufianerías, y no sabe menearse.

GRAJALES. ¿Quién es, pesar de quien me bateó?

RECUAJO. ¿Quién? El señor Brauonel. Mas yo te prometo que
bien sabe qué perro le ladra. [1151] 40

GRAJALES. Yo juro por Dios que me conoces muy mal; y créeme
que éstas [1152] me pelaría si él se fuesse alabando ni ella quedasse riendo.

RECUAJO. Anda acá. Pese ora a Lucifer, [1153] y hágase luego,
que no es cosa ésta de aguardar a tiempos, pues el tiempo 45
tenemos en las manos.

GRAJALES. ¿Y cómo sabes tú que le hallaremos agora con ella?

RECUAJO. Mira qué renegadero [1154] éste. ¿Si no lo supiesse de
cierto, afirmarlo ýa por verdad?

GRAJALES. ¿Quién fue el que te lo dixo? 50

RECUAJO. Mis pies que te fueron a / buscar, y mis oýdos que O [1r]
lo oyeron, que en allegando a la puerta, como escuché lo
que passaua entre Brauonel y su merced, después de auer
negociado, tuue por mejor darte primero parte del negocio
que quebrar las puertas y acabarlos, que bien sabes que 55
lo supiera hazer. Dígolo al tanto que pues yo no les subí a
dar el fin, vamos entrambos sin detenimiento a quitarles
las vidas, que no será ydo el traydor.

GRAJALES. No desseo otra cosa sino essa vengança. Empero,

---

34 1539: echo   45 1539: caso
44 1539: Luzifer   47 1539: hallemos

querría yr a mi posada por vn broquel y vn casco que me-   60
nester será.

RECUAJO. Toma, cuerpo de Dios, este mío, y aýn esse guante,
que mi cabeça y manos duechas [1155] están a las armas
sin que vaya guarnescido de más de capa y espada.

GRAJALES. Hermano, yo que soy más couarde quiero yr a   65
punto, que como dizen, hombre apercebido es medio combatido. [1156] E tiremos por aquí arriba.

RECUAJO. No me hables palabras, que estamos cerca y nos
oyrán.

GRAJALES. Ansí lo haré.   70

RECUAJO. Allégate aquí. Mal grado aya tal que quiero que
oygas la obra que passa.

GRAJALES. Descreo del diablo si no es Brauonel el que está
con ella.

RECUAJO. Pues oye vn rato, si quieres, con razón que vsemos   75
el castigo.

GRAJALES. Oygamos, que harto estoy atento.

BRAUONEL. Perla, juguemos otro poco de hocico, si mandas.

AREUSA. Anda ya, amarga de mí, que bien te basta lo hecho;
y vete con Dios, que no tardará en venir Grajales.   80

RECUAJO. ¿Paréscete que fiesta tienen?

GRAJALES. Oye. Veamos lo que él responde, que luego daremos
con la puerta en tierra.

BRAUONEL. ¿Qué llamas venir, vida? Está agora Grajales en-
tendiendo en su despensa, y tiénesle temor.   85

AREUSA. Por cierto, sí, que es él hombre muy curioso para
espiarnos, sino que más preciara topar con vn buen vino
para su amo que a todo el resto.

RECUAJO. Sus, sus. Ten dessa palanca y desquiciemos presto
estas puertas.   90

GRAJALES. ¡O hi de puta, y qué mala es de salir!

RECUAJO. Alça bien, que descreo del padre que me hizo si no
es muerte tratar hombre contigo.

GRAJALES. Bien podemos entrar, que vesla aý en el suelo.

RECUAJO. Desenuayna antes que entremos, y mira que te   95

aperscibo que sin dezirles co/sa, en subiendo y pegando, [O 1v]
sea todo vno sin auer duelo, que hasta hazerlos pieças yo
no pararé.

GRAJALES. Haz lo que pudieres, que tú verás lo que yo hago.

AREUSA. ¡Jesús! ¿Y qué ruydo es el que anda en el portal? 100

BRAUONEL. Por Nuestra Señora, no sé, mas de que veo las
puertas derribadas.

AREUSA. ¡Ay, desuenturada de mí, que Grajales es, y su amigo Recuajo, que nos vienen a matar! Por esso huye por
aquel tejado. 105

RECUAJO. ¡Aguija, aguija, Grajales! Pesar de tal, no se nos
vayan.

GRAJALES. ¡Ha, doña puta, que asida os tengo!

AREUSA. En tus manos me encomiendo que ayas misericordia
de mí, dándome lugar para que confiesse mis peccados. 110

GRAJALES. ¿Qué quiere dezir confessar?

RECUAJO. No estés en pláticas, sino dala desta manera por
acabarla en breue.

AREUSA. ¡Confisión! ¡Confisión! ¡Confisión, que me an muerto!

GRAJALES. Toma, toma ésta que faltaua para tu fin. 115

RECUAJO. ¿Acabástela ya de matar?

GRAJALE. Vesla aý tendida. Mírala el pulso, que ella tiene
su pago.

RECUAJO. Bien lo merescía; y no nos detengamos sin yr a retraer, que en sabiéndose, andará la pesquisa. 120

GRAJALES. ¿Heriste por dicha a Brauonel?

RECUAJO. Como me detuue en empeçar a Areúsa y en te dar
ánimo que la acabasses, tuuo tiempo de subir en el tejado.
Mas allí do le alcancé le hize perder vn braço al cercén.

GRAJALES ¿Y éssa llamas poca herida? 125

RECUAJO. Sí, pese al diablo, porque no dexó la vida como la
señora.

GRAJALES. Retraygámonos, que es otro que palabras.

RECUAJO. Ansí lo deuemos hazer, pues nos cumple. Y ven
tras mí. 130

---

96 1539: apercibo   124 1539: a cercen
111 1539: confesar

¶ Aucto .xlj.

El corregidor, passando por casa de Celestina, oye la barahunda que ay con la muerte de Areúsa; y como entra y haze
la pesquisa, manda luego a Balantes, alguazil, que viene con
él que llame al pregonero para hazer justicia de la vieja encu- 5
bridora, y ansí desde su posada la sacan [a] açotar, juntamente con emplumarla, adonde burlan della los mochachos,
hasta que la quitan de la escalera. E introdúzense: /

| ¶ Corregidor. | ¶ Balantes. | ¶ Celestina. | O ij[r] |
| ¶ Vezinos. | ¶ Pregonero. | ¶ Mochachos. | 10 |

CORREJIDOR. Balantes, ¿oyes las bozes que ay allí abaxo?

BALANTES. Señor, óygolas y parésceme que son en casa de
Celestina.

CORREGIDOR. Alleguémonos allá, que cosa de muertes dizen.

BALANTES. Escuchemos aquí vn poco si mandas, antes que 15
entremos, que los vezinos están con la vieja y no podrán
negar lo que oyéremos.

CORREGIDOR. Muy bien dizes, y está callando.

CELESTINA. ¡Jesús, señores, que no me creéys! Yo me vea como
ella está si puedo pensar qué causa tuuo el vellaco de 20
Grajales para dar a la cuytada tan triste muerte. ¡Ay,
amarga fueste tú, Areúsa, y tu negra mocedad, pues en tal
paró! ¡Ay, de la desuenturada de tu tía Celestina que
tal vee!

VEZINO. Déxate dessos lloros e ignorancias, que a osadas, que 25
no ignoras tú la causa de su muerte.

CELESTINA. Yo, señores, agora acabo de entrar, que Dios me
lo demande si barrunto parte ni arte [1157] desta mala suerte
que la vino a ella y a mí.

VEZINO. Con nosotros que somos tus vezinos y vemos poco 30

5	1536, 1539: Pregonero	10	1539: *third* ¶ *omitted*
6	1536, 1539: sacar açotar	12	1539: parece me
8	1539: introduzese	22	1539: fuyste

más o menos lo que se haze en tu casa no es menester que nos affirmes lo que te podríamos prouar al contrario.

BALANTES. Señor corregidor, ¿qué te paresce de la vieja, si meresce castigo, y si fue astucia nuestra escuchar?

CORREGIDOR. En oyendo lo que la vezindad la dize que a   35
visto, entraremos a ver la cosa y hazer la justicia necessaria.

CELESTINA. Ansí, señores vezinos, que soy muy culpada en este negocio, mal os haga Dios si no dixerdes [1158] lo que sabéys.

VEZINO. Por lo que juraste, te diremos lo que cada vno supie-   40
re, y es que, hablando contigo la verdad, si Pandulfo te hirió, no fue por lo que nosotros hezimos. Si Barrada te affrentó y robó, tú emos sabido que le auías hecho porqué. Si Albacín te cruzó la cara y se lleuó a tu sobrina Elicia, tus murmuraciones e impedimentos que no la hablasse lo   45
causaron; que claro está que vn rapaz como aquel page no se auía de atreuer a tal cosa, sino que muchas vezes la demasiada / razón causa sobrado atreuimiento. Ansí que   [O 2v]
no te quieras hazer ignorante deste hecho, que no lo dezimos ante la justicia, sino como entre padres e hijos, que   50
bien víamos entrar y salir a Brauonel, vn rufián que en tu presencia abraçaua Areúsa el otro día, y si tú no consintieras su hierro, Grajales no la diera agora tal castigo. Y si no es ansí como lo hemos dicho, di tú lo que quisieres, que porque no te venga daño, lo concederemos.   55

CORREGIDOR. A la larga va esta cosa. Sus, Balantes. Entremos sin esperar más replicaciones.

BALANTES. Ansí que basta lo oýdo.

CORREGIDOR. ¿Qué es esto, que tanta gente estáys aquí juntos?

CELESTINA. ¡Ay, mi señor! Por la passión de Jesucristo, que   60
entres acá, y verás a mi sobrina Areúsa que era luz de mis ojos, tendida en aquel suelo, que me la an muerto a trayción.

---

32 1539: afirmes
39 1539: dixeredes
42-43 1539: afrēto y te robo emos
45 1539: impedimentos

48 1539: demassiada
49 1539: ingnorāte
60 1539: jesu xp̄o

CORREGIDOR.   Soy contento; mas tú Balantes tenme aý a Celestina mientras aueriguo lo que a passado.   65

CELESTINA.   ¿A mí? ¿Por qué? ¡Triste fue mi suerte! No me
ates, alguazil, que no mandó tal el corregidor. ¡Ansiada fue
mi vejez!

BALANTES.   Atote porque he de andar haziendo la pesquisa, y
entretanto no te desparezcas.   70

CORREGIDOR.   Acaba ya, que esse porquerón [1159] basta que la
tenga, y empieça a tomar los dichos por essa vezindad.

VEZINO.   Señor, aquí estamos todos, o los más. Cada vno dirá
lo que supiere.

BALANTES.   Jurad aquí para el juramento que hazéys. ¿Vistes   75
o auéys oýdo dezir quién mató a esta muger?

VEZINO.   Para el juramento que hazemos, que ninguno de nosotros lo vido, mas que de oýdas sabemos como Grajales,
despensero del arcediano la mató, porque halló con ella a
Brauonel, vn rufián que es bien conoscido en el pueblo.   80

BALANTE.   Ansí mismo os pregunto si fue en darla la muerte
esse despensero sólo, o traxo otro en su compañía.

VEZINO.   Otro vino con él, y dizen que era Recuajo.

BALANTES.   Pregúntoos más, si sabéys si hirieron a Brauonel.

VEZINO.   Señor, dicho nos an que Recuajo le hirió en vn braço   85
yendo en su seguimiento por essos tejados.

BALANTES   En la última pregunta quiere el señor corregidor
saber si esse rufián que se dize Brauonel entraua a hablar
con Areúsa delante / de Celestina, o si sabéys que por   O iij[r]
algún arte ella lo supiesse y holgasse dello.   90

VEZINO.   Para el juramento que hemos hecho, que sin dessear-
la mal ni bien, mas de contar la verdad, dezimos que nosotros como ella lo sabía, y aún lo auía enrredado, y que estando ella presente en esse patio a muy pocos días que
retoçauan los dos sin euitarlo la dicha vieja.   95

64	1539: Balãte	87	1536, 1539: Corregidor
65	1539: mietras	88	1536, 1539: Rufian
67	1536: Alguazil; Corregidor; 1539:	90	1539: holgase
	manda, amsiada	91	1539: echo
77	1539: Por	93	1539: enredado; que *omitted*
81	1539: os *omitted*; fue el en	95	1539: euitarlos

CORREGIDOR. Ora, Balantes, no se tome más información de
la tomada, ni se haga más pesquisa de la hecha, sino luego
haz venir al pregonero que yo doy por sentencia que desde
aquí que se cometió el delicto, saquen a Celestina açotan-
do, por quanto se halla ella robar a los hombres con cau- 100
telas dissimuladamente; y assí mismo por galardón del trabajo que tomaua en ser alcagüeta, mando que con su
coroça [1160] la tengan emplumada [1161] públicamente en vna
escalera [1162] subida en mitad de la plaça mayor, hasta tanto que yo mande que la quiten; y que los açotes sean por 105
las calles acostumbradas. [1163] Y esta sentencia, porque mejor
se essecute quiero que a la hora vayas a llamar al pregonero
que aquí te esperaré.

BALANTES. Juro por nuestro señor que tú as sentenciado según
ley de justicia; y el pregonero te hago saber que está aquí 110
a la puerta con vn asno, que yua con nosotros a la cárcel
para justiciar aquel ladrón que prendí anoche.

CORREGIDOR. Llámale, que a buen tiempo vino; y quedarse
a el otro para la tarde.

BALANTES. Oyes, pregonero, entra acá, que te llama su merced. 115

PREGONERO. ¿Qué mandas que haga, señor?

CORREGIDOR. Que sin tardar te allegues allí a Celestina y la
pongas en la orden que se requiere para cien açotes, y
auísote que se los pegues bien.

PREGONERO. Que me plaze, de buena voluntad. 120

CORREGIDOR. Más as de hazer, que mando que la pongas en
la cabeça vna coroça de papel, que sinifique el officio que
a tenido, y la emplumes lo mejor que supieres.

PREGONERO. Yo lo haré de arte que huelgues.

CORREGIDOR. Pues allégate a ella, que vesla allí la tienen. 125

PREGONERO. Ea, señores, apartaos de aý, que quiero estar con
Celestina.

VEZINO. Allega en buen hora, que duelos tiene la vieja pues
tú vienes.

---

99 1539: a aqui; delito   107 1539: ora vaya
100 1539: y por   108 1539: espero
102 1539: alcaueta   112 1539: juciciar
105 1539: *third* que *omitted*   121 1539: hazes

PREGONERO. ¿Madre honrrada, conoceysme?   130

CELESTINA. Sí, conozco, ansiada de mí, que hijo eres de vna
amiga mía, y a poco que eres pregonero.

PREGONERO. / No digo nada desso, sino si sabéys ya a lo que   [O 3v]
vengo.

CELESTINA. No me lo as dicho. ¿Cómo quieres que lo sepa?   135
Bástame saber el llanto que me a venido con la muerte de
mi sobrina.

PREGONERO. Esso después me lo dirás. Desnúdate agora por
vn rato, que es para ti más cierto lloro.

CELESTINA. ¿Para qué me tengo de desnudar?   140

PREGONERO. Quiero verte las espaldas, si estás tan blanca como
solías.

CELESTINA. Apártate allá. ¿Qué chocarerías son éssas? Dolor
malo me vino si as de hazer tú burla de mí.

CORREGIDOR. Borracho, por vida del rey, si presto no la que-   145
bráys essas agujetas y la subís en el asno como os mandé,
esta vara os quiebre en la cabeça.

PREGONERO. Señor, ya la desnudo.

CELESTINA. ¿Para qué me desnudas? Negra fue yo.

PREGONERO. Para darte vn jubón de açotes, [1164] y con esta   150
mitra [1165] enplumarte como meresces.

CELESTINA. ¿Mandáyslo vos, corregidor? Mira que estoy inocente. No te cueste caro, que no he hecho cosa que no
deua. Apercíbote que no seas tan cruel con vna pobre vieja,
y si a vso de tyranos quieres vsar, manda que me corten   155
la cabeça, que aparejada estoy a sufrirlo, porque sé que
no será el cuchillo tan cruel en mi garganta como tus obras
en mi coraçón.

BALANTES. Atala presto con essa soga las manos desde la garganta, [1166] que se enojará el corregidor contigo en oýr a   160
la loca.

CELESTINA. Auísote que mires mi honrra. No consientas que

130	1539: honrada	150	1539: y *omitted*
138	1539: lo *omitted*	151	1539: emplumar te
141	1536: blãcas	153	1539: echo
143	1539: duelo	160	1536: Corregidor
146	1539: y *omitted*		

tal deshonrra se me haga, que a mi rueca suelo ganar lo
que como. Mira que como juzgas, as de ser juzgado. [1167]
Acuérdate de Dios que es tan justo que si hazes maldad   165
cruda, El te dará el castigo brauo. Yo te prometo que tu
culpa secreta le despierte a que haga de ti justicia pública.
En fin, fin, veo que a vno que es bueno, por pequeña culpa
days los juezes mucha pena; y a vn malo por muchas, no
le days ninguna; de manera que disimuláis con los vnos   170
y no perdonáys cosa a los otros; y ansí cotidianamente
pagar justos por pecadores. [1168]

CORREGIDOR. Echale vna mordaça [1169] a la lengua, pues la
tienes subida en el asno, y empieça a pregonar. [1170]

PREGONERO. ¡Esta es la justicia que manda hazer!   175

CELESTINA. ¡Que justicia sin justicia as de dezir, para que
aciertes! Mira, corregidor, lo que hazes. No tengas por vanagloria alabarte de muchas muertes que as sentenciado.
Acuérdate desta injusti/cia y de otras que as hecho, que   O iiij[r]
los daños agenos as los de callar, y la culpa tuya as la de   180
llorar. Avnque me ahorques no callaré, que los juezes
hazéys algunos castigos de los quales murmuran los hombres, y los aprueua Dios. Otras vezes los condena Dios,
avnque los aprueuan los hombres. Mira que muchas vezes
herráys, no queriendo herrar, por ser los testigos falsos,   185
como en mí lo veo.

CORREGIDOR. Di, puerco, ¿por qué no acabas de dezir el pregón, y la empieças a sacudir sin estarnos parados oyendo
las badajadas que predrica?

PREGONERO. Ya digo, señor, que por encubridora y alcahueta   190
la mandas açotar y emplumar públicamente. Quien tal haze,
que tal pague. [1171]

CELESTINA. ¡Ay, santa María! ¡No me des tan rezio, por la
passión de Jesuchristo!

BALANTES. Dale quanto rezio pudieres, que merecedora es de   195
más, y tira por essa calle arriba.

PREGONERO. No abaxes la cara, que todos te an de ver.

168	1539: *second* fin omitted	180	1539: as las de callar
170	1539: dissimulays	181	1539: aun q̄
173	1539: mordaza	184	1539: aun q̄; apruea

CELESTINA. ¡Ay, ansiada fue yo! No me des tan crudamente, que me abres las carnes.

PREGONERRO. Madre, no bueluas acá la cara, que te acertaré 200 en ella algún açote; que yo mandado soy, y tengo de hazer mi officio conforme a lo que el corregidor me mandó.

BALANTES. ¿Para qué vas tan apriessa? Que la gente no entiende lo que pregonas, ni veen los açotes que la das.

PREGONERO. Por esso estamos ya en la plaça, a do la verán 205 bien.

BALANTES. Atiéstale bien la coroça, y súbela en essa escalera.

CELESTINA. Señor alguazil, por las plagas de Dios te pido, que notando quán aplagada estoy, mandes a este verdugo que no me affrente más. 210

BALANTES. Escusado es reuocar la sentencia que vna vez por el corregidor es dada. Por tanto, súbela presto, y átala muy bien.

CELESTINA. ¡O negra fue mi dicha, que todavía tengo de subir! Injuriadme con quantos vituperios quisierdes, que 215 aparejada estoy a quanto me viniere; pues mal pecado, no puede ser el cueruo más negro que sus alas. [1172]

PREGONERO. A buena fe, señor, que ella está tan bien que por ayre que haga, no se le quite la borra, ni por fuerças que ponga, se desate de la escalera. 220

BALANTES. Ora, vámonos, que estremadamente queda, y dexemos a los mochachos que vienen ya [a] passar tiempo con su merced.

MOCHACHO. ¿Qué dignidad es essa, madre honrrada? En buena fe, que es larga la mitra, y si tan / grande es el obis- 225 pado, no te faltará renta. [O 4v]

CELESTINA. ¡Calla, hijos! No corráys a la corrida.

MOCHACHO. A la fe, quedos nos estamos sin correr. [1173] Mas di, por tu vida, esse cartapel [1174] que tienes por sombrero, ¿traxérontele con confites? 230

CELESTINA. ¡Ay, mochachos, y cómo reýs de Celestina! Pues

198	1539: fuy	216	1539: peccado
204	1539: le das	221	1539: vamos; y *omitted*
207	1536: coraça	222	1536, 1539: ya passar
210	1539: afrente		

algunos de vosotros se ríen mucho, que su madre no lloró poco, estando del arte que yo estoy.

MOCHACHO. Dexémonos de fiestar, y dinos, hablando la verdad, si es el rocadero [1175] con que hilas. 235

CELESTINA. Mal dolor me vino, porque ansí me coquéys, que si me pusieron desta manera, salua estoy del crimen que me an acusado. Y ansí vemos hartas vezes hazer vno el pecado y otro la penitencia. [1176] Mas consuélome con saber que ni so yo la primera, ni seré la postrera. 240

MOCHACHO. Bien hazes de buscar consuelos; empero, de essa borra que tienes, ¿quiés nos vender para henchir vna (h)almohada?

CELESTINA. Dexadme, hijos míos, con mi lástima. No me lastiméys más. 245

MOCHACHO. Pues dinos desde esse púlpito vn sermón, y luego nos yremos.

CELESTINA. ¿Qué sermón queréys que os diga?, que aýn hablar no puedo, quanto más daros consejos como suelo.

MOCHACHO. Poco fruto nos trayrá tu plática, pues tanto daño 250 te acarreó tu obra.

CELESTINA. Si yo lo hize, yo lo pagaré. [1177] Dexadme, por caridad, con mi tormento.

MOCHACHO. ¿Tu señor Felides, por qué causa no te fauoresció? 255

CELESTINA. ¿Ya no os he dicho que ni fue oýda ni vista la razón que tuuo el corregidor para me justiciar, sino que desde mi casa me traxeron sin lleuarme a la cárcel? Y aýn agora he sabido que fue esta mañana a caça, que otramente no estuuiera la sin ventura de Celestina a este 260 sol. [1178]

MOCHACHO. Y aýn desso te pesa más que de la affrenta. No te congoxes, que ya nos vamos, porque viene el alguazil y el verdugo a quitarte.

CELESTINA. Bien los veo. Andá con Dios. 265

242-243 1536, 1539: halmohada   262 1539: desto
257 1536, 1539: Corregidor

¶ Aucto .xlij.

Paltrana estando sola, entra Dardano y cuéntale lo que ne-
gosció con Felides, y cómo quedó la cosa en que diga Polandria
de sí; con las quales nueuas Paltrana huelga mucho, y embía
a / llamar a su hija con Frunces, page, al jardín para concer-   5
tarlo. E introdúzense: O v[r]

    ¶ Dardano.   ¶ Paltrana.   ¶ Frunces.

DARDANO.   ¿Qué se haze, señora hermana?
PALTRANA.   ¡O Dardano! Por cierto que eres presto de buelta.
DARDANO.   Yo soy como el mercader que en negosciando en la   10
    feria se buelue sin detenerse en passear por las plaças.
PALTRANA.   De manera que quieres dezir que tú as ya
    negociado.
DARDANO.   Esso mismo digo por la razón que tengo de dezirlo.
PALTRANA.   Sépalo yo luego, que me paresce que vienes alegre.   15
DARDANO.   Sí sabrás, porque sabido, sentirás tan gran fauor
    qual desseas y as desseado, que sin gastar razones, te hago
    saber que todo lo que querías y quanto pedías queda
    concluso.
PALTRANA.   Santo Dios, ¿y qué es ansí como dizes? Cuéntamelo   20
    de arte que lo entienda.
DARDANO.   Lo que te puedo contar es que a Felides hallé en
    disposición de otorgar con la otra parte, y por más crédito
    de la cosa, quando entré, vi vnas pieças de brocado encima
    vna mesa, entre las quales auía tela de oro y de plata, y   25
    juntamente con ellas estauan otras de carmesí y terciopelo,
    que demás de significar la grandeza y prosperidad de
    Felides demostrauan ser ciertos y breues sus casamientos;
    ansí que como entré, hablamos vn rato sobre otra materia,
    y venimos a parar en lo tocante al matrimonio, y sobre este   30
    passo le dixe mi parescer muy cumplido. Finalmente que

2-3   1539: negocio
10   1539: negociando
14   1539: mesmo
15   1539: parece

20   1539: assi
27   1539: sinificar
31   1539: paso

me dixo quién era la señora y cuya hija, porque avnque lo
sabía yo, quise lo preguntar, que el saber de los hombres
no está en negociar sus hechos en breue tiempo o largo,
sino en saberlos negociar como se requiere entre personas   35
doctas, que es descubrir vna palabra por encubrir dos. [1179]
Dígolo al tanto que diziéndole yo dissimuladamente lo que
a otro no dixera por ser tocante a mi sobrina, descubrió él
liberalmente su coraçón a lo que yo quise, y me otorgó de
buena gana re/cebir a Polandria por muger, avnque no   40
dexó de rehusarlo en los principios, mirando el fin, que   [O 5v]
como es persona sabida, procura de reprehender lo que otros
hizieren, y no dar causa que ellos reprehendan lo que
él hizo. Y tiénese por aueriguado, que quien no piensa la
cosa antes que la haga en los principios, que a de creer no   45
tener buen medio a remediarla después de hecha. Y díxete
que lo auía él otorgado. Tórnote a dezir que me dixo que lo
confirmaría en diziendo Polandria si es contenta de conceder en lo que hazemos; y no tengas en poco de vn cauallero
semejante dexar a la que tanto le an hablado por mis   50
ruegos y tu intercessión. Y dígote que la madre que a sus
hijas dessea buenos maridos, ella a de rogar a ellos, y no
ellos a ellas, porque veemos que el mancebo que ruega por
vna donzella, no es por hazerla bien en su vida, auiendo
lástima de sus parientes; que no tengo yo por tan cuerdos   55
a los moços, que imitando a los viejos, quieran despender su
hazienda con vna que siendo pobre, es virtuosa; siendo fea,
es recogida; siendo humilde, es callada. Sino que piden, en
lo primero, preguntar qué dote tiene; lo segundo, si es
hermosa; lo tercero, si espera herencia. Y avn muy pocos   60
preguntan ya de qué linage es, sino que trae el vulgo vn
refrán que dizen: Dámela rica y dártela he casada. [1180] Mas
las madres que auiendo de dar a la hija que salió de sus
entrañas y a la hazienda que an sudado a vn mancebo que
ni es su sangre ni por ventura de aquel pueblo, y le piden   65
qué se podrá colegir, sino que el tal, pues es rogado y no

37   1539: disimuladamente
40   1539: aun que
48   1539: otorgaria

62   1539: dezen
64   1536: Entrañas

rogó, que no es dado a vicios ni apartado de virtudes, que
por la mayor parte el exercicio de vn mancebo es o jugar
o tener vna muger, o andar en quistiones cada hora sobre
no nada, o ser tan loco que no ay quien le hable, o tan   70
necio que de insensato le aborrescen. Todo esto te he dicho,
no por alabar a Felides, pues su alabança sus obras la mag-
nifiestan, y la cuenta que de sí a dado es el testigo, sino
porque te alegres pues le rogamos y no nos rogó; y a la
hora man/des llamar a Polandria para que acepte lo dicho.   75
E yo le torne a dezir la respuesta de lo hecho.   [O 6r]

PALTRANA. En verdad, hermano mío, tanta delectación y consuelo me an dado tus razones quantas sentencias elegantes
fundas en cada palabra. Y tengo tan gran contentamiento,
que de contenta no sé responder, más de dar loores a Nues-   80
tro Señor que todo lo ordena y haze como El es seruido.

DARDANO. Essas gracias todos somos obligados de darlas a
Dios. Empero, al presente necessario es que venga mi sobrina, porque me detengo, y él, como te he dicho, me
esperará.   85

PALTRANA. Razón tienes. Y ella está en el jardín. Llamaré a
vn paje que la vaya a llamar.

DARDANO. Sea ansí, que Frunzes está aý fuera.

PALTRANA. ¡Frunzes! ¡A, Frunzes!

FRUNZES. ¿Qué mandas, señora?   90

PALTRANA. Que muy presto vayas al jardín y digas a Polandria
de mi parte que luego venga aquí.

FRUNZES. Que me plaze. Yo lo haré breuemente.

PALTRANA. Mira no tardéys. Y dila que su tío quedó comigo
que la espera.   95

FRUNZES. No nos detendremos ninguna cosa.

68 1539: Mancebo   74 1539: *first* y *omitted*
70 1539: o ser tan

¶ AUCTO .xliij.

Polandria estando en el jardín platicando con Poncia sobre
los casamientos, allega Frunzes a llamarla de partes de su madre
y de su tío Dardano. Y ella va; y como la hablan para que
conceda en recebir a Felides, rehusa mucho de lo hazer, dando   5
causas sufficientes para sus dissimulaciones en clusión [1181] que
viendo como Paltrana y Dardano la dizen que en todo caso
lo a de hazer, otorga en ello. E introdúzense:

¶ Polandria.   ¶ Poncia.   ¶ Frunzes.   Paltrana.   Dardano.

POLANDRIA. ¡O, Poncia, Poncia, si ya Nuestro Señor nos cum-   10
pliesse nuestros desseos, qué gozo, qué alegría tan sublimada reynaría en mi coraçón y en el que en el cuerpo tengo.
PONCIA. En verdad, señora, que te creo, porque sé que puedes
creer / si lo ruego yo a Dios, que estos vuestros casamien-   [O 6v]
tos se concierten, que aueriguado está, según me as pro-   15
metido, que el día que públicamente os desposardes, mi
desposorio no estará oculto. Mas por tanto a las primeras
palabras que dexiste, te pregunto qué quiere dezir tu coraçón y el que en el cuerpo tienes, que das a entender que
possees dos.   20
POLANDRIA. ¿Y cómo, Poncia, todas tus retóricas y entendimientos no bastan para entender que el que digo ser mi
coraçón es el de mi señor Felides, y el que tiuiamente dixe
tener en el cuerpo, no lo affirmo por quanto el mío carnal
es suyo proprio, que desde la hora que le vi me le robó, de   25
arte que no fue mi poder sufficiente a lo rescatar?
PONCIA. Por mi vida, señora, que tú das marauillosa declaración en lo declarado.
POLANDRIA. Ansí te logres como no lo sabías, avnque me lo

2	1539: Pocia		23	1539: tibiamente
8	1539: eñello		24	1539: afirmo
10	1539: cun =		25	1539: propio; ora; *second* le *omit-*
16	1539: desposaredes			*ted*
22	1539: entender *omitted*		26	1539: suficiente

preguntaste; sino que tú eres tan maliciosa que pensauas que   30
otra malicia dixera.

PONCIA. Déxate dessos pensamientos y piensa lo que as de
dezir a mi señora Paltrana, que Frunzes el paje viene
de prissa, y juraré que te viene a llamar.

POLANDRIA. ¿Cómo lo sabes antes que llegue?   35

PONCIA. Sélo porque quando denantes lleué las peras que co-
gimos a Paltrana, estaua con ella Dardano tu tío, y aýn
hablauan sobre el negocio que desseas, que a Felides oý
nombrar.

POLANDRIA. Tú burlas, que si esso ansí fuesse ya me lo ouieras   40
dicho desde que veniste.

PONCIA. A buena fe, que no te lo dixe porque luego me man-
daron salir, y no oyendo los principios ni el cabo, no pude
fundar mi embaxada. Ansí que lo que te ruego es, que si
ello fuere como digo, y te lo dixeren para que lo hagas,   45
que seas perezosa en el otorgar, porque euites los pensamientos que pensar pueden si te hallan diligencia en el
conceder.

POLANDRIA. Déxame el cargo y callemos, que nos oyrá Frunces, que vesle aý.   50

FRUNZES. Señora Polandria, a llamarte vengo.

POLANDRIA. ¿Quién me llama, que tan presuroso vienes?

FRUNZES. Mi señora Paltrana, y tu tío Dardano te embía a
dezir que sin dilación vayas luego, que en la sala te esperan.

POLANDRIA. ¿Sabes por ventura lo que me quieren?   55

FRUNZES. No, pardiós, [1182] señora, que no me dieron lugar a
que escuchasse / lo que dezían.   [O 7r]

POLANDRIA. Pues vamos, Poncia. No nos detengamos.

PONCIA. Sea ansí.

POLANDRIA. Ya oyo [1183] a mi tío. Quédate tú aquí fuera.   60

PONCIA. Entra, que arriba me subo.

---

31   1539: dexaua   52   1539: pressuroso
34   1539: priessa   53   1539: enbian
36-37   1539: comimos   55   1539: lo *omitted*
40   1539: vueras   56   1539: a *omitted*
43   1539: puedo   60   1539: yo
46   1539: pereçosa

PALTRANA. ¿Cómo vienes tan colorada, hija? Pienso que as andado al sol. [1184]

POLANDRIA. En verdad no he, sino que son las calores muy grandes. 65

DARDANO. Ora, sobrina, assiéntate aquí, que más presto descansarás que vn viejo de ochenta años.

POLANDRIA. No vengo cansada, que no a auido causa para ello.

DARDANO. Dios te vendiga, que ya vemos que son de tuyo essas rosas que en el rostro traes. 70

PALTRANA. Hermano, dexa essas pláticas para quien pertenece, y háblese en lo que haze más al caso. [1185]

DARDANO. Empiéçalo tú, que es más razón, si te parece.

PALTRANA. Concluye ya, que no hemos de estarnos rogando.

DARDANO. Sea como mandas. 75

PALTRANA. Oye a tu tío, Polandria, lo que te quiere dezir.

POLANDRIA. Presta estoy a escuchar lo que me dixere, y obediente a obedecer lo que mandare.

DARDANO. Ya sabes, mi hija, como mi hermana no tiene otro heredero sino a ti, para que posea y mande los bienes que 80 tiene y gouierne las tierras que manda, lo qual es pertenesciente más para hombres que lo sostengan con aumentación, que para mugeres que lo gasten sin sentir, que por esperiencia veemos que no teniendo padre que lo mire, ni hermano que lo visite después de los días de tu madre, que 85 más cierto as de tener la pérdida que la ganancia, porque no me negarás que las mugeres todas soys flacas, soys encogidas, soys atadas, soys tiernas, y aýn para el mandar no muy sabias. Pues como las cosas del mandar y gouernar requieren no solamente ciencia y esperiencia, mas esfuerço 90 para emprender cosas arduas, prudencia para conoscerlas, fuerça para essecutarlas, solicitud para proseguirlas, paciencia para sufrirlas, medios para sustentarlas. Ansí que para

69 1539: bẽdiga
71 1539: pertencen
79 1539: otra
80 1539: heredera
82 1539: sustẽgan
86 1539: has

88 1539: aun
90 1539: espiriẽcia
91 1539: conocer las
92 1539: fuerças; esecutarlas
93 1539: sustentas las

todo esto que he dicho, y para mucho más que diría, es
aueriguado que la muger no lo sabrá hazer, y el barón   95
es experto en lo negociar, por lo qual hemos acordado de
te dar compañía con que gozes en la vida y haga bien por ti
en tu muerte, y sin gastar tiempo en te declarar quién es,
as de saber que es Felides, vn cauallero desta tierra que
en linage es generoso, en riqueza próspero, en condiciones   100
apazible. Finalmente / mi hermana está contenta de sus   [O 7v]
obras y fama, e yo bien informado de su honrra y conuersación, por quanto suelo conuersar con él. Ansí que desto
puedes contentarte por oýdas. Yo te certifico que no te
desagrades dél por vista, que disposición, gala y meneos   105
no faltan. De manera que tu madre, como a hija te manda,
y yo como tío a sobrina ruego, que concedas en quererle,
pues nosotros emos otorgado en elegirle.

POLANDRIA. Señor Dardano, tu razonamiento he oýdo, y la
sentencia dél he notado, y caso que mi intelligencia no   110
baste para entender lo que as dicho, entiendo parte de lo
que as apuntado, y responderé como supiere por satisfazer
a tu demanda. Y es que a lo primero que dizes y aprueuas
por subtiles maneras que el hombre precede a la muger en
muchas cosas, yo confiesso que en todas tiene ventaja ansí   115
en regir como en gouernar, y aýn en autorizar más vno
que diez de nosotras. Empero, ase de presuponer que para
buscarle a nuestra honrra, más es menester de dos días;
para saber su condición, no se conoscerá en seys meses; para
informarse de lo que manda, no se puede aueriguar en vn   120
año. Ansí que la sabiduría de mi señora y la diligencia tuya
no me aconsejará que lo haga con esse cauallero que dezís,
sin primero passar días en que se negoscie y tiempo en que
se vea, que aueriguado está que si Dios fuere seruido,
que le tengo de seruir en vida maridable, y que no soy tan   125

95 1539: varon   110 1539: inteligencia
96 1539: esperto   111 1539: basta
99 1539: cauallo   114 1539: proscede
100 1539: riꝗzas   117 1539: prosuponer
104 1539 certefico   123 1539: negocie
105 1539: dessagrades

desobediente que no he de obedescer lo que mi señora me
mandare y tú me dieres por consejo, sino que todo mi dezir
es que no sea ésta cosa de repente, pues requiere ser muy
pensada. A lo que dizes que es de linage generoso, no lo
niego, mas si dará fruto por su persona no lo sé, que vemos   130
a los laureles, que por ser tan sublimados árboles tenían
los antiguos de costumbre coronar con sus ramas a los philósophos que mejor orauan y a los capitanes que más ven-
cían, en señal de victoria, [1186] mas bien sabemos que su
fructo es muy poco, y que debaxo del enzina seca se man-   135
tienen los animales siluestres. Dizes más que es muy próspero y liberal. No te confíes en oýrlo, que bien / se vee los   [O 8r]
álamos ser grandes y abundosos de ojas, y menguarles el
fructo; y debaxo del espino pequeño hallarse la rosa fresca.
Dizes que es dispuesto y gentilhombre. Essa eleción muy   140
poco haze a nuestro propósito para creer sus obras, porque
vemos los cipreses altos y hermosos dar el fructo pequeño
y no de mucha vtilidad; y debaxo del eriço feo hallar la
castaña sabrosa. Ansí que yo he dicho mi parescer, mi señora, y tú podéys hazer vuestra voluntad, que de todo lo   145
que os contentare seré yo contenta.

PALTRANA.   Hija Polandria, tus consideraciones son tan buenas
quan elegantes los enxemplos. Y dexando aparte ser de
gran prouecho lo que as aprouado, as de presuponer que
esto te mando que se haga, porque paresciéndonos bien   150
hecho a tu tío y a mí, lo emos negociado.

DARDANO.   E yo ansí te lo torno a rogar que no pongas dilación en dilatarlo, porque antes de vna hora se a de dar la
respuesta.

POLANDRIA.   Por cierto, luego se puede dar, que si lo auéys   155
otorgado con él, o con el más mínimo del pueblo, yo lo
concedo de buena voluntad.

PALTRANA.   No esperáuamos menos de tu discreción. Dios te
dé la dicha como tienes la obediencia.

130   1539: veemos   143   1539: Eriço
133   1539: Capitanes   149   1539: prosuponer
142   1536: Cipreses; 1539: de pequeño   150   1539: pareciendo nos

DARDANO. Señora hermana, esto está hecho. Yo voy a dar las   160
manos por mi sobrina.

PALTRANA. Nuestro Señor te guíe, y lo enderece.

¶ AUCTO .xliiij.

Brauonel va a casa de vna muger que tiene a ganar, con
el braço cortado, de la manera que huyó de casa de Celestina.
Y después de la auer pedido cuenta, la da de coces, porque
ella no le da vna perdiz. Y estando riñendo, entra Solarcia,   5
compañera de Ancona, que es del mismo officio, y pónelos en
paz. E introdúzense:

    ¶ Brauonel.   ¶ Ancona.   ¶ Solarcia. /

BRAUONEL. ¡O pese a tal, y cómo oue de dexar el braço por   [O 8v]
tal desuentura! Mas pues no dexé la vida como Areúsa, fue   10
harto que Grajales y Recuaxo eran dos y apercebidos, y yo
solo y sin armas poco pude hazer en nuestra defensión. Mas
con todo esto, Ancona tiene cerrada la puerta. No creo en
la vida si no la he de pedir vna tan estrecha cuenta que
me pague el daño que mi persona recibió, avnque no fue   15
ella la causa. Y empieço a dar golpes.

ANCONA. ¿Quién está aý?

BRAUONEL. Abrí, [1187] puta. Reniego de quien os parió.

ANCONA. Dios me libre de ti y de tus fieros, tanto he tardado
en abrir.   20

BRAUONEL. ¿Qué fieros, puta? No creo en Lucifer si me res-
pondéys si a açotes no os abro.

ANCONA. (Duelos tenemos, [1188] que herido viene y en mí querrá descargar su enojo.)

BRAUONEL. ¿Qué habláys entre dientes, mala muger?   25

---

162 1539: endesce

5	1536: Perdiz	13	1539: cerada
6	1539: mesmo	15	1539: rescibio
9	1539: vue	19	1539: tardo
11	1539: recuajo	22	1539: a *omitted*
12	1536, 1539: puede		

ANCONA. Digo que ¿quién te hirió, que vienes con vn braço menos?

BRAUONEL. ¿Qué es esso, puta? ¿Y pedísme vos cuentas? Por vida del rey, si os apaño, que y[o] os las dé muy bien con aquel garrote.   30

ANCONA. ¿Pues cómo tan desdichada soy que no me dirás qué es, o quién lo hizo, para remediarlo en lo que pudiere, o a lo menos llamare a vn çurujano que te cure?

BRAUONEL. ¡Dissoluta vellaca! ¿Quién te manda tener cuydado dessa fiesta? Voto [a] aquella casa santa, [1189] si te piensas   35 congraciar comigo, que tú veas quán gracioso vengo.

ANCONA. Por amor de Dios, que me dexes, que jamás vi que comigo tuuieses gracia.

BRAUONEL. Ea, puta, dexémonos de donayres, y dadme luego cuenta de la moneda que ay, que he menester veynte reales.   40

ANCONA. ¿Cómo veynte reales? Veynte landres la dé a quien diez te diere, que no los tengo.

BRAUONEL. Di, mala muger, ¿por qué quieres que te acabe antes de tiempo? ¿No sabes que a perro viejo, no cuz cuz, [1190] y que no so yo hombre que consentiré que me eches   45 dado falso? [1191]

ANCONA. ¿Qué falsedades as hallado en mí, que te aya hecho?

BRAUONEL. ¿Qué más falsa puedes ser de lo que eres, que viene el vellaco que por ti auenturó su vida, cortado vn braço, y dexa muertos otros tres por cumplir tu desseo, e   50 importunaciones que me tenías? Y sobre buen seruicio quieres me dar tal galardón, [1192] con auer quinze días que no me das vn / quarto. ¡ O maldito sea el erege que cada P [1r] noche no te pide cuenta como meresces! Y los diablos le lleuen al traydor que por ninguna puta de vosotras haze   55 mal a vn gato. Maluada sin conoscimiento dexarásme de conoscer, que con quanto tienes tú, ni el judío de tu linage me pagarás vn miembro semejante que éste.

ANCONA. Es verdad que te deuo mucho, empero, ¿puedo te dar más de lo que tuuiere?   60

28 1539: cuenta   34 1539: Disoluta
29 1536, 1539: yos   35 1536, 1539: Voto aquella
31 1539: como *omitted*   41 1539: veyete; dē

BRAUONEL. ¿Paréscete que será bueno que con dezir "No tengo más," me quebrasses el ojo con dos pares de reales, sabiendo yo que el cozinero del canónigo te a dado en dos noches que a dormido acá quatro y medio, y que no ay día que no ahorras vno sin faltar blanca? 65

ANCONA. Mira, Brauonel, avnque más cuentes lo que gano, no pienses que me as de espantar con essos fieros, que cada día me trago cinco mil. Toma estos diez reales y conténtate, que para mañana me pagarán vnas blancas que me deuen, y te daré más dineros. 70

BRAUONEL. Ora, sea ansí, pues juras que no te queda otro caire, [1193] y dame acá aquella perdiz que está allí colgada.

ANCONA. Ea, ya tengamos en qué entender.

BRAUONEL. Enpieças lo que sueles, borracha. ¿Qué entendimientos pides para alcançar aquella perdiz que demando? 75

ANCONA. Bien lo entiendo, mas lo que no es mío, como lo podré dar, que de la vieja que vende la verdura es, que me rogó que se la guardasse.

BRAUONEL. Puta, ya creo que te auré apercebido que no me gloses, y que lo que as de gozar con el gayón que la truxo, 80 quiero yo comer con la yça que me espera.

ANCONA. Ansí comida sea de perros Ancona si tal diere ni consintiere tomar, que a osadas, que no me engaño yo en pensar en lo que andas, que de tales romerías traes essas veneras, [1194] y no de fauorescer a la nescia que afana y te 85 da los reales a montones para que gastes con otra. Mas de aquí adelante conosceré de qué pie coxqueas. [1195]

BRAUONEL. Dexémonos de pláticas, y dame la perdiz, pues te la he pedido dos vezes. No te la pida la tercera, que será por tu mal. 90

ANCONA. Pardiós, bien puedes pedirla la quinta, y a la sexta despedirte della.

BRAUONEL. ¿Suzia, para qué la escondes?

ANCONA. Para que yo te prometo que no la lleues.

BRAUONEL. Suelta, cochina, que te /daré con ella en los ojos. 95

72   1539: cayre

ANCONA. Esso es escusado, que no la he de soltar, o comá- [P 1v]
mosla juntos, que presto la aderesçaré.

BRAUONEL. Donosa es la joya para comerla con su merced.

ANCONA. Pues no te aprouecha, que antes la haré pedaços
que de mi poder la lleues.   100

BRAUONEL. ¡Toma, toma! Veamos si la despedaçarás.

ANCONA. ¡Ay,! ¡Ay! Justicia, justicia; que me a vañado en
sangre! ¡Ay, muelas quebradas! Maluado, ¿qué te he hecho
que ansí me tratas? Acábote de dar lo que tengo, y dásme
esto en pago por ser tan peruerso como eres. Te he soffrido 105
cada día tus vellaquerías secretas porque no me lastimas-
ses en público. Matado sea vn hombre que el día que más
le agrado, entonces más riñe. Rauia que te entre, avnque
creo yo que no entrará, porque cierto tengo que a lo menos
no morirás con ponçoña, que vn veneno pocas vezes dañó   110
a otro veneno. [1196]

BRAUONEL. Yo juro a tal, doña puta, que tu hablar de boca a
de pagar la coca. [1197]

ANCONA. Haz el castigo en mí que quisieres, que jamás te hize
vileza ni hallé en tu boca verdad. Di, desconocido, ¿qué   115
mayor vengança quiero yo de mis injurias ni mayor testigo
de tus maldades sino que soy cierta que todas las deste
burdel les pesa de tu vida y ninguna ay que no la pluguiesse con tu muerte. Maldito sea vn hombre cuya vida
lloran muchas y de cuya muerte se gozarían todos.   120

BRAUONEL. Ruyn sea yo si no me tengo de tornar a leuantar
a callarte.

SOLARCIA. ¿Qué diablos de llorar tiene mi compañera Ancona? Sobre mi alma, si no la a sacudido su rufián. Allá
entro. ¿Qué cosa está, amigos? ¿Auéys de tener cada día el 125
burdel alborotado con vuestras quistiones? Tené [1198] vergüença, en mal ora de Dios y del mundo que os oye.

BRAUONEL. Por tu vida, Solarcia, que te vayas a contar lo que
as oy ganado, sin venir a darnos consejo. Mira que pesar
de tal con quien la parió, si es ella muy vergonsuzia. [1199] 130

---

107 1539: honbre   128 1536, 1539: Solercia
123 1539: conpañera

SOLARCIA. Mira, Brauonel, sé tú limpio y no te desmandes a deshonrrar a quien no es tu amiga, que os veo estar a entrambos vañados en sangre, y digo lo que mal me paresce; si no lo quisierdes hazer, poneos del lodo, [1200] que si Ancona me creyesse, ya te auría dexado, que mal me haga 135 Dios, si mi rufián me diesse vn papirote, [1201] si no le hiziesse que en sus días no vuiesse gana de entrar por mi puerta.

ANCONA. Calla, hermana Solarcia, que no ay muger tan mal tratada en / todas las que aquí estamos, que mientras más P ij[r] le siruo, más me quiebra los ojos, que agora le acabo de 140 dar quanto auía ganado esta semana, que maldito sea el marauedí que me quedó; y por preguntarle quién le auía herido, me quiso brumar a palos, si yo no lo templara con callar. Y agora, porque no le di aquella perdiz que comiesse con su puta, me a dado cincuenta coçes, que ya ves 145 quál tengo la boca.

BRAUONEL. Putona, ¿por qué no dezís lo que me dexistes, sino lo que os dieron?, que por los ángeles de Dios, a vno de Guinea [1202] no se podían dezir los vituperios que en mis barbas me dixo. 150

ANCONA. Quando solté la lengua, ya tú auías descargado las manos.

SOLARCIA. Por amor de Dios, que no aya más de lo passado, y que sea ésta entre vosotros renzilla de por Sant Juan, [1203] que tú, Ancona, para dezirte lo cierto eres algo soberuia, y 155 Brauonel no muy soffrido; ansí que los dos tenéys culpa, y lo mejor es, que os abracéys luego, y no deys cuenta de vuestra vida a los que no lo saben, que más de quatro [1204] se holgaran de vuestro enojo.

BRAUONEL. Por vida de tal, que por mí no quede. Muy apar- 160 tado soy de quistiones.

ANCONA. Y por mí quedará bonito.

SOLARCIA. Tal sea mi salud como eso paresce; y pues os auéys

133-134 1539: parece; quisieredes
138   1536: Solercia; 1539: mas mal
139   1539: miẽtra
145   1539: çotes

147   1539: dizes
156   1539: sufrido
161   1539: quisistiones
163   1539: esso

abraçado, comé y holgá, que yo me voy, que está vn mancebo a mi puerta.   165
BRAUONEL. Anda en buen ¹²⁰⁵ hora. No pierdas essa carga.

¶ AUCTO .xlv.

Antenor, arcediano, que es sobrino de Paltrana, yendo a
saber de su tía lo que se haze en los casamientos, topa a Dardano que va a casa de Felides a lleuarle la respuesta de lo
que negoció. Y como lo cuenta a su sobrino, van los dos a   5
estar con Felides. Y después de se lo auer dicho, él da las
manos a Dardano por cosa hecha, y Antenor las da por Polandria. Y ansí se despiden, dexándole con Sigeril platicando.
E introdúzense:

¶ Antenor.   ¶ Dardano.   ¶ Felides.   ¶ Sigeril. /   10

ANTENOR. ¿Dónde tan de priessa, señor Dardano?   [P 2v]
DARDANO. Por cierto, sobrino, que no te vía, por lleuar los pen-
    samientos en otros negocios ocupados.
ANTENOR. ¿Qué ocupación tienes agora, que no te puedes des-
    ocupar en lo tocante a mi prima Polandria?   15
DARDANO. Esso es bueno. Yo te certifico que en otra cosa no
    ando.
ANTENOR. De verdad, que no salí a más de saber de mi tía Pal-
    trana lo que se a hecho, y merced me harás que me lo
    digas, pues lo sabes.   20
DARDANO. Soy contento, y quanto a lo primero, te digo que
    mi yda por aquí no es sino a casa de Felides a concluyrlo.
ANTENOR. Vamos los dos, si mandas, que de aquí allá me lo
    contarás.
DARDANO. Sea ansí, y pues ya sabes como le trayan a él la   25
    hija del marichal, y quánto se eximió de lo hazer, agora
    sabrás que oy lo a concedido, y no quedó la cosa en más

166   1539: ora

---

2   1539: arcidiano   13   1539: occupados
5   1539: cuĕtra   14   1539: occupaciones
10 1539: *third* ¶ *omitted* 27   1539: en *omitted*

de que se supiesse de Polandria si otorgaua en ello, y
avnque emos con Polandria en diuersas razones estado sobre que se excusaua de lo aceptar, mi hermana Paltrana y   30
yo emos hecho tanto que acabamos con ella, que de muy
buena voluntad obedescería lo que hiziésemos. Y con esta
respuesta voy a dar las manos, porque mañana mediante
Dios, sean los desposorios.

ANTENOR.   ¡O, lores a Nuestro Señor, y quánto plazer he res-   35
cebido con tales nueuas! Bien es que venga yo acá para
que tú rescibas las manos dél, y yo las dé por mi prima.

DARDANO.   Dessa manera se hará, y callemos, que passeándose
anda Felides por el patio.

FELIDES.   ¡O señor Dardano! ¿Tan breue de buelta?   40

DARDANO.   Señor Felides, como sea cosa tocante a tu persona
y a mi sangre, no fuera lícito aver detenimiento en lo que
con breuedad se puede concluyr.

FELIDES.   Ora pues, acá te puedes entrar, y essotro cauallero
si manda, y contarme as lo que allá as negociado con aque-   45
lla señora.

DARDANO.   El señor arcediano entra, pues le diste licencia, que
primo es de mi sobrina Polandria.

FELIDES.   Desso huelgo yo, y aquí me tendrá para lo que me
quisiere mandar.   50

ANTENOR.   Por cierto, como a mi señor y hermano suplicaré lo
que necessidad vuiere.

DARDANO.   Lo que haze a nuestro caso es bien que se sepa, que
lo demás, tiempo ay en que se diga.

FELIDES.   Di, si mandas, que / ansí te lo ruego.   55

DARDANO.   Digo que ya queda concluso el negocio, y como Pal- P iij[r]
trana es contenta de te recebir por hijo, Polandria dize que
es dichosa en te seruir como a señor y marido.

FELIDES.   Yo estoy muy pronto sin entreualo ninguno a rece-
birla por señora y muger. E por más satisfación de cum-   60
plir por obra lo que he dicho de palabra, te doy la mano

28   1539: se *omitted*   32   1539: obedeceria; hiziessemos
29   1539: añ q̃   35-36 1539: recebido
30   1539: escusaua   37   1539: recibas
31   1539: hemos echo   42   1539: fue

declarando que no pediré otra mientras Dios fuere seruido de no nos desapartar. [1206]

ANTENOR. Yo, señor, como pariente y primo carnal della, otorgo de su parte en te recebir, y hasta tanto que mañana os 65 desposéys conforme a lo que manda la santa madre yglesia, te doy la mano en señal de matrimonio.

DARDANO. Ello está muy bien hecho, y porque nos parece que era hora que reposes, yremos a estar con mi hermana, porque mande aparejar lo que se requiere para semejantes des- 70 posorios.

FELIDES. Pues no os quiero detener más de llamar a essos pajes que os acompañen. ¡Ola, Sigeril! ¡Canarín! ¿Estáys aý fuera?

SIGERIL. Aquí estamos, señor. 75

FELIDES. Yd luego con sendas hachas a acompañar al señor Dardano y a Antenor.

DARDANO. Por cierto, tal no vayan, que nuestros criados quedaron a la puerta, y están acendiendo. [1207]

FELIDES. Sea como mandares, y de mañana yo yré a besar las 80 manos de mi señora Paltrana.

DARDANO. Nuestro Señor quede en tu guarda, que nosotros vendremos a te acompañar.

FELIDES. Sigeril, ¿passas por tal ventura como la mía? ¡Qué fauor tan grande! ¡Qué gracia tan cumplida! ¡Qué venci- 85 miento tan increíble! ¡Qué desseo tan desseado! ¡Quán dichoso me a hecho mi dicha! ¡Qué dissimulaciones con que he encubierto! ¡Qué fingir con que he fingido traerme otra! [1208] En verdad no sé qué diga de tal gozo, no sé a qué compare semejante gloria, no sé si piense que aya de auer 90 otro, pues no le a auido que tal victoria alcance como el venturoso Felides. ¡O buena vieja Celestina!, que tu mucha diligencia y tu gran saber, tus vtilísimos consejos, tus sobradas amonestaciones fueron causa de hazer lo que está hecho. ¿Con qué puedo yo pagar a muger tan sabia? ¿Qué 95 satisfación podré dar a la que con tanta astucia tanto bien

me a acarreado? En verdad que ella lleue de mí tan cumplidas albricias en beneficio de su obra quanta allegría y
delectación me a dado. Dime, en tu ánima, si tengo razón
en mis razones.   100

SIGERIL. / Tienes tanta que no ay qué responder, sino que   [P 3v]
concedo que as sido en estremo dichoso, y aýn sapientíssimo en dissimular la cosa tan marauillosamente. Y apercíbote que, pues tan bien as nauegado en la mar, no te ahogues al arroyo. ¹²⁰⁹ Quiero dezir que vses de la grauedad   105
y maneras con Paltrana quando la vayas a besar las manos
como as tenido con los casamenteros.

FELIDES. Pierde cuydado, que ansí lo haré.

SIGERIL. Ya me paresce que la vieja tiene de ti ciertas las albricias. Por mi salud, que será bueno que Sigeril no pierda   110
las de la señora Polandria. Y ansí voy, si me das licencia.

FELIDES. Anda con Dios, siquiera porque alegres a tu querida
Poncia; y como amanezca, harás vestir las libreas a los
moços y pajes, porque a hora de misa quiero que vamos.

SIGERIL. Yo lo haré como mandas.   115

¶ AUTO .xlvj.

Sigeril, como va a casa de Polandria, vee a Poncia a la
ventana; y después de la contar las nueuas con sobrada alegría, llama ella a su señora Polandria, la qual la da muy
buenas albricias, y Sigeril se despide dellas lleuando a cargo   5
que rogará a Felides declare sus desposorios secretos. E introdúzense:

¶ Sigeril.   ¶ Poncia.   ¶ Polandria.

SIGERIL. ¡O qué nueuas tan alegres! ¡Qué palabras tan sabrosas! ¡Qué colación tan suaue será para Polandria ésta! ¡Con   10
qué recibimiento seré recebido de mi Poncia quando tal
sepa! ¡Qué poca elegancia he menester para fundar tan ele-

---

98   1539: alegria   115   1539: mandes

1   1539: Aucto

gantes razones! ¡Cómo las puedo dezir sin subtilizarme en
mis dichos, por ser ellas tan subtiles! ¡Cómo no mirará si
las digo primamente o de otro modo, por ser ellas de tanta   15
primeza! [1210] ¡O válame Dios, y a qué tiempo salí, que a
la ventana, está! ¡O mi señora Pon/cia! ¿Estás recibiendo el   P iiij[r]
frescor?

PONCIA.   Por mi vida, que aýn lo puedes dezir de veras, que
las calores [1211] son tantas que no es marauilla que tomemos   20
vn poco del ayre; mas hablando la verdad, me di adónde
yuas agora desmandado.

SIGERIL.   Por cierto, Poncia, no puedo yo desmandarme en
cosa ecepto [1212] si no fuesse con tu mandado.

PONCIA.   Dexémonos de fiestas y sépase dónde vas.   25

SIGERIL.   Dónde yo voy ya he allegado, que es a verte; y lo
que te he de dezir es de tanto gozo, que en estar tan gozoso
no lo puedo callar.

PONCIA.   No tardes, por amor de Dios, pues sabemos que toda
tardança causa congoxa. [1213]   30

SIGERIL.   E aýn por esso sentirás mayor alegría, que aueriguá-
do está que no ay gran gozo sino donde a auido gran desseo. [1214] Ansí que muy breue te digo que los casamientos
de mi amo y Polandria son ciertos, porque están ya concertados, y los nuestros no están dubdosos, pues nuestro espe-   35
rar era su esperança.

PONCIA.   ¿Qué me dizes, amigo Sigeril?

SIGERIL.   Lo que oyes, señora Poncia.

PONCIA.   Por mi vida, que pues me as dicho en suma lo que
es, que me digas despacio cómo se negoció, que lo tengo   40
por tan increýble que creer no lo puedo.

SIGERIL.   ¿Para qué es esso?, pues sabes como a Polandria rogó
su madre y su tío Dardano que lo hiziesse, y quán bien
dissimulaua ella rehusándolo.

PONCIA.   Es verdad, mas según es Felides de liuiano, no tuui-   45
mos cosa cierta hasta que estuuiesse hecho, pensando en

25 1539: adonde   40 1539: de espacio
31 1539: que *omitted*   44 1539: dessimulaua
35 1539: dudosos   46 1539: hecha
39 1539: has

sus liuiandades, no dixesse alguna por donde lo negociado se deshiziesse.

SIGERIL.   Y aýn esso mesmo es lo que a mí a espantado, porque te hago saber, que quan loco a sido hasta agora en sus   50
locuras, tan discreto y valeroso se a mostrado en este negocio; de manera que está la cosa en tales términos que ya Felides a dado la mano por concluso a Dardano. Y Antenor, que fue a nuestra posada con él, la dio a mi amo por Polandria tu señora. Y como salieron, no pude sossegar sin   55
venir luego a hazerte saber semejantes nueuas.

PONCIA.   Ansí Dios me salue, menos tengo yo sossiego sin contárselo a mi señora por ganar las albricias.

SIGERIL.   Essas holgaré yo que ganes, avnque dixe que las venía a ganar. Y si mandas, yrme he, porque tengo de   60
apercebir esta noche a los sa/stres que aparejan las libreas,   [P 4v]
y a la gente que madrugue a se vestir, porque antes de comer tiene Felides acordado de venir a besar las manos de Paltrana y aceptar en el rescebir a Polandria, como el concierto se hizo.   65

PONCIA.   Ora sea de la manera que quisieres, que avnque no quieras, as de esperar vn poco, y llamaréla en vn ayre, 1215 que ya que yo gane las albricias, será conuenible que las nueuas oyga del mismo mensagero, porque su alegría sea más entera.   70

SIGERIL.   Por cierto, Poncia, que mi querer no querrá más de lo que tú mandares, y ve en buen hora, que yo quiero esperarte y esperaré hasta que vengáys.

PONCIA.   Yo te doy mi palabra que no tardemos, porque tú no tardes.   75

POLANDRIA.   ¿Qué apressuramiento es éste, Poncia, que desde la ventana vienes sin huelgo?

51	1539: mastrado		61	1539: Sastras
54	1539: possada		63	1539: Manos
55	1539: sosegar		65	1539: cõcerto
56	1539: te *omitted*		73	1539: te *omitted*
57	1539: Assi		76	1539: pressuramiento
60	1539: E			

PONCIA. ¡Ay, señora, señora! Y si bien lo supiesses, cómo affirmarías que tengo razón.

POLANDRIA. Dilo ya, boua, que a osadas, que mis desseos son   80
cumplidos.

PONCIA. En buena fe, primero que te diga, me des las albricias que merezco.

POLANDRIA. Toma este joyel que traygas en la toca, y más te
mando vna faldilla de contray y dos de color, las que tú   85
escogeres en las arcas; y este mongil [1216] de terciopelo; y si
más te diere, en tu boda agradecerlo as.

PONCIA. Ansí Dios me guarde, que esto es mucho para mi
merescimiento, avnque poco para tu poder. Mas confiando
que lo harás como quien eres, te lo diré. Y es que tus casa-   90
mientos están confirmados tan sin duda que Felides dio las
manos a Dardano, y Antenor las dio por ti.

POLANDRIA. O, si tal es verdad, y cómo nos podemos contar
por los más dichosos de quantos en el mundo an sido,
y plazer rescibiera doblado si el que a ti lo hizo saber   95
me lo dixera.

PONCIA. Sigeril es el mensagero, y avn esperándonos está en
aquella sancta calle.

POLANDRIA. Pues vamos sin detener, que a rato que espera.

PONCIA. Quiçá que no traýa él priessa; y mira qué mártil [1217]   100
paresce.

POLANDRIA. Gran passear es ésse, Sigeril.

SIGERIL. Señora, el hombre que no tiene en qué entender entiende en algo.

POLANDRIA. Mira, Poncia, cómo conciertan tus palabras con   105
sus dichos, que me dexiste que estaua muy de priessa, y él
dize que tiene gran espacio.

SIGERIL. En verdad, señora, que por esperaros no me [he]
ydo, que tantas partes tengo dónde yr, que no sé a quál
vaya.   110

POLANDRIA. Ora, Si/geril, no vendas tus palabras de lo que   P v[r]

78-79 1539: afirmarias   97 1539: aun
89 1539: merecimiẽto   108 1536, 1539: he *omitted*
94 1539: las; dichosas, quãtas

sabes, que si mercártelas vuiesse, con ningún tesoro te las pagaría por no tener precio.

SIGERIL. Como las obras sean las del valor, remito mis palabras a lo que dixe a Poncia, que presente está, y abreuiando, te digo que esta tarde después de anochecido, se hizieron los conciertos, y mañana, si plaze a Dios, se harán los desposorios; ansí te suplico me hagas merced de me dar licencia para yr a negociar lo que toca a estas fiestas, que yo juro a esta cruz, no he de dormir esta noche más que agora. 115 ... 120

POLANDRIA. No te detengas por mi causa, sino como leal criado negocia todo lo que cumple a tu señor Felides, que de mi parte te certifico que no pierdas nada.

SIGERIL. Yo lo creo, y por esperiencia verás lo que haré. 125

PONCIA. También te apercibo yo que apercibas a tu señor tenga cargo de declarar claramente nuestros desposorios.

POLANDRIA. Lo mismo te ruego yo que le ruegues.

SIGERIL. Nuestro Señor quede en vuestra guarda, que esso en cuydado lo lleuo. 130

¶ AUCTO .xlvij.

Felides pregunta a Sigeril si están las libreas aparejadas, y como le dize sí, va con doze pages y otros tantos moços despuelas a besar las manos de Paltrana y a rescebir a su señora Polandria, adonde después de passar diuersas pláticas con ellas, declara él los conciertos de Sigeril y Poncia; a la qual, como es llamada, da Felides docientos [1218] ducados para su dote. E introdúzense: 5

¶ Felides.	¶ Sigeril.	¶ Dardano.	
¶ Paltrana.	¶ Polandria.	¶ Poncia.	10

---

117 1539: y *omitted*   128 1536: rueges
125 1539: espiriencia

---

3 1539: pajes   7 1539: dozientos
4 1539: recebir   10 1539: *second and third* ¶ *omitted*
5 1539: de *omitted*

FELIDES. Sigeril, ¿está a punto la gente que a de yr comigo?

SIGERIL. Señor, vestidos están doze pages, y doze lacayos que te acompañen oy, y mañana se vestirán los demás, que no se an podido acabar todas las ropas.

FELIDES. Pues hazlos venir, que ora es ya que vamos. 15

SIGERIL. No soy tan negligente, que desde que / salió el sol [P 5v] están en el portal con la mula negra.

FELIDES. E dime, ¿tiene las guarniciones que mandé?

SIGERIL. Señor, sí, y de verdad te digo que es marauilla mirarla; y más será quando tú vayas encima. 20

FELIDES. ¿Qué fue la causa que me aparejaron mula y no cauallo?

SIGERIL. Por muchas causas se hizo. Lo vno porque generalmente tienen los caualleros por costumbre en las mañanas caualgar en mula, y en las tardes a cauallo. Lo segundo 25 porque como el cauallo sea para hazer las gentilezas delante las damas, no era lícito que antes que rescibieras a tu señora Polandria hizieras cosa de las que hazer se deuen. Y aýn lo tercero, por la honestidad que se requiere que lleues para la primera vista, ansí que esto me paresció ser 30 razón justa para lo que hize. Si a ti te paresce que otra cosa se haga, presto se ensillará el cauallo que quisieres, pues ay hechos adereços para dos o tres.

FELIDES. Muy bien acordaste, y yo no acuerdo otra cosa ninguna [1219] más de que te vistas como as de yr, y me des a 35 mí las ropas que me hizieron postreras.

SIGERIL. Señor, aparejado está todo lo que as de lleuar. Empero, no quiera Dios, ni tú mandes que yo vaya más vestido ni atauiado de lo que agora estoy hasta tanto que sepa que voy a lo que tú vas como cosa hecha. 40

FELIDES. Sea como quisieres, que yo te doy mi palabra que no salga de allá sin dezirlo, de arte que digan ser muy contentos en te la dar, porque Poncia lo meresce sin dubda.

SIGERIL. Esso te suplico yo, que por nos hazer merced lo

19-20 1539: mirar las   31 1539: parece
26 1539: con el; gentilnzas   44 1539: Nos

hagas, porque seamos tan dichosos que mañana juntamen-   45
te como tu desposorio se haga, se ordene el nuestro.

FELIDES. Ora no es menester aquí más, que no digo ordenar,
sino que se hará sin alargar tiempo.

SIGERIL. Pues dime qué ropas mandas que te dé, que las que
están aparejadas son el jubón de damasco carmesí que está   50
bordado con la red de oro, y el sayo de raso negro que
está con las muchas cuchilladas y tiene el aforro de brocado
y las mangas con las perlas y argentería que sabes. Ansí
mismo tengo la ropa de terciopelo negro que está afforrada en martas cebellinas, [1220] porque la guarnición que tiene   55
por el ruedo basta para hazerla más ga/lana de lo que   [P 6r]
es. La gorra de seda que tiene la medalla rica lleuarás,
porque aquel Sant Jorge [1221] significa mucho el ánimo y
valerosidad con que as vencido, y si la quisieres dar joya,
dala esse anillo del diamante, [1222] porque su color da a   60
entender el trabajo que as passado hasta vencerla.

FELIDES. ¡O, cómo eres prudente en todo lo que hazes!, pues
con tanta prudencia as aparejado lo que me cumple, y no
lo que mandé. Y ansí es mejor que las colores que auía
acordado de lleuar se queden para otro día, después de los   65
desposorios, que avnque son las ropas de gran valor y su
significación de marauilloso primor, lo que demuestran se
verá más claro desposado que antes.

SIGERIL. Aueriguado está esso, quanto más que los criados
que lleuas lleuan la deuisa que lo demuestre.   70

FELIDES. Por mi vida, Sigeril, ¿viéneme justo todo?

SIGERIL. Por mi salud, viénete tan bien que no sé qué te
diga, más de que vas gentilhombre y muy honestamente.

FELIDES. Anda acá abaxo. Caualgaré y tendrás cargo de mirar essos moços que vayan con concierto.   75

46	1539: nustro	60	1539: diamãte
50	1539: que es	65	1539: quedan
52	1539: esta en	66	1539: que *omitted*
53	1539: Assi	67	1539: sinificacion; de muestra
54-55	1539: aforrada;	70	1539: de muestra
58	1539: sinifica mmcho	72	1536: tambien

SIGERIL. Descuyda desso, que pues yo voy contigo, ninguno saldrá hasta (h)allá de regla. [1223]

FELIDES. Buen concierto lleuan agora. Vamos por essa calle derecha.

SIGERIL. Ansí Dios me ayude, que si no rescibes pena, que   80 emos de yr por las calles principales, que marauilla es verte en medio de los que vas.

FELIDES. Pues no es lexos la posada, sea como dizes; y bien cerca estamos, pues ya se vee desde aquí.

SIGERIL. Señor, ¿mandas que entre a dezir a Paltrana como   85 estás a la puerta?

FELIDES. Pues, nescio, ¿auía de subir sin hazérselo saber? Anda, sube, y dirás a su merced si manda que suba a besarla las manos.

SIGERIL. Que me plaze.   90

PALTRANA. Moças, ¿quién anda aý?

SIGERIL. Señora, yo soy, que de partes de mi señor Felides vengo a te hazer saber como viene a te besar las manos y embía a pedirte licencia si se la das para que suba.

PALTRANA. Dile a tu señor y mi hijo Felides que no auía ne-   95 cessidad dessos cumplimientos, que suba en buena hora.

SIGERIL. Así lo haré.

FELIDES. ¿Sigeril, as hablado con Paltrana mi señora?

SIGERIL. Señor, ya dixe lo que me mandaste, y aýn estaua con ella Polandria, en el mismo estrado. [1224]   100

FELIDES. Pues / cuéntame antes que subamos cómo estaua,   [P 6v] y qué tenía vestido.

SIGERIL. ¿Qué más quieres que te diga, sino que su rostro parescía vn rubicundo sol y vna claríssima luna? Y las ro-pas por el consiguiente no discrepan en vn solo punto,   105 porque está vestida de escarlata con vn afforro subtilíssimo de tela de plata, y las mangas en armiños como la nieue; [1225] y por las cuchilladas son tan inumerables las piedras que

77   1536, 1539: halla

80   1539: recibes

81   1539: hemos

83   1539: possada

91   1539: Moça

97   1539: Assi

99   1539: aun

103   1539: mas *omitted;* te *omitted*

106   1536: descarleta; 1539: aforro su-tilissimo

tiene que la sala está con tal resplandor como si dozientas
hachas allí estuuiessen encendidas. Así mismo tiene vna   110
cinta texida de oro con tantas perlas valerosas que no lo
sé comparar, pues encima de su cabeça hágote saber que
no tiene tocado ninguno más de vna preciosíssima guir-
nalda sembrada de jacintos marauillosos que es gran gloria
mirarla. Finalmente te digo que todo el hornamento que   115
tiene es blanco y colorado, en lo qual demuestra al vulgo
la castidad que guarda, y a ti sólo la sublimada alegría
que tiene. [1226] Ansí que necessario es que subas porque más
crédito des a mis palabras.

FELIDES.   No me dirás tanto quanto yo te creo; y subamos,   120
que Dardano sale al corredor a entrar comigo.

DARDANO.   ¡O, señor Felides, quánta alegría se rescibe oy en
esta casa con tu venida!

FELIDES.   Por cierto yo soy el que la rescibo por merescer venir a lo que vengo.   125

DARDANO.   No gastemos en esto palabras, sino entremos, que
mi hermana y Polandria mi sobrina nos están esperando.

FELIDES.   Entra tú adelante, señor Dardano, porque es razón.

DARDANO.   Plázeme; y el perdón no te pido por ser cosa conuenible hazer lo que mandas.   130

FELIDES.   Essos perdones para vn tu obediente hijo no son
necessarios.

DARDANO.   Señora hermana, ves aquí al señor Felides que viene como verdadero hijo a te besar las manos y a rescebir
como fidelíssimo esposo a tu cara y amada hija Polandria.   135

FELIDES.   Yo remito lo que auía de dezir a lo que el señor Dardano a dicho; y ansí te suplico, con la obediencia y acatamiento que deuo, me des las manos para las besar.

PALTRANA.   Leuantaos, mi desseado hijo, y rescebid a vuestra
natural esposa y mi carnal hija Polandria, dándola en cola-   140

---

110   1539: ansi
111   1539: texida *omitted*
115   1539: ornamento
116   1539: es brocado; en el
120   1539: te *omitted*

124   1539: merecer
133   1539: Feledes
134   1539: a besarte
137   1539: assi; obedēcia
139   1539: recebid

ción [1227] quando tiempo sea, y en el lugar que se requiere, la fructa que en mis manos em/plear querías.   [P 7r]

FELIDES. Mi querer, señora, no excederá en tus mandamientos, más de en no me atreuer a rescebir a la que no soy merecedor seruir, si no me das tu bendición como se requiere en tales conciertos.   145

PALTRANA. Yo soy muy pronta a te la dar; y ruego a Jesuchristo que la bendición perfecta os embíe El de los cielos, para que cumplas lo tocante a su santo matrimonio.

FELIDES. Ansí le suplico yo, que como lo desseamos, El lo otorgue.   150

PALTRANA. Hija mía, habla a tu vnico esposo y conócele para que tengas conocimiento que Dios fue el que te le escogió.

POLANDRIA. Por cierto, señora, yo conozco que Dios tuuo por bien de me le escojer. Empero, pues tú le nombraste y mi señor tío Dardano lo concertó, yo digo que acepto tu mandado en le obedecer.   155

FELIDES. De mí te hago cierto que con toda la fidelidad que soy obligado te recibo y recibiré quando por más confirmación se haga en la tarde por manos de sacerdote.   160

PALTRANA. ¿Parécete hija si lo que rehusauas era razón de rehusar? Pues ves que, loores a Nuestro Señor, no ay gracia, virtud ni nobleza de que no esté dotado Felides, que Dios prospere.

FELIDES. O señora, todo esso es por morar la virtud en casa de los virtuosos como aquí mora.   165

PALTRANA. Si en ti no lo ouiesse, no se diría; y con Polandria lo he, porque las donzellas son a vezes dadas a algunas niñerías.

POLANDRIA. En verdad, señora, si en mí ouo detenimiento en el conceder de ser contenta con el señor Felides, no tuue ningún desuío para me desuiar de lo que tú quesiste. Mas por preguntar lo dubitatiuo pienso que no herré, que   170

158	1539: la *omitted*		164	1539: prospire
159	1539: so yo; y te		167	1539: la vuiesse
161	1539: que *omitted*		169	1539: niñirias
162	1539: ves *omitted*		170	1539: vuo
163	1539: esta		173	1539: dubitiuo

los curiosos caminantes siempre se informan del camino
antes que le anden. Conuiene saber si ay en él algún   175
barranco peligroso, algún passo estrecho, alguna senda que
descamine el camino.

DARDANO.   Señora, mi sobrina quiere dezir que la muger que
se casa es proprio caminante, y que el camino es el marido
que toma, y declara que la muchedumbre de los peligros   180
del mundo son tantos que ninguno se a de tener por seguro, si no sabe dó está el peligro.

PALTRANA.   No hay dubda desso, y ella lo apuntó bien, y tú
fuiste en declararlo mejor; y Felides puede creer que con-
sideradas essas consideraciones en eligirle a él no auía   185
ningún interualo que considerar más de que con mi hija
Po/landria yo le prometí lo que tengo y ella hereda, y no   [P 7v]
lo que él meresce y yo quisiera dar.

FELIDES.   En verdad que tú me prometiste más que yo merezco en me prometer ¹²²⁸ la voluntad que me as tenido, sin   190
auer de mí visto obras. Y me das más de lo que yo supiera
pedir en me entregar por compañera a la que de derecho
podía ser su sieruo. Ansí que sin mirar al dote que se me
prometió, consideré la innumerable ¹²²⁹ gracia de la graciosa dama que me nombraron; y viendo la cosa ser tan   195
justa, justifiquéme en la respuesta, y concedí en lo hazer,
porque claro está que las promesas justas hazen a los
coraçones blandos, y las injustas tornan a los hombres duros.

PALTRANA.   Tú as hablado tan bien que no sé qué responda
más de que en fin la virtud, avnque la remitas a otra parte,   200
en ti queda; y el premio que della se suele alcançar es
honrra, lo qual es al contrario al vicioso, que el galardón
de su vicio es infamia.

DARDANO.   Ora quede esso si mandas y se passe. ¿Por qué no
entra Sigeril acá?, que está en esse patio el pobre mancebo   205
muy pensatiuo.

179   1539: propio; y *omitted*   190   1536: voluntad; 1539: tinido
180   1539: muchidūbre   194   1539: inumerable
183   1539: ay   196   1539: justo
184   1539: fuyste; declarallo   197   1539: a *omitted*
185   1539: elegir le

PALTRANA. ¿Es paje todavía, hijo? Que paréceme que es grande y que no tiene la librea de los que están a la puerta.

FELIDES. Señora, ya salió de paje, y agora es mi camarero, [1230] y te certifico que debaxo de su mano tiene quanto yo tengo, porque demás de ser sagaz en mis negocios, es leal y fidelíssimo; y con esta confiança le confío lo que posseo y confiaría el thesoro del mundo que tuuiesse. 210

PALTRANA. Bien se parece en su manera; y hágote saber que esse mesmo concepto tenemos de Poncia, vna criada de Polandria que no tardará en venir. Y haznos este plazer, que le llames. 215

FELIDES. Que me plaze. ¿Oyes, Sigeril?

SIGERIL. ¿Qué mandas, señor?

FELIDES. Mando qué pensauas agora contigo mesmo. 220

SIGERIL. Señor, mis pensamientos estauan ocupados en pensar vnas cosas tan arduas, que es escusado de las dezir, pues no se han de hazer.

FELIDES. Dilas. Veamos qué podrá ser, que se hagan.

SIGERIL. He pensado después que allí me assenté quánto bien tiene el hombre el día que recibe muger, o saber quál será; porque proporcionado el cuydado que es tenerla, y el que siente hasta toparla afirmo ser mayor este postrero quel dicho. 225

FELIDES. ¿De manera que dizes que porque estás mancebo te hallas más / pensatiuo? 230 [P 8r]

SIGERIL. No por otra cosa.

DARDANO. No le preguntes sino si se casaría con quien por descuydar. [1231]

SIGERIL. Señor Dardano, sin que me lo pregunte mi señor Felides, respondo que tal podía ser la que hallase que me acrecentasse el cuydado, y tal que no dubdasse en lo hazer. 235

FELIDES. ¿A esta donzella que viene aquí, tomarla ýas?

SIGERIL. ¿Para qué es esso, señor? Pues es hablar adefesios, [1232] que ni yo merezco a Poncia, ni ella me tomaría. 240

DARDANO. De burla se dizen a vezes las cosas y salen de
veras. [1233] Dígolo al tanto, Sigeril, que no está tan apartado
esse negocio de ti y Poncia que no os vendría bien a entrambos, y a quererlo la señora mi hermana presto se
podría hazer, que yo lo he pensado más de tres vezes.   245

PALTRANA. Por mí no quedará, que muy contenta seré que se
haga, siendo los dos contentos.

DARDANO. De arte que no falta más de saber la voluntad de
cada vno, y que los concertemos, siquiera porque se hagan
con vn regozijo dos fiestas.   250

FELIDES. Pues preguntemos a Sigeril su intento, y luego se
preguntará a Poncia.

DARDANO. Pregúntaselo tú, que eres su señor.

FELIDES. Ven acá, Sigeril. Mira que concertamos aquí de te
desposar con Poncia, la que denantes te dixe riendo.   255

SIGERIL. Yo, señor, digo que concederé todo lo que hizieres.

DARDANO. Esso es quanto a la obediencia que tienes como
buen criado. Empero, a lo que te cumple en este caso,
queremos saber tu contentamiento.

SIGERIL. Señoras, en todo y por todo torno a dezir que soy   260
muy contento si ella no lo rehusa.

FELIDES. Señora, tú deues preguntar a Poncia como a criada
lo tocante en esta manera.

PALTRANA. A mí plaze dello. Poncia, allégate aquí.

PONCIA. ¿Qué mandas que haga, señora?   265

PALTRANA. Que te hago saber que te queremos desposar, y
aýn está medio concertado.

PONCIA. Ello sea en buen hora, ¿y con quién, para que se
concluya, pues se demedió?

PALTRANA. Con Sigeril, este mancebo que tiene mi hijo por   270
su camarero.

PONCIA. Hi, hi, hi.

PALTRANA. ¿De qué te ríes, necia?

PONCIA. De que no pude hazer menos en ver la joya que me
auíades escogido, dando a entender que pues se juntan los   275

248 1539: volutad   267 1539: aun
249 1539: haga   274 1539: puedo
256 1539: hizeres

amos que son buenos, que se junten el criado / ruin con   [P 8v]
la criada semejante; pues a la fe, Poncia por buena se tiene,
y con bueno a de topar.

PALTRANA. Rapaza, ¿por qué eres tan mal criada que sin verle
ni contratarle en tu vida dizes lo que se te antoja en nues-   280
tra presencia?

SIGERIL. No haze al caso, señora, que libertad tienen las mugeres para todo.

PONCIA. ¿Qué cosa es libertad? Por mi salud, que si no lo
viesse en tu manera que no lo dixesse.   285

PALTRANA. Dezí, necia, ¿y qué veys vos en él?

PONCIA. Que ni tiene auctoridad de hombre, ni tendrá hazienda para hazer casa.

PALTRANA. Y dezíme, bachillera, [1234] a os de faltar estando
nosotros de tu parte y Felides de la suya?   290

PONCIA. No sabe la persona que todavía vale más mirar lo
cierto que esperar lo dubdoso. [1235]

FELIDES. Hermana Poncia, no lo dexes por tan poco inconuiniente y toma estos dozientos ducados para ayuda a tu dote.

PALTRANA. Pues yo te mando otros ciento y te doy mi palabra   295
que no estén dubdosos, sino que cierto te los daré mañana
si esta noche os desposáys.

DARDANO. Lo que te puedo yo dar no es tanto, mas estos cincuenta ducados recebirás al presente, y pues soy en te lo
rogar, [1236] no perderás de mí nada.   300

POLANDRIA. Yo digo que la vestiré que no la falte cosa del
arte que ella quisiere.

PONCIA. Desa manera, señores, avnque la casa no sea muy
estremada, teniendo tales cimientos, bien se compadecerá,
que mandándomelo semejantes personas, y dándome tales   305
dones, no lo dexaré de otorgar, y avn también porque
pienso que en ver comer a mi señora Polandria las vuas

---

276 1539: ruyn
278 1539: y *omitted*
280 1539: ni conocerle; dezir
287 1539: autoridad
291 1539: mirar *omitted*
292 1539: dudoso

294 1539: ayudar
296 1539: dudosos
298 1539: Yo q̃ te puedo dar
301 1539: falta
303 1539: aun q̃
304 1539: compadescera

maduras, tuue temor que me harían dentera los agrazes agros. [1237]

PALTRANA. ¿En fin, Poncia, que con todas tus philosophías y 310
retóricas dizes que lo concedes?

PONCIA. Señora, digo que lo concedo y otorgo y soy muy contenta.

FELIDES. Ora, tómense las manos y quédese el desposorio para la tarde con el nuestro. 315

DARDANO. Daos las manos, porque más firme quede.

PONCIA. Que me plaze, y mira Sigeril que no te alabes pensando que por gentilhombre te tomo, que como dizen, con desseo de chapínes subíme, etc. [1238]

SIGERIL. Ya veo que toda la gentileza y hermosura se queda 320
en ti.

PALTRANA. Ea, Poncia, quédense essos requiebros para después, y ve a dezir que se apareje la comida, porque mi hijo Felides quiero que coma con nosotros.

PONCIA. Ya voy, y yo lo haré traer muy presto. 325

FELIDES. Tú, Sigeril, ve al portal, y di [a] a/quellos pages y Q [1r]
moços que se vayan a comer a la posada con la otra gente, y no te vayas tú, que acá comerás.

PALTRANA. Por mi vida, que no mandes tal, sino que se meta la mula en la caualleriza, y se suban todos a comer. 330

FELIDES. Señora, por fuerça an de yr, porque me traygan vn cauallo. E digan a los demás que coman.

PALTRANA. Sea como te paresce.

¶ AUCTO .xlviij.

Antenor, arcediano, dize a su tía Paltrana que hora es de hazer los desposorios, y los dos entran en la sala a do hallan a Felides con Dardano, y a Poncia con Polandria. Y luego lleuan

---

310 1539: filosofias
325 1539: la

326 1536, 1539: di aquellos
327 1539: possada

---

1 1536, 1539: xlviiij
2 1539: ora

a Sigeril, y como los desposa Antenor, entran los menistriles, [1239]   5
y tocando los instrumentos, canta Canarín. E introdúzense:

¶ Antenor.   ¶ Paltrana.   ¶ Dardano.   ¶ Felides.   ¶ Polandria.
¶ Sigeril.   ¶ Poncia.   ¶ Canarín.   ¶ Menestriles.

ANTENOR. Parésceme, señora tía, que los desposorios se hagan, porque es tarde y no aurá tiempo para la música y   10
lo demás.

PALTRANA. Muy bien dizes, que rato a que anochesció, y
breue se hará, pues no se a de buscar clérigo ni otra cosa
que necessaria sea, porque los menistriles ya están apercebidos y no tardarán en venir.   15

ANTENOR. ¿Al cura no se a de llamar que los despose?

PALTRANA. No es menester, pues tú eres de orden sacra y tienes potestad de hazerlo.

ANTENOR. Yo lo haré; empero no lo rehusaua sino porque el
cura no se quexe.   20

PALTRANA. Dexémonos de quexas, que no ay de qué, y para
las bodas vendrá, mediante Dios.

ANTENOR. ¿Felides a salido fuera esta tarde?

PALTRANA. Sí, mas ya es venido y en la sala de aý fuera pienso
que anda passeando con Dardano.   25

ANTENOR. Pues salgamos allá, y hágase luego, que mi prima
Polandria no a menester más atauíos de los que oy vistió.

PALTRANA. No acuerdo qué se vista, mas por esso euitando
palabras se concluya, y sal adelante que ves allí a Felides /
que anda con mi hermano.   30

ANTENOR. Daca la mano, que bien le veo; y mira que lo más [Q 1v]
está hecho. No nos detengamos en lo menos.

PALTRANA. Sea ansí, que no ay en qué detenernos sino en las
bendiciones.

DARDANO. ¡O señor arcediano, a buen tiempo saliste con la   35
señora mi hermana, que entrar quería a llamaros!

ANTENOR. Señor tío, por ver que es hora salimos, y el señor
Felides bien aurá dicho de nuestro descuydo.

15   1539: y *omitted*   33   1539: assi
27   1539: ha   34   1539: bendiciones

PALTRANA. No me pesa mucho, que con buena compañía
a estado.   40

FELIDES. Por cierto, señora, no es tan tarde que aya qué dezir
de la tardança, y para con vn tu humilde hijo no cures de
tener essos cuydos. [1240]

ANTENOR. Llamen a mi prima Polandria, y suplícote que hagamos lo que hazer se deue.   45

DARDANO. Aý están ella y Poncia en la recámara; y yo entro
por ella.

PALTRANA. Sea ansí, y vengan entrambas.

DARDANO. Sobrina, por ti vengo, que están esperando en la
sala a que se concluyan estos negocios por mano sacerdotal.   50
Y el arcediano tu primo celebrará este sacramento al presente porque desta manera está concertado.

POLANDRIA. Vamos, que de buena voluntad estoy para lo cumplir. Empero, de mi señora madre me espanto no entrar
contigo a sacarme.   55

DARDANO. Mucha razón vuo para que se quedasse, que yo
estaua con Felides quando mi hermana y Antenor entraron,
y como acordamos que entrase yo por ti, quedóse ella con
él. Ansí que bien puedes sin vergüença ninguna salir
con tu tío.   60

POLANDRIA. La vergüença es grande. No se hable más en ello,
sino salgamos.

PONCIA. ¿E mi merced saldrá también allá?

DARDANO. Lo primero que me encomendaron fue que no que-
dasses rastrera, que ya sabes como la dinidad en que sube   65
Polandria quanto al desposar, subirás tú.

PONCIA. Pues mira, señora, al oýdo antes que te leuantes.

POLANDRIA. Dilo presto y muy passo lo que fuere, que te
oyrá Dardano.

PONCIA. No ayas temor, que mirando está aquellos tapizes; y   70
lo que digo es que te agas memoria de acordar a Felides
que no oluide las seys pieças de seda de colores que me

43   1539: cuydados
51   1539: sacramête
56   1539: quedase
58   1539: entrasse

63   1539: alla *omitted*
70   1539: y *omitted*
71   1539: que tengas memoria

mandó los días passados, que por no serme lícito ni honesto no se lo diré; y los dineros de que me a hecho merced no entran en esta cuenta, y querría las cobrar, que la ración 75 de palacio, quien la pierde, etc. [1241]

POLANDRIA. Tú quieres dezir que el moço vergonçoso, el / diablo le lleuó..., [1242] ya me entiendes.   Q ij[r]

PONCIA. Y aýn huelgo que me as entendido.

POLANDRIA. No passe más la plática, que donde yo estoy no 80 es menester apercebimientos, y anda [a]cá, que nos da priessa mi tío.

DARDANO. Ea, ya que ves aquí la gente que nos espera.

PALTRANA. Hija, bien demuestra tu paso a lo que te traen.

POLANDRIA. Señora, siempre soy perezosa en lo que hago. 85

ANTENOR. Agora auéys de ser diligente en lo que hazéys, y hablad luego al señor Felides con el amor que en tal caso se requiere.

POLANDRIA. Lo que le puedo hablar es que estó aparejada a obedecer a mi señora Paltrana y cumplir lo que él me 90 mandare.

FELIDES. A mí cumple hazer essos cumplimientos, pues estoy pronto a cumplirlo.

ANTENOR. Esso basta para el presente, y se passe. ¿Dó está Sigeril?, que estando Poncia delante no sería bien desposar 95 los vnos sin los otros, que honrra es de los amos la que se haze a los criados. [1243]

FELIDES. Desse arte se concertó, y en essos corredores estará.

PALTRANA. Llámenle luego.

FELIDES. Yo le daré vna boz. ¿Oyes, Sigeril? 100

SIGERIL. Señor, ¿mandas que entre?

FELIDES. Entre, por su vida, que esperándole están como a bueno.

ANTENOR. Tiempo aurá para se reýr. Sepamos agora si él está contento de Poncia y ella dél. 105

SIGERIL. Recontentos estamos, que ante los señores que presentes están nos dimos oy las manos.

73-74 1539: onesto; echo   90 1539: obedescer
81 1536, 1539: anda ca   94 1539: pase
87 1539: hablar

ANTENOR. ¿Es verdad aquello, Poncia?

PONCIA. Señor, sí.

ANTENOR. Tú, Felides, dame essa mano derecha, y tú Polan-   110
dria, la misma. Quanto a lo primero, auíades de dezir si
auía algún parentesco dentro del quarto grado entre los
dos. [1244] Empero, no ay necessidad que se diga, pues yo sé
no le auer. A lo segundo pregunto si prometistes castidad o
religión. [1245]   115

FELIDES. Por mí respondo no la auer prometido.

PALTRANA. Por mi hija Polandria digo que nunca la prometió
ni yo ni otra persona por ella.

ANTENOR. Quiero más saber que me digas si de coraçón firme
la rescibes por legítima muger, y propones hazer y cumplir   120
con ella en vida maridable lo que toca a los mandamientos
de la sancta madre yglesia.

FELIDES. Digo, señor, que la acepto y rescibo proponiendo de
la tener en el grado y honrra, con que más siruamos a Dios.

ANTENOR. ¿Tú, Polandria, qué dizes?   125

POLANDRIA. Que affirmo en lo que mi señor Felides a dicho,
y propongo de lo seruir y honrrar como a esposo y mari/do   [Q 2v]
verdadero sin perjudicar nuestro estado.

ANTENOR. Jesuchristo que os [ha] ajuntado os conserue en su
santo seruicio.   130

PALTRANA. Amén.

DARDANO. Breuemente concluye con Sigeril y Poncia antes que
nos assentemos.

ANTENOR. Sigeril y tú Poncia, dad acá essas manos y dezí
quanto al parentesco si soys en algún grado, así mismo en   135
lo tocante a promesa de religión o castidad.

SIGERIL. Señor, ni somos parientes, ni emos prometido ninguna de las promesas señaladas.

ANTENOR. ¿Tú, Poncia, dizes lo que Sigeril a dicho?

PONCIA. Señor, sí.   140

ANTENOR. ¿Otórgaste por su esposo de entrañable voluntad y
sin iniquos pensamientos?

120	1539: recibes		128	1539: a nuestro
122	1539: santa		129	1536: os ajũtãdo; 1539: os ajũtado
123	1539: recibo		135	1539: assi

SIGERIL. Digo, señor, que sí, de muy sanas entrañas.

ANTENOR. Poncia, ¿concedes en le seruir por marido y por esposo? 145

PONCIA. Sí concedo, y lo torno a confirmar como soy obligada.

ANTENOR. Pues, nuestro señor os dé todo aquello con que más le siruáys.

PALTRANA. ¡O lores a Dios, que ya los desposorios de entrambos se an concluýdo! 150

DARDANO. Llamen a los menistriles, y toquen luego la música.

MENISTRILES. Señor, aquí estamos.

PALTRANA. Pues empeçá a tañer trompetas y cherimías, [1246] y juntamente con ellas sacabuches. [1247]

FELIDES. ¡O, Santo Dios, y qué estremados instrumentos! 155

DARDANO. Pues si vienen vnos cantores que esperamos, oyrás marauillas, que los de las harpas y vihuelas [1248] harán.

FELIDES. Por Nuestro Señor, si Canarín estuuiera aquí, él cantara, que bonica boz tiene.

SIGERIL. Si mandas que le llame, en el patio está más a de 160 dos horas; y te hago saber que me dixo esta mañana que auía aprendido vn romance muy bueno para cantar esta noche.

DARDANO. Entre sin detenimiento, que loar he oýdo su gracia.

FELIDES. ¡Canarín! 165

CANARIN. ¿Señor?

FELIDES. Ea, rapaz. Entonaos muy bien y empeçá luego vna canción.

CANARIN. En buena fe, que soy contento, mas a tal son [1249] perdonarme as. 170

DARDANO. Di tú el son que quieres a los menistriles, que tañerlo an.

CANARIN. Señores, mira que dize su merced que cessen las trompas y chirimías, y toquéys de harpas y laúdes y vihuelas.

MENISTRILES. Plázenos. Di si quieres llano. [1250] 175

144	1539: *second* por *omitted*	158	1539: nuestros
147	1539: hos; todo *omitted*	167	1539: enpeça
151	1539: menestriles	173-174	1539: trompetas

CANARIN. Pues llano le quiero, a la fe, para el romance, que
a la deshecha [1251] yo sabré dezirlo.

MENISTRILES. ¿Agrádate éste?

CANARIN. Muy / [bueno es. Todo el mundo calle, que em- Q iij[r]

    pieço.   180

FELIDES. Empieça ya, que es vergüença ver tus meneos.

CANARIN.   ¶ El sol estando jocundo,

           los signos en su vigor,

           se juntan hazer batalla

           la fe firme sin herror   185

           con la justa pïedad.

           A quien todos dan honor,

           síruela la hermosura, [1252]

           acompáñala el primor,

           ámala mucho el reposo.   190

           El saber muy más mejor,

           siendo fuerte en sus carreras,

           la fe queda sin fauor.

           Haziéndose los conciertos,

           no hallan contraditor;   195

           cesando de pelear,

           ríndenla con grande amor.

           Con estas pazes cumplidas

           se gozan con tal dulçor

           las gentes del vniuerso,   200

           cada vna en su lauor,

           vnos baylan con plazer

           y dançan al derredor.

           Otros tañen lindas harpas,

           vihuelas con gran tenor.   205

           Los muchachos sin dubdar

           cantan con el ruyseñor;

           todos juntos en sus bozes

           dan loores al vencedor.

177 1539: dizirlo

179 *fols. Q 3 and Q 4 are lacking in*
      the 1536 copy. The text is sup-
    plied from the 1539 edition.

203 1539: derrodor

PALTRANA. En verdad, hijo, que no ay qué dezir del page, sino 210
que juraría no auer visto boz tan subtil ni cortada de monja.

ANTENOR. No as de mirar, señora, sino quán el propósito es
el romance, y qué sentido.

PALTRANA. Por tu vida, que nos digas quién le hizo, que buen
trobador era, según paresce. 215

CANARIN. Esso no lo diré, porque quien me lo dio me tomó
juramento que no lo dixese. Y sé de cierto que no quiere
mal a mi señor Felides. Y también te hago saber que oy le
he aprendido, porque anoche tarde me le dieron.

PALTRANA. Por mi vida, tú tienes buena cabeça. 220

FELIDES. Diga la deshecha si sabe, porque no quede frío.

CANARIN. Sí diré, y escucha si mandardes.

MENISTRILES. ¿Quieres que mudemos el son para el villancico?

CANARIN. Yo os lo quería dezir, mas no a de ser sino con 225
vihuelas de arco ¹²⁵³ y rabeles. ¹²⁵⁴

MENISTRILES. ¿Contentámoste tan apriessa?

CANARIN. Muy bien va.

MENISTRILES. Pues di.

CANARIN. ¶ Pues que se aya desposasto ¹²⁵⁵ 230
mi señor y aýn Sigeril.
vámonos luego a dormir. /

POLANDRIA. ¡Válame Dios, y qué gracioso es el pagezico! [Q 3v]

DARDANO. Marauillosa es la deshecha, y escuchemos la buelta
como cae. 235

CANARIN. ¶ Felides fue muy dichoso
pues halló rosa cumplida,
y el criado venturoso
que topó a moça sabida.
No quiero más, por mi vida, 240
en aquesto arguyr,
sino vámonos a dormir.

FELIDES. Passan por el rapaz, que no a cenado, y está lleno
de sueño. Su pago sería embialle sin cena.

PALTRANA. No sería buena cuenta sobre tal seruicio semejante 245
galardón, que él es merescedor de toda cortesía por el
plazer que nos a dado.

DARDANO. Entremos a essotra sala, que las mesas están puestas, y sobre cena hablaremos más largo en todo.

PALTRANA. Sea ansí, y salgamos adelante, que Felides y Sige- 250
ril a sus esposas trayrán de las manos.

FELIDES. Yo beso las tuyas por la merced.

¶ AUCTO .xlix.

Celestina, como sabe que los desposorios son hechos, dize
que no perderá las albricias. E yendo muy apriessa a las pedir,
con el sobrado gozo, no mirando cómo va, cae de los corredores de su casa abaxo, y allí fenecen sus tristes días. Y entrando   5
los vezinos a socorrerla por los gritos que dio, la hallan hecha
pedaços. Y ansí se van a contar a Felides aquella muerte
de la desdichada. E introdúzense:

¶ Celestina.   ¶ Vezinos.

CELESTINA. ¡O, qué alegría tan grande me an dado con darme   10
tales nueuas y tan desseada[s] para los desposados y aýn
prouechosas para la vieja que las negoció! ¡O Celestina, Celestina! ¿Y cómo te estás queda razonando con las paredes,
y no vas a ga/nar lo que perderás si por negligencia lo Q iiij[r]
dexas? La verdad es que en auer sido afrentada por la   15
justicia tan públicamente y tan poco tiempo a, auré vergüença de parescer ante Felides y ante essotras señoras.
Empero, más lástima tendré de no coger lo que con mi
sudor he sembrado; y díganme lo que quisieren, que no
dexaré de yr allá, pues más vale vergüença en cara que   20
manzilla en coraçón. [1256] Y veo que no tengo agora a Barrada que me afrente, ni Brauonel que me robe, ni Albacín
que me hiera, ni Elicia que hurte, ni Areúsa que esconda,
ni gato que golosmee, ni perro que me ladre. [1257] En conclusión, quanto me dieren y lo que más ganaré todo lo   25
gozaré yo en comer y beuer y echar sobre mí, que Dios
me hizo merced lleuar de mi casa a aquella trulla de gente

2 1539: heehos   24 1539: Gato; Perro
11 1539: desseada

que siempre auía, que más quiero estar sola que mal acompañada. [1258] Y no acordándome de lo passado, tendré alguna manera para descansar, porque en mi ánima pecadora, si en ello pienso, tiempo me falte para llorarlo y vida para contar vna a vna las afrentas y desdichas que me han acontecido de veynte años a esta parte. Y en fin, hallo ser mejor recibir hombre el plazer que pudiere, que buen coraçón quebranta mala ventura. [1259] Y euitando las pláticas, quiero tomar mi manto y sombrero, y no lleuaré alcorques por no detenerme. E yré primero a Felides, que él es tan franco, que a osadas, que él vse comigo de alguna franqueza de las que suele y a la buelta vendré por casa de Paltrana, que ella es tan noble, y su hija Polandria tan generosa que entrambas lo harán como quien [1260] son. ¡O qué ligera salgo! A buena fe, no tarde vna hora en yr y venir. ¡Jesús! ¡Jesús! ¡Sancta María! ¡Confessión! ¡Confessión! ¡Socorro! ¡Socorro!

VEZINO. Ola, compadres, ¿auéys oýdo qué bozes da Celestina poco a?

VEZINO. Sí, oýmos. Vezinos, entremos a su casa, que alguna mala ventura la a acaescido a la pobre vieja de las que suele.

VEZINO. Entrá todos, señores. Veréys todos a nuestra negra vezina quán desastrada fin le vino.

VEZINO. ¡O qué muerte tan / súpita ha sido ésta, y quán sin remedio! [Q 4v]

VEZINO. ¡Sanctíssima trenidad, [1261] y quántos pedaços se la hizo la cabeça, que todos los sesos tiene entre las [piedras]! [1262] Mas cayendo desde aquellos corredores, claro está que auía de fenescer su ansiada vida.

VEZINO. ¡O quién supiera cómo cayó!

VEZINO. ¿Y vosotros no veys que Felides se desposó anoche, y que por yr muy apresurada a pedir las albricias cayría?

VEZINO. Sin dubda es verdad lo que dezís. Negro fue su acabamiento. ¡O mundo, mundo, y cómo das el pago a quien te sirue! ¿Qué curioso pescador pondría tan poco cebo que

55-56 1539: piernas   62 1539: mundo mudo

tanto pescasse? ¡O Celestina, y quán mal as biuido, pues
tan mal acabaste! Creed, señores, que toda persona que no   65
es buena en la vida no tiene verdadera ni natural muerte.
¡Quántos mancebos a robado! ¡Qué de viejos a embaucado!
¡Quántas quistiones a vrdido! ¡Qué de muertes a causado!
¡Qué falsos hechizos hazía! ¡Qué nobles donzellas a engañado! ¡Qué innumerables moças a perdido! ¡Qué recogidas   70
biudas a deshonrrado! ¡Quántas astucias, quántas cautelas,
quántos embustes hazía para hazer sus enrredamientos!
¡O mundo, que no sé qué diga de ti, sino que la prosperidad que das es poca, y avnque al parecer alegra, al gustar
amarga! Ciertamente tus bienes son como píldora que por   75
de fuera está dorada, y debaxo de aquella sotil tela que
reluze tiene el horrible azíbar que es amarguíssimo, ansí
que lo mucho amargo priua a lo poco dorado. Dezímoslo
porque si esta triste se vía próspera vn día con lo que la
dauan, diez días la víamos mal tratada y herida de los que   80
la perseguían. ¡O mundo, y cómo prometes mucho y das
poco! ¡Cómo puedes con halagos y justicias con crueza! ¹²⁶³
¡Cómo das plazer a palmos y pesar a varas! No sabemos
de ti dezir por tener tanto que dezir, más de que eres mentiroso, erez falaz, eres infame; finalmente, en todas tus cosas   85
heres iniquo.

VEZINO.   Todo lo que auéys dicho y quánto dixéssedes de las
falsedades del falso mundo está tan aueriguado que no ay
entre nosotros qué aueriguar, sino que lo mejor será buscar
modo cómo se entierre y se sepa su amargo fin.   90

VEZINO.   Vamos a dezirlo a Felides, que él dará para su en-
teramiento y sepoltura.

VEZINO.   Andá vosotros] / con Dios, que aquí quedamos nos-   [Q 5r]
otros quatro con el cuerpo, siquiera porque no se le apague
la candela. ¹²⁶⁴   95

VEZINO.   Muy bien dizes, y presto bolueremos.

---

93   *The text of the 1536 edition re-*   94   1536: apegue
    sumes with the words con Dios.

¶ Auto .1.

Felides, como le an informado de la muerte de Celestina,
llama a Sigeril, y con gran pena le cuenta lo que passó, y le da
veynte ducados para que honrradamente la entierren y hagan
sus obsequias. Y Sigeril lo lleua a cargo y lo va a hazer. Y con　　5
este vltimo aucto se acaua la obra. E introdúzense:

　　　　¶ Felides.　　　¶ Sigeril.

FELIDES.　Sigeril, ¿as sabido la desdicha que a la desdichada
　　de Celestina aconteció?
SIGERIL.　Señor, no. ¿Qué cosa es?　　　　　　　　　　　　10
FELIDES.　¿Pues cómo sábelo todo el pueblo y tú lo ygnoras?
SIGERIL.　Dímelo por me hazer merced, que en verdad no he
　　oýdo cosa.
FELIDES.　Sabrás que ayer se leuantó sana, y agora la ente-
　　rraron.　　　　　　　　　　　　　　　　　　　　　　15
SIGERIL.　¡Jesús! ¿Qué me dizes, señor?
FELIDES.　Dígote que sin dubda es muerta y de vna muerte
　　muy arrebatada, según me an contado.
SIGERIL.　¿Qué muerte a sido, que tan breue fuesse?
FELIDES.　Yo te diré que tanto, que confessar no pudo la sin-　　20
　　ventura, y fue ansí, que como ella supo que nuestros des-
　　posorios estauan hechos, quiso venir tan de priessa a recau-
　　dar las albricias, que no mirando donde ponía los pies con
　　el demasiado gozo que traýa, cayó de los corredores de su
　　casa abaxo, de manera que quando los vezinos la entraron　　25
　　a fauorescer, ya se le auía salido el alma, porque me dizen
　　que demás de hallar las piernas y braços quebrados por ser
　　tan alta la caýda, la hallaron su cabeça repartida y ma-
　　chucada entre las piedras; de arte que el remedio que tuuo
　　y tiene es hazerle la mortaja. /　　　　　　　　　　　　30
SIGERIL.　¡O Santa María! ¿Y quién te lo dixo?　　　[Q 5v]
FELIDES.　Dixéronmelo sus vezinos, que se fueron agora de

1　1539: Aucto　　　　　　　30　1539: tiene en
21　1539: y *omitted*　　　　32　1539: agoro
26　1539: fauorecer

aquí. Y no venían a otra cosa sino a hazérmelo saber, para que prouea en lo necessario.

SIGERIL.   ¿Qué murió tan súpitamente? ¡O Dios aya piadad [1265]   35
de su ánima, que el cuerpo mal acabó! ¡O qué bien merescía la paga del seruicio que te auía hecho! Ansí Dios me
ayude, que avnque le dauas harto, más merecía por la diligencia con que negoció con Paltrana que te diesse a Polandria y te rogassen con ella. ¡O quántas noches la leuanté   40
de la cama para que te viniesse a hablar! ¡Quántas vezes
se boluía sola a medianoche, y lo tenía en plazer por seruirte! ¡O quán afrentadas an sido sus tristes canas de
ynumerables vituperios! A la verdad la fortuna le era fauorable con el fauor que tú le dauas; empero, su ventura la   45
a sido tan contraria con los infortunios que le an succedido
cada día, que no ay que fiar en riquezas ni prosperidades, sino en la vida que cada vno viuiere; porque en mi
conciencia, que Celestina con lo que tú la as dado pudiera
sostener su fama con honra y estarse en su rincón sin en-   50
tender con todo el pueblo que tenía enrredado, que ni auía
rufián que dexasse de entrar en su casa, ni disoluta muger
que no la acompañasse, ni quistión de que ella no fuesse
registro; y ansí está claro que qual hizo la vida tuuo la
muerte, que bastaua que entendiesse en tus negocios sin   55
tratar con Elicia para que se fuesse, y con Areúsa para que
por su causa la matassen. Y veemos que el euangelio dize
que ninguno puede seruir a dos señores, [1266] y pensaua ella
agradar a dos mil vellacos. A la fe, señor, o auemos de
seruir a la virtud que es la espuela del camino verdadero,   60
o al apetito que es el ceuo de la pena perpetua. Ansí que
lo que digo es, porque tengo compassión de su ánima más
que de su cuerpo que harto auía prouado del mundo, ni
teníamos ya necessidad de su ayuda; mas de ayudarla en
sus necessidades que tuuiera, pues podías, y yo no la podía   65
hazer sino prouecho en lo que pudiera, que a mí a hecho /

43   1539: affrentadas   62   1539: compassino
51   1539: Pueblo

ella por cierto, harto buena obra en tener callado lo que [Q 6r]
sabía muy claramente.

FELIDES. Ora, tú tienes lo que desseauas con Poncia, y yo lo
que auemos negociado con mi señora Polandria. Si la cuy- 70
tada murió, ni yo tuue culpa, ni tú lo causaste. De morir
auía, pues la muerte es natural a los hombres. Pésame de
dos cosas, la vna que no se auía emmendado de sus yerros,
y la segunda que no tuuo lugar de confessarlos. Y como
para tal caso no aya remedio, lo que se puede remediar es 75
que se haga el bien por su ánima que a defuntos se requiere hazer, que yo soy obligado a lo gastar en la muerte,
pues no se lo di en la vida, porque te certifico que si la
auía dado valor de trezientos ducados mientras lo nego-
ciaua, que agora que está hecho, lleuara de mí y de Polan- 80
dria más de seys cientos.

SIGERIL. Señor, ¿pues qué te paresce que se gaste en su ente-
rramiento?

FELIDES. Lo que a ti te paresciere daré de muy buena gana.
Empero, he pensado de te dar para que se gasten en sus 85
honrras y obsequias cincuenta ducados, y si fuessen menester más dineros para missas, darlos he.

SIGERIL. Mucho me espanto de tu liberalidad, en querer hazer
honrra superflua al cuerpo sin ánima, pues teniendo su
libre juyzio no la quería adquerir, que los hombres no son 90
desonrrados, sino por no saber qué cosa es honrra. Que
euitar yo que no se la digan sus missas demasiadas y obsequias cumplidas por el cargo que la eres, yría sobre mí, [1267]
mas digo que sin yr acompañada de muchas cofradías y
sin darla sepoltura en lugar más costoso la pueden enterrar, 95
que perdónela Dios, bien se sabe en el pueblo quién era
y de qué viuía, porque todos dizen della que para el
bien hazer la hallauan dubia, [1268] para las ruyndades

73 1539: enmendado; hierros
74 1539: confesar los
75 1539: tal cosa
76 1539: *first* se *omitted*
79 1539: Ducados
80 1539: echo

86 1539: honras; 1536: Ducados;
    1539: E
91 1539: deshonrrados
92-93 1539: osequias
95 1539: puedā
96 1539: biuia

diligente, y que andaua sin sentido tan desatinada, que en
algunas cosas la vían, y faltar jamás lo quería oýr ni apren-   100
der, y para lo malo tenía astucia más de lo que era menester; que si ella mirara quando se vía próspera los consejos que algunas amigas suyas le dauan, no permitiera Dios
que biuiendo / sin perjuyzio muriera sin confesión. Y de   [Q 6v]
verdad que éste es el pago de los que no queriendo recebir   105
amonestación prouechosa siguen su opinión vana. Y acuérdome auer oýdo dezir del sabio Platón que dixo entre
otras sentencias que tanta necessidad tiene de consejo el
próspero en sus prosperidades como de consolación el triste en sus aduersidades. Ansí que he dicho todo esto por los   110
gastos desordenados que querías hazer, pues con diez o
doze ducados se puede cumplir muy cumplidamente todo
lo que basta para cumplimiento de su ánima.

FELIDES.   Por tu vida, que cumplas con mi voluntad en que
tomes estos veynte ducados y se gasten, pues es harto   115
poco; y tengas cuydado de hazer que la entierren luego, y
que la sepoltura sea en buen lugar de la yglesia. [1269]

SIGERIL.   Pierde cuydado, que todo se hará como mandas, y lo
más breue y mejor que ser pudiere.

¶ Fin.   120

¶ Acabóse la presente obra en la muy noble
villa de Medina del Campo. A seys días
del mes de Julio. Año de nuestro señor Jesuchristo, de
mil y quinientos y   125
treynta y seys
Años.

---

105 1539: quierē	/ dias del mes de Nouiembre.
109 1539: consalaciō	En casa / de Hernãdo de santa
115 1539: veyn	catalina. Año / de nuestro señor
121-127 1539: ¶ Acabose la presente	Jesu christo: / de mil, y Qui-
obra enla muy noble / e Impe-	nientos / y treynta y nueue /
rial ciubdad de Toledo. A veynte	Años. / +

Notes to the Introduction

1. *Celestina. Tragicomedia di Calisto e Melibea.* Venetia, Cesaro Arriuabeno, December 10, 1519. See Clara Penney, *The Book Called Celestina* (New York, 1954), p. 120. Cf. J. Homer Herriott, *Towards a Critical Edition of the Celestina* (Madison, 1964), p. 6. María Rosa Lida de Malkiel erroneously gives the place of publication as Valencia (*La Originalidad artística de la Celestina* [Buenos Aires, 1962], p. 34n).

2. *Orígenes de la novela,* III (Madrid, 1910), ccxii.

3. See *Segunda Celestina, cena* XXX. Cf. note 100, below.

4. *La Celestina,* ed. Julio Cejador y Frauca (Madrid, 1913-15), I, 70. All quotations from the *Celestina* are from this edition unless otherwise indicated. In oriental tales women of many such professions were active as *alcahuetas,* e.g., Ibn Hazm's *El collar de la paloma* (see Lida de Malkiel, *Originalidad,* pp. 549-550).

5. One of the few is Elicia, the Celestina of Sancho de Muñón's *Lisandro y Roselia,* who lists her own qualifications: "Lapidaria, herbolaria, maestra de hacer afeites y de hacer virgos, perfumera, corredora, melecinera, partera y un poco físico soy" (ed. Madrid, 1872, p. 73). In the *Tragedia Policiana* of Sebastián Fernández Claudina practices several (but not all) of Celestina's *oficios* (ed. Menéndez y Pelayo, *Orígenes de la novela,* III, 12). Lope's Gerarda, though she does not practice the traditional *oficios,* is still a woman of considerable skill and knowledge (*La Dorotea,* ed. E. S. Morby [Berkeley-Los Angeles, 1958], pp. 68-69).

6. Ed. cit., I, 72-86. Similar lists occur in several of the imitations: see *Lisandro y Roselia,* pp. 32-33; Alonso de Villegas Selvago, *Comedia Selvagia* (ed. Madrid, 1873), pp. 150-151; *Tragedia Policiana,* pp. 34, 38. Cf. *Segunda Celestina,* pp. 219, 410. The list in Rojas' work is apparently based on Rodrigo de Reinosa's *Coplas de las comadres* (ed. Cossío [Santander, 1950], pp. 63-69); see Stephen Gilman and Michael J. Ruggerio, "Rodrigo de Reinosa and *La Celestina,*" *RF,* LXXIII (1961), 255-284. Such lists are not unlike those found in the possession of women accused of witchcraft during the sixteenth and seventeenth centuries. See Sebastián Cirac Estopañán, *Procesos de hechicerías* (Madrid, 1942), pp. 39-47; Michael J. Ruggerio, *The Evolution of the Go-between* (Berkeley-Los Angeles, 1966), p. 60.

7. Cf. *Lisandro y Roselia*, p. 30; *Tragedia Policiana*, p. 13; *Comedia Selvagia*, p. 115.

8. Ed. cit., II, 106. On Celestina's "conciencia profesional," see Lida de Malkiel, *Originalidad*, pp. 515-519.

9. *Celestina*, I, 184. Cf. article by Marian R. Loehlin, "Celestina of the Twenty Hands," *Hispania*, XLII (1959), 309-316.

10. "Viuo de mi oficio, como cada oficial del suyo, muy limpiamente. A quien no me quiere no le busco. De mi casa me vienen a sacar, en mi casa me ruegan. Si bien o mal vivo, Dios es el testigo de mi corazón" (II, 108). The attitude was a carry-over from the Middle Ages with its clearly defined estates (see R. Mohl, *The Three Estates in Medieval and Renaissance Literature* [New York, 1933]). St. Augustine explains in his *De Ordine* that such figures as whores and pimps are essential in human society (see O. H. Green, "Don Quijote and the *Alcahuete*," in *Estudios dedicados a James Homer Herriott* [Madison, 1966], pp. 109-116). Cf. Leo Spitzer, "Soy quien soy," *NRFH*, I (1947), 113-127; J. E. Gillet and O. H. Green, *Torres Naharro and the Drama of the Renaissance* (Philadelphia, 1961), pp. 177-187; Stephen Gilman, *The Art of "La Celestina"* (Madison, 1956), p. 81.

11. Ed. cit., p. 77. See also p. 401. Cf. Plautus, *Mostellaria*, where Scapha advises her mistress Philematium that it is foolish to love but one man: "Matronae, non meretricium est unum inservire amantem" (I, 3, 190).

12. Cf. Plautus, *Asinaria*, III, 522-527. Much of the action in the *Dorotea* revolves around Teodora's attempts to have Dorotea give up her unprofitable affair with the poet Fernando and take the wealthy Don Bela as her lover.

13. Lida de Malkiel, *Originalidad*, p. 515. Cf. *Celestina*, II, 45 ff.

14. This claim of personal relationship to the person with whom she is dealing is a trick commonly used by Celestina (cf. Celestina, I, 237).

15. Claudina in the *Tragedia Policiana* also uses her medical skills as an opening wedge (ed. cit., pp. 23-24).

16. J. A. Pitt-Rivers, *The People of the Sierra* (London, 1954), p. 193n. Cf. J. Caro Baroja, *Algunos mitos españoles* (Madrid, 1944), p. 235: "Los vocablos de bruja y hechicera de un lado, y de otro los de alcahueta y celestina estaban casi identificados"; Enrique Casas Gaspar, *Costumbres españolas* (Madrid, 1947), pp. 114-115:

> En todos los tiempos, el mayor negocio de las brujas ha sido servir a los enamorados, vengar las pasiones incomprendidas y las traiciones, juntar a los amantes separados por cualquier obstáculo o separar, en provecho de un tercero, a los que están unidos. Sin las querellas del amor, no habría sobrevivido tanto tiempo la brujería.

A high percentage of the *procesos* examined by Cirac Estopañán involved women accused of using witchraft for such purposes. Elsewhere Caro Baroja shows that the pagan witches Medea and Circe were concerned with erotic magic (*Las brujas y su mundo* [Madrid, 1961], pp. 48-49; cf. pp. 57-60). Cf. also Julius Berzunza, "Notes on Witchcraft and *Alcahuetería*," *RR*, XIX (1928), 141-150, and Gene A. Brucker, "Sorcery in Early Renaissance Florence," *Studies in the Renaissance*, X (1963), 7-24, esp. pp. 9-12. This in spite of Mrs. Malkiel's statement that "se verá al estudiar los antecedentes del personaje de Celestina, la hechicería no es rasgo constante de la alcahueta, ni en la Antigüedad ni en la Edad Media" (*Originalidad*, p. 224). It should be noted that the oriental go-between is not usually an *hechicera*; see Fernando de Toro-Garland, "*La Celestina* en *Las Mil y una Noches*," *Revista de Literatura*, XXIX (1966), 10-12. See also Cirac Estopañán, *Procesos*, p. 106:

> El fondo de las hechiceras castellanas, por su educación, por el ambiente, es totalmente cristiano; sólo que el vicio las ha hundido en la idolatría de la carne y del placer. Por eso funden elementos cristianos y elementos paganos en el molde de la pasión, buscando así la amalgama de sus deseos ilícitos con las creencias que no querían abdicar.

See also Ruggerio, *Evolution*, pp. 44-52.

17. J. S. P. Tatlock, *The Legendary History of Britain* (Berkeley, 1950), pp. 362-363.

18. See John L. Teall, "Witchcraft and Calvinism in Elizabethan England," *JHI*, XXIII (1962), 21-36, esp. p. 26.

19. Ed. cit., pp. 87-92. Pármeno's statement that "todo era burla y mentira" (*Celestina*, I, 86) is not unusual. Cf. Pedro Ciruelo, *Reprouación de supersticiones* (ed. Salamanca, 1539), fol. 19ᵛ: "Y nada de aquella es verdad, aunque ellas piensan que todo es ansi como ellas lo han soñado"; *Las trecientas de Juan de Mena, glosadas por Fernán Núñez* (ed. Anvers, 1552), p. 296: "Todas estas especies de arte magica y adeuinacion de que he hablado son vanas, y de ningun effecto, o contra nuestra religión christiana"; Agustín de Rojas, *Viaje entretenido* (ed. Madrid, 1901), I, 86: "Muchas cosas la vi hacer, y verdaderamente que para mí todas eran mentiras, embustes y quimeras, que ni hay hechizos, ni puedo entender que los haya."

20. See esp. H. Petriconi, "Trotaconventos, Celestina, Gerarda," *Die Neueren Sprachen*, XXXII (1924), 232-239, and F. Rauhut, "Das Dämonische in der Celestina," *Festgabe für Karl Vossler* (Munich, 1932), pp. 117-148. Marcel Bataillon feels that it was not the intention of the author of the original's first act to represent "la vieille comme un vrai suppôt du démaon" (*La Célestine selon Fernando de Rojas* [Paris, 1961], p. 67), but that this is another element (like the fondness for wine) added to the character by Fernando de Rojas. Cf. Ruggerio, *Evolution*, pp. 53-63.

21. See Menéndez y Pelayo, *Orígenes*, III, xcv, and Lida de Malkiel, *Originalidad*, pp. 220-226. Cf., however, Fernando de Toro-Garland, "Celestina, hechicera clásica y tradicional," *Cuadernos Hispanoamericanos*, LX (1964), 438-445.

22. Manuel Asensio in his article "La intención religiosa del *Lazarillo de Tormes* y Juan de Valdés" (*HR*, XXVII [1959], 83) compares Lazarillo's *ciego* with Celestina. The *ciego*, he says, "explota la fe religiosa y la superstición del pueblo, juntando a las prácticas del mendigo profesional artes de la madre Celestina." Cf. Armando Palacio Valdés, *José*, ch. VIII (ed. Austral, p. 72):

> Tenía esta mujer opinión de bruja en el pueblo. Las madres la miraban con terror y ponían gran cuidado en que no besara a sus pequeños; los hombres la consultaban algunas veces cuando hacían un viaje largo para saber su resultado. Ella, en vez de trabajar para deshacer esta opinión, la fomentaba con su conducta, a semejanza de lo que en otro tiempo hacían algunas desdichadas que la Inquisición mandaba a la hoguera.

23 BAE, vol. 49, pp. 248a, 225b, 259-260.

24. "Quando ella tiene que hazer, no se acuerda de Dios ni cura de santidades. Quando ay que roer en casa, sanos están los santos; quando va a la yglesia con sus cuentas en la mano, no sobra el comer en casa" (ed. cit., II, 26). Cf. A. F. G. Bell, *Castilian Literature* (Oxford, 1938), p. 52: "The elaborate study of hypocrisy in the person of Celestina is one of the triumphs of literature. Celestina's piety increases as the contents of her larder diminish." See also Lida de Malkiel, *Originalidad*, p. 511.

25. Cf. B. J. Gallardo, *Ensayo de una biblioteca española de libros raros y curiosos*, IV (Madrid, 1889), 615: "La superstición é irreligión del siglo está bien pintada en esta novela."

26. Mrs. Malkiel speaks at some length of this vice in the Celestina-character (*Originalidad*, pp. 506-508), her antecedents (pp. 536, 543-544), and her followers in the imitations and continuations (pp. 575-576).

27. There is an interesting parallel here to the ending of the *Dorotea*, where Gerarda, hastening to bring water from the wine-cellar, falls to her death. Her love for wine has blinded her to the fact that there are other places to get water (cf. William C. Atkinson, "*La Dorotea*, acción en prosa," *BSS*, XII [1935], 201).

28. Gilman has noted that no mention is made of this characteristic in the first act (*The Art of La Celestina*, p. 40). He thinks it significant that Rojas inserts several new passages relating to wine in the 1502 edition (ibid., pp. 83-84; cf. Bataillon, *La Célestine*, p. 65n).

29. See A. Bonilla y San Martín, "Antecedentes del tipo celestinesco en la literatura latina," *RHi*, XV (1906), 372-386.

30. Ed. cit., I, 173-174; II, 29, 48; and esp. II, 31: "Estará corrupta la letra, por treze tres." See note 609, below.

31. *Segunda Celestina*, pp. 73, 77, 99, 101, 178, 249, 335, 421-422, 425, 427, 464; *La Dorotea*, ed. Morby, pp. 184-191, etc.; cf. Lida de Malkiel, *Originalidad*, pp. 576-577. Mrs. Malkiel overlooks Dolosina in the *Comedia Selvagia* (ed. cit., pp.

245-250) and Marcelia in Rodríguez Florián's *Comedia Florinea* (in *Orígenes de la novela*, III, 185, 219, 251).

32. "Courtly love permitted and expected the mediations of the friend or confidant, but not of the pander; whenever the latter appears, the intentions of the lover are not honorable" (Green, *Spain and the Western Tradition*, I [Madison, 1963], p. 115). Cf. William G. Meader, *Courtship in Shakespeare: Its Relation to the Tradition of Courtly Love* (New York, 1954), pp. 130-135.

33. See Green, "The Artistic Originality of *La Celestina*," *HR*, XXXIII (1965), 24.

34. See Juan Valera, "Nueva edición de *La Celestina*," in *Obras completas*, II (Madrid, 1961), 1027; Rachel Frank, "Four Paradoxes in *The Celestina*," *RR*, LXVIII (1947), 53-68; D. W. McPheeters, "The Element of Fatality in the *Tragicomedia de Calisto y Melibea*," *Symposium*, VIII (1954), 333; Fernando Garrido Pallardó, *Los problemas de Calisto y Melibea* (Figueras, 1957), pp. 35-41; Erna Ruth Berndt, *Amor, muerte y fortuna en "La Celestina"* (Madrid, 1963), pp. 21-42; Raymond E. Barbera, "Calisto: The Paradoxical Lover," *Hispania*, XLVII (1964), 256-257.

35. In the *Argumento* he is described as "de noble linaje, de claro ingenio, de gentil disposicion, de linda criança, dotado de muchas gracias" (ed. cit., I, 27). Sempronio speaks of his noble virtues, considering him superior to Melibea (I, 52-53), and Celestina, talking to Melibea, praises him to the skies: "En Dios é en mi alma, no tiene hiel; gracias, dos mil: en franqueza, Alexandre; en esfuerço, Etor; gesto, de vn rey; gracioso, alegre; jamás reyna en él tristeza. De noble sangre, como sabes" (I, 185). And even Melibea refers to his "claro linaje" (II, 212).

36. *Spain*, I, 112-119. Cf. his "Courtly Love in the Spanish *Cancioneros*," *PMLA*, LXIV (1949), 265-268, and his *Amor cortés en Quevedo* (Zaragoza, 1955), p. 86, where he insists, "La superioridad de la amada sobre el amado es parte integrante del amor cortés." See also J. M. Aguirre, *Calisto y Melibea, amantes cortesanos* (Zaragoza, 1962), pp. 11-12. Mrs. Malkiel considers Calisto's attitude of inferiority to Melibea as an example of his "bajo tono vital" (*Originalidad*, p. 355), but "there is no indication in the text of any effective social barrier. Calisto's placing her above him is courtly humility" (Green, *Spain*, I, 112n).

37. *Celestina*, I, 119; II, 73, 125-126, 135 (see Lida de Malkiel, *Originalidad*, pp. 347-349). Cf. Jorge Guillén, *Huerto de Melibea* (Madrid, 1954), p. 13: "A las horas de luz no sé si existo." Mrs. Malkiel attributes this "incapacidad de contender con la realidad" to his "bajo tono vital" (*Originalidad*, pp. 354-355). But cf. Green, *Amor cortés*, pp. 73-75, and id., *Spain*, I, 114, and note 152.

38. Ed. cit., I, 27. Cf. Green, *Spain*, I, 114-115; Bataillon, *La Célestine*, p. 110.

39. See Menéndez y Pelayo, *Orígenes*, III, ci-cii; Bataillon, *La Célestine*, pp. 112-113; Lida de Malkiel, *Originalidad*, pp. 369-373. Miss Berndt speaks of the literary nature of Calisto's love, noting that "el amante asume actitudes frente al amor, propias de los poetas de cancionero" (*Amor, muerte y fortuna*, p. 28), but she cannot accept the fact that courtly love is highly literary in nature; see Green, "Courtly Love," p. 301.

40. See Green, art. cit., p. 267; id., *Spain*, I, 113.

41. See Green, *Spain*, I, 115-116; Aguirre, *Calisto y Melibea*, p. 31. Cf. note 32, above.

42. Lesley Byrd Simpson calls him a "sex-ridden egotist" (p. viii of the preface to his translation, *The Celestina* [Berkeley-Los Angeles, 1958]); Garrido Pallardó shows that he is not the "amante rendido y fiel" generally supposed (*Los problemas*, pp. 38-39); Bataillon characterizes him as *insensé* and shows him to be ungentlemanly and "sans vergogne" (*La Célestine*, pp. 108-134), adding that "l'obsession amoureuse détruit en lui les réflexes nobles ou délicats, émousse le sentiment de l'honneur et du devoir" (p. 109); and Mrs. Malkiel states that "la nota básica del carácter de Calisto es su egoísmo" (*Originalidad*, p. 347).

43. "Cumpla comigo e emplúmenla la quarta," he exclaims (I, 121). Cf. Garrido Pallardó, *Los problemas*, pp. 38-39; Lida de Malkiel, *Originalidad*, p. 350.

44. See Berndt, *Amor, muerte y fortuna*, pp. 107-109; Lida de Malkiel, *Originalidad*, pp. 351-354.

45. Cf. Cándido Ayllón, "Death in *La Celestina*," *Hispania*, XLI (1958), 163.

46. Bataillon, *La Célestine*, p. 115: "Feliciano de Silva, cependant, n'a pas voulu nous présenter son nouveau Calisto comme aussi uniformément possédé que celui de Rojas par le démon de la sensualité."

47. Letters between the lovers are a feature of many of the *Celestina*-novels (see below, note 448). See also Lida de Malkiel, *Originalidad* (p. 396n):

> La *Celestina* desecha tan arraigada convención porque la carta resta importancia al papel de la tercera y verosimilitud al de la heroína, que rechaza al galán pero responde a sus misivas y acaba por compartir su amor sin haber mostrado a la vista su cambio psicológico. Las imitaciones, incapaces de calar el rigor dramático de este desvío, vuelven, como en varios otros casos, a la rutinaria tradición.

48. "Deja ya, Sigeril, la vanidad de dioses vanos, y adora aquel sólo que yo por Dios adoro y conozco" (p. 360). He continues in like manner on pp. 363-364, calling Poncia "ángel" because she has a message from his "god." Cf. Lida de Malkiel, *Originalidad*, p. 396n; Green, *Spain*, I, 73.

49. *The Allegory of Love* (Oxford, 1936), p. 2.

50. Cf. Bataillon, *La Célestine*, p. 115. We are dealing here with a nonlyrical genre with a happy ending (Silva titles his work *Segunda Comedia;* see. p. 54, below), hence the necessity of the secret marriage and *amor mixtus* (see Green, *Spain*, I, 78).

51. Though generally Silva's Felides is self-confident, there are several occasions on which he is made to look ridiculous. He laughs off Pandulfo's insulting criticisms (p. 120), and he fails to see through Sigeril's false flatteries (p. 126). He degrades himself by associating freely with the servants and *rufianes*, stooping to use their level of language (pp. 161, 501; cf. Lida de Malkiel, *Originalidad*, p. 397). He goes to see Celestina in person, though she tells him "que yo fuera á tu casa, que era más razón" (*Segunda Celestina*, p. 176).

52. "Berintho is by far the most affected by his love. He spends much time in bed in a kind of stupor from which he emerges from time to time to utter declarations in which emotional frenzy is combined with erudition. . . . Much space is devoted to portrayal of his forgetfulness, which is much over-emphasized. . . . Sometimes he gives the impression of being more fond of his own suffering than he is of Cantaflua" (Hillard, "Spanish Imitations," pp. 269-270). Felides in the *Tercera Celestina* likens his "prisión" to "bienauenturança." On "blessed suffering" as an element of courtly love, see Green, *El amor cortés en Quevedo*, pp. 18-19; idem, *Spain*, I, 74-75.

53. Below, XXVIII, 67-70. A similar scene occurs in *Lisandro y Roselia*, where Lisandro insists that his beloved not speak of herself as his *sierva*, "que el siervo yo soy, y tú la señora. Que como algunos hay, dice el filósofo, naturalmente siervos, á los cuales se les ensaya mejor el seruir que no el mandar, así es mi dichosa suerte servirte y tú mandarme, yo obedecer y tú regirme" (p. 217). In Cervantes' *Laberinto de amor*, Julia kneels before Manfredo, who says: "No te arrodilles; levanta, / que eres mi igual, y aun mejor" (*Obras completas* [Madrid, 1956], p. 446b). For further examples see Green "Courtly Love," pp. 265-268; Gillet and Green, *Torres Naharro and the Drama*, pp. 345-347.

54. Strangely, Felides is unaware of the customs and rules governing proper horsemanship, and when Sigeril enlightens him, Felides exclaims: "¡O, cómo eres prudente en todo lo que hazes!, pues con tanta prudencia as aparejado lo que me cumple, y no lo que mandé" (XLVI, 62-64).

55. In his short story, "Las nubes," in *Castilla* (Madrid, n.d.), pp. 83-90.

56. See Green, "La furia de Melibea," *Clavileño*, IV:20 (March-April 1953), 1-3; Lida de Malkiel, *Originalidad*, p. 406. Gerald Brenan cites a case in which he personally was rebuked for trying to kiss a young girl through the *reja* (*South from Granada* [New York, 1958], pp. 257-258; cf. p. 249):

> In this formal Spanish world where everything is organized so as to produce and maintain tension, the man has the obligation to press forward and the girl that of resisting him. If she fails to do this, she is ruined, for then her *novio* will despise her for not preserving her chastity, and refuse to marry her.

57. Secrecy is an essential part of courtly love; see Green, "Courtly Love in the Spanish *Cancioneros*," pp. 261-265; Aguirre, *Calisto y Melibea*, p. 34. Cf. Andreas Capellanus, *Art of Courtly Love* (New York, 1941), p. 151: "The man who wants to keep his love affair for a long time untroubled should above all things be careful not to let it be known to any outsider, but should keep it hidden from everybody"; H. J. Weigand, *Three Chapters on Courtly Love* (Chapel Hill, 1956), p. 22: "In all true love relationships secrecy is, of course, a prime condition as well as a stimulus of delight. A love that gets bruited about is almost certain to be short-lived." Secrecy is insisted upon in many of the imitations: Pedro Manuel de Urrea, *Penitencia de amor* (ed. Barcelona, 1902), p. 17; *Segunda Celestina*, p. 303, etc.; Rodríguez Florián, *Comedia Florinea*, p. 249. Yet Serrano Poncela can only explain Melibea's desire for secrecy by considering her a *cristiana nueva* (*El secreto de Melibea* [Madrid, 1959], pp. 23-28).

58. Emilio Orozco, "La Celestina. Hipótesis para una interpretación," XII:124 (March 15, 1957), 1, 10; Fernando Garrido, *Los problemas de Calisto y Melibea*, esp. pp. 78-86 (cf. J. M. Cohen's review, "Star-Crossed Lovers," *Times Literary Supplement*, June 19, 1958, p. 368); Serrano Poncela, *El secreto de Melibea*, pp. 7-36. The theory was undoubtedly suggested by Américo Castro (see his *Structure of Spanish History* [Princeton, 1954], pp. 562-565, 569).

59. "Cette interprétation ne repose sur aucune indication explicite ou univoque de l'oeuvre, mais en contredit plusieurs; elle n'a jamais été avancée ni même insinuée par aucun Espagnol du XVIᵉ ou du XVIIᵉ siècle, époque où l'Espagne était hantée par une impossible 'pureté de sang'" (Bataillon, *La Célestine*, p. 173); cf. Lida de Malkiel, *Originalidad*, pp. 409n, 447n. The problem was discussed at some length by English hispanists in a series of letters replying to J. M. Cohen (see above, note 58) in the *Times Literary Supplement*, July 3, 10, 17, 1959 (see Bataillon, op. cit., p. 172n).

60. Mrs. Malkiel considers her a "spoiled brat" and attributes this need, this desire to dominate, to arrogance (*Originalidad*, p. 412). But is it arrogance or simply a self-assurance that convinces the girl that her actions or intentions are right? Mrs. Malkiel has also noted a certain subtlety in her character that earlier critics have missed: "Melibea, hábil para la acción, es también hábil en el disimulo, en decir lo que no piensa para provocar la respuesta que busca, en salir de un aprieto gracias a una rápida mentira" (*Originalidad*, p. 415).

61. She may well be aware that her rejection of Calisto will attract him all the more, realizing that "there must be a tension before union, an estrangement before intimacy. ... As a rule, women understand better than men that this tension is necessary, and sometimes they produce it themselves in order to reach the secretly wished for effect" (Theodor Reik, *A Psychologist Looks at Love* [New York, 1944], p. 102).

62. Lida de Malkiel, *Originalidad*, pp. 419-421; Bataillon, *La Célestine*, p. 180. Cf. M. Criado de Val, *De la Edad Media al Siglo de Oro* (Madrid, 1965), p. 69.

63. "Más vale ser buena amiga que mala casada. ... No quiero marido, no quiero ensuziar los ñudos del matrimonio" (*Celestina*, II, 159-160). As Mrs. Malkiel says (*Originalidad*, p. 428), una vez admitido el tropiezo lógico en el proceder de Melibea—el no resolverse a casar con Calisto, ni siquiera cuando está oyendo que su padre le permite elegir marido—fuerza es reconocer que su actitud no entraña falta de decoro incompatible con la Melibea de los actos anteriores, antes bien es muy propia del recio carácter de la doncella, ni incauta ni remilgada, que ya se ha rebelado contra la convención social que la veda descubrir y satisfacer su amor.

64. There is evidence of earlier meetings or encounters (see pp. 148-149). Cf. Hillard, "Spanish Imitations," p. 130.

65. See p. 193 (ed. cit.). In this she resembles the classical heroines Dido and Medea, as well as Galatea in the *Pamphilus* (see Lida de Malkiel, *Originalidad*, p. 36).

66. Poncia may have in mind the fact that Polandria would lose her inheritance if her secret marriages became known:

Es el consentimiento de los contrayentes y no el de los padres el que crea el vínculo matrimonial. Pero si no se hace con la aquiescencia familiar, el desheredamiento es la pena; mas el matrimonio subsiste. Ejemplo de las disposiciones en este sentido es la *"Mugier que a solas sin sos parientes se casar.* Mugier que a solas sin sos parientes tomar marido, si fuer manceba sea desheredada. El qui la tomar sit inimicus,"* del *Fuero de Usagre* y del de *Cáceres* (Justina Ruiz de Conde, *El amor y el matrimonio secreto en los libros de caballerías* [Madrid, 1948], p. 17).

See R. Ureña and A. Bonilla, *Fuero de Usagre* (Madrid, 1907), p. 25.

67. On the legality of secret marriages, see Ruiz de Conde, *El amor y el matrimonio secreto,* pp. 3-31, esp. pp. 5-10.

68. "¡O sancta María, y cómo me fino! Échame presto vn rocío de agua en este rostro!" (p. 175). Cf. *Celestina,* II, 63. Both Cantaflua in the *Comedia Thebayda* (ed. Madrid, 1894, pp. 201, 361) and Belisea in the *Comedia Florinea* (pp. 210, 222, 229, 248, 280) are given to fainting spells. See also *Lisandro y Roselia,* pp. 85, 91.

69. *Originalidad,* p. 505. She denies however that Pleberio and Alisa are Jews or *conversos,* as was suggested by Garrido Pallardó and others.

70. For a discussion of the problems raised by this lament, see Lida de Malkiel, *Originalidad,* pp. 472-474; Berndt, *Amor, muerte y fortuna,* pp. 69-70; Bruce W. Wardropper, "Pleberio's Lament for Melibea and the Medieval Elegiac Tradition," *MLN,* LXXIX (1964), 140-152; Charles F. Fraker, "The Importance of Pleberio's Soliloquy," *RF,* LXXVIII (1969), 515-529.

71. Dardano, Paltrana's brother, is supposed to be a close friend of Felides, yet he does not see through the trick of the "impending" marriage. His being Paltrana's brother makes us wonder at the apparent disparity in the ages of these friends. He is given a few important speeches in *auto* XXXIX, during the discussion of marriage, but beyond this, he is little more than a messenger. It would not of course have been proper to send a servant with the message he carries, for he serves as stand-in for Polandria in the giving of hands. Antenor, the *arcediano*, is Paltrana's nephew and performs the wedding ceremonies.

72. A single relative or parent is characteristic of most of the imitations. Cantaflua in the *Comedia Thebayda* is an orphan. Polandria in the *Segunda Celestina* and Dorotea in Lope's work have mothers, but no fathers. Belisea in the *Comedia Florinea* and Isabela in the *Comedia Selvagia* have fathers but no mothers, and Roselia in *Lisandro y Roselia*, like Phebea in the *Comedia Ymenea*, has only a brother. Only in the *Tragedia Policiana* does the heroine have both parents alive.

73. See below, XXII, 231-239:

E yo como soy muger conozco los hierros en que mi hija puede tropeçar, y no porque aprueuo que cayga en ellos, mas por la mayor parte las mugeres tenemos vnos estremos, que con poco fauor crescemos en mucha soberuia, y por poco disfauor cobramos gran enemistad, que aueriguado es que todas querríamos mandar y no ser mandadas; todas desseamos ser libres y que todos fuessen nuestros cautiuos; todas morimos por regir, mas no queremos ser regidas.

74. On the relationship between these servants and those in Latin literature see Raymond L. Grismer, *The Influence of Plautus in Spain before Lope de Vega* (New York, 1944), pp. 116-117; F. Castro Guisasola, *Observaciones sobre las fuentes literarias de la Celestina* (Madrid, 1924), pp. 53-57, 83-90; Lida de Malkiel, *Originalidad*, pp. 616-624. On Sempronio, see Bataillon, *La Célestine*, pp. 139-143; Raymond E. Barbera, "Sempronio," *Hispania*, XLV (1962), 441-442; Lida de Malkiel, *Originalidad*, pp. 549-602; Frank B. Vecchio, "Sempronio y el debate feminista del siglo XV," *Romance Notes*, IX (1968), 320-324. On Pármeno, see Menéndez y Pelayo, *Orígenes*, III, xcviii; Gilman, *Art of La Celestina*, pp. 65-74; Bataillon, *La Célestine*, pp. 66-75, 141-142; Lida de Malkiel, *Originalidad*, pp. 602-610.

75. "Beginning with the *Thebayda* (1521) the *Celestina*-novels regularly present parodies of the love scenes of the *galán* and *dama*" (W. S. Hendrix, *Some Native Comic Types in the Early Spanish Drama* [Columbus, O., 1924], p. 82). The introduction of these parodied love affairs is a refined form of the *intermedi* or *intermezzi* introduced into fifteenth-century Italian translations of Plautus and Terence (see Marvin T. Herrick, *Italian Comedy in the Renaissance* [Urbana, 1960], pp. 61-65). Julio Caro Baroja attributes the sexual licence found commonly in the servant character to his being the literary counterpart of the peasant or rustic (*Los pueblos del norte de la península ibérica* [Madrid, 1943], p. 169): "Estas costumbres pueden relacionarse muy bien con las de licencia sexual y vida particular de los solteros en parejas, en determinadas chozas y graneros, que los etnólogos han encontrado en pueblos agrícolas y matriarcales." Cf., however, note 85, below.

76. The device of having the *rufián* serve as *alcahuete* comes from the *Comedia Thebayda* (pp. 183-184).

77. See I, 77-82. Cf. ll. 195-197: "Preciosos tiros tiene nuestro amo, que mejor diría nuestro asno." He is pictured as more intelligent than Felides.

78. See I, 136-137, 144-145, 157-159, etc. Servants who murmur "entre dientes" appear in nearly all the *Celestina*-novels (see Hendrix, *Comic Types*, pp. 90-91; Bataillon, *La Célestine*, pp. 73, 83). Such asides occur frequently in the *Celestina* (I, 40, 198; II, 22-23, etc.), the *Comedia Thebayda* (pp. 13-14, 71, 88-89, 93, etc.), the *Comedia Seraphina* (Madrid, 1873, pp. 323, 387-388), the *Segunda Celestina* (pp. 12, 13, 39, 60, 95, 144, 145, 160, 179, 191, 195, 205, 305, 414, etc.), the *Lisandro y Roselia* (pp. 86-87), the *Tragedia Policiana* (pp. 12, 18, 21, 22, 31), the *Comedia Selvagia* (p. 237), the *Comedia Florinea* (pp. 161, 213, 222, 253, 292), and the *Dorotea* (ed. Morby, p. 99; cf. Bataillon, *La Célestine*, p. 90). The aside was a classical theatrical device "used for irony and humor, and Terence is given the credit for perfecting this type of aside by using it to express one's inner thoughts punctuating the continued speech of another" (Philip W. Harsh, *A Handbook of Classical Drama* [Stanford, 1944], pp. 379-380), but Plautus also has many examples of it (*Curculio*, I, 15-18; *Miles gloriosus*, I, 19-23). In the *Celestina*-novels, however, the servant is generally forced to repeat his asides, rewording them so as not to offend (cf. Terence, *Andria*, III, 592-593). The murmuring servant appears commonly in the Spanish drama of the sixteenth century; see Torres Naharro, *Comedia Ymenea*, I, 61-63; *Calamita*, I, 89-90 (cf. Gillet and Green, *Torres Naharro and the Drama*, p. 537); Jaime de Güete, *Comedia Tesorina* (ed. U. Cronan, in *Teatro español del siglo XVI* [Madrid, 1913], pp. 90-92); Caravajal and Hurtado de Toledo, *Cortes de la muerte* (BAE, t. 35, pp. 24-25); Timoneda, *Comedia Cornelia* (*Obras completas* [Valencia, 1911], I, 145); Cepeda, *Comedia Salvaje*, p. 287; Cervantes, *La entretenida* (*Obras completas*, p. 467). Hendrix notes that Sancho uses the device on numerous occasions ("Sancho Panza and the Comic Types of the Sixteenth Century," *Homenaje a Menéndez Pidal*, II [Madrid, 1925], 492-493). See also pp. 45-46.

79. He feels justified in his attitude (II, 13-18):

> Bien mirado, yo creo que ni Pármeno y Sempronio tenían tanta razón de hazer burla de Calisto, ni menos Faceto de Aquilano, quando les vían desbaratar, como yo he tenido oy de hazella del señor mi amo, avnque ya me paresce que le voy gustando sus nortes, según entonces le hazía rauiar cocándole.

80. This is almost a direct parallel to the scene in the Sierra Morena where Don Quijote sends Sancho with a message for Dulcinea. Sancho never delivers it, but comes back with an "answer" (*Don Quijote*, I, 25 et seqq.). See p. 66.

81. "Estos medran y los que más lealmente seruimos desmedramos" (XII, 208-209). Though such complaints are traditional in the *Celestina*-imitations they occur in other genres as well; see Hendrix, *Comic Types*, p. 54; Gillet and Green, *Torres Naharro and the Drama*, pp. 383-395; Lida de Malkiel, *Originalidad*, p. 711.

82. X, 30-45. See Celestina, II, 18-19; *Comedia Thebayda,* pp. 104-117; *Segunda Celestina,* pp. 356-358; *Tragedia Policiana,* pp. 6-7; *Comedia Florinea,* p. 173. In the *Comedia Selvagia,* it is the page, Carduel, whose singing is praised (pp. 38-41), as Canarín's is praised here (*autos* XXXIX and XLVIII). Cf. Lida de Malkiel, *Originalidad,* p. 711.

83. The misogynistic debate that frequently takes place between servant and master (*Celestina,* I, 44-51; Urrea, *Penitencia de amor,* p. 18; *Comedia Thebayda,* pp. 471-474; *Comedia Seraphina,* p. 322; *Comedia Ypólita* [ed. Douglass, Philadelphia, 1929], pp. 29-32; *Comedia Florinea,* pp. 298-299; *Dorotea,* p. 410) is here given to Perucho and Poncia.

84. Cf. Menéndez y Pelayo, *Orígenes,* III, ccvii; Hillard, op. cit., p. 131; Bataillon, *La Célestine,* p. 188.

85. Bataillon, *La Célestine,* p. 188. Usually the opposite is the case. See William Stekel, *Patterns of Psychosexual Infantilism* (New York, 1952), p. 61:

> In the lower social strata, sexual freedom is much greater than we care to admit. Servants, especially, tend to compensate for the lack of social freedom by an abundance of sexual license. The moment of revenge on the employer through corruption of the progeny comes as an additional incentive. That is why maids delight in the seduction of the sons of the family, indulge in relations with the master himself, and gladly enlighten the daughters of their employers. They willingly serve as helpers and protectors of the girls when these indulge in affairs of their own. The maids go even a step farther and help the seducer in breaking down the moral inhibitions of the girls.

86. Her conscientiousness is evidenced as well by numerous minor details: her interest in caring for the family's flowers (III, 49); her concern with getting a letter to Celestina secretly (XXXI, 112-144); etc.

87. See *autos* III, V, X, XXIII, XXX, and XLVII. The earlier Poncia was also given to such speeches, but less frequently (see *Segunda Celestina,* e. g. pp. 376 ff.; 517-519).

88. See Hendrix, *Comic Types,* p. 67; Lida de Malkiel, *Originalidad,* pp. 630-632.

89. See *La Célestine* (p. 156n):

> Si l'on voulait parler d'érotisme à propos de *La Célestine*—ce qui serait méconnaître le jugement péjoratif qui pèse sur les comportements des personnages—, il faudrait y reconnaître la dominance d'un érotisme de bordel qui déteint, par les serviteurs, sur les amours des protagonistes. Cette grossièreté de l'amour vénel a été étalée avec une malice satirique par certains imitateurs de Rojas, en particulier par Feliciano de Silva (*Seg. Cel.,* Scène XXXIV, pp. 417-419, conquête du despensero Barrada) et par le médiocre auteur de la *Tercera Celestina* (auto XVI, ébats du palefrenier basque Perucho avec Areusa).

90. Mack Singleton, tr., *La Celestina* (Madison, 1958), p. 281, n. 115. Gilman attributes this to a change in Rojas' purpose: "Unlike an imitator attempting to copy from an original, Rojas is perfectly aware that the process of continuation has resulted in a new Areusa, an Areusa typified for purposes of comedy" (*Art of La Celestina*, p. 203). Mrs. Malkiel, however, interprets this difference as a result of "una distracción del 'interpolador' en el manejo de los nombres y algunas circunstancias de las dos mochachas: al señalársele su error, quizá demasiado tarde para poder subsanarlo, intentó salir del paso sosteniendo antes que enmendando su desacierto" (*Originalidad*, p. 661). Cf. Morby's review, *CL*, XVI (1964), 273 f.:

> Surely with all the discussion of Elicia and Areúsa that has passed back and forth, it must have occurred to occasional readers of *La Celestina* that a mistake had been made, that at a given moment the two simply traded personalities, and that the attempted rectification is sadly inadequate. But reverence for a great classic and for the great scholars who have dictated our views has restricted the heresy to private discussions. . . . It was easier or more natural to insert a few lines of justification than to go back and rewrite, or it was too late for anything else.

91. "Elicia y Areusa no son mozas del partido, sino 'mujeres enamoradas,' como por eufemismo se decía; que viven en su casa y guardan relativa constancia a sus dos amigos" (Menéndez y Pelayo, *Orígenes*, III, xcvii). In Rojas' work Areúsa "ne veut pas être confondue avec les prostituées 'publiques'" (Bataillon, *La Célestine*, p. 153), but in the *Segunda Celestina* it is Elicia who despises Palana and gets into a fight with her (pp. 251 ff.).

92. In the original *Celestina* it was Areúsa who refused to submit to Celestina's will (see Lida de Malkiel, *Originalidad*, p. 687).

93. Earlier, however, it had been stated that Elicia had been buying him gifts with Celestina's money.

94. See XXIX, 194-199. Previously Celestina tells Elicia to dress before answering the door—"no baxes desnuda"—to which Elicia retorts, "no soy tan dissoluta como me hazes." The attitude is one displayed by Elicia in the *Segunda Celestina* (pp. 75-79).

95. Significantly, only Areúsa and Celestina die in this work. It was apparently the author's intention to punish the guilty and reward the innocent.

96. He appears in acts XV and XVIII of that edition, and was the central figure of the *Auto de Traso* added to the edition of Toledo, 1526. Cf. Penney, *The Book Called Celestina*, pp. 101-102, 104; J. P. W. Crawford, "The Braggart Soldier and the Rufián in the Spanish Drama of the Sixteenth Century," *RR*, II (1911), 199-201; Daniel C. Boughner, *The Braggart in Renaissance Comedy* (Minneapolis, 1954), pp. 180-184, this latter to be read against Mrs. Malkiel's "El fanfarrón en el teatro del Renacimiento" (*RPh*, XI [1958], 268-291, esp. pp. 269-272); Lida de Malkiel, *Originalidad*, ch. XVIII: "Centurio," pp. 693-720; Criado de Val, *De la Edad Media al Siglo de Oro* (Madrid, 1965), pp. 76-77.

97. Hendrix (*Comic Types,* p. 6) pointed out the difference between the *miles gloriosus* or braggart soldier and the *rufián.* Cf. Mrs. Malkiel, "El fanfarrón," p. 270; eadem, *Originalidad,* pp. 704-706. She also states that "no hay la menor afinidad entre Centurio y el *leno* de la comedia romana" (ibid., p. 706). Though she suggests that Centurio "es una creación nueva, basada en la observación de la realidad social coetánea" (ibid., p. 693), surprisingly she does not support this statement with references to the existence of such figures in real life. Many examples from the fourteenth and fifteenth centuries are listed by Manuel Carboneres (*Picaronas y alcahuetes* [Valencia, 1876], pp. 14-20, 60-61). Cf. also D. Juan II, *Cortes de Madrid de 1435,* III, 192. García Mercadal (*Estudiantes, sopistas y pícaros* [Buenos Aires, 1954], p. 178) mentions a petition by the Cortes of Toledo of 1559 in which *rufianes* are condemned as "la más perniciosa y mala gente."

98. J. M. de Cossío, "Rodrigo de Reinosa y sus obras," *BBMP,* XXI (1945), 9-70; id., "Estudio preliminar," to his *Rodrigo de Reinosa* (Santander, 1950), pp. xiv-xv; Gilman and Ruggerio, "Rodrigo de Reinosa," *RF,* LXXIII (1961), 257-262.

99. *Rodrigo de Reinosa,* pp. lxxxi-lxxxii:

> La dificultad de precisar su cronología impide el tener una opinión firme en este apasionante tema. . . . Quede, pues, como cierto que al mismo tiempo Rojas y nuestro poeta ponen de pie el tipo del rufián, bravucón en las amenazas y cobarde a la hora de la verdad, y lo que acaso en Fernando de Rojas es mezcla de observación y de cultura humanística, en Rodrigo de Reinosa es exclusivamente observación, llevada al verso por primera vez con las propias palabras de germanía de los auténticos rufianes.

100. "Rodrigo de Reinosa," p. 284:

> It is, of course, not impossible that Rojas may have been influenced by Cortavientos [!] when he created Centurio. . . . *La Celestina* may have in its turn influenced Reinosa, as Cossío also suggests. When authors are active in the same period, there is no reason that such utilization may not be mutual.

101. Ignoring Cossío's arguments, she accepts the *Coplas* as derived from the original *Celestina* (*Originalidad,* pp. 246, 337, 573, 577, 583). To admit the possibility that Reinosa's work came first would detract somewhat from the concept of the artistic uniqueness of the *Celestina* which is fundamental to her thesis.

102. Bataillon, *La Célestine,* pp. 140-141; Lida de Malkiel, *Originalidad,* pp. 710-711.

103. "Spanish Imitations of the *Celestina,*" p. 120. There is a *rufián* named Pandulfo in Andrés Prado's *Farsa llamada Cornelia* (reprinted by C. Pérez Pastor, *La Imprenta en Medina del Campo* [Madrid, 1895], pp. 330-337), though that work was probably not published before 1537 (see Crawford, *Spanish Drama Before Lope de Vega* [Philadelphia, 1937], p. 74).

104. The author of the *Comedia Thebayda* felt obliged to justify the disparity (ed. cit., p. 229).

105. These aspects of character are listed by Mrs. Malkiel in her review article, "El fanfarrón," 287-288: (1) *Afición al juego,* (2) *Pujos de honra y alcurnia,* (3) *Sumisión caballeresca ante su amiga,* (4) *Juramentos,* (5) *Bravatas,* (6) *Pretextos para no venir a las manos,* and (7) *Despliegues de cobardía.*

106. "Voto a la rebervorada" (p. 28); "Voto a la casa de Meca" (pp. 28, 55); "Voto a la casa santa" (pp. 34, 52, 169); "Voto a la Verónica de Jaen" (p. 47); "Por nuestra dueña del Antigua" (pp. 54, 60); "Por las reliquias de Mahoma" (p. 84); "Por el crucifijo de Burgos" (p. 114); etc.

107. Cf. Lida de Malkiel, *Originalidad,* p. 712; see below, II, 70-72, and note 102.

108. "No creo en la fe morisma" (II, 116); "Cuerpo de Dios" (II, 144); "O cuerpo de tal" (II, 241; VII, 41); "Descreo de la casa de Meca" (VII, 43); "Descreo del diablo" (VII, 100); "Por vida de San Serván" (XII, 28-29); "Cuerpo de Sant Ylario" (XII, 40); "Descreo de Mahoma" (XII, 46); "Por vida de los ángeles" (XII, 81); "No creo sino en Dios" (XII, 148).

109. "Descreo de Mahoma" (XXVII, 11); "O pesar de tal" (XXVII, 20); "Por los sanctos de Dios" (XXVII, 79); "O descreo de Plutón" (XXVII, 70); "Cuerpo de Santiago" (XXVII, 79); "Boto a mares" (XXVII, 83); "A pesar de Xilbarto" (XXVII, 95); "Derrenegaría yo de la leche que mamé" (XXVII, 143); "Por vida del emperador" (XXIX, 18); "Por las reliquias de aquella casa santa" (XXIX, 22-23); "O cuerpo de Dios comigo" (XXIX, 66); "Por vida del rey" (XXIX, 100); "Por el corpus meum" (XXXV, 28-29); "No creo en Lucifer" (XLIV, 21); "Voto a aquella casa santa" (XLIV, 35); "Por vida de tal" (XLIV, 160).

110. There is Jaime de Güete's *Comedia Vidriana* (c. 1525) a *vizcaíno* named Perucho, who serves as gardener to Leriana's parents. He speaks a dialect that very little resembles the more correct Basque put into our Perucho's mouth. For example, he changes vowels (*tiemprano, siñor, runado,* etc.), drops final consonants (*ta* for *tan, po* for *por,* etc.), and corrupts Spanish syntax (*ael* for *al,* trasplanta for *trasplanto, mañana estamos bagar,* etc.). On no occasion does he use Basque words for Spanish as Gómez' Perucho does, and apparently Güete simply intends his speech to appear exotic, for he makes no attempt to reproduce phonetically the sounds of Basque. However, like the later Perucho, he is proud of his lineage: "No me tocays en linñaje; / tan buena soy como a vos" (ed. Cronan, p. 240); "Mijor soy que vos hidalgo" (ibid., p. 254). Anselmo de Legarda suggests (*Lo vizcaíno en la literatura española* [San Sebastián, 1953], p. 100) that the gardeners of the *Tragedia Policiana* (pp. 42 ff.) are based on the Perucho of the *Vidriana.* Though this is possible, it is more likely that they are based on the figure of Penuncio, the gardener in the *Tercera Celestina,* for their function in the novel more closely parallels his.

111. See Legarda, *Lo vizcaíno,* pp. 226-236.

112. Cf. XX, 130, and note 749; Legarda, op. cit., pp. 256-260.

113. See XXI, 104, and note 763; Legarda, op. cit., pp. 352-353. Cf. Sebastián de Covarrubias (*Tesoro de la lengua castellana* [Barcelona, 1943]), s.v. *Cantabria:*

De los vizcaínos se cuenta ser gente feroz y que no viven contentos si no es teniendo guerra; y sería en aquel tiempo quando vivían sin policía ni dotrina. Agora esto se ha reduzido a valentía hidalga y noble, y los vizcaínos son grandes soldados por tierra y por mar; y en letras y en materia de govierno y cuenta y razón, aventajados a todos los demás de España. Son muy fieles, sufridos y perseverantes en el trabajo.

See also M. Herrero García, *Ideas de los españoles del siglo XVII* (Madrid, 1928), pp. 251-278.

114. See Criado de Val, *De la Edad Media*, p. 78.

115. See Leo Spitzer, "Zur Kunst Quevedos in seinem *Buscón*," in *Romanische Stil- und Literaturstudien* (Marburg, 1931), II, 72, and Herman Iventosch, "Onomastic Invention in the *Buscón*," *HR*, XXIX (1961), 15-32.

116. *Celestina*, II, 182. Cf. *Lisandro y Roselia*, p. 55, where Brumandilón says: "Pasan ya de cien mujeres las que me han sustentado en mi estado y honra en públicos burdeles."

117. See John M. Hill, *Voces germanescas* (Bloomington, Ind., 1950), p. 98; cf. *Comedia Selvagia*, p. 60.

118. Cf. note 107, below.

119. Edwin S. Morby, "*La Celestina* Viewed as a Morality Play," *RPH*, XVI (1963), 327.

120. See Bataillon, *La Célestine*, p. 136.

121. See Wilhelm Creizenach, *Geschichte des Neueren Dramas*. Bd. II: *Renaissance und Reformation* (Halle, 1903), pp. 153-157.

122. Lida de Malkiel, *Two Spanish Masterpieces* (Urbana, 1961), p. 67.

123. Such *despedidas* occur with considerable frequency in the *Tercera Celestina;* see VIII, 141-144; XIII, 264; XVII, 181-183; XIX, 193-194; XXI, 231-233; XXIII, 189-191; XXV, 77-78; XXVII, 187-189; XXXI, 117-118; XXXIII, 268-269; XXXVIII, 146-150.

124. Mrs. Malkiel notes that "una ojeada al uso de esta acotación muestra que los autores de *La Celestina* se han valido sistemáticamente de ella para soslayar la presentación directa de escenas escabrosas" (*Originalidad*, p. 98). This is true also of the imitations (op. cit., p. 104).

125. See Lida de Malkiel, *Two Spanish Masterpieces*, p. 68 and note.

126. The reading of the letters is a carry-over from the *Segunda Celestina* and ultimately from the sentimental novel (see Lida de Malkiel, *Originalidad*, p. 396n). Just as it destroys the verisimilitude of the action, it interrumpts the free flow of dialogue. Letters were not used in the original *Celestina* because they detract from the role of the *tercera* (see note 47, above). The letters here serve no purpose and seem only to be used because they were a factor in Silva's work.

127. Lida de Malkiel, *Originalidad,* p. 119:

> Más significativo que el mero incremento es el hecho de que las primeras imitaciones lo reservan para los criados, para el mundo de la encubridora, pupilas y bravos, y también para las escenas escabrosas. . . . Pero las citadas imitaciones tardías no limitan el diálogo de réplicas breves a los personajes de inferior condición social y moral, antes lo ponen en boca de todos, convirtiéndolo en el medio expresivo más extendido.

128. "No es siempre fácil deslindar el monólogo de algunos apartes extensos, como los de Sempronio sobre la fuerza del amor (I, 42) . . . , sobre su perspectiva de ganancia (I, 58), sobre la falsía de Celestina (V, 198). . . ." (Lida de Malkiel, *Originalidad,* p. 122).

129. Lida de Malkiel, *Originalidad,* p. 136:

> El aparte, modo convencional de expresar dentro del cauce único de la obra de teatro los muchos cauces simultáneos por los que en la realidad fluyen el pensamiento y la palabra, revela en *La Celestina* el pensamiento íntimo de quien lo pronuncia sin determinar la acción y destacándose del diálogo por el fuerte contraste con lo que se profiere de viva voz.

130. Harsh, *A Handbook of Classical Drama,* p. 409:

> The absence of an organic chorus creates certain difficulties of staging to which Seneca is not wholly impervious. On the huge Roman stage, as in Roman comedy, the entrance of a character in mid-scene becomes a distinct problem. Such entrances are accompanied by a soliloquy, which is often an aside. Asides are not unnatural under these conditions, and they are accordingly much more common than in Greek tragedy. Such soliloquies are employed to reveal information which it might be difficult to convey in the ensuing dialogue.

131. There is no reason for assuming here, or in the original *Celestina* as Gilman does, that "so intent are these people on the immediate dialogic (or monologic) situation, so involved in the interlocking *tú* and *yo* of human conversation, that they usually fail to notice the external artifacts of urban and domestic existence" (*The Art of La Celestina,* p. 107). The description of background detail is simply not a part of the dramatic literature of this time.

132. *The Art of La Celestina,* p. 105. Cf. also his articles, "El tiempo y el género literario en *La Celestina,*" *RFH,* VII (1945), 147-159; "Fortune and Space in *La Celestina,*" *RF,* LXVI (1955), 342-360.

133. *Originalidad,* p. 149.

134. Lida de Malkiel, *Originalidad,* pp. 160-161.

135. See Manuel J. Asensio. "El tiempo en *La Celestina*," *HR*, XX (1952), 28-43, esp. pp. 35-36; Stephen Gilman, "A Propos of 'El tiempo en *La Celestina*' by Manuel J. Asensio," *HR*, XXI (1953), 42-45.

136. Lida de Malkiel, *Originalidad*, p. 178n:

En español antiguo, 'otro día' referido al futuro equivale a 'mañana' en sustitución de la voz patrimonial *cras*, que perdió terreno desde mediados del siglo XIV. Pero como la voz patrimonial *ayer* no se perdió, 'otro día' referido al pasado no designa estrictamente el día anterior, sino un día qualquiera en un pasado cercano, como en provenzal antiguo *autrier, l'autre dia,* y en francés antiguo, *l'autrier, l'autre jiur.*

137. Cf. Lida de Malkiel, *Originalidad*, p. 191: "También es frecuente la indicación de los tiempos del día, sobre todo mediante los actos de comer y dormir, ya que las imitaciones suelen complacerse más que el modelo en escenas de comilona y lascivia."

138. "El tiempo en *La Celestina*," *HR*, XX (1952), 28-43. Cf. Gilman, *HR*, XXI (1953), 42-45; Asensio, "A Rejoinder," *HR*, XXI (1953), 45-50; Lida de Malkiel, *Originalidad*, pp. 180-181. There is no need for the supposition of elapsed time in the first act, however, since Melibea's sudden change of attitude can be explained easily by reference to the traditions of courtly love; see Green, *Spain*, I, 113-118.

139. See Lida de Malkiel, *Originalidad*, p. 200.

140. Cf. Lida de Malkiel, *Two Spanish Masterpieces*, pp. 57, 65-66.

141. See Green, *Spain*, I, 112-116; Lida de Malkiel, *Originalidad*, pp. 215-219.

142. *Originalidad*, pp. 200-205, esp. note 5, p. 203.

143. Lida de Malkiel, *Originalidad*, p. 244:

Sólo las imitaciones de desenlace trágico (*Penitencia de amor, Tragedia Policiana, Tragicomedia de Lisandro y Roselia, La Dorotea*) y unas pocas de final feliz (*Comédia Eufrósina, Comedia Selvagia, La Lena*) destacan el encuentro en que brota la pasión, pero en forma muy distinta de la del original. Como si se esforzasen por evitar la disparidad de tono que separa el encuentro casual del resto de la *Tragicomedia,* las imitaciones reducen o eliminan el papel del azar, adoptan un escenario más o menos aburguesado y prescinden de todo sobretono simbólico: apenas si la altisonante retórica del galán, deslumbrado por la belleza de la dama, trae un eco caballeresco en aquellas imitaciones que ponen en escena el nacimiento súbito del amor (*Penitencia de amor, Tragicomedia de Lisandro y Roselia, Comedia Selvagia*). Pues es lo curioso que, en general, ese nacimiento se narra sin representarse, con notable merma del impacto dramático de la obra.

144. Cf. Green, "Don Quijote and the *Alcahuete*," in *Estudios dedicados a James Homer Herriott* (Madison, 1966), pp. 109-116.

145. *Comedia Ypólita,* pp. 56-58; *Segunda Celestina,* pp. 335-344; *Comedia Florinea,* pp. 185-187; *Comedia Selvagia,* pp. 230-231; *Comedia Doleria,* pp. 348-351; *La Dorotea,* pp. 182-192.

146. Lida de Malkiel, *Originalidad,* p. 215:

> La *Comedia Florinea* y *El Caballero de Olmedo* prueban suficientemente que la obstinación de Melibea en rechazar aquella inmejorable ocasión de cumplir el deseo que le llena el alma no se debe a otra cosa sino—como decía Lista—a "la voluntad del autor" que, huyendo del desenlace feliz, discordante con el tono fundamental de la obra, forzó las cartas para lograr el ansiado fin trágico.

147. The problem of identifying the *Celestina's* genre is thus at least as old as the 1502 edition, for there the author of the *Prólogo* states:

> Otros han litigado sobre el nombre, diziendo que no se auia de llamar comedia, pues acabaua en tristeza, sino que se llamasse tragedia. El primer auctor quiso darle denominación del principio, que fué plazer, é llamóla comedia. Yo viendo estas discordias, entre estos extremos partí agora por medio la porfía, é llaméla tragicomedia. (ed. Cejador, I, 24)

The *Celestina* has generally been considered a dramatic or dialogue novel (see Lida de Malkiel, *Originalidad,* pp. 50-73, for a discussion of this attitude down through the years), though Gilman calls it "diálogo puro" ("El tiempo y el género literario en *La Celestina,*" *RFH,* VII [1945], 147-159). Considering its debt to the Roman and humanistic comedies, it seems logical to consider the *Celestina* a dramatic work, but one intended only for reading.

148. Consider for example Lope de Vega's careful titling of his works (see E. S. Morby, "Some Observations on *Tragedia* and *Tragicomedia* in Lope," *HR,* XI [1943], 185-209, and E. J. Webber, "Genre and *La Dorotea,*" *BHS,* XLI [1964], 73-77).

149. Several studies of the tragicomedy in other countries have been completed: Henry C. Lancaster, *The French Tragi-comedy: Its Origin and Development from 1552 to 1628* (Baltimore, 1907); Frank H. Ristine, *English Tragicomedy: Its Origin and History* (New York, 1910); M. W. Ukas, "The Theory and Practice of Italian Tragicomedy during the Sixteenth Century" (Diss., Toronto, 1957); Marvin T. Herrick, *Tragicomedy: Its Origin and Development in Italy, France, and England* (Urbana, 1955). Though Herrick states that "a chapter on the origin and development of Spanish tragicomedy would be valuable," he excuses himself from writing it on the grounds that "Spanish drama, so far as I can discover ... exerted little or no influence upon the development of tragicomedy in either France or England" (op. cit., p. v). Until the history of Spanish tragicomedy *is* written, this remains to be seen.

150. See for example W. C. Atkinson, "*Comedias, tragicomedias* and *farças* in Gil Vicente," *Boletim de Filologia,* XI (1950), 268-280; E. S. Morby, "Some Observations on *Tragedia,*" 185-209.

151. In the prologue to his *Amphitryon* Plautus explains that he considers the work a *tragicocomoedia* because gods and kings as well as slaves appear in it: "Faciam ut commista sit Tragicocomoedia. / Nam me perpetuo facere ut sit Comoedia / Reges quo veniant, et Di, non par arbitror. / Quid igitur? quoniam hic servos quoque parteis habet, / Faciam sit proinde ut dixi Tragicocomoedia."

152. Francisco Cascales, *Tablas poéticas* (ed. Madrid, 1779), pp. 187-188; cf. Quevedo, *Obras en prosa* (Madrid, 1958), p. 355a: "Esto es desatino: que no hay elogio descriptivo, como no hay hombre y caballo, ni tragicomedia, por ser diferente especie"; Ignacio Luzán, *Poética*, II (Madrid, 1789), 252:

> No faltan poetas que han dado á sus Dramas el título de Tragi-comedias; y algunos creen que se deben llamar asi todos los que participan de Tragedia y Comedia, por la mezcla de sucesos sérios y alegres, ó de personas ilustres y plebeyas: y en este sentido la mayor parte de nuestras comedias serían Tragi-comedias. Pero si hemos de atender á los fundamentos y razones con que discurren los entendidos, y los más eruditos en el arte Poética, la Tragi-comedia es un nuevo monstruo no conocido de los antiguos.

153. Cf. also the dedication of his *Las almenas de Toro* (*Obras*, ed. R. Acad., vol. VIII), pp. 79-80. See also Cascales, loc. cit.; Luzán, loc. cit.; cf. Ricardo de Turia, BAE, v. 43, p. xxiv:

> Ninguna comedia de cuantas se representan en España lo es, sino tragi-comedia, qu'es un misto formado de lo cómico y lo trágico, tomando deste las personas graves, la acción grande, el terror y conmiseración, y de aquel el negocio particular, la risa y los donaires; y nadie tenga por impropiedad esta mistura, pues no repugna á la naturaleza y el arte poético que en una misma fábula concurran personas graves y humildes.

154. González de Salas likewise admits the propriety of the tragicomedy as a dramatic form; see E. C. Riley, "The Dramatic Theories of Don Jusepe Antonio González de Salas," *HR*, XIX (1951), 196. See also James Thurber, *Lanterns and Lances* (ed. New York, 1962), p. 119:

> The true balance of life and art, the saving of the human mind as well as of the theatre, lies in what has long been known as tragicomedy, for humor and pathos, tears and laughter are, in the highest expression of human character and achievement, inseparable. Many dictionaries, including the OED, wrongly hyphenate tragicomedy, as if the two integral parts were warring elements that must be separated.

The idea that comedy and tragedy are somehow closely and inseparably related is an old one, being attributed to Socrates in Plato's *Symposium* (see Charlotte K. Spivack, "Tragedy and Comedy: A Metaphysical Wedding," *Bucknell Review*, IX (1960), 212-223. As early as the publication of Torres Naharro's *Propalladia* we begin to see the fusing of tragedy and comedy into the uniquely Spanish genre, the *comedia* (see Gillet and Green, *Torres Naharro and the Drama*, p. 434; cf. Arnold G. Reichenberger, "The Uniqueness of the *Comedia*," *HR*, XXVII [1959], 311-312).

155. The concept is Aristotelian (see Lane Cooper, *The Poetics of Aristotle* [Ithaca, N.Y., 1956], pp. 27-28). Aristotle's work was not known in Spain for many years. Though there was no Spanish translation of the *Poetics* before that of Juan Pablo Mártir Rizo in 1623, several Latin and Italian versions were available, among them those of Valla (1498), Robortelli (1548), Segni (1549), Scaliger (1561), Castelvetro (1570), and Alessandro Piccolomini (1572).

156. Herrick, *Tragicomedy,* p. 1. Cf., however, Trissino Giangiorgio, *Poetica* (1529), IV, 121b (*apud* Allan Gilbert, *Literary Criticism* [New York, 1940], p. 225): "But comedy will differ from tragedy in that while in tragedy the actions and names are true, either all or the greater part, in comedy the actions and names are all invented by the poet, though Plautus in his *Amphitryo* did not do it, whence it is called a tragicomedy."

157. Ed., H. Thomas, *RHi,* XXXII (1914), 428-457.

158. In his article "Tragedy and Comedy in the *Celestina*," *Hispania,* XXV (1952), 318-320.

159. Ed. cit., I, 27. According to Alonso de Palencia, "comedia es la que comprehende fechos de personas baxas y no es de tan grande estilo como la tragedia mas es de mediano y suaue y muchas vezes de fe historial y trata de personas graues" (John M. Hill, *"Universal Vocabulario" de Alonso de Palencia* [Madrid, 1957], p. 39b).

160. Mrs. Malkiel has since shown that the influence of the *comedias humanísticas* on the *Celestina* was much more important than that of the Roman comedies.

161. "Toda tragedia es comedia; pero no toda comedia es tragedia. Comedia es la representación de alguna historia ó fábula. Si tiene el fin feliz, retiene el nombre de comedia; y si infeliz, se llama comedia trágica, ó tragicomedia" (José Alcázar, *Ortografía castellana* [*apud* Gallardo, *Ensayo,* I, 112]). Cf., however: "La tragicomedia es / Un principio cuya tela / (Aunque pára en alegrías) / En mortal desdicha empieza" (Carlos Boil, "Romance a un licenciado que deseaba hacer comedias," BAE, v. 43, p. xxvi).

162. According to Montiano, Cristóbal de Virués "es el primero, salvo el autor de *La Celestina,* que da este título a alguna obra" (*Discurso segundo de las tragedias* [Madrid, 1573], p. 13). This is clearly not the case; cf. Alfredo Hermenegildo, *Los trágicos españoles del siglo XVI* (Madrid, 1961), pp. 67-69.

163. *Siguese la tragicomedia de Calisto y Melibea: nueuamente trobada y sacada de prosa en metro castellano: por Juan Sedeño.* Salamanca: Pedro de Castro, 1540. See Salvá, *Catálogo,* I, 394; cf. Menéndez y Pelayo, *Orígenes,* III, clxix-clxx.

164. Cf., however, Atkinson, *"Comedias, tragicomedias* and *farças,"* pp. 274-275.

165. W. S. Hendrix, "The *Auto da barca do inferno* of Gil Vicente and the Spanish *Tragicomedia alegorica del parayso y del infierno,*" *MPh,* XIII (1916),

669-680; cf. id., "Two Sources of the *Tragicomedia alegorica del parayso y del infierno*," *MLN*, XXXI (1916), 432-434.

166. Ed. Urban Cronan, in his *Teatro español del siglo XVI* (Madrid, 1913), pp. 267-318.

167. *Obras completas de Juan de Timoneda*, I (Valencia, 1911), 207-262.

168. Justo García Soriano, *El teatro universitario y humanístico en España* (Toledo, 1945), pp. 35, 37.

169. Lida de Malkiel, *Originalidad*, pp. 710-711. There is no evidence that Gómez was familiar with the *Comedia Thebayda*, however.

170. Silva was the butt of Cervantes' satiric bent in the *Quijote* (I, 1) and many examples of "la claridad de su prosa y aquellas entricadas razones suyas" such as those cited there can be found in the *Segunda Celestina;* cf. "¡Oh amor que no hay razon en que tu sinrazon no tenga mayor razon en tus contrarios!" (ed. cit., p. 8).

171. Cf. note 21, below.

172. Lida de Malkiel, *Originalidad*, p. 242:

Prueba elocuente de que las imitaciones no han apreciado la sobria textura del original es que cabalmente su único episodio inorgánico es el más repetido: a imitación del convite en casa de Celestina, comen interminablemente lacayos, pícaros y mozas en la *Comedia Ypólita*, vs. 1361 y sigs.; *Segunda Celestina*, págs. 335 y sigs., 411 y sigs.; *Comedia Florinea*, 185a y sigs.; *Comedia Selvagia*, 230 y sigs.; cf. también *Comedia Doleria*, 348b y sigs., y *La Dorotea*, II, 6.

173. Green, *Spain*, I, 119.

174. "¡O desdichado de mí! Por ser leal padezco mal. Otros se ganan por malos; yo me pierdo por bueno. ¡El mundo es tal! Quiero yrme al hilo de la gente, pues á los traydores llaman discretos, á los fieles nescios" (*Celestina*, I, 125). Cf. note 518, below.

175. Ed. U. Cronan, in his *Teatro español*, pp. 171-265; cf. Pedro Salvá, *Catálogo*, I, 452.

176. Diego de San Pedro, *Obras*, ed. Samuel Gili y Gaya (Madrid, 1958), pp. 1-98.

177. See Barbara Matulka, *The Novels of Juan de Flores and Their European Diffusion* (New York, 1931), pp. 138-146; Jacob Ornstein, "La misoginía [!] y el profeminismo en la literatura castellana," *RFH*, III (1941), 219-232; Frank B. Vecchio, "Sempronio y el debate feminista del siglo XV," *Romance Notes*, IX (1968), 320-324. This type of debate is characteristic of several Spanish versions of the *Sendebar* legends, notably the *Libro de los engaños e los asayamientos de* *las mugeres* of Prince Fadrique (ed. A. Bonilla y San Martín, Barcelona-Madrid, 1914; ed. John Esten Keller, Chapel Hill, 1953), and the *Historia de los Siete Sabios de Roma*, published in 1530 (ed. A. González Palencia, *Versiones castellanas del "Sendebar,"* Madrid-Granada, 1948).

178. Grisel y Mirabella (Lerida?, 1495?; facsimile ed., Madrid, 1954), fol. b 2ʳ.

179. The only direct parallels are such commonplace comparisons as: "... si no truxesses su coraçón al tuyo como la piedra ymán atrae al yerro" (*Tercera Celestina*, XVIII, 191-192); "no parece sino piedra ymán, así atrae y mueve aún los corazones de acero" (*Lisandro y Roselia*, p. 2). This same image occurs twice in the *Segunda Celestina*; see note 718, below.

180. There are numerous echoes of Rojas' work in the *Lisandro y Roselia*. Cf.: "En esto veo, Melibea, la grandeza de Dios. ... En dar poder á natura que de tan perfeta hermosura te dotasse é facer á mí inmérito tanta merced que verte alcançasse é en tan conueniente lugar" (*Celestina*, I, 31-32); "¡Oh grandeza de Dios! en esto muestras tu potencia en dar poder á mí inmérito que merezca hablar á esta vieja." (*Lisandro y Roselia*, p. 31).

181. Menéndez y Pelayo, *Orígenes*, III, ccxlv:

> Fuera de algunas leves variantes ..., la *Policiana* es la primitiva *Celestina* vuelta á escribir. Este servilismo de imitación la reduce á un lugar muy secundario, pero no la quita sus positivos méritos de rico lenguaje y fácil y elegante composición. Es la obra de un estudiante muy aprovechado, aunque incapaz de volar con alas propias. La contemplación de un gran modelo embarga su ánimo y no le deja libre para ningún género de invención personal.

182. See M. Herrero García, *Estimaciones literarias del siglo XVII* (Madrid, 1930), pp. 9-60.

183. Alonso Fernández de Avellaneda, *El ingenioso hidalgo don Quijote de la Mancha*, in BAE, t. 18, p. 2.

184. There were two editions of the work in 1612 and one in 1614, the latter with the title, *La ingeniosa Elena*. See Edwin B. Place, ed., *La casa del placer honesto de Alonso Jerónimo de Salas Barbadillo* (Boulder, 1927), pp. 273-274.

185. "Sancho Panza and the Comic Types of the Sixteenth Century," *Homenaje a Menéndez Pidal*, II, 487-488.

186. See Mac E. Barrick, "Sancho's Trip to El Toboso: A Possible Source," *MLN*, LXXXI (1966), 222-225. Criado de Val suggests "que el mismo Sancho Panza tiene un probabilísimo origen en uno de los actos o cenas de la obra de Gómez de Toledo" (*De la Edad Media*, p. 78), but he does not specify which *acto* or *cena*.

187. Criado de Val has only recently called attention to the work's potential value as a source-document for linguistic and social studies (*De la Edad Media*, pp. 81-82).

188. Salvá, *Catálogo*, I, 446.

189. C. Pérez Pastor, *La imprenta en Toledo* (Madrid, 1887), p. 76.

190. See Henry Thomas, *Spanish Sixteenth-Century Printing* (London, 1926), p. 18. The practice is by no means limited to Spanish printers. Josef Benzing discusses a similar case in sixteenth-century Germany ("Zum Heidelberger Buchdruck im ersten Viertel des 16. Jahrhunderts," *Gutenberg-Jahrbuch*, XXXV [1960], 172-179). The woodcut here may be of German origin, for Spanish printers frequently imported blocks from that country; see F. J. Norton, *Printing in Spain 1501-1520* (Cambridge, 1966), pp. 69-70. Cf. also E. P. Goldschmidt, *The Printed Book of the Renaissance* (Amsterdam, 1966), pp. 41-46, esp. 41-42.

191. Thomas, *Spanish Sixteenth-Century Printing*, p. 20:

> The absence of a sense of historical perspective just referred to, which was general in renaissance times, and still more the growing failure to insist on congruity between the spiritual and physical elements of the book, herald the decline into which Spanish printing began to fall after the first half century of its existence.

192. J is omitted (see Ronald B. McKerrow, *An Introduction to Bibliography for Literary Students* [Oxford, 1928], p. 155).

193. J. E. Gillet, ed., *Propalladia and Other Works of Bartolomé Torres Naharro*, I (Bryn Mawr, 1943), 34-35 and Plate XV. The type faces are almost identical to those used in the *pliego* "Pregunta que fizo vn cauallero mācebo," which Vicente Castañeda and Amalio Huarte identify as belonging to the Toledo printer Lázaro Salvago of about 1528 (*Nueva colección de pliegos sueltos* [Madrid, 1933], p. x). The similarity is particularly noteworthy in the case of the capital *M* and the intermittent final *s*.

194. C. A. de la Barrera y Leirado, *Catálogo bibliográfico y biográfico del teatro antiguo español* (Madrid, 1860), pp. 174-175.

195. Hillard, "Spanish Imitations of the *Celestina*," p. 134n.

196. J is omitted. See note 192 above.

197. Menéndez y Pelayo, *Orígenes*, III, ccxii.

198. See the reproduction by Francisco Vindel, *Manual gráfico-descriptivo del bibliófilo*, IV (Madrid, 1930), p. 79.

199. Published in the current edition of the Real Academia's *Gramática* (Madrid, 1959), pp. 537-504.

200. See Ramón Menéndez Pidal, "El lenguaje del siglo XVI," in *La lengua de Cristóbal Colón* (Buenos Aires, 1947), pp. 49-87, esp. p. 84, and Manuel de Montolíu, "Notas sobre algunos cambios fonéticos de la lengua española en el siglo XVI," *BRAE*, XXVI (1947), 369-383.

Notes to the Text

1. Gómez' admiration for Feliciano de Silva is revealed in his use of such conceptist devices as paronomasia (*forzar a mis fuerzas, fauorecidas con el fauor*), of the type for which Silva was notorious (witness Cervantes' satirical imitations in *Don Quijote*, I, 1; cf. Menéndez y Pelayo, *Orígenes de la novela*, III [Madrid, 1910], ccx).

2. *subtil.* Cf. III, 283; IV, 78. On the disappearance of the labial before *t*, see Menéndez Pidal, *Manual de gramática histórica española* (Madrid, 1958), §49.

3. *"Do y donde* significaban en tiempos no muy antiguos *de donde"* (Andrés Bello and Rufino J. Cuervo, *Gramática de la lengua castellana* [Paris, 1918], note to §398b). The etymological meaning (*unde,* "form whence") has been twice reinforced: first *do* + *unde,* and more recently *de donde;* cf. Federico Hanssen, *Gramática histórica de la lengua castellana* (Halle, 1913), §661: "Las antiguas formas *onde, ond, on,* vienen de *unde* y equivalen a *de donde* y *donde."* Cf. Pról., 58.

4. The concept that the rivers return from the sea to their sources is biblical: "All the rivers run into the sea; yet the sea is not full; unto the place from whence the rivers come, thither they return again" (Eccl. i. 7). Cf. *Castigos e documentos para bien vivir ordenados por el Rey Don Sancho IV,* ed. Agapito Rey (Bloomington, Ind., 1952), p. 180: "De la mar salen todas las aguas, e por eso non mengua ella en sise, e tornanse todas las aguas, e por eso non cresçe la mar en sise mas de quanto esta antes." There is a proverb, "A los años mil torna el agua a su cuvil" (Juan de Valdés, *Diálogo de la lengua,* ed. José F. Montesinos [Madrid, 1953], p. 107).

5. This is the *"a* embebida" of which Keniston speaks (*The Syntax of Castilian Prose. The Sixteenth Century* [Chicago, 1937], §41.32); cf. W. L. Fichter, ed., Lope de Vega, *El castigo del discreto* (New York, 1925), p. 207. The *a* is frequently omitted in such positions: "lo que te acontescido" (II, 131); "que lo vinieses adereçar" (VII, 248); "venga acostar" (VIII, 137); "vete acostar" (IX, 147); "le baxaron abrir" (XI, 11); "les baxaste abrir" (XIII, 48); "le fue abrir" (VI, 180); "Ya les voy abrir" (XVIII, 85); "le baxa abrir" (XXI, 3); "nos vamos assentar" (XXIV, 242); "di a Elicia que se leuante y baxe abrir" (XXIX, 34-35); "se vino acostar mi señora" (XXXI, 54); "yo no le fuy assechar" (XXXII, 13); etc.

6. *Fue* is frequently used as a first-person singular in this text: IV, 167; XIV, 195; XVII, 170; XIX, 96; XXIV, 133; XXVI, 53; XXVII, 133; XXXV, 81; XXXVI, 119; XXXVII, 43; XLI, 149, 198. *Fui* appears at VII, 207, and XXXII, 13. *Fue* for *fui* was a "forma corriente en la lengua literaria del siglo XV, pero muy rara a fines del XVI" (Samuel Gili y Gaya, ed., Mateo Alemán, *Guzmán de Alfarache* [Madrid, 1926-36], II, 287*n*). Antonio de Nebrija (*Gramática castellana* [ed. Madrid, 1946], p. 125) gives *fue* as the "passado acabado del indicativo en la . . . primera persona" of both *ser* and *ir* (cf. ibid., p. 114). See also Menéndez Pidal, *Manual*, §120.5.

7. "Both *conmigo* and *comigo* are found throughout the sixteenth century, the former being somewhat more common" (Keniston, *Syntax*, §6.16). Cf. E. Moreno Báez, ed., Jorge de Montemayor, *La Diana* (Madrid, 1955), p. 29*n*.

8. "The reader should realize that I would be too 'fríuolo o ináuil' to compose anything worthy of note did I not have the inspiration of your Grace's work to direct me." The following image of the blinding sun negates the intended meaning of this sentence, however.

9. Cf. IX, 89-90: "los que ponen los ojos al sol, quanto más lo miran, tanto más se ciegan."

10. ". . . so that my intelligence was emboldened to tackle *(oponerse a)* that which would have been a normal undertaking *(lícito)* for a person more talented than I."

11. Cf. note 1. *Primas* here = *de primera importancia*, referring to "las razones." "*Prima*. Según la significación latina vale primera en orden" (Sebastián de Covarrubias, *Tesoro de la lengua castellana o española* [Barcelona, 1943], s.v.).

12. *hierros* = *yerros*, *errores*.

13. *al querer* = *a la benevolencia*.

14. *inusitables* = "unusual, not customary." Cf. mod. *inusitado*. This form is not listed in the *Dicc. Acad.* nor by Juan Corominas in his *Diccionario crítico etimológico de la lengua castellana*.

15. There is not in Gómez' attitude the bitterness toward the *vulgo* often encountered in the Golden Age (see O. H. Green, "On the Attitude toward the *Vulgo* in the Spanish *Siglo de Oro*," *Studies in the Renaissance*, IV [1957], 190-200). He expresses a desire to be appreciated and understood by the *vulgo*. In this, and in his use of hundreds of proverbs, he shows an attitude similar to that of his contemporaries, Erasmus and Juan de Mal Lara, that "the *vulgo* is . . . a teacher of wisdom, of virtue, and of rhetorical and literary eloquence" (art. cit., p. 197). In III, 106-107, he has Penuncio acknowledge his position among the peasantry but still claim understanding of "todo lo bueno y lo malo." Elsewhere (XXIII, 172-175) Celestina expresses fear of the *vulgo*'s habit of gossiping.

16. *certenidad.* Elsewhere, *certinidad* (I, 226; II, 209; XXXIV, 201). The older spelling occurs frequently in Berceo (see V. R. B. Oelschläger, *Medieval Spanish Word-List* [Madison, 1940], s.v.); Julio Cejador notes that the form still occurs in Andalusia and Murcia (ed., *Celestina*, I [Madrid, 1913], 65n). See also F. de Icaza, ed., Juan de la Cueva, *Siete Infantes de Lara* (Madrid, 1953), p. 106n. There is a lack of consistency in the spelling of the word well into the seventeenth century.

17. Phoebus, "dicho por otro nombre Apolo, hijo de Jupiter y Latona; según las fábulas nacido de un mesmo parto con Diana" (Covarrubias, s.v.), figures in dawn-descriptions from the Middle Ages hence: *Libro de Alexandre* (ed. Raymond S. Willis, Princeton-Paris, 1934), st. 298; Villegas Selvago, *Comedia Selvagia* (Madrid, 1873), p. 171; Rodríguez Florián, *Comedia Florinea* (Madrid, 1910), p. 272; López de Ubeda, *La pícara Justina* (ed. Julio Puyol, Madrid, 1912), I, 188; *Don Quijote,* pt. II, ch. 20; Lope de Vega, *La francesilla* (*Obras,* V, 672b). Cf. Lida de Malkiel, "El amanecer mitológico en la poesía narrativa española," *RFH,* VIII (1946), 77-110; E. C. Riley, "'El alba bella que las perlas cría': Dawn-Description in the Novels of Cervantes," *BHS,* XXXIII (1956), 125-137; Gilbert Highet, *La tradición clásica* (México-Buenos Aires, 1954), I, 374.

18. *Mas* appears consistently throughout the text, not yet having been replaced by *pero* (see Corominas, *Diccionario,* s.v. *pero*).

19. ". . . no solamente a los [rayos] del vniuerso surgir hiziesse, mas a mis diuididos pensamientos [hiziesse] despertar del sueño."

20. *inumerable . . . gloria.* Cf. *inumerable gracia,* XLVII, 194. Both *gloria* here and *gracia* are mass nouns and could not correctly be modified by an adjective like *inumerable,* which implies countability (see James E. Iannucci, *Lexical Number in Spanish Nouns* [Philadelphia, 1952], pp. 6-10, 28-29). Obviously, *inumerable* has a qualitative rather than a quantitative meaning here; perhaps, "sin límite." Cf. "inumerables passiones" VIII, 105; "no es tan inumerable" (XI, 102-103).

21. Felides here refers to two of the faculties of the soul, *memoria* and *libre albedrío,* or *voluntad* (see John C. Dowling, *El pensamiento político-filosófico de Saavedra Fajardo* [Murcia, 1957], pp. 126-130, and A. A. Parker's review, *MLR,* LIV [1959], 286). The third faculty, *entendimiento,* is not mentioned. See also Otis H. Green, *Spain and the Western Tradition,* I, 48; F. Rodríguez Marín, *Más de 21.000 refranes* (Madrid, 1926), p. 260: "Las potencias del alma son cuatro: memoria, entendimiento, voluntad y hacerse cargo." Cf. *Segunda Celestina,* p. 8: "Lo que niega tu valor se me esfuerza, tu merescer me desmaya, el pensamiento osa, el entender teme, la memoria me fatiga, la voluntad me congoja, el deseo me engaña y el amor me esfuerza para más me quitar el esfuerzo."

22. The first person present indicative of *estar* was regularly *estó* (Hanssen, *Gramática,* §§81, 201; Menéndez Pidal, *Manual,* §116.4), and as such occurs several times in this text (II, 45, 241; III, 72; XXXVI, 20). *Estoy* appears twice (I, 112; II, 31).

23. "... y [que] vn tan indigno como yo tuuiesse aquellas manos—tan perezosas para me escreuir—juntas con las mías."

24. "La forma *perfición,* con las dos ces reducidas a una y la segunda *e* convertida en *i* por influjo de la yod siguiente ... es muy frecuente en todo el XVI" (E. Moreno Báez, ed., Montemayor, *La Diana,* p. 96*n;* cf. Menéndez Pidal, *Manual,* §8bis.2).

25. Ovid pictures Ariadne "incertum vigilans a somno languida" (*Heroides,* X, 9), imaging that Theseus is in her arms, but "nullus erat." Cf. Petrarch, *Trionfo d'amore,* I, 115-117; Fernando de Herrera, *Poesías* (Madrid, 1952), p. 192; Jaime de Güete, *Comedia Vidriana* (in Cronan, *Teatro español del siglo XVI* [Madrid, 1913]), p. 226.

26. The fractionary form *tercia* developed as a learned form from the Latin *tertia,* "sobrentendiendo *pars*" (Menéndez Pidal, *Manual,* §91.2; cf. Bello-Cuervo, *Gramática,* §204), and it is still used adjectivally (see *Dicc. Acad.,* s.v.).

27. *O cuerpo de Dios con quien me parió.* This oath appears numerous times in the text: I, 175; II, 144; XVI, 296; XXVIII, 12; and XL, 62. The Portugués in Diego de Negueruela's *Farsa Ardamisa* (ed. Léo Rouanet [Barcelona, 1900]) uses it fourteen times. Gillet (ed. *Propalladia,* III, 344-345) lists numerous other occurrences. *Rufianes* frequently swore by their mothers (cf. below, III, 32; IV, 65; XV, 60; XXIX, 9; and note 157).

28. "*Pisar el sapo.* fr. fig. y fam. con que se nota al que se levanta tarde de la cama" *(Dicc. Acad.).* Cf. F. Rodríguez Marín, *Todavía 10.700 refranes más* (Madrid, 1941), p. 215b: "No pisará el sapo quien a merio día no se ha levantado." Gonzalo Correas lists the phrase, "Guarda, no pises el sapo," with the explanation "Dízese a uno ke se levanta tarde" (*Vocabulario de refranes,* ed. Louis Combet [Bordeaux, 1967], p. 345; cf. p. 546: "Matar el sapo kon la saliva. Del ke poko madruga. Nota de bovo krédulo.").

29. *Hombre* was frequently used with the impersonal meaning of *uno.* See Rodríguez Marín, ed., *Don Quijote,* II, 283*n;* Moreno Báez, ed., *La Diana,* p. 42*n;* and Carmen Fontecha, *Glosario de voces comentadas* (Madrid, 1941), s.v. Cf. "lleua hombre vna cántara" (XII, 93).

30. *a osadas.* Covarrubias, s.v. *osar:* "De aquí se forma una manera de dezir antigua, aosadas, que vale tanto como osaría yo apostar." The phrase is used frequently in the *Celestina*-novels as an interjection of affirmation. Cf. Juan Ruiz, *El libro de buen amor,* ed. Cejador, I (Madrid, 1951), 286*n; Celestina,* II, 104, 166; *Tercera Celestina,* VII, 192; In the *Comedia Florinea,* the spelling *asuadas* is used (ed. Menéndez y Pelayo, passim). Cf. Gillet, ed., *Propalladia,* III, 246, 432.

31. Cf. XXX, 19-20: "la diligencia es madre de la buena ventura." Covarrubias (*Tesoro,* p. 472b), Rodríguez Marín (*Más de 21.000 refranes,* p. 237b), and Luis Martínez Kleiser (*Refranero general ideológico español* [Madrid, 1953], no. 18.166) list the proverb: "La diligencia es madre de la buena ventura." It appears in Blasco de Garay's *Cartas en refranes* (ed. Madrid, 1956, p. 114), in the anonymous *Entremés de los refranes* (NBAE, XVII, 178a), and in the *Quijote* (pt. I, ch. 46; pt. II, ch. 43). Cf. Cervantes, *Rinconete y Cortadillo* (ed. Rodríguez Marín [Madrid, 1920], p. 251): "...buena diligencia, que es madre de la buena ventura." In English: "Diligence is the mother of good luck" (*Poor Richard's Almanac*, 1736; see Burton Stevenson, *The Home Book of Proverbs, Maxims and Familiar Phrases* [New York, 1948], 576:5).

32. Menéndez Pidal notes that such forms as *cobdicia, cobdo* and *dubda* were common in Toledo in the sixteenth century (*La lengua de Cristóbal Colón* [Buenos Aires, 1947], p. 72).

33. *No* was regularly used after verbs implying a negative; see Keniston, *Syntax*, §40.32: "The verbs which imply a negative, and hence are followed by *no*, fall into three main groups, expressing doubt, fear, and separation." Cf. *Don Quijote*, pt. I, ch. 21: "Calló Sancho, con temor que su amo no cumpliese el voto que le había echado."

34. "La mucha tristeza sueño acarrea" (Rodríguez Marín, *12.600 refranes más* [Madrid, 1930], p. 166a; Martínez Kleiser, no. 1.501).

35. "*Baladrear.* intr. ant. Baladronear" (*Dicc. Hist.*, s.v.); cf. Corominas, s.v. *baladrón*. However, Felides is not boasting or bragging; here, the meaning is rather "to talk uselessly."

36. *otro ninguno.* Keniston lists two examples of *otro ninguno* meaning "any other" as a negative construction (*Syntax*, §40.61). Here the negative force is required because of the comparison.

37. There is a reference to Solomon and "la que le mandó ydolatrar" in I Kings xi.4-5. Cf. Alfonso Martínez de Toledo, *Arçipreste de Talavera*, ed. Mario Penna (Torino, 1955), p. 35; Luis de Lucena, *Repetición de amores*, ed. Jacob Ornstein (Chapel Hill, 1954), p. 75; Fray Martín de Castañega, *Tratado de las supersticiones y hechicerías* (Madrid, 1946), p. 19; *Comedia Selvagia*, p. 10.

38. See II Sam. xi.2-27. The David-Bathsheba theme was popular because of the moral intent of the story. Both David and Solomon were used as examples of the evil caused by love in Martínez de Toledo's *Arçipreste* (ed. cit., p. 13) and in the *Celestina* (I, 50); cf. Pedro López de Ayala, *Rimado de Palacio*, ed. A. F. Kuersteiner (New York, 1920), I, 11-12, 150; Fray Íñigo de Mendoza, *Cancionero castellano del siglo XV*, ed. R. Foulché-Delbosc, I (Madrid, 1912), 4; Lucena, *Repetición de amores*, p. 50; *Comedia Thebayda* (Madrid, 1894), p. 25; *Comedia Selvagia*, p. 10.

39. Samson is frequently listed as one who suffered injustice at the hands of love (see Judges xvi.4-20; cf. Petrarch, *Trionfo d'amore*, III, 49-51; Marqués de Santillana, "Triunphete de amor," *Obras*, ed. José Amador de los Ríos (Madrid, 1852), p. 369; Lucena, *Repetición de amores*, pp. 50, 75; *Comedia Selvagia*, p. 10; Lope de Vega, *El piadoso aragonés*, ed. J. M. Greer (Austin, 1951), p. 134; *La*

Dorotea, ed. Edwin S. Morby, p. 184 and note, p. 456; Rodríguez Marín, *21.000 refranes,* p. 291b: "Más fuerte era Sansón, y le venció el amor" (Martínez Kleiser, no. 3.742). *Dalida = Dalila,* "Delilah."

40. *tiro =* "remark."

41. Y here is redundant, possibly with a usage similar to that found frequently in exclamations (see Gillet, ed., *Propalladia,* III, 476). Cf. I, 190.

42. The subjunctive is here used to express disapproval. Cf.: "Mal sueño te dé Dios porque arguyas que sueño a sido" (I, 136); "Por qué me vengáys con estas platiquitas . . . ?" (III, 68); "¿Por qué digáys si estó en mí?" (III, 72). The subjunctive frequently occurs with oaths of this type; see Bello-Cuervo, *Gramática,* §463; cf. I, 48; XVI, 128.

43. Cf. II, 126: "Estáte en tus treze . . ." "Persistir con pertinacia en una cosa que ha aprendido o empezado a ejecutar" (*Dicc. Acad.*). The phrase is a common one: *Celestina,* I, 55; *Comedia Thebayda,* pp. 293, 474; F. de Espinosa, *Refranero (1527-1547),* ed. Eleanor S. O'Kane (Madrid, 1968), p. 233; Negueruelo, *Farsa Ardamisa,* p. 30; Garay, *Cartas,* p. 157; *Comedia Florinea,* p. 236; Juan de Timoneda, *Amphitrion (Obras completas,* ed. M. Menéndez Pelayo, I [Valencia, 1911], p. 23; H. de Luna, *Segunda parte de Lazarillo,* ed. Sims (Austin, 1928), p. 21; *Don Quijote,* pt. II, chs. 39, 64; Correas, *Vocabulario,* p. 634; Quevedo, *Obras en verso,* ed. Felicidad Buendía (Madrid, 1960), p. 236. Martínez Kleiser lists it (nos. 46.295-96). The phrase is still current: "Pero tú, en tus trece" (Antonio Buero Vallejo, *Hoy es fiesta* [Madrid, 1960], p. 30). Cejador suggests that "acaso alude al aragonés Luna, terco en su nombre de Benedicto XIII, que tomó al ser hecho papa" (ed. *Celestina,* I, 55n). A more logical suggestion is that made by Rafael Bluteau in his *Vocabulario portuguez e latino* (Coimbra, 1712-21) that it refers to the age of thirteen years, "flor da edade, em que são puberes homems e mulheres" (see João Ribeiro, *Frazes feitas* [Lisbon, 1909], pp. 79-81).

44. Sigeril and Felides are not in the same room. Sigeril, eavesdropping outside Felides' room, does not enter until his speech, "Aquí estoy."

45. "You can 'dry up' before I would enter." Cf. XXVI, 91: "bien te puedes secar. . . ." The verb is probably an Italianism (cf. *seccarsi,* "to get annoyed"), though it is not mentioned in J. H. Terlingen, *Los italianismos en español* (Amsterdam, 1943).

46. "No hay peor sordo que el que no quiere oír" appears in Santillana, *Refranes que dizen las viejas (Obras,* p. 517; cf. Eleanor S. O'Kane, *Refranes y frases proverbiales españolas de la Edad Media* [Madrid, 1959], p. 215b); Espinosa, *Refranero,* p. 222; *Segunda Celestina,* p. 245; Garay, *Cartas,* p. 114; Hernán Núñez, *Refranero español* (Valencia, n.d.), p. 145; *Entremés de los refranes,* p. 177b; Covarrubias, *Tesoro,* p. 946a; Correas, p. 242; Charles Cahier, *Quelques six mille proverbes* (Paris, 1856), p. 266; Martínez Kleiser, no. 58.884. Cf. C. M. Hutchings, "Judeo-Spanish Proverbs," *HR,* XX (1952), 316: "No ai pior sodro qe el qi no qeire oir"; Enrique Saporta, *Refranero sefardí* (Madrid-Barcelona, 1957), p. 281: "No hay más sodro que el que no quiere sentir." The Portuguese is "Nam he peor surdo que o que não quer ouuir" (Jorge Ferreira de Vasconcellos, *Comedia Eufrosina* [Madrid, 1951], p. 53). In English, "There's none so deaf as those who will not hear" (Stevenson, 496:6).

47. "A tres va la vencida" (*Celestina*, II, 197; Espinosa, *Refranero*, p. 233; Rodríguez Marín, *21.000 refranes*, p. 17a; Martínez Kleiser, no. 12.958). See also Rodríguez Marín, *Cantos populares españoles*, I (Sevilla, 1882), 402; Gillet, ed., *Propalladia*, III, 665; Martínez Kleiser, no. 34.007: "A la tercera va la vencida." Cf. Stevenson, 1494:2: "Third time is charm. (Par foi, tierce foie droiz est)."

48. Cf. III, 39: "Mala pascua su merced aya . . ."; VII, 125: "Mala pascua le dé Dios . . . ." See J. F. Montesinos, ed., Lope de Vega, *El cuerdo loco* (Madrid, 1922), v. 403 and note. The imprecation occurs frequently in the imitations of the *Celestina*, e.g., Sebastián Fernández, *Tragedia Policiana* (Madrid, 1910), p. 32. Cf. Güete, *Comedia Vidriana*, pp. 181, 192, 198; *Don Quijote*, pt. II, ch. 13 (cf. Rodríguez Marín, ed., V, 234 and note).

49. Sigeril is somewhat arbitrary in his use of *tú* and *vos*. He uses *tú* in his asides, and in direct address to Felides, he begins by using *vos* (I, 107), but switches to the *tú* form later (l. 148). In the *Tercera Celestina*, as in many Golden Age plays, *tú* and *vos* are used indiscriminately among equals (see Raymond MacCurdy, ed., Rojas Zorrilla, *Lucrecia y Tarquino* [Albuquerque, 1963], p. 113; cf. Rodríguez Marín, ed., *Don Quijote*, IV, 298n). The complications of *tratamiento* that George T. Northup found (*Three Plays of Calderón* [New York, 1926], pp. 331-332) are not evident here.

50. *preguntáuades.* "En el siglo XV las formas llanas perdían la *-d*, . . . pero no las esdrújulas, que mantuvieron la *-d-* hasta el siglo XVII" (Menéndez Pidal, *Manual*, §107.1). Yakov Malkiel, in his article "The Contrast *tomáis ~ tomávades, queréis ~ queríades* in Classical Spanish" (*HR*, XVII [1949], 159-165), shows that the *d* was retained because of "the resistance of the phonetic structure of Spanish to undesirable innovations" (p. 163). Cf. *auíades* (VII, 174) and *mandardes* (I, 131). In *Lisandro y Roselia* there is an extensive legal debate (pp. 127-143) in which future subjunctives and other forms preserving the *-d-* abound.

51. Formerly, *primero* apocopated before both masculine and feminine nouns; see Bello and Cuervo, *Gramática*, §§156-157; Keniston, *Syntax*, §25.241. M. A. Zeitlin ("La apócope de la *-a* final átona en español," *HR*, VII [1939], 244-246) suggests that the apocopation resulted by analogy with *qualquiera* (however, cf. note 74, below). Occasionally such apocopation occurs in modern Spanish; see M. M. Ramsey and R. K. Spaulding, *A Textbook of Modern Spanish* (New York, 1956), §12.15. Cf. "la primer seña" (X, 69), "la primer vista" (XXIII, 98), "la primer nueua" (XXIV, 5), etc.

52. "Tengo las mañas del rey, que do no está no paresce" (Torres Naharro, *Calamita*, I, 201-202; see Gillet, ed., *Propalladia*, III, 656; Correas, p. 497; Rodríguez Marín, *21.000 refranes*, p. 245a; Martínez Kleiser, no. 55.632). In *Comedia Florinea* (p. 264): "Tengo la condicion del rey: que donde no está, no le hallan." Cf. "Donde no está el rey, no le hallan" (Espinosa, *Refranero*, p. 208; Núñez, p. 63; Correas, ed. cit., p. 332; Rodríguez Marín, *21.000 refranes*, pp. 138a, 170a).

53. *entre manos.* "De improviso, sin saber cómo" *(Dicc. Acad., s.v. mano).*

54. *su merced.* Used ironically. In this passage and later (cf. II, 13-18 and note 81) Sigeril gives evidence of being considerably smarter than his master, in the manner of Merlín in Vélez de Guevara's *El embuste acreditado* (see A. G. Reichenberger's "Introducción" to his edition [Granada, 1956], pp. 89-93).

55. *ora.* Aphaeresis for *ahora.* Cf. I, 83, where *ora* = *hora.* Elsewhere the form *agora* is used.

56. Cf. Martínez Kleiser, no. 15.861: "El día para el trabajo; la noche para el descanso."

57. Cf. XXXI, 100: "En fin al buen entendedor, etc." This is one of the oldest Spanish proverbs (see O'Kane, *Refranes*, p. 109b, to which add *Castigos e documentos*, ed. Rey, p. 72: "Al omne sabidor e entendido poca cosa le cunple") and one of the most widely repeated, occurring in *Comedia Thebayda*, pp. 28, 498; *Segunda Celestina*, pp. 63, 96, 207, 210, 245, 428-429, 438; Espinosa, *Refranero*, p. 107; Fernando Arceo, *Adagiorum*, in José M.ª Sbarbi, *Monografía sobre los refranes* (Madrid, 1891), p. 56b; *Lisandro y Roselia*, p. 126; Garay, *Cartas*, pp. 121, 169; *Comedia Florinea*, pp. 172, 209, 213, 244, 256; Núñez, p. 8; *Entremés de los refranes*, p. 178b; *Don Quijote*, pt. II, ch. 37; Correas, pp. 16, 98; Covarrubias, s.v. *palabra*; Joseph Haller, *Altspanische Sprichwörter* (Regensburg, 1883), p. 10; Rodríguez Marín, *21.000 refranes*, p. 18b; Aurora Lucero-White Lea, *Literary Folklore of the Hispanic Southwest* (San Antonio, 1953), p. 233; Martínez Kleiser, no. 21.458. Cf. the Latin: "Sapienti sat est" (Plautus, *Persa*, l. 729; Terence, *Phormio*, l. 541). In English, "A word to the wise is sufficient" (Stevenson, 2611:7).

58. *mandardes.* The syncopated form of the future subjunctive, but still retaining the *-d-*, is frequent in the sixteenth century; see Báez, ed., *La Diana*, p. 68 and note. Cf. note 50, above.

59. Here again the subjunctive is used to express disapproval; see n. 42.

60. The murmuring servant appears in nearly all of the *Celestina*-novels (see above, p. 20 and note).

61. *punto* = "momento, en términos de astrología, aludiendo al punto o posición de un astro" (Said Armesto, ed., Guillén de Castro, *Mocedades del Cid* [Madrid, 1962], p. 123). During the Middle Ages, the hour was divided into four *puncta*, ten minutes, forty *momenta*, or 22,560 atoms (see Lynn Thorndike, *Science and Thought in the Fifteenth Century* [New York, 1929], p. 221). Cf.: "Vna hora se me haze vn año, y vn punto vn mes, y vn momento vn día" (VIII, 8-11).

62. *huego.* The Latin *f* became an aspirated *h* about the end of the fifteenth century (see Menéndez Pidal, *Manual,* §38.2, and T. Navarro Tomás, ed., Garcilaso de la Vega, *Obras* [Madrid, 1958], p. 10n). Mod. *fuego* is a learned regression. Cf. II, 159; VI, 147.

63. *mas de que* = *mas antes.* See Keniston, *Syntax,* §40.877.

64. *hazer encreyente* = *hacer creer;* see Quevedo, *Los sueños,* ed. J. Cejador, II (Madrid; 1916), 113n. Cf. VII, 260.

65. "¿A mí, que soy de Córdoba?" (Rodríguez Marín, *21.000 refranes,* p. 31a; Martínez Kleiser, no. 26.865). Cf. the American expression, "*To be* (or *come*) *from Missouri,* to be extremely skeptical or unwilling to believe anything until it is demonstrated" (*A Dictionary of American English* [Chicago, 1938-44], s.v. *Missouri*).

66. The phrase occurs in *Don Quijote,* pt. I, chs. 5 and 32 (see Rodríguez Marín, ed., III, 164 and note). Cf. Covarrubias, s.v. *cinco:* "No sabéys quántas son cinco? dízese del hombre muy simple, que no sabe quantos dedos tiene en la mano"; Correas, ed. Combet, p. 251; Martínez Kleiser, no. 9.177; *Comedia Thebayda,* p. 236; *Segunda Celestina,* p. 244: "Ya tengo edad para saber cuántas son cinco"; Ferreira de Vasconcellos, *Comedia Eufrosina,* I, 21: "Sabemos quantos fazem tres." Stevenson (127:6) quotes G. F. Northall, *Folk-phrases* (1894): "To say of a man that 'He knows how many beans make five,' is to speak highly of his shrewdness."

67. In the fifteenth century, El Tostado wrote a *Tractado* proving that man must love, and as a consequence, suffer *turbación;* see Green, *Spain,* I, 114 and note 152; Gillet and Green, *Torres Naharro and the Drama of the Renaissance* (Philadelphia, 1961); p. 544. Cf. note 466.

68. Though elsewhere in the text the phrase has the literal meaning "to pick roses," here *coger las rosas* is an obvious euphemism for defloration; cf *Libro de buen amor,* st. 378 (see Corominas ed., p. 168); O. H. Green, "On Juan Ruiz's Parody of the Canonical Hours," *HR,* XXVI (1958), 28; idem, *Spain,* I, 56-57. See also Gillet, "*Heidenröslein,*" *MLN,* XXXIII (1918), 117-120; idem, *HR,* XVIII (1950), 179; Stevenson, p. 2325. The defloration in question took place in the last *cena* of the *Segunda Celestina,* during the second rendezvous between the lovers; cf. note 127.

69. *cojó,* for *cogió.* Cf. ". . . ante mis ojos escojó como enperas" (XXI, 74); "Da gracias a Jesuchristo que te escojó lo mejor" (XXXIV, 156-157). *Coio* (for *cogió*) occurs in the *Cantar de Mío Cid* (v. 577); cf. Menéndez Pidal, ed. (Madrid, 1954-56), I, 188; II, 581-582. Neither Hanssen nor Menéndez Pidal lists an occurrence of this form. Undoubtedly it developed by analogy with *dixieron-dijeron, traxieron-trajeron* (Hansen, §56).

70. *talanquera.* "Lugar levantado en alto en las orillas de las plaças, dende el qual se ven correr los toros y otras fiestas de plaça; y porque los que están en ella tienen seguridad, quando hablan en las faltas que hazen los que están en el coso, se les responde que hablan de talanquera" (Covarrubias, s.v.); "Hablar de talankera. Los ke están subidos en las barreras o talankeras, i hablan kómo se an de hazer las suertes kon el toro; i porke se dize mexor ke se haze, se aplika a los ke hablan desde seguro" (Correas, p. 586; cf. p. 764). Cf. Fontecha, *Glosario*, p. 370: "uchoar de talanquera"; *Segunda Celestina*, p. 264: "¡Oh señor, como hablas de talanquera!"; "Gran placer es el del que esta en la talanquera, auiendose visto al bufido del toro" (Núñez Alva, *Diálogos de la vida del soldado* [Madrid, 1890], p. 2).

71. Calisto also had difficulty differentiating between dream and reality; see *Celestina*, II, 135. Felides' reaction to what Sigeril is telling him, his inability to conceive of the reality of what he considers a dream, is similar to, but less violent than that of Segismundo (*Vida es sueño*, II, iii). A similar scene occurs in Franz Grillparzer's *Der Traum ein Leben*, when Rustan awakens from his dream, and confused like Segismundo, would kill his servant, Zanga (*Werke*, ed. F. Schreyvogl, Bd. II [Stuttgart, 1958], pp. 639-640). Cf. Hurtado de la Vera, *Doleria*, in *Orígenes de la novela*, III, 342. See also notes 67 and 466.

72. "...if my heart had experienced such relief [as the supposed coitus], why am I now free from any sense of exhaustion?"

73. Cf. XIII, 132: "Quien malas mañas a, tarde o nunca las perderá." Thus in *Segunda Celestina*, p. 309; Espinosa, *Refranero*, p. 151; Núñez Alva, *Diálogos*, p. 12; Valdés, *Diálogo de la lengua*, p. 95; Garay, *Cartas*, pp. 116, 165; Núñez, *Refranero* p. 170; Correas, *Vocabulario*, p. 416; I. de Luna, *Diálogos familiares* (Paris, 1619; in Sbarbi, *Monografía*, p. 129a); Martínez Kleiser, nos. 13.905, 52.908. Rodríguez Marín lists a variant: "Quien malas mañas tiene, tarde o nunca las pierde" (*21.000 refranes*, p. 411a; Martínez Kleiser, no. 52.909). Cf. "Quien malas mañas tiene en cuna, o las pierde tarde o nunca" (Núñez, *Refranero*, p. 170; Correas, p. 416; Martínez Kleiser, no. 13.906).

74. Keniston lists several examples of *cualquiera* before nouns (*Syntax*, §25.236) and notes that "examples are slightly more frequent with a feminine singular noun." José R. Palomo has suggested ("The Relative Combined with *Querer* in Old Spanish," *HR*, II [1934], 51-64) that *cualquier* is not an apocopation of *cualquiera*, as commonly believed, but of *qual se quiere*, since atonic *e* fell after liquids, but atonic *a* maintained itself; cf. also his "*Siquiere* y sus variantes," *HR*, IV (1936), 66-68. *Qualquier* occurs in VII, 47-48.

75. "There's a big difference, if he's heard, between being found with her and being some distance away."

76. Felides' pretty speech here seems to be an effort to cover up the earlier thought. See II, 19, where Sigeril wonders if Felides really "no lo entendía, o dissimulaua por su honrra."

77. "...[de] ninguno [i.e., *cuidado*, in line 210, above] se deue quexar."

78. *Vox* (Barcelona, 1956, s.v. *topar*) distinguishes between *topar con* ("Tropezar o embarazarse con") and *topar a* ("Hallar casualmente ... o encontrar").

79. The Galician troubador Macías was the paragon of lovers; see Santillana, "Infierno de los enamorados," st. LXIV (*Obras*, p. 398; Juan de Mena, *El laberinto de fortuna* (Madrid, 1951), pp. 59-60; Sánchez de Badajoz, "Infierno de amor," *Cancionero castellano del siglo XV*, II, 631-632; *Celestina*, II, 21; Güete, *Comedia Vidriana*, p. 202. The comparison is now proverbial; see Luis Montoto, *Personajes, personas y personillas*, II (Sevilla, 1922), 119, and Martínez Kleiser, no. 4.071.

80. *proprio* < Lat. *proprium;* mod. *propio* by dissimilation. Both forms occur in this text; cf. C. Fernández Gómez, *Vocabulario de Cervantes* (Madrid, 1962), pp. 837-838.

81. Sigeril here refers to the mocking attitude shown by Faceto toward his master in Torres Naharro's *Comedia Aquilana* (*Propalladia*, II, 473-475).

82. The imperfect of *ver* in this text is consistently *vía* (XVIII, 174; XXV, 12; XLV, 12; XLIX, 79; L, 102); cf. *vías* (XXV, 14), *víamos* (XLI, 51; XLIX, 80), *vían* (L, 100). This was the normal phonological development for the tense; see Menéndez Pidal, *Manual*, §11.2 and §117.1. Rodríguez Marín notes that "aún dice *vía*, por *veía*, nuestro vulgo" (ed. *Don Quijote*, I, 131n).

83. *nortes* = *amores* (cf. Julio Cejador, *Fraseología o estilística castellana*, III [Madrid, 1925], 151: "*Es mi norte* ... mi amor").

84. "... it seems to me that I'm going to have some fun at the expense of his love affair, according to the way I made him angry just now by teasing him."

85. *esimirse*, mod. *eximirse* (cf. XLV, 26). "Eximir, exceptuar de los demás" (Covarrubias, s.v. *eximio*).

86. According to Covarrubias, *de papo* is equivalent to "con presunción vana" (s.v. *papos*); cf. Baltasar Gracián, *El Criticón*, ed. M. Romera Navarro, I (Philadelphia, 1938), 189.

87. Correas (*Vocabulario*, p. 355) gives the phrase "Bien sé de ké pie koxea," with the explanation "Esto es, bien sé la falta i mala inklinazión ke tiene, i su kondizión." The phrase occurs frequently in Medieval and Renaissance texts; see O'Kane, *Refranes*, p. 85; *Celestina*, I, 42, and II, 107; Torres Naharro, *Calamita*, III, 12a (see Gillet, ed., *Propalladia*, III, 675); idem, *Aquilana* (ibid.), p. 747; Pedro Manuel de Urrea, "Égloga de la Tragicomedia de Calisto y Melibea," in his *Cancionero* (Zaragoza, 1878), p. 462; *Segunda Celestina*, p. 146; Espinosa, *Refranero*, p. 80; *Lisandro y Roselia*, p. 194; Jorge Ferreira de Vasconcellos, *Comedia Ulysippo* (ed. Lisboa, 1618), f. 59ᵛ; *Lazarillo*, ed. Cejador, p. 155. In Martínez Kleiser, no. 12.607.

88. *Por vida de mi agüelo* is a frequent oath in the *Celestina*-novels; e.g., *Comedia Selvagia*, p. 33: "Por vida de mi agüela la tuerta." Regarding *agüelo* for *abuelo*, see R. J. Cuervo, *Apuntaciones críticas sobre el lenguaje bogotano* (Paris, 1907), §781: "Las vocales complexas *u, o* ejercen atracción así sobre las consonantes guturales convirtiéndolas en labiales, como sobre las labiales convirtiéndolas en guturales"; he gives *agüelo, güeno,* and *güey* as examples. *Agüelo* is still common in Latin-America; see Cuervo, p. 279n; Pedro Henríquez Ureña, *El español en Méjico* (Buenos Aires, 1938), p. 12; Carlos Martínez Vigil, *Arcaísmos españoles usados en América* (Montevideo, 1939), p. 62; and Rudolfo Lenz, *El español en Chile* (Buenos Aires, 1940), p. 37.

89. "Don't let him try to get out keeping his promise with me, because I'm as hard as a fruit-pit [*cuesco*]." *Parola* is frequently used in proverbs with the meaning of "promise" (cf. Martínez Kleiser, nos. 52.625-26, 52.657. Cf. note 327, below. Corominas notes (s.v. *caler*) that "el uso de *caler,* que empieza a hacerse menos frecuente desde el S. XIV, tendiendo a restringirse a la frase negativa *(no le cale),* es ya raro en el S. XVI"; yet it occurs twice in this text (XXXI, 95). Cf. S. Gili Gaya, *Tesoro lexicográfico* (Madrid, 1960), s.v. *cale.*

90. *Mas siquiera* = "however."

91. *San Miguel.* A church opposite the Alcázar in Toledo, founded in the twelfth century; see *Enciclopedia universal ilustrada,* LXII, 442.

92. This concept is apparently proverbial, though I have found no other occurrence of it. Cf. "En mentando al ruin luego viene" (Espinosa, *Refranero,* p. 212); "El rruin de Rroma, en mentándole luego asoma" (Correas, *Vocabulario,* p. 118).

93. Cf. the English expression, "born yesterday" (Archer Taylor and B. J. Whiting, *A Dictionary of American Proverbs and Proverbial Phrases* [Cambridge, Mass., 1958], p. 417).

94. The concept of Nature as creator of all other natures *(Natura naturans)* is present in the works of medieval theologians, early Spanish poets, and Spanish writers of the sixteenth and seventeenth centuries (see Green, *Spain,* II, 76-92), including Rojas' *Celestina* I, 31-32: "En esto veo, Melibea, la grandeza de Dios. ...En dar poder á natura que de tan perfeta hermosura te dotase...." See also Leo Spitzer, "Zur *Celestina,*" ZRPh, L (1930), 237-240.

95. "Echar dado falso. Por: engañar. Negando se usa más: 'No le echarán dado falso'..." (Correas, *Vocabulario,* p. 636). Cf. Rodríguez Marín, ed., *Don Quijote,* IV, 227n. The phrase occurs elsewhere in this text (XXIX, 143; XLIV, 46), *Segunda Celestina* (p. 422), Espinosa *(Refranero,* p. 92) and Garay *(Cartas,* p. 156).

96. *contratado,* i.e. *tratado* [*conmigo*]; see *Dicc. Acad.,* s.v.

97. Pandulfo here makes a pun on the two meanings of *badajo,* "clapper" (of a bell), and "prattler." See also XVI, 152; XXV, 110; XLI, 189. Cf. *Celestina,* I, 210: "Ya se desconciertan sus badajadas. Nunca dá menos de doze; siempre está hecho relox de mediodía."

98. "Gastar almazén. Dízese de los ke gastan muchas palavras en arengas largas sin sustanzia" (Correas, *Vocabulario,* p. 694. Cf. *Dicc. Hist.,* s.v. *almacén;* "De aquí se dixo gastar mucho almacén el que trae muchas cosas, y todas ellas son de poco momento y menudas" (Covarrubias, s.v. *almazén*). The phrase is used by Jorge Manrique (*Cancionero* [Madrid, 1952], p. 10), Espinosa (*Refranero*, p. 42), and Garay (*Cartas*, p. 160). See also Julio Puyol, ed., López de Ubeda, *La Pícara Justina*, III, 111. The phrase occurs frequently in the *Tercera Celestina* (see IX, 47; XVI, 268; XXV, 28; XXVIII, 238).

99. *siquiera por* = "if only because of."

100. Cf. *Celestina*, I, 89: "Los bienes, si no son conmunicados, no son bienes"; *Farça a manera de tragedia*, ed. Hugo A. Rennert (Valladolid, 1914), p. 18: "¡O como es vera razón / qu'el plazer no ha perficion / quando no es comunicado!"; Rojas Zorrilla, *Lucrecia y Tarquino*, ii, 915-916: "Todo bien comunicado / se aumenta."

101. *Para todo ay remedio sino para la muerte.* See algo XXXV, 90. This proverb appears in *Refranes famossimos y prouechosos glosados* (Burgos, 1509, f. B 4ʳ); *Comedia Thebayda* (p. 194; *salvo* for *sino*); *Don Quijote*, pt. II, chs. 43 and 64; Cervantes, *Vizcaíno fingido* (*Obras completas* [Madrid, 1956], p. 574a); id., *Rinconete y Cortadillo* (ed. Rodríguez Marín, p. 251; see note, p. 371); Correas, *Vocabulario*, p. 456; Haller, pp. 404-406; Martínez Kleiser, no. 42.261; Denah Lida, "Refranes judeo-españoles de Esmirna" (*NRFH*, XII [1958], 22, with numerous variants). Cf. Santillana (*Obras*, p. 506): "A todo hay mañana, sinon á la muerte." The latter form appears also in Núñez, *Refranero*, p. 29; Correas, p. 24; O'Kane, *Refranes*, p. 165b. In Portuguese: "Pera tudo ha remedio segundo dizem senam pera a morte" (Ferreira de Vasconcellos, *Eufrosina*, p. 24; cf. Haller, pp. 406, 644). Stevenson (1951:3) includes English, Medieval Latin, French, and Italian equivalents.

102. In the *Trigésima cena* of the *Segunda Celestina*, Pandulfo, coward that he is, uses as an excuse for not accompanying Felides to Polandria's house the pretense that "es contra ley de Dios . . . , que por esta causa me quería yo apartar deste peligro, donde no temiéndolo en el cuerpo lo debo temer en el alma" (p. 349).

103. *sutilejo.* The diminutive ending -*ejo* (< -*iculus*) is frequently deprecative (see Hanssen, *Gram. Hist.*, §338; cf. Anthony Gooch, *Diminutive, Augmentative and Pejorative Suffixes* (Oxford, 1967), pp. 124-129). Anita K. Levy does not consider -*ejo* in the first part of her study of Gallo-Romance suffixes ("Contrastive Development in Hispano-Romance of Borrowed Gallo-Romance Suffixes," *RPh*, XVIII [1965], 399-429).

104. *agallones.* Cf. *Dicc. Hist.*, s.v. *agallón:* "Cuenta de rosario muy abultada y de madera." In the *Segunda Celestina* Pandulfo had said: "Y de mañana en adelante compraré unos agallones, y haré mucho del hermitaño con mis cuentas, para disimular en cuanto dura este cebo de buitrera, destos negros amores" (p. 353).

105. *arrufaldado.* "El que tiene modos y ademanes de rufián" (*Dicc. Hist.*). In Juan del Encina, *arrufado* = *presumido, vanidoso* (*Teatro completo* [Madrid, 1893], p. 411). Cf. XII, 196.

106. The phrase has its origin in patristic tradition but is based on I John ii. 15-16; see Donald R. Howard, *The Three Temptations: Medieval Man in Search of the World* (Princeton, 1966), ch. 2. Cf. *Castigos e documentos*, ed. Rey, p. 35: "El que en este mundo biue siempre es conbatido de tres espeçiales enemigos, los quales son el diablo, e el mundo e la carne." In the *Cántico espiritual* San Juan de la Cruz speaks of "los tres enemigos del alma, que son: *mundo, demonio y carne*, que son los que hacen guerra y dificultan el camino" (*Vida y obras* [Madrid, 1950], p. 995); Luis Hurtado de Mendoza in *Cortes de la muerte* also speaks of "Tres enemigos crüeles: / El Dïablo, Carne y Mundo" (BAE, XXXV, 9c); the three appear as allegorical figures in Timoneda's *Farsa Rosalina* (*Obras completas*, I, 474-476); in Salamanca in 1575 was published Juan de Avila's *Libro sobre el verso Audi filia, que trata de como hemos de oyr a Dios, y huyr de los malos lenguages del Mundo, Carne y Demonio* (see Palau, no. 20.411); and Quevedo describes himself as "mozo dado al mundo, prestado al diablo y encomendado a la carne" (*Obras en prosa*, p. 90a). Cf. also Paulo de Carvalho-Neto, *Folklore poético* (Quito, 1966), p. 205: "Los enemigos del alma / todos dicen que son tres / pero yo digo que son cuatro / contando con la mujer."

107. *guadra y rodancho:* According to J. M. Hill (*Voces germanescas* [Bloomington, Ind., 1950], s.v.) *guadra = espada;* cf. Rodríguez Marín, *Dos mil quinientas voces castizas* (Madrid, 1922), p. 194. For *rodancho* ("shield"), see Hill, ibid., s.v., and Rafael Salillas, *El delincuente español. El lenguaje* (Madrid, 1896), p. 304. Cf. *Segunda Celestina*, p. 32: "¿Llevais todos vuestras guadras y rodanchos?"; p. 445: "Que viejas son para mí todas roncerías, que bien sé aguardar los tiempos de la iza y cuáles son, como sé los de la guadra y del rodancho"; and *La tía fingida* (ed. A. Bonilla [Madrid, 1911]), p. 29: "Pasando por cierta calle de Salamanca dos estudiantes mancebos y Manchegos, más amigos de baldeo y rodancho que de Bártulo y Baldo...." See also note 326.

108. "Abat, é ballestero" (Santillana, *Obras*, p. 506); cf. Torres Naharro, *Comedia Trophea*, II, 57-58: "Ni me paresces vicario, / sino abad y ballestero," and Gillet's note (III, 341). The phrase also occurs in Espinosa, *Refranero*, p. 33, and Martínez Kleiser, *Refranero general*, no. 58.321. Correas lists a variant: "Abad i ballestero, mal para los moros; o mala para los moros," and provides a long note (ed. Combet, p. 67); see also Haller, *Altspanische Sprichwörter*, pp. 1-3; O'Kane, *Refranes*, p. 41a; Martínez Kleiser, no. 57.124 (*mozos* [!]). Cf. Espinosa, *Refranero*, p. 33: "No podéys ser abbad y ballestero"; Correas, p. 258: "No puedo ser abad i ballestero."

109. This is a widely recorded proverb occurring in Jean de Meung's *Roman de la rose* ("Le robe ne fait pas le moine"), Erasmus' *Adagia* ("Cucullus non facit monachum"), Rabelais' *Gargantua* ("L'habit ne faict point le moine"), Shakespeare's *Henry VIII, Twelfth Night, Measure for Measure*, etc. (see Stevenson, 80:2). O'Kane lists three occurrences of the proverb in medieval Spanish (*Refranes*, p. 124a), to which add: "Dize Sant Jeronimo: 'El monje faze el abito, ca non el abito al monje'" (*Castigos e documentos*, ed. Rey, p. 114). The phrase appears in Espinosa, *Refranero*, p. 122; *Segunda Celestina*, p. 265; Núñez, *Refranero*, p. 147; Arceo,

Adagiorum, p. 56a; Correas, *Vocabulario,* p. 85; Pérez de Ayala, *Troteras y danzaderas* (Madrid, 1930), p. 26; Lea, *Literary Folklore,* p. 234; O. L. Chavarria-Aguilar, "Proverbs from Costa Rica," *WF,* VIII (1949), 249; H. Molina, "El refrán y el modismo en el hablar popular de la montaña antioqueña," *Revista de folklore,* no. 6 (enero 1951), 327; Martínez Kleiser, no. 63.218.

110. On the significance of *vergüenza* in Spanish society, see Margaret Mead, *Cultural Patterns and Technical Change* (New York, 1955), p. 170; J. A. Pitt-Rivers, *The People of the Sierra* (London, 1954), pp. 113-118; and Gillet-Green, *Torres Naharro and the Drama of the Renaissance,* pp. 199-202. Cf. pp. XX, 122: "Más vale vergüença en cara, que manzilla en coraçón." The proverb is listed by O'Kane (*Refranes,* p. 229b), Espinosa (*Refranero,* p. 242), Núñez (*Refranero,* p. 130), Arce (*Adagiorum,* p. 55b), Correas (*Vocabulario,* p. 542; cf. ibid., "Más vale rrostro bermexo ke korazón negro," and note), and Martínez Kleiser (no. 31.247; cf. nos 15.195 and 63.201). The proverb occurs in the *Segunda Celestina* (pp. 351, 494), Garay's *Cartas* (pp. 123, 162), Núñez Alva's *Diálogo de la vida del soldado* (p. 21), *Comedia Florinea* (p. 295), and the *Entremés de los refranes* (p. 178b). See also Gillet, ed., *Propalladia,* III, 285. In Portuguese: "He melhor vergonha em cara que mazela em coração" (Ferreira de Vasconcellos, *Eufrosina,* p. 37); "Mais vale vergonha no rosto, / Que magoa no coração" (Luís de Camões, *Obras Completas* (Lisboa, 1946), III, 198.

111. *¡Contigo me entierren!* "Expr. fam. con que uno da a entender que es del mismo gusto, genio o dictamen de la persona o personas a quienes se dirige o alude" *(Dicc. Acad.,* s.v. *enterrar).* Cf. Espinosa, *Refranero,* p. 107: "Con vos me entierren"; Correas, *Vocabulario,* p. 428: "Kontigo me entierren, ke sabes de kuenta ... Kontigo me entierren, que me entiendes."

112. *sé qué cosa es mundo;* i.e., "I'm not so dumb." Again in XXXV, 22. Cf. *saber quántos son cinco,* I, 168, and note 66; *Segunda Celestina,* p. 225: "No sé tan poco del mundo que no sé cuáles son burlas y cuáles son veras."

113. *dubitable* = *dudable (Dicc. Acad.).*

114. This proverb is recorded in several medieval texts; see O'Kane, *Refranes,* p. 80b (add *Castigos e documentos,* p. 99: "quien non cata lo de adelante, atras se cae"). It appears with slight variations in *Comedia Thebayda,* p. 234; Espinosa, *Refranero,* p. 160; Arceo, *Adagiorum,* p. 58a; *Lisandro y Roselia,* p. 42; Garay, *Cartas,* pp. 116, 161; *Comedia Florinea,* p. 178; Núñez, *Refranero,* p. 76; Correas, *Vocabulario,* p. 390 (reconstructed by Combet); Rodríguez Marín, *21.000 refranes,* pp. 388a, 416b; Lea, *Literary Folklore,* p. 234; Martínez Kleiser, nos. 18.030-31, 36.291, and 52.220.

115. "Morisma. f. secta de los moros" *(Dicc. Acad.).* To renounce a heretical sect as the *rufianes* so often do is to neutralize the oath in much the same way as to introduce a negative into a normal oath (see Gillet, ed., *Propalladia,* III, 477, and *idem,* "Perolópez Ranjel, *Farça ... del Glorioso Nascimiento,*" *PMLA,* XLI [1926], 879). On the use of the noun adjectivally, see Keniston, *Syntax,* §3.61.

116. *anque.* "Conj. advers. ant. y vulg. Aunque" *(Dicc. Hist.).* A. M. Espinosa explains the reduction of the *au* (in unstressed positions) to *a* "by regressive assimilation to the accented and more sonorous vowel" ("The Language of the *Cuentos Populares Españoles,*" *Language,* III [1927], 197-198). Cf. Hanssen, *Gramática,* p. 100. *An que* appears several times in this text, though *avn que* is the usual form. See also T. Navarro Tomás, ed., Santa Teresa de Jesús, *Las Moradas* (Madrid, 1951), p. 1n.

117. *Estáte en tus treze.* See note 43.

118. Correas lists "Treskílenme en konzexo, i no lo sepan en mi kasa" *(Vocabulario,* p. 513); cf. *Celestina,* II, 133, and the "Auto de Traso," ed. Criado de Val-Trotter, p. 315; *Comedia Thebayda,* p. 16; Espinosa, *Refranero,* p. 232; *Segunda Celestina,* p. 477; Garay, *Cartas,* pp. 117, 165; O'Kane, *Refranes,* p. 222a: "Al que trasquilan en concejo, non es poridad"; Martínez Kleiser, no. 63.144. See also Marcel Bataillon, *"La Célestine" selon Fernando de Rojas* (Paris, 1961), p. 124n.

119. *dixesses* = ¡ojalá dixeras!

120. *fueste.* "Las formas analógicas buscan la uniformidad de la vocal, que la lengua literaria en tiempo de Nebrija lograba así: *fue, fueste, fue, fuemos, fuestes, fueron"* (Menéndez Pidal, *Manual,* §120.5). Cf. note 6, above.

121. *secretario.* Here "a sharer of secrets," as in Cristóbal de Villalón's *Tragedia de Mirrha* (ed. Madrid, 1926, p. 49): "Plugiera alos Dioses, hija mía, que de tan nefando pensamiento no fuera yo tu secretaria."

122. Rodríguez Marín *(12.600 refranes,* p. 168b) and Martínez Kleiser (no. 43.185) list the proverb "La mujer y la estopa con poco fuego arden." Cf. Lope de Vega, *La dama boba,* II, viii (BAE, XXIV, 306): "Libre Dios de un fuego loco / la estopa de una muger." A more common form is, "El hombre es fuego, la mujer estopa, viene el diablo y sopla" *(Entremés de los refranes,* p. 178b; Correas, *Vocabulario,* p. 88; Martínez Kleiser, no. 60.233; A. H. Krappe mentions having heard it in New Mexico, see *Speculum,* IX [1934], 458). Cf. Rodríguez Marín, *21.000 refranes,* p. 249a: "La mujer es fuego; el hombre, estopa; y el diablo, fuelle." Stevenson lists English, French and Latin equivalents, all later than 1600 *(Home Book,* 1520:9). See also Gillet, ed., *Propalladia,* III, 268.

123. *madejas,* "profit from her efforts." Cf. Cejador, *Fraseología o estilística castellana,* III, 3: "Sabe bien vender sus madejas. (Es más propio decirlo de mujeres) ... *Vender sus madejas.* (Por saber hacer su provecho)." Cf. XL, 31-32: "Areúsa tu querida quiere y a querido vsar de sus madexas con otro en menosprecio tuyo." Elsewhere (VI, 53) the word means "grey hair."

124. *auctoridad. Auctor* had become *autor* as early as the third century A.D. *(Appendix Probi,* ed. W. Heraeus [Leipzig, 1899], p. 23: "auctor non autor"). *Auctoridad* is a learned regression.

125. "A media karta. Dízese: 'Kasarse, o Estar kasado, a media karta,' de los ke se medio kasan o amanzeban" (Correas, *Vocabulario,* pp. 602-603). Cf. *Dicc.*

Hist., s.v. *carta:* "*A media carta.* A medias, imperfectamente." See also Rodríguez Marín, *Modos adverbiales castizos y bien autorizados* (Madrid, 1931), p. 51.

126. *heziste,* mod. *hicisteis.* "El resultado fonético de fēcī es *fize,* el de fēcistī *feziste,* fēcit *fezo,* y en plural *fezimos* o *fiziemos, feziste* o *fiziestes, fizieron*" (Menéndez Pidal, *Manual,* §120.5; see also §105.1). The form *hezistes* occurs in XXVI, 47, and *desezistes* in III, 69. Cf. III, 86: *hezimos.*

127. In the *Trigésima primera cena* of the *Segunda Celestina,* Felides and Sigeril enter into secret marriage agreements with Polandria and Poncia respectively, then talk to them through the *reja.* In the last *cena,* which takes place the next night, "goza Felides de los amores de Polandria; y Poncia no consiente en los de Sigeril hasta que se velen" (p. 498).

128. "Si la polilla hiciesse lo que debiera, no caería en la buena ropa, sino en la mala lengua" (Rodríguez Marín, *Los 6.666 refranes de mi última rebusca* [Madrid, 1934], p. 158a; Martínez Kleiser, no. 44.634).

129. The *ducado* was of variable value in the sixteenth century, but was the equivalent of eleven *reales* or 374 *maravedíes* (see Hugo A. Rennert, *The Spanish Stage in the Time of Lope de Vega* [New York, 1909], p. 108*n;* cf. Arnold G. Reichenberger, ed., Lope de Vega, *Carlos V en Francia* [Philadelphia, 1962], p. 219). Henry Charles Lea (*History of the Inquisition in Spain,* I [New York, 1906], 560 ff.) states that in 1537, the ducat was worth 330 *maravedíes,* 400 in 1566, and 440 in 1609.

130. Obviously the *doblón* was worth two *ducados;* cf. Lea, *History,* p. 560.

131. "*Blanca,* moneda de vellón, que valía antes un maravedí de los viejos en tiempo de Alfonso XI: dos, un maravedí en tiempo de los Reyes Católicos, desde 1497, y de Felipe II, hasta 1602, en que, por la subida de la moneda, valió un maravedí" (J. Cejador, *Lazarillo de Tormes* [Madrid, 1941], p. 176*n*); cf. F. Rodríguez Marín, ed., Luis Vélez de Guevara, *El diablo cojuelo,* p. 141*n,* and Covarrubias, s.v.: "No aver blanca, no tener dinero."

132. *real.* "Moneda de plata, que vale treynta y quatro maravedís; por tener las armas reales" (Covarrubias). Cf. Robert E. Wilson, "The Real 'Real'," *Hispania,* XLVII (1964), 129-132.

133. *estas [barbas].* Oaths on the beard were frequent; see VII, 47, and note 368.

134. The *burdel* of Valencia received a measure of official recognition and protection from the fourteenth century through the reign of Felipe IV; see Manuel Carboneres, *Picaronas y alcahuetas ó la mancebía de Valencia* (Valencia, 1876), pp. 11-12, 73; and Romualdo González Fragoso, *La prostitución en las grandes ciudades* (Madrid, 1887), pp. 25-28.

135. "... trying to get her to give up her present life to go away with me." Cf. Covarrubias, s.v. *mundo:* "Dexar el mundo, entrar en religión." This, however, is not Pandulfo's intention for Quincia.

136. "She's no ordinary girl." Cf. the phrase *alma de cántaro,* "al que es vacio y tonto" (Covarrubias, p. 92).

137. *destrado = de estrado.* "Estrado, el lugar donde las señoras se asientan sobre cogines y reciben las visitas" (Covarrubias). Cf. VII, 55, and note 373.

138. *doctada.* The 1539 ed. gives *dotada.* The *-ct-* is apparently the result of overcorrection. In *Castigos e documentos,* both forms appear on the same page: "... la crio doctada de bienes ... después era dotada de los dones" (ed. Rey, p. 31).

139. *Boruga la negra.* One of the servants in Polandria's house; see above, p. 24, and *aucto quinto.*

140. "En lugar de *este otro, esto otro, ese otro, eso otro,* se empleaban también los compuestos *estotro, esotro,* no enteramente anticuados" (Bello-Cuervo, *Gramática,* §264).

141. *vamos = vayamos.* The syncopated forms *vamos* and *vais* substitute frequently in the present tense for *vayamos* and *vayáis* (see Bello-Cuervo, *Gramática,* §582).

142. "Gato maullador, nunca buen caçador" (Santillana, *Obras,* p. 513; cf. O'Kane, *Refranes,* p. 121b; *Celestina,* "Auto de Traso," ed. Criado de Val-Trotter, p. 317; Garay, *Cartas,* p. 117; Correas, *Vocabulario,* p. 343; Martínez Kleiser, nos. 2.832, 25.968). A common variant is "Gato miador (maullador), nunca buen murador" (Espinosa, *Refranero,* p. 118; *Segunda Celestina,* p. 420; *Comedia Florinea,* p. 276; Correas, p. 343; Martínez Kleiser, no. 25.969). In Ferreira's *Comedia Eufrosina* (p. 57): "Gato bradador, ec." J. L. Burckhardt lists the proverb among his *Arabic Proverbs* (no. 240; see Stevenson, 294:6). Cf. "Perro ladrador, nunca (buen) mordedor" (O'Kane, *Refranes,* p. 189b; Correas, *Vocabulario,* p. 468); "no vi perro que ladre que fuesse buen caçador" (J. M. Sánchez, "Refranes de Veo-veo," *RHi,* XL [1917], p. 411); "Perro que ladra no modre" (Saporta, *Refranero Sefardi,* p. 245); "Pero que maoya no modre" (Denah Lida, "Refranes," no. 214; Lida lists numerous additional references, to which add: Shirley Arora, "Some Spanish Proverbial Comparisons from California," *WF,* XX [1961], 235; Celso Narciso Teletor, "Supersticiones y dichos," *Folklore de Guatemala,* no. 1 [1965], p. 56). See also Stevenson, 614:2.

143. Such thinly veiled obscene references occur frequently in Celestinesque literature.

144. Cf. *Celestina;* I, 260: "Me hazés dentera con vuestro besar é retoçar."

145. Similar forms of leave-taking occur in the original *Celestina* (ed. Cejador, I, 59; II, 68) and in addition to being "imitée è satiété par l'auteur de la *Policiana*" (Bataillon, *La Célestine,* pp. 80-81), were used frequently by Gómez de Toledo. Cf. also n. 123, p. 402, above.

146. *hortaliza.* Normally a countable, *hortaliza* functions here as a mass-noun. See Iannucci, *Lexical Number,* pp. 6-10, 28-29, 43-44.

147. Here, as on other occasions, *le = lo.* Cf. "... el vergel qual le vees" (below). See Bello-Cuervo, *Gramática,* §§279, 501; the Real Academia's *Gramática de la lengua española* (Madrid, 1959), §70e; Ramsey-Spaulding, *A Textbook of Modern Spanish,* §3.13; Charles E. Kany, *American-Spanish Syntax* (Chicago, 1951), p. 102. Cf. Keniston, *Syntax,* §7.132: "*Le* has become the regular form for the masculine direct object, whether referring to persons or to things, among writers of Castilian or northern origin, such as the Cardinal Cisneros, Guevara, Sancho de Muñón, the authors of the *Abencerraje* and the *Lazarillo de Tormes,* Santa Teresa, Hermosilla, Luis de León, and San Juan de la Cruz," and even Cervantes (see Clemencín, ed., *Don Quijote,* VI, 169*n*).

148. *albahaqueras.* Masc. in *Dicc. Acad., Dicc. Hist.,* and in this text, *auto* XXXI: "Quito vnos albahaqueros desta rexa." The feminine form occurs in Palet, Oudin, and Franciosini (see Gili Gaya, *Tesoro lexicográfico,* s.v.).

149. Hippocrates speaks (in his *De Aeribus, Aquis et Locis,* IV, of cities facing cold winds as being generally healthier than those facing warm winds (see *Hippocrates,* ed. and tr. W. H. S. Jones, I [London, 1923], 77).

150. Characters in the *Tercera Celestina* are frequently concerned about the sun and its effects; cf. "¿Con tal sol passeas?" (XXIV, 64); "¿Cómo vienes tan colorada, hija? Pienso que as andado al sol" (XLIII, 62-63). See also Pról., 29, and note 9. This may be a carryover from dramas which were frequently performed in the open (see Micael de Carvajal, *Tragedia Josephina,* ed. Gillet [Princeton-París, 1932], p. 105 and note, p. 192).

151. "I'll be damned if those aren't a man's tracks, and if this does not look bad I don't know what to say."

152. Poncia here enters unseen by Penuncio and eavesdrops on his musings. She first makes her presence known to him in l. 65.

153. *caer en.* "To discover, find out," as in Lazarillo (ed. Cejador, p. 87): "Tantas bueltas y tientos dió al jarro, que halló la fuente y cayó en la burla."

154. *anque.* See note 116.

155. A play on the proverb, "Bobito es el niño, que se dejará engañar," which Correas explains: "Ironía por: es astuto i vellako" (*Vocabulario,* p. 359).

156. Though both Penuncio and Poncia are servants, she uses the *tú* form to him and he the *vos* form to her. This is another example of the arbitrary use of *tú* and *vos* between equals (see note 49).

157. Oaths involving the name of San Juan are rare. In Jaime de Güete's *Comedia Vidriana,* Gil Lanudo swears "por San Joan" (p. 214); and Filirín in *Lisandro y Roselia* uses "juró á Sant Juan" (p. 157). Cf. also "Cuerpo de quien me parió con tanto oficial" (IV, 65); "¡O cuerpo de mí con tal melodía!" (VI, 56), and note 27, above.

158. *Quien* served as singular *and* plural until the sixteenth century, when the new plural, *quienes,* was created (see Menéndez Pidal, *Manual,* §101.1; cf. Hanssen, *Gramática,* §184; Keniston, *Syntax,* §15.153). Numerous examples exist from the seventeenth century, e.g., Guillén de Castro, *Mocedades del Cid,* ed. Said Armesto, p. 119 and note; cf. Fernández Gómez, *Vocabulario de Cervantes,* s.v. See also XLIX, 41.

159. *so,* mod. *soy.* See Hanssen, *Gramática,* §230, and Menéndez Pidal, *Manual,* §116.1. Both forms appear in this text.

160. *vees* < Lat. *vides.* See Menéndez Pidal, *Manual,* §113.2a; Hanssen, *Gramática,* §222. The form is frequent in sixteenth-century texts; e.g., Alfonso de Valdés, *Diálogo de Mercurio y Carón;* José F. Montesinos (Madrid, 1929), p. 79: *vees;* p. 80: *veen.*

161. On the belief in the existence of "ánimas en pena" see Pedro Ciruelo, *Reprobación de las supersticiones y hechicerías* (Madrid, 1952), p. 110: "Muchas veces el diablo, padre de mentiras, finge que es una ánima de tal hombre o mujer que anda en penas. ... Contra este engaño, digo, que todos los buenos cristianos tengan por cierta sentencia, que nunca ánima de persona defuncta torna a se envestir en cuerpo de persona viva; porque, aunque alguna vez y muy tarde Dios permita que alguna ánima de la otra vida venga acá a se aparecer a los vivos, aquello no es entrando en cuerpo de alguna persona desta vida, sino tomando cuerpo fantástico." Cf. Martín de Castañega, *Tratado de las supersticiones,* pp. 123-124. Professor Armistead has suggested to me that this is an allusion to the night-prowling *hueste* of souls in torment; see chap. II of Constantino Cabal's article on "Mitología ibérica" in *Folklore y costumbres de España,* ed. F. Carreras y Candi, I (Barcelona, 1931), 189-204; V. Risco, "La procesión de las ánimas y las premoniciones de la muerte," *RDTP,* II (1946), 380-429. Belief in the *hueste* is particularly strong in Galicia (José A. Sánchez Pérez, *Supersticiones españolas* [Madrid, 1948], p. 160) and Asturias (Aurelio de Llano Roza de Ampudia, *Del folklore asturiano* [Madrid, 1922], pp. 70-75). Espronceda describes the passing of the *hueste* in the 48 lines of *El Estudiante de Salamanca,* and in Valle Inclán's *Romance de lobos,* Don Juan Manuel Montenegro witnesses this procession: "Se oyen gemidos de agonía y herrumbroso son de cadenas que arrastran en la noche oscura las ánimas en pena que vienen al mundo para cumplir penitencia" (*Obras completas,* I [Madrid, 1954], 653-654). See also Stith Thompson, *Motif-Index of Folk Literature,* no. E501, "The Wild Hunt."

162. "It will only add evidence to your guilt or crime *(corpus delecti).*"

163. "... would I be able to say that the pot is broken if I didn't have the shards [i.e., evidence of the crime]?" The proverb is "Si se quebró la olla; si no, he aquí los cascos" (Santillana, *Obras,* p. 521; Espinosa, *Refranero,* p. 172; Correas, *Vocabulario,* p. 281; Martínez Kleiser, no. 53.536; O'Kane, *Refranes,* p. 174a). Cf. "Donde buenas ollas quiebran, buenos cascos quedan" (Núñez, *Refranero,* p. 62; Rodríguez Marín, *21.000 refranes,* p. 137a).

164. *calor.* "ant. m. o f." (E. Rodríguez Herrera, *Observaciones acerca del género de los nombres*, I [Havana, 1947], 33). Cuervo notes that "hubo en los primeros tiempos de la lengua la tendencia de dar el género femenino á los nombres en *or*, guardando cierto paralelismo con el provenzal y el francés.... Reliquias de esto guarda el vulgo cuando dice *la calor* y con menos frecuencia *la color;* cosa que en lo literario apenas se toleraría á un poeta, y más bien en el último que en el primero" (*Apuntaciones*, §194). Cf. XXIV, 65-66: "el calor."

165. "Antes toman al mentiroso que al coxo" (O'Kane, *Refranes*, p. 159a; Espinosa, *Refranero*, p. 157; Arceo, *Adagiorum*, p. 57b; Ferreira de Vasconcellos, *Comedia Ulysippo*, fol. 45 [in Port.]; Correas, *Vocabulario*, p. 60; Rodríguez Marín, *21.000 refranes*, p. 34b; Martínez Kleiser, no. 40.808; cf. Haller, *Altspanische Sprichwörter*, pp. 281-283). Stevenson (1394:1) cites Thomas Fuller's *Gnomologia* (1732): "The Lyar is sooner caught than the Cripple." The proverb is related in concept to another: "La mentira no tiene pies" (see Gillet, ed., *Propalladia*, III, 301).

166. "*Chapín.* Calçado de las mugeres, con tres o quatro corchos," says Covarrubias (s.v.) and adds: "En muchas partes no ponen chapines a una muger hasta el día que se casa, y las donzellas andan en çapatillas." Cf. XLVII, 319: "Con desseo de chapines, etc."; *Dorotea* (ed. Morby), p. 26: "Paréceme que siento chapines"; Cervantes, *Novelas ejemplares*, ed. Rodríguez Marín, I (Madrid, 1952), 199-200: "La Escalanta, quitándose un chapín, comenzó a tañer en él como en un pandero"; and the proverb: "Donde no ai chapines, no ai aliño" (Correas, *Vocabulario*, p. 335). See Ruth M. Anderson, "El chapin y otros zapatos afines," *Cuadernos de la Alhambra*, no. 5 (1969), 17-32.

167. "*Servilla.* (Del lat. *seruilia calceamenta*, calzado de esclavas.) f. Zapatilla" (*Dicc. Acad.*).

168. Correas lists the proverbs "En buen paño kae la rraza" (*Vocabulario*, p. 130; also in *Lisandro y Roselia*, p. 250) and "En la eskarlata kae la rraza" (*Vocabulario*, p. 122; Martínez Kleiser, no. 16.819). Cf. Covarrubias, s.v. *paño:* "En el mejor paño cae la raza" (Rodríguez Marín, *21.000 refranes*, p. 181a: *cae una mancha*); O'Kane, *Refranes*, p. 206a: "Las manches cayin a laz ropes fines"; Martínez Kleiser, no. 16.820: "En el buen paño cae la polilla, y el malo de ella se libra." See also Stevenson, 7:1 (citing Thomas Fuller): "The best Cloth may have a Moth in it."

169. *Entre diez ay vna buena.* This proverb is not listed by Correas, O'Kane, Rodríguez Marín or Martínez Kleiser, though the latter two collectors give "No hay más de una mujer buena, ni más de un hombre malo." Cf. *Comedia Seraphina* (Madrid, 1873), p. 322: "Aun Serafina muger es, del género de las quales dixo Salomon, de cien hombres he hallado uno bueno, pero de mil mujeres ninguna he hallado buena."

170. "La razón no quiere fuerza" (Espinosa, *Refranero*, p. 204; Correas, *Vocabulario*, p. 208: "...ni la fuerza kiere rrazón"; Martínez Kleiser, no. 54.065). Cf. Rodríguez Marín, *12.600 refranes*, p. 172b: "La razón no quiere fuerza, ni maña que la tuerza."

171. *dende,* from *de* + *inde.* Fontecha lists several occurrences in classical texts with the meaning *de allí.* Cf. Hanssen, *Gramática,* §625: "La forma *dende* se usa en lo antiguo al lado de *ende.* Se confunde con *desde.*"

172. Misogynistic debates of the type which follows are common in fifteenth- and sixteenth-century literature generally, and more specifically in the *Celestina*-novels; see P. E. Douglass, ed., *The Comedia Ypólita* (Philadelphia, 1929), p. 80; Pedro Bach y Rita, *The Works of Pere Torroella* (New York, 1930), pp. 51-59; Barbara Matulka, *The Novels of Juan de Flores* (New York, 1931), p. 7: *idem, The Feminist Theme in the Drama of the Siglo de Oro* (New York, 1936), p. 1n; Frank B. Vecchio, "Sempronio y el debate feminista del siglo XV," *Romance Notes,* IX (1968), 320-324; and especially Jacob Ornstein, *Luis de Lucena, Repetición de amores,* pp. 12-32. Cf. *Celestina,* ed. Cejador, I, 47-52; *Comedia Ypólita,* pp. 29-32; *Comedia Thebayda,* pp. 471-474; *Comedia Seraphina,* p. 322; *Lisandro y Roselia,* pp. 249-250; *Comedia Selvagia,* pp. 7-22; *Comedia Florinea,* pp. 298-299.

173. The name of Eve as responsible for the fall of man is always introduced into misogynistic debates; cf. *Celestina,* I, 50: "Esta es la muger, antigua malicia que a Adán echó de los deleytes de parayso"; Pedro M. de Urrea, *Penitencia de amor* (Barcelona-Madrid, 1902), p. 18: "Mira la primera muger Eua en que puso el mundo . . ."; Juan del Encina, *Égloga de tres pastores* (*Teatro,* Madrid, 1893), p. 206: "Desd'el comienzo de su creación / Torcio la mujer del vero camino." "This Biblical argument of the original sin . . . [is] ever present, in jest or in earnest, in the *comedia*" (Matulka, *The Feminist Theme,* p. 38). In almost as many cases, the Virgin Mary is cited in these debates as the source of redemption.

174. Elena is frequently blamed for the destruction of Troy: Urrea, *Penitencia de amor,* p. 18; *Lisandro y Roselia,* p. 250; A. Velásquez de Velasco, *La Lena,* p. 393. Cf. note 206.

175. Regarding Lucrecia, see Alvaro de Luna, *Libro de las claras e virtuosas mugeres* (Toledo, 1908), pp. 79-84; Montemayor, *La Diana* (ed. Moreno Báez), p. 192 and note; Raymond MacCurdy, ed., Rojas Zorrilla, *Lucrecia y Tarquino,* pp. 9-15; Montoto, *Personajes,* II, 115; Gillet, "Lucrecia-necia," *HR,* XV (1947), 120-136, esp. 125-128. Cf. Santillana, "Infierno de los enamorados," *Obras,* p. 387; Lucena, *Repetición de amores,* p. 42; Encina, *Égloga de tres pastores,* p. 210; *Comedia Thebayda,* p. 25; *Segunda* Celestina, p. 158; *Comedia Selvagia,* pp. 11-12.

176. *espantar* = "to wonder," as in many classical texts; see Fontecha, s.v.

177. "Agamenon, capitán de los griegos, él peleaba en Troya, y su muger, Clitemnestra, se holgaba con su amigo Egisto en Argos" (*Lisandro y Roselia,* p. 249); cf. *Comedia Selvagia,* p. 10: "El padre de Oréstes por él [amor] fué privado de la vida á manos de su mujer Clitenestra"; Lucena (*Repetición de amores,* p. 53) gives more details.

178. Penuncio is speaking sarcastically: "If that one was [chaste in killing herself], we shouldn't wonder that Clytemnestra was [chaste too] in killing her husband."

179. Penelope is invariably mentioned by the defenders of women in these debates, e.g., Lucena, *Repetición de amores,* p. 42: "¿Qué de Penélope y Dido que con un solo varón fueron contentas?"; Encina, *Égloga de tres pastores,* p. 210; *Segunda Celestina,* p. 158: "¿Qué va del merescimiento de Medea al de Penélope? ¿Qué no era reina me di? ¿ni del de la emperatriz Mesalina al de Lucrecia?" Cf. Luna, *Libro de las claras mugeres,* pp. 180-181.

180. References to the infamous Pasiphae are made by Hernán Mexía (*Cancionero castellano del siglo XVI,* I, 282b), Fernando de Rojas (*Celestina,* I, 45; cf. O. H. Green, "'Lo de tu abuela con el ximio,'" *HR,* XXIV [1956], 1-12), Luis Vives (*Instrucción de la mujer cristiana,* tr. Justiano [Madrid, 1936], p. 88), Sancho de Muñón (*Lisandro y Roselia,* p. 249), and Alonso de Villegas Selvago (*Comedia Selvagia,* p. 11).

181. "Me dicen que es ciego Amor, / y sin consejo se inclina; / que la emperatriz Faustina / quiso un feo esgrimidor" (Ruiz de Alarcón, *Las paredes oyen,* i, 21-24 [BAE, XX, 43a]). Cf. Petrarch, *Trionfo d'amore,* I, 100-102; *Comedia Selvagia,* pp. 18-19.

182. *Judic,* or Judith, is the heroine of the apochryphal book which bears her name. *Judic* was the current spelling; see Gillet, ed., *Propalladia,* III, 606. According to legend, she saved the Jewish people by captivating the Assyrian general Holofernes with her charms and decapitating him (see the *Catholic Encyclopedia,* VIII, 554). There is a discussion of her in the twentieth *exemplum* of the medieval French *Miroir des bonnes femmes* (see John L. Grigsby, *Romania* LXXXIII [1962], 42-44). Alvaro de Luna retells the story in his *Libro de las claras mugeres* (ed. cit., pp. 37-41). Cf. Petrarch, *Trionfo d'amore,* III, 52-57; Lucena, *Repetición de amores,* p. 52; and Torres Naharro, *Comedia Jacinta,* I, 197 (*Propalladia,* II, 334). For a discussion of the *Poema de Judit,* see J. D. Fitzgerald, "La historia de Judit y Holofernes en la literatura española," *Hispania,* XIV (1931), 193-196.

183. *aumentación.* "F. ant. Aumento" (*Dicc. Hist.*).

184. Isabel was rarely mentioned as an example of an *ilustre mujer* in the debates. For one example, see Torres Naharro, *Comedia Jacinta,* I, 203-203 (*Propalladia,* II, 335).

185. The seduction of Count Julian's daughter (some sources say his wife) by the Visigothic king Rodrigo is mentioned in several early chronicles, both Latin and Arabic (see R. Menéndez Pidal, *Reliquias de la poesía épica* [Madrid, 1951], pp. 7-18). Regarding the development of the legend, see J. Menéndez Pidal, *Leyendas del último rey godo* (Madrid, 1906); R. Menéndez Pidal, *El Rey Rodrigo en la literatura* (Madrid, 1924), esp. pp. 7-69; *idem, Romancero tradicional,* I (Madrid, 1957), 4 ff. The name of the girl does not appear until the *Crónica de 1344,* where she is called Alacaba (see *Romancero tradicional,* I, 8-9). The theme was popular in the early *romances* (*ibid.,* pp. 22 ff., and R. Menéndez Pidal, comp. *Floresta de leyendas heroicas españolas,* t. I [Madrid, 1956]). Cava is mentioned in several *Celestina*-imitations: Urrea's *Penitencia de amor* (p. 18), the *Comedia Thebayda* (p. 25), and the *Comedia Selvagia* (p. 10). "Su verdadero nombre dizen

auer sido Florinda, pero los moros llamáronla Cava, que vale cerca dellos tanto
como muger mala de su cuerpo" (Covarrubias, s.v. *Cava*); cf. Rodríguez Marín,
Mil trescientas comparaciones populares andaluzas (Sevilla, 1899), p. 64: "Más
malo que la Caba." *Caba* apparently derives from Arab. *ka ʿab*, "having swelling
breasts, buxom" (Hans Wehr, *A Dictionary of Modern Written Arabic, s.v.*), or
possibly from *qahba*, "prostitute."

186. Gómez, in mentioning the Seven Deadly Sins (ll. 196-218) uses the same
order as Juan de Mena in his "Coplas contra los pecados mortales" (*Cancionero
castellano del siglo XV*, I, 122-123). Both López de Ayala and Martínez de Toledo
follow the same order, but interchange *envidia* and *ira*. The bibliography on the
Seven Deadly Sins is too extensive to list here, but a few significant studies are:
M. W. Bloomfield, "The Origin of the Concept of the Seven Deadly Sins," *Harvard
Theological Review*, XXXIV (1941), 121-128; id. *The Seven Deadly Sins: An Introduction to the History of a Religious Concept* (Lansing, Mich., 1952); Ruth L.
Gillespie, "Don Quijote and the *Pecados Mortales*," *Hispania*, XLII (1959), 40-41.
For references to the *pecados* in *Celestina* literature, see the *Comedia Thebayda*,
p. 541, and *Lisandro y Roselia*, pp. 271-272, where Love is apostrophized as
friend of the Seven Deadly Sins, as well as of other sins to which these give rise.

187. *cayga* = *caygan*. Though Keniston lists a number of examples of such
a plural subject followed by a singular verb (*Syntax*, §36.53), this form may be the
result of a printer's error, the omission of the tilde.

188. *par Dios*. The same interjection occurs frequently in this work. It also
occurs in the *Comedia Thebayda*, *Segunda Celestina*, *Lisandro y Roselia*, *Tragedia Policiana*, and *La Lena*. Such oaths normally occur in the speech of
servants. According to the *Dicc. Acad.* and Rodríguez Marín, "*par*, apócope de
para, ... equivale a *por* en los juramentos" (ed., *Novelas ejemplares*, I, 64). See
also Gillet, ed., *Propalladia*, III, 345. Cf. *pardiez* (XXXII, 64).

189. *lo mantiene* = *las mantiene*.

190. "Es llevar agua a la mar, dar adonde ai mucho más (Correas, *Vocabulario*, p. 144); cf. Saporta, *Refranero sefardi*, p. 129: "Etcha agua a la mar! Se
dice del que actúa bobamente." The phrase exists in a variety of forms: "Echar
agua en la mar" (Torres Naharro, *Jacinta*, I, 168; see Gillet, ed., *Propalladia*, III,
605; Gil Vicente: *Triunfo do Inverno*, in *Obras completas* [Lisboa, 1928], f. 182ᵛ);
"Es echar una gota de agua en la mar" (Espinosa, *Refranero*, p. 36); "sería como
si entrase / pequeño arroyo en la mar" (*Farsa de Adán*, in Leo Rouanet, *Colección
de autos* [Barcelona-Madrid, 1901], IV, 2); "Al mar agua, al monte leña." (Sá de
Miranda, *Obras* [Lisbon, 1937], I, 208; cf. Erasmus, *Adagia*, I.vii.xvii: "In sylvam
ligna ferre, in mare deferre aquam, ululas Athenas"); "Echar agua al pozo" (Denah
Lida, "Refranes," no. 72). Rodríguez Marín lists "Llevar agua a la mar sería
desvariar" and "Llevar agua al río, sería desvarío" (*21.000 refranes*, p. 282b;
Martínez Kleiser, nos. 33.967, 59.677); elsewhere he explains the phrase as "ser
inútil, por corta é insignificante" (in his edition of Pedro Espinosa's *Obras* [Madrid,
1927], p. 426).

191. "They are envious without intending to be." Cf. Correas, *Vocabulario,* p. 700: "Burla burlando. Kuando se hace algo ke no parezía de intento."

192. *La historia de la donzella Teodor,* first published in Toledo, c. 1498, enjoyed wide popularity in the sixteenth century (see Walter Mettmann's introduction to his edition [Mainz, 1962], pp. 10-15, and the review by R. B. Tate, *BHS,* XLI [1964], 52-53). Significantly, Pierres Tovans, the Medina printer who probably published the *Tercera Celestina,* also issued an edition of *La historia de la donzella Teodor* in 1533 (see C. Pérez Pastor, *La imprenta en Medina del Campo* [Madrid, 1985], p. 400). The first Spanish edition appeared between 1499-1502 (see F. J. Norton, *Printing in Spain: 1501-1520* [Cambridge, 1966], p. 51). The legend deals with a Tunisian merchant who bought Teodor a sa Christian slave, then had her educated in all manner of science. When the merchant's fortunes are lost in a shipwreck, he follows her advice and takes her to the king's palace, where she astounds and outwits the king's wisest men, gaining thereby the king's favor and sufficient funds to restore her master's wealth. The reference here is to either of two questions posed by the wise men: "E preguntóle mas que qual era la cosa mas aguda en todas las cosas. Respondióle la donzella que la lengua del hombre o de la muger" (ed. Mettman, p. 123); "El sabio le preguntó: 'Donzella, qual es la cosa mas aguda que nauaja?' La donzella le respondió: 'La lengua de la muger quando está ayrada.'" (p. 128). For further details, see Menéndez y Pelayo, *Estudios y discursos de crítica histórica,* t. I (*Obras,* vol. VI, Madrid, 1941), pp. 219-254.

193. Cf. the medieval Latin proverb "Fures in lite pandunt abscondita vitae" (Richard C. Trench, *Proverbs and their Lessons* [London, 1890], p. 155), the Spanish, "Riñen las comadres y descubrense las verdades" (*Refranes glosados,* fol. B 2ᵛ; Espinosa, *Refranero,* p. 207; Garay, *Cartas,* p. 117, 166; Covarrubias, p. 340b; Correas, *Vocabulario,* p. 573; Martínez Kleiser, nos. 13.282, 13.286), and the English, "When thieves fall out true men come by their goods" (M. P. Tilley, *A Dictionary of Proverbs in England in the Sixteenth and Seventeenth Centuries* [Ann Arbor, 1950], T122; Stevenson, 2298:2).

194. The *sabio* may be the Oriental sage, Ahikar, who gives this advice: "Son, reveal not thy secret counsel to thy wife. For she is weak and small of soul, and she reveals it to the powerful, and thou art despised" (*The Story of Ahikar,* ed. F. C. Conybeare and others [London, 1898], p. 33). Cf. Martínez Kleiser, no. 45.544: "El hombre discreto no revela a mujer su secreto." Sancho IV's *Castigos e documentos* does, however, advise the husband to confide in his wife (ed. Rey, p. 144).

195. Lat. *exemplum* (Meyer-Lübke 3003) passed through various stages on its way to mod. *ejemplo.* Through contamination, the prefix *ex-* became *in + ex-,* giving *enxiemplo* (Menéndez Pidal, *Manual,* §85.2), whence, with the subsequent absorption of the yod by the palatal consonant (Hanssen, *Gramática,* §56), *enxemplo. Enxemplos* appears at V, 145, but *exemplo* is used at IV, 109, and V, 135.

196. Tanned leather gloves (see Covarrubias, s.v. *adobar*) were apparently an item of luxury, for Pedro Malón de Chaide (quoting Isaiah iii.18 ff.) says: "Quitarles ha también los collares de diamantes y rubís, las manillas..., las pomas de ámbas gris y los guantes adobados" (*Conversión de la Magdalena*, ed. P. Féliz García, I [Madrid, 1957], 198-199). Cf. Urrea, *Cancionero*, p. 319: "Canción á vna dama que le dió vnos guantes adobados"; *Doleria*, p. 360: "...la mesa puesta, la casa perfumada, dos pares de pañezuelos muy galanes y vn par de guantes adobados que traya por mi amor."

197. Ambergris was an important element in the trade with the East as early as the tenth century (see C. J. S. Thompson, *The Mystery and Art of the Apothecary* [Philadelphia, 1929], pp. 81-82), and was an essential part of woman's arsenal in the sixteenth century; cf. Rodrigo de Reinosa, "Coplas de las comadres" (in the anthology of his works edited by José M.ª Cossío [Santander, 1950], p. 65); *Celestina*, I, 72; *Comedia Florinea*, p. 197; Malón de Chaide, *Conversión de la Magdalena*, I, 199; and *Don Quijote*, pt. II, ch. 10. See also Gonçalo Fernández de Oviedo, *Libro de la Cámara Real*, ed. J. M. Escudero de la Peña [Madrid, 1870], p. 207 and note (p. 257).

198. *almizque*. Cf. *Arçipreste de Talavera*, p. 91; Reinosa, op. cit., pp. 50, 65; *Celestina*, I, 73. Both musk and ambergris are regarded as aphrodisiacs in the Orient (see Hilda Leyel, *The Magic of Herbs* [New York, 1926], pp. 113-114, and U. C. Dutt, *The Materia Medica of the Hindus* [Calcutta, 1900], p. 279).

199. "Negro, no en la acepción de 'infeliz, infausta y desventurada' que da a esta voz el *Diccionario* de la Academia, sino mejor en la también traslaticia de *maldecida, descomulgada o empecatada*" (Rodríguez Marín, ed., *Don Quijote*, II, 132n). Cf. *Lazarillo*, p. 98: "La negra longaniza aun no auia hecho assiento en el estómago."

200. *Inico* is the normal development of Lat. *iniquus*, modern *inicuo* being a learned regression (see Menéndez Pidal, *Manual*, §30.2n). Cf. *propinco, propincuo*, XIV, 198, and note 630, below.

201. In Juan de Valdés, *Diálogo de la lengua*, p. 40: "Al ruín dadle un palmo y tomárase quatro" (also listed by Correas, *Vocabulario*, p. 47, and Martínez Kleiser, no. 56.631). Cf. "No digan por mí que dando vn palmo pido quatro" (*Celestina*, II, 104); (Al villano, dalde de pie, tomaráos la mano" (Arceo, *Adagiorum*, p. 56a; Correas, p. 45); "Al villano, dalde el dedo i tomaros á la mano" (Correas, p. 45, with several other variants). In English, "Give him an inch, and he'll take an ell" (Stevenson, 1232:3).

202. "Ver y creer" (Espinosa, *Refranero*, p. 241; Covarrubias, s.v. *ver*). Cf. "Ver y creer, como Santo Tomé" (Correas, p. 517; Martínez Kleiser, no. 16.095); "Santo Tomás, ver y creer" (Rodríguez Marín, *21.000 refranes*, p. 449a; Martínez Kleiser, no. 16.096; Ahora, WF, XX (1961), 235. In English: "Seeing is believing" (Stevenson, 2105:12). Cf. also Cristóbal de Castillejo, *Obras*, ed. J. Domínguez Bordona, I (Madrid, 1957), 208: "Mirad que dice el refrán / Que creáis lo que veréis."

203. The tenet that the love of a woman has an ennobling effect on the lover is part of the courtly love tradition. "Only the courteous can love, but it is love that makes them courteous," says C. S. Lewis in *The Allegory of Love* (Oxford, 1936), p. 2. Cf. Dante, *La vita nuova* (Boston, 1922, p. 12): "... quella gentilissima, la quale fue distruggitrice di tutti li vizi e regina de le virtudi..."; Díez de Games, *El Victorial* (Madrid, 1940, pp. 90-91): "Por su amor son ellos mejores, e se traen más guarnidos, e hazen por su amor grandes prezas e cauallerías, ansí en armas como en juegos, e se ponen a grandes abenturas, e búscanlas por su amor, e van en otros reynos con sus enpresas dellas, buscando canpos e lides, loando e ensalçando cada vno su amada e señora. E aun hazen dellas e por su amor graçiosas cantigas e savrosos dezires, e notables motes, e valadas, e chaças, e reondelas, e lays, e virolays, e complayncas, e sonjes, e sonbays, e figuras, en que cada vno aclara por palabras e loa su yntención e propósito"; *Comedia Selvagia,* pp. 14-15: "Lo primero es que el amor engendra en él forma ó cuerpo humano, noble y cortés condición, suave y dulce policía, mucha afabilidad en los poderosos, mediana estimación en los no tales," etc. Menéndez Pidal sees the attitude as a Germanic one (*La epopeya castellana a través de la literatura española* [Buenos Aires, 1945], p. 28).

204. *subtilíssimos.* See note 2, above.

205. *desará = deshará.*

206. If Helen was responsible for the destruction of Troy (see note 174) she also brought eternal fame to those who fought there. "Decís primeramente que los griegos y troyanos, por el robo de Elena, tuvieron entre sí tantas batallas; digo que por ello deben mucho á la mesma Elena, pues fué causa á que sus famosos hechos en memoria hasta la fin del mundo quedasen, lo que de otra manera, pasando aquellos fortísimos capitanes su siglo en paz, de ninguna gloria fueran dignos" (*Comedia Selvagia,* p. 13).

207. *dío:* Gillet in his edition of Carvajal's *Tragedia Josephina,* pp. 174-175, list several occurrences of this peculiar form of *Dios,* to which add: "Por vida del Dío" (Francisco Delicado, *La Lozana andaluza* [Paris, 1950], p. 90). The form is possibly a result of contamination with Ital. *Dio,* as Gillet suggests (Terlingen doesn't mention it). Professor Armistead has suggested to me that *dio* may be a Judaeo-Spanish form which became generalized for very cogent anti-Trinitarian reasons. Cf. C. M. Crews, *Recherches sur le judéo-espagnol dans les Pays Balkaniques* (Paris, 1935), p. 183, n. 44: "Il est probable qu'on tira un noveau sing. de *Dios,* forme qui en apparence est au pl. et qui ne conviendrait naturellement pas à la stricte conception héb. d'un seul Dieu tout-puissant."

208. *dinos.* Formerly the *g* of *dignos* was silent. "Sólo en la época moderna, los españoles principiaron a dar voz a estos signos sin valor fonético" (Hanssen, *Gramática,* §160; cf. Cuervo, *Apuntaciones,* §815).

209. "*Emienda,* a la latina, de *emendare,* solía decirse aún a principios del siglo XVII" (Rodríguez Marín, ed., *Don Quijote,* I, 170n). Mod. *enmendar* developed under the influence of other words beginning with the prefix *in-, en-* (see Hanssen, *Gramática,* §341).

210. "Quien yerra y se emienda, a Dios se encomienda" appears in many collections (O'Kane, *Refranes,* p. 109a; Espinosa, *Refranero,* p. 107; Arceo, *Adagio-*

rum, p. 56a; Núñez, *Refranero*, p. 174; Correas, *Vocabulario*, p. 392 [reconstructed by Combet]; Fuller, *Gnomologia* [see Stevenson, 707:12]; Rodríguez Marín, *21.000 refranes*, p. 437; Martínez Kleiser, no. 21.335) as well as in various works of literature: *Celestina*, II, 242; *Comedia Thebayda*, p. 322; Valdés, *Diálogo de la lengua*, p. 80; Garay, *Cartas*, p. 117; *Comedia Florinea*, p. 208; *Don Quijote*, pt. II, ch. 28. Cf. Rodríguez Marín, *21.000 refranes*, p. 422a: "Quien peca y se enmienda, a Dios se encomienda."

211. *buen*. This apocopation is frequent in old Spanish; see Hanssen, *Gramática*, §72. Cf. X, 223, and XVI, 306; Carvajal, *Tragedia Josephina*, v. 3261: "Hijos vengays en buen ora."

212. *trecientos* < Lat. *trecentos*. Mod. *trescientos* derives from *tres + cientos;* see Hanssen, *Gramática*, §187, and Menéndez Pidal, *Manual*, §89.4. Cf. López de Ayala, *Rimado del Palacio*, st. 370b. *Trecientos* occurs again in IV, 202.

213. "El Tulio en el libro de Amicicia, dice: la amistad á todas las cosas humanas se adelante poner, y ninguna cosa hay tan apta á la natura, ni tan conveniente á las cosas prósperas ó adversas como la amistad" (*Comedia Thebayda*, pp. 282-283).

214. "A las terminaciones aumentativas agregamos frecuentemente la idea de tosquedad ó fealdad, como en *gigantazo, librote*" (Bello-Cuervo, *Gramática*, §209; cf. Cuervo, *Apuntaciones*, §211).

215. Probably a reference to the Dominican monastery, San Pedro, Mártir; see *Enciclopedia Espasa*, vol. 62, p. 448; mentioned again in *auto* XI, below.

216. *oyo* (1539: *oygo*). Both forms occur in the princeps: *oyo*, here and in XLIII, 60; *oygo* in I, 78. According to Hanssen (*Gramática*, §228), *oyo* developed by analogy with *huyo (huir);* but *d* + yod (as in *audio*) normally produced *y* (see Menéndez Pidal, *Manual*, §113.2a). Cf. also Cuervo, *Apuntaciones*, §257.

217. The usual form of the proverb is "Al mozo malo, ponedle la mesa y enviadle al mandado" (Arceo, *Adagiorum*, p. 57a: *envialde;* Valdés, *Diálogo de la lengua*, pp. 51, 135; Correas, *Vocabulario*, p. 47; Martínez Kleiser, no. 14.181). Cf. Santillana, *Obras*, p. 504; "A moço malo, ponetsela, é enviatlo al mandado" (Martínez Kleiser, no. 14.180; O'Kane, *Refranes*, p. 165a); "Al moço perezoso, poner la mesa y enbialle al mandado" (Espinosa, *Refranero*, p. 164; Correas, *Vocabulario*, p. 47; Haller, *Altspanische Sprichwörter*, pp. 125-126); "Al moço mal mandado, ponle la mesa y embíale al recado" (Covarrubias, p. 808b).

218. Cf. Correas, *Vocabulario*, p. 425: "Kon buei aras ke no te perderá surko. Al ke halló kien le entiende" (Martínez Kleiser, no. 5.013).

219. "... because I'd be more of a fool than the fellow who's waiting for me if I wasn't able to make up [*urdir*] a bit of news that would make him happy."

220. "Mentir no cuesta dinero," in Correas (*Vocabulario*, p. 548) and Martínez Kleiser (no. 40.686). Cf. "El mentir no tiene alcabala" (Núñez, *Refranero*, p. 67;

Correas, loc. cit.); "El mentir, libre es de alcabala; y eso hace la feria franca" (Rodríguez Marín, *21.000 refranes*, p. 163b).

221. *proporné = propondré:* Such metathesis was not uncommon in syncopated future forms; cf. Hanssen, *Gramática*, §261; Menéndez Pidal, *Manual*, §123.2b.

222. "Entre dos duras una madura" (*Segunda Celestina*, p. 482; Correas, *Vocabulario*, p. 140, with the explanation, "Kuando es más lo malo que lo bueno"); "Con dos duras, una madura" (Rodríguez Marín, *21.000 refranes*, p. 56b; Martínez Kleiser, no. 41.580). Cf. "Una dura y otra madura" (Espinosa, *Refranero*, p. 104; Núñez, *Refranero*, p. 192; Correas, *Vocabulario*, p. 178; Martínez Kleiser, no. 11.918).

223. "Hablar de papo. Por: hablar a su plazer i no konsiderado; i de aki, 'paporrear': hablar vanamente" (Correas, *Vocabulario*, p. 763); see also note 86, above. There is a proverb, "Habla la boca y paga la coca" (O'Kane, *Refranes*, p. 62b; Arceo, *Adagiorum*, p. 56a; Correas, *Vocabulario*, p. 585; Martínez Kleiser, no. 29.530); cf. "por lo que habla la boca muchas veces paga la coca" (Garay, *Cartas*, p. 121); "No diga la boca con qué pagué la coca" (Covarrubias, p. 222b). In this text: "Hable la boca que pagará la coca" (VII, 151); "... si hablare, boca lleua coca" (XX, 69); "Tu hablar de boca a de pagar la coca" (XLIV, 112).

224. "*Novela.* Nueva que viene de alguna parte, que comúnmente llamamos nuevas" (Covarrubias). Cf. Gillet, "Corominas' *Diccionario crítico etimológico:* An Appreciation with Suggested Additions," *HR*, XXVI (1958), 286-287: "The meaning of *novela* oscillates between '*hazaña*' and '*relato de una hazaña*'." See also Menéndez Pidal, ed., *Cantar de Mío Cid*, vol. 2, s.v. *nueuas*.

225. The usual form of the proverb is "Lo que no acaece en un año acaece en un rato" (Garay, *Cartas*, p. 115; *Lisandro y Roselia*, p. 255; Correas, *Vocabulario*, p. 217; Martínez Kleiser, no. 51.435; O'Kane, *Refranes*, p. 197b; cf. Stevenson, *Home Book*, 1188:3: "Accidit in puncto quod non contingit in anno."). Cf. Espinosa, *Refranero*, p. 98: "Lo que no acaeçe en mill años acaece en un día y lo que no acaeçe en un año acaeçe en una hora"; Núñez, *Refranero*, p. 126: "Lo que no se hace en un año, se hace en un rato" (also in Correas, p. 217).

226. *escuro.* Cf. IX, 91; XXVIII, 43-44: *escuridad.* Menéndez Pidal suggests the development *(ob)scuru > escuro, oscuro,* with the appearance of the prosthetic *e* normal in Spanish before initial *s* impure (*Manual*, §39.3). Cf. Cuervo, *Apuntaciones*, §777.

227. "Oficial, el que exercita algún oficio" (Covarrubias, s.v. *oficio*), and frequently in classical texts the word refers to "el que ejerce algun oficio o arte mecánico, ó artesano" (Clemencín, ed., *Don Quijote*, VI, 12n); cf. Rodríguez Marín, ed., *Don Quijote*, VII, 235n, and Fontecha, *Glosario*, s.v.

228. O'Kane lists the form: "Lo que dize el pandero todo es vero" (*Refranes*, p. 181a; cf. Martínez Kleiser, nos. 48.717, 63.041), and *Comedia Thebayda* has "creo que piensas que todo lo que dice el pandero es vero" p. 241). The proverb is usually negative: "No es vero todo lo que suena el pandero" (Espinosa, *Refranero*, p. 179; Garay, *Cartas*, p. 152, 167); "no es todo vero lo que canta el pandero" (*Segunda Celestina*, p. 161); "Lo ke dize el pandero, no es todo vero; o No es todo vero lo ke dize el pandero" (Correas, *Vocabulario*, p. 219; Martínez Kleiser, nos. 21.217, 40.696); "Lo que se canta al pandero, no es todo vero" (Rodríguez Marín, *21.000 refranes*, p. 273a). In Port.: "nem tudo o que diz o pandeiro he vero" (Ferreira de Vasconcellos, *Comedia Ulysippo*, f. 5r).

229. *çuffrir.* The same spelling occurs in XIV, 17: *çuffre,* and XVIII, 190: *çuffriesses;* however, *suffrí* appears in XXXIII, 40. Menéndez Pidal lists a number of occurrences of *ç* as a sign of voiceless *s;* see his ed. of the *Cid,* I, 174 f. Cf. J. D. M. Ford, "The Old Spanish Sibilants," *Harvard Studies ... in Philology and Literature,* VII (1900), 68-72.

230. *colores.* Here as nine lines below and elsewhere in this text *color* is feminine. Most abstract nouns ending in *-or* were of ambiguous gender (see Hanssen, *Gramática,* §458; Cuervo, *Apuntaciones,* §194; Rodríguez Herrera, *Observaciones acerca del género de los nombres,* I, 291), but *color* is generally feminine in the Celestinesque novels; cf. *calor,* III, 117, and note 164.

231. According to Covarrubias, *terciopelo* is "tela de seda muy usada, y según el nombre ha de ser de tres pelos, pero aylo de dos y de pelo y medio."

232. "Pestañas, ciertas orillas de raso o tela que ponen sobre las guarniciones, y muchas vezes las pican y por la semejança se dixeron pestañas" (Covarrubias).

233. *cuchilladas.* Slits in cloth, added for ornamentation; cf. Malón de Chaide, *Conversión de la Magdalena,* I, 198: "En aquel día las descompondrá el Señor, quitándoles los botines argentados y los zapatillos de carmesí y de raso azul, cairelados de oro y prendidas las cuchilladas con lazos de perlas y los chapines bordados"; Quevedo, *Buscón,* ed. Castro, p. 164: "El cuello y los valones me quitaron, y en su lugar me pusieron unas calzas atacadas, con cuchilladas no más que por delante."

234. *enuesado.* Leather made from hides with the fleshy side turned out; cf. Covarrubias, s.v. *envés:* "De allí se dixo envesado en el cuero, lo contrario a lo que llaman grano, que por otro nombre dezimos la carnaza fuera."

235. *Zapatos picados* were shoes "labrado[s] con agujerillos o cortaduras" (Fontecha, *Glosario,* s.v. *picado*). Cf. *Auto del hijo pródigo* (Rouanet, II, 312): "Los sus çapattos picados / et elebavis bolaron..."

236. *arte.* Cf. "Buena arte" (XXIV, 89); "de ninguna arte" (XXVIII, 265); but "deste arte" (II, 161); "aquel arte" (XXVIII, 258). In mod. Span., *arte* is generally masculine in the singular and feminine in the plural (see Bello-Cuervo, *Gramática,* §173, and Ramsey-Spaulding, *Textbook,* §1.19), though formerly the feminine predominated (cf. Hanssen, *Gramática,* §458).

237. *más de,* "other than."

238. *"Now* decide if I was telling the truth or not." Cf. *Comedia Seraphina,* p. 339: "No me personeo dese lado; que palabras tiene la noble, habla sin monte." Cejador lists the phrases (*Fraseología,* III, 117), but gives no meaning for it.

239. Again *inumerable* is used to modify a mass noun; cf. note 20.

240. A *cuento* was equivalent to a million; see Covarrubias, s.v.; *Dicc. Aut.;* M. M. Harlan, ed., Lope de Vega, *El desdén vengado* (New York, 1930), p. 157.

241. This proverb appears frequently in collections (Santillana, *Obras,* p. 515; Espinosa, *Refranero,* p. 74; Arceo, *Adegiorum,* p. 57b; Núñez, *Refranero,* p. 130; Correas, *Vocabulario,* p. 533; Stevenson, *Home Book,* 855:3; Martínez Kleiser, nos. 28.268, 56.867; Saporta, *Refranero sefardi,* p. 179; O'Kane, *Refranes,* p. 78b) and in literary works (Torres Naharro, *Seraphina,* I, 283 f. [cf. Gillet's note, III, 266]; *Comedia Thebayda,* p. 300; *Segunda Celestina,* pp. 455, 477; Garay, *Cartas,* p. 153; *Lisandro y Roselia,* p. 228; *Entremés de los refranes,* p. 177a; *Don Quijote,* pt. II, ch. 43: "Vuesa merced sabe bien que más sabe el necio en su casa que el cuerdo en la ajena. —Eso no, Sancho —respondió don Quijote—, que el necio en su casa ni en la ajena sabe nada." In Port.: "Mais sabe o sandeu no seu que o sesudo no alheyo" (Ferreira de Vasconcellos, *Comedia Eufrosina,* p. 148).

242. "Todos los extremos son malos" (Espinosa, *Refranero,* p. 111); "Todos los extremos son viciosos" (*Segunda Celestina,* p. 347 [see next note]; Correas, *Vocabulario,* p. 504; Martínez Kleiser, no. 23.748); "Todo extremo es vicioso; sólo el medio es virtuoso" (Rodríguez Marín, *10.700 refranes,* p. 294b, with Latin equivalent).

243. This passage is taken directly from one of Sigeril's speeches in the *Segunda Celestina:* "Todos los extremos son viciosos, y en el medio hallaron los sabios que consistia la virtud" (p. 347). The *philósopho* is Aristotle, who asserted on various occasions that "in many things the middle have the best" (*Politics,* IV. 9.vii) and that virtue lies in the middle way (*Ethics,* II.6 [1106b]). Martínez Kleiser lists the phrase as a proverb: "En el medio consiste la virtud" (no. 60.382); see also preceding note, and Stevenson, *Home Book,* 1604:4. Cf. *Lisandro y Roselia,* pp. 10-11: "En todas las cosas, señor, guardar el medio es loable cosa, ó no digna de tanta culpa como sería exceder en los extremos."

244. To complete the meaning, *de* is needed: "... tiene necessidad ... [de] dar..."

245. Still fresh in Gómez' mind was the triumphal entry of the victorious Carlos V into Toledo on April 27, 1525, after the victory at Pavia in that year; see Manuel J. Asensio, "La intención religiosa del *Lazarillo de Tormes* y Juan de Valdés," *HR,* XXVII (1959), 78.

246. *fantástigo < phantasticum.* Gillet gives numerous examples of this word and similar formations (ed., *Propalladia,* III, 27; cf. V. Said Armesto, ed., Guillén de Castro, *Las mocedades del Cid,* p. 182).

247. "He has you dressed so fantastically in green, that the only thing lacking is the cage [to make you look like some tropical bird]." Cf. *Aucto del hijo pródigo*

(Rouanet, II, 297): "Ved que manera de sayo, / que suerte de cabeçón, / que autoriçado jubon! / Pedro, heres papagayo?"

248. *si no es tal, etc.* None of the standard *refraneros* lists this phrase. However, cf. "Si todo es tal, dígole trigo y semental" (O'Kane, *Refranes,* p. 217b; Espinosa, *Refranero,* p. 223).

249. *comeldo = comedlo.* Other examples of such metathesis: *hazeldo* (XVII, 120); *subilda* (XVII, 179); *tomalde* (XXIX, 238). Cf. also W. L. Fichter, ed., Lope de Vega, *El castigo del discreto* (New York, 1925), p. 271.

250. "Comed, mangas, que por vos me hacen honra" (O'Kane, *Refranes,* pp. 152-153; Correas, *Vocabulario,* p. 432; Martínez Kleiser, no. 4.623). Espinosa gives only "Comeldo vosotras, mangas" (*Refranero,* p. 148; cf. Arceo, *Adagiorum,* p. 57a). O'Kane also lists the form, "Comed, haldas y mangas, por mí, que por vos me honran a mí" (*Refranes,* p. 114a; in Martínez Kleiser, no. 5.653). Cf. *Refranes glosados,* f. A 8ᵛ: "Vna muger muy atauiada fue combidada en vn combite, que entre los otros atauios traya grandes mangas de seda, a causa de lo qual la pusieron en el lugar mas honrrado, la qual conosciendo que por el vestir le hazian aquella honrra metio las mangas en vn plato, y dixo: Comed mangas, que por vosotros me hazen honrra." The Portuguese proverb ("Mangas comède aqui, que â vos honran, não â mi") appears in Hernán Núñez' *Refranes o proverbios en romance* (Madrid, 1619), f. 69ʳ; in an anonymous sixteenth-century MS., "Multa notata digna de proverbis" (ed. Sousa Viterbo, *Portugalia,* I [1901], 533); and elsewhere. Cf. Francisco Rolland, *Adagios, proverbios, rifãos, e anexins da lingua portugueza* (Lisboa, 1780), p. 72; Pedro Chaves, *Rifoneiro português* (Porto, 1945), p. 120. Dr. Luis Galindo, explaining the Portuguese proverb in the MS. "Sentencias filosófi-cas i verdades morales" tells about a certain Lic. Johan de Lizano a story similar to that in our text (see O'Kane, ed., Espinosa, *Refranero,* p. 148n). See also Frederic C. Tubach, *Index exemplorum* (Helsinki, 1969), p. 90, no. 1113.

251. *yo fue.* See note 6.

252. *vido.* Cf. XXIX, 213; XXXVIII, 51; XLI, 78. From Lat. *vidit* with analogical *o*, *vido* is the normal third sing. pret. form in Old Spanish; see Hanssen, *Gramática,* §257, and Menéndez Pidal, *Manual,* §120.5. In the common speech of Latin America, this form is still used; see Cuervo, *Apuntaciones,* §710. Cf. Ernst G. Wahlgren, *Étude sur les actions analogiques réciproques du parfait et du participe passé dans les langues romanes* (Upsala, 1920), p. 236.

253. "*En dos palabras* quiere decir *en brevísimo tiempo;* en lo que se tarda en articular dos palabras, que es menos de *un credo* y no más de *un santiamén*" (Rodríguez Marín, ed., *Don Quijote,* II, 33n). The phrase occurs frequently here: X, 174; XIV, 107; XV, 122; XVII, 42; XXVII, 134.

254. "Obras son amores, que no buenas razones" (Espinosa, *Refranero,* p. 169; *Segunda Celestina,* pp. 404, 482-483; Arceo, *Adagiorum,* p. 58a; Vicente, *Floresta denganos,* in *Obras completas,* f. 106ᵛ; Garay, *Cartas,* pp. 118, 169; *Comedia Florinea,* p. 268; Núñez, *Refranero,* p. 150; Correas, *Vocabulario,* p. 172; Cahier,

Six mille proverbes, p. 265; Martínez Kleiser, nos. 46.246, 52.711. The phrase appears frequently in Spanish classical and folk poetry; see Eduardo Torner, *Lírica hispánica. Relaciones entre lo popular y lo culto* (Madrid, 1966), pp. 297-299. Santillana lists "Obras son querençias" (*Obras,* p. 517; cf. O'Kane, *Refranes,* p. 172a). The shortened form, "Obras son amores," is generally used in modern literature: Ramón Pérez de Ayala, *El curandero de su honra* (Madrid, 1926), p. 237; Antonio Buero Vallejo, *Hoy es fiesta* (Madrid, 1960), p. 93; Jorge Guillén, *Treboles* (Santander, 1964), p. 12; etc. In Port.: "Obras são amores que não bonas razones" (Ferreira de Vasconcellos, *Comedia Ulyssipo,* fols. 22ʳ, 62ʳ; "Multa notata," p. 533; Chaves, *Rifoneiro,* p. 280); cf. "Obras são amores, e não palavras doces" (Rolland, pp. 24, 187; Chaves, p. 280). Cf. the English "Actions speak louder than words" (Stevenson, 2616:11; Taylor and Whiting, p. 3).

255. Martínez Kleiser lists numerous *refranes* embodying this idea, but none with this specific form; see nos. 52.625-28, 52.653-58, 52.677, 52.692, etc.

256. Correas gives simply "Ver i desear" (*Vocabulario,* p. 517), but Rodríguez Marín notes that this is incomplete, giving instead "Ver y desear es gran pesar" (*21.000 refranes,* p. 506b; Martínez Kleiser, no. 16.532).

257. "The excess of pleasure overcomes me, preventing me from speaking."

258. Since Felides speaks of *palabras* rather than *obras,* "te beso las manos" is here a mere form of courtesy; see Fichter, ed., Lope de Vega, *El castigo del discreto,* p. 216, who adds that "according to César Oudin, 'Beso las manos de v. m.' was used only between equals or to superiors." Cf. *auto* XXXVI: "Bésote mil vezes las manos por las mercedes"; and *Segunda Celestina,* p. 327 f., where Felides in expressing his gratitude to Celestina says, "Oh, madre, dame esas manos, que tal hazaña han hecho. Dame esos piés, besártelos hé, porque anduvieron tan gloriosos pasos; y sino quieres dame esa boca que ordenó tan gran bien que la mia no sabe encarecello." As Gillet-Green (*Torres Naharro,* p. 255 ff.) and H. W. Hoge (ed., Lope de Vega, *El príncipe despeñado* [Bloomington, 1955], p. 144) have noted, the custom was frequently criticized and satirized (as an additional example, see Hurtado de la Vera, *Doleria,* pp. 348-349).

259. "Curar, a vezes vale tener cuydado en común, como: 'Curad de lo que a vos toca, y dexad cuydados agenos" (Covarrubias); cf. Encina, *Auto del Repelón,* ed. A. Álvarez de la Villa (Paris, 1910), p. 329, where *curar* "vale lo mismo que cuidar." Fray Luis de León uses the verb in his "Vida retirada" (vv. 11 ff.): "No cura si la fama / canta con voz su nombre pregonera, / ni cura si encarama / la lengua lisonjera / lo que condena la verdad sincera" (*Obras completas castellanas* [Madrid, 1959], pp. 1428-29).

260. The significance of colors was an important matter with early Spanish writers; see H. A. Kenyon, "Color Symbolism in Early Spanish Ballads," *RR,* VI (1915), 327-340; S. G. Morley, "Color Symbolism in Tirso de Molina," *RR,* VIII (1917), 77-81; W. L. Fichter, "Color Symbolism in Lope de Vega," *RR,* XVIII (1927), 220-231; Barbara Matulka, *The Novels of Juan de Flores,* pp. 276-282;

and cf. Havelock Ellis, "The Colour-Sense in Literature," *Contemporary Review,* LXIX (1896), 714-730; W. E. Mead, "Color in Old English Poetry," *PMLA,* XIV (1890), 169-206. Gutierre de Cetina wrote a sonnet discussing "Los colores y su significación" (in Gallardo, *Ensayo,* II, 419-420). The practice of lovers dressing in colors symbolic of their emotions is mentioned in the *Cárcel de amor* and the *Questión de amor,* but by the end of the sixteenth century, the custom made amorous young men who practiced it "a laughing stock and offered a fit subject for the attacks of the satirist" (Kenyon, art. cit., p. 327).

261. Cf. V, 68-69: "Tú me mandaste coger rosas coloradas para significación de la estraña alegría." In one or another of its shades, red signified happiness; see Cetina's sonnet, vv. 6-7; "Rojo claro es vergüenza, y colorado / Alegría." Cf. Kenyon, art, cit., p. 334, and Alfonso Reyes, ed., Ruiz de Alarcón, *Teatro* (Madrid, 1953), p. 141n: "... el rojo, unas veces alegría y otras crueldad."

262. *Verde* is traditionally the color of hope, even in the symbolism of the Church; see the *Catholic Encyclopedia,* IV, 134, and W. and V. Jacobs, "The Color Blue," *American Speech,* XXXIII (1958), 33. Cf. Kenyon, art. cit., p. 329; Morley, art. cit., p. 79; Matulka, *The Novels of Juan de Flores,* p. 277; Cetina, "Los colores," v. 11; *Dorotea,* ed. Morby, p. 166: "Lo verde es esperança y lo encarnado crueldad." Pérez de Ayala noted that green is used on gaming tables because "es el color que menos fatiga la vista y el color de la esperanza" (*El ombligo del mundo* [Madrid, 1924], p. 209). See also Arora, "Proverbial Comparisons," p. 236: "Más verde que la esperanza."

263. "As might be supposed, *white* symbolizes innocence and chastity" (Kenyon, art. cit., p. 335); cf. Cetina, "Los colores," v. 1: "Es lo blanco castísima pureza. ..."

264. Though *flecha* and *saeta* are here practically synonymous, as they are elsewhere in the sixteenth century (e.g., Carvajal, *Tragedia Josephina,* ed. Gillet, pp. 76-77) and today, there was a significant difference of meaning: "*Flecha* es la saeta larga y delgada, que se tira con el arco" (Covarrubias, s.v. *flecha*); "*saeta* ... género de arma, a modo de baqueta o varilla, que se sacude del arco con el casquillo de hierro, que algunas vezes va enerbolado" (*ibid.,* s. v. *saeta*).

265. *assignando* = "signifying, indicating." This meaning is lacking in *Dicc. Hist.* and *Dicc. Acad.*

266. *deuisas.* The 1539 ed. gives *diuisas,* though *deuisa* occurs frequently in the Middle Ages (see Oelschläger, *A Medieval Spanish Word-List,* s.v.). Later, the form *deuisa* appears in both editions (XLVII, 70). Such confusion of prefixes was not uncommon in the sixteenth century and later (see Yakov Malkiel, review of Vélez de Guevara, *El embuste acreditado,* ed. Reichenberger, *RPh,* XI [1957], 188).

267. Cf. VI, 165-167: "Yo, pues soy la misma aue fenix, me abrasaré de arte en el huego que parezco ..."

268. The curious manner in which the pelican feeds its young from its open beak led the ancient observer to conclude that she had pierced her breast and was feeding her young with her blood (cf. *Dicc. Aut.*, s.v.). The legend circulated in medieval bestiaries (e.g., the *Physiologus latinus* [ed. F. J. Carmody, Paris, 1939], p. 17, and the twelfth-century *Book of Beasts* [tr. T. H. White, New York, 1954], pp. 132-133), and figured in Christian symbolism (G. R. Owst, *Literature and Pulpit in Medieval England* [Cambridge, 1933], p. 202; Noah Jacobs, *Naming Day in Eden* [New York, 1958], p. 11), as well as in secular literature: *Celestina*, ed. Cejador, I, 176; López de Yanguas, *Obras dramáticas* (Madrid, 1967), p. 123; Tárrega, *Los montañeses de Navarra* (in *Poetas dramáticos valencianos*, ed. E. Juliá Martínez [Madrid, 1929], I, 377b); Garci Sánchez de Badajoz, "Lamentaciones de amores" (ed. R. Foulché-Delbosc, *RHi*, XLV [1919], 33); Lope de Vega, *El castigo sin venganza*, II, iii; Mira de Amescua, *El esclavo del demonio*, ed. A. Valbuena Prat (Madrid, 1959), p. 104; Pérez de Ayala, *El curandero de su honra*, p. 194; Thornton Wilder, *The Cabala* (New York, 1928), pp. 68-69. Cf. *Celestina*, I, 176, and below, VI, 137; XI, 98-99.

269. Cf. "sin alteración ninguna" (XI, 229-230); "sin perjuyzio ninguno" (XVII, 45-46); "no tiene cuydado ninguno" (XXI, 190); "no le hallan vicio ninguno" (XXII, 200); "sin vergüença ninguna" (XLVIII, 59). "Los negativos de origen positivo se emplean á veces en su significado antiguo, ... y aun sucede que por analogía se extiende el mismo uso á los que son negativos de suyo y lo han sido siempre: 'Las más altas empresas que *hombre ninguno* haya acabado en el mundo,' esto es, *hombre alguno, nadie*" (Bello-Cuervo, *Gramática*, §1142).

270. "Despensero, el que tiene a su cuenta la despensa y el gasto de lo que se compra en las casas de los señores" (Covarrubias, s.v. *despender*). Usually their honesty was questionable; see Quevedo, *Sueño del juicio final* (*Obras en prosa*, p. 129a).

271. *me atraen*, "bring upon me." The subject of *atraen* is apparently *angustia* and *fuego* in the preceding sentences.

272. This is a reversal of the normal courtly love situation. Usually the lover appeals to the lady for help in his *duro trance*. Here it is Polandria who displays the humility that characterizes the courtly lover (see Lewis, *Allegory of Love*, p. 2; Green, *Spain and the Western Tradition*, I, 73).

273. The name Felides is an anagram of the Lat. *fidelis*, "fiel."

274. Occurrences of such alliterative phrases are frequent in proverbial literature: "Cuatro efes tiene mi tía: fea y floja, flaca y fría" (Martínez Kleiser, no. 32.372); "Las tres efes de las sardinas: frescas, fritas y frías" (Martínez Kleiser, no. 57.568). Cf. also nos. 924, 62.513. Sixteenth- and seventeenth-century poets delighted in the device; see Torner, *Lírica hispánica*, pp. 386-390.

275. "*Narciso* ... El que cuida demasiadamente de su adorno y compostura, o se precia de galán y hermoso, como enamorado de sí mismo" (*Dicc. Acad.*); cf. Covarrubias, s.v.; Correas, *Vocabulario*, p. 142; and Montoto y Rautenstrauch, *Personajes*, II, 217.

276. *Marco.* Probably Marco Tulio; see IV, 10.

277. "Al que loamos de liberal y dadivoso dezimos que es un Alexandro" (Covarrubias, s.v.; cf. Correas, *Vocabulario*, p. 623; Montoto, *Personajes*, I, 56). In XIV, 260: "... sin fingir ninguna cosa sé que es vn Alexandre." Cf. Espinosa, *Refranero*, p. 141: "Es liberal como un Allexandre." The comparison is frequent in Spanish literature: *Celestina*, I, 185; *Thebayda*, p. 121; *Segunda Celestina*, p. 347; *Comedia Florinea*, p. 168; *Lazarillo*, p. 110; *Guzmán de Alfarache*, III, 234; Lope de Vega, *El príncipe despeñado*, ed. Hoge, p. 147; Vicente Espinel, *Vida de Marcos de Obregón*, I (Madrid, 1959), 137; *Dorotea*, p. 451; Alonso de Castillo Solórzano, *La garduña de Sevilla* (Madrid, 1957), p. 45; Quevedo, *Obras en verso* (Madrid, 1960), p. 270a.

278. *ab inicio acá* = "from the beginning to the present time." *Dicc. Hist.* lists the phrase *ab initio* (s.v. *ab*), but gives no examples of it; cf. however: "Dios para Sí la crió de *ab inicio*" (López de Yanguas, *Obras dramáticas*, p. 23); "no se vio desde *ab iniçio*" (*Auto del hijo pródigo*, Rouanet, II, 306; "Seré un enamorado *ab initio?*" (Unamuno, *Niebla*, ch. 4 [ed. Austral, Madrid, 1966, p. 37]). The Portuguese poet Antonio Ribeiro Chiado uses the phrase twice (*Obras*, ed. A. Pimentel [Lisboa, 1889], pp. 73, 137); cf. also Luys Anrriquez, in Garcia de Resende's *Cancioneiro Geral*, II (Stuttgart, 1848), 249: "Ajuda demando de quem os planetas / & çeos obedeçem desde ab jnycyo."

279. *puncto* < **punctum*, mod. *punto*. The simplification of *nct* to *nt* is frequent; cf. Hanssen, *Gramática*, §55; Menéndez Pidal, *Manual*, §51.2. See also note 61, above.

280. *Conortar* occurs in many classical texts with the meaning *confortar* (see Fontecha, *Glosario*, s.v.). Cf. "Ansí puede entrar en cada casa de aquella villa y salir conortado" (XXXIV, 241-243).

281. "How hesitant I was to come in, because I knew how badly you felt and because my message would reveal a greater evil and show up your present one as minor [in comparison]!"

282. *la [fuerça]*, contained in the verb *esfuerça* of the previous speech. Cf. Reichenberger, ed., Lope de Vega, *Carlos V en Francia*, p. 240.

283. *desmenuja.* The Latin prefix *dis-* normally became *des-* (see Menéndez Pidal, *Manual*, §126.2); but *disminuere*, like certain other "voces cultas," preserved the Latin prefix (loc. cit., and note, p. 331). Latin short *i* normally gave *e* as here; mod. *disminuir* is obviously a learned regression.

284. "*Desflaquecer.* Perder las fuerças con flaqueza y poco ánimo. Desflaquecido, desflaquecimiento" (Covarrubias); mod. *enflaquecimiento* (*Dicc. Acad.*).

285. *Fin* was of ambiguous gender even in Latin (Hanssen, *Gramática*, §458, but in Spanish it was formerly fem., and is now masc. See A. de Valdés, *Diálogo de Mercurio*, p. 26: "Vencieron a la fin la bondad y virtudes deste don Carlos...";

Comedia Selvagia, p. 13: "Fué causa á que sus famosos hechos en memoria hasta la fin del mundo quedasen"; cf. Bello-Cuervo, *Gramática,* §177 and note. In this text it is both masc. and fem. (e.g., VI, 182: "tan herrado fin").

286. Polandria's speeches, like those of Felides, are often quite conceptist Note the use here of echo-devices: *causa-causarlo, dicha-desdicha, incierta-cierta* —which form such an integral part of what Helmut Hatzfeld calls the Baroque style ("A Clarification of the Baroque Problem in the Romance Literatures," *CL,* I [1949], 129), though he considers the Baroque as belonging to the post-Renaissance period. Actually such conceptist devices were in use much earlier than 1536; see, for example, Jorge Manrique, *Cancionero* (Madrid, 1952), p. 16; Diego de San Pedro, *Obras* (Madrid, 1958), pp. 15, 25. Cf. also: *sentido, sienta, siento* (X, 60-61), *escusa-escusarlas* (XXV, 27), *encomienda-encomendaste* (XXV, 103-104), "¡O lástima que tanto lastima! ¡O tormento del coraçón que todo el cuerpo atormenta! ¡O vida desconsolada, pues no trae la muerte que me consuele! ¡O fin de desesperación que no tiene medio para buscarle remedio!" (XXIV, 155-158). See also note 1.

287. Polandria here plays on two meanings of *acedar:* "Poner aceda o agria alguna cosa. ... Desazonar, disgustar" *(Dicc. Hist.).*

288. *al proviso,* "right away, at once."

289. *aquéssa,* from Vulgar Latin *eccum* + *ipsa* (see Hanssen, *Gramática,* §183, and Menéndez Pidal, *Manual,* §98.3).

290. To complete the meaning, *a* is necessary: "... que cuadra muy bien [a] las flores que traygo."

291. "*Yellow* represents sadness, despair, loss of hope, or trouble of any kind" (Kenyon, "Color Symbolism," p. 332). Cf. Cetina, "Los colores" (Gallardo, II, 420): "... y lo amarillo / Es desesperación; verde, esperanza"; Tirso, *La república al revés* (in *Comedias,* NBAE, XI [Madrid, 1907], 108): "cam. ¿Pajizo? / lid. No desespero."; Ruiz de Alarcón, *Teatro,* ed. Alfonso Reyes (Madrid, 1953), p. 141 and note.

292. "Mamparo, la defensa que se haze con la mano teniendo en ella arma ofensiva o defensiva" (Covarrubias, s.v. *mano*). Cf. the verb *desmamparar* which occurs so frequently in the *Comedia Florinea* (pp. 263, 276, 277, etc.).

293. *contino = continuamente,* as in many texts (see Fontecha, *Glosario,* s.v.). Gómez de Toledo uses the form several times: XVI, 299; XX, 133; XXXVI, 38, 148.

294. "That which [i.e., her reputation] I put such great price on is so dear that there is no treasure which would redeem it in order to remove it from the thoughts and mouth of him in which it presently dwells, one [i.e., *la boca*] of the lowest in the house. ..."

295. "*Estar uno con la leche en los labios.* fr. y fam. Faltarle, por ser joven, aquellos conocimientos del mundo que trae consigo la experiencia o la edad madura"

(*Dicc. Acad.*, s.v. *leche*). Cf. Espinosa, *Refranero*, p. 139: "Trae la leche entre los labios."

296. This phrase does not appear in any of the standard *refraneros*.

297. *deprendido;* cf. VI, 36: *deprendiesses.* "Deprender, anticuado hoy, *aprender*" Rodríguez Marín, ed., Cervantes, *Rinconete y Cortadillo*, p. 468).

298. *emendar.* See note 209.

299. The *refraneros* give similar proverbs, but none with this wording.

300. This may be a proverb. It is not listed in the *refraneros*, though the *malbien* contrast occurs frequently.

301. Cf. XVI, 43: "Honrra al bueno porque te honrre, y al malo, porque no te deshonrre." This proverb is listed by Santillana (*Obras*, p. 517; cf. O'Kane, p. 133b), Espinosa (*Refranero*, p. 129), Garay (*Cartas*, p. 154), Correas (*Vocabulario*, p. 170), and Martínez Kleiser (nos. 2.138, 55.351). Cf. *Refranes glosados*, f. A 2ᵛ: "Honrra al sabio porque te honrre y al loco porque no te desonrre."

302. "*Malsín*, cizañero, buscavidas, el que murmura de vidas ajenas" (F. de Onís, ed., Torres Villarroel, *Vida* [Madrid, 1954], p. 153n; cf. Covarrubias, s.v.).

303. *hierro = yerro.* Cf. note 12.

304. "Si la vida muere, la fama vive" (Rodríguez Marín, *Los 6.666 refranes*, p. 158a; cf. Martínez Kleiser, no. 24.157: "Muere la vida, y la fama siempre vive.").

305. The proverb exists in various forms: "Si la piedra da en el cántaro, mal para el cántaro; y si el cántaro da en la piedra, mal para el cántaro" (Núñez, *Refranero*, p. 183; Correas, *Vocabulario*, p. 279, and vice versa, p. 277; Martínez Kleiser, nos. 15.232-33); "Si da el cántaro en la piedra, o la piedra en el cántaro, mal para el cántaro" (*Don Quijote*, pt. II, ch. 43; Rodríguez Marín, *21.000 refranes*, p. 454b; Stevenson, 1800:4; cf. Correas, p. 279: "Si la rredoma . . ."); "Mal para el cántaro" (Espinosa, *Refranero*, p. 69; Garay, *Cartas*, p. 166; Fontecha, *Glosario*, s.v. *cántaro*, explains the phrase: "El endeble es el que pierde"); "(Cuando) la piedra da al vidro, guay del vidro; (cuando) el vidro da a la piedra, guay del vidro" (A. Galante, "Proverbes judéo-espagnols," *RHi*, IX [1902], 446; Saporta, *Refranero sefardi*, p. 249; A. Cohen, in *Ancient Jewish Proverbs* [1911], p. 103, suggested that the proverb, "current in Spain [was] borrowed in all probability from the Jews" [see Stevenson, loc. cit.]).

306. ". . . and if you didn't leave him in an angry mood." See *Arçipreste de Talavera*, ed. Penna, p. 138: "Ay otros onbres que son malencónicos; a éstos corresponde la tierra, que es el quarto elemento, la qual es fría e seca. Estos tales son onbres muy yrados, syn tiento nin mesura. Son muy escasos en superlativo grado; son ynconportables dondequiera que usan, mucho rriñosos, e con todos rrifadores." See also E. M. W. Tillyard, *The Elizabethan World Picture* (New York, 1959), pp. 69-70; Green, "El *ingenioso* hidalgo," *HR*, XXV (1957), 177-180.

The change from *melancholia* to *malenconía* resulted from metathesis and contamination, "por creerlo un compuesto del adverbio *mal*, y luego se dejó aislado el simple ant. *enconía*, 'enojo, ira,' y el verbo *enconar*, sustantivo *encono*" (Menéndez Pidal, *Manual*, §70.3). The form *malenconía* occurs frequently in the *Quijote;* cf. Fernández Gómez, *Vocabulario de Cervantes*, s.v., and Rodríguez Marín's ed., III, 175n.

307. The *refraneros*, "Evangelio popular," give "Malo es pecar y diabólico perseverar" (Garay, *Cartas*, p. 117; Correas, *Vocabulario*, p. 531; Martínez Kleiser, no. 32.743). Cf. "humana cosa es pecar y diabólica perseverar en el pecado" (*Comedia Thebayda*, p. 372); "de los hombres es el pecar mas diabólico el perseverar" (*Segunda Celestina*, pp. 145, 350); "Humano es pecar; diabólico perseverar" (Martínez Kleiser, no. 54.787). In Espinosa (*Refranero*, p. 184): "Pecar, mas no perseverar." Cf. John v. 14: "Sin no more, lest a worse thing come unto thee."

308. *reutada*. Medieval Spanish *rebtar*, *rebtado*, "culpar" (see Oelschläger, *Medieval Spanish Word-List*, s.v., and Menéndez Pidal, ed., *Cantar de Mio Cid*, II, 820). Cf. Covarrubias. s.v. *repto:* "...y porque le haze culpado y reo se dixo reptar, y la tal acusación repto."

309. On this use of the imperfect as a substitute for the conditional, see Keniston, *Syntax*, §32.343.

310. *para tiempos determinados*, "forever."

311. Neither Vicente García de Diego (*Manual de dialectología española* [2d. ed., Madrid, 1959]) nor Alonso Zamora Vicente (*Dialectología española* [Madrid, 1960]) discusses the Negro dialect so frequently represented in literature from the sixteenth century to the twentieth. Edmund de Chasca studied the phenomenon ("The Phonology of the Speech of the Negroes in Early Spanish Drama," *HR*, XIV [1946], 332-339), including the speeches of Boruca in the *Segunda Celestina*. His suggestion that the Negro speech is influenced by African languages along the coast of Guinea is borne out in our text by references to "música guinea" and "vno de Guienea" (Cf. note 1202). Albert E. Sloman also considers the Negro jargon (*guineo*) in his article, "The Phonology of Moorish Jargon in the Works of Early Spanish Dramatists and Lope de Vega," (*MLR*, XLIV [1949], 207-217). Gómez follows the traditional phonological representation of Negro speech in five points: (1) *s* in the speech of Boruga is represented consistently by *x*, possibly to indicate a pronunciation like that of French *j* in *jamais* or English *sh* in *shall* (cf. de Chasca, art. cit., p. 330; Sloman, art. cit., pp. 209-211), though this latter pronunciation is more typically Arabic than Negro (de Chasca, p. 337; Sloman, loc. cit.); (2) *r* for *d* in *toro (todo)* and *vira (vida)*—this change is frequent in the speech of Spanish-speaking Negroes, not only in Spain, but in the New World (de Chasca, p. 327); (3) *r* for *l*, in *prazer (plazer)*—"confusión between *l* and *r* and *r* and *l* is characteristic of the language spoken along the Ivory and Slave coasts" (*ibid.*, p. 328; cf. p. 327; Sloman, art. cit., p. 212); (4) *yeísmo* in *cayar* and *beyaca*, which de Chasca notes was "apparently universal among Rueda's and Sánchez' negroes" (art. cit., p. 337); (5) simplification of diphthongs, as in *ben (bien)* and *quere (quiere)*; see de Chasca, art. cit., p. 335. The change of *ll* to *li* and *ñ* to *ni* which characterizes the speech of *negros* in other works (see Sloman, art. cit., pp. 211-212) does not occur here. Juan R. Castellano, in his article, "El negro esclavo en el entremés del siglo de oro" (*Hispania*, XLIV [1961], 55-65), without mentioning the articles of the Chasca and Sloman, speaks very briefly of the dialect (p. 58).

312. "Calla, bellaca, bien ves acaso que de tus secretos no falta a Boruga que no entiende."

313. "¿Deja el amor andar esta tan bonita señora Polandria?

314. "Así, por tu vida, pues no me llamen muger a mí si aquí más paro sin decir a la señora las cosas no sufrideras que pasan, que castigo no tardará en venir a vosotras."

315. *Inumerable*, again with the meaning of "immeasureable," as above, note 20.

316. *auemos*. "*Habere* tenía antiguamente formas derivadas del clásico: . . . *aves, ave, avemos, avedes, aven*" (Menéndez Pidal, *Manual*, §116.2; cf. Hanssen, *Gramática*, §219). See also Crews, *Recherches*, p. 235: "Iʳᵉ pers. du pl. *avemos* et *amos*." *Habemos* is also known in Morocco; see José Benoliel, "Dialecto judeo-español-marroquí o hakitia," *BRAE*, XIII (1926), 352.

317. Cf. "Huyendo del toro, cayó en el arroyo" (Núñez, *Refranero*, p. 116; *Lisandro y Roselia*, p. 48; Correas, *Vocabulario*, p. 593; Martínez Kleiser, no. 31.827), and "Por huir del lodo, cayó en el arroyo" (Rodríguez Marín, *21.000 refranes*, p. 373a). Stevenson lists many similar proverbs in English (*Home Book*, pp. 813-814).

318. "(Con) bien vengas mal, si vienes solo" (Espinosa, *Refranero*, p. 146; Garay, *Cartas*, p. 164; Núñez, *Refranero*, p. 43; *Don Quijote*, pt. II, ch. 55; Correas, *Vocabulario*, p. 356; Jacinto Grau, *El Conde Alarcos* [Madrid, 1917], p. 38; Rodríguez Marín, *21.000 refranes*, p. 58a; Stevenson, *Home Book*, 711:11; Martínez Kleiser, no. 38.179; Hutchings, "Judeo-Spanish Proverbs," p. 317). Cf. Cervantes, *Numancia*, IV, 1906-07: "Bueno es el mal cuando viene / sin venir acompañado."

319. "Para mí, disimulaciones no están a mí taibo, que si ojo mira el derecho en punto, yo entiendo por qué llegastes al vergel y dejastes la honra." *Taibo* is Old Portuguese. Julio Moreira suggested that it derived from Arabic and meant *bom* ("Logares da litteratura portuguesa ainda não explicados," *RHi*, XV [1906], 810-814); cf. Carolina Michaëlis de Vasconcellos, "Contribuções para o futuro dicionário etimológico das línguas hispánicas," *Revista Lusitana*, XI (1908), 14-18; eadem, "Taibo," *Revista Lusitana*, XII (1909), 133-138; A. Gonçalves Viana, "Léxico português," *Revista Lusitana*, XI (1908), 242. The word appears frequently in the dialect of the Guinea Negroes; see Antonio Ribeiro Chiado, *Auto da Natural Invenção*, ed. Conde de Sabugosa (Lisboa, 1917), p. 73 and note; Reinosa, "Coplas a los negros y negras" (ed. Cossío, p. 112): "A mí llamar Jorge, Mandinga es mi tierra / comer muyto farto taybo, alcuzcuz."

320. "La muger y la gallina, por andar se pierden aína" (Santillana, *Obras,* p. 514 [cf. O'Kane, *Refranes,* p. 51]; Valdés, *Diálogo de la lengua,* p. 44; Espinosa, *Refranero,* p. 166; Arce, *Adagiorum,* p. 55b; Garay, *Cartas,* p. 164; Covarrubias, *Tesoro,* s.v. *ayna;* Correas, *Vocabulario,* p. 204; Martínez Kleiser, no. 43.335); "La muxer i la gallina, por andar anda perdida" (Correas, loc. cit.; Martínez Kleiser, no. 43.336). In Port.: "A molher & a galinha por andar se perde azinha" (Ferreira de Vasconcellos, *Comedia Ulysippo,* f. 18ᵛ); cf. idem, *Comedia Eufrosina,* p. 111: "A molher e a galinha torcelhe o colo se a queres fazer boa."

321. "No quise decir lo que no oí, que si yo hablo, ustedes tendrán que confesar, y no es bueno que Polandria no mire por su fama por ser hija de señora."

322. "Si habla no hubiese, obra no habría." Though this has the ring of a proverb, it does not appear in the *refraneros.*

323. "Donde faltan palabras, no sobran hechos." Martínez Kleiser lists a number of similar proverbs (nos. 52.625-28), but none in this form.

324. "A vos y a la señora Polandria, muchas gracias, que en cuanto a mí, voy a callar y servir por estas mercedes [servir a vuestras mercedes?]"

325. Cf. XL, 66: "Como dizen, hombre apercebido es medio combatido." The proverb is a common one; see O'Kane, *Refranes,* p. 52b; *Castigos e documentos,* p. 35; *Celestina,* II, 83; "Auto de Traso," ed. Criado de Val-Trotter, p. 315; *Comedia Thebayda,* pp. 251, 510; *Segunda Celestina,* pp. 83, 161-162; Arceo, *Adagiorum,* p. 57a; Garay, *Cartas,* p. 167; *Comedia Florinea,* p. 233; *Don Quijote,* pt. II. ch. 17; Correas, *Vocabulario,* p. 169; Martínez Kleiser, no. 52.270. Cf. Saporta, *Refranero sefardi,* p. 169: "Hombre acavidado no muere matado." In Port.: "Homem apercebido meyo combotido" (Ferreira de Vasconcellos, *Comedia Ulysippo,* f. 132ᵛ). In Eng., "Forewarned is forewarned," and in Ital., "Uomo avertito, mezzo munito" (see Stevenson, *Home Book,* 2455:7).

326. The usual meaning of *guadra* in *lenguaje de germanía* is *espada* (see note 107), but Sigeril is apparently referring to a helmet which he wears under his hood.

327. "Parola: 'charla falaz, inútil o con poco sentido'" (A. Castro, ed., Quevedo, *Vida del Buscón,* p. 97n). Cf. note 89.

328. *de camino,* "ready to go."

329. *deprendiesses,* mod. *aprendieses.* See note 297.

330. In the original *Celestina* and in the imitations, the servants are lavish in their praise for the master's singing and poetic composition; see *Celestina,* ed. Cejador, II, 18-19; *Comedia Thebayda,* pp. 99 ff.; *Comedia Seraphina,* pp. 318-319; *Segunda Celestina,* pp. 356-358; *Comedia Florinea,* p. 173. In the *Comedia Selvagia,* it is the page Carduel's singing that is praised (pp. 38-41). In the *Tragedia Policiana* (pp. 6-7), however, the servants consider Policiano's singing to be *disparates* and *locuras.*

331. On the Orpheus and Euridice theme in Spanish, see Pablo Cabañas, *El mito de Orfeo en la literatura española* (Madrid, 1948).

332. *te engañes,* "give in" [i.e., let yourself be deceived into listening to the music].

333. *rescebir* < Lat. *re + cipere,* is the normal development (see Menéndez Pidal, *Manual,* §126.1), but the yod of *recipio* produced *recibo,* the other forms following by analogy (ibid., §105.2; cf. Hanssen, *Gramática,* §§111, 200). A. Amezúa notes that "en tiempos de Cervantes era usualísima esta forma" (ed., Cervantes, *Casamiento engañoso y coloquio de los perros* [Madrid, 1912], p. 478). Cf. XXXV, 47, below.

334. "Grillo y grillos, latine *compedes,* son las prisiones que echan a los pies de los encarcelados que se guardan con recato, y son dos anillos, por los quales passa una barreta de hierro, que remachada su chaveta no se puede sacar sin muchos golpes. Llamáronse grillos por el sonido que hazen quando se anda con ellos" (Covarrubias).

335. Cf. XXXIV, 239, where Celestina says, "Más quiero ser nescia que porfiada." The proverb appears in Garay, *Cartas,* p. 159; Correas, *Vocabulario,* p. 538 ("Más vale ser nezio ke porfiado." —"Todo lo sois," dixo el otro); Rodríguez Marín, *21.000 refranes,* p. 298a; and Martínez Kleiser, no. 46.344.

336. The *prisión de amor* theme was a common one in medieval and Renaissance literature; see Pierre Le Gentil, *La poésie lyrique espagnole,* I (Rennes, 1949), 126n. To cite a few examples in Celestinesque literature: *Lisandro y Roselia,* p. 50: "Sólo el pensamiento dó Roselia se aposenta esclarece la triste cárcel de amor, en la cual estoy preso"; ibid., p. 224: "¡Oh encumbrada y ensalzada magnificencia y liberalidad de mi señora, que á su captivo siervo y esclavo aherrojado rescató en este día de las obscuras prisiones de cárcel de amor!"; *Comedia Florinea,* p. 307: "Vos soys mi prisión y mi libertad; / yo vuestro captivo, y tan venturoso, / que es tanta mi gloria, que hablarla no oso"; *Dorotea,* ed. Morby, p. 263.

337. *verde la color.* On the symbolism of the color green, see note 262; on the gender of *color,* see note 230.

338. *xerguericos,* dim. of *xerguero* (mod. *jilguero*), from *sericarium;* see Menéndez Pidal, *Manual,* §72.2. The voiceless *s* frequently became *x* (mod. *j*) when in initial position (Menéndez Pidal, loc. cit.); mod. *jilguero* developed through dissimilation of the *r*'s (ibid., §72.3). See also Rodríguez Marín, ed., *Don Quijote,* VII, 21n.

339. *comueue,* mod. *conmueve.* Cf. *comigo,* note 7.

340. Although the Latin word *fenestra* has fallen into disuse, it occurred frequently in early Spanish literature — in the *Cantar de Mío Cid,* v. 17; Berceo, *Vida de Santa Oria,* 46; *Libro de Alexandre,* ed. Willis, st. 1151; *Libro de buen amor,* 1413b — and in later texts, such as Gil Vicente's *Amadís de Gaula* (v. 278), the *Comedia Selvagia* (p. 7) and the *Quijote* (pt. I, ch. 21).

341. *"Arpado.* Dícese de los pájaros de canto grado y armonioso" (F. Ruiz Morcuende, ed., Castillo Solórzano, *Garduña de Sevilla,* p. 141n). The adjective occurs numerous times in the sixteenth century, usually in the phrase *arpadas lenguas* (see María Rosa Lida de Malkiel, "Arpadas lenguas," *Estudios dedicados a Menéndez Pidal,* II [Madrid, 1951], 227-252. Mrs. Malkiel traces the change in the meaning of *arpado,* "arañado, rasgado," to *arpado,* "armonioso," by indirect reference to *arpa* [pp. 245-252]). In Cervantes' *Numancia* the adjective has the meaning "entrecortado" (see Schevill-Bonilla ed., p. 140 and note).

342. This phrase does not appear in the standard *refraneros.*

343. See note 268.

344. Pythagorean and Aristotelian theories of the conflict of the elements were an essential part of the author's cultural background; see Gillet-Green, *Torres Naharro,* p. 138. Cf. *Tragedia Policiana,* p. 4: "Quanto es contrario el fuego que me abrasa del agua que a los otros enfría, porque no ay amor sin refrigerios, ni avn trabajo sin esperança de premio, sino este que a mi triste coraçon atormenta."

345. On the significance of the word *galardón* in the courtly love tradition, see O. H. Green, "Courtly Love in the Spanish *Cancioneros,"* *PMLA,* LXIV (1949), 268-277. Cf. *Comedia Florinea,* p. 279: "Pero ay de mí, que si tú, mi Floriano, me olvidas, yo soy muerta, y si doy el gualardon que tu buen amor me pide y meresce, yo soy perdida."

346. *Decir* with the meaning *preguntar* occurs frequently in the *Quijote* (see Fernández Gómez, *Vocabulario de Cervantes,* s.v.).

347. A sorites. Cf. *Celestina,* ed. Cejador, I, 121: "Señor, porque perderse el otro día el neblí fué causa de tu entrada en la huerta de Melibea á le buscar, la entrada causa de la ver é hablar, la habla engendró amor, el amor parió tu pena, la pena causará perder tu cuerpo é alma é hazienda."

348. "... if I thought you were going to die, I would rather bring about my own death (i.e., *tomar la mía* [*vida*]) than consent to yours."

349. Even in the sixteenth century, *membrarse* was archaic; see F. de Onís, ed., Luis de León, *De los nombres de Cristo* (Madrid, 1948), p. 191n, and Rodríguez Marín, ed., *Don Quijote,* III, 107n.

350. Felides has been using the *tu* form to Polandria and here switches to the *vos* form for one speech, again illustrating the arbitrary manner in which these forms are used in this text; cf. note 49.

351. *Humilmente* here and in XX, 54, appears elsewhere in the literature of the sixteenth century: Pedro Ciruelo, *Reprobación de las supersticiones* (Madrid, 1952), p. 55; Antonio de Guevara, *Menosprecio de corte* (Madrid, 1942), p. 19; etc.

352. *trayrá.* Cf. VIII, 39: *trayré;* XXI, 188: *trayría;* XLVIII, 251: *trayrán;* for *traerá,* etc., by dissimilation (see Cuervo, *Apuntaciones,* §768). These forms are the orthographic equivalents of the actual pronunciation of *traer* at the time; cf. Hoge, ed., Lope de Vega, *El príncipe despeñado*, p. 173.

353. The idea that sadness and despair can cause death occurs frequently in the literature of the sixteenth century; see Green, *Spain and the Western Tradition,* I, 143, 152, 171-172.

354. *de que = de las que* or *de las cuales.*

355. "Como gato sobre ascuas" (see O'Kane, *Refranes,* p. 121a; Pérez Galdós, *Torquemada en el purgatorio* [Madrid, 1920], p. 20). Cf. "Como gato por brasas" (Correas, *Vocabulario,* pp. 435, 713; Rodríguez Marín, *Comparaciones,* p. 94; F. Castro Guisasola, *Observaciones sobre las fuentes literarias de la Celestina,* p. 10); "No ay gato sobre las brasas que tanto corra" (Andrés de Laguna, in his notes to Dioscorides' *Materia Medica,* III [Barcelona, 1955], 156). Ladislau Batalha traces the phrase to a Celtic tradition of throwing cats into the fires of St. John's day (*Historia geral dos adágios portugueses* [Paris-Lisboa, 1924], p. 80).

356. *Por la passión de Dios.* This oath occurs frequently in the *Celestina* and its imitations: *Celestina,* II, 115; *Comedia Thebayda,* pp. 85, 317, 403, 438, 500; *Comedia Seraphina,* p. 395; *Tragedia Policiana,* p. 54; and later in this text, VII, 229, and XIII, 196.

357. *vays = vayáis;* cf. Reichenberger, ed., Vélez de Guevara, *El embuste acreditado,* p. 311. See also II, 262, and note 141, above.

358. "*La Magdalena te guíe.* Frase con que damos a entender que deseamos para una persona feliz éxito en el desempeño de una empresa ardua. También se emplea en señal de despedida" (Montoto, *Personajes,* II, 124).

359. The proverb is listed by Correas (*Vocabulario,* p. 148) and Martínez Kleiser (no. 15.021). Cf. "Escarva la gallyna e falla su pepita" (O'Kane, *Refranes,* p. 110; Núñez, *Refranero,* p. 105; Correas, loc. cit.); "Escarba la gallina por su mal, y saca el cuchillo con que la han de degollar" (Rodríguez Marín, *21.000 refranes,* p. 199b); "Escarba la gallina, y échase la tierra encima" (ibid.); "La gallina escarba, y descubre el cuchillo con que la matan" (ibid., p. 239b; cf. Martínez Kleiser, nos. 15.022-29). See Archer Taylor, *The Proverb* (Cambridge, Mass., 1931), pp. 29-30.

360. "Faldillas y faldetas y faldellín, la mantilla larga que las mugeres traen sobre la camisa, que sobrepone la una falda sobre la otra, siendo abiertas, a diferencia de las vasquiñas y sayas, que son cerradas y las entran por la cabeça" (Covarrubias, s.v. *falda*). The word does not normally occur in the singular.

361. Virgil's "Omnia vincit amor" (*Eclogues,* X.69; cf. Stevenson, 1472:12) occurs frequently in Spanish. See Torner, *Lírica hispánica,* p. 377, to which add: "Amor vençe todas las cosas" (*Castigos e documentos,* pp. 169, 205; Vicente, *Auto das fadas,* in *Obras completas,* f. 209ᵛ); "El amor lo venze todo" (Correas, *Vocabulario,* p. 85; Martínez Kleiser, no. 3.737); "El amor todo lo puede i todo lo venze" (Correas, p. 86); "Todo lo puede el amor; / todo lo alcança el dinero"

(Agustín Moreto, *Baile de Lucrecia y Tarquino*, ed. MacCurdy, p. 144); "Todo lo vence el amor" (Rodríguez Marín, *21.000 refranes*, p. 486a; Martínez Kleiser, no. 3.743). Cf. Rodríguez Marín, *Cantos populares españoles*, no. 6.870: "Todo lo vence el amor; / Todo el dinero lo allana; / Todo lo consume el tiempo; / Todo la muerte lo acaba." In Portuguese: "Ho amor vençe todo" (Álvares, *Obras*, I, 53); "amor vence todas as cousas em força" (Ferreira de Vasconcellos, *Comedia Ulysippo*, f. 72ᵛ); "tudo amor vençe" (id., *Comedia Eufrosina*, p. 186).

362. Cf. "Después de ido el conejo viene el consejo" (Rodríguez Marín, *21.000 refranes*, p. 126b; Martínez Kleiser, no. 12.826). A more common form is "El conejo ido, y el consejo venido" (Santillana, *Obras*, p. 512; O'Kane, *Refranes*, p. 88b; Espinosa, *Refranero*, p. 83; Arceo, *Adagiorum*, p. 56a; Garay, *Cartas*, p. 115; Núñez, *Refranero*, p. 76; Correas, *Vocabulario*, p. 105; Martínez Kleiser, nos. 12.824, 51.793-94). Cf. Sánchez de Badajoz, *Farsa del matrimonio* (*Recopilación*, II [Madrid, 1886], 26): "En fin ido es el conejo, / Dios sabe lo que yo siento"; Núñez Alba, *Diálogos*, p. 85: "el consejo huydo y el conejo venido."

363. "Hasta las paredes tienen oýdos" XXIV, 71. This is an ancient and much-used proverb, for Burton Stevenson traces it to the Babylonian Talmud (c. 450) (see *Home Book*, 654:8 and 2442:1). The proverb appears generally in one of two forms: "Las paredes han (tienen) oídos" (O'Kane, *Refranes*, p. 182b; *Celestina*, I, 66 [cf. Bataillon, *La Célestine*, p. 92]; *Comedia Thebayda*, p. 299; Espinosa, *Refranero*, p. 181; *Lisandro y Roselia*, p. 179; Garay, *Cartas*, p. 161; Covarrubias, *Tesoro*, p. 853b; Cervantes, *Comedias y entremeses*, ed. Schevill-Bonilla, II, 69, and III, 65; *Don Quijote*, II, 48; cf. Saporta, *Refranero sefardí*, p. 238; Denah Lida, "Refranes judéo-españoles," no. 155), and "Las paredes oyen" (Mejía, *Silva*, I, 305; Cervantes, *Comedias*, II, 186; *Las paredes oyen*, play by J. Ruiz de Alarcón; Unamuno, *Abel Sánchez*, ch. 27; Rodríguez Marín, *21.000 refranes*, p. 260a). Numerous expanded variants exist: "En consejas, las paredes han orejas" (Núñez, *Refranero*, p. 100; cf. Gillet, *Propalladia*, III, 571); "Montes ven, paredes oyen" (Núñez, p. 139); "Las paredes an oídos, i los montes oxos; o Las paredes tienen orexas i oxos" (Correas, *Vocabulario*, p. 211); "Las paredes tienen oídos, y ojos los setos vivos" (Rodríguez Marín, *12.600 refranes más*, p. 175b); "Las paredes tienen oídos, y los vallados de los caminos" (Rodríguez Marín, *10.700 refranes*, p. 171b; Martínez Kleiser, no. 51.778; cf. Ferreira de Vasconcellos, *Comedia Eufrosina*, p. 185: "Quem tras valados vay falando, filhos alheyos vay castigando, e o mesmo he antre paredes."); "Las paredes suelen oyr" (*Comedia Florinea*, pp. 180, 235); "Los campos tienen ojos, / Llenguas y orejas rastrojos, / Y los montes mill barruntos" (Lucas Fernández, *Farsas y églogas* [Madrid, 1867], p. 8). In English, "Walls have ears"; see Tilley, *A Dictionary of Proverbs in England*, W19. Archer Taylor is currently preparing a study of this proverb.

364. "*¡Cuerpo de tal!* es uno de tantos juramentos y porvidas eufemísticas a que solía acudirse para votar, con clara irreverencia, profanando el nombre de Dios" (Rodríguez Marín, ed., *Don Quijote*, V, 31n). Pandulfo uses it several times in the *Segunda Celestina* (pp. 320, 353), and it occurs as well in the *Lozana andaluza* (p. 134) and the *Comedia Florinea* (p. 219). In other *Celestinas*, the phrases "no creo en tal" (*Lisandro*, pp. 81, 243; *Doleria*, pp. 329, 331) and "Descreo de tal" (*Lisandro*, pp. 55, 210; *Tragedia Policiana*, pp. 5, 6, 9, 19, 29, 39, 44, etc.) are used. Miquel in the *Comedia Tinellaria* (II, 115) uses the oath "¡Cap de tal!" for "¡Cap de Deu!" (see Gillet, *Propalladia*, III, 483). Cf. "Por vida de tal" (II, 152).

365. *dacá* = *de acá*.

366. Cf. XXVI, 84: "Boto a la casa de Meca." The *rufianes* delight in vowing by the "casa de Meca." Cf. Pandulfo in the *Segunda Celestina*, pp. 28, 55: "Voto á la casa de Meca"; p. 45: "Pesa á la casa de Meca"; p. 166: "Juro á la casa de Meca." Similar oaths are used by Centurio (p. 466) and Traso (p. 453). See also, *Comedia Florinea*, p. 169: "Voto a la casa de Mecha"; and *La Doleria*, p. 323: "Descreo de la casa de Meca y d'el Pago de Tremel." Cf. note 649, below.

367. "*Rematar*. Es dar una cosa por cierto precio en el almoneda" (Covarrubias).

368. *las que en la cara tengo,* i.e., *las barbas*. "Se jura por lo que se adora o se estima: por Dios, por la vida, por la salud, por las personas amadas, etc., y las barbas propias eran cosa de mucho aprecio" (Rodríguez Marín, ed., *Don Quijote*, II, 79n). See also II, 238; XXXV, 15; XL, 42. Cf. "Juro por las que en la cara tengo" (*Comedia Selvagia*, p. 129); "Yo reniego de las que en la cara tengo" (*Tragedia Policiana*, p. 14); "Por estas pocas que aquí Dios me puso" (*Pícara Justina*, ed. Puyol, II, 73); "Por istas barbas que teño no rostro" (*Licenciado vidriera*, in *Novelas ejemplares*, ed. Rodríguez Marín, II, 67). Gillet lists numerous other occurrences (*Propalladia*, III, 431-432).

369. *ventana*, i.e., "thin, wind-admitting."

370. *como vn oro*. Cf. Rodríguez Marín, *Mil trescientas comparaciones*, p. 14: "Como un oro. De limpio, de lindo, de vistoso." The comparison is used by Baltasar de Alcázar (*Poesías* [Madrid, 1910], p. 75: "Llamas como un oro, Inés, / Á tu galán, poco sabia; / Mas, si él es oro, es de Arabia; / Que cristiano, no lo es."), by Quevedo (in his eighteenth "Letrilla satírica": "Es galán, y es como un oro" [*Obras en verso*, p. 213]), and by Moreto (*De fuera vendrá*, I, vi: "La muchacha es como un oro."). Cf. also "como un pino de oro" (XXI, 113, and note 766).

371. *madexas* = *canas;* cf. II, 175; XII, 95.

372. "*Lexía*. Agua cozida con ceniza para colar la bogada de los paños" (Covarrubias); cf. Menéndez Pidal, *Manual*, §43.2.

373. "Estrado, el lugar donde las señoras se asientan sobre cogines y reciben las visitas" (Covarrubias). See Juan de Zabaleta's discussion of this institution in his *Día de la fiesta ... por la tarde* (ed., Barcelona, 1885, pp. 179-193).

374. Though Correas gives "Honra i provecho no kaben en un techo" (*Vocabulario*, p. 170; Martínez Kleiser, no. 31.286; cf. Rodríguez Marín, *21.000 refranes*, p. 224a, and O'Kane, *Refranes*, p. 133), a more common variant is "Honra y provecho no caben en un saco" (see Castillejo, *Obras*, III, 30; *Celestina*, I, 256; *Segunda Celestina*, pp. 54, 280, 349, 353; Espinosa, *Refranero*, p. 129; Garay,

Cartas, p. 169; Núñez, *Refranero*, p. 115; *Comedia Florinea*, pp. 294-295; *Tragedia Policiana*, p. 50; Correas, p. 170). Cf. the English proverb, "Honour and profit lie not in one sack" (Stevenson, *Home Book*, 1162:13).

375. Though Pandulfo tries to deny the legality of his marriage to Quincia, strictly speaking he is irrevocably married since "el matrimonio, con sólo el consentimiento del hombre y de la mujer, se contrae y hace" (Pedro Mejía, *Silva de varia lección* [Madrid, 1933], I, 353). "El consentimiento puede ser tácito o expreso: la convivencia, los regalos, las visitas o la cópula son maneras de 'otorgar callando'" (Justina Ruiz de Conde, *El amor y el matrimonio secreto* [Madrid, 1948], p. 17). Generally "the act of sexual union ... does not constitute marriage. A special form of ceremonial sanction is necessary. ... We have here a special creative act of culture, a sanction or hallmark which establishes a new relation between two individuals. This relationship possesses a force derived not from instincts but from sociological pressures" (B. Malinowski, *Sex and Repression in Primitive Society* [New York-London, 1927], p. 202). The ceremony could be as simple as an exchange of declarations to marry, "como quando dice el home: yo te rescibo por mi mujer, et ella dice: yo te rescibo por mi marido ó otras palabras semejantes destas" (*Siete Partidas*, Part. IV, tít. I, ley 2). Though no witnesses were necessary to make the ceremony binding (*Siete Partidas*, Part. IV, tít. III, ley 1), secret marriages in literary works of the sixteenth century were generally witnessed by servants; see Torres Naharro, *Comedia Calamita*, IV, 325-341; *Segunda Celestina*, pp. 365-366, 504-505; *Comedia Selvagia*, p. 271; *Comedia Florinea*, p. 271; Romero de Cepeda, *Comedia Salvage*, p. 299. Cf. Gillet-Green, *Torres Naharro and the Drama of the Renaissance*, pp. 365-367.

376. "Dar kantonada. Irse kallando, dexando a otros burlados; tómase de dar buelta tras kantón o eskina de kalle, trasponer i desaparezerse" (Correas, *Vocabulario*, p. 680). See also Covarrubias, s.v. *cantón*. Américo Castro equates the phrase to "dar esquinazo" (in his edition of Tirso de Molina, *El vergonzoso en palacio* [Madrid, 1958], p. 27n; cf. Fontecha, *Glosario*, s.v. *cantonada*).

377. *tres de buen juego*. The phrase is not listed in *Dicc. Acad.*, Cejador's *Fraseología*, Fontecha's *Glosario*, or any of the *refraneros* consulted.

378. In Espinosa's *Refranero* (p. 45): "Debaxo del çieno está ascondido el ançuelo." The *cebo-anzuelo* metaphor is common in the *Celestinas:* "Ceuasnos, mundo falso, con el manjar de tus deleytes, y al mejor sabor nos descubres el anzuelo" (*Celestina*, II, 220); "ya se te ha gastado el cebo, que descubres el sedal con el anzuelo" (*Segunda Celestina*, p. 309); "...con qué cebo esconderé el anzuelo" (*Lisandro*, p. 71); "...dentro de las quales va como anzuelo en ceuo abscondida su perdicion" (*Comedia Florinea*, p. 180). Cf. the proverb: "Cebo de anzuelo, carne de buitrera" (O'Kane, *Refranes*, p. 81a; Correas, *Vocabulario*, p. 111b; Martínez Kleiser, nos. 34.265, 50.103; *Celestina*, II, 85; *Lisandro*, p. 11).

379. "Al buen callar llaman sancho," in Santillana, *Obras*, p. 504; O'Kane, *Refranes*, p. 71; *Refranes glosados*, f. A 2ʳ; Valdés, *Diálogo de la lengua*, p. 53; *Lozana andaluza*, p. 112; Espinosa, *Refranero*, p. 67; Arceo, *Adagiorum*, pp. 55a,

56a; Güete, *Vidriana* (ed. Cronan), p. 202; Garay, *Cartas*, p. 122; Ferreira de Vasconcellos, *Comedia Ulysippo*, f. 260ʳ; Núñez, *Refranero*, p. 8 (adds "al bueno bueno Sancho Martínez"); Correas, *Vocabulario*, p. 41 (same as Núñez, with extensive note); *Don Quijote*, pt. II, ch. 43; *La Estrella de Sevilla*, III, vi, 2332; Pérez Galdós, *Torquemada en el purgatorio*, p. 236; Haller, *Altspanische Sprichwörter*, p. 100; Martínez Kleiser, no. 8.565, and in various imitations of the *Celestina*: *Comedia Thebayda*, pp. 244, 265; *Comedia Seraphina*, p. 302; *Segunda Celestina*, p. 512; *Lisandro y Roselia*, p. 20. The variant, "Al buen callar llaman santo," occurs in the *Pícara Justina* (II, 150), *Guzmán de Alfarache* (ed. Gili y Gaya, II, 42), *La vida es sueño* (III, v. 2220), and in Rodríguez Marín's *21.000 refranes* (p. 18). Various discussions of the proverb have been published: C. Michaëlis de Vasconcellos, *Estudios sobre o romanceiro peninsular* (Madrid, 1907), p. 49; Montoto, *Personajes*, II, 346; Rodríguez Marín, *Discurso de entrada en la Academia Sevillana de Buenas Letras* (Sevilla, 1895); and idem, *Mil trescientas comparaciones*, pp. 32-34. The original meaning of the proverb was apparently "Al buen callar llaman santo," or *sancto*, which by contamination became *sancho*.

380. The proverb is a common one; see O'Kane, *Refranes*, p. 165a; Encina, *Plácida*, ed. Barbieri, p. 267; *Comedia Seraphina*, p. 378; *Lozana andaluza*, p. 131; Espinosa, *Refranero*, p. 164; Garay, *Cartas*, pp. 118, 161; *Entremés de los refranes*, p. 177a; Correas, *Vocabulario*, p. 398 (reconstructed by Combet); Rodríguez Marín, *21.000 refranes*, pp. 43, 428; Martínez Kleiser, no. 8.915. Cf. Stevenson, *Home Book*, pp. 979-980. See also Trench, *Proverbs and their Lessons*, p. 18n.

381. Cf. the English proverb "A rolling stone gathers no moss" (*Oxford Dictionary of English Proverbs* (Oxford, 1948), p. 547; Tilley, *Dictionary of Proverbs*, S885; Stevenson, *Home Book of Proverbs*, 2218:6). "[This] is said to be a Greek proverb recorded by Lucian, which is the source of a mediaeval Latin proverb, *Saxum volutum non obducitur musco*" (Archer Taylor, *The Proverb*, p. 44); cf. Erasmus, *Adagia*, III.iv.74. The Spanish phrase is listed (with slight variations) by Santillana (*Obras*, p. 518), *Castigos y documentos* (p. 209), O'Kane (*Refranes*, p. 192a), Rojas (*Celestina*, II, 154), Espinosa (*Refranero*, p. 192), Arceo (*Adagiorum*, p. 58a), Garay (*Cartas*, pp. 118, 161), Correas (*Vocabulario*, p. 469), Rodríguez Marín (*21.000 refranes*, p. 366b; *10.700 refranes*, p. 231b), Lea (*Literary Folklore*, p. 237), and Martínez Kleiser (no. 35.905; cf. no. 50.453).

382. There are many of these innocuous self-counteracting oaths in the *Tercera Celestina*; cf. "no creo sino en Dios" (VII, 190); "no creo en la fe de los moros" (XXVI, 28); "descreo de la casa de Meca" (VII, 43). See also Gillet, ed., *Propalladia*, III, 477.

383. "*Cercillo*. Los arillos de las orejas con sus pinjantes, de que las mujeres han usado de tantos siglos atrás" (Covarrubias). Cf. Menéndez Pidal, *Manual*, §18.3.

384. *desque* = *desde que* (see *Dicc. Acad.*, s.v.).

385. "Vender el gato por liebre, engañar en la mercadería; tomado de los venteros, de los quales se sospecha que lo hazen a necessidad y echan un asno

en adobo y la venden por ternera" (Covarrubias, s.v. *gato*, p. 632b). Quevedo refers to the practice several times in his *Sueños:* "La primera acusación decía no sé qué de gato por liebre, tanto de huesos y no de la misma carne, sino advenedizos, tanto de oveja y cabra, caballo y perro" (*Obras en prosa*, p. 129a): "él se condena por haber vendido gato por liebre, y pusímoslo de pies con los venteros que dan lo mismo" (ibid., p. 136); cf. Vélez de Guevara, *El Diablo cojuelo*, p. 39: "Es una bodegonera tan rica, que tiene, a dar rocín por carnero y gato por conejo a los estómagos del vuelo, seis casas en Madrid, y en la puerta de Guadalajara más de veinte mil ducados." The phrase has long been proverbial (see Espinosa, *Refranero*, p. 118; Correas, *Vocabulario*, p. 742; Stevenson, *Home Book*, 294:8; Martínez Kleiser, nos. 21.230, 21.232; cf. Rodríguez Marín, *21.000 refranes*, p. 505b: "Véndese el gato por liebre, con su pebre."), and appears often in Spanish literature: "Aun les vende el gato por liebre, y el vinagre por vino, y la hiel por miel" (*Comedia Thebayda*, p. 470); "Dar plata por oro, Inés, / Es vender gato por liebre" (Alcázar, *Poesías*, p. 50); "No hay para qué venderme a mí el gato por liebre" (*Don Quijote*, pt. II, ch. 26); "Cuántas veces se vende un enemigo, / Como gato por liebre, por amigo" (Samaniego, *Fábulas*, III, v, 19-20 [BAE, LXI, 367a]).

386. *quitarsete a = se te quitará.*

387. *mándote = te prometo.*

388. *decerrajar*, "to break open" (e.g., a lock). The verb is not listed in *Dicc. Acad.* or by Corominas. Cf., however, mod. *cerrajear* and *cerrajero;* below: *decerraja el arca.*

389. *ceuilidad = ruindad. Cevil* occurs frequently in the sixteenth and seventeenth centuries; see Fontecha, *Glosario*, s.v. Mod. *civil* is "docta" (Hanssen, *Gramática*, §288).

390. "I don't think I like what you're mumbling."

391. *Hable la boca que pagará la coca.* See note 223.

392. Rodancho does not enter until later, but stands eavesdropping and commenting on the action.

393. *yça.* "Las mujeres públicas recibían los nombres de concejiles, coimas, gayas, germanas, izas, marcas. ..." (Joaquín Hazañas y la Rúa, *Los Rufianes de Cervantes* [Sevilla, 1906], p. 29; cf. Hill, *Voces germanescas* [Bloomington, Ind., 1950], p. 107). The term is used in XXVII, 13, and XLIV, 81, as well as in the *Tragedia Policiana* (p. 9) and *Guzmán de Alfarache* (ed. Gili y Gaya, V, 132).

394. *en achaque de = so pretexto de* (see Fontecha, *Glosario*).

395. "*Quistión* es forma antigua y vulgar de la voz *cuestión*, y fué usada con mucha frecuencia por nuestros escritores del siglo XVI" (Rodríguez Marín, ed., *Rinconete*, p. 327), and of the "siglo XVII" as well, for examples are abundant in Lope (*Fuenteovejuna*, I, 437; *Príncipe despeñado*, I, 572 [see Hoge, ed., p. 151]) and Cervantes (*Rufián dichoso*, I, 1; *Don Quijote*, pt. I, ch. 45). The change in pronunciation is due to the influence of the yod on the pretonic *e* (cf. Hanssen, *Gramática*, §74; Menéndez Pidal, *Manual*, §18.2).

396. "I've always considered it my duty to take sides when I see a sure thing, especially when I'm spurred on by the thought of getting something to eat or drink out of it."

397. *Mas ¡que!,* "I'll bet..." Cf. C. E. Anibal, review of John Brooks, ed., *El mayor imposible de Lope de Vega*, HR, III (1935), 256; Reichenberger, ed., Vélez de Guevara, *El embuste acreditado*, p. 331. See also A. Lenz, "Notes de lexicographie. I. mas que," *RHi*, LXXVII (1929), 612-628; John Brooks, "*Más que, mas que* and *mas ¡qué!*," *Hispania*, XVI (1933), 23-34. The construction derives from Latin *sed quid;* see Frei João Álvares, *Obras*, II (Coimbra, 1959), 24*n*.

398. "A los bouos se aparesce la virgen María" (*Comedia Florinea*, p. 226; cf. Martínez Kleiser, no. 14.074); "A los bobos se aparece Santa María" (Arceo, *Adagiorum*, p. 57b). Correas gives "A los inozentes, se apareze Nuestra Señora. Entiéndese: por los buenos i santos, aunke vulgarmente lo aplikan a onbres de poko saber, dichosos, i se deve rreprovar i no usar de tal manera" (*Vocabulario*, p. 10).

399. *Compaña* (mod. *compañía*), which occurs again in XXXIV, 107, is "antiguo y dialectal" (Corominas, s. v. *compañero;* cf. Hanssen, *Gramática*, §529). In Colombia, the form *compañía* is common (see Cuervo, *Apuntaciones*, §739).

400. *denantes* < *de* + *in* + *ante* + adverbial *s* (see Hanssen, *Gramática*, §626). Cuervo notes that "del uso frecuentísimo de *en* para señalar el tiempo... se originó el anteponer esta partícula a adverbios que sin ella tienen tal significado" (*Apuntaciones*, §374) and adds that though *denantes* has fallen into disuse in Spain, it is still quite common in Latin America.

401. "...I wouldn't miss a chewing-session if I had to fight twenty men." *Papo = buche de las aves;* cf. "El mal del milano, el ala quebrada y el papo sano" (O'Kane, *Refranes*, p. 151a; Valdés, *Diálogo de la lengua*, p. 45; Espinosa, *Refranero*, p. 147; Núñez, *Refranero*, p. 72; Correas, *Vocabulario*, p. 114); "Grano a grano, hinche la gallina el papo" (O'Kane, p. 123a; Correas, p. 347; Denah Lida, "Refranes," no. 130; Saporta, *Refranero sefardi*, p. 161; cf. Stevenson, *Home Book*, 1019:9. In Port.: "Grão & grão, enche a galinha o papo" (Ferreira de Vasconcellos, *Comedia Ulysippo*, f. 71ᵛ).

402. "No puede ser el cuervo más negro que sus alas" (again in XXV, 159, and XLI, 217). The proverb is listed by O'Kane (*Refranes*, p. 95), Espinosa (*Refranero*, p. 91), Núñez (*Refranero*, p. 147), Correas (*Vocabulario*, p. 258), *Dicc. Aut.*, Rodríguez Marín (*21.000 refranes*, pp. 329b, 511a), and Martínez Kleiser (nos. 14.840, 22.866, 62.193). It occurs in the *Comedia Thebayda* (p. 406); Torres Naharro, *Comedia Aquilana* (I, 483 f.; cf. Gillet's note, III, 726); *Comedia Seraphina* (p. 353); Valdés, *Diálogo de la lengua* (p. 194); Garay, *Cartas* (p. 114); Pedro de Vega, *Declaración de los siete psalmos penitenciales* (1599 et seq.; in Sbarbi, p. 118); *Entremés de los refranes* (p. 177a); Luna, *Lazarillo de Tormes* (ed. Sims, p. 33; cf. note, p. 112); and *Guzmán de Alfarache* (ed. cit., II, 173; III, 166). Cf. the comparisons "Más negro que un cuerbo; — qu'el ala e un cuerbo" (Rodríguez Marín, *Mil trescientas comparaciones,* p. 70), "negro como el ala del cuervo" (Shirley Arora, *Proverbial Comparisons in Ricardo Palma's "Tradiciones peruanas"* [Berkeley, 1966], p. 142), and the American riddle "What's blacker than a crow? — His feathers" (*Frank C. Brown Collection of North Carolina Folklore,* I [Durham, N.C., 1952], no. 149).

403. The imperative *ave* was once quite common (Menéndez Pidal, *Manual,* §116.2; Hanssen, *Gramática,* §219).

404. *desesperación.* Though admittedly a sin, desperation "is not the worst sin conceivable ... Still its power for working harm in the human soul is fundamentally far greater than other sins inasmuch as it cuts off the way of escape and those who fall under its spell are frequently ... found to surrender themselves unreservedly to all sorts of sinful indulgence" (*Catholic Encyclopedia*). For a study of the development of this attitude toward despair, see Susan Snyder, "The left Hand of God: Despair in Medieval and Renaissance Tradition," *Studies in the Renaissance,* XII (1965), 18-59. Cf. A. F. G. Bell, *Cervantes* (Norman, Okla., 1947), p. 48, n. 21.

405. Of choleric men, the Archpriest of Talavera says: "Son calientes e secos, por quanto el elemento del fuego es su correspondyente, que es calyente e seco. Estos tales súbyto son yrados muy de rrezio, syn tenprança alguna" (ed. Penna, pp. 136-137). Cf. Green, "El *ingenioso* hidalgo," pp. 179-181, 188.

406. Cf. Correas, *Vocabulario,* p. 218: "Lo ke se á de hazer tarde, hágase tenprano."

407. *Por el siglo de mi padre,* "I swear by the repose of my father's soul." This is a popular oath in Celestinesque literature, occurring in Reinosa's "Coplas de las comadres" (ed. Cossío, p. 37), *Comedia Thebayda* (p. 153), *Lozana andaluza* (pp. 146, 170, 179), *Comedia Florinea* (pp. 260, 283), *La Lena* (p. 409), *La pícara Justina* (ed. Puyol, I, 35, 69), *La tía fingida* (ed. Bonilla, p. 83), *La Dorotea* (ed. Morby, pp. 71, 152), and Salazar's *El encanto es la hermosura* (BAE, XLIX, 247). Cf. also *Don Quijote,* pt. II, chs. 40 and 57.

408. Martínez Kleiser, no. 25.371: "Duro es el hierro, y ablándase con el fuego." The concept occurs in another form in the original *Celestina:* "¡Mas fuerte estaua Troya é avn otras mas brauas he yo amansado!" (I, 181). Cf. Lope de Vega, *Fuenteovejuna,* I, iii, 179 ff.: "Yo, Laurencia, he visto alguna / tan brava, y pienso que más; / y tenía el corazón / brando como una manteca" (BAE, XLI, 634b).

409. "*Contray,* paño fino fabricado en Contray, de Flandes" (Cejador, ed., *Celestina,* I, 218n; cf. Hill, *Voces germanescas,* s.v.); cf. *Segunda Celestina,* p. 160: "Corta luégo, Sigeril, cuatro varas de contray, de aquella pieza que me trajeron de la feria." *Dicc. Acad.* (s.v.) identifies the city in Flanders as Courtrai.

410. *cubierto,* possibly, "pawned and [re]cubierto."

411. "Donde va lo más, vaia lo menos" (Correas, *Vocabulario,* p. 335); cf. Martínez Kleiser, no. 396: "Tras lo más lo menos va."

412. *éste,* probably *este beso.*

413. *besucar.* "Los verbos terminados en *-ucar* tienen significado frecuentativo o despreciativo y corresponden a los nombres acabados en *-uco: batucar, besucar* (port. *beijocar), machucar . . ."* (Hanssen, *Gramática,* p. 159). Cf. *auto* XXXV: *besucamientos.*

414. *callentar,* mod. *calentar* < *calentare* (see Hanssen, *Gramática,* §400). *-ll-* apparently developed by analogy with *caliente;* cf. *lleva* < *lieva,* etc. (Menéndez Pidal, *Manual,* §112bis.3). See also Fontecha, *Glosario,* s.v.

415. It was Sempronio who first applied this epithet to the *vieja* (*Celestina,* I, 127); cf. *Comedia Tidea* (I, 478 [ed. Cronan, p. 16]): ". . . aquella vieja barbuda."

416. *pieza.* Remember Don Quijote's insistence that Rocinante was "la mejor pieza que comía pan en el mundo" (pt. I, ch. 2); cf. Jules Piccus, *Romance Notes,* V [1964], 168-173). Cf. Covarrubias, s.v. "Buena pieça, por ironía, al que notamos de bellaco."

417. "Asentar la mano; asentarle la mano; asentóle la mano. Dízese por kastigar kon mano pesada, ke haga inpresión" (Correas, *Vocabulario,* p. 609).

418. "Entrar con pie derecho, entrar con ventura" (Covarrubias, s.v. *pie).* Cf. Lope de Vega, "Soneto a Violante," v. 10: ". . . parece que entré con pie derecho." The phrase stems from Latin; cf. Virgil, *Aeneid,* Bk. VIII, v. 302: "Dexter adi pede sacra" (see Stevenson, *Home Book,* 863:4). Cf. also "Entrar con buen pie" (Espinosa, *Refranero,* p. 191; Correas, *Vocabulario,* p. 622). In English: "To get off on the right (wrong) foot" (see Stevenson, 862:4). Regarding the superstition involved, see Rodríguez Marín, *Las supersticiones en el Quijote* (Madrid, 1926), pp. 17-18.

419. *batear.* "*Baptizare* se transforma como si fuera *baptidiare,* y resulta *batear* (ant.)" (Hanssen, *Gramática,* §12; cf. Menéndez Pidal, *Manual,* §11.2). See also *auto* XL. ". . . pesar de quien me bateó."

420. *punto.* See note 61.

421. Various writers have spoken of this inability to reckon time accurately under the stress of emotion; cf. Thornton Wilder, *The Woman of Andros* (New York, 1930), p. 76: "The ewe that has strayed from the flock lives many years in one day and dies at a great age when the sun sets"; Virginia Woolf, *Orlando* (New York, 1960), pp. 63-64: "An hour, once it lodges in the queer element of the human spirit, may be stretched to fifty or a hundred times its clock length; on the other hand, an hour may be accurately represented on the timepiece of the mind by one second. This extraordinary discrepancy between time on the clock and time in the mind is less known than it should be and deserves fuller investigation." The awareness of the relativity of time in the human mind which we see here becomes more common as the sixteenth century progresses, and is an important aspect of Baroque poetry (see Lowry Nelson, Jr., *Baroque Lyric Poetry* [New Haven, 1961], pp. 23-31). Cf. also Pérez de Ayala, *El ombligo del mundo*, p. 224.

422. The garbled form *imppexible* appears in both editions. Perhaps a form of the verb *empecer* (= *dañar*) is intended, in which case the meaning would be "You are unbeatable, there is no one like you."

423. "'Echar la soga tras el caldero' es, perdida una cosa, echar a perder el resto. Está tomado del que yendo a sacar agua al poço se le cayó dentro el caldero, y de rabia y despecho, echó también la soga con que le pudiera sacar, atando a ella un garabato o garfio" (Covarrubias, p. 268b, s.v. *caldero*). The phrase appears (with variations) in O'Kane, *Refranes*, p. 214a; *Celestina*, I, 39; *Comedia Seraphina*, p. 327; *Comedia Ypólita*, ed. Douglass, p. 60; Espinosa, *Refranero*, p. 220; Güete, *Comedia Vidriana*, ed. Cronan, p. 261; Garay, *Cartas*, p. 117; *Lazarillo*, ed. Cejador, p. 74; *Comedia Florinea*, p. 250; Núñez, *Refranero*, p. 66; *Doleria*, p. 364; *Don Quijote*, pt. II, ch. 9 (cf. Rodríguez Marín's note, V, 167n); I. de Luna, *Diálogos familiares*, in Sbarbi, *Catálogo*, p. 130b; Correas, *Vocabulario*, pp. 79, 155, 515; Haller, *Altspanische Sprichwörter*, pp. 486-488; Rodríguez Marín, *21.000 refranes*, p. 259b; Fontecha, *Glosario*, s.v. *soga;* Martínez Kleiser, nos. 5.673, 16.566; and Buero Vallejo, *Hoy es fiesta*, p. 26. Cf. Baltasar de Alcázar's "Epitafio LXXVII": "Soga fué Leandro, y Hero / Caldero; pozo fué el mar, / Y vino el demonio á echar / La soga tras el caldero" (*Poesías*, p. 69).

424. *norte.* Here and in XI, 232 ("por esse norte"), *norte* apparently has the meaning "manner," though I have found no other occurrences of the word with this meaning.

425. "A quien le duele la muela, que (se) la saque": Thus in Espinosa, *Refranero*, p. 164; Garay, *Cartas*, p. 114; Correas, *Vocabulario*, p. 20; Haller, *Altspanische Sprichwörter*, p. 331; Rodríguez Marín, *21.000 refranes*, p. 41a; Lea, *Literary Folklore*, p. 233; Martínez Kleiser, no. 17.929 (cf. nos. 17.925-28). Correas also gives "A kien duele la muela, ke la eche fuera" (loc. cit.; Martínez Kleiser, no. 17.925). Cf. O'Kane, *Refranes*, p. 165a; "Quien le duele la muela, vaya onde el barbero"; in Port.: "a quem doe o dente vay a dentuça" (Ferreira de Vasconcellos, *Comedia Eufrosina*, p. 182). See also Sánchez de Badajoz, *Recopilación*, II, 241: "Que á quien el diente le duele, / Esperanza lo consuele, / Porque, en fin, todo perece." James Howell (*English Proverbs* [1659], p. 7) lists: "Better tooth out than always ache" (see Stevenson, *Home Book*, 234:1).

426. "El debdor non se muera, que la debda pagarse há" (Santillana, *Obras*, p. 510; Martínez Kleiser, no. 17403); "El deudor no se muera, que la deuda en pie se queda" (Núñez, *Refranero*, p. 74; Martínez Kleiser, no. 17.404); "Si el deudor no se muere, la deuda no se pierde" (Correas, *Vocabulario*, p. 277; Martínez Kleiser, no. 17.406; cf. O'Kane, *Refranes*, p. 101b).

427. Cf. XXXIV, 117-118: "Dios lo sabe, y todo lo qual haze es por mejor." There are several similar proverbs: "Todo es bueno lo que Dios hace" (Espinosa,

Refranero, p. 101); "Dios sabe lo ke haze. Dios sabe lo mexor." (Correas, *Vocabulario*, p. 326); "Lo que hace Dios es lo mejor" (Martínez Kleiser, no. 18.721). In French, "Dieu fait bien ce qu'il fait" (see Stevenson, 972:12).

428. Sebastián de Horozco, in his *Teatro universal de proverbios*, gives: "Lo que a deseo viene, en más se tiene" (see Martínez Kleiser, no. 16.481).

429. *Válame*, mod. *válgame;* cf. Hanssen, *Gramática*, §211; Cuervo, *Apuntaciones*, §287; and Menéndez Pidal, *Manual*, §113.2b.

430. "Quiero hazer una raya en el agua" (*Celestina*, I, 141; cf. Cejador's note); "bien puedes hacer una raya en la pared, é en el agua, porque mejor señale" (*Comedia Thebayda*, p. 506); "Es haçer una rraya en el agua" (Espinosa, *Refranero*, p. 36). Correas explains that the phrase is used to indicate "una cosa rara," not usually done (see *Vocabulario*, p. 758). Cf. "(Podemos) Hazer una rraia en el agua para ke no se deshaga" (Correas, pp. 482, 583; Martínez Kleiser, no. 33.333). A similar phrase, "escribir en agua," is used to indicate an action that produces no lasting effect; see O'Kane, *Refranes*, p. 201a; Lope de Vega, *El Castigo del discreto*, ed. Fichter, p. 275 (see note); Pérez de Ayala, *El ombligo del mundo*, p. 112. The latter form is common in English; see Tilley, W114; Stevenson, 1005:3, 1655:4, 2460:10. Erasmus has "In aqua scribis" (*Adagia*, I.iv.56).

431. *cocar = hacer cocos (Dicc. Acad.);* cf. Covarrubias, s.v., and Rodríguez Marín, ed., Vélez de Guevara, *El diablo cojuelo*, p. 54n.

432. *arepiento = arrepiento.* "Ni miento ni me arrepiento" (Espinosa, *Refranero*, p. 157, with the explanation: "Proverbio que se acostumbra dezir quando alguno es reprehendido de aver dicho verdad."). Also listed by O'Kane, *Refranes*, p. 158b; Rodríguez Marín, *21.000 refranes*, p. 323b; Martínez Kleiser, no. 5.263.

433. "Nemo potest duobus dominis servire" (Matt. vi. 24). The proverb is listed (with variations) by O'Kane, *Refranes*, p. 203b; *Castigos y documentos*, pp. 37, 113; Espinosa, *Refranero*, p. 218; Garay, *Cartas*, p. 157; Núñez, *Refranero*, p. 178; Correas, *Vocabulario*, p. 389; Cahier, *Quelques Six Milles Proverbs*, p. 280; Rodríguez Marín, *21.000 refranes*, pp. 390b, 430a, 452a; idem, *12.600 refranes*, p. 265b; *6.666 refranes*, p. 135a; Hutchings, "Judeo-Spanish Proverbs," no. 107; Martínez Kleiser, no. 17.030; Denah Lida, "Refranes judeo-españoles," no. 225. Cf. Gillet, ed., *Propalladia*, III, 515; Trench, *Proverbs and their Lessons*, p. 143; Stevenson, *Home Book*, 1546:1. In L, 58, below: "Veemos que el euangelio dize que ninguno puede seruir a dos señores."

434. Cf. XIV, 154; XXIII, 82. The proverb appears in O'Kane, *Refranes*, p. 81a; Espinosa, *Refranero*, p. 78; *Comedia Thebayda*, pp. 127, 330; *Comedia Seraphina*, p. 301; Núñez, *Refranero*, p. 112; *Don Quijote*, pt. II, ch. 1; Correas, *Vocabulario*, p. 580; Stevenson, *Home Book*, 197:4; Saporta, *Refranero sefardi*, p. 84. "No ver por tela de cedazo es ser uno tan poco perspicaz, que no da cuenta clara ni aun de las cosas más patentes" (Rodríguez Marín, ed., *Don Quijote*, V, 39n). Cf. "Ya es harto ciego que no ve por tela de harnero" (Rodríguez Marín, *21.000 refranes*, p. 511a; Martínez Kleiser, no. 10.454).

435. "Quien no te conoce te compre" (Espinosa, *Refranero*, p. 82; Arceo, *Adagiorum*, p. 57a; Covarrubias, s.v. *comprar*; Martínez Kleiser, no. 12.616; O'Kane, *Refranes*, p. 88a). Cf. Stevenson, 1321:12: "He that knows thee will never buy thee."

436. *Gayón* (from *gaya*, "ramera") = *rufián;* see Rafael Salillas, *El delincuente español* (Madrid, 1896), p. 289; Hill, *Voces germanescas*, p. 91, and Gillet's review, *HR*, XIX (1951), 176. The term is used again in XXVII, 48, as well as in the *Segunda Celestina* (p. 45) and the *Comedia Florinea* (pp. 207, 291, 292).

437. Poncia here puns on the two meanings of the word *trance*, "critical moment" and "la mudança que hace la cosa que se vende" (Covarrubias, s.v.). Cf. "Trance y remate, término de almonedas; y el trance está corrompido de transe, *a transeundo,* porque passa el dominio y señorío de la cosa rematada en el que la compra" (Covarrubias, s.v. *remate*).

438. *alcagüeta de pajares.* Cf. Correas, *Vocabulario*, p. 615: "El santo de Paxares. Dicho a desdén." See also note 728, below.

439. "Uno la liebre levanta, y otro la mata" (Rodríguez Marín, *21.000 refranes,* p. 499b; Martínez Kleiser, no. 10.897); cf. "Uno las levanta y otro las mata" (Espinosa, *Refranero*, p. 140); "Levantar la liebre para ke otro medre" (Correas, *Vocabulario*, p. 215; Martínez Kleiser, no. 9.196). In the *Libro de buen amor,* st. 486: "Pedro levanta la liebre e la mueve del covil, / non la sigue nin la toma: faz como caçador vil; / otro Pedro que la sigue e la corre, más sotil / tómala: ësto contece a caçadores dos mil."

440. This same play on words occurs in XI, 179-181: "Duelos tenemos, y quebrantos le dé Dios al vellaco que sirue palacios." The phrase *duelos y quebrantos,* "bacon and eggs," has been extensively discussed, most logically and comprehensively by Rodríguez Marín in Appendix VII of his *Nueva edición crítica de El ingenioso hidalgo* (Madrid, 1928). See also Fontecha, *Glosario*, s.v., and M. Romera-Navarro, *Registro de lexicografía hispánica* (Madrid, 1951), s.v., to which add María Goyri de Menéndez Pidal, "Duelos y quebrantos," *RFE*, II (1916), 35-40, and A. Valbuena Prat, *La vida española en la Edad de Oro* (Barcelona, 1943), p. 192.

441. Cf. XLVIII, 209: *loores;* here, by crasis, *lores* (see Menéndez Pidal, *Manual,* §31.2a).

442. "La mucha conversación acarrea menosprecio" (Garay, *Cartas*, p. 119; Núñez, *Refranero*, p. 122; Correas, *Vocabulario*, p. 208; Martínez Kleiser, no. 13.486). Correas also lists "La mucha konversazión, es kausa de menosprezio en el nezio" (loc. cit.). In the *Entremés de los refranes* (p. 177a): "la mucha conversacion es causa de menosprecio."

443. *gastar almazén.* See note 98.

444. *hasta oy,* i.e., *nunca.* "Una particularidad del castellano es el subentenderse el *no,* cuando precede al verbo alguna de las palabras ó frases de que nos servimos para corroborar la negación: 'No la he visto en mi vida;' 'En mi vida la he visto'" (Bello-Cuervo, *Gramática,* §1134).

445. "Poco a poco van a lexos" (O'Kane, *Refranes,* p. 194a; Espinosa, *Refranero,* p. 194; Correas, *Vocabulario,* p. 482b). Martínez Kleiser lists three variants: "Poco a poco van a lejos, y corriendo, a mal lugar" (36.301); "Poco a poco se va lejos, y a dar de hocicos corriendo" (36.302); "Paso a paso van a lejos" (36.303). Stevenson (1444:5) quotes a thirteenth-century French proverb: "Little by little one goes far. (Petit à petit on va bien loing)."

446. *emplingamos = empringamos.* "'Aun no asamos ya empringamos'; dízese de los que muy antuviados quieren empeçar a sacar el fruto de la cosa que aun no está en sazón" (Covarrubias, p. 510a). The phrase is listed by Espinosa, *Refranero,* p. 105; Arceo, *Adagiorum,* p. 55a; Correas, *Vocabulario,* p. 245; and Martínez Kleiser, no. 32.247. "*Empringar,* tr. Pringar" *(Dicc. Acad.).*

447. "Tanto yerro, señor, me parece, sabiendo preguntar, como ignorando responder" *(Celestina,* II, 82; cf. O'Kane, *Refranes,* p. 195b). Cf. "Tan necio es preguntar sabiendo como responder ignorando" (Rodríguez Marín, *21.000 refranes,* p. 479a; Martínez Kleiser, no. 51.793).

448. On the importance of letters in Renaissance literature, see Gillet-Green, *Torres Naharro and the Drama of the Renaissance,* pp. 228-233, where a bibliography of the subject is provided (p. 228*n*).

449. Cf. Juan de Segura, *Processo de cartas de amores,* ed. Place (Evanston, 1950), p. 32: "Si el encendido amor que en mis abrasadas entrañas se matizó quando en mis venturosos oios —por veros—, aquí debuxar pudiesse, bien sé que ni vuestra mucha honestidad defendería aver piadad de mí, ni mi abrasado coraçón quedaríe quexoso de creer, como cree, auer de fenezer, pues a puesto su esperança en vuestra beldad, donde nunca cree tener holgança. Marauillaros-héys, señora, dónde me a nacido tan sobrado atrevimiento para poner en efecto mi voluntad de escriuiros; mas como la más sabia de las nacidas, no tengo dubda conoceréys que todos los mortales os somos obligados, y como sieruos a señora, a daros parias. . . ."

450. *superflos rayos:* i.e., excessive "rayos de dolor, causados de accidentes" (Covarrubias, s.v. *rayo;* cf. s.v. *acidente:* "Dezimos comúnmente el acidente de la calentura y otra qualquiera indisposición que de repente sobreviene al hombre."). Mod. *superfluos* is a learned form; the diphthong normally dropped the *u* (Menéndez Pidal, *Manual,* §30.2 and note).

451. "Mas quien mira / al sol, ¿qué mucho que quede / o deslumbrado o sin vista?" (Rojas Zorrilla, *Lucrecia y Tarquino,* vv. 1276-78 [ed. MacCurdy, p. 82]; see also vv. 1565-70 [p. 91]). Cf. the riddle: "¿Qué cosa es / Que cuando más se mira / Ménos se ve? — El sol" (Rodríguez Marín, *Cantos populares españoles,* I, 187). See also note 9.

452. *escuridad.* See note 226. Cf. the imagery here with the poem "Luz tú" of Juan Ramón Jiménez:

> Luz vertical,
> luz tú;
> alta luz tú,
> luz oro;
> luz vibrante,
> luz tú.
>
> Y yo la negra, ciega, sorda, muda sombra horizontal.

453. Cf. "Buey cuerno, hombre palabra" (XVI, 222); "Aueriguado es morir el hombre por la palabra y el buey por el cuerno" (XXV, 21). The proverb is listed by Santillana (*Obras,* p. 506), Espinosa (*Refranero,* p. 62), Arceo (*Adagiorum,* p. 57b), Garay (*Cartas,* p. 121), Núñez (*Refranero,* p. 21), Correas (*Vocabulario,* p. 41), Haller (*Altspanische Sprichwörter,* pp. 77-78), Martínez Kleiser (nos. 7.951, 52.581), and O'Kane (*Refranes,* p. 66a). It appears in the *Entremés de los refranes* (p. 179a), *Lisandro y Roselia* (p. 118), and the *Comedia Selvagia* (p. 147): "Hijo Escalion, recio caso es no cumplir la palabra que se pone, especialmente un hombre como tú, de los quales es dicho, de la palabra, como el toro por el cuerno, se han de preciar." Cf. Ferreira de Vasconcellos, *Comedia Eufrosina,* p. 66: "O boy polo corno e o homem pola palaura."

454. *hurtar el puerco y dar los pies por Dios,* i.e., "try to obtain forgiveness after the crime has been committed." Cf. Santillana, *Obras,* p. 512 (O'Kane lists three other medieval occurrences, *Refranes,* p. 136b); Espinosa, *Refranero,* p. 199; Núñez, *Refranero,* p. 116; Correas, *Vocabulario,* p. 593; Rodríguez Marín, *10.700 refranes más,* p. 150b; Martínez Kleiser, nos. 36.764, 31.219 (cuerpo), 56.345 (carnero).

455. Cf. the proverb, "Mensajero sois, amigo; non merecéis culpa, non," which appears in a "Romance de Bernardo del Carpio," the *romance,* "Buen conde Fernan Gonçalez" (see Menéndez Pidal, "Notas para el Romancero del Conde Fernán González," *Homenaje a Menéndez y Pelayo,* I [Madrid, 1899], 454-462, and note 2, p. 460), and elsewhere: *Entremés de los refranes,* p. 178; *Don Quijote,* pt. II, ch. 10; Correas, *Vocabulario,* p. 548; Quevedo, *Obras en verso,* p. 269; Martínez Kleiser, no. 40.639 (cf. nos. 40.640-42). "Mensagero con cartas non deve tomar mal nin recibir danno" (O'Kane, *Refranes,* p. 158b); "No tengo otra culpa, sino ser mensagera del culpado" (*Celestina,* I, 182-183); "A ti no debo culparte, / que eres, en fin, mensajero" (Lope de Vega, *El remedio en la desdicha,* I, 844-845); "El mensajero, Vivar, / Tiene disculpa forzosa" (*idem, Los Benavides,* in *Obras,* ed. Acad., VII, 526b). Stevenson lists English, Latin and Chinese forms (*Home Book,* 1569:11).

456. *secretario.* See note 121.

457. "Untar las manos. Por: sobornar i kohechar al xuez, o a otro, kon dádivas" (Correas, *Vocabulario,* p. 645); cf. Martínez Kleiser, nos. 58.486-88. Cf. *Libro* *de los enxemplos* (BAE, LI, 453), no. 24: "Un obispo cobdicioso no queria oyr á una vieja que con gran queja le demandaba justicia. El compañero del obispo, sabiendo su costumbre, dijo á lla vieja: 'Non te oyrá el obispo salvo si primero non le untares la mano.' É la vieja entendiólo simplemente, é conpró tres tortillas de manteca, é fué al obispo é pidióle lla mano. É él pensando que le quería dar algunos florines, extendió la mano, et ella tomólla é untóla muy bien con manteca." *Don Quijote*, I, 22: "Si a su tiempo tuviera yo esos veinte ducados que vuestra merced ahora me ofrece, hubiera untado con ellos la péndola del escribano" (see Rodríguez Marín, ed., II, 205n); Quevedo, *Sueño del juicio final* (*Obras en prosa*, p. 127a): "Vi a un juez, ... lavándose las manos. ... Díjome que en vida, sobre ciertos negocios, se las había untado." See also Agapito Rey, *Cultura y costumbres del siglo XVI* (México, 1944), p. 107. In England, the phrase was "To grease a man i' the first. That is to put money in his hand, to fee or bribe him" (John Ray, *A Collection of English Proverbs* [Cambridge, 1670], p. 178; cf. Stevenson, *Home Book*, 241:12). The phrase is still current; see H. Wentworth and S. Flexner, *Dictionary of America Slang* (New York, 1960), p. 228. Cf. also Oscar de Pratt, Untar as mãos," *Revista Lusitana*, XIV (1912), 322-324.

458. "Dize un refrán: 'Del pan de mi compadre, buen çatico a mi ahijado', quando de la hazienda agena hazemos gracia y damos liberalmente" (Covarrubias, s.v. *ahijado*). The proverb appears in Santillana, *Obras*, p. 509; *Comedia Thebayda*, p. 498; Espinosa, *Refranero*, p. 179; Arceo, *Adagiorum*, p. 56b; Rodríguez Marín, *21.000 refranes*, p. 118a; Martínez Kleiser, no. 19.682; O'Kane, *Refranes*, p. 180. Combet reconstructs the proverb in his ed. of Correas (p. 320): "Del pan de mi konpadre, buen zatiko a mi ahixado." In Port.: "Do pão de meu compadre grande pedaço a meu afilhado" (Ferreira de Vasconcellos, *Comedia Ulysippo*, f. 76ᵛ).

459. Cf. "Buenos lo dan i rruines lo zahieren" (Correas, *Vocabulario*, p. 365; Martínez Kleiser, no. 19.642: adquieren).

460. *Turar* for *durar* is common in classical texts; see Santillana, *Canciones y desires*, ed. V. García de Diego (Madrid, 1913), p. 246 and note; Garcilaso, *Obras* (ed. T. Navarro Tomás), p. 211 and note. Cf. Covarrubias, s.v. *turar*: "Es perseverar una cosa en su ser, y díxose de durar, porque la d y la t se permutan."

461. On the various uses of *mucho* for *muy*, see Hanssen, *Gramática*, §634; Keniston, *Syntax*, §39.631.

462. Such conceptist plays on the word *sentir* occur frequently in the *Celestina*-novels:

> Y así el sentido doliente,
> la carne ya enflaquecida
> el morir triste consiento,
> pues que siente que no siente
> si es de muerte si es de vida,
> y siente el entendimiento
> del sentir sentido esquivo,
> y siente tan gran tormento,
> que no siente que yo siento
> si estoy muerto, si estoy vivo.   (*Comedia Thebayda*, p. 136);

"... mostrando sentir lo que le dicen, muchas veces había necesidad de satisłacer, y por quitarse de aquel trabajo, hace que no siente lo que los otros dicen, ni quiere que sientan que sintió su voluntad, porque si los otros sintiesen que ellos habian sentido, sentirían que en su sentido quedaba pecado, y así recelarse yan dél" (ibid., p. 306); "Siento tanto, que mi sentido en sentirlo sin sentir queda" (*Comedia Selvagia*, p. 99; repeated on p. 217); cf. also Luis Esteso, *Cuatro mil chistes* (Madrid, 1926), p. 134: "—¿Qué es lo que sientes? — preguntó el médico al niño. —Pues siento una cosa así como la que usted sentirá cuando no se siente bien, y así es como me siento y lo siento mucho."

463. *primer.* See note 51.

464. *quien los principios no oye, mal podrá saber el fin.* This phrase is not listed in any of the standard *refraneros*.

465. *empós.* Cf. XII, 154. The preposition occurs several times in Berceo (see Oelschläger, *Medieval Spanish Word-List*, s.v. *enpos*; cf. Hanssen, *Gramática*, §716); elsewhere the spelling is usually *en pos* (Oelschläger, loc. cit.; Hanssen, §665).

466. The bad effect of love on the health of lovers is an Ovidian theme (see Gustavo Correa, "Naturaleza, religión y honra en *La Celestina*," *PMLA*, LXXVII [1962], 11n), though it is apparently a natural phenomenon, for the Archpriest of Talavera discusses it in terms of the physiological theories of his day (ed. Penna, p. 75), and López de Villalobos lists the symptoms of it in his "Sumario de medecina" (*Obras* [Madrid, 1886], p. 323). The lovers in practically all of the *Celestina*-novels suffer from love, just as Felides does here, for "el que verdaderamente ama es necessario que se turbe con la dulçura del soberano deleyte" (*Celestina*, I, 95; cf. note 67, above). Cf. *Comedia Thebayda*, p. 13: "¡Oh alta sabiduría de Dios y cómo estoy casi privado de los sentidos corporales!"; *Lisandro y Roselia*, p. 278: "Petrarca te define por contrarios, que eres un fuego escondido, una agradable llaga, un sabroso veneno, una dulce amargura, una deleitable dolencia, un alegre tormento, una dulce y fiera herida, una blanda muerte" (cf. Petrarch, *De Remediis*, I, 69; *Celestina*, II, 62-63); *Lisandro*, pp. 78-79; *Comedia Selvagia*, p. 4; Romero de Cepeda, *Comedia Salvage*, ed. cit., p. 289; Güete, *Comedia Vidriana*, ed. Cronan, p. 204; Castillo Solórzano, *La Garduña de Sevilla*, ed. Austral, p. 44. Cf. Urrea, *Penitencia de amor*, p. 6: "Ya esta tan turbado mi sentimiento, que los ojos tienen enmudeçida la lengua; que estando aquí, mas fuerça tiene mi vista que mi palabra"; *Cancionero de Juan de Molina* (1527; ed., Valencia, 1952, p. 59): "La lengua se me enmudesce / no se quien pueda hablar / pues tanto mal se me ofrece."

467. Milan was a prosperous industrial city in the sixteenth and seventeenth centuries. In the front matter of the *Celestina*, "El auctor" speaks of "defensiuas armas ... no fabricadas en las grandes herrerías de Milán, mas en los claros ingenios de doctos varones castellanos formados" (ed. Cejador, I, 4). Cervantes speaks of the city as the "oficina de Vulcano, ojerizo del reino de Francia, ciudad, en fin, de quien se dice que puede decir y hacer, haciéndola magnífica la grandeza suya y de su templo, y su maravillosa abundancia de todas las cosas a la vida humana necesarias" (*Licenciado Vidriera*, in *Novelas ejemplares*, ed. F. Rodríguez Marín, II, [Madrid, 1952], 31; cf. *Persiles y Sigismunda*, III, xix). Cristóbal Suárez de Figueroa speaks of the fame of the Milanese armorers: "Estos armeros son oy excelentes en Bresa, y en Milan, sobre todas las ciudades en Italia" (*Plaza universal de todas sciencias* [Madrid, 1615], fol. 204).

468. The name *barcelonés* was synonymous with *broquel.* See *Celestina*, II, 182; Hill, *Voces germanescas*, p. 21; and Schevill-Bonilla, eds., Cervantes, *Comedias y entremeses*, II, 355. Valbuena Prat notes that "avanzado el siglo XVI, decaía la ciudad fabril de Barcelona, tan floreciente en años posteriores" (*La vida española en el siglo de oro*, p. 33). Cf. Dorothy Giles, *The Road Through Spain* (Philadelphia, 1929), p. 21: "Her glass foundries rivalled those of Venice. Hundreds of looms hummed in her streets, weaving cloth from fine Spanish wool — the finest in the world. They dyed it, too, that much desired scarlet which the Phoenicians discovered could be made from the black, shining excrescences that appeared on the dwarf oaks on Spanish hillsides."

469. "Uno es lidiar con el toro, y otro hablar de él" (Rodríguez Marín, *21.000 refranes*, p. 329a; Martínez Kleiser, no. 14.566).

470. *Estonces* (< *extuncce* + adverbial *s* [see Menéndez Pidal, *Manual*, §128.2; Hanssen, *Gramática*, §628]) was common in medieval Spanish; see Oelschläger, *A Medieval Spanish Word-List*, s.v.

471. "Quien todo lo quiere, todo lo pierde" (O'Kane, *Refranes*, p. 199a; Espinosa, *Refranero*, p. 201; Arceo, *Adagiorum*, p. 55b; Garay, *Cartas*, p. 154; Núñez, *Refranero*, p. 171; *Entremés de los refranes*, p. 179b; Correas, *Vocabulario*, p. 414; Lea, *Literary Folklore*, p. 235; Martínez Kleiser, no. 33.911; cf. no. 11.240: "Quien lo mucho quiere, lo mucho y lo poco pierde.").

472. Though Gómez does not ordinarily change scenes in the middle of an *auto* without some transitional action or dialogue, such practice was not unknown in *Celestina*-literature; witness the great number of scene-changes in the first act of the *Celestina* itself.

473. *le = lo;* cf. note 147.

474. *enhado = enfado.*

475. "One of the things I'm always happy to do is quit working, because after sitting up last night waiting for you, and now being upset the way I was, I feel as badly as if they'd given me a beating."

476. In modern Spanish, *nadie* has a negative meaning (Bello-Cuervo, *Gramática,* §1135), even though the original meaning of the word had no negativity (Ramsey-Spaulding, *A Textbook of Modern Spanish,* §11.15; *Gram. Acad.,* §305d).

"El castellano antiguo emplea la negación también en este caso" (Hanssen, *Gramática,* §639). See also E. Gessner, "Das spanische indefinite Pronomen," *ZRPh,* XIX (1895), 153-159; Rodolfo Lenz, *La oración y sus partes* (Madrid, 1920), pp. 278-283; E. L. Llorens, *La negación en español antiguo* (Madrid, 1929, pp. 118-126. Cf. *no nada, auto* XVII, and note 693.

477. "Lo ke puedes hazer oi, no lo dexes para mañana, no" (Correas, *Vocabulario,* p. 220; Martínez Kleiser, no. 18.091); "Lo ke as de hazer, no digas kras; pon la mano i haz" (Correas, p. 216; Cahier, *Six mille proverbes,* p. 252; Martínez Kleiser, no. 18.089); see also O'Kane, *Refranes,* p. 92b. Cf. Gracián, *Oráculo manual,* no. 53 (*Obras completas,* Madrid, 1960, p. 166a): "Obró mucho el que nada dejó para mañana." In English, "Don't put off until tomorrow what you can do today" (see Stevenson, *Home Book,* 2340:6).

478. "*Nema.* La cerradura de la carta. Hase de considerar que los antiguos cerravan las cartas con hilo, y después las sellavan" (Covarrubias, s.v.). Cf. J. F. Montesinos, ed., Lope de Vega, *Poesías líricas* (Madrid, 1960), p. 184 and note.

479. "La forma *debuxar,* que está recogida en el *Tesoro* de Covarrubias ... alterna en nuestros clásicos con *dibuxar*" (Moreno Báez, ed., *La Diana,* p. 27n).

480. "Either it [*la carta*] is so theological [i.e., rhetorical] that you don't want me to get any meaning out of it, or else you are so blind that you don't realize that I'll see it in all its perfection when your back is turned."

481. "It is bad business to ignore the harm one has done."

482. "Por ser el amor, después que ha nacido, privado de toda razón, le pinta ciego sin ojos. ... Píntanle tirando saetas, porque hiere de lejos y tira al corazón como a propio blanco, y también porque la llaga del amor es como la de la saeta" (Hebreo, *Diálogos de amor,* tr. Inca Garcilaso de la Vega [ed. Austral], p. 57); "y ésta es la causa porque le pintan ciego y falto de toda razón. ... Píntanle assimismo flechando su arco, porque tira derecho al coraçón como a su propio blanco, y también porque la llaga de amor es como la que haze la saeta" (Montemayor, *La Diana,* ed. Moreno Báez, p. 222).

483. *ciudadano,* in the sense of Covarrubias' definition: "El que vive en la ciudad y come de su hazienda, renta o heredad" (*Tesoro,* s.v.); cf. Hanssen, *Gramática,* §291.

484. "Quien bueyes ha menos (a perdido) çençerros se le antojan" (Espinosa, *Refranero,* p. 62; Correas, *Vocabulario,* p. 402; Rodríguez Marín, *21.000 refranes,* p. 39; Martínez Kleiser, no. 49.522; O'Kane, *Refranes,* p. 82a). There are many variations: "Quien bueyes há nuevos, çençerros se le antojan" (Santillana, *Obras,* p. 519; Martínez Kleiser, no. 32.111, suggests that *nuevos* "parece ser errata"); "Kien bueies á perdido, los zenzerros trae en el oído" (Correas, loc. cit.; Rodríguez Marín, loc. cit.: *cencerros le suenan*); "Kien bueies á menos, las matas se le hazen zenzerros" (Correas, loc. cit.); cf. also Martínez Kleiser, nos. 32.112-14, 49.523-24.

485. "Descascar, mentir a la fanfarrona" (Covarrubias, s.v. *cascar*); "hablar mucho de la gloriosa y fanfarronear, y todo lo que dize es vano y sin meollo" (idem, s.v. *descascar*).

486. "*Regüeldo* significa corrientemente 'eructo'; aquí, por traslación, 'exhalación, mal olor'" (F. de Onís, ed., Diego de Torres Villarroel, *Vida*, p. 196n).

487. *cantones* = "street corners"; see Covarrubias, s.v. Cf. notes 376, 910.

488. "*Ruar*. Passear los galanes y festear las damas" (Covarrubias; cf. Fontecha, *Glosario*, s.v.).

489. "*Mote*. Vale tanto como una sentencia dicha con gracia y pocas palabras. . . . Algunas vezes sinifica dicho agudo y malicioso" (Covarrubias, s.v.).

490. "La ida del kuervo. La ida del humo. Del ke va para no boluer, komo el kuervo ke enbió Noé. Dízese kuando uno no bolvió, i del ke deseamos ke no buelva" (Correas, *Vocabulario*, p. 182; cf. *Guzmán de Alfarache*, ed. Gili y Gaya, II, 140 and note: "El vuelo del cuervo"). Several variants exist: "La ida del cuervo: que se fué y no ha vuelto" (Rodríguez Marín, *12.600 refranes*, p. 163); "La ida del cuervo marino, que fue, y nunca vino" (I. de Luna, *Diálogos familiares* [Paris, 1619], apud Sbarbi, *Catálogo*, p. 129b; Martínez Kleiser, no. 54.773).

491. *buen*. See note 211.

492. *provea en*. H. B. Richardson (*Etymological Vocabulary to the Libro de Buen Amor* [New Haven, 1930], p. 132) translates the phrase "see to"; cf. Gillet, ed., Carvajal, *Tragedia Josephina*, p. 132 (note to l. 3365).

493. *San Pedro*. See note 215.

494. "Dime si tenemos hijo o hija" (*Celestina*, I, 196). The phrase is listed with slight variation by Núñez (*Refranero*, p. 56) and Correas (*Vocabulario*, pp. 385, 497). Cf. "¿Ké tenemos, hixo o hixa? —Mejor, señor: hixa muerta." (Correas, p. 385; Martínez Kleiser, no. 26.348).

495. Cf. "Las malas nuevas siempre son verdaderas" (Correas, *Vocabulario*, p. 212); "Las malas nuevas son ziertas" (ibid.); "Las malas noticias siempre salen ciertas" (Martínez Kleiser, no. 50.184); "Ill news are commonly true" (Stevenson, 1682:6).

496. See note 428.

497. *Melezina* (mod. *medicina*) still occurs in several dialects (see *Dicc. Acad.*, s.v.). Covarrubias defines the word as follows: "Qualquiera cosa que aplicada al enfermo le es saludable."

498. *Del árbol, lo que gustamos es lo mejor*. Neither this phrase nor the preceding one is listed in the *refraneros*.

499. "Peor es la rrecaýda" (O'Kane, *Refranes*, p. 201; Espinosa, *Refranero*, p. 204; Correas, *Vocabulario*, p. 464; Martínez Kleiser, no. 54.792). Cf. Rodríguez

Marín, *21.000 refranes,* p. 364a: "Peor es el recaer que el primer adolecer" (Martínez Kleiser, no. 54.793).

500. *numerar,* here, "to measure." Cf. note 20.

501. See note 170.

502. Cf. "*Despoderado, da* ... adj. ant. Desposeído, despojado" (*Dicc. Acad.*).

503. *pelicano.* See note 268.

504. *inumerable,* "immeasurable." See note 20.

505. "... he does not suffer to such an immeasurable degree [in comparison] with the grave suffering of the salamander ..." The earliest occurrence of the form *salamandra* listed by Corominas is 1555, though he notes that *salamandria* occurred frequently in manuscripts, as early as 1219. Laguna states that "echada sobre el fuego la Salamandra, parece que no le siente por vn espacio de tiempo, sino que antes ò con su mucha humidad, ò con su peso, le ahoga" (*La Materia Médica de Dioscórides,* III, 156). Cf. *Lisandro y Roselia,* p. 28: "Ya reverdecen mis males en pasiones, como la salamandria en el fuego, me crio para fenecer, como el cisne, en canciones doloridas."

506. *carta de vizcaýno,* i.e., "difficult to understand." Cf. the phrase *hablar a la vizcaína,* which "en tiempos de Cervantes, como hoy, significaba hablar mal en castellano, sobre todo, en cuanto á la sintaxis" (Hazañas, *Rufianes,* p. 247). Garbled syntax is a characteristic of many of the Basques who appear in Spanish literature; see Anselmo de Legarda, *Lo vizcaíno en la literatura castellana* (San Sebastián, 1953), pp. 226-227, 230-236. Luis de León in the preface to his translation of the *Song of Songs* explains that he has deliberately translated it "muy a la vizcaína" (*Obras,* p. 65). Cf. Lope de Vega, "Loa en lengua vizcaína," in *Fiesta sexta del santísimo sacramento* (*Obras,* ed. Acad., II, 269): "A Peruche de Bayborre / traes cartas de Vizcaya." "Respuesta de castellano" would then be a clear and simple answer.

507. Though it is common for the courtly lover to refer to his lady in such terms, it is strange that Sigeril should speak of Polandria as *santa,* unless he is being ironic. In the 1539 ed., the word *señora* is substituted.

508. Cf. "Si el principio se yerra, no puede seguirse buen fin" (*Lisandro y Roselia,* p. 47; Correas, *Vocabulario,* p. 277; Martínez Kleiser, no. 53.392). Castro Guisasola notes (*Observaciones,* p. 170): "Diego de Burgos dice en el *Triunfo del Marqués de Santillana* (c. 133): 'A buenos principios dió mejores fines'; y se lee en *La Celestina* (aucto II): 'El comienço lleuó bueno, el fin será muy mejor.'" In English, "A good beginning makes a good end" (*Oxford Dictionary of English Proverbs,* p. 250; Stevenson, *Home Book,* 156:3; Tilley, *A Dictionary of Proverbs,* B259).

509. "Ni xo tan korto, ni harre tan longo; o tan largo" (Correas, *Vocabulario,* p. 232; Martínez Kleiser, no. 60.418); "Ni arre tan luengo, ni xo tan corto" (Espinosa, *Refranero*, p. 124); cf. "¡Xo, no tanto arriba! ¡Arre, no tanto abaxo!" (Correas, p. 303). Sigeril uses the proverb to imply that Felides carries matters to extremes.

510. "At times the use of *vos* to a person ordinarily addressed as *tú* is an evidence of irate seriousness" (Keniston, *Syntax*, §4.424). Sigeril ironically considers it a sign of respectful consideration (see Keniston, *Syntax*, §4.423).

511. "Duelos tenemos" (again in XIII, 189). Cf. *Celestina*, I, 54, and I, 120; O'Kane, *Refranes*, p. 106b; *Comedia Thebayda*, pp. 128, 396.

512. See note 440.

513. *deziocho.* Cf. *deziseys* (XVII, 24-25) and *dezisiete* (XXII, 107-108). Atonic *e* is normally preserved, as here (see Ford, *Old Spanish Readings* [New York, 1967], p. xx; cf. Hanssen, *Gramática*, §187, and Moreno Báez, ed., *La Diana*, p. 111n). The forms still appeared in the dictionaries of Oudin and Franciosini (see Gillet, ed., Carvajal, *Tragedia Josephina*, p. 178).

514. *dormir en los colchones del maestre.* Said ironically, probably with the meaning "to sleep on the ground." The intention here is the same as that in the phrase "caminar en coche de San Francisco."

515. *que no pose tres clavos.* The text is obviously garbled. The intended meaning may be *que por no ser (uno) esclavo* (i.e., since they're not obligated to keep you). Another possibility is *que no pese* (or *vale*) *tres clavos.*

516. *mesmo.* "Durante algún tiempo, el idioma vacilaba entre *mismo* y *mesmo.* Esta última forma existe todavía en el lenguaje del pueblo" (Hanssen, *Gramática*, §183; cf. Cuervo, *Apuntaciones*, §796).

517. "A (un) ruin, ruin y medio" (Santillana, *Obras*, p. 505; Núñez, *Refranero*, p. 28; Correas, *Vocabulario*, pp. 4, 28; Martínez Kleiser, no. 54.338; O'Kane, *Refranes*, p. 206b). Cf. Hutchings, "Judeo-Spanish Proverbs," no. 96: "Al malo, malo i medio."

518. Sigeril's complaint here recalls those of Pármeno (*Celestina*, I, 125), Felisero (Luis de Mirando, *Comedia Pródiga* [Sevilla, 1886], pp. 87-88), Lydorio (*Comedia Florinea*, pp. 258, 286), and Eubulo (*Lisandro y Roselia*, p. 69). Such complaints were common in the literature of the day; see W. S. Hendrix, *Some Native Comic Types in the Early Spanish Drama* (Columbus, Ohio, 1924), p. 52, and Gillet-Green, *Torres Naharro and the Drama of the Renaissance*, pp. 383-385.

519. *ninguna.* See note 269.

520. *norte*, "manner." See note 424.

521. The power of money was the theme of much satirical literature, e.g., Quevedo's *letrilla* "Poderoso caballero es don Dinero" (*Obras en verso*, pp. 213-214). Cf. *Nueva floresta española* (Barcelona, 1829), p. 70:

"¿Quien es un grande señor
Que ha nacido de la tierra
Tiene armas en paz y en guerra
A unos da gran valor
A otros su ausencia entierra?
—El dinero."

In the *Tragedia Policiana* (p. 56) Salucio says: "Todas las cosas puede el oro. Todos los hedificios soberuios allana, e avn los coraçones remontados abate. Dadiuas, en fin, hermano, dizen que quebrantan peñas."

522. " 'A dineros pagados, braços quebrados'; quando el oficial ha recibido la paga de antemano, siempre empereça acabar la obra" (Covarrubias, s.v. *braço;* cf. Cejador, ed., *Celestina,* I, 127*n*). The phrase occurs frequently: Santillana, *Obras,* p. 504; *Celestina,* I, 127; "Acto de Traso," *Celestina,* ed. Trotter-Criado de Val, p. 314 ("dineros contados"); *Comedia* '*Thebayda,* p. 478; Espinosa, *Refranero,* p. 100; *Segunda Celestina,* p. 160; Arceo, *Adagiorum,* p. 57b ("A obra pagada"); Garay, *Cartas,* pp. 117, 164; *Comedia Florinea,* p. 168 ("braços cansados"); Núñez, *Refranero,* p. 11; Covarrubias, s.v. *braço; Don Quijote,* pt. II, ch. 71; Correas, *Vocabulario,* p. 13; Haller, *Altspanische Sprichwörter,* p. 42; Martínez Kleiser, no. 48.238; O'Kane, *Refranes,* p. 103b. In French, "Argent avancé, bras affolé" (see Stevenson, *Home Book,* 1609:2).

523. Cf.: "SEMP. —... Está en manos el pandero que lo sabrá bien tañer.
CAL. —¿En qué manos?
SEMP. —De Celestina." (*Celestina,* ed. Cejador, II, 70)

The proverb appears in *Segunda Celestina* (pp. 318-319), Espinosa (*Refranero,* p. 179), Correas (*Vocabulario,* p. 136), Covarrubias (s.v. *pandero), Rinconete y Cortadillo* (ed. Rodríguez Marín, p. 293), the Avellaneda *Quijote* (ch. 27), *Don Quijote* (pt. II, ch. 22), Quevedo (*Obras en prosa,* p. 371a), and O'Kane (*Refranes,* p. 181a). Rodríguez Marín noted that the phrase is elliptical for "en manos *de tal persona* está el pandero, *que le* sabrá bien tañer" (note to *Rinconete,* p. 461); but there is another form: "En manos está el pandero de quien lo sabrá tañer" (Santillana, *Obras,* p. 512; *Segunda Celestina,* p. 450; Núñez, *Refranero,* p. 96; Correas, p. 136; Martínez Kleiser, no. 38.132). Cf. Gillet, ed., *Propalladia,* III, 256. Below, XXVIII, 175. "en manos está el pandero etc." In Port.: "Em boa mão està o pandeiro" (Ferreira de Vasconcellos, *Comedia Ulysippo,* ff. 6e^v, 116^r).

524. *¡O pese a mares!* Cf. "Boto a mares" (XXVII, 83), "voto a mares" (XXXV, 22; XL, 36). This oath occurs as well in other *Celestina* imitations: *Segunda Celestina,* p. 33; *Comedia Selvagia,* p. 34; etc. The general opinion was that *mares* was a corruption of the name *Marte* (see, e.g., L. Rouanet, *Colección de autos,* IV, 487). Gillet has suggested that "más probable ... resulta la hipótesis de *mares* = plural enfático de *mar*" ("¡Voto a Mares!", *RFE,* XIII [1926], 284), adding that one can seek the origin of the phrase "en los conjuros y ensalmos del campo, de las cuales algunas muestras, a veces con sabor burlesco, han pasado al teatro español del siglo XVI. ... Claro está que estos juramentos no son más que una variedad del antiguo juramento por los cuatro elementos" (art. cit., p. 286). See also Gillet, ed., *Propalladia*, III, 319-320.

525. *Barbas*, a mass noun, plural in form, is here given an individualized or countable meaning — "una [barba] a una [barba]" — for humorous effect. Cf. Iannucci's references to *pelo* and *cabello* (*Lexical Number*, pp. 67-78).

526. Cf. "Ierva mala, presto kreze" (Correas, *Vocabulario*, p. 159; Martínez Kleiser, no. 38.360; O'Kane, *Refranes*, p. 130a); "Ierva mala, no la enpeze la elada" (Correas, p. 159). Erasmus lists "Malam herbam non perire" (*Adagia*, IV.ii.99); cf. "Como ya dice el refrán, yerba mala nunca muere" (Camilo José Cela, *La familia de Pascual Duarte* [ed. New York, 1961], p. 27). Stevenson (*Home Book*, pp. 2476-77) lists "Ill weeds grow apace," and other variants.

527. The *rufianes* frequently use oaths involving disrespect for their own ancestors or those of others. Cf. above, notes 27, 88, and 407. Cf. *Selvagia*, pp. 33-34: "Por vida de mi agüela la tuerta." See also *Celestina*, ed. Cejador, I, 46: "Lo de tu abuela con el ximio," and O. H. Green's article of that title (*HR*, XXIV [1956], 1-12); José Milla, *Cuadros guatemaltecos*, ed. George J. Edberg (New York, 1965), p. 13: "Que vuelva tu abuela."

528. *San Serván*, apocopated form of *San Servando*. "On the heights of the left bank of the river [at Toledo] are the ruins of the *Castillo de San Servando* or *de San Cervantes*, erected by Alfonso VI, to protect the convent of that name and the city, and renewed by Alfonso VIII" (Karl Baedeker, *Spain and Portugal* [Leipzig, 1901], p. 144). Cf. Covarrubias: "*San Servantes*. Castillo junto a Toledo, sobre la puente de Alcántara; fué antiguamente monesterio de San Servando."

529. There are three saints Hilarius, one bishop of Poitiers (d. 367), another bishop of Arlés (d. 449), and the third, Pope (from 461-468).

530. "A la ramera se llama pelleja, a la imitación del latino, que la llama *scortum*" (Covarrubias, s.v. *pelleja*). Neither Salillas nor Hill lists the word with this meaning.

531. See note 366. Fulminato in the *Comedia Florinea* uses dozens of similar oaths, e.g., "O, reniego de ti, Mahoma" (p. 205); "O, descreo de Mahoma" (p. 207); cf. Menéndez y Pelayo, *Orígenes de la novela*, III, cclii, and note. Similar oaths occur as well in Sánchez de Badajoz, *Farsa de la hechicera* (*Recopilación*, II, 224): "¡O! reniego de Mahoma"; and the *Tragedia Policiana*, p. 5: "No creo en la fe de Mahoma"; cf. the proverb: "Reniego de Mahoma y también de Fez, si no pagáis otra vez" (Martínez Kleiser, no. 30.840). In the *Segunda Celestina*, Pandulfo swears by Mohammed rather than against him. See also Gillet, ed., *Propalladia*, III, 638; Bataillon, *La Célestine*, p. 146.

532. *desuellacaras*. "En tono familiar dícese del mal barbero que, en vez de afeitar, desuella y destroza la cara. También se emplea metafóricamente para designar a una persona desvergonzada, de vida y costumbres reprobables, que vive en total descrédito y deshonra" (P. Félix García, ed., Malón de Chaide, *La conversión* *de la Magdalena,* I, 189n). Cf. Ambrosio de Salazar, *Espexo general de la Gramática* (Rouen, 1641), p. 427: "Es vn desuella caras, se dize por un rufian pendenciero y de mala vida." In the *Segunda Celestina,* Palana says (p. 45): "Encomiendo al diablo este desuellacaras"; cf. *Celestina,* ed. Cejador, II, 178.

533. *encestamientos* = *engaños;* see Covarrubias, s.v. *cesta:* "Encestar, engañar con palabras y enredos, como se enreda el cesto con las mimbres." The word is not listed by *Dicc. Acad.* or Corominas.

534. *ante omnia, con vn certum quid.* Macaronic Latin, "above all, with a certain something" [?].

535. *cient.* Cf. XII, 140. *Centum* > *ciento, cient, cien* (see Menéndez Pidal, *Manual,* §89.3).

536. "Quien roba al robador, cient días gana de perdón" (again in XXVI, 90). The usual form is "Quien hurta al ladrón gana cien días (años) de perdón" (*Pícara Justina,* ed. Puyol, I, 203; Covarrubias, p. 707b, who adds, "es mal dicho y peor hecho, si se entiende como suena"; *Entremés de los refranes,* p. 179a; Correas, *Vocabulario,* p. 420; Martínez Kleiser, no. 56.434). Cf. *Comedia Thebayda,* p. 235: "Quien engaña al ladron, cien dias gana de perdon"; Zorrilla, *Don Juan Tenorio,* I, xii, 200-202: "Yo me acordé del refrán / de que quien roba al ladrón / ha cien años de perdón" (thus in Rodríguez Marín, *21.000 refranes,* p. 426b); O'Kane, *Refranes,* p. 140: "Quien rova del ladrón, tiene siete años de perdón." See also Torner, *Lírica hispánica,* p. 357. In Port.: "Quem engana ao ladrão tem cem annos de perdão" (Ferreira de Vasconcellos, *Comedia Eufrosina,* p. 74).

537. *en el tino de su andar la conozco,* "I know her from her manner of walking." Cf. Covarrubias, s.v. *atinar:* "Tino . . . vale la aprehensión de la tal cosa o lugar, sacada por buen discurso." *Dicc. Acad.* does not list this acceptation.

538. Ordinarily, an *espaldarazo* is "el golpe que se da con la espada en las espaldas de alguno sin desenvainarla; esto suelen hazer quando el contrario se tiene en poco, o está sin espada para defenderse" (Covarrubias, s.v. *espalda*), but apparently, the weapons here are not sheathed. Cf. XIV, 111-112.

539. *cántara.* A liquid measure equivalent to 1.613 centiliters *(Dicc. Acad.).* Covarrubias makes an interesting observation: "Quando sirve para vino, comúnmente en Castilla le llamamos cántara. Quando sirve para agua, le llamamos cántaro" (s.v. *cántaro*).

540. *açumbre* = 2.16 liters. "*Açunbre* < arab. = octava parte [de la cántara]" (José María Aguado, *Glosario sobre Juan Ruiz* [Madrid, 1929], s.v.).

541. "*Arcaller.* m. ant. Alcaller, alfarero" *(Dicc. hist.).*

542. "*Cangilón* es, como dice . . . Cobarrubias, 'cierto género de vaso,' y que se usaba para echar en él vino nos lo demuestra la comedia *Selvagia,* cena primera del quinto acto" (Hazañas, *Rufianes,* pp. 225-226).

543. *posteta,* dim. of *posta,* "slice or serving," usually of meat, though Celestina is referring to wine.

544. Cf. Correas, *Vocabulario,* p. 512: "Tres kada día i tres kada vez. Tres komidas i tres vezes de bevida." Cf. Martínez Kleiser, nos. 6.537 ff. The practice "tiene un fundamento fisiológico y psicológico"; see Antonio Castillo de Lucas, "Crítica a la crítica de los refranes del P. Feijoo," *RDTP,* XXII (1966), 101.

545. *cuartillo.* One-fourth of an *azumbre* (see note 540). Cf. the proverb: "Un kuartillo presto es ido, una azunbre tanbién se zume, el arrova es la ke abonda" (Correas, *Vocabulario,* p. 177; Martínez Kleiser, no. 6.671).

546. "Con pan y vino se anda el camino" (Covarrubias, p. 848b; Rodríguez Marín, *21.000 refranes,* p. 82b; Martínez Kleiser, no. 48.643); cf. Rodríguez Marín, ibid., p. 357a: "Pan y vino, para el camino." A longer form appears frequently: "Pan y vino anda(n) camino, que no mozo garrido" (*Celestina,* I, 174; Valdés, *Diálogo de la lengua,* p. 111; Núñez, *Refranero,* p. 155; Correas, *Vocabulario,* p. 458; Martínez Kleiser, no. 48.642; O'Kane, *Refranes,* p. 180a). Cf. Ribeiro Chiado, *Auto da Natural Invenção,* p. 89: "Pão, carne, pescado e vinho / isso só queria eu ver, / porque isto anda o caminho."

547. "Loco perenal, el que perpetuamente persevera en su locura" (Covarrubias, s.v. *loco*); "loco perenal, el que en ningún tiempo buelue en su juyzio, como haze el atreguado" (idem, s.v. *perenal*).

548. Cf. Martínez Kleiser, no. 64.240: "Vino por fuera y vino por dentro cura todos los males en un momento."

549. *Diezmo* (< *decimus* [Menéndez Pidal, *Manual,* §90.1; cf. §58]) is the "forma tradicional"; *décimo* and others are *doctos* (see Hanssen, *Gramática,* §188).

550. *a rey ni a roque.* "La expresión proverbial *ni Rei ni Roque* ... probablemente tuvo su origen en el juego del ajedrez, donde el *Rei* es la pieza principal, y el *Roque* ó la Roca ó Torre una de las principales. Úsase dicha expresión para excluir todo género de personas aun las de mayor consideración, como son las piezas del *Rei* y del *Roque* en el ajedrez" (Clemencín, ed., *Don Quijote,* IV, 7n). The phrase is listed also by O'Kane, *Refranes,* p. 203a; Espinosa, *Refranero,* p. 208; Correas, *Vocabulario,* p. 652 (cf. p. 658: "No se lo kitará Rrei ni Rroke"); Montoto, *Personajes,* II, 331; Fontecha, *Glosario,* s.v.; Stevenson, *Home Book,* 1300:3; and it occurs frequently in the *Quijote* (pt. II, chs. 1, 25, 60; see note to Rodríguez Marín, ed., V, 30).

551. "Hazer a un hombre un harnero, es darle muchas puñaladas" (Covarrubias, s.v. *harnero*).

552. The original Celestina had a scar on her face. Cejador interprets this to be a mark of the devil (see his edition, I, 160n), but more likely the mark was applied during her apprenticeship; cf. Hill, *Voces,* s.v. *marca:* "Señal puesta por el rufián en la cara de la manceba," hence, *marca* = "mujer pública," and by continuation, "*marcada,* Ramera, prostituta" (idem, s.v. *marcada*). See also *Comedia*

Florinea, p. 297b: "... ni le podrás ya quitar la marca del que la selló primero, ni las costumbres en que ya se ha criado."

553. *"Galfarros.* Son unos vellacones perdidos, medio rufianes" (Covarrubias, s.v.); "hombre ocioso, perdido, mal entretenido" *(Dicc. Acad.)*; cf. F. López de Villalobos, *Algunas obras*, p. 140.

554. *Confisión*, through the effect of the yod. Cf. *perfición* (note 24), and *quistión* (note 395). In XLIX, 43: *confessión*.

555. *"En el aire* o *en los aires*, m. adv. fig. Con mucha ligereza o brevedad, en un instante" *(Dicc. Hist.*, s.v. *aire).* Cf. XLVI, 67: "llamaréla en vn ayre."

556. Only in the canons of the religion of love did Macías attain sainthood; see note 79. The 1539 ed. cautiously omits the word *San* here; cf. note 507.

557. *yglesia.* "Éstas ofrecían asilo a los delincuentes; la justicia no tenía acceso a los criminales cuando éstos se llamaban al sagrado de una iglesia" (A. Castro, ed., Quevedo, *El Buscón* [Madrid, 1960], p. 20n). Cf. Calderón, *El Alcalde de Zalamea*, I, 681-682: "Siempre ha sido / sagrado el que es templo"; Tirso, *Burlador de Sevilla*, III, v. 2229: "La iglesia es tierra sagrada." The right to asylum in holy places dates from ancient Athens; see José María Adrião, "Retalhos de um ada-giário," *Revista Lusitana*, XXXII (1934), 5-14. English common law also granted protection to felons who fled to a holy place (Peter Tamony, "King's X," *Americanisms: Content and Continuum*, I, no. 14 [March, 1966]). Draft protestors in the United States in the Spring of 1968 sought sanctuary in the churches, but to no avail (see *Time*, June 28, 1968, p. 78). The custom is apparently dead, for even in Spain, the Archbishop of Madrid recently warned that he would have the police remove demonstrators conducting sit-ins there (New York *Times*, Jan. 12, 1969, p. 27).

558. *coroça.* Cf. XLI, 121-123: "Mando que la pongas en la cabeça vna coroça de papel, que sinifique el officio que a tenido. ...." "Covarrubias gives the def-inition: "El rocadero hecho en punta, que por infamia y nota ponen a los reos de diversos delitos. El Santo Oficio saca con coroças a los que han de ser relaxados, a los casados dos vezes, a los hechizeros y a otros reos, conforme a la gravedad de sus delitos. Los demás juezes a los cornudos, a las alcagüetas y a otros delin-qüentes"; cf. Caro Baroja, *Algunos mitos españoles* (Madrid, 1944), p. 240: "Los mismos castigos se empleaban para alcahuetas y hechiceras: la coraza [*sic*] y las plumas hacían el gasto." Goya provides illustrations of the *coroza* being worn in his *Caprichos* "Aquellos polbos" (no. 23) and "No hubo remedio" (no. 24). See also note 1162, below. The *coroza* figured prominently in the punishments meted out to *hechiceros* by the Inquisition in Toledo between 1531 and 1663; see Cirac Estopañan, *Los procesos de hechicerías en la Inquisición de Castilla la Nueva* (Ma-drid, 1942), pp. 230-235. Among those forced to wear it was one Catalina Gómez (ibid., pp. 230-231). References to the *coroza* are naturally frequent in Celestinesque literature: *Celestina*, I, 155, 243; *Lozana Andaluza*, p. 99; *Lisandro y Roselia*, p. 225; *Tragedia Policiana*, p. 18; *La Lena*, p. 390; *La tía fingida* (ed. Bonilla), p. 98;

Salazar, *El encanto es la hermosura* (BAE, t. 49), p. 256. Cf. the *Tragicomedia alegorica del parayso y del infierno* (ed. Cronan), p. 299: "Aunque he sido encoroçada, / y açotada cinco vezes, / el vino que tiene hezes / no os dare por ello nada."; Agustín de Rojas, *Viaje entretenido* (Madrid, 1901), II, 187: "Viernes encorozaron en Granada / diez ó doce famosas hechiceras."

559. "Look [at this idiot] . . . I tell him she doesn't have any pulse and he asks me silly questions like that."

560. See note 225.

561. "Para sinificar un impossible deximos: Esso será como ver un buei bolar" (Covarrubias, s.v. *bolar;* cf. p. 240a, s.v. *buei*). The phrase is also listed by Espinosa (*Refranero,* p. 62); cf. Pérez de Ayala, *Troteras y danzaderas,* p. 259: "Aristótiles dijo que un buey voló; unos dicen que sí, yo digo que no." Correas lists "Ni patos a la karreta, ni bueies a bolar, ni moza kon viexo kasar" (*Vocabulario,* p. 235; Martínez Kleiser, no. 19.245).

562. In the *Segunda Celestina* (cenas 34 and 35) Grajales and Barrada came to visit Elicia and Areúsa at Celestina's house.

563. "Al sabor i no al olor. Dize esto kien guele buenas viandas, eskoxiendo más hallarse a komellas ke a olellas desde lexos. 'Más kisiera estar al sabor ke al olor'" (Correas, *Vocabulario,* p. 39; cf. p. 535). The phrase appears also in O'Kane (*Refranes,* p. 207b), the *Celestina* (ed. Cejador, I, 200), Carvajal's *Tragedia Josephina* (ed. Gillet, p. 74), and Espinosa's *Refranero* (p. 213).

564. *sí que.* "Hay otro *sí que,* usado como conjunción, . . . como si dijera, *en efecto.* . . ." (Bello-Cuervo, *Gramática,* §392 and note).

565. Though *pro* (< *prode;* see W. Foerster, "Zur Wortgeschichte," *ZRPh,* XV [1891], 524-528; Menéndez Pidal, ed., *Cantar de Mío Cid,* t. II, s.v.; K. Pietsch. "Notes on Baist, *Grammatik der spanischen Sprache,* 1906," *MLN,* XXIV [1909], 163-164; and Víctor Fernández Llera, *Gramática y vocabulario del Fuero Juzgo* [Madrid, 1929], s.v.) is of ambiguous gender (see Esteban Rodríguez Herrera, *Observaciones acerca del género de los nombres,* I, 349-350 [§343]), it is feminine in both occurrences in this text, appearing in the set phrase "Buena (mala) pro haga" (cf. XIX, 125).

566. "*Idiota* sinifica hombre privado y sin letras" (Valdés, *Diálogo de la lengua,* p. 137; cf. Gillet, ed., Carvajal, *Tragedia Josephina,* p. 195). Covarrubias rejects Calepino's definition of "necio, rústico, indocto, loco," stating instead that "el español llama idiota al que teniendo obligación de saber, o latín o facultad, es falto e inorante en ella, o al incapaz que intenta el arte o ciencia que no ha estudiado" (*Tesoro,* s.v.). However, in the usage of our text, Calepino's definition seems more apt than Covarrubias'.

567. Keniston lists several occurrences of *alguno* as a prepositive negative (*Syntax,* §40.65); cf. Cervantes, *Don Quijote,* I, 27 (ed. Rodríguez Marín, III, 36, and note).

568. *cojó.* See note 69.

569. *para primera vista del pleito.* Legal jargon, "at first hearing (or reading) of the complaint, i.e., the first time they met.

570. *asnazo.* In imitation of the *-azo* < *-aceus* development, *-azo* appeared as an augmentative and depreciative suffix, "particularmente en el lenguaje vulgar" (Hanssen, *Gramática,* §310). Cf. Gooch, pp. 195-204.

571. "Ida sin venida, como potros á la feria" (*Comedia Thebayda,* p. 304); "Ida sin buelta, komo potros a la feria" (Correas, *Vocabulario,* p. 164). Cf. "La ida del cuervo," note 490.

572. *do;* mod. *doy* (cf. Menéndez Pidal, *Manual,* §116.4). "Do se conserva hasta el siglo XVI ... y existe todavía en una parte de Aragón" (Hanssen, *Gramática,* §202).

573. "Ladrón y encubridor, igual pena a los dos" (Rodríguez Marín, *12.600 refranes,* p. 161a; Martínez Kleiser, no. 20.888); "No hay ladrón sin encubridor" (O'Kane, *Refranes,* p. 140a; Núñez, *Refranero,* p. 144; Correas, *Vocabulario,* p. 240; Martínez Kleiser, no. 20.880); "Ladrones y encubridores, a cuál más peores" (Rodríguez Marín, *6.666 refranes,* p. 89a). In Port.: "Tão culpado é o ladrão como é o consentidor" (ibid.). Cf. Stevenson, *Home Book,* 2300:6: "No receiver no thief"; 2300:8: "The receiver is as bad as the thief."

574. "Patochada, bovería de patán" (Covarrubias, s.v. *pata);* "Disparate, despropósito, dicho necio o grosero" *(Dicc. Acad.).* The earliest occurrence listed by Corominas is 1607.

575. *Sant Francisco.* I have been unable to identify this church. There is in Toledo the church of San Antonio de Padua, belonging to a Franciscan nunnery, and Elicia may be referring to this convent. See Baedeker, *Spain and Portugal,* p. 146.

576. The *predicador's* text may have been taken from Seneca's *Letters to Lucilius* (no. VIII): "Cling to a sane and wholesome rule of life, indulging the body no more than good health demands. You must keep it sternly in hand lest it disobey the spirit. Food should appease your hunger, drink quench your thirst, clothing keep out the cold, your house be a defence against things that harm the body (tr. E. P. Barker [Oxford, 1932], I, 18). Cf. Elicia's next speech.

577. See note 73.

578. "De hombres sospechosos siempre se a de sospechar." This phrase does not appear in any of the standard *refraneros.*

579. *vamos* = *vayamos.* See note 141.

580 *su amigo leal,* i.e., *el vino.*

581. "It isn't necessary to clarify for you what you said about that damned wine." Regarding *negro,* see note 199.

582. *hi de puta.* "La palabra *fi,* empleada por *fijo,* ... se hizo más tarde *hi,* como de *fijo* hijo, de *facienda* hacienda, de *fecho* hecho, etc." (Pascual de Gayangos, ed., *Historia de Enrrique fi de Oliua* [Madrid, 1871], p. xviii; cf. Hanssen, *Gramática,* §72). "Esta exclamación, muy malsonante hoy, se prodigaba mucho antaño" (Rodríguez Marín, ed., *Don Quijote,* II, 307n); "It is still current in vulgar speech. In Spanish America it assumes several euphemistic forms which vary from region to region" (Kany, *American-Spanish Syntax,* p. 432). Cf. "Hi de puta!" (*Lisandro y Roselia,* pp. 19, 103, 209); "O, hi de puta el diablo" (*Comedia Florinea,* pp. 175, 211, 235). See also Robert Graves' discussion of the English "son of a bitch" and "whoreson" (*The Future of Swearing* [London, 1936], p. 64).

583. "*Jubón,* m. Azotes que da el verdugo" (Hill, *Voces germanescas,* s.v.); "Jubón de açotes, porque se los ajustan a las espaldas" (Covarrubias). Cf. Juan de Timoneda, *El Patrañuelo,* ed. F. Ruiz Morcuende (Madrid, 1949), p. 94 and note; *Guzmán de Alfarache,* ed. cit., I, 145 and note; Quevedo, *Sueños,* ed. Cejador (Madrid, 1960), p. 148 and note.

584. *hi de ruyn.* See note 582. Cf. López de Ubeda, *La pícara Justina,* I, 68, 116, and Puyol's note, 111, 189.

585. The syntax here is garbled. A likely interpretation is, "No sería tu culebrilla [la única causa] que dixeras que a media noche as menester atapamientos para que no vean tu figura." "*Culebrilla.* Cierta enfermedad intercutánea a manera de empeine, que suele nacer comúnmente en la barba" (Covarrubias, s.v.).

586. "Todo lo chico es más sabroso que lo grande." Though this phrase sounds like a proverb, it is not listed in any of the standard collections. Cf., however, the Juan Ruiz' praise of "las dueñas chicas" (*Libro de buen amor,* st. 1606 ff.; ed., Corominas, pp. 595-599).

587. On the creative power of nature, see note 94.

588. *nora negra* = "en hora mala."

589. "Tanto es lo de más como lo de menos" appears in Espinosa (*Refranero,* p. 153), Núñez (*Refranero,* p. 188), *Lisandro y Roselia* (p. 228), Correas (*Vocabulario,* p. 493), and Martínez Kleiser (no. 23.484), and was used by Tirso as the title of a play, bef. 1627. Cf. O'Kane, *Refranes,* p. 156b: "Quanto es lo de menos, Tanto es lo de más." The proverb is used again in XXIX, 208.

590. "Duelos tenemos." See note 511.

591. *en su vida,* i.e., *nunca.* See Keniston, *Syntax,* §40.71.

592. See note 356.

593. "*Amarga* ... 6. fig. Que está afligido o disgustado" (*Dicc. Hist.*).

594. *atarla.* Though the Spanish Academy notes that "no faltan autores de nota que usan en dativo las formas *la* y *las,* idénticas a las de acusativo," it adds that "ejemplo es que no debe imitarse" (*Gram. Acad.,* p. 174n). Such usage was not uncommon in the sixteenth century (see Keniston, *Syntax*, §§7.133, 7.32), nor is it today (Keniston, *Spanish Syntax List*, §7.324; Ramsey-Spaulding, *Textbook of Modern Spanish*, §4.30; Kany, *American-Spanish Syntax*, pp. 104-105). Cf. Bello-Cuervo, *Gramática*, §930 and note.

595. Ordinarily a red string is tied around the thumb to stop nose-bleed (see D. L. and L. B. Thomas, *Kentucky Superstitions* [Princeton, 1920], no. 1086; Harry M. Hyatt, *Folk-Lore from Adams County, Illinois* [New York, 1935], no. 5542; Wayland Hand, ed., *Popular Beliefs and Superstitions*, in the *Frank C. Brown Collection of North Carolina Folklore*, VI, 242 [no. 1881]. Cf. *Handwörterbuch des deutschen Aberglaubens*, VI, 796; and O. von Hovorka and A. Kronfeld, *Vergleichende Volksmedizin*, II [Stuttgart, 1909], 7, 469).

596. Celestina recommended "humo de plumas de perdiz" as a cure for *mal de madre* (ed. Cejador, I, 251; cf. Cejador's note, and M. Laza Palacios, *El laboratorio de Celestina* [Málaga, 1958], p. 147). A similar treatment is recommended in the *Lozana andaluza* (p. 94): "Señora, sahumaos por abaxo con lana de cabrón, y si fuesse de frío ó que quiere hombre, ponelle un cerote sobre el ombligo de galbano y armoniaco, y encienso, y simiente de ruda en una poca de grana, y esto la hace venir á su lugar." Sternutatives such as this are ordinarily used to induce labor or to cause abortion; cf. *Handwörterbuch des deutschen Aberglaubens*, VI, 1075; Hovorka-Kronfeld, op. cit., 562; Hand, op. cit., p. 8; and Emil Berdau, "Der Mond in Volksmedizin, Sitte und Gebräuchen der mexikanischen Grenzbewohnerschaft des düdlichen Texas," *Globus*, LXXXVIII (1905), 383. Cf. Christopher Morley, *The Haunted Bookshop* (New York, 1919), p. 168: "Burnt hair is a grand restorative."

597. *Ruda* is another of the cures for *mal de madre* suggested by Celestina (ed. Cejador, I, 251) and Lozana (p. 94), and Laza Modesto notes that "en la actualidad, los curanderos y las comodronas clandestinas de la región la siguen empleando de la misma manera que lo haría Celestina, es decir como indicaba Dioscórides hace dos mil años" (*Laboratorio*, p. 174); cf. Dioscórides, Lib. III, ch. xlviii (tr. Laguna, p. 298); Tirso de Molina, *El celoso prudente*, I, iv; Vélez de Guevara, *Diablo cojuelo*, p. 43. In Lope de Rueda's *Armelina*, it is recommended for headache (*Obras* [Madrid, 1908], I, 103). Castañega notes that during exorcisms, conjurers "hacenles sahumerios crueles, ponenle manojas de ruda en las narices, y danle bofetadas e otros tormentos" (*Tratado de las supersticiones y hechicerías*, p. 124). Cf. also Cirac Estopañán, pp. 89-90.

598. *a = ah.* "Se usa para llamar, ya anteponiéndola a una persona, ya con la preposición *de*, a un nombre de lugar" (*Dicc. Hist.*, s.v. *ah*). Cf. p. 250: "¡A madre!" Quevedo begins a sonnet, "¡A de la vida! ¿Nadie me responde?" (*Obras en verso*, p. 33a). Cf. Jacinto Grau, *El señor de Pigmalión*, III, vii (New York, 1952, p. 127): "Ah de la casa..., ah de la casa... Está deshabitado esto, por lo visto."

599. "Más ay días que longanizas," i.e., "we've got plenty of time." The proverb appears in Santillana, *Obras*, p. 515; O'Kane, *Refranes*, p. 101b; *Comedia Thebayda*, p. 475; *Segunda Celestina*, p. 79; Espinosa, *Refranero*, p. 98; Arceo, *Adagiorum*,

p. 56a; Garay, *Cartas*, p. 115; Núñez, *Refranero*, p. 130; Covarrubias, pp. 476b, 771-772; Quevedo, *Obras en prosa*, p. 230; Correas, *Vocabulario*, pp. 533, 534; Pérez de Ayala, *Tigre Juan* (ed. Austral), p. 130; Martínez Kleiser, no. 55.464. Cf. "más noches habrá que longanizas para ir" (*Segunda Celestina*, p. 353); "más longanizas hay que días" (Avellaneda, *Quijote*, ch. xxvii [Austral, p. 241]); "Más son las vías que las longanizas" (Rodríguez Marín, *21.000 refranes*, p. 293b; Martínez Kleiser, no. 18.005); "Más son los días que las morcillas" (Rodríguez Marín, *12.600 refranes*, p. 199a); "más horas hay que longanizas" (Arora, *Proverbial Comparisons*, p. 113). Cf. the Port. "mays dias ha que lingoiças" (Ferreira de Vasconcellos, *Comedia Eufrosina*, p. 108).

600. "Postrimería, el fin y muerte" (Covarrubias, s.v. *postrero*).

601. *Si* is frequently used as an annunciative in indirect questions (see Keniston, *Syntax*, §42.82).

602. Madrigal wine is proverbially good: "Vino de Madrigal me quita todo mal" (Rodríguez Marín, *21.000 refranes*, p. 508b; Martínez Kleiser, no. 64.130); "Que bien, que mal, pan cendeal y vino de Madrigal" (Rodríguez Marín, *6.666 refranes*, p. 134a; Martínez Kleiser, no. 48.516). There are many references to it in classical texts: *Celestina*, ed. Cejador, II, 48; *Comedia Seraphina*, p. 358; Carvajal, *Tragedia Josephina*, ed. Gillet, pp. 6, 25, and note, p. 171; Cervantes, *Licenciado Vidriera* (in *Novelas ejemplares*, ed. Schevill-Bonilla, II [Madrid, 1923], p. 79). Cf. Hazañas, *Los rufianes*, p. 196.

603. "She's in bad shape, but she can still swallow." The proverb appears in numerous collections: Santillana, *Obras*, p. 512; Valdés, *Diálogo de la lengua*, p. 45; Espinosa, *Refranero*, p. 147; Núñez, *Refranero*, p. 72; Correas, *Vocabulario*, p. 114; Martínez Kleiser, no. 51.265; O'Kane, *Refranes*, p. 151a.

604. "*Guarir*. Sinifica el escaparse de la dolencia, sea enfermedad o herida o peligro" (Covarrubias).

605. The name of San Pedro is not frequently invoked by the *rufianes*, but there are three such oaths in the *Tercera Celestina;* cf. "Juras Sant Pedro" (XVII, 63); "por San Pedro" (XXXV, 144). Another occurs in Negueruela's *Farsa Ardamisa*, ed. cit., p. 10. Cf. "¡por San Pego!" (Torres Naharro, *Comedia Trophea*, Int., 6, and Gillet's note, III, 308).

606. Cf. four lines below, and XXI, 11: *recordar*, i.e., "despertar el que duerme, volver en su acuerdo, recobrar el sentido" (Fontecha, *Glosario*, s.v.; cf. Cejador, ed., *Celestina*, II, 17n).

607. "Aunque muda el pelo la raposa, su natural no despoja" (*Celestina*, II, 101; Correas, *Vocabulario*, p. 35; Haller, *Altspanische Sprichwörter*, p. 621; Martínez Kleiser, no. 60.051; O'Kane, *Refranes*, p. 200b). In Núñez Alva's *Diálogos de la vida del soldado*, "El pelo muda la raposa mas sus mañas no las despoja." Cf. "Vulpem pilum mutare, non mores" (Suetonius, *Twelve Caesars: Vespasian*, XVI, 3), and "The fox may grow grey, but never good" (*Oxford Dictionary of English*

Proverbs, p. 223; cf. Stevenson, *Home Book*, 882:9). In Port.: "Inda que muda a pelle a raposa, seu natural não despoja" (Ferreira de Vasconcellos, *Comedia Ulysippo*, f. 6ʳ).

608. "(Todos) los duelos con pan son buenos," thus in Santillana, *Obras*, p. 522; *Comedia Thebayda*, p. 158; *Comedia Seraphina*, p. 319; *Lozana andaluza*, p. 67; Valdés, *Diálogo de la lengua*, p. 110; Espinosa, *Refranero*, p. 103; *Segunda Celestina*, pp. 319, 464, 482; Garay, *Cartas*, p. 159; *Comedia Florinea*, p. 264; Núñez, *Refranero*, p. 190; *Pícara Justina*, ed. Puyol, II, 243 (cf. note, III, 161); Correas, *Vocabulario*, pp. 223, 504: *Entremés de los refranes*, p. 177a; *Don Quijote*, pt. II, ch. 55 (cf. Clemencín's note, VI, 122); Rodríguez Marín, *21.000 refranes*, p. 276b; Martínez Kleiser, nos. 1.534-35; and O'Kane, *Refranes*, p. 180a. "Todos los duelos con pan son menos" appears in Núñez, loc. cit.; Rojas, *Viaje entretenido*, ed. Cañete, I, 81; Covarrubias, pp. 487a, 848; *Don Quijote*, pt. II, ch. 13; Correas, pp. 223, 504; Castillo Solórzano, *La niña de los embustes*, ed. E. Cotarelo (Madrid, 1906), p. 17; and Zorrilla, "Margarita la tornera" (*Leyendas* [Madrid, 1945], p. 606).

609. *está la letra corrompida.* This recalls the original Celestina's insistence that three drinks are not sufficient at meals: "Estará corrupta la letra, por treze tres" (ed. Cejador, II, 31). This incident was the basis for several anonymous poems and popular ballads; see Menéndez Pidal, "Una nota a *La Celestina*," *RFE*, IV (1917), 50-51; and Cossío, ed., *Rodrigo de Reinosa*, pp. lv-lvi.

610. *laborintio.* Though the modern form is *laberinto*, Covarrubias gives *laberintio*. *Laborintio* is not unknown elsewhere (e.g., Santa Teresa, *Las moradas*, ed. Navarro Tomás, p. 253), and is apparently based by popular etymology on *labor*.

611. "Todo es ayre, todo es burla" (Covarrubias, s.v. *ayre*).

612. *no embargante = sin embargo (Dicc. Acad.).*

613. "'A ti lo digo, hijuela; entiéndelo tú, mi nuera,' quando con reñir a uno, castigamos a los demás" (Covarrubias, p. 523a; see his longer explanation, p. 690). The proverb is listed by Espinosa (*Refranero*, p. 169), Arceo (*Adagiorum*, p. 55b), Garay (*Cartas*, p. 123), Correas (*Vocabulario*, p. 24), Haller (*Altspanische Sprichwörter*, p. 410), Denah Lida ("Refranes judeo-españoles," no. 271), Saporta (*Refranero sefardi*, p. 289), and O'Kane (*Refranes*, p. 171a).

614. "A palabras locas, orejas sordas" (O'Kane, *Refranes*, p. 178b; Espinosa, *Refranero*, p. 177; Arceo, *Adagiorum*, p. 56a; Garay, *Cartas*, p. 124; Núñez, *Refranero*, p. 27; *Entremés de los refranes*, p. 177a; Correas, *Vocabulario*, p. 22; Haller, op. cit., pp. 293-294; Martínez Kleiser, no. 15.847). The proverb occurs frequently in the *Segunda Celestina*: pp. 72, 238, 388, 483. Cf. also: "A palabras necias, oídos sordos" (Rodríguez Marín, *21.000 refranes*, p. 37a; Lea, *Literary Folklore*, p. 233; Martínez Kleiser, no. 15.850); "A palabras locas, razones pocas" (Rodríguez Marín, *6.666 refranes*, p. 178b). The proverb is common in Portugal: "A palavras loucas orelhas moucas" (Sá de Miranda, *Os Vilhalpandos*, IV, 4 [*Obras*, II, 246]; Ferreira de Vasconcellos, *Comedia Ulysippo*, ff. 34ʳ, 47ʳ, 120ʳ, 261ʳ; idem, *Comedia Eufrosina*, p. 4; "Multa notata," p. 534).

615. "'A un traydor dos alevosos,' da a entender que no se debe guardar fee al que la quebranta" (Covarrubias, p. 81b; cf. p. 973b.) The proverb occurs in Santillana, *Obras,* p. 505; *Celestina,* I, 136; Torres Naharro, *Com. Seraphina,* II, 191-192 (cf. Gillet's note, III, 274); Valdés, *Diálogo de la lengua,* p. 106; Espinosa, *Refranero,* p. 231: *Segunda Celestina,* pp. 96, 175, 284, 483; Arceo, *Adagiorum,* p. 56b; Garay, *Cartas,* p. 157; *Lisandro y Roselia,* p. 212; Núñez, *Refranero,* p. 31; Correas, *Vocabulario,* p. 4; Calderón, *Guárdate del agua mansa* (BAE, IX, 396c); Haller, op. cit., p. 451. Rodríguez Marín, *21.000 refranes,* p. 49b; Martínez Kleiser, no. 54.331; and O'Kane, *Refranes,* p. 222a. Cf. also XXVI, 77, below: "Para vn traydor no faltan dos aleuosos."

616. Cf. XXVI, 76: "Ninguno paga que de antes no deua": O'Kane, *Refranes,* p. 177a: "Quien paga do no deue..."

617. *rabosa.* "The meaning *ramera* is given to the word on the strength of a quotation from the *Tragedia Policiana,* where it is said of 'aquella putilla de Philomena': 'no ay mayor rabosa en el reyno.' But *rabosa* is here probably an Aragonese variant of *raposa, zorra*" (Gillet, rev. of Hill, *Voces germanescas, HR,* XIX [1951], 177). See also Gillet, "*Raboso, rabudo, cobarde," NRFH,* III (1949), 372-378.

618. "In both editions this speech is attributed to Sigeril, as if he were addressing Areúsa: "(Si.) Areusa"; but it is obvious from his next speech that he has not yet entered the house.

619. "Quien pregunta no yerra" (see also XVI, 113). The proverb is used by Juan Ruiz (*Libro de buen amor,* st. 195), Gil Vicente (*Auto da fe,* in *Obras,* f. 14ᵛ), Espinosa (*Refranero,* p. 197), Silva (*Segunda Celestina,* p. 224), and Sánchez de Badajoz ("Farsa de los doctores," *Recopilación,* II, 60). Correas adds "si la pregunta no es nezia" (*Vocabulario,* p. 409; Martínez Kleiser, no. 51.972). Cf. Calderón, *Saber del mal y del bien* (BAE, VII, 29b): "Más fácil es preguntar, / Que errar."

620. *aguardar palacio,* "to wait politely (i.e., "a usar palacio"; cf. Gillet, ed. *Propalladia,* III, 561).

621. "Estrada ... Demora que se hace en un lugar o paraje" (*Dicc. Acad.*).

622. "... I'm not a tree."

623. "No hay peor saber que no querer" (*Lisandro y Roselia,* p. 239; Correas, *Vocabulario,* p. 242; Martínez Kleiser, nos. 23.555, 64.829); cf. "No hay peor no saber que no querer" (Rodríguez Marín, *12.600 refranes,* p. 230a; Martínez Kleiser, no. 32.003).

624. "*Quiés* = quieres: forma popular y poética" (Said Armesto, ed., Guillén de Castro, *Mocedades del Cid,* p. 40n). "Esta disimilación, con pérdida de la vocal no acentuada, ... corriente hoy en el habla vulgar, ya existía en el siglo XVII" (José Pla Carceles, "La evolución del tratamiento *vuestra-merced," RFE,* X [1923], 265n). Gillet provides several examples (*Propalladia,* III, 790).

625. *ardite.* According to Clemencín (ed., *Don Quijote,* II, 56n), the *ardite* was a "moneda pequeña de cobre, que corrió en España en el siglo XVI, y al parecer era originária de Navarra." The phrase *no vale un ardite* to signify worthlessness was common in the *Quijote* (pt. I, ch. 17; pt. II, chs. 22, 25, 69) and elsewhere. Cf. R. Foulché-Delbosc, "Notes de philologie," *RHi,* LXXIII (1928), 489-495.

626. *gloria.* On the possible origins and the various meanings of the word *gloria,* see Hans Rheinfelder, "Gloria," in *Festgabe Karl Vosslers* (München, 1932), pp. 46-58, and L. B. Bucklin, "Gloria," *NRFH,* VIII (1954), 71-77.

627. "Paga lo que deves, sanarás del mal que tienes" (Santillana, *Obras,* p. 518; Garay, *Cartas,* p. 118; Núñez, *Refranero,* p. 154; Correas, *Vocabulario,* p. 462; Martínez Kleiser, no. 17.495; O'Kane, *Refranes,* p. 177a). Cf. also: "Paga lo que deves y verás lo que te queda" (Espinosa, *Refranero,* p. 176; Correas, loc. cit.: *sabrás*); "Paga lo ke deves, i sabrás lo ke tienes" (Correas, loc. cit.; Denah Lida [no. 204] and Saporta [p. 231] list the same form substituting *saves* for *sabrás*).

628. See note 434.

629. "El que [or quien] las sabe, las tañe" (O'Kane, *Refranes,* p. 218a; *Celestina,* I, 108, 194; Torres Naharro, *Tinellaria,* IV, 234 [see Gillet, ed., *Propalladia,* III, 515]; *Lozana andaluza,* p. 32; Valdés, *Diálogo de la lengua,* p. 189; Espinosa, *Refranero,* p. 224; *Segunda Celestina,* p. 122; Garay, *Cartas,* p. 118; Núñez, *Refranero,* p. 84; Covarrubias, *Tesoro,* p. 953a; Correas, *Vocabulario,* p. 393; Martínez Kleiser, no. 38.124). Correas also lists several expansions of the proverb: "El ke las sabe, las tañe; el ke no, chíflalas i vase; o sílvalas. ... 'El que las sabe, las tañe.' I eran kanpanas; o 'Kien las sabe, las tañe.' I era una bozina" (loc. cit.; cf. Martínez Kleiser, no. 19.287). Rodríguez Marín has "Quien las sabe las tañe, y quien no, con escucharlas se contentó" and cites the *Romancero general:* "El que las sabe mejor, / esse tañe las gambetas" (*21.000 refranes,* p. 409b). The proverb appears again in XXXIII, 251, below.

630. *propinca.* The form *propinquo* appearing several times in this text (VI, 200; XXX, 42; XXXIX, 51, 111) is learned (see Clemencín, ed., *Don Quijote,* II, 12n, and Hanssen, *Gramática,* §344). The normal development would produce *propinco,* as here and in XVIII, 75-76; regarding the change *-cuum* > *-co,* see note 200.

631. From the sources listed by O'Kane (*Refranes,* p. 117b), it appears that the older form of this proverb is "Cantarillo que muchas veces va a la fuente, o deja el asa o la frente" (cf. Rodríguez Marín, ed., *Don Quijote,* III, 123n). This is the form that appears in Espinosa, *Refranero,* p. 115; Núñez, *Refranero,* p. 37; Núñez Alva, *Diálogos,* p. 76; Garay, *Cartas,* p. 123; *Comedia Selvagia,* p. 227; *Don Quijote,* I, 30; Covarrubias, p. 613a; Correas, *Vocabulario,* p. 372; Martínez Kleiser, no. 5.713. The Judeo-Spanish form "Tanto va el cantarico a la fuente, asta que se rompe" (Denah Lida, no. 284) may be equally as old, considering the rhyme in *ó-e.* Numerous variants exist: "Tanto va el cántaro al agua asta que se rompe" (Saporta, *Refranero sefardi,* p. 72; Lea, *Literary Folklore,* p. 238; Chavarria-Aguilar, "Proverbs from Costa Rica," *WF,* VIII [1949], 248; O'Kane, *Refranes,* p. 43b);

"Cantarillo que mucho va al agua, o la boca o el asa" (Rodríguez Marín, *21.000 refranes*, p. 68b; Martínez Kleiser, no. 5.715); "Tantas veces va el cántaro a la fuente, que al fin se quiebra" (Rodríguez Marín, op. cit., p. 479b; cf. p. 480b; Martínez Kleiser, no. 32.605; cf. no. 5.714); "El cántaro que mucho va a la fuente acaba por romperse" (Cela, *Familia de Pascual Duarte*, p. 42). Though it has apparently no Classical equivalents, the proverb was widespread in the Middle Ages. Stevenson lists English examples from 1340, 1412, 1481, 1546 and 1591, as well as French and Italian versions (*Home Book*, 1801:1, to which add the *Second Shepherds' Play* [c. 1460], vv. 317-319: "Though long goes the pot to the water, men say, / At last / Comes it home broken"); see also Tilley, *Dictionary*, P501 (first examp., 1481). The proverb appears in the fifteenth-century Dutch *Proverbia Communia* (ed. Richard Jente [Bloomington, 1947], p. 42): "Also langhe gaet die cruyke the water dat si brect"; Jente suggests an origin in Eccles. xii.6: "... The pitcher be broken at the fountain." Cf. the Port. "Cantaro que vai muitas vezes à fonte, ou deixa à aza, ou à fronte" (Ferreira de Vasconcellos, *Comedia Ulysippo*, f. 18ᵛ); "Tantas vezes vay o cantaro aa fonte que quebra" (idem, *Comedia Eufrosina*, p. 46).

632. "*Dobla* y doblas. Los escudos de a dos, término usado en los tribunales supremos, como apelar con las mil y quinientas doblas; que es tanto como depositarlas, para que se repartan entre los jueces si el apelante no sale con su intención, revocando la sentencia dada en la precedente y última sentencia" (Covarrubias, s.v.).

633. "(A)llégate a los buenos, y serás uno dellos" (Santillana, *Obras*, p. 506; *Refranes glosados*, f. A 7ʳ; Valdés, *Diálogo de la lengua*, p. 54; Espinosa, *Refranero*, p. 62; *Segunda Celestina*, p. 209; Núñez, *Refranero*, p. 21; *Entremés de los refranes*, p. 179; Correas, *Vocabulario*, pp. 80, 577; Covarrubias, *Tesoro*, pp. 91-92; Haller, p. 142; Lea, *Literary Folklore*, p. 233; Martínez Kleiser, no. 11.772; O'Kane, p. 65b). Cf. *Lazarillo* (ed. Cejador), p. 68: "Mi biuda madre ... determinó arrimarse a los buenos por ser vno dellos" (in Covarrubias, p. 152a: "Arrímate a los buenos, y serás uno dellos"). Cf. also Hutchings, "Judeo-Spanish Proverbs," p. 318: "Ag'úntate con los buenos — te azerás i serás uno de ellos."

634. "No dan morçilla sino a quien mata puerco" (Espinosa, *Refranero*, p. 162; Arceo, *Adagiorum*, p. 54b; Correas, *Vocabulario*, p. 254; Martínez Kleiser, no. 54.294; cf. O'Kane, *Refranes*, p. 163b).

635. In the 1536 edition, this speech is attributed erroneously to Celestina.

636. There are examples of "A perro viejo, cuz cuz" (or "tus, tus"), e.g., Santillana, *Obras*, p. 506, and Martínez Kleiser, no. 62.403, but the *refrán* normally is prohibitive rather than hortatory, and even in our example is preceded by the negative *nunca;* cf. XLIV, 44: "¿No sabes que a perro viejo, no cuz cuz?" There are numerous occurrences of the proverb: *Celestina*, II, 108; *Comedia Thebayda*, p. 90; Valdés, *Diálogo de la lengua*, p. 53; Espinosa, *Refranero*, p. 189; *Segunda Celestina*, pp. 204, 244; Garay, *Cartas*, pp. 117, 163; Arceo, *Adagiorum*, p. 56a; *Lisandro y Roselia*, p. 43; *Tragedia Policiana*, p. 50; *Comedia Selvagia*, p. 165; Sánchez de Badajoz, "Farsa de la hechicera" (*Recopilación*, II, 226); *Entremés de los refranes,*

p. 179b; Correas, *Vocabulario,* p. 22; Salas Barbadillo, *Hija de Celestina,* ed. Holle, p. 130; Cervantes, "El vizcaíno fingido," in *Comedias y entremeses,* IV, 99; *Don Quijote,* pt. II, ch. 33 (see Rodríguez Marín's note, VI, 296), ch. 69; Covarrubias, p. 864b; Calderón, *Celos aun del aire matan,* BAE, XII, 478c; Haller, *Altspanisches Sprichwörter,* p. 289; Stevenson, *Home Book,* p. 603; O'Kane, *Refranes,* p. 189b.

637. Cf. *Don Quijote,* pt. I, ch. 25: "La quiero más que a la lumbre destos ojos que han de comer la tierra" (see note, ed., Rodríguez Marín, II, 305); Correas, *Vocabulario,* p. 520: "Vilo por estos oxos ke an de komer la tierra."

638. See note 241.

639. "El ruin, mientras [*or* quanto] más le ruegan, más se estiende" (Santillana, *Obras,* p. 511; Núñez, *Refranero,* p. 77; Correas, *Vocabulario,* p. 118; Covarrubias, p. 564b; Rodríguez Marín, *21.000 refranes,* p. 170b; Martínez Kleiser, no. 56.627; O'Kane, *Refranes,* p. 205a). Cf. "Al rruyn si le rogáys luego se estiende" (Espinosa, *Refranero,* p. 212); "Mientras más ruegan al ruin, más se extiende el vil" (Rodríguez Marín, *21.000 refranes,* p. 306b).

640. "Del lunes al martes, pocas son las artes" (O'Kane, *Refranes,* p. 146a; Espinosa, *Refranero,* p. 153; Arceo, *Adagiorum,* p. 55b; Núñez, *Refranero,* p. 48; Correas, *Vocabulario,* p. 320; Rodríguez Marín, *21.000 refranes,* p. 116a; Martínez Kleiser, no. 60.488).

641. This is another of the conceptist passages encountered so frequently in the *Segunda* and *Tercera Celestinas;* see note 286.

642. Cf. Güete, *Vidriana,* ed. Cronan, p. 188: "Yo me rahere la chrisma, / si desta vez desmedramos."

643. *por Sant Martín.* Perucho, in Jaime de Güete's *Comedia Vidriana* (ed. cit., pp. 237, 239) uses this oath, but it is not employed by any of the Celestinesque *rufianes.* See note 1051.

644. *essecutar.* In the 1539 ed., *secutar.* Cervantes on two occasions used forms of the latter, *secutor* and *secutoria* (see Carlos Fernández Gómez, *Vocabulario de Cervantes,* p. 938a, and Rodríguez Marín, ed., *Don Quijote,* IV, 187n).

645. *Crueza* (mod. *crueldad*) was common in the sixteenth century. To cite a few examples, it occurs in the anonymous *Farça a manera de tragedia* (ed. Rennert, v. 1288); Carvajal, *Tragedia Josephina* (ed. Gillet, v. 928); Fernando de Herrera, *Poesías* (ed. García de Diego, pp. 37, 53); Juan de la Cueva, *El Infamador* (II, 280; III, 388); and Fray Luis de León, *De los nombres de Cristo* (ed. F. de Onís, II, 81).

646. *ciminterios* (1539: *cimenterios*). Covarrubias lists both forms. Cf. E. Kieckers, "Span. *cimenter(i)o* 'Friedhof' und *ninguno* 'Keiner'," *Indogermanische Forschungen,* XXXVIII (1920), 211.

647. The phrase, "Guerra de Alemaña," since Felides says it is "moderna," must refer to the Turkish invasion of 1532, of which Keniston says "On September

2 he [the Emperor] started for Linz and from there moved on to Vienna. But before the Imperial forces had an opportunity to join battle, the Sultan Suleiman suddenly withdrew his forces. The Emperor promptly disbanded his own army" (*Francisco de los Cobos* [Pittsburgh, 1959], p. 146). Pedro Barrantes Maldonado, setting off to this war, posted a poem in all the places through which he passed, in praise of his Spanish compatriots (see Gallardo, *Ensayo,* II, 38; Green, *Spain and the Western Tradition,* III, 100-101). Of this invasion, Pero Mejía says: "... el dicho gran Turco entró con ejército cuasi de seiscientos mil hombres de pelea por la provincia de Hungría y de Austria, con ánimo de conquistar toda la cristiandad. A cuya defensa y resistencia, su majestad del Emperador fué por su persona con más de la mitad menos de la gente quel turco traía, pero muy escogida y ejercitada, para le dar batalla con ímpetu y ánimo invencible, cuya presencia y venida el turco no pudo sufrir ni esperar, y, antes de su llegada, se volvió huyendo muy apriesa y muy afrontosamente y con pérdida de muy muchas gentes de las suyas" (*Silva de varia lección,* I, 86). Cf. also Garcilaso, *Égloga segunda,* vv. 1502 ff., and Menéndez Pidal, *Idea imperial de Carlos V,* p. 31.

648. Felides' pun is based on the similarity between the words *alimaña* and *Alemaña* three lines above. Alarcón uses the same pun at the end of *El sombrero de tres picos* (New York, 1958, p. 127). Though the word derives from Lat. *animalia,* there is an interesting Moorish popular etymology noted by Paul Ravaisse ("Les mots arabes et hispano-morisques du *Don Quichotte,*" *Revue de linguistique et de philologie comparée,* XL [1907], 245): "Dans la bouche des Morisques, ce mot latin est devenu *al-Yamanîya* = originaire du Yémen!"

649. Calverino is probably referring to a church "donde oy entré," but the oath on "la casa santa" is a favorite one among the *rufianes* of most of the *Celestinas,* and particularly of Pandulfo in the *Segunda Celestina,* who uses it some thirteen times (pp. 12, 34, 41, 47, 52, 119, 121, 146, 164, 169, 321, 322, and 353); cf. Galterio in the *Comedia Thebayda* (p. 68): "Por la Casa Santa de Jerusalem"; Polidoro in the *Tragedia Policiana* (p. 52): "O cuerpo de la casa sancta"; and in our text, XXIX, 22-23: "Por las reliquias de aquella casa santa"; XLIV, 35: "Voto a aquella casa santa." According to Schevill and Bonilla (eds., *Novelas ejemplares,* II, 369), the house in question is "la Santa Casa, o Casa de la Virgen, en la Catedral de Loreto..., Casa que se dice transportada por ángeles, en 1291, de Nazareth a Dalmacia, y de allí, en 1295, a Loreto." In a letter to me, Professor Samuel Armistead suggests that "the Schevill-Bonilla explanation is incorrect. The *Casa Santa* is no particular house, but rather the entire City of Jerusalem. In O. Sp. *casa* means both 'house' and 'city' (see Menéndez Pidal, *Cantar de mio Cid,* II, s.v.), probably on the model of Ar. *dar* (see Castro, *España en su historia,* [Buenos Aires, 1948], p. 69: cf. *Dar al-beida* = Casablanca). *Casa* still had this meaning, at least in Casa Santa, in the 16th cent.: 'Ganemos la Casa Santa, / que Carlos ha de ganar' (Durán, *Romancero general,* No. 1150, BAE, XVI, 151b; from the *Cancionero de romances* of 1550); in this *Convocatoria a la cristiandad para la guerra contra los turcos* obviously no particular 'house' is referred to but rather the City of Jerusalem." See, however, Gillet's review of Castro, *HR,* XVIII (1950),

179. The meaning *Casa Santa* = *Jerusalem* occurs several times in Port. literature; see Antonio Ferreira, *Poemas Lusitanos,* I (Lisboa, 1939), 122 and note.

650. *Ingalaterra.* "This form, common in the seventeenth century, is considered 'hoy vulgar' by Cuervo, *Apuntaciones,* p. 12, §40, but widely used in South American popular speech as a 'supervivencia del arcaísmo español'" (Reichenberger, ed., Lope de Vega, *Carlos V en Francia,* p. 205). Cf. Rodríguez Marín, *Cantos populares españoles,* I, 104: "Conde, conde d'Ingalaterra..." Cuervo uses the word as an example of anaptixis, showing "cómo la vocal intercalar, semejante á la inmediata, aparece antes de la líquida" (*Apuntaciones,* §794).

651. *es bien.* Cf. XXVIII, 165. Keniston gives only one example of *ser* used with *bien* (*Syntax,* §29.314), though this is not an uncommon construction even today; see Dwight L. Bolinger, "Ser Bien," *Hispania,* XXXV (1952), 474-475.

652. "*Montante.* Espada de dos manos, arma de ventana y conocida" (Covarrubias, s.v.). Cf. "Espada ancha y con gavilanes muy largos, que manejan los maestros de armas con ambas manos, para separar las batallas en el juego de la esgrima" (*Dicc. Aut.*). See also *Lisandro,* p. 102.

653. *carnescería.* "Algunas vezes sinifica la mortandad de hombres, que dezimos hazer carniceria dellos" (Covarrubias, s.v. *carnemomia*).

654. Though normally "*vos* era mirado como un tratamiento demasiado familiar" (Américo Castro, ed., *El Buscón,* p. 211n, who adds, quoting Gonzalo Correas: "*De merced* usamos llamar a los criados y mozos..., y entre amigos, adonde no hay gravedad ni cumplimiento, se tratan de *vos*"), Calverino here uses *vos* to show his superiority to Sigeril, who responds in the *tú* form. "Ya en el primer tercio del siglo XVI, vosear a una persona implicaba, cuando no un insulto, una íntima familiaridad o superior categoría social por parte del que hablaba" (Pla Carceles, art. cit., *RFE,* X, 245). Cf. notes 49 and 54.

655. *Reniego de la leche que mamé.* Cf. "Renegaría yo de la leche que mamé" (XL, 8). This is a popular oath in the *Celestina*-novels: "Reniego de la leche que mamé" (*Segunda Celestina,* p. 260); "Descreo de la leche que mamé" (*Lisandro y Roselia,* p. 107); "¡Oh, derreñego de la leche que mamé!" (ibid., p. 211); "Descreo de la leche de cabras" (*Tragedia Policiana,* p. 9); "Descreo de la leche de Olofernes" (ibid., p. 14); "Descreo de la leche que mamé" (ibid.); "¡Oh, pesar de la leche que mamé...!" (*Comedia Selvagia,* p. 49); "Pero reniego de la leche que mamé" (*Comedia Florinea,* p. 201); "No creo en la leche que mamé" (*Doleria,* p. 341).

656. Cf. "Un rratón da en ké entender a un elefante, aunke es tanto más grande" (Correas, *Vocabulario,* p. 178; Martínez Kleiser, no. 10.185).

657. *Tyros,* probably a misprint for *Cyros* or *Ciro.*

658. Cf. *Celestina,* I, 185: "...en esfuerço, Etor." The *Oxford English Dictionary* defines a Hector as "1. ... A valiant warrior like Hector ... 2. A swaggering fellow; a swash-buckler; a braggart, blusterer, bully. Cf. Amador de Loaysa, in *Las quatro comedias y dos colloquios de Lope de Rueda* (Valencia,

1567): "Fué Hércules en fuerza y valentía, / Hector, el capitán más afamado" (quoted by Vicente Tusón, *Lope de Rueda* [Madrid, 1965], p. 35); "Pareció un Roldán francés, / pareció un Héctor troyano" (Guillén de Castro, *Mocedades del Cid,* II, 888-889).

659. *dos palabras.* See note 253.

660. *gentil,* i.e., *notable* (see *Dicc. Acad.,* s.v.).

661. *oguia: ogi = pan* (R. M.ª de Azkue, *Diccionario Vasco-Español-Francés* [Bilbao, 1905-06], s.v.). The *-a* suffix is the definite article, used to make an indeterminate noun determinate in Basque (see Herbert F. Houghton, *An Introduction to the Basque Language* [Leiden, 1961], p. 5).

662. Basques have a tendency to insert an *e* before initial Romance *erre: erregue* (from *regem*), *erramu* (from *ramum*), *erruda* (from *rutam*); see J. Caro Baroja, *Materiales para una historia de la lengua vasca* (Salamanca, 1946), p. 54. Gómez extends this to *sucio-asucio* (see Anselmo de Legarda, *Lo vizcaíno en la literatura castellana,* p. 213).

663. *bizcuença < vizcaína + vascuense,* by contamination (cf. Cuervo, *Apuntaciones,* §923). I have found no other occurrences of this form, though Güete (*Comedia Vidriana,* p. 254) has *Bascuenz.*

664. Julio de Urquijo ("La Tercera Celestina y el Canto de Lelo," *RIEB,* IV [1910], 573-586) made a comprehensive study of this poem with its curious *estribillo,* and provided the following corrected Basque transcription and Spanish translation:

Lelo lirelo zaray leroba	Tra la la la
Laz zoegia nintzan	El año pasado era yo prudente
Aurten erua	Este año loco
Ay joat gabiraya	Ay! Se me ha ido el gabilán
Ator usua	Ven paloma
Lelo lirelo zaray leroba	Tra la la la
Ay joat gabiraya	Ay! Se me ha ido el gabilán
Aztobicarra	?
Esso amorari	Paloma amorosa
Gaiso nazala	Que estoy enfermo
Penaz nazala	Que estoy triste
Fatorke dala	Que puede venir á mí
Lelo lirelo zaray leroba.	Tra la la la.

(art. cit., p. 579)

Manuel Lecuona's transcription and translation ("Viejos textos del idioma: El cantar de Perucho," *RIEB,* XVI [1925], 470-475) are similar, but he clarifies some of Urquijo's doubtful readings:

Lelo - lirelo - zarai - leroba.	Lelo, etc.
Yaz zoegia nintzan;	El año pasado era (yo) cuerdo;
aurten erua,	al presente loco.

Ai, joat, gabiraya,	Ay, véteme, gavilán,
astor usua!	raudo azor!
Lelo - lirelo - zarai - leroba.	Lelo, etc.
Ai, joat, gabiraya,	Ay, véteme, gavilán,
Aztobika' ra:	a Aztobika:
esok amoreari	dile al amor
gaxo natzala,	que yazgo enfermo,
penaz nazala,	que estoy de pena,
datorkedala!	que se me venga!
Lelo- lirelo - zarai - leroba.	Lelo, etc.

Urquijo compared the *estribillo* to lines found in the apochryphal *Canto de los Cántabros*, or *Canto de Lelo*, contained in the sixteenth-century Basque *Crónica Ibargüen-Cachopín* (see also Urquijo, "La Crónica de Ibargüen-Cachopín y el Canto de Lelo," *RIEB*, XIII [1922], 83-98, 232-247, 458-482; XV [1924], 163-182, 523-548; esp. XIII, 236-247). Menéndez Pelayo had earlier noted this relationship, but could only suggest that "quizá no ofrezca ningún sentido, y de seguro estará mal transcrita por el escritor toledano que la recogió a oído" (*Orígenes de la novela*, III, ccxvii). For a more accessible discussion of the *Canto de Lelo*, see Julio Caro Baroja, "La significación del llamado *Canto de Lelo*," in his *Algunos mitos españoles*, pp. 93-118. Traces of the *Canto de Lelo* are also found in Puerto Rican popular poetry; see Emilio Delgado, "Sobre el orígen del Lelo-Lelo," *La Voz* (New York), nov. 1959, p. 13; mayo 1960, p. 12. The following notes are unavailable to me: Julien Vinson, "La Tercera Celestina y el Canto de Lelo," *Euskalerriaren Alde*, I (1911), 408-411; Urquijo, "A propósito del Cantar de Perucho. Dos aclaraciones," *Euskalerriaren Alde*, XII (1922), 273-274; Juan Carlos de Guerra, "A propósito de dos aclaraciones. El Cantar de Perutxo," *Euskalerriaren Alde*, XII (1922), 411-412.

665. "Por tu corazón juzgarás el ajeno" (O'Kane, *Refranes*, p. 90b; Martínez Kleiser, no. 35.472). Correas adds ". . . en mal o en bueno" (*Vocabulario*, p. 479). The proverb also occurs in the *Libro de buen amor* (st. 565), the *Segunda Celestina* (p. 36), and again below (XXXV, 118). Cf. Lea, *Literary Folklore*, p. 235: "Cada uno juzga por el suyo el corazón ajeno."

666. "*Cabiliz* (por *Çabiliz*) *orduachez* . . . quiere decir, indudablemente: 'Vete en hora mala.' *Çabiliz* forma de imperativo del verbo *ibilli* no se encuentra en la *Gramática* del Sr. Campión, pero sí su equivalente: *zabiliz*" (Urquijo, "La Tercera Celestina . . . ," p. 576n).

667. The earliest occurrence of the word *machete* listed by Corominas is a document of the year 1550: "Machete vizcayno con brocal y contrera y otras guarniciones de plata . . ." The appearance of the word in our text in the speech of a Basque would seem to support Corominas' suggestion that *machete* is of Basque origin. Note Sigeril's description of the weapon in the next speech.

668. *albricias.* Though the expression as an interjection is equivalent to "Good news!" (see *Celestina*, ed. Cejador, I, 60; cf. Menéndez Pidal, ed., *Cantar de Mío*

Cid, II, 443), it usually referred to "lo que se da al que nos trae algunas buenas nuevas" (Covarrubias, s.v.; cf. Corominas, *Diccionario*, s.v., and *Celestina*, I, 217).

669. *"Pulla*. Es un dicho gracioso, aunque algo obsceno, de que comúnmente usan los caminantes quando topan a los villanos que están labrando los campos, especialmente en tiempo de siega o vendimias" (Covarrubias, s.v.). Regarding *pulla* contests of abuse, see J. P. W. Crawford, "Echarse Pullas. A Popular Form of *Tenzone*," *RR*, VI (1915), 150-164; and Gillet-Green, *Torres Naharro*, pp. 40-45. Leo Spitzer suggests that the word derives from the French "dire, chanter pouilles" ("Notas etimológicas: 'Echarse pullas'," *RFE*, X [1923], 373); however, cf. T. H. White, tr., *The Book of Beasts*, p. 104: "All recently born creatures are called *pulli*, because they are born dirty or polluted. Whence our dirty clothes are also called *pulli*."

670. See note 619.

671. *bonita como oro.* See note 370.

672. See note 407.

673. Gómez makes frequent use of this pun. See note 97. Cf. *Segunda Celestina*, pp. 320-321.

674. *crudelíssima* (< *crudelis*), mod. *cruelísima*.

675. *gauacho.* "Ay unos pueblos en Francia, que confinan con la provincia de Narbona; Strabón y Plinio los llaman gabales, Caesar gabalos. A éstos llama Belteforestio gavachus y nosotros gavachos... Esta tierra deve ser mísera, porque muchos destos gavachos se vienen a España y se ocupan en servicios baxos y viles, y se afrentan quando los llaman gavachos" (Covarrubias, s.v. *gavachos*). Cf. Castillo Solórzano, *La niña de los embustes*, p. 26: "Éste era natural de Gascuña, en Francia, á quien en nuestra España llamamos 'gabachos'." Cejador notes (ed., Quevedo, *Sueños*, II, 180n): "*Gabacho*, apodo que a los franceses daban los españoles fronterizos, por sus *gaves* o ríos entre cañadas del Pirineo, y después se corrió al resto de España; encierra sentido despectivo y hasta el de cobarde aplicado a un español." See also Sims, ed., *H. Luna, Segunda parte de Lazarillo*, p. 111.

676. Cf. note 415.

677. *astoa* = *el burro* (Azkue, *Diccionario vasco*, s.v. *asto*). The *-a* suffix is the definite article (see note 661). Sigeril translates the word below. Juan Gorostiaga Bilbao lists *asto-asno* in his *Vocabulario del Refranero vizcaíno de 1596* (Salamanca, 1953), p. 10.

678. "Cosa de dar y tomar, la que es de ley" (Covarrubias, s.v. *tomar*). O'Kane lists several variations of the phrase among her *Refranes españoles medievales* (p. 98a); cf. Espinosa, *Refranero*, p. 93.

679. *mandoa* = *el mulo* (Azkue, *Diccionario vasco*, s.v. *mando*). Cf. below and Gorostiaga Bilbao, *Vocabulario del Refranero*, p. 28.

680. The usual form of the proverb was "Mal de muchos, gozo es "(Santillana, *Obras*, p. 516; Espinosa, *Refranero*, p. 147; *Segunda Celestina*, pp. 192, 516; Arceo, *Adagiorum*, p. 57b; Núñez, *Refranero*, p. 132; Rojas, *Viaje entretenido*, I, 81; *Entremés de los refranes*, p. 177; Correas, *Vocabulario*, p. 529; Martínez Kleiser, no. 13.160; O'Kane, *Refranes*, p. 151a; cf. Denah Lida, no. 170: "Mal de todos, gozo es"). There are several variants: "Mal de muchos, konorte es" (Correas, p. 529); "Mal de muchos consuelo es" (Garay, *Cartas*, p. 119); "Mal de muchos, consuelo de tontos" (Chavarria-Aguilar, p. 249; Martínez Kleiser, no. 13.160; this form is still common in Spain); "Mal de mutchos, consolación de bovos" (Saporta, *Refranero sefardi*, p. 188). Cf. Carvajal, *Tragedia Josephina*, p. 65: "Mal de muchos no consuela ... mi dolor" (see also O'Kane, p. 151a). In English, "Misery loves company" (see Stevenson, *Home Book*, p. 1592).

681. *nos* = *no os.*

682. "El buey por el cuerno, y el hombre por la palabra"; see note 453. Perucho might have known the Basque equivalent: "Idia adarrerean to gizona itzerean" (*Refranero Vasco*, ed. Julio de Urquijo, II [San Sebastián, 1967], 146).

683. "Híceme truhán y me comí el pan" (Rodríguez Marín, *12.600 refranes*, p. 148; Martínez Kleiser, no. 50.448). In Correas (p. 589): "Hízeme albardán, i komíme el pan"; cf. *Dicc. Hist.*, s.v. *albardán:* "El porfiado albardán comerá tu pan. ref.* con que se pondera la eficacia de la tenacidad del entremetido que busca su provecho."

684. Cf. "Una mala lengua destruye un pueblo" (Rodríguez Marín, *12.600 refranes más*, p. 327a; Martínez Kleiser, no. 44.569) and "Una mala lengua, destruye un barrio y la villa entera" (Rodríguez Marín, *Todavía 10.700 refranes*, p. 302a; Martínez Kleiser, no. 44.568).

685. See note 98.

686. *empeçá.* The final *d* was frequently dropped from the plural imperative, especially in popular speech (Hanssen, *Gramática*, §121; Cuervo, *Apuntaciones*, §266; Menéndez Pidal, *Manual*, §63a and §107a). There are numerous examples of this in the *Tercera Celestina.*

687. *ordiçarra* = "old drunkard," as Sigeril explains below. It is formed from *ordi*, "borracho," and *zar*, "viejo" (see Azkue, *Diccionario vasco*, and Gorostiago Bilbao, *Vocabulario*, pp. 31, 36). Cf. *Horditzale:* "el borracho inveterado" (Azkue, *Diccionario*, s.v. *ordi*).

688. "*Retaguarda.* El esquadrón postrero" (Covarrubias, s.v.). Mod. *retaguardia.*

689. "*Porquerón.* El ministro de justicia que prende los deliquentes y los lleva agarrados a la cárcel" (Covarrubias, s.v.); cf. *Comedia Florinea*, p. 196: "Los que acompañan los alguaziles ... llaman acá porquerones." *Porquerones* were generally held in low esteem; see *Comedia Thebayda*, p. 178; Lope de Rueda, *Comedia Eufemia* (*Obras*, I, 13-14):

Melchior.	Miente vuessa merced los cargos de un pueblo.
Leonardo.	Corregidor.
Melchior.	Más bajo un poquito.
Leonardo.	Alguacil.
Melchior.	No era pata alguacil, quera tuerto.
Leonardo.	Porquerón.
Melchior.	No valía nada para correr, que le habían cortado un pie por justicia.

Cf. Alemán, *Guzmán de Alfarache*, ed. cit., I, 171; Quevedo, *Sueños*, I, 156.

690. "*Racionero* ... El que distribuye las raciones en una comunidad" (*Dicc. Acad.;* cf. Covarrubias, s.v. *ración*). Regarding Celestina's relationship to this and other church officials, see Bataillon, *La Célestine*, pp. 162-163.

691. *prima noche.* "La parte de la noche desde las ocho a las once" (Fontecha, *Glosario,* s.v.).

692. *deziseys.* See note 513.

693. Clemencín noted in his edition of the *Quijote* (VI, 191) that "el *nonada* en la acepción de *nada* es comun en nuestros antiguos escritores"; cf. Rodríguez Marín, ed., *Don Quijote*, V, 120n. See also Keniston, *Syntax,* §40.67; cf. note 476, above.

694. *ninguno.* See note 269.

695. The usual form of this proverb is "Buey suelto, bien se lame" (Santillana, *Obras*, p. 507; Espinosa, *Refranero*, p. 62; *Segunda Celestina*, p. 23; Arceo, *Adagiorum*, p. 55b; Romero de Cepeda, *Comedia Metamorfosea*, ed. Ochoa, p. 300a; Garay, *Cartas*, p. 154; Núñez, *Refranero*, p. 34; *Comedia Florinea*, pp. 197, 209, 261, 297; *Entremés de los refranes*, p. 178b; Covarrubias, p. 240a; *Don Quijote*, pt. II, ch. 22; Correas, *Vocabulario*, pp. 97, 360; O'Kane, *Refranes*, p. 66b; Martínez Kleiser, no. 36.527; Stevenson, *Home Book*, 1733:3). Cf. the Port. "Boi solto delambese todo" (Ferreira de Vasconcellos, *Comedia Ulysippo*, f. 44; idem, *Comedia Eufrosina*, p. 111).

696. Cf. *Lisandro y Roselia*, p. 47: "Gracias a Dios, hijo, que sus dones reparte por quien quiere, á unos da el dón de profetar, á otros de predicar, á otros de hacer milagros, á mí de sanar enfermos." Many of the Celestinas were proud of their skill as curanderas (see above, p. 6; cf. note 697; "Persona no sabe llamar ya a médico de ninguna enfermedad que tengan sino Celestina acá, Celestina acullá" (XXXVI, 21-23).

697. The original Celestina, talking to Melibea, used the pretense of having come on behalf of Calisto for "vna oración, señora, que le dixeron que sabías de sancta Polonia para el dolor de las muelas" (ed. Cejador, I, 181). Aretino tells in his *Dialogues* (tr. Putnam [New York, 1926], I, 155 ff.) of a procuress who tricked a husband by feigning to cure his toothache. And in the *Tragedia Policiana* (p. 34) Claudina advises Cornelia on the care of her teeth; cf. *Lozana andaluza*, ed. cit.,

p. 217. For a study of popular beliefs about teeth and cures for toothache, see Byrd Howell Granger, "Of the Teeth," *Journal of American Folklore*, LXXIV (1961), 47-56.

698. *hazeldo* = *hazedlo;* see note 249.

699. "La fortuna es madrastra de los buenos ingenios" (Martínez Kleiser, no. 59.582). Cf. Chaves, *Rifoneiro*, p. 181: "A fortuna é madrasta da prudência."

700. Cf. "Unos suben y otros bajan; unos hinchen y otros vacían como arcaduces de noria" (Martínez Kleiser, no. 59.528).

701. I have found no other reference to a law prohibiting women, *alcahuetas* or otherwise, from walking the streets at night.

702. *culpante.* According to Corominas, s.v. *culpa*, the modern form *culpable* did not appear until the middle of the sixteenth century.

703. *Libro de bien amar.* Possibly León Hebreo's *Diálogos de amor*, with which Gómez was undoubtedly familiar (see note 482), though this may be a reference to Ovid.

704. *ninguno.* See note 269.

705. *prisión.* See note 336.

706. The comparison of love to a flame is a Petrarchan theme, occurring in the *De Remediis* (I, 69): "Est enim amor latens ignis: gratum vulnis: sapidum venenum: dulcis amaritudo: delectabilis morbus: iucundum supplicium: blanda mors." The theme occurs frequently in Celestinesque literature: "Es vn fuego escondido, vna agradable llaga, vn sabroso veneno, vna dulce amargura, vna delectable dolencia, vn alegre tormento, vna dulce e fiera herida, vna blanda muerte" (*Celestina*, II, 62-63); "El nefandísimo fuego que á la contínua me estaba abrasando, tanto ha querido encenderse, que el espíritu donde estaba aposentado está ya casi convertido en ceniza" (*Comedia Thebayda*, p. 253); "¿Quién habla de mi tormento? / ¿Quién del mal que me condena? / . . . / ¿Quién del fuego de mi amor / Y de mi terrible pena?" (Romero de Cepeda, *Comedia Salvage*, in Ochoa, *Tesoro del teatro español* [Paris, 1838], p. 290). Cf. Juan Ruiz, st. 197; *Comedia Tidea*, vv. 1863-77 (ed. Cronan, pp. 59-60); Güete, *Comedia Vidriana*, p. 183; Francisco de la Torre, *Obras* (ed., A. Zamora Vicente [Madrid, 1944], p. 195).

707. Cf. "The common people imitate nothing with more pleasure than what they see their prince do" (Erasmus, *The Education of a Christian Prince*, tr. Lester K. Born [New York, 1936], p. 157).

708. *propincos.* See note 630.

709. *arrebuelta*, mod. *revuelta* (see *Dicc. Hist.*, s.v. *arrevolver*).

710. See note 637.

711. "*Decir por cifras:* misteriosa o encubiertamente" (S. Gili y Gaya, ed., Espinel, *Marcos de Obregón*, I, 72n).

712. "Un ciego mal guía a otro ciego" (Martínez Kleiser, no. 10.476). Cf. *Libro de buen amor*, st. 1145: "Si el ciego al ciego adiestra e quier traer / en la foya entramos dan e van a caer"; *Castigos e documentos*, p. 112: "¿Commo cuydas tu que vn çiego pueda guiar a otro çiego? Conuiene, segund dize Nuestro Sennor en el euangelio, que amos a dos cayan en el foyo, ca non veen por o van"; Espinosa, *Refranero*, p. 78: "Quando los çiegos guían, ¡guay de los que van detrás!" (cf. O'Kane, *Refranes*, p. 83a); Sánchez de Badajoz, "Farsa de la muerte," *Recopilación*, II, 255: "Que ciego tras ciego andando / Todos mos y mos al hoyo"; *Don Quijote*, pt. II, ch. 13: "Si el ciego guía al ciego, ambos van a peligro de caer en el hoyo" (cf. Martínez Kleiser, no. 10.473). Though the phrase is biblical (Matt. xv.14; Luke vi.39), Stevenson lists several earlier variations (*Home Book*, 198:11). Cf. also Erasmus, *Adagia*, I.viii.40.

713. Cf. "Mal da qui [quien] non ha" (Espinosa, *Refranero*, p. 93; Correas, *Vocabulario*, p. 529; Martínez Kleiser, no. 19.594; cf. O'Kane, *Refranes*, p. 97b); "Nadie da lo que no tiene" (*Lazarillo*, ed. Cejador, p. 176).

714. *quiriendo.* This form occurs again in XXI, 163. See note 395.

715. "En los kuernos del toro. Por: estar en grande peligro, o averle dexado" (Correas, *Vocabulario*, p. 619); cf. "Dexáys nos en los cuernos del toro y vays os" (Espinosa, *Refranero*, p. 90); "Verse en los kuernos del toro" (Correas, p. 741; Covarrubias, *Tesoro*, p. 969b; Martínez Kleiser, no. 49.257). See also Gillet, ed. *Propalladia*, III, 11. Cf. note 882, below.

716. *ciuilidad.* See note 389.

717. "Throughout the sixteenth century *muy mucho* occurs as an emphatic form of *mucho*" (Keniston, *Syntax*, §39.74). "In modern Spanish *mucho* is not usually intensified by *muy*, although examples are encountered" (Ramsey-Spaulding, *A Textbook of Modern Spanish*, §9.30); "Today *muy mucho* is a rustic survival in general use, and occasionally it is found in literary style both in Spain and in America" (Kany, *American-Spanish Syntax*, p. 312).

718. *piedra ymán.* The comparison of the attraction of the lady to that of the lodestone is a common one in Celestina literature: "Pienso que no hay piedra iman que á sí traiga el acero, como con su voz los corazones de las mujeres llama" (*Segunda Celestina*, p. 232); "No hay piedra imán, señora, que más traiga á sí el acero, que la lengua dulce al corazon que tiene ya blando" (ibid., p. 284); "No parece sino piedra iman, así atrae y mueue aún los corazones de acero" (*Lisandro y Roselia*, p. 2); "No tiene la piedra iman más fuerça en atraher el hierro" (*Dolería*, p. 338); "¡Qué piedra imán tan atractiva de voluntades y de oro tienes en essos ojos" (*Dorotea*, ed. Morby, p. 154). Cf. Juan Navarro, "Entremés famoso de Celestina," in Cotarelo, *Colección de entremeses*, I, 221; Baltasar del Alcázar, "Difinición de los celos" (apud Gallardo, *Ensayo*, I, 90); Quevedo, "Hechicera antigua...," *Obras en verso*, p. 386. See also Gillet, ed., *Propalladia*, III, 9.

719. "Hace uno lo que puede y no lo que quiere" (Martínez Kleiser, no. 51.332). Cf. "Ut quimus, quando ut volumus non licet, aiunt" (Terence, *Andria*, v. 805);

"Quando id fieri non potest quod vis, id velis quod possis" (Erasmus, *Adagia,* III.vi.4). See also Stevenson, 540:8.

720. We remember that Calisto was of equal social station to Melibea (ed. Cejador, II, 52-53), a point that frequently raises the question, why then should he feel himself so inferior? Rachel Frank admitted her failure to understand this relationship ("Four Paradoxes in *The Celestina," RR,* LXVIII [1947], 62-63), and Erna Ruth Berndt (*Amor, Muerte y Fortuna en "La Celestina"* [Madrid, 1961], pp. 22-23) likewise fails to provide a satisfactory answer to the problem. The explanation lies in the fact that Calisto was acting in accordance with courtly tradition (see O. H. Green, "Courtly Love in the Spanish *Cancioneros," PMLA,* LXIV [1949], 265-268, and id., *Spain and the Western Tradition,* I, 112, and note 143). Cf. p. 100, above.

721. Cf. "Más aprovecha una reprehensión que una bendición" (Rodríguez Marín, *12.600 refranes,* p. 196a; Martínez Kleiser, no. 55.226); "Más vale la piedra del amigo que la mansana del enemigo" (Saporta, *Refranero sefardi,* p. 250).

722. *Agua de mayo* was extremely desirable, witness the proverbs listed by Correas (*Vocabulario,* pp. 65, 686): "Agua de maio, pan para todo el año. Agua de maio, vale un kavallo... Deseado komo agua de maio"; etc. Cf. Pérez Galdós, *Torquemada en la hoguera,* ch. 7: "...me están esperando como agua de Mayo." This water is noted for its magical properties; see *Celestina,* ed. Cejador, I, 145; *Segunda Celestina,* p. 410; Cervantes, *La Numancia,* II, 1000-04. Laza Palacios lists numerous references to May-water in Spanish literature and folklore (*Laboratorio de Celestina,* pp. 88-90). In American folklore, May-water is thought to cure warts and remove freckles (see the *Frank C. Brown Collection of North Carolina Folklore,* VI, nos. 1510-17, 2573).

723. Thus in Rodríguez Marín (*21.000 refranes,* p. 505a) and Martínez Kleiser (no. 16.483); cf. Correas, *Vocabulario,* p. 517: "Verme as a deseo, olerme as a poleo; verme as a menudo, olerme as a velludo."

724. "Donde hay afición, no se mira tiempo ni sazón" (Rodríguez Marín, *12.600 refranes más,* p. 91b; Martínez Kleiser, no. 1.407).

725. According to medieval law, counterfeiting was an act of high treason, and therefore punishable by death; see F. Carl Riedel, *Crime and Punishment in the Old French Romances* (New York, 1938), pp. 148-149.

726. "Quien mucho abarca, poco aprieta" (*Refranes glosados,* f. B 4ʳ; Espinosa, *Refranero,* p. 33; Correas, *Vocabulario,* p. 418; Covarrubias, s.v. *abarcar;* Stevenson, *Home Book,* 443:12; Chavarria-Aguilar, no. 9; H. Molina, *Revista de Folklore,* no. 6 (1951), p. 313; Martínez Kleiser, no. 20; O'Kane, *Refranes,* p. 41a. Cf. *Celestina,* II, 104: "Quien mucho abarca, poco suele apretar." *Dicc. Hist.* explains the phrase: "Significa que quien emprende o toma a su cargo muchos negocios a un tiempo no suele desempeñar bien ninguno" (s.v. *abarcar*).

727. "Lo que de prisa se hace, despacio se llora" (Rodríguez Marín, *12.600 refranes más,* p. 181b; Martínez Kleiser, no. 52.430). Cf. "Acts done in haste, by leisure are repented" (Francis Quarles, *Argalus and Parthenia,* apud Stevenson, 1082:7)

728. *santico de Pajares.* "Aquel de cuya santidad no se puede fiar" (*Dicc. Acad.*); cf. Correas, *Vocabulario,* p. 657b; cf. Lope de Vega, *La dama boba,* II, viii: "Libre quedó / como el santo de Pajares." The name figures in two proverbial phrases: "El santo de Pajares, que él se quemó y la paja quedó" (Montoto, *Personajes,* II, 243; Rodríguez Marín, *21.000 refranes,* p. 171a; Martínez Kleiser, no. 52.534; cf. *Comedia Seraphina,* p. 313; and *Comedia Florinea,* p. 191); "La santa de Pajares, a pares los pare" (Rodríguez Marín, *6.666 refranes,* p. 93b; Martínez Kleiser, no. 35.190). See also note 438.

729. "Di mentira y sacarás verdad" (Espinosa, *Refranero,* p. 157; Garay, *Cartas,* pp. 120-121; Correas, *Vocabulario,* p. 324; Martínez Kleiser, no. 40.673). Francis Bacon cites the proverb in Spanish and English (*Of the Advancement of Learning,* bk. II, ch. 23; see Stevenson, *Home Book,* 2395:5). Cf. also: "La verdad he de sacar / con una mentira cierta" (*Estrella de Sevilla,* II, vii); "¡Ya ves cómo te saqué una verdad con una mentira!" (José López Rubio, *La otra orilla* [New York, 1958], p. 59).

730. "Súbesele el humo a las narizes, i es chika la chimenea" (Correas, *Vocabulario,* p. 672); cf. ibid., "Subírsele el humo a la chimenea. Es: enoxarse"; and, "Subírsele el humo a las narizes o la mostaça, es airarse" (Covarrubias, s.v. *nariz*). In Espinosa, *Refranero,* p. 131: "No me hagáys venir el humo a las narizes."

731. *jugar,* jocosely, "to eat." I have observed that the common people in Valencia still use the verb in this way: "Amigos, vamos a jugar un poco. Vamos a jugar con los dientes."

732. *Buena pro.* See note 565.

733. "Kual tú eres, tal te pegues" (Correas, *Vocabulario,* p. 438).

734. "Bien haya quien a los suyos (se) parece" is the proverb as found in Núñez, *Refranero,* p. 32; *Entremés de los refranes,* p. 178a; Correas, *Vocabulario,* p. 354; and Covarrubias, s. v. *parecidos.* Cf. "No yerra quien a los suyos semeja" (Espinosa, *Refranero,* p. 223; Correas, p. 249); "Quien a los suyos se parece, de su casta no desmerece" (Rodríguez Marín, *6.666 refranes,* p. 135b).

735. See also XXXV, 49: "No sin causa se dize, piénsase el ladrón que todos son de . . . , ya me entiendes." This form of the proverb appears in *Comedia Thebayda,* p. 304; Espinosa, *Refranero,* p. 137; cf. O'Kane, *Refranes,* p. 140a: "Piensa el ladrón que todos han su coraçón." A common variant is "Piensa el ladrón que todos son de su condición" (Núñez, *Refranero,* p. 157; Garay, *Cartas,* p. 116; Correas, *Vocabulario,* p. 468; Unamuno, *Abel Sánchez,* ch. 20; Saporta, *Refranero sefardi,* p. 175; Martínez Kleiser, no. 35.484).

736. *Pesar de tal* is one of the most common of the euphemistic oaths used in this and the other *Celestinas* (the usual form is *pese a tal*), as Rodríguez Marín says (ed., *Don Quijote,* V, 31n), "para no votar, con clara irreverencia, profanando el nombre de Dios."

737. Cf. O'Kane, *Refranes,* p. 61b: "Ni bien cumplido, ni mal atimado."

738. "Quien en mal anda en mal acaba," thus in Garay, *Cartas,* p. 120; Correas, *Vocabulario,* p. 405; and Bécquer, *Desde mi celda,* carta sexta (ed. Austral, p. 96). Cf. "Quien con mal anda con mal acaba" (Espinosa, *Refranero,* p. 147; Arce, *Adagiorum,* p. 55a; Martínez Kleiser, no. 12.411; O'Kane, *Refranes,* p. 150a).

739. Cf. Luna, *Segunda parte de Lazarillo,* p. 49: "Me alle . . . mas esforçado que Roldán." Cf. note 658, above.

740. *judeguas.* Possibly a contamination of *judas-egar,* "arbusto de leño duro; de él se hazen los mangos de pipa" (Azkue, *Diccionario,* s.v.).

741. This building would have been quite familiar to the *rufianes* and beggars of Toledo, because of the generosity of the Franciscans, which gave rise to the proverb: "El puchero de San Francisco: donde comen cuatro, comen cinco" (Montoto, *Personajes,* I, 292-293).

742. "*Luego luego,* equivalente a *luego al punto* y a *luego en seguida,* viene a ser uno de tantos superlativos por repetición, a la hebrea y a la arábiga, como se hacían antaño y hoy conserva nuestro vulgo" (Rodríguez Marín, ed., *Don Quijote,* I, 73n). In addition to the examples listed by Rodríguez Marín, see the *Farça a manera de tragedia,* v. 1202; Antonio de Guevara, *Menosprecio de corte,* ed. Martínez de Burgos, p. 97; Cervantes, *Casamiento,* ed., Amezúa, p. 49; Ruiz de Alarcón, *El tejedor de Segovio,* I, ii: "Y así, luego luego luego / Has de elegir un puñal, / O has de tomar un veneno." Such repetition is common in English: "low, low prices"; far, far away"; "long, long ago."

743. The usual form of the proverb is "Habla la boca y paga la coca" (Correas, *Vocabulario,* p. 229a); cf. note 223, above.

744. *espiença* = *empieza.*

745. Cf. Correas, *Vocabulario,* p. 721: "Pégansele las sávanas. Al ke no madruga i kuida de estudio u ofizio."

746. *vo < vado,* by analogy with *sto, do* (Ford, *Old Spanish Readings,* p. 310; cf. Hanssen, *Gramática,* §231; Menéndez Pidal, *Manual,* §116.5). The usual form in this text is *voy,* however (II, 17; IV, 261; etc.); note that *vo* occurs in the speech of the unlearned Perucho.

747. *quirios,* for *quiries* = *kyries,* as in Cervantes, *Rinconete,* p. 287 (cf. Bonilla, *Anales de la literatura española* [Madrid, 1904], p. 247).

748. See note 110.

749. On the impatience of *vizcaínos,* and their characteristically choleric humor, see M. Herrero García, *Las ideas de los españoles del siglo XVII* (Madrid, 1928), pp. 275-278, and Legarda, *Lo vizcaíno,* ch. XXIII: "El colérico vizcaíno," pp. 326-330.

750. "Quien nunca paga, contino debe" (Rodríguez Marín, *12.600 refranes,* p. 284a; Martínez Kleiser, no. 48.328).

751. This pun on the word *gallina* ("chicken" and "coward") is a frequent one; cf. Quevedo, "A San Pedro, cuando negó a Cristo" (*Obras en verso,* p. 91a): "Pero que el gallo cante / por vos, cobarde Pedro, no os espante, / que no es cosa muy nueva o peregrina / ver el gallo cantar por la gallina"; Gracián, *Obras completas,* p. 766: "Ya no hay corazón, ni valen fuerzas, ni aprovecha la destreza: un niño derriba un gigante, un gallina hace tiro a un león, y al más valiente el cobarde . . ." Cf. Covarrubias, s.v.: "Al covarde dezimos gallina por ser medrosa." In English, a "chicken" is "one who is as timorous or defenceless as a chicken" (*Oxford English Dictionary,* s.v.; first occurrence, Shakespeare, *Cymb.,* 1611).

752. *recordar* = *despertar;* see note 606.

753. Regarding the suffix *-azo- aza,* see note 214.

754. Here as later *(grandes espanto)* Perucho reveals his ignorance of Spanish grammar by using an adjective of the wrong number.

755. *alguzil* in both editions. *Dicc. Hist.* (s.v. *alguacil*) lists *agutsil* and *agusil* as Catalan and Valencian, and Corominas (s.v. *alguacil*) lists it. antic. *algozilo* and cat. ant. *algutzir,* but this form is not recorded.

756. Perucho here attaches the Basque article-suffix (see note 661) to an Old Spanish word.

757. *enperas,* probably "as you order." Cf. *"emperar.* Palet 1604: *estre empereur . . .* Sobrino 1705: *être empereur & gouverner comme tel"* (Gili Gaya, *Tesoro lexicográfico,* s.v.).

758. *mochacha.* Cejador, ed., *Lazarillo,* p. 72n: "Mochacho, de *moch-o,* por lo rapado que llevan el cogote; como *motil, rapazo,* o *rapaz* y *mozo,* su variante. Después díjose *muchacho,* mudada *o* en *u* por la paladial *ch";* cf. Menéndez Pidal, *Manual,* §14.2.

759. See note 93.

760. *la empreso.* Again Perucho makes a mistake in grammar, using a masculine ending for a feminine noun.

761. *possessión* = *reputación.* See Lope de Vega, *Carlos Quinto en Francia,* v. 738, and Reichenberger's note, p. 207.

762. Cf. XXIV, 104: "Por los huessos de mi padre"; XXIX, 123: "Por los huessos del padre que me hizo." Similar oaths occur in the *Comedia Selvagia:* "Reniego de los huesos de Brumandilón, mi padre" (p. 34); "Por los huesos de mi padre que pudren" (pp. 62, 129); and in the *Tragedia Policiana:* "Por los huessos de Aphrodisia madre" (p. 6); "Por los huessos de aquel padre que so tierra pudre" (p. 28).

763. *Franqueza* was not one of the recognized characteristics of the Basques (see Herrero García, *Ideas de los españoles,* pp. 251-278; Legarda, *Lo vizcaíno,*

p. 352), Cf., however, *La tía fingida* (ed., Bonilla, p. 64): "Los Vizcainos, aunque son pocos como las golondrinas cuando vienen, es gente corta de razones, pero si se pican de una mujer son largos de bolsa." Celestina here may be appealing to his pride of race in the hope of increasing her take.

764. *cubijar,* var. of. *cobijar* = *cubrir* (see Fray Luis de León, *De los nombres de Cristo,* ed. Onís, II, 50, and note).

765. Both eds. attribute this speech to Celestina, though it is obvious from Perucho's response that Areúsa is speaking.

766. "*Pino de oro,* espécie de adorno que llevaban antiguamente las mugeres en el tocado, y luego se trasladó á significar una persona de disposición gentil y gallarda" (Clemencín, ed., *Don Quijote,* VI, 36n). In *Dicc. Acad.:* "*ser* uno *como un,* o *un, pino de oro.* fr. fig. y fam. Ser bien dispuesto, airoso y bizarro" (s.v. *pino*). Cf. Rodríguez Marín, ed., *Don Quijote,* VII, 263n; Calderón, *El mayor monstruo,* ed. Hesse, III, 2779, and note, p. 163. Correas adds that the phrase indicates "alabanza de algún mozo de buen talle" (*Vocabulario,* p. 712). Cf. also *Segunda Celestina,* p. 196: "No me paresce á mí sino un pino de oro." See also note 370, above.

767. "Quebrar el ojo e untar el caxco" (O'Kane, *Refranes,* p. 173a; *Celestina,* II, 220-221; Arceo, *Adagiorum,* p. 57a; Martínez Kleiser, no. 54.967). Cf. the variant "Quebrar la cabeza y untar el casco," which occurs with slight variations in *Comedia Thebayda* (p. 365), *Segunda Celestina* (pp. 414, 455), and Martínez Kleiser (no. 55.198). Another form is "Con quien te quiebra la cabeza y después te unta el casco, no tengas trato" (Rodríguez Marín, *6.666 refranes,* p. 41b; Martínez Kleiser, no. 24.029). Covarrubias explains the phrase (s.v. *untar*): "Dízese de los que aviendo hecho algún daño, acuden después a quererlo remediar floxa y tibiamente." Cf. Correas, *Vocabulario,* p. 645: "Untar el kasko. Halagar, dar dádivas i pagar a los ke keremos ke hagan algo; sobornar."

768. *acreminas* = mod. *acriminas.*

769. *Xo.* "Este término usan los que quieren que la bestia se pare o esté queda" (Covarrubias, s.v. *jo*). Cf. the proverb: "Xo, que te estriego (asno coxa *or* burra de mi suegro)" (Santillana, *Obras,* p. 523; *Segunda Celestina,* pp. 203, 495; Covarrubias, loc. cit.; *Don Quijote,* pt. II, ch. 10 [see Rodríguez Marín's note, V, 191]; Correas, *Vocabulario,* p. 252b; Rodríguez Marín, *21.000 refranes,* p. 510; Martínez Kleiser, nos. 33.727-28; O'Kane, *Refranes,* p. 114). Cf. also note 509, above.

770. On the lack of generosity among the Basques, see Legarda, *Lo vizcaino,* pp. 352-353, and note 763, above.

771. *quiriendo.* See notes 395 and 714.

772. "Tendré tiempo para verte de nuevo."

773. Thus in O'Kane, *Refranes,* p. 178, and Correas, *Vocabulario,* p. 245; in Espinosa, *Refranero,* p. 177: "No abría palabra mala si no fuese rretraýda." Cf.

"No avría palavra mal dicha, si no fuese rrepetida" (Correas, p. 245; Martínez Kleiser, no. 48.415); "No ay palabra mal dicha, si no fuese mal entendida" (Covarrubias, p. 845a; Correas, p. 245); "Non ha mala palabra, si no es a mal tenida" (Juan Ruiz, *Libro de buen amor*, st. 64); "No hay palabra bien dicha que no sea bien escuchada" (Martínez Kleiser, no. 48.416).

774. "El que es harto, del ayuno no tiene cuydado ninguno" (Santillana, *Obras*, p. 511; *Refranes glosados*, fol. A 8ʳ; *Segunda Celestina*, pp. 163, 240; Arceo, *Adagiorum*, p. 57a; Garay, *Cartas*, p. 163; Correas, *Vocabulario*, p. 118; O'Kane, *Refranes*, p. 127b; Martínez Kleiser, no. 57.208). Cf. "El harto, del aiuno no tiene duelo ninguno" (Correas, p. 118); "El arto no creye al ambierto" (Denah Lida, no. 75). Stevenson has the Latin: "Qui satur est, pleno laudat ieiunia ventre" (*Home Book*, 763:12).

775. "A kien kueze i amasa, no le hurtes hogaza ... Kiere dezir: al ke sabe del arte, no trates de engañarle, ke no podrás" (Correas, *Vocabulario*, p. 20). The proverb appears, with slight variations, in: *Segunda Celestina*, pp. 250, 438-439, 457; *Comedia Florinea*, pp. 227-228, 247, 262; Núñez, *Refranero*, p. 20; Haller, *Altspanische Sprichwörter*, p. 341, Martínez Kleiser, nos. 21.191, 23.715. Cf. "A quien cierne y amasa no le hurtes hogazo" (*Segunda Celestina*, p. 51; Correas, p. 19); "A quien cierne y amasa, no le arroves la bogatcha" (Saporta, *Refranero sefardi*, p. 85); "Como sino cerniese y amasase yo también como ella, me quiere hurtar la hogaza" (*Segunda Celestina*, p. 144).

776. "En el callar se conoce el sabio" (Martínez Kleiser, no. 8.678). Stevenson cites a Latin proverb: "Prudentis est nonnunquam silere" (*Home Book*, 2113:6).

777. "Quien calló venció" (O'Kane, *Refranes*, p. 71a). Cf. "Quien calló venció y hizo lo que quiso" (Garay, *Cartas*, p. 122; Correas, *Vocabulario*, p. 403). In Port.: "Quem calou venceo e fez o que quis" (Ferreira de Vasconcellos, *Comedia Eufrosina*, pp. 49-50); "Quem cala, vence" (Rolland, *Adagios*, p. 54).

778. "Engorrar, vale tanto como tardar" (Covarrubias, s.v. *gorra*).

779. The proverb has numerous variants: "Qual palabra te dizen, tal coraçon te meten" (Ruiz, *Libro de buen amor*, 95b; Rodríguez Marín, *21.000 refranes*, p. 87a; Martínez Kleiser, no. 1.324); "Cuales palabras me dices, tal corazón te tengo" (*Segunda Celestina*, pp. 208, 456; Rodríguez Marín, *21.000 refranes*, 86b); "Cuales palabras te dizen tal corazón te ponen" (Espinosa, *Refranero*, p. 177: "Qual palabra"; Garay, *Cartas*, p. 120; Correas, *Vocabulario*, p. 438; Rodríguez Marín, op. cit., p. 478a; Martínez Kleiser, no. 57.896); "Cual palabra dicen al hombre, tal corazón le ponen" (Correas, loc. cit.: "Kuales palavras"; Rodríguez Marín, op. cit., p. 87a; Martínez Kleiser, no. 1.323). O'Kane lists several other medieval forms (*Refranes*, p. 178a).

780. *parlar* = "to chatter"; cf. Covarrubias, s.v.: "Parlero, o el que habla mucho o el que va con chismes."

781. "Por una oreja (oído) le (me) entra y por otra (otro) le (me) sale" (O'Kane, *Refranes*, p. 172b; *Comedia Thebayda*, p. 307; Espinosa, *Refranero*, p. 173; Garay,

Cartas, p. 156; Correas, *Vocabulario,* p. 472; G. M. Vergara y Martín, *Cantares, refranes, adagios* [Madrid, 1929], p. 171; García Lorca, *Casa de Bernarda Alba* [Buenos Aires, 1953], p. 51; Martínez Kleiser, nos. 17.075, 32.926; Denah Lida, no. 220; Saporta, *Refranero sefardi,* p. 224). Cf. also Valdés, *Diálogo de la lengua,* p. 98; *Lisandro y Roselia,* p. 41. The English version, "In one ear and out the other," dates from the *Romaunt of the Rose* (c. 1365); see Stevenson, *Home Book,* 654:1; cf. *Oxford Dictionary of English Proverbs,* p. 318.

782. Rose water was primarily used as a perfume (see Reinosa, ed., Cossío, p. 50; *Celestina,* ed. Cejador, I, 76), though it had medicinal uses as well (Reinosa, ed. cit., p. 65; Laguna, *La Materia Médica de Dioscórides,* p. 84; Covarrubias, p. 52b; Thompson, *Mystery and Art of the Apothecary,* p. 82).

783. Cf. the use of the word *haba* comparisons of small value: "Non vale una fava" (Ruiz, *Libro de buen amor,* 349c; *Danza de la muerte,* BAE, v. 57, p. 384; see A. R. Nykl, "Old Spanish Terms of Small Value," *MLN,* XLII [1927], 311-313). Keniston lists no occurrences of this comparison in the sixteenth century (*Syntax,* §40.96).

784. "Ládreme el perro, y no me muerda" (Santillana, *Obras,* p. 514; *Refranes glosados,* f. A 3ᵛ; O'Kane, *Refranes,* p. 140a; Espinosa, *Refranero,* p. 137; Garay, *Cartas,* p. 119; *Comedia Florinea,* p. 291; Núñez, *Refranero,* p. 120; *Tragedia Policiana,* p. 36; Martínez Kleiser, no. 2.833). Correas adds: "... i echarle é la kuerda" (*Vocabulario,* p. 213). Gallardo used the proverb as a subtitle to his *El buscapié del buscarvido de D. Adolfo de Castro, crítico-crítica por el Bachiller Bo-Vaina.* "Ládreme el perro y no me muerda" (Valencia, 1851).

785. "*Diacitrón* o acitrón: cidra confitada" (Hazañas, *Rufianes,* p. 233). Cf. *Celestina,* ed. Cejador, II, 23.

786. "*Embidar. Quasi* invitar, porque el que embida, está combidando al compañero con quien juega con el dinero, y no para dárselo sino para llevárselo si puede" (Covarrubias, s.v.).

787. *tarja:* "Moneda castellana de cobre equivalente a un cuartillo de real de vellón" (Fontecha, *Glosario,* s.v.; cf. Covarrubias, s.v.).

788. "Rabos, las salpicaduras del lodo en las ropas largas" (Covarrubias, s.v. *rabón*). Cf. Quevedo, *Buscón,* ed. Castro, p. 170 and note.

789. The rosary became during the sixteenth and seventeenth centuries a sort of badge identifying the *alcahueta*'s profession, and generally speaking, the size of the beads was directly proportional to the degree of hypocrisy in the wearer: "Lleuaua vn rosario de coral muy gordo, que si no fuera moça, me pudiera açotar a çaguan de collegio viejo, y tuuiera la culpa el rosario, que parecía gorda cadena" (*Pícara Justina,* ed. Puyol, I, 145; "Ella no tiene otras rentas / Sino criar palomitas / Y visitar las ermitas / Con unas muy grandes cuentas" (*Comedia Salvaje,* p. 288); "Vuelve luégo con la Candalera, vieja, la cual trae aceitera en la mano y unas cuentas al cuello" (Sánchez de Badajoz, *Farsa de la hechicera,* in *Recopilación* *en metro*, II, 230); cf. also Diego Hurtado de Mendoza, "Sátira a una alcahueta" (*Poesías satíricas* [Madrid, 1876], p. 15): "A do quiera que va, contino lleva / El cuello de un rosario rodeado / Con que las simpleçillas moças lleva." Other examples abound: *Celestina*, ed. Cejador, II, 26; *Segunda Celestina*, p. 206; *Lisandro y Roselia*, p. 169; *Tía fingida* (ed. Bonilla), pp. 32-33; *Persiles*, III, vi (BAE, I, 634a); Lope de Vega, *La Dorotea*, ed. Morby, p. 173.

790. Traso *el cojo* accompanies Centurio when he goes to harass Calisto in the original *Celestina* (*aucto* XIX of the 1502 edition). He plays an important part in the so-called "Auto de Traso" inserted in the 1521 edition (see ed. Criado de Val-Trotter, pp. 311-319), but he does not appear in the *Segunda* or *Tercera Celestinas*. Curiously, he is mentioned in a proverb-variation in the *Segunda Celestina*: "Por camino de Santiago, donde anda tanto Traso el cojo como el sano" (p. 448); the usual form of the proverb is "Camino de Santiago, tanto anda el cojo como el sano" (Santillana, *Obras*, p. 508; O'Kane, *Refranes*, p. 72a; Martínez Kleiser, no. 27.748; cf. nos. 11.297-98).

791. Cf. "La mocedad ociosa acarrea la vejez arrepentida é trabajosa" (*Celestina*, ed. Cejador, I, 262; O'Kane, *Refranes*, p. 162); "La mozedad holgada, trae la vexez trabaxada; o arrastrada" (Correas, *Vocabulario*, p. 203); "A mocedad ociosa, vejez trabajosa" (Cahier, *Six Mille Proverbes*, p. 262; Stevenson, 41:3; Martínez Kleiser, no. 46.410).

792. "Quien te quiere bien te hará llorar, y quien mal te hará reir" (Garay, *Cartas*, p. 160); "Kien bien te kiere, te hará llorar; i kien mal, rreir i kantar" (Correas, *Vocabulario*, p. 401; Rodríguez Marín, *21.000 refranes*, p. 393b; cf. p. 431b; Martínez Kleiser, nos. 37.471, 55.227); "Quien te quiere bien, te haze llorar" (O'Kane, *Refranes*, p. 147b; Saporta, *Refranero sefardi*, p. 55; Denah Lida, no. 243); "Ese te quiere bien que te haze llorar" (*Don Quijote*, pt. I, ch. 20; Rodríguez Marín, *21.000 refranes*, p. 200b); "Quien bien te quiere, te hará sufrir; y quien mal, reír" (Rodriguez Marín, *6.666 refranes*, p. 136b; Martínez Kleiser, no. 10.070); "El que te faze riir, te quiere ver llorar" (Saporta, p. 270). Cf. Stevenson, *Home Book*, 2477:4,

793. ". . . if you like to see this old grey head around, don't be long." Cf. p. 238: "Y ansí goze yo de mis canas . . ."

794. *Urdir madexas* = "to scheme, weave a plot"; *madexa* in the sense of *embrollo* or *enredo* (see Puyol, ed., *Pícara Justina*, III, 197).

795. "El *si* interrogativo convierte el significado de condición en el de incertidumbre ó curiosidad" (Bello-Cuervo, *Gramática*, §414); cf. "¿Si es amassado de manos limpias?" (*Lazarillo*, p. 154; see Cejador's note). Cf. also Moreno Báez, ed., *La Diana*, p. 235n; *Gram. Acad.*, §309; Keniston, *Syntax*, §42.83; Ramsey-Spaulding, *Textbook*, §30.45).

796. A reference to Celestina's "resurrection" in the *séptima cena* of the *Segunda Celestina*.

797. *ansiada* = "in danger." Cf. Covarrubias, s.v. *ansia:* "Ansias de muerte, las que acaban la vida." Neither *Dicc. Acad.* nor *Dicc. Hist.* lists this meaning.

798. Thus in Espinosa, *Refranero,* p. 61; Covarrubias, p. 756a; and Correas, *Vocabulario,* p. 99. Cf. "La pierna en el lecho, y el braço en el pecho" (Covarrubias, pp. 254a, 870b; Correas, p. 195; Martínez Kleiser, no. 14.978); "La pierna en el lecho y la mano en el pecho" (Valdés, *Diálogo de la lengua,* p. 149).

799. Cf. XXIV, 167: "A do fuerça viene, derecho se pierde." The proverb appears in: Santillana, *Obras,* p. 509; Garay, *Cartas,* p. 119; Núñez, *Refranero,* p. 63; Núñez Alva, *Diálogos,* p. 141; Correas, *Vocabulario,* p. 332. Elsewhere, "Do (*or* Donde) fuerza ay, derecho se pierde" (Espinosa, *Refranero,* p. 115; *Segunda Celestina,* p. 380; Arceo, *Adagiorum,* p. 58a; *Comedia Florinea,* p. 309; Covarrubias, p. 614a; Correas, p. 335). Cf. "Donde fuerza no ay, derecho se pierde" (Martínez Kleiser, no. 9.967).

800. *dezisiete.* See note 513.

801. "Men say that the chief good is health, beauty the second, wealth the third" (Plato, *Laws,* II, 661a [tr. R. G. Bury, Cambridge, Mass., 1926, v. I, p. 117]).

802. *escudilla.* "Era la taza en que a cada uno *se escudillaba* el caldo, sopa, etc., por no usarse cucharas" (Cejador, ed., *Celestina,* II, 12n). Cf. Correas, *Vocabulario,* p. 159: "Ia tienes tu eskudilla."

803. Cf. "Rriko es el ke nada desea i el ke nada deve" (Correas, *Vocabulario,* p. 572; Martínez Kleiser, no. 56.069); "Quien paga sus deudas, se enriquece" (Martínez Kleiser, no. 48.532); "Mozo es el ke está sano; rriko el ke no deve nada, ni un kornado" (Correas, p. 559; Martínez Kleiser, no. 35.702).

804. "Enxundia. Lo gordo que las aves tienen en la overa y generalmente el unto y lo gordo de qualquier animal... Llámase comúnmente unto ... Las enxundias tienen sus virtudes particulares en medicina" (Covarrubias, s.v.). For its use in witchcraft, see Cirac Estopañán, op. cit., pp. 42, 199.

805. *mistión* = *mixtión,* "mezcla, mixtura" *(Dicc. Acad.).*

806. *nieruos.* Normally the short e would not diphthongize because of the following yod (see Menéndez Pidal, *Manual,* §10.3c). Covarrubias lists both *nervios* and *niervos,* but seems to prefer the latter. Apparently this form developed by metathesis, as Cuervo suggested (*Apuntaciones,* §793; cf. §710). (I)ñervo exists also in Eastern and Moroccan Judeo-Spanish; see C. M. Crews, *Recherches sur le judéo-espagnol dans les Pays Balkaniques,* p. 198, n. 236; cf. José Benoliel, *BRAE,* XXXII (1952), 258a.

807. *ánade.* Laguna speaks of "huevos de ánade" (*Materia médica de Dioscórides,* p. 149), but in his discussion of "enxundias" fails to mention that of *ánade.*

808. "La grassa fresca del ansaron, o de la gallina, y conseruada sin sal, es vtil a la madre indispuesta, ansi como capital enemiga suya, la salada" (Dioscórides, *Materia médica*, tr. Laguna, p. 167); "La enxundia del ansaron y de la gallina, conuienen à las indispositiones de las mugeres, y à los labrios hendidos. De mas desto, dan claro lustre al rostro, y son vtiles á los dolores de los oýdos" (ibid., p. 270.)

809. *vnto de tasugo.* Among the "vntos é mantecas" in Celestina's apothecary was that *de texón* (ed. Cejador, I, 77). "Ablanda y resuelve con eficacia cualquier tumor ó apostema, aprovecha contra las calenturas, quita el dolor de riñones y de cualquiera juntura y desencoje los nervios," says Cejador (loc. cit.), quoting J. Huerta's annotations on Pliny, VIII, 38. "El vnto del texon compite con el del toro, y es muy prouado para modificar las durezas de neruios" (Laguna, *Materia médica de Dioscórides,* p. 170; cf. Laza Palacios, *Laboratorio,* p. 186.

810. "El unto de los cavallos es provechoso para quitar el dolor de las junturas, y desencojer los nervios" (Huerta, annotations on Pliny, VIII, 42, apud Laza Palacios, *Laboratorio,* p. 108; cf. *Celestina,* ed. Cejador, I, 77, and note). See also Cirac Estopañán, p. 199.

811. *Vnto de culebra* was one of Celestina's medications (ed. Cejador, I, 77), and Lozana prescribes its use (*Lozana andaluza,* p. 179). Celestina uses "azeyte serpentino" in her conjuration (I, 142), and Claudina recommends it to "enternescer las entrañas desamoradas" (*Tragedia Policiana,* p. 10; cf. p. 55); see also Reinoso, ed. Cossío, p. 64, and Cirac Estopañán, p. 199.

812. *buche de garça.* Various parts of the heron were used for veterinary cures (see Laza Palacios, *Laboratorio,* pp. 135-136), but no mention is made of the "buche"; cf. *Celestina,* ed. Cejador, I, 76.

813. "El unto de los conejos mitiga el dolor de los oídos" (Huerta, on Pliny, VIII, 55, apud Laza Palacios, *Laboratorio,* p. 118; cf. *Celestina,* I, 77).

814. *caña de vaca.* "Las médulas de las vacas ablandan las durezas del vientre" (Huerta, on Pliny, VIII, 46, apud Laza Palacios, *Laboratorio,* pp. 186-187; cf. *Celestina,* ed. Cejador, I, 77, and note). Cf. Dioscórides (*Materia médica,* p. 171): "Todas las medulas ablandan, calientan, abren los poros, & hinchen de carne las llagas... Curase la medula fresca, de la mesma fuente que el vnto," to which Laguna adds: "Toda medula comida en gran quantidad, empalaga, pone hastio, relaxa el estomago, y se conuierte en vitiosos humores."

815. *çurujano,* mod. *cirujano.* Cf. Lucas Fernández, *Églogas,* p. 46: "Que no hay mejor zurujano / Que el herido qu' es ya sano."

816. "No hay mejor zurujano quel bien acuchillado" (Garay, *Cartas,* pp. 116, 165; *Comedia Florinea,* pp. 169, 176; Covarrubias, pp. 154a, 425a; Correas, *Vocabulario,* p. 244; Martínez Kleiser, no. 10.812); "No hay tal cirujano como el bien acuchillado" (*Segunda Celestina,* p. 217; Espinosa, *Refranero,* p. 79; Arceo, *Adagiorum,* p. 57a); "Aquel es buen çurujano: que ha sido bien acuchillado" (*Refranes glosados,* f. B 4r; Haller, *Altspanische Sprichwörter,* p. 380); "Y en caso de amores sabe que he sido bien acuchillado" (*Segunda Celestina,* p. 174); "La experiencia de bien acuchillado me hizo cirujano" (ibid., p. 449); "Ha llegado / de bien acuchillado a ser maestro" (Garcilaso, "Égloga II," vv. 354-355 [*Obras*, p. 44]; "No hay mejor zurujano / Qu' el herido qu' es ya sano" (Lucas Fernández, *Églogas*, p. 46); "No ay mejor maestro que el bien acuchillado" (Gerónimo de Passamonte, "Vida y travajos," ed. R. Foulché-Delbosc, *RHi*, LV [1922], 316); "Ya como muy acuchillado sere suficiente médico para sanarte desta locura" (Núñez Alva, *Diálogos de la vida del soldado*, p. 7); "Del bien acuchillado se haze el buen cirujano" (Covarrubias, p. 34b; Rodríguez Marín, *21.000 refranes*, p. 115a); cf. also O'Kane, *Refranes*, p. 42b. The proverb derives its meaning from the figurative use of *acuchillado:* "Dícese del que a fuerza de trabajos y escarmientos ha adquirido el hábito de conducirse con prudencia en los acontecimientos de la vida" (*Dicc. Hist.*, s.v.).

817. No other mention of "vnto de hombre" has been found. Laguna says, "Las partes de qualquier animal, todas siruen para infinitas cosas, saluo aquellas del hombre, que para ninguna vsa son buenas, sino para mil maldades y hechizerías" (*Materia médica de Dioscórides*, p. 146).

818. Cats, particularly black ones, are invariably associated with witchcraft and devil-worship; see W. O. Howey, *The Cat in the Mysteries of Magic and Religion* (New York, 1956); Lynn Thorndike, *History of Magic and Experimental Science* (New York, 1923-41), IV, 277; E. Lévi, *The History of Magic*, tr. A. E. Waite (London, 1913), p. 271; Caro Baroja, *Las brujas y su mundo* (Madrid, 1961), pp. 324-326; E. Morby, ed., *La Dorotea*, p. 445 and n. 181; Cirac Estopañán, p. 181. The extraction of *unto* from cats must have been a common practice, witness the proverb, "Dijo el gato al unto, bien te lo barrunto" (Núñez, *Refranero*, p. 61). Agustín de Rojas speaks in the *Viaje entretenido* of an *hechicera* who had, among other items, "ungüentos de gato negro." Celestina had only *untos de gato montés* (I, 77; cf. Cejador's note and Laza Palacios, *Laboratorio*, pp. 136, 186).

819. *eneldo.* "Beuido el cozimiento de las hojas & simiente del Eneldo bien seco acrecienta la leche, resuelue las ventosidades, ataja los torcijones del vientre, restriñe la camara, y los ligeros gomitos, prouoca la orina, reprime el sollipo, embota la vista, y beuido muy amenudo: consume la esperma. Es vtil a las mugeres enfermas del mal de madre, el mesmo cozimiento, si se sientan sobre él" (Dioscórides, *Materia médica*, tr. Laguna, p. 307); cf. Pliny. XX, 18. Thompson notes that the Anglo-Saxons used this drug in the tenth century (*Apothecary*, pp. 76-77).

820. Though Martínez de Toledo speaks of "azeyte de almendras" as a cosmetic (*Arçipreste de Talavera*, ed. Penna, p. 94), Lozana prescribes it as a medicine (*Lozana andaluza*, p. 179), without indicating for what ailment. Laguna notes however that "El azeyte de almendras dulces acabado de sacar, y dado a beuer de vn golpe, en quantidad de .vj. onças, notablemente relaxa el vientre, y es conuenientissimo en el dolor de costado, y en el de ijada & riñones" (*Materia médica de Dioscórides*, p. 112); cf. also Lib. I, cap. 31 (p. 36).

821. "*Dialtea.* Especie de ungüento ... Propiamente quiere dezir médica, porque es un género de malva, dicho en latín *ibiscus;* y en las boticas le llaman malvavisco y *bis malva*, y es medicinal para muchas y diferentes enfermedades, como lo descrive Dioscórides libro 3, c. 157. De la rayz del malvavisco cozida y maxada con manteca de puerco y azeyte de açucenas y harina de habas, se haze el ingüento [!], para muchas cosas y remedios" (Covarrubias, s.v.); see also Laza Palacios, *Laboratorio*, p. 155. "Cozida con aguamiel, ò con vino & por si sola majada, y puesta, sana las frescas heridas, las sequillas que se hazen tras los oydos, los lamparones, los apostemas, las inflamadas tetas, las resquebrajaduras del siesso, las hinchazones ventosas, y las tensiones de neruios" (Dioscórides, *Materia médica*, tr. Laguna, pp. 367-368).

822. *vngüento marciatón.* I have been able to find no other reference to this nor any indication of what it is. Dioscórides speaks of an "Amaracino vnguento" (I, cap. 54, tr. Laguna, p. 44), which "es vtil à las llagas llenas de corruption, à las fistolas, y à las hernias aquosas, despues que las abrio el cururjano [sic]."

823. That the ram's head must be black suggests that Celestina has moved into the realm of magical cures; at any rate, Dioscórides makes no mention of this medication. In 1540, Manuela Herrera, a resident of Almadén, was accused of making a concoction of "veinte o veintitres hierbas, un pan de trigo y una cabeza de carnero negro" to be used as a curative bath (see Cirac Estopañán, p. 103), and in 1637 one Isabel Bautista prescribed "una cabeza de carnero" of unspecified color as a cure for headache (ibid., p. 102).

824. "Between midnight and sunrise [of San Juan day] the evil powers that afflict the earth lose their strength, and the medicinal plants which no evil can resist, as well as the magic herbs which give eternal life and happiness and reveal hidden treasures, can be gathered" (Gerald Brenan, *South from Granada* [New York, 1958], p. 105). "The virtue of herbs was associated with sorcery in the notion that persons given to magic should be especially watched towards St. John's Eve, when they were believed to scour the woods for herbs to use in their concoctions, plucking them with the right hand and throwing them into their basket without looking at them, lest they lose their virtue" (Thorndike, *History*, IV, 277). See also Leyel, *The Magic of Herbs*, p. 111; Grillot de Givry, *Witchcraft, Magic and Alchemy* (Boston-New York, 1931), p. 187; Enrique Casas Gaspar, *Costumbres españolas* (Madrid, 1947), pp. 18-19. Berso in the *Comedia Tidea* sells "aceytes, soliman, / artemissa y el poleo, / y otras yeruas que en Sant Juan / ella coge en arreo" (fol. a 4); cf. Quiñones de Benavente's entremés "Mariones" (E. Cotarelo, *Colección de entremeses*, II [Madrid, 1911], p. 596a); "Híceme sahumar después en casa / Con hierbas de San Juan." Love superstitions involving San Juan Day are common in Spanish areas; see Lope's play, *La noche de San Juan* (*Obras*, Nueva ed. Acad., VIII, 133-166); Ricardo del Arco, *La sociedad española en las obras de Lope de Vega* (Madrid, 1941), pp. 383 ff.; J. Rodríguez López, *Supersticiones de Galicia* (Buenos Aires, 1943), p. 105; Casas Gaspar, *Costumbres españolas*, pp. 95-112; Caro Baroja, *Los vascos* (Madrid, 1958), pp. 303-305, 411-426; Morby, ed., *La Dorotea*, p. 185, n. 148.

825. *do* = *de donde.* See note 3, above. Just previously, *do* = *donde.*

826. "Ningún sabio es conocido sino de otro" (Martínez Kleiser, no. 56.963). Cf. "It takes one to know one" (see *Oxford Dictionary of English Proverbs*, p. 649).

827. "De los olores, el pan; y de los sabores, la sal" (Núñez, *Refranero*, p. 52; Correas, *Vocabulario*, p. 314; Rodríguez Marín, *21.000 refranes*, p. 118a; Martínez Kleiser, no. 48.670; George Herbert, *Jacula Prudentum* [1640], lists "Of all smells, bread; of all tastes, salt" [see Stevenson, 2028:4]); cf. "El olor de los olores, el del pan; el sabor de los sabones, el del faisán" (Rodríguez Marín, *21.000 refranes*, p. 165b; Martínez Kleiser, no. 48.671).

828. *emmientes = mientes (venir en miente > venir emiente > ementar;* see Corominas, s.v. *mente).* Corominas gives numerous examples of both *mentar* and the earlier *ementar,* and notes that *"mentar* daba muestras de anticuarse en el uso de las personas instruídas ya en el s. XVI," but that today "sigue empleándolo el lenguaje popular, p. ej. en la Arg."

829. *entrañas.* "Suele ser término de regalo, como: vida mía, entrañas mías y coraçón mío, etc." (Covarrubias, s.v.).

830. Again Gómez, imitating the style of his model, Silva, introduces a conceptistic echo device. Cf. note 286.

831. "Las kosas bien pensadas, bien azertadas" (Correas, *Vocabulario*, p. 211; Martínez Kleiser, no. 54.576); cf. Martínez Kleiser, no. 54.577: "Lo bien pensado no sale errado."

832. The preterite of *querer* in this text follows that of *hacer: quise, quesiste, quiso* ... Hanssen notes (*Gramática*, §255b) that "la *e* radical subsiste hasta la época clásica," and that this form is phonetic (**quaesisti > quesisti*).

833. Not "en achaque de lana," but "En achaque de trama está acá nuestra ama" (O'Kane, *Refranes*, pp. 48-49; Espinosa, *Refranero*, p. 49; Correas, *Vocabulario*, p. 121 [see Combet's note]).

834. See note 434.

835. "Mas ven cuatro ojos que (no) dos" (*Refranes glosados*, f. A 3ʳ; Valdés, *Diálogo de la lengua*, p. 82; *Segunda Celestina*, p. 173; Núñez, *Refranero*, p. 133; *Entremés de los refranes*, p. 178b; Correas, *Vocabulario*, p. 543; Lea, *Literary Folklore*, p. 236; Martínez Kleiser, no. 12.836; O'Kane, *Refranes*, p. 173b). Cf. "Menos veen dos ojos que quatro" (*Comedia Florinea*, p. 238); "Más ven dos ojos que uno" (O'Kane, p. 173b; Martínez Kleiser, no. 12.837). In Port.: "Mais vem quatro olhos que dous" (Ferreira de Vasconcellos, *Comedia Ulysippo*, f. 4ᵛ); "Mais vem dous olhos que hum" (idem, *Comedia Eufrosina*, p. 26); cf. João de Barros, *Panegírico de D. João III* (1533), ed. Rodrigues Lapa, p. 107: "Não diz em balde o provérbio: 'mais vem dous olhos que um,' o que Aristóteles confirma." In English the usual form is "Two eyes are better than one" (see Stevenson, *Home Book of Proverbs,* 730:3).

836. "No se ganó (tomó) Zamora en una hora" appears with slight variations in: O'Kane, *Refranes*, p. 134a; *Celestina*, I, 221; Espinosa, *Refranero*, p. 247; Garay, *Cartas*, p. 115; Núñez, *Refranero*, p. 147; *Pícara Justina*, ed. Puyol, II, 12; *Don Quijote*, II, 71; Juan Moraleda, *Paremiología toledana* (Toledo, 1911), p. 7;

Stevenson, *Home Book*, 2004:10; Martínez Kleiser, no. 12.949. Cf. also: "No en pequeño rato / fue combatida Çamora" (*Farça a manera de tragedia*, ed. Rennert, auto I, vv. 358-359); "Çamora no se ganó en vn hora, ni Roma se fundó luego toda" (*Comedia Florinea*, p. 278; Correas, *Vocabulario*, p. 252; Martínez Kleiser, no. 12.952); "No se ganó Zamora en un ora, ni Sevilla en un día" (Correas, loc. cit.; Martínez Kleiser, no. 12.951). Cf. the English "Rome wasn't built in a day" (Stevenson, 2004:4).

837. Of *inconviniente* and *conviniente*, Hoge says: "These forms are the result of the power of the yod (here, a consonant + *i*) to close a preceding vowel. Such forms must have been in widespread use in Lope's time and are still found in popular speech" (ed., *El príncipe despeñado*, pp. 5-6; cf. note 395, above).

838. *quedico.* Cf. "*Quedito.* adv. m. Muy quedo, pasito" (*Dicc. Acad.*).

839. "*De espacio* no aparece en su forma ortográfica actual, *despacio*, hasta muy entrado el siglo XVII" (Amezúa, ed., Cervantes, *Casamiento*, p. 647). Such constructions as this are common in the sixteenth century: "Muy de su espacio" (Malón de Chaide, *Conversión de la Magdalena*, II, 27, and note); "Vea v. a. de su espacio..." (Fernández de Oviedo, *Libro de la cámara real*, p. 4); "...de nuestro espacio..." (Fray Luis de León, *De los nombres de Cristo*, I, 253). Cf. XXVI, 26-27, below.

840. "Uva podrida, daña racimo" (Martínez Kleiser, no. 13.227). There are many similar proverbs: see Martínez Kleiser, nos. 11.847-49, 13.217-29. Cf. the English "One rotten apple spoils the barrel" (Stevenson, 87:3, 1240:3).

841. "Arrojar la piedra y esconder la mano" (*Comedia Thebayda*, p. 61). The usual form of the phrase is "Tirar la piedra y esconder la mano" (Espinosa, *Refranero*, p. 192; Núñez, *Refranero*, p. 189; Covarrubias, *Tesoro*, pp. 870a, 963a). Cf. "Echa la piedra, é absconde la mano" (Santillana, *Obras*, p. 511; cf. O'Kane, *Refranes*, p. 191b); "No será más negligente / En ganaros por la mano, / Y escondella / Después de haberos con ella / Tirado la piedra" (Castillejo, "Aula de cortesanos," *Obras*, III, 180); "Tirar la piedra i eskonder la mano: hecho villano" (Correas, *Vocabulario*, p. 500; Rodríguez Marín, *21.000 refranes*, p. 484b); "Hecho de villano, tirar la piedra i eskonder la mano" (Correas, p. 588; Martínez Kleiser, no. 63.873); "Ya que la piedra tiré, / Ahora la mano escondo" (Calderón, *Mujer, llora, y vencerás*, BAE, XII, 591c). Correas explains the phrase: "Dízese de los ke halagan por delante i ofenden por detrás" (p. 500).

842. "Quita la causa y quitarás el pecado" (Espinosa, *Refranero*, p. 75; Correas, p. 420; Martínez Kleiser, no. 10.150); "Quita la causa, quita [*or* quitó] el pecado" (O'Kane, *Refranes*, p. 80b; *Segunda Celestina*, p. 221; Correas, loc. cit.; Saporta, *Refranero sefardí*, p. 263). Cf. also: "Quien quita la causa quita el pecado" (Garay, *Cartas*, p. 123; *Comedia Selvagia*, pp. 150, 254; Correas, p. 405; Martínez Kleiser, no. 47.177); "Quita la ocasión y quitarás el pecado" (Espinosa, p. 170; cf. Lea, *Literary Folklore*, p. 237: "Quien quita la ocasión quita el pecado"). Chaucer has "Cesse cause. ay cesseth maladye" (*Troilus and Criseyde*, II, 483; see Stevenson, 305:4).

843. On the development of the analogical form *escreuir,* see Menéndez Pidal, *Manual,* §105.2.

844. *él.* Both eds. read *es,* but the 1536 ed. has been corrected in ink to read *el.*

845. This motif occurs in Jakob and Wilhelm Grimm's *Kinder- und Hausmärchen* as a part of "Rotkäppchen": " 'Ei, Grossmutter, was hast du für grosse Ohren!' 'Dass ich dich besser hören kann.' 'Ei, Grossmutter, was hast du für grosse Augen!' 'Dass ich dich besser sehen kann.' 'Ei, Grossmutter, was hast du für grosse Hände!' " " 'Dass ich dich besser packen kann.' 'Aber, Grossmutter, was hast du für ein entsetzlich grosses Maul!' 'Dass ich dich besser fressen kann.' " (München, 1949, p. 149).

846. "Neguijón, enfermedad en los dientes, que los carcome y pone negros" (Covarrubias, s.v. *neguilla*). Cf. *Don Quijote,* I, 18: "En toda mi vida me han sacado diente ni muela de la boca, ni se me ha caído, ni comido de neguijón, ni de reuma alguna"; *Rufián viudo* (ed. Hazañas, p. 179): "Neguijón debió ser, ó corrimiento, / El que dañó las perlas de su boca"; Agustín de Rojas, *Viaje entretenido,* II, 12:

> A aquestos suelen venir
> por momentos muchos daños
> nacidos de corrimientos,
> fístolas, flemón salado,
> apostemas, pudrimientos
> de algunos dientes gastados,
> dolor, movimiento, toha,
> limosidad, desminución
> y otros males que no trato . . .

847. "Agua vertida, no toda perdida" (Martínez Kleiser, no. 49.488); cf. *Dicc. Hist.,* I, 297a: "Del agua vertida, alguna cogida." Earlier collectors were less optimistic, for the usual form of the *refrán* is "Agua vertida, no toda cogida" (Santillana, *Obras,* p. 506; Correas, *Vocabulario,* p. 66; Haller, *Altspanische Sprichwörter,* p. 60; *Dicc. Hist.,* I, 296a; Martínez Kleiser, no. 49.486). Cf. "Del agua que se vierte la media non es cogida" (*Rimado de Palacio;* see O'Kane, *Refranes,* p. 44b); "Agua vertida, nunca bien cogida" (Espinosa, *Refranero,* p. 38); "Del agua vertida, la que puede ser cogida" (Covarrubias, p. 52a); "El agüita que s'erama / Náide la puê recogé" (Rodríguez Marín, *Cantos populares,* IV, 215). Cf. the Basque proverb, "Gatz esuroa galduro batu doa (La sal vertida malamente se recoge)" (Urquijo, *Refranero vasco,* II, 130). See also Stevenson, 2462:3.

848. "*Siesta* significaba la hora del medio día, el calor propio de ella, y, en fin, la ocupación habitual en ella, que es dormir" (F. de Onís, ed., Fray Luis de León, *De los Nombres de Cristo,* I, 253n).

849. See note 363.

850. Hanssen gives "de debaxo de la mesa" (*Gramática,* §738). The use of *de* and *in* juxtaposed as localizing prepositions is not uncommon, however, for Keniston lists various such forms (*Syntax*, §41.42). *De embaxo* must have been a frequent vulgarism. It is still standard Judeo-Spanish; see Benoliel, *BRAE*, XV (1928), 58b.

851. *bare* = *barre;* cf. *coredores* (XX, 102).

852. "Cedazuelo (Cedacillo) nuevo, tres días en estaca" (Santillana, *Obras*, p. 508; O'Kane, *Refranes*, p. 81; Espinosa, *Refranero*, p. 76; *Segunda Celestina*, p. 244; cf. p. 332; Arceo, *Adagiorum*, p. 55b; Garay, *Cartas*, p. 118; Alemán, *Guzmán de Alfarache*, II, 81 and note; Covarrubias, *Tesoro*, p. 398a; Correas, *Vocabulario*, p. 299; Martínez Kleiser, nos. 14.252, 45.834). Cf. "Cedasico muevo [!], tres días a la paré" (Saporta, *Refranero sefardi*, p. 82; cf. O'Kane, loc. cit.); "Sedaso nuevo, tres días en la pared" (Denah Lida, no. 269). Covarrubias explains the proverb as follows: "Los primeros días que la muger compra el cedacillo para colar el vino o otro licor, pónele luego colgado en un clavo o en una estaquilla, pero dentro de pocos días se olvida, y anda rodando por el suelo."

853. Celestina here relates Perucho's actions to her present location. She means, "dixo a lo que venía y se fue."

854. Neither Rojas nor Silva gives any indication of the ages of Areúsa and Elicia, although the original Celestina also refers to them as "mochachas" (ed. Cejador, I, 236). In the *Segunda Celestina*, Elicia speaks badly of Palana, who, se says, "pasa ya de sus treinta y cinco años" (p. 250).

855. *cargado*. The past participle normally agreed with the direct object in constructions with *dejar* (Keniston, *Syntax*, §33.88), and though Keniston lists some invariable forms with *tener*, he shows none with *dejar*.

856. *passión inumerable*. See note 20.

857. See note 799.

858. "Ofrescer mucho al que poco pide es especie de negar" (*Celestina*, ed. Cejador, I, 218; Correas, *Vocabulario*, p. 172; Martínez Kleiser, no. 52.622; O'Kane, *Refranes*, p. 172b). Cf. the seventeenth-century English proverb: "He that promises too much means nothing" (*Oxford Dictionary of English Proverbs*, p. 520; Stevenson, 1895:13).

859. "*Ultimado* ... adj. ant., *último*" (*Dicc. Acad.*).

860. *duecho*. "Acostumbrado" (Fontecha, *Glosario*, s.v.). "Duecho se dijo lo que ahora decimos *ducho*" (Rodríguez Marín, ed., *Don Quijote*, I, 182n); cf. Covarrubias, s.v. *ducho*. See also K. Pietsch, "Duecho," *MPh*, VII (1903), 53.

861. "(A) quien de mucho mal es ducho, poco le basta" (Santillana, *Obras*, p. 519; Correas, *Vocabulario*, p. 399; O'Kane, *Refranes*, p. 151a). The second part varies: "... poco bien se le haze mucho" (Valdés, *Diálogo de la lengua*, p. 109); "... poco bien le empalaga" (*Comedias Florinea*, p. 242); "... poko bien le es mucho" (Correas, p. 399). Cf. "Al no ducho, poco mal se le hace mucho" (Martínez Kleiser, no. 13.869); "Quien a lo poco está ducho, no necesita mucho" (ibid., no. 13.954).

862. "O cuerpo non de Dios": This is another of the cautious self-counteracting oaths used so frequently by the *rufianes;* see note 382. Gillet gives several examples of *non* neutralizing oaths (ed., P. Ranjel, *Farça,* PMLA, XLI [1926], 879; ed., *Propalladia,* III, 477-478).

863. *Para* frequently replaced *por* in oaths: "Para la santa letanía" (*Segunda Celestina,* p. 444). Cf. note 188; Bello-Cuervo, *Gramática,* §391n (p. 105); Gillet, ed., *Propalladia,* III, 549.

864. "Ración de palaçio, quien la pierde no le han grado" (Espinosa, *Refranero,* p. 202: *nol dan grado;* Correas, *Vocabulario,* p. 568; Martínez Kleiser, no. 48.451). Cf. XLVIII, 75, below.

865. See note 335.

866. *vía.* See note 82.

867. Cf. "A mucha parola, obra poka" (Correas, *Vocabulario,* p. 27; Martínez Kleiser, no. 29.608); "Las muchas palavras son indizio de las pokas obras" (Correas, p. 27). Martínez Kleiser lists many similar porverbs (pp. 600-601).

868. See note 453.

869. "Nunca más perro al molino" (*Celestina,* I, 126; *Comedia Thebayda,* p. 343; Espinosa, *Refranero,* p. 188; Garay, *Cartas,* pp. 157, 167; Ferreira de Vasconcellos, *Comedia Ulysippo,* ff. 38ʳ, 154ʳ; Romero de Cepeda, *Comedia Metamorfosea* [ed. Ochoa, p. 300a]; *Tragedia Policiana,* p. 29; *Comedia Selvagia,* p. 227; Correas, *Vocabulario,* p. 266; Fontecha, *Glosario,* s.v. *perro;* Martínez Kleiser, no. 22.003; O'Kane, p. 188b). Correas explains the proverb: "Dizen esto las xentes escarmentadas de lo ke mal les suzedió; semexanza de un perro ke fue a lamer al molino i le apalearon."

870. See note 98.

871. "Más vale una de varón que ciento de gorrión" (Covarrubias, p. 195a, with the explanation, "el hombre valeroso y de pecho, de una sola buelta haze más que el ordinario en mucho tiempo y con mucha diligencia"; Correas, *Vocabulario,* p. 538; Martínez Kleiser, no. 6.024; cf. no. 6.025; "Más vale una cagada de león que ciento de gorrión.").

872. *barahunda* = "uproar." Cuervo suggests the Hebrew greeting *baruch habba* as the source of this word (*Apuntaciones,* §97), and later scholars suggested a French source; Spitzer, however, feels that it developed from *°rara-funda,* by analogy with *barafuste* ("Etimologías hispánicas," *Boletín del Instituto Caro y Cuervo,* II [1946], 2-5).

873. *hacha,* here, "torch." The meaning of the phrase "pedaço de hacha" is similar to that of "cabo de hacha" defined by Covarrubias as "lo posterior de la vela [hacha] que se va gastando" (s.v. *cabo*), i.e., "scraps."

874. *otres.* "En lugar del masculino *otro,* se halla en antiguo castillano también *otri.* Esta forma se debe comparar con *elli, esti* y se convierte fonéticamente en *otre*" (Hanssen, *Gramática,* §186; cf. Menéndez Pidal, *Manual,* §102.3).

875. *maguer = aunque (Dicc. Acad.).* The form was little used after the sixteenth century, and rarely does it occur with *que* (see Hanssen, *Gramática,* §668). Cf. Menéndez Pidal, *Manual,* §130, and Keniston, *Syntax,* §28.44.

876. "Uno en saco y otro en papo" (O'Kane, *Refranes,* p. 208a; Covarrubias, p. 918b); "Uno en papo y otro en saco" (Santillana, *Obras,* p. 523; Espinosa, *Refranero,* p. 180; *Segunda Celestina,* p. 322; Garay, *Cartas,* p. 116; Covarrubias, p. 852a); "quereis vna en papo, y otra so el sobaco" (Ferreira de Vasconcellos, *Comedia Ulysippo,* f. 53ᵛ); "Uno en el papo, i otro en el sako, i otro so el sobako, i llora por lo ke kedó en el plato" (Correas, *Vocabulario,* p. 179; Rodríguez Marín, *21.000 refranes,* p. 495a; Martínez Kleiser, no. 33.888). Cf. *Segunda Celestina,* p. 332: "Mi fe hija, uno en papo y otro en saco, uno al fuego y otro tras la cama, uno sospirando por la calle y otro en los brazos."

877. "The ambivalent nature of the emotions, especially those of love and hate, has provided a fertile field for the psychoanalysts" (Noah Jacobs, *Naming-Day in Eden,* p. 148); see for example Theodor Reik, *A Psychologist Looks at Love* (New York, 1944), pp. 101-102: "Romeo mistakes Juliet's sleep for death, Tristan, in the older saga, makes a mistake about the two sails. But is that why they kill themselves? No, that is only the symbol for something deeper, for something that takes place in the souls of the two men, in whom the repressed hatred was more powerful than their conscious, ardent affection ... Since Petrarch called Laura his 'beloved enemy,' many poets and writers have described that love which borders on hate and hostility, but of course they could not say 'that love comes from this direction'." It is a literary commonplace that love fulfilled dies; cf. II Samuel xiii; *Libro de buen amor,* st. 274; *Codex Alcobacensis* 199 (apud Roberts, *An Anthology of Old Portuguese* [Lisbon, n.d.], p. 112): "...E ella o ujo por hũu buraco e chamou-ho a elle tornou e fez sua voontade. Dally adeante a auorreçeo mais do que nunca a amara e despeçou-a e fez escarnho della"; Castillo Solórzano, *Garduña de Sevilla* (ed. Austral), p. 25: "Suele comúnmente desenamorar lo gozado ..."; ibid., p. 85: "Un amor gozado tiene menos fuerza que el que se espera." The closeness of the emotions of love and hate is often noted: "Envuelve amor en la miel / Los bocados de la hiel / Porque no sienta su mal / El goloso" (Castillejo, *Sermón de amores,* vv. 2613-16); "Donde hay esta cosa intellectual, que ansí llamamos amor, o amores, ni ay concierto en el querer, ni en el aborrescer, ni en el vivir; porque vnas vezes el tal paciente ama lo que ya aborrescio" (*Comedia Florinea,* p. 245); "La muger, o sumamente ama, o estrañamente aborrece. Séneca" (Juan de Aranda, *Lugares comunes de conceptos, dichos y sentencias* [Madrid, 1613], f. 109ᵛ); cf. Lope de Vega, *El desprecio agradecido,* BAE, v. 34, p. 254a:

> *Don Bernardo.*   ...Dorotea, á quien ya
>   Como al demonio aborrezo.
> *Sancho.*   ¿Al demonio?
> *Don Bernardo.*   Sí, y aun más.

Sancho.	¿Tan presto, señor?
Don Bernardo.	No es presto,
	Porque un agravio en amor
	Son muchos años de tiempo.

878. *perjudicables.* This form is not listed by *Dicc. Acad.* or Corominas.

879. *auemos.* "HABERE tenía antiguamente formas derivadas del clásico: . . . *aves, ave, avemos, avedes, aven*" (Menéndez Pidal, *Manual,* §116.2; cf. Hanssen, *Gramática,* §219). Oelschläger *(Medieval Spanish Wordlist, s.v. aver)* lists eight occurrences of the form, to which add: Menéndez Pidal, *Documentos lingüísticos de España* (Madrid, 1919), documents dated 1228 and 1242; *Libro de Apolonio* (ed. Marden, Baltimore, 1917), st. 47; *Libro de los gatos* (ed. J. E. Keller, Madrid, 1958), p. 59. Both *auemos* and *emos* appear in the Cid and in Berceo's *Sacrificio,* as well as in our text. *Avemos* and *habemos* still occur in Judeo-Spanish dialects; see Crews, *Recherches,* p. 235, and Benoliel, *BRAE,* XIII (1926), 352.

880. *"Escaramujo* . . . el fruto de un género de çarça, que llaman perruna o çarça de perro . . . , vulgarmente dicho gabanço" (Covarrubias, s.v.).

881. *hortigas* = *ortigas.*

882. The phrase "los cuernos del toro" proverbially indicates a dangerous situation; see note 715. Cf. the English "to take the bull by the horns" (Stevenson, 254:9).

883. See note 402.

884. "Rencilla [*or* riña] de por San Juan, paz para todo el año" (Garay, *Cartas,* p. 118; Núñez, *Refranero,* p. 179; Correas, *Vocabulario,* pp. 213, 571; Montoto, *Personajes,* II, 76; Rodríguez Marín, *21.000 refranes,* pp. 260a, 441a, 442b; Martínez Kleiser, no. 14.289). Covarrubias (s.v. *Juan*) offers the explanation that "como por este tiempo se alquilan las casas, suelen reñir unos vezinos con otros, sobre las servidumbres, de vistas, de vertederos, o passos y otras cosas, y quando lo averiguan en fresco, quedan todo el año en paz"; cf. Correas, p. 213). Castillo de Lucas suggests an association between the proverb and the pagan mysteries associated with San Juan night (*RDTP,* XXII [1966], 115). Cf. also *Celestina,* II, 16: "Sea lo passado questión de Sant Juan e assí paz para todo el año"; *Guzmán de Alfarache,* IV, 162: "Bien se pudiera decir que había sido pendencia de por San Juan, si no se les nublara el cielo." The proverb reoccurs below (XLIV, 154).

885. *de con.* Such combinations of prepositions are not uncommon in Spanish, especially in cases such as this where "a preposition is used to introduce an adverbial or adjectival phrase which begins with a preposition (Keniston, *Syntax,* §41.41; cf. §41.42).

886. "Quien a buen árbol se arrima, buena sombra le cobija" (O'Kane, *Refranes,* p. 53a; *Celestina,* II, 15; *Refranes glosados,* f. A 7ʳ; Espinosa, *Refranero,* p. 46; Valdés, *Diálogo de la lengua,* p. 107; Arceo, *Adagiorum,* p. 57a; Garay, *Cartas,* p. 121; Núñez, *Refranero,* p. 171; *Entremés de los refranes,* p. 179a; *Don*

Quijote, pt. I, prol.; pt. II, ch. 32; Correas, *Vocabulario,* p. 389 [reconstructed by Combet]; Rodríguez Marín, *21.000 refranes,* p. 39a; *Dicc. Hist.,* s. v. *árbol;* Martínez Kleiser, no. 53.249; Saporta, *Refranero sefardi,* p. 41: "Quien a buen arvole se arrima, buena solombra lo covija."). In Port.: "Quem à boa aruore se arrima boa sombra o cobre" (Ferreira de Vasconcellos, *Comedia Ulysippo,* f. 28ᵛ). Cf. also Stevenson, 2370:4.

887. "Más da el duro que el desnudo" (Santillana, *Obras,* p. 516; O'Kane, *Refranes,* p. 107b; Valdés, *Diálogo de la lengua,* p. 88; Espinosa, *Refranero,* p. 104; *Lazarillo,* ed. Cejador, p. 91; Núñez, *Refranero,* p. 132; Covarrubias, *Tesoro,* pp. 489b, 517b; Correas, *Vocabulario,* p. 534; Juan Navarro de Espinosa, *Entremés famoso de la Celestina,* in Cotarelo, *Colección de entremeses,* I, 221; H. Molina, *Revista de Folklore,* No. 6, p. 318; Martínez Kleiser, no. 19.592; Saporta, *Refranero sefardi,* p. 100). Cf. "Más da duro que tiene que madura que no tiene" (Espinosa, *Refranero,* p. 104; Correas, p. 534); "Más da el duro ke tiene, ke franko ke no tiene" (Correas, p. 534; Martínez Kleiser, no. 36.703).

888. "The form *ñudo* 'knot' was influenced by *añudar* (< *añudar — ñudo,* and *nudo — anudar* . . . Frequently found in Golden Age writers, *ñudo* is now considered archaic but has survived (in addition to *nudo*) in Spanish dialects and in popular speech in Spanish America" (Kany, *American-Spanish Syntax,* pp. 281-282; cf. Cuervo, *Apuntaciones,* §739, and Crews, *Recherches sur le judéo-espagnol,* p. 229, note 702: *ñudu*).

889. *de espacio.* See note 839.

890. This is another example of the innocuous oaths noted before (notes 382, 862). Similar oaths occur in the *Tragedia Policiana:* "No creo en la fe de los Tartaros" (p. 14); "O, pese a la fe de los moros" (pp. 3, 14); "O pese a la fe de Tremeçen" (p. 54). Cf. *Segunda Celestina,* p. 170: "Voto á la fe de los moros." See also Gillet, ed., *Propalladia,* III, 638.

891. As will be seen in the next *auto,* Barrada strikes Celestina with a very crude weapon, a cow's intestine filled with dung, which he refers to here as "flema." Cf. the name of the *rufián,* Tripaenbrazo, who appears in *cenas* 36-37 of the *Segunda Celestina.*

892. *no.* See note 33.

893. See note 301.

894. *doña.* "De la misma manera que para acentuar y agravar el significado de los dicterios suelen usarse los adjetivos en su forma aumentativa . . . , así también, con el propio fin, y como para calificar las injurias y hacerlas subir de punto, se antepuso el *don* á los calificativos deshonrosos" (Rodríguez Marín, ed., *Don Quijote,* II, 226n). Thus also such phrases as "so cochina," "so perro," etc., from *señor.*

895. Cf. XIV, 64: "Quien no deue no paga," and note 616.

896. This proverb occurs earlier; see note 615.

897. Cf. note 366.

898. See note 536.

899. *secar.* Cf. note 45.

900. "Quien mucho vive, mal pecado, mucho ha de ver y por mucho ha de pasar" (*Segunda Celestina*, p. 143). Cf.: "Quien mucho bibe, muchas cosas vee" (Espinosa, *Refranero*, p. 245); "El que larga vida vive [*or* tiene] mucho mal ha de pasar" (*Don Quijote*, pt. I, ch. 32; Correas, *Vocabulario*, p. 101; Martínez Kleiser, no. 63.502); "Quanto más veo, más mal veo" (*Refranes glosados*, f. B 4ʳ); "Siempre vieron muchos males / los que mucha edad vivieron" (Ruiz de Alarcón, *La verdad sospechosa*, II, vi, 1275-76). Cf. *Lozana andaluza*, p. 184: "Más sabe quien muncho anda que quien muncho vive, porque quien muncho vive cada día oye cosas nuevas, y quien muncho anda ve lo que ha de oír." See also Stevenson, 37:10, 1411:2.

901. *Descreo de Mahoma.* See note 531.

902. *yça = puta.* See note 393.

903. "Say that again about the lady being at my service, and I'll make a note of it [to hold you to your promise]."

904. "You must understand that I meant you could talk to her, but that is all." See also XXVIII, 336-337: "Te ruego que pues tienes licencia para lo exterior, no lo tomes en lo interior." The terms *interior* and *exterior* undoubtedly refer to the "consciously felt, clearly and explicitly stated dichotomy between the psychic and the physical in man" (see L. J. Friedman, "Occulta Cordis," *RPh*, XI [1957], 103-104), though Gómez here gives the words an obscene meaning.

905. "Bolsa, mujer y espada no quiere andar prestada" (Rodríguez Marín, *12.600 refranes más,* p. 41b; Martínez Kleiser, no. 52.182); cf. Antonio de Guevara, *Epístolas familiares* (BAE, XIII, 168b): "Dos cosas son las que jamás se deben prestar ni de nadie confiar, es á saber, la espada que traemos y la mujer con quien nos casamos." Stevenson lists three occurrences of the proverb in England between 1574 and 1578 (*Home Book*, 1384:12).

906. "*Caer uno de su asno . . .* Conocer que ha errado en alguna cosa el mismo que la sostenía y defendía como acertada" (*Dicc. Hist.,* s.v. *asno);* cf. *Celestina,* I, 228 and note; Covarrubias, s.v. *asno).* Variations of the phrase appear in O'Kane, *Refranes,* p. 69b; Espinosa, *Refranero,* p. 66; Luna, *Segunda parte de Lazarillo,* p. 37; Correas, *Vocabulario,* p. 701; and Martínez Kleiser, no. 54.503. Cf. also Plato, *Laws* (tr. R. G. Bury [London, 1926], I, 249).

907. *las = las barbas.* See note 368.

908. *conc[i]encia = con conciencia,* by haplology.

909. Cf. "Komo llover tozinos" (Correas, *Vocabulario*, p. 436; Martínez Kleiser, no. 32.457). Correas notes that the phrase refers "a lo ke es inposible."

910. "*Cantonera*, f. Ramera, prostituta" (Hill, *Voces*, p. 41). "Se dixo cantonera la muger enamorada, porque siempre procura la casa en lo postrero de la calle al cantón, para que los que entraren y salieren en su casa, se traspongan luego sin atravesar toda la calle" (Covarrubias, s.v. *cantón*).

911. *Roça* here undoubtedly has an obscene meaning; cf. *ser de buen rozo,* "to have a good appetite" (E. B. Williams, *Diccionario inglés y español*, s.v. *rozo*).

912. "Buen coraçón quebranta mala ventura" (again, XLIX, 35, below, and in Espinosa, *Refranero*, p. 85; Arceo, *Adagiorum*, p. 57a; Garay, *Cartas*, p. 120; Correas, *Vocabulario*, p. 361; Martínez Kleiser, no. 7.535). Cf. Torres Naharro, *Calamita*, I, 15-16: "Al buen coraçon / Fortuna le fauorece," and Gillet's note, III, 650; Rodríguez Marín, *21.600 refranes*, p. 60b: "Buen corazón vence mala andanza." In Plautus' *Captivi*, v. 202: "In re mala, animo si bono utare, adiuvat" (see Stevenson, 1112:4).

913. *Por los sanctos de Dios.* Cf. p. 433. This oath is used twice in the original *Celestina* (II, 109; II, 169) and appears in Güete's *Comedia Vidriana* (ed. Cronan, p. 216).

914. *hazer la rechaça* = *rehazer la chaça,* "término de jugadores de pelota" (Covarrubias, s.v. *rehazer*).

915. The name of Plutón figures in only a few of the numerous oaths found in the *Celestina*-novels. Escalión, in the *Comedia Selvagia*, invokes the names of Merlin, Hercules, Socrates, Charon, Jonah, Medusa, Belorofonte, and swears by "los temidos barbotes de Pluton" (p. 123). In the *Comedia Florinea*, Fulminato uses many similar oaths (see Menéndez y Pelayo, *Orígenes*, III, ccli, n. 3), including "Descreo del can ceruero y de toda la compaña de Plutón" (p. 253), and in the *Doleria*, Logístico says on one occasion, "Plutón le bendiga" (p. 361).

916. "Hedentina, muchos malos olores juntos" (Covarrubias, s.v. *hedor*). Cf. Fontecha, *Glosario*, s.v.

917. *Boto a mares.* See note 524.

918. "*Butago* 'chorizo de bofes'; comp. ant. esp. y santand. *buétago 'pulmón'*" (Sánchez Sevilla, "El habla de Cespedosa de Tormes," *RFE*, XV [1928], 135). Corominas lists (s.v. *buétago*) the verb *abotagarse*, "inflarse, entorpecerse," as dating from "prin. s. XVII," and includes the variant *abutagarse*.

919. "A essotra puerta, que ésta non se abre" (Santillana, *Obras*, p. 506; O'Kane, *Refranes*, p. 196b; Garay, *Cartas*, pp. 123, 164; Correas, *Vocabulario*, p. 4); "A otra puerta, que ésta no se abre" (Espinosa, *Refranero*, p. 199; Luna, *Segunda parte de Lazarillo*, p. 18; Correas, p. 4); cf. *Lazarillo*, ed. Cejador, p. 196: "Preguntan por el vezino; mas, a estotra puerta."

920. Probably, "That's not the way to do it! That doesn't work! Try it another way!"

921. "Try to get her to answer."

922. *Xilbarto.* "El Papa Silvestre ... fué monje llamado Gilberto, y apostató e hizo pleito homenaje al demonio, porque le favoreciese en todas las cosas que él deseaba, y dióse a la nigromancia y artes mágicas; y así, procurándolo el demonio, fué hecho Obispo y despues Arzobispo; y finalmente, subió a la silla pontifical de Roma; mas alumbrándole el Señor conoció su error en fin de sus días y murió católicamente" (Martín de Castañega, *Tratado de las supersticiones y hechicerías,* p. 19).

923. Cf. XXVII, 190: "No creo en quien me vistió."

924. *Dicc. Hist.* defines the phrase as a "ref. con que se da a entender que prescindimos de las acciones de otro, dejando por cuenta suya las buenas o malas resultas" (s. v. *alma*). Cf.: "(A) Cada uno, su alma en su palma" (Espinosa, *Refranero,* p. 42; Garay, *Cartas,* p. 118; Haller, *Altspanische Sprichwörter,* p. 594; Martínez Kleiser, no. 32.962); "Su alma en su palma" (Núñez Alva, *Diálogos de la vida del soldado,* p. 33; Covarrubias, p. 846; *Don Quijote,* II, 32; Correas, *Vocabulario,* p. 295; Martínez Kleiser, no. 32.899); "Meterse el alma en la palma" (Saporta, *Refranero sefardi,* p. 32); "Escrito está en la palma lo que tiene que yevar el alma" (O'Kane, *Refranes,* p. 179a; Denah Lida, no. 119).

925. *passas por tal tiro,* probably with the meaning, "Did you hear that?" Cf. I, 77, where *tiro* = "remark."

926. "He [Barrada] struck me with a devilish piece of [cow] gut that left me there the way you see me." *ý* < *ibi.*

927. "*derrenegar:* aborrecer, detestar" (Gili y Gaya, ed., *Guzmán de Alfarache,* III, 272n).

928. The form *piadad,* "más vulgar que *piedad,*" occurred frequently in the sixteenth century; see Moreno Báez, ed., *La Diana,* p. 145n. Cf. Hanssen, *Gramática,* §97.

929. *cayrás.* Cf. *trayrá,* note 352.

930. *tardezillo.* Diminutives of adverbs, such as this, "apenas se usan fuera del estilo familiar" (Bello-Cuervo, *Gramática,* §147).

931. "*Carmellona,* f. Especie de gorra" (*Dicc. Hist.,* s.v.).

932. "*Terciana.* La calentura que responde a tercero día, *latine febris tertiana*" (Covarrubias, s.v.).

933. "*Quartana.* Calentura que responde al quarto día, *latine quartana,* que suele causarse del humor melancólico" (Covarrubias, s.v.).

934. *ligítima*. By regressive assimilation; see Cuervo, *Apuntaciones*, §783; who adds: "*Ligítimo* data de la baja latinidad, y está en bastantes libros castellanos; en él la asimilación es debida en parte á la antigua pronunciación." Corominas (s.v. *ley*) notes that this form appears in Nebrija (s.v. *leal*), in *Don Quijote* (I, 28), and is "hoy vulgar en España, Colombia, Chile." Cf. also Cuervo, *Obras inéditas*, I (Bogotá, 1944), 180.

935. Cf. the effect of *melancolía* on Don Quijote's health in the second part of Cervantes' novel (see O. H. Green, "Realidad, voluntad y gracia en Cervantes," *Ibérida: Revista de filología*, III, no. 5 [Junho, 1961], pp. 123-124).

936. Cf. "*Opilaciones*. Obstrucción de las vías por donde pasan los humores" *(Dicc. Aut.)*.

937. *çurujanos*. See note 815.

938. The normal use of the preposition *de* with the noun *obligación* and the adjective *obligado* (cf. Keniston, *Syntax*, §§37.631, 37.713) is here extended to the verb *obligarse*.

939. The proverb is "Quien espera, desespera" (O'Kane, *Refranes*, p. 112b; Espinosa, *Refranero*, p. 110; Valdés, *Diálogo de la lengua*, p. 100; Arceo, *Adagiorum*, p. 56b; Garay, *Cartas*, pp. 115, 166; Sánchez de Badajoz, "Farsa de la hechicera," *Recopilación*, II, 222; *Comedia Florinea*, p. 166; Correas, *Vocabulario*, p. 392; Saporta, *Refranero sefardi*, p. 43). Cf. Sánchez de Badajoz, *Recopilación*, II, 273 ff., where the phrase "Queyn espera non despera" is part of the recurring refrain sung by the *coro* in the "Farsa del Juego de Cañas." Cf. also: "Quien espera, desespera; y quien viene, nunca llega" (Rodríguez Marín, *12.600 refranes*, p. 274b); "Quien espera, non despera, si tien esperanza vera" (ibid., "Del siglo XV"); "Quien espera, desespera, si no alcanza lo que desea" (Martínez Kleiser, no. 22.969); "Quien espera desespera, y esperando se consuela" (ibid., no. 22.970); "El que a otro espera, se dezespera" (Denah Lida, no. 99). The phrase possibly derives from St. Augustine's *Sermons* (XX, 4; PL, XXXVIII, 140): "Si desperes, peris; si speres, peris."

940. This is a clandestine marriage in which "las manos se han dado" (see note 951), so it is natural that it be consummated.

941. *magnifestar* (1539: *manifestar*); by contamination with *magno, magnífico*. Cf. *auto* XXVIII: *magnifiesta*.

942. Cf. "En manos está el pandero que le sabrá bien tañer" (note 523).

943. *podiendo*. "Anticuado y popular" (Menéndez Pidal, *Manual*, §105.3).

944. "Tal para cual" (Unamuno, *Abel Sánchez*, ch. V; ed. Austral, p. 31). The English equivalent is "Two of a kind," or "Tit for tat" (Lawrence K. Brown, *A Thesaurus of Spanish Idioms and Everyday Language* [New York, 1945], s.v.). Various proverbs begin with these words: "Tal para qual, y Pedro para Juan" (Covarrubias, p. 251b; Correas, p. 491; Lea, *Literary Folklore*, p. 238); "Tal para tal, María para Xuan" (Correas, p. 491; Martínez Kleiser, no. 39.141; Rodríguez Marín, *21.000 refranes,* p. 478a: "... Juan para María y María para Juan"); "Tal para cual casaron en Dueñas" (*Entremés de los refranes,* p. 177a); "Tal para cual, Pablo y Pascual" (Rodríguez Marín, loc. cit.; Martínez Kleiser, no. 39.143; "Tal para cual: para tal culo, tal pañal" (Rodríguez Marín, *12.600 refranes,* p. 316b); "Tal para cual, cada botón para cada ojal" (idem, *10.700 refranes,* p. 290a); "Tal para cual, la zagala y el zagal" (ibid.; Martínez Kleiser, no. 39.142); "Tal para cual, la puta y el rufián" (Rodríguez Marín, *6.666 refranes,* p. 162a); "Tal para cual: para ruin casa, ruin portal" (ibid.).

945. *lumbre,* here, "fire or fireplace"; cf. Covarrubias, s.v.: "Estar a la lumbre, estar al fuego."

946. "Tal perrillo," said ironically.

947. *la = le,* dative of concern; cf. note 594.

948. Poncia addresses both Polandria and Felides as *tú* (see XXVIII, 230 ff.). On the arbitrary use of *tú* and *vos* in this text, see note 49.

949. *gastar almazén.* See note 98.

950. *porqueçuela,* dim. of *puerca.*

951. Felides had officially witnessed this giving of "manos de palabra" in the *Segunda Celestina* (p. 504). On the legality of such ceremonies, see Ruiz de Conde, *El amor y el matrimonio secreto,* pp. 15 ff.

952. *dexiste.* The stem *e* remained in Old Spanish strong verbs well into the sixteenth century; cf. Hanssen, *Gramática,* §255b.

953. Correas notes that the phrase "Dos árboles sekos, nunka florezen" is used specifically "kasándose dos pobres" (*Vocabulario,* p. 336; Martínez Kleiser, no. 39.325). Correas also lists "Dos árboles sekos, tarde florezen ni rreverdezen" (loc. cit.; Martínez Kleiser, no. 39.326).

954. "Obras son amores, y no buenas razones"; see note 254.

955. *sufrido ... sufrimiento ... sufrir:* Another example of the conceptist style in which Feliciano de Silva and his imitator delighted. Cf. "... me plaze de le hazer plazer"; "cumplido el matrimonio, cumplirás con su voluntad."

956. *descubijes = descobijes.* Cf. note 764.

957. Cf. *Celestina,* II, 196: "El que quiere comer el aue, quita primero las plumas"; *Segunda Celestina,* p. 495: "Yo no como carne que no se pele."

958. *inconuinientes.* See note 395.

959. Another conceptist passage reminiscent of Silva's work; cf.; "¡Oh amor que no hay razon en que tu sinrazon no tenga mayor razon en sus contrarios!" (*Segunda Celestina,* p. 8).

960. A reference to *pallor post coitum;* cf. *Celestina*, I, 258: "No espero mas aquí yo, fiadora que tú amanezcas sin dolor é él sin color." See also XXVIII, 377-378: "A vos no se os fue la sangre al colodrillo."

961. Cf. XLVII, 241: "De burla se dizen a veces las cosas y salen de veras." Cf. also "No hay peor burla que la verdadera" (Santillana, *Obras*, p. 517; Garay, *Cartas*, p. 152; Núñez, *Refranero*, p. 145; *Comedia Selvagia*, p. 237; Correas, *Vocabulario*, p. 531; Martínez Kleiser, no. 8.032; O'Kane, *Refranes*, p. 66b) — and similar phrases occur in the *Comedia Thebayda* (p. 301), the *Comedia Florinea* (p. 223), and the *Quijote* (pt. I, ch. 21). The phrase "Malas son las burlas verdaderas" appears in *Refranes glosados* (fol. A 3ʳ). Golden Age comedies by Lope de Vega and Julián de Armendariz bear the title *Las burlas veras* (see S. L. M. Rosenberg, ed., *Julián de Armendáriz, Las burlas veras* [Philadelphia, 1917], pp. 10-34), and Quiñones de Benavente published a collection of twelve *entremeses* entitled *Joco seria, burlas veras, o reprehensión moral y festiva de los desórdenes públicos* (Madrid: Francisco García, 1645). On the form of *veras*, see Yakov Malkiel, "Ancient Hispanic *vera(s)* and *mentira(s)*. A Study in Lexical Polarization," *RPh*, VI (1952), 121-172. Trench lists a medieval Latin proverb: "Cum jocus est verus, jocus est malus atque severus" (*Proverbs*, p. 155). Cf. also "Muchas vezes se rríe de kosa ke después se llora" (Correas, *Vocabulario*, p. 564; Martínez Kleiser, no. 56.247).

962. The Missing Heart theme has become almost a topos in love-poetry of the courtly tradition; see Torner, *Lírica hispánica*, pp. 138-142. For additional examples, see *Cancionero de Juan de Molina* (1527), ed. 1952, p. 45, and Pedro Laínez, *Poesías*, ed. Marín Ocete (Granada, 1950), p. 58.

963. "Dádivas quebrantan peñas" (Santillana, *Obras*, p. 509; Ant. de Guevara, *Epístolas familiares*, II, iv [BAE, v. 13, p. 194a]; *Segunda Celestina*, p. 191; Garay, *Cartas*, pp. 154-155, 164; *Tragedia Policiana*, p. 56; Núñez, *Refranero*, p. 46; Castilo Solórzano, *La niña de los embustes*, p. 49; Covarrubias, pp. 860b, 891a; *Entremés de los refranes*, p. 177a; *Don Quijote*, pt. II, ch. 35; Martínez Kleiser, no. 58.529; O'Kane, *Refranes*, p. 96b). There are several less-common variants: "Dadiuas rompen las peñas" (*Refranes glosados*, f. B 1ʳ); "Donde no hay dádivas se quebrantan las peñas" (*Comedia Thebayda*, p. 479); "El dar quebranta las piedras" (Arceo, *Adagiorum*, p. 56b); "Dádivas quebrantas peñas y tiran a las mugeres de las greñas" (Espinosa, *Refranero*, p. 92); "Dádivas i buenas rrazones ablandan piedras i korazones" (Correas, *Vocabulario*, p. 309); "Dádivas kebrantan peñas i hazen venir a las greñas" (ibid.; Martínez Kleiser, no. 58.530); "Dádivas quebrantan peñas, y justicias, por más señas" (Rodríguez Marín, *21.000 refranes*, p. 102a; Martínez Kleiser, no. 58.131). See also Stevenson, 950:5.

964. *mustiedad.* Not listed by *Dicc. Acad.* or Corominas. The formation is normal, however; cf. *húmedo* > *humedad, solo* > *soledad*, etc.

965. "... if anyone says anything to her about eating." Cf. note 401.

966. "*En un credo, en un santiamén, en un Jesús,* son frases que significan el tiempo que se tarda en decir cada una de estas cosas. Son medidas prácticas de tiempo, usadas con frecuencia en el hablar vulgar" (Rodríguez Marín, ed., *Don Quijote*, II, 321n); cf. Correas, *Vocabulario*, p. 618: "En un kredo. En un Avemaría. En un santiamén." The phrase is used frequently in literature: "En ménos de tres Credos" (*Comedia Thebayda*, p. 419); "En dos credos revolvía / franceses con italianos" (López de Yanguas, *Obras dramáticas*, p. 97); "En dos credos le hize inuisible" (*Lazarillo*, ed. Cejador, p. 125); "En vn credo la anduve toda" (ibid., p. 164).

967. See note 649.

968. Possibly "para ayuda de costa" (cf. *Comedia Florinea*, p. 191: "Siempre trae su par de panezillos, y algo para ayuda de costa.").

969. *pico = lengua*. "*De pico* ... Sin obras; esto es, no queriendo o no pudiendo ejecutar lo que con las palabras se dice o promete" (*Dicc. Acad.*).

970. *acontesceré*. Though usually impersonal (see Ramsey-Spaulding, *Textbook*, §21.54), the verb *acontecer* is occasionally used as a personal verb with the meaning "ejecutar o realizar"; see the example in *Dicc. Hist.*, s.v.

971. "Del dicho (dito, dicto) al fato, hay gran rato" (*Segunda Celestina*, pp. 18, 264, 357; *Comedia Selvagia*, p. 267; *Comedia Florinea*, p. 288; Covarrubias, p. 680b; Correas, *Vocabulario*, p. 320; Rodríguez Marín, *21.000 refranes*, p. 115b; Martínez Kleiser, no. 2.847). Cf. "Del dicho al hecho hay gran [*or* largo] trecho" (O'Kane, *Refranes*, p. 128a; *Entremés de los refranes*, p. 178b; Covarrubias, p. 470b; *Don Quijote*, pt. II, ch. 64; Correas, p. 320; Rodríguez Marín, loc. cit.; Lea, *Literary Folklore*, p. 234; Martínez Kleiser, no. 52.614); "Del dicho al hecho" (title of play by Tamayo y Baus, 24 December 1863); "Del decir al hacer hay diez leguas de mal camino" (Rodríguez Marín, loc. cit.; Martínez Kleiser, no. 52.613); "Del dicho al hecho hay diez leguas de mal camino" (Rodríguez Marín, *12.600 refranes más*, p. 79a; Martínez Kleiser, no. 2.848). See also Gillet, ed., *Propalladia*, III, 744; Stevenson, *Home Book*, 2617:5.

972. *Otra le a dado*. Apparently the syntax is garbled. The meaning is probably, "Otra [idea] se me ha dado ..."

973. "*Empacho*. 'Turbación' " (Fontecha, *Glosario*, s.v.).

974. "Quien con obras no paga, cumpla con palabras" (Rodríguez Marín, *12.600 refranes*, p. 270a; Martínez Kleiser, no. 52.688). Cf. Garay, *Cartas*, p. 122: "Mas pues yo con buenas obras no la pude cobrar con vos, menos la cobraré con palabras." Cf. note 323 above.

975. One of the characteristics of the *vizcaíno* is that he is "corto en palabras, lacónico" (G. de Solenni, ed., Lope de Vega, *El Brasil restituido* [New York, 1929], p. 145). Cf. Legarda, *Lo vizcaíno*, cap. xvi: "Corto como vizcaíno," pp. 250-256.

976. The *quarto* is used again as a comparison of small value at XXXVII, 122. Cf. Nykl, "Old Spanish Terms of Small Value," *MLN*, *XLII* (1927), 313.

977. Similar effects of love are described by Alfonso el Sabio (*Cantigas*, CCCXII, 7-8), Martínez de Toledo (*Arçipreste de Talavera*, ed. Penna, pp. 74-75), and López de Villalobos, in his "Sumario de medecina" (*Obras*, p. 323): "De las señales que se muestran quando alguno está enamorado"

> Verásle al paçiente perder sus continos
> negocios y sueños, comer y beuer,
> congoxas, sospiros y mill desatinos,
> desear soledades y lloros mesquinos,
> que no hay quien le valga ni pueda valer;
> perdida la fuerça, perdido el color,
> y quando le hablan d'amor luego llora,
> y el pulso es sin orden y mucho menor,
> y nunca s' esfuerça y se haze mayor
> sino quando puede mirar su señora.

Cf. note 466, above.

978. "Quien haze un cesto hará ciento" (O'Kane, *Refranes*, p. 83a; *Refranes glosados*, f. A 4ʳ; Torres Naharro, *Seraphina*, IV, 359 [see Gillet, *Propalladia*, III, 299-300]; Valdés, *Diálogo de la lengua*, p. 47; Espinosa, *Refranero*, p. 77; Arceo, *Adagiorum*, p. 56b; Garay, *Cartas*, p. 124; *Lisandro y Roselia*, p. 200; *Comedia Florinea*, p. 166; Covarrubias, s.v. *cesta* [p. 412b]; I. de Luna, *Diálogos familiares* [Paris, 1619; apud Sbarbi, *Catálogo*, p. 129a]; Martínez Kleiser, no. 52.887). Correas adds: "... i si tiene minbres i tiempo, un kuento" (*Vocabulario*, p. 419). Cf. also: "Quien faze la canasta, fará el canastillo" (Ruiz, *Libro de buen amor*, st. 1343); "El cestero que hace un cesto, hace ciento" (Rodríguez Marín, *21.000 refranes*, p. 151a; Martínez Kleiser, no. 13.916).

979. *venga* (1539: *vengaça*) = *venganza* (cf. Fontecha, *Glosario*, s.v.).

980. "Humero, el cañón ancho de la chimenea adonde se cuelgan las morcillas y longanizas y otras cosas que se enxugan y secan al humo" (Covarrubias, s.v. *humo*).

981. *echarle dado falso*. See note 95.

982. This phrase does not appear in the standard *refraneros*.

983. *Esquitar*, tr. ant. Desquitar, descontar o compensar" (*Dicc. Acad.*). *Esquitar < esquito*, "el que aviendo perdido boluió a recobrar su dinero" (Covarrubias, s.v. *quitar*).

984. "Más vale algo que no nada" (O'Kane, *Refranes*, p. 48a; Núñez, *Refranero*, p. 39; *Don Quijote*, pt. I, ch. 21; Correas, *Vocabulario*, p. 536; Martínez Kleiser, no. 10.983). Also, "Más vale algo que nada" (Espinosa, *Refranes*, p. 41; Garay, *Cartas*, p. 118; Luna, *Segunda parte de Lazarillo*, ed. Sims, p. 67; *Dicc. Hist.*, s.v. *algo*; Saporta, *Refranero sefardí*, p. 31; Martínez Kleiser, no. 38.237; cf. O'Kane, loc. cit.). Cf. "Mas vale poco que nada" (Calderón, *El segundo Scipión*, BAE, XIV, 333c). In Port.: "Mais val pouco, que nada" (Ferreira de Vasconcellos, *Comedia Ulysippo*, f. 71ᵛ). The usual English form is "Something's better than nothing" (see Stevenson, 236:1). Stevenson lists a medieval proverb: "Plus valet il quam nil," to which was later added, "pulicem gluciens lupus inquit" (2161:11).

985. See note 589.

986. *denantes.* See note 400.

987. "Donde va lo más, vaia lo menos" (Correas, *Vocabulario*, p. 335). Cf. "Tras lo más, lo menos va" (Rodríguez Marín, *12.600 refranes*, p. 323b; Martínez Kleiser, no. 396).

988. "*Buscar tres, o cinco, pies al gato* es frase proverbial que significa buscar ocasión de pesadumbre y enojo" (Rodríguez Marín, ed., *Don Quijote*, II, 221n). The phrase occurs frequently: *Refranes glosados*, f. B 4r; Garay, *Cartas*, p. 154; Baltasar de Alcázar, *Poesías*, p. 59; *Don Quijote*, pt. II, chs. 10, 21; Correas, *Vocabulario*, p. 366; Stevenson, 1228:11; O'Kane, *Refranes*, p. 120b; José de Benito, *Hacia la luz del Quijote* (Madrid, 1960), p. 175; Alfonso Paso, *La corbata* (New York, 1967), p. 65. The phrase is still used in mod. Span. with the meaning, "to pick a quarrel." There are several expansions: "Buscáis cinco pies al gato, y él no tiene sino cuatro" (Núñez, *Refranero*, p. 34; Trench, *Proverbs*, p. 54n; Martínez Kleiser, no. 53.342); "Buskáis zinko pies al gato, i él no tiene más de kuatro. —No, ke zinko son kon el rrabo" (Correas, p. 366; Martínez Kleiser, no. 53.341). Cf. "Buscar cinco pies al carnero" (Espinosa, *Refranero*, p. 191; *Segunda Celestina*, p. 450; Correas, p. 366). In Port.: "Demandar (buscar) sete pès ao carneiro" (Ferreira de Vasconcellos, *Comedia Ulysippo*, f. 47v; idem, *Comedia Eufrosina*, p. 184).

989. *tomalde* = *tomadle.* On the use of *vos*, see note 49.

990. "*Pella.* 'Cantidad o suma grande de alguna cosa'" (Fontecha, *Glosario*, s.v.); "*Pella*, s. f., 'pelota'" (Oelschläger, *Medieval Spanish Word-List*, s.v.; cf. Boggs, et al., *Tentative Dictionary of Medieval Spanish*, s.v.). Cf.: "... arrojar una pellada de barro á la pared, y si pegare bien, si no tambien" (*Comedia Thebayda*, p. 65); "Todavía si esta pella a la pared no pega, a lo menos dexará señal" (Garay, *Cartas*, p. 115); "... como quem lança barro a parede, se pegar pegue" (Ferreira de Vasconcellos, *Comedia Eufrosina*, p. 184); "mas se pegar pegue como barro aa parede" (ibid., p. 61).

991. See note 31.

992. *aceptar en*, probably = "consentir en."

993. "El tiempo vuela sin alas" (Rodríguez Marín, *12.600 refranes más*, p. 118b; Martínez Kleiser, no. 60.560). Cf. the English "Time flies" and its variants (Stevenson, 2323:1-3).

994. "La fortuna anda sin pies." This *refrán* does not appear in any of the standard collections. Cf., however, "La mentira no tiene pies" (*Comedia Thebayda*, p. 172).

995. *prosuponer* = *presuponer* (?). Cf. also "as de prosuponer" (XXXIX, 29-30), "ase de presuponer" (XLIII, 117), "as de presuponer" (1539: prosuponer) (XLIII, 149).

996. "Antes di ke digan" (Correas, *Vocabulario,* p. 59); "Antes ke te digan, digas" (ibid., p. 60; Martínez Kleiser, no. 4.306).

997. *estada.* See note 621.

998. *qué tanto = cuánto.*

999. *Sandíos* was still accentuated in this way at the beginning of the seventeenth century; "en castellano conservó la acentuación latina y arcaica del nombre de Dios *(Díos),* hasta que quedó anticuado en el s. XVI; después, al restaurarlo Cervantes en la jerga caballeresca del *Quijote,* fué mal pronunciado *sándio* (según el modelo de los adjetivos relacionados *necio, zafio* y *sabio)*" (Corominas, s.v.).

1000. *cale cumplir.* See note 89.

1001. "Al buen entendedor, pocas palabras." See note 57.

1002. *mía. Señora* is understood, since the antecedent to *mía* here would be *señor.*

1003. *Después* frequently served as a preposition in old Spanish (see Hanssen, *Gramática,* §716); however, neither Hanssen nor Keniston lists an occurrence of it as a conjunction. Here it may be simply an adverb of time, in which case the syntax is garbled.

1004. *estremos.* Canarín here uses the word in its usual sense, rather than in the more specialized meaning he mentions later, "estremos de rosarios, las cuentas gruessas, que por otro nombre llaman paternostres, que en algunos rosarios, como en los de coral, suelen ser de oro" (Covarrubias, s.v.). Cf. T. E. May, "Extremotérmino," *BHS,* XXXI (1954), 37-38.

1005. The change from *tú* to *vos* here indicates Felides' increased annoyance. See note 510.

1006. An adequate discussion of Spanish gestures has yet to be written. Ludwig Flachskampf's study ("Spanische Gebärdensprache," *RF,* LII [1938], 205-258) "can only be said to have made a modest beginning" (Gillet's review, *HR,* VIII [1940], 87). Jerald R. Green's *A Gesture Inventory for the Teaching of Spanish* (Philadelphia-New York, 1968) is useful, but incomplete. The problem has been broached in other cultures; see Green's bibliography (pp. 103-107) and the following important studies: L. A. Rosa, *Espressione e mimica* (Milano, 1924); M. H. Krout, "The Social and Psychological Significance of Gestures," *Journal of Genetic Psychology,* XLVII (1935), 385-412; Robert H. Bowers, "Gesticulation in Elizabethan Acting," *SFQ,* XX (1957), 218-317; and Robert A. Barakat, "Gesture Systems," *Keystone Folklore Quarterly,* XIV (1969), 105-121. The hand-on-cheek gesture traditionally indicates pensiveness; see O'Kane, *Refranes,* pp. 153-154; *Don Quijote,* pt. I, pról.; Alemán, *Guzmán de Alfarache,* ed. Gili, III, 192: "quedóse mi amo pensativo, la mano en la mejilla y el cobdo sobre la mesa"; John Hersey, *A Bell for Adano* (New York, 1944), p. 65: "Captain Purvis put his palm against his cheek in a gesture of amazement"; cf. Plautus, *Miles gloriosus,* i, 200-209. The American comedian Jack

Benny uses the gesture frequently, to indicate puzzlement or bemusement. Neither Green nor Flachskampf mentions this gesture.

1007. *dessossiego = desasosiego.*

1008. In the late Middle Ages it was believed that the external appearance of man often revealed his inner nature or feelings; see Lionel J. Friedman, "Occulta Cordis," *RPh*, XI (1957), 103-119, esp. 103-106. Friedman notes that "manifest behaviour is explicitly described as the *signum* of what goes on in the heart" (p. 110), and adds that "the importance of the *signum* in portraying states of inner man may well account for the extraordinary success of the 'physiology of love.' Faral has traced to Ovid the origin of these *signa amoris,* pointing out their wide use in early romances. The presentation of love as a disease or sickness, for example, is common to Ovid and the author of *Eneas*" (p. 115). He points out occurrences of the *signa amoris* in the *Pamphilus,* the *Libro de buen amor,* and the *Celestina.*

1009. "Slapping one's forehead (to express amazement). Cervantes, *Don Quijote,* ed., F. Rodríguez Marín, Madrid, 1952, vol. I, p. 13. Same gesture found in José Marmol, *Amalia,* Montevideo, 1851, vol. I, p. 174-175. The gesture is very common today in the Hispanic world" (Francis Hayes, "Gestures: A Working Bibliography," *SFQ*, XX [1957] 303). Jerald Green provides three examples of the gesture in association with expressions of recall (*A Gesture Inventory,* pp. 63-64). To these add: *Celestina,* I, 212: "Dióse en la frente vna grand palmada, como quien cosa de grande espanto houiesse oydo"; Cervantes, *Novelas ejemplares,* ed. Rodríguez Marín, II, 319; "Ocupábase en escribir en un cartapacio, y de cuando en cuando se daba palmadas en la frente"; Duque de Rivas, *Don Alvaro,* in *Obras completas* (Madrid, 1956), p. 1032: "(Se da una palmada en la frente y queda en la mayor agitación.)"; ibid., p. 1038: "Pero tiene de cuando en cuando unas salidas, y se da unas palmadas en la frente"; Azorín, *Doña Inés,* ch. 32: "Se ha detenido don Pablo, se ha dado una palmada en la frente y ha dicho: —¡Qué memoria la mía!"; J. Calvo Sotelo, *La herencia* (Madrid, 1958), p. 61: "Lo de Princesa es sólo la causa incidental, lo que le ha hecho comprender, darse una palmada en la frente"; A. Buero Vallejo, *Aventura en lo gris* (New York, 1966), p. 124: "(Dándose una palmada en la frente.) —¡Torpe de mí!"; J. D. Salinger, *Franny and Zooey* (Boston, 1961), pp. 189-190: "Just here, Franny, in apparent despair at the naïveté of the question, struck her forehead with her hand"; Bruce Cassiday, *Operation Goldkill* (New York, 1967), p. 103: "André slapped his forehead with his hand in a Gallic gesture of complete and utter astonishment." Flachskampf does not mention this gesture.

1010. *Pardiez,* as a euphemistic oath for *por Dios* (Fontecha, *Glosario,* s.v.), occurs frequently in sixteenth- and seventeenth-century literature (e.g., Güete, *Comedia Vidriana,* ed. Cronan, pp. 214, 239, 255; López de Yanguas, *Égloga de la Natividad,* in *Obras dramáticas,* p. 7; *Pícara Justina,* ed. Puyol, I, 64; Lope de Vega, *Fuenteovejuna,* i, vv. 217, 838). See also note 188, above. On the word *diez* for *Dios,* see Gillet, ed., *Propalladia,* III, 292-293.

1011. "... he [Sigeril] moved in [to separate us] after the other one [Pandulfo] pulled my hair trying to get rid of me."

1012. *puntos,* notes carrying the melody. See Covarrubias, s.v. *punto:* "Punto por letra, término músico, de la compostura breve que en cada punto señala una sílaba." In Old Span., *punto* meant "tono, modulación" (see Boggs, et al., *Tentative Dictionary,* s.v.). Cf. the English word *counterpoint,* and J. B. Trend's discussion of the *frottole* and *villancicos* in the *Cancionero Musical:* "Originally solo songs with a refrain and an accompaniment intended for instruments rather than voices, they gradually came to be written for voices only, the accompanying parts becoming more singable the more they were made up of phrases written in imitation of the melody" (*The Music of Spanish History* [Oxford, 1926], p. 121). See also Luis Romero Yáñez, "Los puntos del Inca," *Revista Nacional de Cultura,* no. 179 (enero-marzo, 1967), pp. 46-53.

1013. "*Contrahazer.* Imitar alguna cosa de lo natural o artificial" (Covarrubias, s.v.).

1014. *cabecera,* i.e., the head, ar lead (singer).

1015. *Dicc. Acad.* defines *guineo* (*acepciones* 5-6) as "cierto baile de movimientos violentos y gestos ridículos, propio de los negros ... Tañido o son de este baile, que se toca en la guitarra."

1016. *fantasía* = *presunción, orgullo* (see Gillet, "Spanish *fantasía* for *presunción,*" *Studia philologica et litteraria in honorem L. Spitzer* [Berne, 1958], pp. 211-225).

1017. On this use of *vos,* see notes 510, 1005, 1025.

1018. *arreboluido;* cf. *arrebuelta* (note 709). There is no recorded occurrence of a regular past participle for the verb *volver* or its derivatives, but this form must have developed by analogy with such verbs as *soltar (soltado, suelto);* cf. Ramsey-Spaulding, §§15.25-15.26.

1019. "Botillería. — La repostería, donde se preparaban y guardaban las bebidas y otras provisiones de boca" (J. M. Escudero, ed., G. Fernández de Oviedo, *Libro de la cámara real,* p. 260).

1020. *truxesses.* This form is still used among the *vulgo;* see Bello and Cuervo, *Gramática,* §558; Hanssen, *Gramática,* §249; Cf. Menéndez Pidal, *Manual,* §120.3.

1021. "Konozco io bien uvas de mi maxuelo" (Correas, *Vocabulario,* p. 427); "Yo conozco uvas de mi majuelo" (Garay, *Cartas,* p. 158; Correas, p. 427); "Cada uno conoce las uvas de su majuelo" (Martínez Kleiser, no. 52.954). Cf.: "Coman de las uvas del su majuelo" (O'Kane, *Refranes,* p. 225); "Adivina, adivinador: 'Las uvas de mi maxuelo, ¿ké kosa son?'" (Correas, p. 63; Martínez Kleiser, no. 855).

1022. Puns on the word *blanca* are frequent in Spanish literature, but usually involve the name Blanca and the coin (see Hoge, ed., Lope de Vega, *El príncipe despeñado,* p. 162; Quevedo, "Letrilla satírica," *Obras en verso,* p. 213b). See note 131.

1023. *bien puedes secar.* Cf. notes 45, 894.

1024. "Picudo, el muchacho hablador" (Covarrubias, s.v. *picar*).

1025. Again the use of *vos* indicates anger or irritation; cf. note 510.

1026. "I know all about good and bad times alike." Cf. Martínez Kleiser, no. 56.915: "Saber, de mal y de bien."

1027. Cf.: "Ni al gastador [falta] que gaste, ni al endurador que endurar" (*Comedia Thebayda*, p. 498; Garay, *Cartas*, p. 162); "Ni al gastador faltó ké gastar, ni al lazerado ké endurar; o guardar" (Correas, *Vocabulario*, p. 230; Martínez Kleiser, no. 25.812); "A buen gastador Dios le da qué gaste" (Espinosa, *Refranero*, p. 117); "Ni al gastador faltó qué gastar, ni al jugador qué jugar" (Martínez Kleiser, no. 25.812).

1028. *requebrado*. "Metafóricamente se dize requebrarse el galán, que es tanto como sinificar estar desecho por el amor de su dama ... Requebrado, el tal galán" (Covarrubias, s.v. *requebrar*).

1029. "Mamarse los dedos. Por: ser bovo" (Correas, *Vocabulario*, p. 746); cf. p. 753: "Chuparse los dedos. Por: ser bovo, mentecato; ke los tales los chupan. I kon negazión: 'Io no me chupo los dedos.'" "(No) Mamarse los dedos" appears in: *Comedia Thebayda*, p. 241; Torres Naharro, *Com. Aquilana*, II, 434 (see Gillet's note, *Propalladia*, III, 745); Espinosa, *Refranero*, p. 95; *Segunda Celestina*, p. 436; Garay, *Cartas*, p. 160; *Don Quijote*, pt. I, ch. 29; Pío Baroja, *Aventuras ... de Silvestre Paradox* (ed. Austral), p. 123. Stevenson wrongly equates the phrase with the English "to lick one's lips after something" (see *Home Book*, 661:7).

1030. *fueste*. See note 120.

1031. "Preso por mil, preso por mil y quinientos" (O'Kane, *Refranes*, p. 196a; Garay, *Cartas*, p. 120; Quevedo, *Obras en prosa*, p. 230; Correas, *Vocabulario*, p. 487; A. Paz y Melia, *Sales españolas*, I [Madrid, 1890], 342; Martínez Kleiser, no. 16.550). Cf. "Preso por uno, preso por ziento" (Correas, p. 487; Martínez Kleiser, no. 16.551; to this Rodríguez Marín adds "preso por mil y quinientos" [*21.000 refranes*, p. 381b]); "Preso por ciento, preso por mil y quinientos" (Rodríguez Marín, loc. cit.). In Port., "Preso por mil, preso por mil e quinhentos" (Ribeiro Chiado, *Obras*, p. 103; cf. João Ribeiro, *Frazes feitas*, pp. 166-167); "Preso por mil, preso por dois mil" (Antenor Nascentes, *Tesouro da fraseologia brasileira* [Rio de Janeiro, 1945], p. 338); "Preso por cem, preso por mil" (Chaves, *Rifoneiro*, p. 309). Cf. the English, "As good be hanged for a sheep as a lamb" (Stevenson, 1067:4; Tilley, S293).

1032. "*Hacer plaza:* mostrar, ostentar" (Gili y Gaya, ed., *Guzmán de Alfarache*, II, 20n).

1033. "El perdón sobraría donde el yerro falta" (*Celestina*, I, 164; Correas, *Vocabulario*, p. 108; Martínez Kleiser, no. 49.573; cf. O'Kane, *Refranes*, p. 188). Cf. the English, "Where no fault is, there needs no pardon" (John Clarke, *Paroemiologia* [1639], apud Stevenson, 778:8).

1034. "...y aýn [te digo] que se holgará con tu venido harto."

1035. *serón.* According to Castro (ed., *Buscón,* p. 78n), the same as *cofín,* "un género de cesta o espuerta, texido de esparto, en que suelen llevar higos y pasas a vender los moriscos" (Covarrubias, s.v. *cofín;* cf. s.v. *sera);* cf. Wilhelm Giese, "Port. 'seira', esp. 'sera, serón', hispano-árabe 'šaira'," *Revista portuguesa de filologia,* III (1949-50), 26-34.

1036. "Pésame porque no me pesa" (Espinosa, *Refranero,* p. 189; Correas, *Vocabulario,* p. 466, with the note, "kosa de la bolsa, kon ekivokazión de 'pesar' en el ánimo, i en 'peso,' kargazón en ella kon dinero.").

1037. "Ahirmar. 'Afirmar'" (Fontecha, *Glosario,* s.v.).

1038. Celestina's mistaking the bundle of foodstuffs for a body recalls the oft-told story of the Medio-amigo, which appears in the *Disciplina clericalis,* the *Libro de los enxemplos,* the *Castigos e documentos del Rey don Sancho,* the *Conde Lucanor,* and the *Caballero Cifar;* see Kenneth R. Scholberg, "A Half-friend and a Friend and a Half," *BHS,* XXXV (1958), 187-198. The story is listed as motif H1558.1 in Thompson's *Motif Index of Folk-Literature.*

1039. *ñudo.* See note 888.

1040. *Tocino* at this time meant "pork," generally; see Covarrubias, s.v.: "El puerco que después de muerto, sacando todo lo interno, el lomo, las costillas, el almilla y espinaço, queda dividido en dos medios."

1041. *par Dios.* See note 188; cf. XXXIII, 164.

1042. When fine wines are discussed in Spanish classical literature, that of San Martín de Valdeiglesias is invariably mentioned; see *Celestina,* ed. Cejador, II, 48; Carvajal, *Tragedia Josephina,* ed. Gillet, p. 25 and note; *Segunda Celestina,* p. 325; *Comedia Selvagia,* p. 87; Montemayor, *La Diana,* p. 125; Juan de la Cueva, *Conquista de la Betica* (Sevila, 1603), fol. 83 (in Gallardo, *Ensayo,* II, 647); *Guzmán de Alfarache,* ed. Gili y Gaya, II, 122-123, and note; Lope de Vega, *Castigo del discreto,* v. 1045, and note (p. 232). This *vino blanco* was proverbially famous; see Rodríguez Marín, *21.000 refranes,* p. 508b; Martínez Kleiser, nos. 64.147-50.

1043. The *tinto* of Toro was equally famous; see *Celestina,* II, 48; Juan de la Cueva, loc. cit.; Rodríguez Marín, *21.000 refranes,* p. 508b; "Vino de Toro es oro, aunque prieto como moro" (Martínez Kleiser, no. 64.162; cf. no. 64.161). Juan de Aviñón, in his *Sevillana Medicina,* calls it "el mejor vino que sé aquí bermejo" (see Hazañas, *Rufianes,* p. 196).

1044. Gómez here plays on the two meanings of the word *generoso,* "noble," and "liberal."

1045. *tocino.* "pork"; see note 1040.

1046. "Quien sembra, recoje" (O'Kane, *Refranes,* p. 212a); cf.: "Quien poco sienbra poco coje" (Espinosa, *Refranero,* p. 218); "Komo senbrares, koxerás" (Correas, *Vocabulario*, p. 434; Martínez Kleiser, no. 58.119); "Quien siembra, coger espera" (Rodríguez Marín, *12.600 refranes*, p. 289a; Martínez Kleiser, no. 58.116); "Quien bien siembre, bien cosecha" (Rodríguez Marín, *10.700 refranes*, p. 248a; cf. Martínez Kleiser, no. 58.121); "Quien asembra acoje" (Saporta, *Refranero sefardí*, p. 42). The phrase is biblical (Galatians vi.7: "For whatsoever a man soweth, that shall he also reap."), but Stevenson lists several pre-Christian occurrences, including Pinarius Rufus, c. 105 B. C.: "Ut sementem feceris, ita metes" (*Home Book*, 2179:4). See also Erasmus, *Adagia*, I.viii.78; *Oxford Dictionary of English Proverbs*, p. 608.

1047. Feminine nouns beginning with *ha-* took feminine articles in the sixteenth century, because initial *h-* (< *Lat. f-*) was an aspirate (see Keniston, *Syntax*, §18.122).

1048. "Sustancia, el caldo o pisto sustancioso que se da al enfermo quando no puede comer manjar sólido" (Covarrubias, s.v.). Cf. Dioscórides, *Materia medica*, tr. Laguna, p. 147.

1049. Regarding the fine reputation enjoyed by Madrigal wine, see note 602.

1050. "Cada uno a su oficio" (Caro Cejudo, *Refranes y modos de hablar castellano* [1675]; see Martínez Kleiser, no. 22.750); cf. "Cada uno en su arte" (Rodríguez Marín, *21.000 refranes*, p. 65b). The proverb is probably a shortened form of one of the following: "Kada uno en su negozio sabe más ke el otro" (Correas, *Vocabulario*, p. 376); "Cada cual en su arte, y Dios en todos y en todas partes" (Martínez Kleiser, no. 22.752). Cf. also "Cada uno en su círculo, y Dios en el de todos" (Pérez Galdós, *Torquemada en el Purgatorio*, p. 38).

1051. In discussing San Martín, the *Enciclopedia Espasa-Calpe* says: "Su regimiento fué destinado á Amiéns, y aquí sucedió aquel hecho tan celebrado en la vida de este santo. Entraba un día en la ciudad, cuando en la puerta de la misma, un pobre transido de frío pedía limosna; los demás que iban con Martín no hicieron caso del mendigo. Y viendo él una ocasión tan propicia para ejercitar la misericordia, virtud á la cual durante toda la vida fué muy aficionado, no teniendo nada más que darle, se quita la clámide ó capa, y, dividiéndola con el cuchillo en dos partes, ofrece una de ellas al pobre" (XXXIII, 472a).

1052. *ramo de tauerna*. "Es la rama de pino que solía ponerse en las puertas de las tabernas, como anuncio" (García Soriano, ed., Cascales, *Cartas filológicas*, III, 245); cf. Romero Navarro, ed., *El Criticón*, II, 39n: "Desde mediados del siglo XVI, cuando menos, hasta nuestros propios días se viene poniendo el ramo a la puerta de las tabernas, como anuncio que todos pueden leer."

1053. Cf. note 639.

1054. "Comida de carpinteros, quando alguno come con mucho espacio que no sabe levantarse de la mesa" (Covarrubias, p. 310b); "Komida de karpinteros. Por: larga i de espazio, ke gastan de las onze a la una" (Correas, *Vocabulario*, p. 712).

1055. The original Celestina recommended "todo olor fuerte" for this infirmity (ed. Cejador, I, 251). Wine had various medicinal virtues (see *Celestina*, II, 30; *Segunda Celestina*, pp. 99-100, 427-428; *Dorotea*, ed. Morby, pp. 188-189), and was frequently used for cleansing wounds (*Segunda Celestina*, p. 99; *Lazarillo*, ed. Cejador, p. 88). It is on one other occasion also recommended for "mal de madre": "El vino más cumple a la muger que no al hombre, que es más fuerte. Porque a la muger conforta le la virtud natural flaca, ayuda a la digestión, cria nueua y limpia sangre, alegra el coraçón, quita mal de madre, conforta la vista, sanea la memoria, haze buena tez, pone color viva al rostro, limpia la dentadura, da buen anhelito, ayuda al calor natural para el parir, cria lecho y alegra la cria de las que dan teta a los niños" (*Comedia Florinea*, p. 185).

1056. The word order here is seriously garbled. The likely meaning is, ". . . y trasmuda a Paltrana con sus razones la voluntad que antes tenía, para que dé confiança, diziéndola lo que toca a Felides en los casamientos, y oye la respuesta."

1057. "*Hacerse de nuevas*. (Dar a entender que no sabe lo que le dicen.)" (Cejador, *Fraseología*, III, 154b).

1058. "*Ser del asa, o muy del asa*. fr. fam. Ser amigo íntimo, o de la parcialidad de otro" (*Dicc. Hist.*, s.v. *asa*).

1059. Poncia is here referring to Celestina's pretended resurrection in the *Segunda Celestina*.

1060. This Catón is Dionysius Cato, the supposed author of the *Disticha de Moribus ad Filium*, where is found the following apophthegm: "Quod dare non possis, verbis promittere noli" (Bk. I, no. 25).

1061. Though there are many proverbs which express this thought (see Martínez Kleiser, pp. 204-208), I have found no other examples of this form.

1062. See note 427.

1063. "*Pujar*, subir como en almoneda" (Cejador, ed., Quevedo, *Sueños*, II, 32n).

1064. *que ignorar*, i.e., *que [modo de] ignorar*.

1065. Gómez's style leaves much to be desired. Here he repeats the word *que* five times in two lines.

1066. Cf. Herodotus, *The Histories*, VII, 10: "It is always the great buildings and the tall trees which are struck by lightning" (tr. Aubrey de Sélincourt [Baltimore, 1959], p. 419); see also Reichenberger, "Herodotus in Spain," *RPh*, XIX (1965), 235-249. Cf. also Horace, *Odes*, II, x, 9-12: "Saepius ventis agitatur ingens / Pinus et celsae graviore casu / Decidunt turres feriuntque summos / Fulgura montis"; Antonio Ferreira, *Poemas Lusitanos*, II, 253: "Nos altos muros soam mais os ventos. / As mais crescidas árvores derribam." The motif occurs frequently in folk-literature; see Antti Aarne and Stith Thompson, *The Types of the Folktale* (Helsinki, 1961), p. 87: "298C° *Reeds Bend before Wind (Flood)*. Save themselves while oak is uprooted"; cf. Thompson, *Motif Index*, J832.

1067. "La çepa era buena, engendró buen sarmiento" (O'Kane, *Refranes,* p. 82b). Cf.: "De rruyn vid, rruyn sarmiento" (ibid., p. 230a); "De ruin cepa, nunca buen sarmiento" (Núñez, *Refranero,* p. 47; Correas, *Vocabulario,* p. 319 [reconstructed by Combet]; Rodríguez Marín, *21.000 refranes,* p. 124a; Martínez Kleiser, no. 53.221); "De mala cepa, mal racimo" (Rodríguez Marín, *12.600 refranes más,* p. 81b; Martínez Kleiser, no. 53.226); "De tal cepa, tales sarmientos" (Martínez Kleiser, no. 53.220).

1068. "Kada uno haze como kien es" (Correas, *Vocabulario,* p. 377; Espinosa, *Refranero,* p. 123; Martínez Kleiser, no. 12.256).

1069. "Andar por las rramas. El ke no da en lo prinzipal, sino en los arredores" (Correas, *Vocabulario,* p. 609). The phrase is used by Espinosa (*Refranero,* p. 202), Garay (*Cartas,* p. 168), and more recently, by Camilo José Cela (*El ciudadano Iscariote Reclús* [Madrid, 1965], p. 41).

1070. *certinidad = certeza;* see note 16.

1071. *dozientas:* mod. *doscientas* (see Hanssen, *Gramática,* §187). Cf. *trecientos,* note 212, above.

1072. *como vña y carne.* This comparison appears twice in the *Poema del Cid* (vv. 375, 2642), and occurs also in *Celestina,* I, 134; Correas, *Vocabulario,* p. 434; Palma, *Tradiciones peruanas* (see Arora, *Proverbial Comparisons in Ricardo Palma,* p. 189); Galante, "Proverbes judéo-espagnols," 446; Pérez de Ayala, *El ombligo del mundo,* pp. 94-95; Calvo Sotelo, *Milagro en la Plaza del Progreso,* in *Teatro español 1953-54* (Madrid, 1955), p. 55; Martínez Kleiser, no. 61.704; O'Kane, *Refranes,* p. 225; and Arora, "Some Spanish Proverbial Comparisons from California," 236. Cf. Correas, p. 140: "Entre la karne i la uña, ninguno se punza" (Martínez Kleiser, no. 24.234). The phrase is common in Portuguese: Ferreira de Vasconcellos, *Comedia Ulysippo,* f. 92; idem, *Comedia Eufrosina,* p. 161; Ribeiro Chiado, *Obras,* p. 105; Rodríguez Marín, *Mil trescientas comparaciones,* p. 106.

1073. *tercero día.* "No siempre que la apócope tiene cabida es indispensable hacer uso de ella ... La de *tercero* y *postrero* es arbitraria en ambas terminaciones, aunque lo más usual es apocopar la masculina y no la femenina" (Bello-Cuervo, *Gramática,* §157). Keniston gives numerous examples of the unapocopated form before masculine nouns (*Syntax,* §25.256); cf. also note 51.

1074. *Santa Clara.* Undoubtedly this is the convent of the order of Santa Clara, founded in 1250 as the convent of Santa María (see *Enciclopedia Espasa-Calpe,* LXII, 446).

1075. *por los sanctos.* See note 913.

1076. *destas = destas barbas;* see note 368.

1077. *saben qué cosa es mundo.* See note 112.

1078. *voto a mares.* Cf. note 524.

1079. *embustidora = embustera* (see Fontecha, *Glosario,* s.v. *embustidor*).

1080. *por el corpus meum.* Cf. "Por el corpus damni," which is one of the favorite oaths of Pandulfo in the *Segunda Celestina* (pp. 12, 22, 24, 61).

1081. "Piénssase el ladrón que todos son de su coraçón." See note 735.

1082. "*Adonde* usado por *donde* es un arcaísmo que debe evitarse" (Bello-Cuervo, *Gramática,* §398).

1083. *ensalmar* = *untar,* "bribe"; cf. note 457.

1084. *dispusición.* We have already noted the effect of the yod on the pretonic *e* (notes 24 and 395); this effect is equally active on pretonic *o,* closing it to *u* (Hanssen, *Gramática,* §74; Menéndez Pidal, *Manual,* §20.2).

1085. *pullas.* See note 669.

1086. *está.* "When the compound subject follows the verb, the verb is more commonly in the singular than in the plural in the prose of the sixteenth century" (Keniston, *Syntax,* §36.44).

1087. "*Hacimientos.* m. ant. Acción y efecto de hacer" *(Dicc. Acad.).*

1088. See note 101.

1089. *recordar* = *despertar;* see note 606.

1090. See note 665.

1091. *crudelíssima.* See note 674.

1092. Cf. "No creo en Lucifer" (XLIV, 21); "Pese ora a Lucifer" (XL, 44). The name of Lucifer, one of the four major devils (see Rodríguez Marín, ed., *El diablo cojuelo,* p. 20n), rarely appears in oaths, but is invoked three times in the *Tragedia Policiana:* "Pesar de Lucifer" (p. 24); "yos boto a Lucifer" (p. 42); "Do yo a Lucifer la que yo mando" (p. 44). Cf. Gillet, ed., *Propalladia,* III, 681.

1093. *besucamientos.* Cf. note 413.

1094. *no estime en vn cuarto.* Cf. note 976.

1095. *xira* = *jira.* "Es la comida y fiesta que se haze entre amigos, con regozijo y contento, juntamente con abundancia de comer y bever y mucha alegría y chacota" (Covarrubias, s.v. *gira*); cf. Clemencín, ed., *Don Quijote,* V, 87n: "Gira es fiesta campestre acompañada de comida, bulla y regocijo."

1096. *recordar* = *despertar;* see note 606.

1097. Cf. "Las vnas: ¡madre acá!; ¡madre acullá!; ¡cata la vieja! ¡ya viene el ama!" (*Celestina,* I, 71; cf. Correas, *Vocabulario,* p. 746: "Madre aká, madre akullá. Pedro aká, Pedro akullá," and so with other names (Correas, p. 721; Montoto, *Personajes,* II, 258); "Nunca oyen su nombre propio de la boca dellas; sino puta acá, puta acullá" (*Celestina,* II, 43); "Mejor es, Estefanía, / que no escuchar noche y día / 'puta acá, puta acullá; / haz aquesto, picarona'" (Lope de Vega, *El galán escarmentado*, in *Obras*, Nueva ed. Acad., I, 146b). See José F. Montesinos, "Dos reminiscencias de *La Celestina* en comedias de Lope," *RFE*, XIII (1926), 60-62. A similar phrase occurs in Rossini's *Il barbiere di Siviglia* (ed. New York, 1900, p. 39): "Figaro qua, Figaro là, Figaro qua, Figaro là, Figaro su, Figaro giù, Figaro su, Figaro giù!"

1098. "*Manderecha, mano derecha*, significa, como dicen los Diccionarios, 'buena suerte o fortuna'" (Rodríguez Marín, ed., *Don Quijote*, VI, 78n); Clemencín notes that "entre jugadores era de mal agüero alzar las cartas con la mano izquierda, y ganar la mano primera. Quizá de aquí viene la frase, *Dios te de buena man derecha*" (ed., *Don Quijote*, VI, 164n); cf. the anonymous *Saynete. El callejón de Madrid* (Madrid, 1791), p. 4: "Dios les dé acierto, / y buena mano derecha."

1099. "La experiencia es madre de todas las cosas" (Sebastián de Horozco, *Teatro universal de proverbios* [1599]; Martínez Kleiser, no. 23.653). Cf. "La experiencia es madre de la ciencia" (Garay, *Cartas*, p. 116; Correas, *Vocabulario*, p. 182; Martínez Kleiser, no. 23.644). In Port.: "A experiencia he mãy das cousas" (Ferreira de Vasconcellos, *Comedia Ulysippo*, f. 36; idem, *Comedia Eufrosina*, p. 361); "experiência, que, segundo o Filósofo, *est mater rerum*" (Sá de Miranda, *Os Estrangeiros*, II, 1, in *Obras*, II, 148). Correas also lists "La esperienzia es matorrera," a corruption of the Latin form (loc. cit.). The English is "Experience is the mother of wisdom (*or* knowledge)" (Stevenson, 722:13).

1100. "*Teniente*. Algo sordo, o tardo en el sentido del oído" (*Dicc. Acad.*).

1101. Of the phrase "ni grado ni gracias" Correas says "Dízese a lo ke otro hizo kon aiuda i favor, ke no ai ke agradezérselo komo al ke por sí solo haze i negozia" (*Vocabulario*, p. 233); cf. Covarrubias, p. 653b: "Ni grado ni gracias, no tener que agradecer." The phrase occurs in the *Cid* (v. 895: "Grado e graçias, rey"), the *Libro de buen amor* (st. 1630), the *Arçipreste de Talavera* (ed. Penna, pp. 94, 186), Espinosa (*Refranero*, p. 120), Lope de Rueda, (*Obras*, I, 197), and *Don Quijote* (pt. I, ch. 25).

1102. *quesido* (1539: *querido*). This irregular form of the past participle, derived from the preterit (see Hanssen, *Gramática*, §266), occurs numerous times in the sixteenth century; *Celestina*, ed. Criado de Val-Trotter, p. 239 (Cejador's ed. gives *quisido*; cf. J. Homer Herriott, *Towards a Critical Edition of the Celestina* [Madison, 1964], p. 214: "We are inclined to believe at present that the past participle of *querer* represents one of the few cases in which the author used two forms, QUERIDO and QUESIDO OR QUISIDO;" both editions use *quesido* in Act 12 (ed. Cejador, II, 91; ed. Criado de Val-Trotter, p. 211); *Farça a manera de tragedia*, ed. Rennert, v. 385; "An Easter-Play by Juan de Pedraza," ed. Gillet, *RHi*, LXXXI (1933), v. 1098; Negueruela, *Farsa Ardamisa*, p. 31.

1103. "Primero a mí, segundo a ti"; cf. *Entremés de los refranes*, p. 178a: "Hoy por mí, y mañana por ti"; Rodríguez Marín, *12.600 refranes*, p. 261b: "Primero, yo; después, yo; y si queda algo, para mí" (also listed by Martínez Kleiser, no. 20.375; cf. no. 20.304).

1104. *la.* See note 594.

1105. *certenidad.* See note 16.

1106. "*Entrevalo.* El impedimento o espacio que ay de un lugar a otro, o de un tiempo a otro" (Covarrubias, s.v.).

1107. *pegaré con sus bienes.* The meaning is unintelligible; possibly, "I'll hit her a good one ..."

1108. *per omnia.* "Once and for all."

1109. *tomarte essa sangre.* The text is obscure; the meaning may be "... tomarte [he] essa sangre," "I'll stop that bleeding for you." Cf. the phrase *beberle a uno las lágrimas.*

1110. *clara de huevo.* López Villalobos notes, in speaking of impotency, that "si es porque ay falta de sangre y humores, / la leche y los hueuos son restauradores" ("Sumario de medecina," *Obras,* p. 398); cf. Gillet, " '*Comedor de hueuos*' (?) (*Celestina,* Aucto I)," *HR,* XXIV (1956), 143-147; cf. Peter B. Goldman, "A New Interpretation of 'Comedor de huevos asados' (*La Celestina,* Act I)," *RF,* LXXVII (1965), 363-367.

1111. *puntos* = "stitches." Covarrubias, s.v.: "Puntos, los que se dan en la herida."

1112. "*Vascas.* Las congoxas y alteraciones del pecho, quando uno está muy apassionado o de mal de coraçón o de enojo o de otro accidente" (Covarrubias, s.v.).

1113. *carmellona.* See note 931.

1114. Cf. "Dios da el premio y el castigo a quien lo merece" (Martínez Kleiser, no. 18.735).

1115. *vamos* = *vayamos.* See note 141.

1116. *morisma.* See note 115.

1117. *quarto.* See note 976.

1118. *alguno.* Cf. note 567.

1119. *mucho.* See note 461.

1120. *Sant Juan.* Undoubtedly this is the famous church of San Juan de los Reyes, described as "la mejor iglesia de Toledo" (*Enciclopedia Espasa-Calpe,* LXII, 440-441); cf. Baedeker, *Spain and Portugal,* pp. 147-149.

1121. *reñido me a* = *me ha reñido.*

1122. Cf. "Puede quanto quiere" (Espinosa, *Refranero,* p. 194); "Querer es poder" (Pérez de Ayala, *El curandero de su honra,* p. 98; Martínez Kleiser, no. 64.858).

1123. A more common proverb is "El rey va do puede, e no do quiere," which appears with slight variations in: Santillana, *Obras,* p. 512; Espinosa, *Refranero,* p. 208; Arceo, *Adagiorum,* p. 57a; Garay, *Cartas,* p. 114; Correas, *Vocabulario,* p. 117; Martínez Kleiser, no. 55.643; O'Kane, *Refranes,* p. 203; Saporta, *Refranero sefardi,* p. 268. Cf., however, Haller, *Altspanische Sprichwörter,* pp. 117-120, and Gillet, ed., *Propalladia,* III, 77-78, for a discussion of the proverb, "Allá van leyes donde quieren reyes."

1124. Cf. *Castigos e documentos,* ed. Rey, p. 106: "¿Cómo puede a otro consejar el que en si bien non es consejado? ¿Cómo puede a otro castigar el que a sise mismo non es bien castigado?"

1125. Cf. "Aquel que ríe ahora, mañana llora" (Rodríguez Marín, *21.000 refranes,* p. 38b); "Tú que riendo estás, mañana llorarás" (Martínez Kleiser, no. 9.063).

1126. The author waxes conceptist again, using echo devices and word plays, here *(medios ... remedio),* three lines down *(considerando estas consideraciones),* and later, *insensatos ... sensualidad ... sienten ... sentir.*

1127. *oponedor.* Not in *Dicc. Acad.* or Corominas.

1128. Cf. "El cuidado del cazador levanta la caza" (Rodríguez Marín, *12.600 refranes más,* p. 103b; Martínez Kleiser, no. 10.242).

1129. *manderecha.* See note 1098.

1130. "*Altibaxo.* — Lo mismo que *altibajo,* cierto género de tela, que parece era semejante á lo que hoy se llama terciopelo labrado, del cual lo alto eran las flores y labores, y lo bajo é el fondo, el raso" (J. M. Escudero, ed., Fernández de Oviedo, *Libro de la cámara real,* p. 256).

1131. *percebir;* cf. *recebir,* note 333. Menéndez Pidal explains the change in vowel in his *Manual,* §126.1.

1132. "Más vale un buen amigo que un hermano legítimo" (Rodríguez Marín, *12.600 refranes más,* p. 200a; Martínez Kleiser, no. 3.268). There are many similar proverbs: "Más vale buen amigo ke pariente ni primo" (Correas, *Vocabulario,* p. 540; *Dicc. Hist.,* s.v. *amigo;* Martínez Kleiser, no. 3.266); "Más vale buen amigo que pariente rico" (Rodríguez Marín, *12.600 refranes,* p. 200a; idem, *Todavía 10.700 refranes más,* p. 195b; Martínez Kleiser, no. 3.627).

1133. "Brocado de tres altos, porque tiene tres órdenes el fondón, la labor, y sobre ésta el escarchado como anillejos pequeños" (Covarrubias, s.v. *alto*). Rodríguez Marín notes that "el mejor *brocado* era el de *tres altos*" (ed. *Quijote,* V, 186n).

1134. *officiales.* See note 227.

1135. *dónde* = *de dónde;* cf. note 3.

1136. *insignias,* here in the sense of *señales, indicios.*

1137. St. Thomas recognized three blessings attached to matrimony, "namely, children, to be begotten and brought up to worship God; faithfulness, in as much as one husband is bound to one wife; and the sacrament, in as much as it is an indissoluble union, symbolizing the union of Christ with the church" (*Summa contra Gentiles*, Bk. IV, ch. lxxviii; ed. London, 1929, IV, 268). The canonists recognized these as well as other "fines del matrimonio: 1.º la procreación *(bonum speciei)*, conservación y educación de los hijos *(bonum prolis)*, instruyéndoles en los principios religiosos *(bonum religionis)*; 2.º la mutua ayuda de los cónjuges viviendo juntos hasta la muerte y auxiliándose corporal y espiritualmente *(bonum sacramenti)* y guardándose fidelidad *(bonum fidei)*, y 3.º mitigar la concupiscencia *(melior est nubere quam uri)*" (*Enciclopedia Espasa-Calpe*, XXXIII, 1074b).

1138. *cerimonias.* "La forma con *i*, muy corriente hasta el s. XVII, es la más clásica en latín, y es la que registran como castellana APal. (71d), Nebr. y, como forma normal, Covar. (aunque éste ya emplea *ceremonia*, s.v. *ceremoniático*); *Aut.* admite ambas pero ya con preferencia para ésta" (Corominas, s.v. *ceremonia*).

1139. I have found no other reference to such a custom.

1140. *tercero.* See note 1073.

1141. "*Vírgines*, latinismo muy frecuente en Granada, Avila y otros clásicos" (M. Martínez de Burgos, ed., Guevara, *Menosprecio de corte*, p. 161n), was still used commonly in the seventeenth century (see Vélez de Guevara, *Diablo cojuelo*, ed. Rodríguez Marín, p. 139, and note).

1142. *acquieren = adquieren* (see *Dicc. Hist.*, s.v. *adquirir;* Fontecha, *Glosario*, s.v. *acquisito*).

1143. "I'm obligated to her by more than friendship."

1144. *dexiste.* See note 952.

1145. *amicicia = amistad* (*Dicc. Hist.*, s.v.).

1146. Legally Polandria's consent to the marriage was required before the wedding could take place (see Alfonso X, *Partida* IV, *título* I, *ley* 10; cf. Lida de Malkiel, *Originalidad*, pp. 210-211). Cf. *Celestina*, II, 162: "Pues en esto las leyes dan libertad a los hombres e mugeres, avnque estén so el paterno poder, para elegir."

1147. "*Trastrigo* equivale a cosa *mejor que trigo*, y así, poco más o menos, se decía la frase figurada antes del siglo XV" (Rodríguez Marín, ed., *Don Quijote*, I, 179n; see O'Kane, *Refranes*, p. 180b). Correas explains the phrase: "Buskar pan de trastrigo. Por: buskar okasión de enoxo kon demasías inposibles. El trigo es el mexor grano i pan más subido, i es inposible hallarle mexor, ni trastrigo" (*Vocabulario*, p. 366). The phrase figures frequently in proverbs; see Rodríguez Marín, *21.000 refranes*, p. 394b; Martínez Kleiser, nos. 2.767-74.

1148. *tarja.* See note 787. Nykl lists no occurrences of the *tarja* in comparisons of small value (*MLN*, XLII [1927], 311-313).

1149. *vsar de sus madexas.* Cf. note 123.

1150. *menosprecio tuyo,* "menosprecio de ti." The possessive here is an objective genitive similar to that in the phrase "a pesar mío" (see J. Cary Davis, "A pesar mío, a pesar de mí," *Hispania,* XXXVI [1953], 459; Hoge, ed., Lope de Vega, *El príncipe despeñado,* p. 155, n. 733; Reichenberger, ed., Lope de Vega, *Carlos V en Francia,* p. 221).

1151. "Bien sé qué perro me ladra" (Rodríguez Marín, *12.600 refranes más,* p. 41a; Martínez Kleiser, no. 33.369).

1152. *éstas,* i.e., *estas barbas;* see note 368.

1153. *Pese ora a Lucifer.* See note 1092.

1154. *renegadero.* Not listed by *Dicc. Acad.* or Corominas.

1155. *duechas.* See note 861.

1156. See note 325.

1157. "*No ser, o no tener, arte ni parte en alguna cosa.* fr. No intervenir en ella de ningún modo" *(Dicc. Hist.,* s.v. *arte).*

1158. *dixerdes* (1539: *dixeredes*). Cf. note 58.

1159. *porquerón.* See note 689.

1160. An almost identical sentence was imposed on María García by the civil authority in Cuenca in 1559: "La condenó a salir, a voz de pregonero, caballera en un asno, desnuda hasta la cintura, untadas de miel las espaldas y encima borra de tundidores, con una mitra a manera de coroza en la cabeza, las manos atadas con una soga a la garganta, en la cual forma había de estar por tiempo de dos horas atada en la puerta del lugar" (Cirac Estopañán, *Procesos,* p. 242). The *coroça* was a traditional part of the punishment of *alcahuetas;* cf. note 558. Similar scenes are described in later imitations of the *Celestina:* "Acuerdo me, madre, del día que te canonizaron como de lo que oy he hecho, que aquel día yua yo con el despensero de las monjas, siendo mochacho, a comprar hueuos al mercado, y te vi puesta en la picota con más majestad que vn papa, assentada en el postrero passo de vna larga escalera con alta e autorizada mitra en la cabeça, que representauas vna cosa muy venerable. Y acuerdo me que inquiriendo yo la causa de aquella solemnidad, que para mi era cosa nueua, vi vnas letras que a la redonda de aquel como rocadero tenias en la cabeça que dezían por alcahueta e hechizera. Mochachos te fatigauan, vnos con pepinos, otros con verengenas, otros con troncos de verças, que no te dexauan reposar" (*Tragedia Policiana,* p. 18); "Averiguósele tambien tener sus puntas y collar de hechizera, por cuyos delitos el Corregidor la sentenció á cuatrocientos azotes y á estar en una escalera con una jaula y coroza en medio de la plaza, que fue un dia el mejor que en todo aquel año tubieron los muchachos de Salamanca" (*Tía fingida,* ed. Bonilla, p. 98). For an illustration of such a scene, see Goya's etching "Aquellos polbos" (no. 23).

FIGURE 4. Goya's *Caprichos*, No. 23, showing the punishment of an eighteenth-century *Hechicera*. Photographed by Tomás Magallón Antón, Madrid.

1161. *emplumada.* "Enplumar. Las alkaguetas, i ponerlas koroza i subirlas en una eskalera arrimada a pared; es usado en kastigo" (Correas, *Vocabulario*, p. 621). Magdalena de la Cruz was thus "emplumada" in Cuenca in 1582; see Cirac Estopañán, *Procesos*, p. 242. "Los mismos castigos se empleaban para alcahuetas y hechiceras: la coroza y las plumas hacían el gasto" (Caro Baroja, *Algunos mitos*, p. 240). Cejador explains the process in his edition of the *Celestina* (I, 121). References to the punishment are common and the words *alcahueta* and *emplumada* became practically synonymous: see Reinosa, p. 59; Cepeda, *Comedia Selvaje*, pp. 288, 294; Ubeda, *Pícara Justina*, ed. Puyol, I, 31. Cf. "E lo que más dello siento es venir á manos de aquella trotaconventos, despues de tres vezes emplumada" (*Celestina*, I, 121; cf. I, 140). "Señora, no os enojéis; que sean emplumadas cuantas hay por vuestro servicio, y quien desea tal oficio" (*Lozana andaluza*, p. 86); "Por servir a estos galanes / Dos veces me han emplumado, / Pues agora una coroza / O algun jubon sin costura" (Cepeda, *Comedia Selvaje*, p. 292); "Ea, subí, encantadora, / Hechicera retaimada, / Que habeis de ser emplumada" (ibid., pp. 295-296); "se dijo no sé qué de un cabrón y volar, lo cual la puso cerca de que la diesen plumas con que lo hiciese en público" (Quevedo, *Buscón*, p. 17; cf. p. 231n); "Yace en esta tierra fría, / Digna de toda crianza, / La vieja cuya alabanza / Tantas plumas merecía" (Quevedo, "Epitafio a Celestina," *Obras en verso*, p. 488); "Un sombrero con plumas trae la vieja, / que se empluma ella misma por alcahueta; / y hay quien diga que sobran allí las plumas, / porque saben sin ellas volar las brujas" (Salas Barbadillo, *El sagaz Estacio* [Madrid, 1924], p. 264).

1162. This *escalera* was simply a platform or stocks (see Goya's etching, "Aquellos polbos" [no. 23] rather a scaffold or gallows as one might assume from the woodcut on the title-page though Pedro Ciruelo recommended the death penalty for *hechiceros:* "Pues si las leyes justas del reino por un pequeño hurto mandan ahorcar o degollar al ladrón, porque dicen que todo ladrón se presume de ser homicida, con mucha mayor justicia debrían mandar sentencia a muerte a los hechiceros hombres y mujeres, porque no solamente dañan a sus próximos en la salud de la persona, que es mayor daño que en la hazienda, mas aun matan a muchas personas grandes y pequeñas; y ansí, todo hechicero se ha de presumir ser homicida y traidor en la república" (*Reprobación de supersticiones*, pp. 86-87). Such punishment when administered was usually by burning rather than hanging; cf. *auto II:* "¡Ansí la quemen!" For other references to *escaleras,* see notes 1160, 1161 .

1163. Whipping was frequently administered to *alcahuetas:* "Escarmentada habia ya de estar de las veces que he sido empicotada y azotada por este mi oficio en muchos pueblos de Castilla" (*Lisandro y Roselia*, p. 72); "A ella y á otras diez ó doce, las dieron á trescientos azotes" (Agustín de Rojas, *Viaje entretenido*, I, 87); "Un muchacho le dijo: —Hermano Vidriera, mañana sacan a azotar a una alcagüeta" (Cervantes, *Licenciado Vidriera*, in *Obras completas*, p. 883a); "Assi dentro de dos días le dio librança el Juez sobre el berdugo de quatrozientos açotes de muerte, que se los pago a letra vista" (Salas Barbadillo, *Hija de Celestina*, ed. Holle, p. 72). The whipping was performed while the victim rode a donkey along the "calles acostumbradas" (cf. *Lazarillo*, ed. Cejador, p. 73 and note; Alonso

FIGURE 5.   Goya's *Caprichos*, No. 24. Photographed by Tomás Magallón Antón, Madrid.

de la Vega, *Tres comedias* [Dresden, 1905], p. 83; *Don Quijote*, pt. I, ch. 22 [ed. Rodríguez Marín, II, 206 and note]; Tirso de Molina, *El vergonzoso en palacio*, II, 315-318 [ed. Castro, p. 60 and note]). See also Agapito Rey, *Cultura y costumbres del siglo XVI*, p. 127. "Cien azotes" was the maximum inflicted on *hechiceras* in the sixteenth century; see Cirac Estopañán, *Procesos*, p. 240.

1164. *jubón de açotes.* See note 583. Notice here the pun on the word *jubón*, "jacket," and "whipping." The pun occurs also in the *Comedia Salvaje* (see note 1161, above).

1165. *mitra.* Used sarcastically, for *coroza;* cf. the quotation from the *Tragedia Policiana* in note 1160.

1166. In his etching no. 24, titled "No hubo remedio," Goya depicts a scene in which an *alcahueta* or *hechicera* is being led along the street astride a donkey. She is bare-breasted and wears a *coroza.* Her hands are bound to a yoke under her neck which holds her head erect so that she cannot escape the jeers of the crowd.

1167. Cf. "Quien juzga, entienda que otro tal espera" (Martínez Kleiser, no. 35.452). The English equivalent is based on Matt. VII.1: "Judge not, that ye be not judged"; cf. *Oxford Dictionary of English Proverbs*, p. 328; Stevenson, 1279:3.

1168. "Pagar justos por pecadores." The phrase occurs frequently: O'Kane, *Refranes*, p. 139b; *Celestina*, I, 183; Espinosa, *Refranero*, p. 137; Garay, *Cartas*, p. 120; Correas, *Vocabulario*, p. 463; Martínez Kleiser, no. 33.749; Saporta, *Refranero sefardí*, p. 232; H. Molina, *Revista de Folklore*, no. 6, p. 328: "*Pagar justos por pecadores:* Cuando un padre va a castigar a sus hijos (aún a los inocentes) o un maestro a sus alumnos, sin el conocimiento del verdadero culpable, el reclamo se hace con este refrán; ¿por qué tienen que pagar justos por pecadores?" Campoamor titled a poem "Justos por pecadores." Cf. also: "Lazera el justo por el peccador" (Ferreira de Vasconcellos, *Comedia Ulysippo*, f. 50^v; Correas, p. 213); "¿Paga tal vez el inocente algo por el culpado?" (Tamayo y Baus, *No hay mal que por bien no venga*, III, i). In Port.: "Lazera o justo pelo peccador" (Frei João Álvares, *Obras*, I, 56; Ferreira de Vasconcellos, *Comedia Ulysippo*, ff. 20, 176^v; idem, *Comedia Eufrosina*, pp. 45, 80, 339.

1169. *mordaza.* "Catalina Gómez salió al auto con insignias de hechicera, coroza y mordaza en la lengua" (Cirac Estopañán, *Procesos*, p. 230). Cf. *Fuenteovejuna*, I, 509-512: "Mandó cortar las cabezas, / y a los de la baja plebe, / con mordazas en la boca, / azotar públicamente."

1170. "Por la justicia real fué condenada Elvira López de Malagón a salir caballera en un asno a la vergüenza, desnuda de la cintura arriba, con una coroza de papel en la cabeza, dándosele cien azotes, a voz de pregonero, y después había de irse perpetuamente desterrada de Ciudad Real y sus términos" (Cirac Estopañán, *Procesos*, pp. 233-234). Cf. note 1166, above.

1171. "Quien tal hace, que tal pague" (Espinosa, *Refranero*, p. 123; Ferreira de Vasconcellos, *Comedia Ulysippo*, f. 208^r; *La Lena*, p. 431; Moreto, *Baile de*

Lucrecia y Tarquino, ed. MacCurdy, p. 146, l. 120; Tirso de Molina, *Burlador de Sevilla*, III, 2757, 2773, 2849); "Kien tal haze, ke tal page; alza la mano i dale" (Correas, *Vocabulario*, p. 410: "Imitazión del pregón de los azotados"; Martínez Kleiser, no. 9.911); "Quien lo hizo que lo pague" (Garay, *Cartas*, p. 124; Rodríguez Marín, *21.000 refranes*, p. 409a; Martínez Kleiser, nos. 9.952, 55.376). O'Kane lists twelve variants (*Refranes*, p. 125b). Cf. below, l. 252: "Si yo lo hize, yo lo pagaré."

1172. See note 402.

1173. Again a conceptist play on words, this time on the meanings of the verb *correr, correrse*. Cf. the epigram quoted by Juan de Valdés in the *Diálogo de la lengua* (p. 127): "... que él de flaco no corre / y vos de flaco os corréis" (cf. Green, *Spain and the Western Tradition*, IV, 274).

1174. "Cartapel, la escritura larga, que junta pliego con pliego, y no buelue hoja, como los editos que se fixan a las puertas de las yglesias, tribunales y lugares públicos" (Covarrubias, s.v. *carta*).

1175. The pun on the word *rocadero* involves the two meanings, "coroza" (*Dicc. Acad.*), and "el castillejo que está en la rueca, a rededor del qual se pone o el lino o el estambre" (Covarrubias, s.v.).

1176. Cf. "Pagar justos por pecadores," note 1168.

1177. Cf. note 1171.

1178. See note 9.

1179. "Descubrir vna palabra por encubrir dos" does not appear in the standard proverb collections.

1180. Cf. "Dámela hacendada, y dártela he casada" (Rodríguez Marín, *12.600 refranes más*, p. 72b; Martínez Kleiser, no. 39.183).

1181. *en clusión = en conclusión*. This is undoubtedly a printer's error.

1182. *pardiós*. See note 188.

1183. *oyo*. See note 216.

1184. See note 9.

1185. *haze más al caso*. Usually used in the negative: "No hazer al caso, no ser a propósito ni causar inconveniente, como cosa impertinente" (Covarrubias, p. 316); "No haze al kaso. Por: no inporta, no inpide, no va nada" (Correas, *Vocabulario*, p. 664); "Isso não faz ao caso, ao negocio. (Não lhe póde servir de apoio, de argumento)" (Perestrello da Camara, *Collecção de proverbios* [Rio de Janeiro, 1848], p. 66).

1186. "Es de notar que en los triunfos y entradas romanas coronaban los triunfantes de coronas de laurel, y el capitán que así triunfaba llevaba un ramo de laurel en la mano. Así lo escribe Apiano Alejandrino en el triunfo de Scipión Africano, y otros muchos auctores y Plinio en el libro quince pone algunas causas y razones porque esto se hacía, do dice que por este árbol ser consagrado a Apolo o Phebo, que la ciega gentilidad tenía por Dios; y porque en el monte Parnaso, que era consagrado a él, había muy grandes y singulares laureles, es su opinión que los triunfantes se coronaban con ramos de laurel" (Pero Mejía, *Silva de varia lección,* I, 208-209).

1187. *abrí* = *abrid. Vos* is used again to indicate annoyance; see note 510.

1188. *Duelos tenemos.* See note 511.

1189. *Voto a aquella casa santa.* See note 649.

1190. See note 636.

1191. See note 95.

1192. "A buen servicio mal galardón" (Covarrubias, p. 621a); cf. "No ai servizio ke espere igual galardón" (Correas, *Vocabulario,* p. 241; Martínez Kleiser, no. 54.462); "El que es buen seruidor / siempre ha buen galardon / se atura" (Vicente, *Comedia del viudo,* in *Obras completas,* f. 103ʳ). Cf. also XLVIII, 245.

1193. "*Caire, Cairo, Cairon,* o *Caida.* Es lo que gana la muger con su cuerpo" (Juan Hidalgo, *Bocabulario de germanía,* in G. Mayans de Siscar, *Orígenes de la lengua española* [Madrid, 1873], p. 235); cf. Hill, *Voces,* p. 35.

1194. " 'De tales romerías, se sacan tales veneras,' quando de las ramerías y conversaciones de ruines mugeres se hinchen los hombres de buvas" (Covarrubias, p. 998a). Cf. "Quales rromerýas andaua, tales ventas trae" (Espinosa, *Refranero,* p. 210); "Cuales romerías haces tales veneras traes" (*Segunda Celestina,* p. 503); "Kuales rromerías andan, tales veneras sakan" (Correas, *Vocabulario,* p. 438).

1195. See note 87.

1196. The usual concept is that expressed by the English proverb, "One poison expels another" (Howell, *Proverbs* [1659], p. 34); cf. Ausonius, *Epigrams,* no. 3, l. 12: "Cum fata volunt, bina venera iuvant" (apud Stevenson, 1825:2).

1197. See note 223.

1198. *tené* = *tened;* cf. notes 686, 1187.

1199. Hanssen notes a single occurrence of the ending *-ucia* (*Gramática,* §309), but not as an augmentative; *u* in the suffix is usually depreciative (ibid., §270; cf. Gooch, *Diminutive, Augmentative and Pejorative Suffixes,* pp. 265-278). *Vergonsuzia* may be a hybrid word formation based on *vergonzosa* and *sucia.*

1200. "Poner del lodo. Poner a uno en menoskabo, pérdida i daño" (Correas, *Vocabulario,* p. 726).

1201. "Papirote, el golpe que se da apoyando el dedo que comúnmente se llama de corazón, sobre el dedo pulgar y soltando el del corazón con violencia, el cual da comúnmente en la cabeza, frente á otra parte de la cara" (*Dicc. Aut.*).

1202. "Téngase presente que por Guinea se entendía entonces toda la costa atlántica de Africa descubierta por los portugueses, por debajo del Cabo Bojador" (Castellano, "El negro esclavo . . . ," p. 65).

1203. See note 884.

1204. *más de quatro,* indefinite, i.e., "plenty of people."

1205. *buen.* See note 211.

1206. *desapartar = separar.* "De bárbaro calificaba el Dicc. de Autoridades el verbo desapartar, que todavía usa el vulgo español" (Cuervo, *Apuntaciones,* §908).

1207. "*Acender* . . . tr. ant. Encender" (*Dicc. Hist.*). Cf. Gili Gaya, *Tesoro,* s.v. *encender.*

1208. Another conceptist passage similar to those noted above: *desseo tan desseado, dichoso . . . dicha, fingir . . . fingido;* cf. below: *razón en mis razones.* In the preceding lines, Gómez uses paradox: "¡Qué dissimulaciones con que he encubierto!"

1209. There are many similar proverbs (cf. Martínez Kleiser, no. 360), although this one is not listed in the *refraneros.*

1210. *primeza.* This form does not appear in *Dicc. Acad.* or Corominas.

1211. *las calores.* See note 164.

1212. *ecepto = excepto;* cf. J. M. Escudero, ed., Fernández de Oviedo, *Libro de la Cámara,* p. 267.

1213. Correas lists "En la tardanza está el peligro" (*Vocabulario,* p. 126; Rodríguez Marín, *21.000 refranes,* p. 187b; Martínez Kleiser, no. 59.946). Cf. Güete, *Comedia Vidriana,* vv. 1911-12 (ed. Cronan, p. 232): "La tardança es causadora / de pena al que esta en cuydado"; *Don Quijote,* pt. I, chs. 29, 46: "En la tardanza suele estar el peligro." In Latin: "In mora periculi" (Livy, *History,* XXXVIII, xxv, 13); "Mora non tuta est" (Ovid, *Artis Amatoriae,* II, 731). The English is "There is danger in delay" and "Delays are dangerous" (Stevenson, 546:7).

1214. This phrase does not appear in any of the proverb collections consulted.

1215. *en vn ayre.* See note 555.

1216. "*Mongiles.* — Traje de lana que usaban las mugeres para luto, llevando en él, las que no eran viudas, unas mangas perdidas pendientes de la espalda del jubón, y á las que comunmente se llamaba tambien mongiles" (Escudero, ed., Fernández de Oviedo, *Libro de la Cámara,* p. 279).

1217. *mártil* = *mártir;* cf. López de Ubeda, *Pícara Justina,* ed. Puyol, II, 298.

1218. *docientos.* See note 1071.

1219. *cosa ninguna.* On postpositional *ninguno,* see note 269.

1220. The fur of *martas cebellinas* was a symbol of great luxury; see Malón de Chaide, *Conversión,* I, 193; *Lisandro y Roselia,* p. 114; *Don Quijote,* pt. II, ch. 53; cf. Covarrubias, s.v. *cebellinas.*

1221. Covarrubias (s.v. *Jorge*) speaks of "La pintura de San Jorge, armado de punta en blanco, sobre un cavallo, que con la lança atraviessa un dragón espantable, y a un lado, sobre un peñasco, está una donzella de rodillas, con las manos puestas como que le está pidiendo favor," and adds that "quando uno va muy armado, dizen que va hecho un San Jorge, aludiendo a su pintura."

1222. *diamente* (1539: *diamante*): By contamination with the suffix -*mente.* Covarrubias notes that the diamond "es symbolo de la fortaleza, según los sinifica su nombre. Algunas vezes de obstinación y ánimo endurecido, impío y sin miseri-cordia" (s.v. *diamante*). Cf. the Pseudo-Aristotle, *Poridat de las poridades,* ed. Lloyd A. Kasten (Madrid, 1957), p. 74: "Los diamantes son unas piedras ualientes"; Mejía, *Silva de varia lección,* I, 511: "La estrella llamada *cabeza de Algol,* da virtud y fuerza al diamante."

1223. "... ninguno saldrá de regla hasta allá (i.e., hasta que lleguemos)."

1224. *estrado.* See note 373.

1225. *como la nieue,* "as white as snow," a common comparison (see Rodríguez Marín, *Mil trescientas comparaciones,* p. 34: "Más blanco que la niebe; ... —qu' el arminio"; cf. Frank J. Wilstach, *A Dictionary of Similes* [Boston, 1930], p. 471).

1226. On white as a symbol of *castidad,* see note 263; on red as a symbol of *alegría,* see note 261.

1227. "Colación, del mesmo verbo *confero, confers,* se dize el título y mandato de possessión con la solenidad de imposición del bonete que se da del beneficio al proveído en él" (Covarrubias, s.v.).

1228. Felides' speech is filled with conceptistic word plays such as this: *prometiste ... prometer ... prometió ... promesas, gracia ... graciosa, justa justi-fiquéme ... justas ... injustas.* Cf. Paltrana's speech just before, where she repeats some form of the verb *considerar* three times in one phrase.

1229. *innumerable* (1539: *inumerable*). Cf. note 20.

1230. Such "promotions" were not unknown in literature; cf. the *Libro del Caballero Cifrar,* where Ribaldo is raised from the status of servant and given the title Cauallero Amigo (ed. Wagner [Ann Arbor, 1929], p. 191).

1231. I.e., "Pregúntale si se casaría con cualquiera simplemente para perder su cuidado." Cf. Covarrubias, s.v. *descuidar:* "Perder cuydado."

1232. Correas, *Vocabulario,* p. 585: "Hablar adefesios. Por: hablar a despropósitos." Covarrubias explains the phrase, relating it to the story of the *efesio* Hermodoro, "de donde nació el proverbio: 'Hablar *ad Efesios,*' quando en opinión de los que oyen alguna razón o escusa, no la admiten, y les parece que no viene a propósito porque no les quadra." *Dicc. Hist.* incorrectly considers *adefesio* a substantive; cf. Corominas, s.v. (1.º doc.: 1555); cf. "Todo va *ad efesios*" (Espinosa, *Refranero,* p. 35); "Respondeis adefesios" (Ferreira de Vasconcellos, *Comedia Eufrosina,* p. 18; the Evora 1561, 1566, eds. of *Eufrosina* have "ad Efesios.").

1233. Cf. XXVIII, 383-384: "Lo que se ríe muchas vezes de burla se llora de veras."

1234. "Al que es agudo hablador y sin fundamento dezimos ser bachiller" (Covarrubias, s.v. *bachiller*).

1235. "Más vale lo zierto ke lo dudoso" (Correas, *Vocabulario,* p. 538; Martínez Kleiser, no. 22.910); "No se ha de dexar lo çierto por lo dudoso" (Espinosa, *Refranero,* p. 78). Cf. Rodríguez Marín, *21.000 refranes,* p. 297b: "Más vale malo conocido que bueno por conocer"; Brenan, *South from Granada,* p. 200: "As the proverb said — better the known evil than the good to come."

1236. Apparently something is lacking at this point. The meaning seems to be ". . . since I'm the one asking you to do this . . ."

1237. *agros,* "sour"; cf. José María Aguado, *Glosario sobre Juan Ruiz,* s.v.; *Dicc. Hist.,* s.v.

1238. Cf. "Con deseo de chapines, metí el pie en un cántaro" (Espinosa, *Refranero,* p. 92); "Por (Con) deseo de zuecos, metí el pie (los pies) en un cántaro" (Santillana, *Obras,* p. 518; Correas, *Vocabulario,* p. 425; Martínez Kleiser, no. 2.709; cf. O'Kane, *Refranes,* p. 235b); "Con deseos de chapín, metí los pies en un celemín" (Rodríguez Marín, *21.000 refranes,* p. 79b; Martínez Kleiser, no. 2.711); "Kon deseo de zuekos, kalzéme estos pucheros" (Correas, p. 425; Martínez Kleiser, no. 2.710). *Chapines* were generally not worn until the girl was married (cf. note 166), hence, her desire for them.

1239. "*Menistriles* o *ministriles.* — Los músicos instrumentistas, en particular los que tocaban instrumentos de viento" (J. M. Escudero, ed., Fernández de Oviedo, *Libro de la cámara real,* p. 278).

1240. *cuydos* = *cuidados;* see Cejador, *Vocabulario medieval castellano* (Madrid, 1929), s.v.

1241. Cf. "La ración de palacio, quien la pierde, no le an grado" (see note 864).

1242. "Al hombre (mozo) vergonzoso, el diablo le llevó a palacio" appears frequently, with slight variations: *Celestina,* I, 257; *Comedia Thebayda,* p. 342; *Comedia Seraphina,* p. 339; *Segunda Celestina,* pp. 292, 412, 429; Arceo, *Adagiorum,* p. 55b; Covarrubias, pp. 845a, 1002b; Cervantes, *Licenciado Vidriera,* in *Novelas ejemplares,* ed. Rodríguez Marín, II, 43; Correas, *Vocabulario,* p. 47;

Haller, *Altspanische Sprichwörter*, p. 77; Rodríguez Marín, *21.000 refranes*, p. 22b; Martínez Kleiser, no. 63.159; O'Kane, *Refranes*, p. 229a. Tirso de Molina titled a play *Vergonzoso en Palacio* (see F. C. Hayes, "The Use of Proverbs as Titles and Motives in the *Siglo de Oro* Drama: Tirso de Molina," *HR*, VII [1939], 310-323). In Portuguese: "Homem vergonhoso o diabo o trouxe a paço" (Ferreira de Vasconcellos, *Comedia Ulysippo*, f. 157ᵛ; idem, *Comedia Eufrosina*, p. 168).

1243. "Onrra es de los amos la ke se haze a los kriados" (Correas, *Vocabulario*, p. 170; Martínez Kleiser, no. 14.117).

1244. Though earlier, marriages between relatives of the seventh degree were prohibited, the impediment of consanguinity was confined to relationships within the fourth degree by the Fourth Lateran Council (1215); see Charles E. Smith, *Papal Enforcement of Some Medieval Marriage Laws* (Baton Rouge, 1940), pp. 15-21, and G. C. Crump and E. F. Jacobs, eds., *The Legacy of the Middle Ages* (Oxford, 1926), p. 346. Cf. Hernando de Talavera, *Breve forma de confesar* (NBAE, vol. 16), p. 17b: "Pecan los que se casan, si no son personas legítimas para ello, así como si amos ó cualquier dellos hicieron voto de virginidad, ó á lo menos de no casar; . . . ó si son parientes carnales ó cuñados dentro del cuarto grado."

1245. Vows of celibacy and admission to the priesthood and religious orders prevented marriage; see Smith, *Papal Enforcement*, p. 2; Hernando de Talavera, loc. cit.; cf. Francisco Toledo, *Instrucción de sacerdotes y suma de casos de conciencia* (Valencia, 1617, p. 778 [apud Fichter, ed., Lope de Vega, *El castigo del discreto*, p. 238]): "Error, condicion, voto, cognacion, delicto, / Religion contraria, fuerça, orden, ligamen, honestidad. / Si fueres pariente, o fueres impotente. / Estos casos prohiben el matrimonio, y hecho le dirimen."

1246. "*Cheremía.* — Chirimía, instrumento músico de madera, semejante al oboe, aunque más largo, sin llaves, con agujeros para los dedos y lengüeta doble de caña en la embocadura" (J. M. Escudero, ed., Fernández de Oviedo, *Libro de la cámara real*, p. 266); cf. Lope de Vega, *Carlos V en Francia*, ed. Reichenberger, v. 961 and note (p. 211).

1247. "*Sacabuches.* — Instrumentos músicos de metal á modo de trombones, y llamados así de la manera de tocarlos, metiendo y sacando una en otra las dos partes de que se componen" (Escudero, op. cit., p. 288).

1248. "*Vihuela.* — Instrumento músico, de seis ó siete cuerdas (de tripa), que se tocaba unas veces con la mano, llamándose entonces *vihuela de mano;* otras con arco, á la manera de nuestro violín, recibiendo en este caso el nombre de *vihuela de arco*" (Escudero, op. cit., p. 302).

1249. *son* = "[musical] key," "tune."

1250. *llano.* "Canto llano en música, es el punto quadrado y la introducción para el canto de órgano. Y assí dezimos llevar el canto llano quando va muy sucinto, dando lugar a que otros discanten sobre lo que ha dicho" (Covarrubias, s.v.).

1251. *"Desecha.* Un cierto género de cancioncita, con que se acaba el canto. Y desecha vale despedida cortés" (Covarrubias). Cf. *Segunda Celestina,* p. 30.

1252. Because *h-* was still aspirated, this line has the required eight syllables; cf. below: *no hallan.* See Menéndez Pidal, *Lengua de Colón,* p. 84; Harry Deferrari, "Notes on the Value of 'H' in Old Spanish," *HR,* IV (1936), 183-186. *H* was an aspirated consonant well into the sixteenth century (see Navarro Tomás, ed., Garcilaso, *Obras,* p. 10n), though the aspiration began to disappear in the last quarter of the century (Menéndez Pidal, *Manual,* §38.2). *H* < Lat. *f* continued to be aspirated longer, however; about 1631, Juan de Robles says in a Ms. copy of the *Primera parte de El culto sevillano* (in Gallardo, *Ensayo,* IV, 150): "Esta letra tiene dos sonidos: uno fuerte y necesario, como *hacienda, hecho, hijo, hoyo, humo;* otro más blando, como *honor, hora, hombre . . .";* cf. Menéndez Pidal, *Manual,* §38.1.

1253. *vihuelas de arco.* See note 1248.

1254. *"Rabel.* Instrumento músico de cuerdas y arquillo; es pequeño y todo de una pieça, de tres cuerdas y de vozes muy subidas. Usan dél los pastores, con que se entretienen, como David hazía con su instrumento" (Covarrubias, s.v.).

1255. *desposasto.* None of the grammatical sources consulted (Menéndez Pidal, *Manual;* Hanssen, *Gramática; Gram. Acad.;* Keniston, *Syntax;* Bello-Cuervo, *Gramática;* Cuervo, *Apuntaciones*) lists this or any other irregular past participle for the verb *desposasto.*

1256. See note 110.

1257. Cf. "No tengo padre, ni conpadre, ni perro que me ladre" (Espinosa, *Refranero,* p. 175); "Yo no tengo perro que me ladre" (ibid., p. 188); "Esta no tiene en casa padre ni madre ni can que la ladre" (*Comedia Florinea,* p. 169); "Ni tengo padre ni madre, ni perro que me ladre" (Juan de Mal Lara, *Filosofía vulgar,* III [Barcelona, 1958], 195; Correas, *Vocabulario,* p. 236; Covarrubias, p. 864b; Martínez Kleiser, no. 1.989; cf. no. 15.826).

1258. "Más vale (estar) solo que mal acompañado" (O'Kane, *Refranes,* pp. 214b, 215a; *Refranes glosados,* f. A 5ʳ; *Celestina,* I, 123; *Comedia Thebayda,* p. 247; Espinosa, *Refranero,* p. 221; Garay, *Cartas,* p. 161; *Comedia Florinea,* p. 233; Correas, *Vocabulario,* p. 539; Lea, *Literary Folklore,* p. 236; Martínez Kleiser, no. 11.739; Saporta, *Refranero sefardí,* p. 282). Cf. Denah Lida, no. 177: "Mejor solo que mal acompañado."

1259. See note 912.

1260. *quien.* See note 158.

1261. *Trenidad,* by dissimilation: *i-i > e-i* (Cuervo, *Apuntaciones,* §785).

1262. *piernas,* in the 1539 ed., though *piedras* is more logical and may have appeared on the missing leaves of the 1536 ed. Cf. L, 18 ff.

1263. *crueza.* See note 645.

1264. "El llevar lumbres encendidas en los entierros de los fieles se ha usado desde la primitiva Iglesia ... También se ponen lumbres sobre las sepulturas de los difuntos fieles" (Covarrubias, *Tesoro*, p. 285).

1265. *piadad*. Cf. note 928.

1266. See note 433.

1267. "It would be beyond my power to try to keep this excess number of masses from being said or the honor which you owe to her from being fulfilled ..."

1268. *dubia,* "vacillating"; a pure Latinism (Lat. *dubius*).

1269. Ordinarily, calling for "Confesión" would not be sufficient evidence of repentance entitling Celestina to burial "en buen lugar de la yglesia." However, Martín de Azpilcueta states that the repentance must be assumed genuine: "Se engañan muchos pēsando, q̃ qualquier dolor, y herir de pechos, y qualquier *Miserere mei,* basta para el perdō de los pecados mortales, y es contriciō: pues para ello es menester arrepentimiēto tā generoso y qualificado como està dicho. Ni repugna a esto q̃ los q̃ muerē estādo en pecado mortal sin confesiō, se presumē morir arrepentidos, y cōtritos, si muestrā algunas señales dello, como si piden cōfessiō, o jurā obedecer a los mandados de la yglesia: o si no pueden hablar, leuātan las manos al cielo o hierē los pechos, como lo dize Host. Porq̃ esto es verdad, para effecto de presumir, q̃ murierō cōtritos, y de no denegarles la absoluciō de la descomuniō, ni la sepultura. Pero no, pa. effecto de morir delāte de Dios verdaderamēte cōtritos, si dētro de sus almas no tuvierō arrepētimiēto en la manera susodicha qualificado" (*Manual de confesores y penitentes* [Barcelona, 1567], p. 7; cited by Archimede Marni, "Did Tirso Employ Counterpassion in his *Burlador de Sevilla?*," HR, XX [1952], 130-131). I thank Professor Otis H. Green for calling this reference to my attention.

Bibliography of Works Consulted

(With a List of Abbreviations Used)

Aarne, Antti, and Stith Thompson. *The Types of the Folktale.* Helsinki, 1961.

A Dictionary of American English on Historical Principles, ed. Sir William A. Craigie and James R. Hulbert. 4 vols. Chicago, 1938-44.

Adrião, José María. "Retalhos de um Adagiário," *Revista Lusitana,* XXXII (1934), 5-55.

Aguado, José María. *Glosario sobre Juan Ruiz.* Madrid, 1929.

Aguirre, J. M. *Calisto y Melibea, amantes cortesanos.* Zaragoza, 1962.

Alarcón, Pedro Antonio de. *El sombrero de tres picos,* ed. E. H. Hespelt. New York, 1958.

Alcázar, Baltasar de. *Poesías.* Madrid, 1910.

Alemán, Mateo. *Guzmán de Alfarache,* ed. Samuel Gili y Gaya. 5 vols. Madrid, 1926-36.

Alfonso X. *Las siete partidas,* in *Códigos españoles y colección legislativa,* ed. José Muro Martínez, vols. 3-4 (Madrid, 1881).

Álvares, Frei João. *Obras,* ed. Adelino de Almeida Calado. 2 vols. Coimbra, 1959-60.

Andreas Capellanus. *The Art of Courtly Love,* tr. John Jay Parry. New York, 1941.

Anibal, Claude E. Review of *El mayor imposible de Lope de Vega Carpio,* ed. John Brooks, *HR,* III (1935), 252-260.

Anzoátegui, Ignacio B. *Tres ensayos españoles: Mendoza, o el héroe; Góngora, o el poeta; Calixto, o el amante.* Buenos Aires, 1938.

Appendix Probi, ed. W. Heraeus. Leipzig, 1899.

Aranda, Juan de. *Lugares comunes de conceptos, dichos y sentencias.* Madrid, 1613.

Arceo, Fernando. *Adagiorum,* in Sbarbi, *Monografía sobre los refranes* (Madrid, 1891), pp. 53-58.

Arco, Ricardo del. *La sociedad española en las obras de Lope de Vega.* Madrid, 1941.

Aretino, Pietro. *Works,* tr. Samuel Putnam. 2 vols. New York, 1926.

Armendáriz, Julián de. *Las burlas veras,* ed. S. L. M. Rosenberg. Philadelphia, 1917.

Arora, Shirley L. *Proverbial Comparisons in Ricardo Palma's "Tradiciones peruanas."* Berkeley-Los Angeles, 1966.

––––––. "Some Spanish Proverbial Comparisons from California," *WF,* XX (1961), 229-237.

Asensio, Manuel J. "A Rejoinder," *HR*, XXI (1953), 45-50.

——. "El tiempo en *La Celestina*," *HR*, XX (1952), 28-43.

——. "La intención religiosa del *Lazarillo de Tormes* y Juan de Valdés," *HR*, XXVII (1959), 78-102.

Ashcom, B. B. "'By the Altitude of a Chopine,'" *Homenaje a Rodríguez-Moñino* (Madrid, 1966), I, 17-27.

Atkinson, William C. "*Comedias, Tragicomedias* and *Farças* in Gil Vicente," *Boletim de Filologia*, XI (1950), 268-280.

——. "*La Dorotea*, acción en prosa," *BSS*, XII (1935), 198-217.

Ayllón, Cándido. "Death in *La Celestina*," *Hispania*, XLI (1958), 160-164.

Azkue, Resurrección María de. *Diccionario Vasco-Español-Francés*. 2 vols. Bilbao, 1905-06.

Azorín [J. Martínez Ruiz]. *Doña Inés*. Madrid, 1929.

——. "Las nubes," in *Castilla* (2nd ed., Madrid, n.d.), pp. 83-90.

Bach y Rita, Pedro. *The Works of Pere Torroella*. New York, 1930.

BAE = Biblioteca de Autores Españoles.

Baedeker, Karl. *Spain and Portugal*. Leipzig, 1901.

Barakat, Robert A. "Gesture Systems," *Keystone Folklore Quarterly*, XIV (1969), 105-121.

Barbera, Raymond E. "Calisto: The Paradoxical Hero," *Hispania*, XLVII (1964), 256-257.

——. "Sempronio," *Hispania*, XLV (1962), 441-442.

Baroja, Pío. *Aventuras, inventos y mistificaciones de Silvestre Paradox*. Ed. Austral. Buenos Aires, 1954.

Barrera y Leirado, Cayetano Alberto de la. *Catálogo bibliográfico y biográfico del teatro antiguo español*. Madrid, 1860.

Barrick, Mac E. "Sancho's Trip to El Toboso: A Possible Source," *MLN*, LXXXI (1966), 222-225.

Barros, João de. *Panegíricos*, ed. M. Rodrigues Lapa. Lisboa, 1943.

Bataillon, Marcel. "*La Célestine*" *selon Fernando de Rojas*. Paris, 1961.

Batalha, Ladislau. *Histório geral dos adágios portugueses*. Paris-Lisboa, 1924.

BBMP = *Boletín de la Biblioteca Menéndez Pelayo*.

Bell, A. F. G. *Castilian Literature*. Oxford, 1938.

——. *Cervantes*. Norman, Okla., 1947.

Bello, Andrés, and Rufino J. Cuervo. *Gramática de la lengua castellana destinada al uso de los americanos*. 19th ed. Paris, 1918.

Benito, José de. *Hacia la luz del Quijote*. Madrid, 1960.

Benoliel, José. "Dialecto judeo-español-marroquí o hakitia," *BRAE*, XIII (1926), 209-233, 342-363, 507-538; XIV (1927), 137-168, 196-234, 357-373, 566-586; XV (1928), 47-61, 188-223.

Benzing, Josef. "Zum Heidelberger Buchdruck im ersten Viertel des 16. Jahrhunderts. Mit vier Abbildungen," *Gutenberg-Jahrbuch*, XXXV (1960), 172-179.

Berceo, Gonzalo de. *Vida de Santo Domingo de Silos y Vida de Santa Oria, virgen*. Ed. Austral. Buenos Aires, 1943.

Berdau, Emil. "Der Mond in Volksmedizin, Sitte und Gebräuchen der mexikanischen Grenzbewohnerschaft des südlichen Texas," *Globus*, LXXXVIII (1905), 383.

Berndt, Erna Ruth. *Amor, muerte y fortuna en "La Celestina."* Madrid, 1963.

Berzunza, Julius. "Notes on Witchcraft and *Alcahuetería*," *RR*, XIX (1928), 141-150.

BHS = Bulletin of Hispanic Studies.

Bloomfield, Morton W. "The Origin of the Concept of the Seven Deadly Sins," *Harvard Theological Review*, XXXIV (1941), 121-128.

————. *The Seven Deadly Sins: An Introduction to the History of a Religious Concept*. Lansing, Mich., 1952.

Boggs, Ralph S., Lloyd Kasten, Hayward Keniston, and H. B. Richardson. *A Tentative Dictionary of Medieval Spanish*. Chapel Hill, 1946.

Boil Vives de Cansema, Carlos. "Romance a un licenciado que deseaba hacer comedias," BAE, XLIII, pp. xxvi-xxvii.

Bolinger, Dwight L. "Ser Bien," *Hispania*, XXXV (1952), 474-475.

Bonilla y San Martín, Adolfo. *Anales de la literatura española*. Madrid, 1904.

————. "Antecedentes del tipo celestinesco en la literatura latina," *RHi*, XV (1906), 372-386.

Book of Beasts, tr. T. H. White. New York, 1954.

Boughner, Daniel C. *The Braggart in Renaissance Comedy*. Minneapolis, 1954.

Bowers, Robert H. "Gesticulation in Elizabethan Acting," *SFQ*, XII (1948), 267-277.

BRAE = Boletín de la Real Academia Española.

Brenan, Gerald. *South from Granada*. New York, 1958.

Brooks, John. "*Más que, mas que* and *mas ¡qué!*," *Hispania*, XVI (1933), 23-34.

Brown, Lawrence K. *A Thesaurus of Spanish Idioms and Everyday Language*. New York, 1945.

Brucker, Gene A. "Sorcery in Early Renaissance Florence," *Studies in the Renaissance*, X (1963), 7-24.

BSS = Bulletin of Spanish Studies.

Bucklin, L. B. "Gloria," *NRFH*, VIII (1954), 71-77.

Buero Vallejo, Antonio. *Dos dramas . . . Aventura en lo gris. Las palabras en la arena*, ed. Isabel Magaña Schevill. New York, 1966.

————. *Hoy es fiesta*. Madrid, 1960.

Cabañas, Pablo. *El mito de Orfeo en la literatura española*. Madrid, 1948.

Cahier, Charles. *Quelque six mille proverbes et aphorismes usuels empruntés à notre âge et aux siècles derniers*. Paris, 1856.

Calderón de la Barca, Pedro. *Comedias*, ed. Juan Eugenio Hartzenbusch. BAE, vols. VII, IX, XII, XIV. Madrid, 1848-50.

————. *El mayor monstruo los celos*, ed. Everett W. Hesse. Madison, 1955.

Calvo Sotelo, Joaquín. *La herencia*. Madrid, 1958.

————. *Milagro en la Plaza del Progreso*, in *Teatro español 1953-54* (Madrid, 1955), pp. 9-69.

Camões, Luís de. *Obras completas*, ed. Hernâni Cidade. 3 vols. Lisboa, 1946.

Cancionero castellano del siglo XV, ed. R. Foulché-Delbosc. NBAE, vols. XIX, XXII. Madrid, 1912-15.

Cantar de Mío Cid, ed. Ramón Menéndez Pidal. 3 vols. Madrid, 1954-56.

Carboneres, Manuel. *Picaronas y alcahuetes ó la mancebía de Valencia.* Valencia, 1876.

Caro Baroja, Julio. *Algunos mitos españoles y otros ensayos.* 2nd ed. Madrid, 1944.

————. *Las brujas y su mundo.* Madrid, 1961.

————. *Los pueblos del norte de la península ibérica.* Madrid, 1943.

————. *Los vascos.* Madrid, 1958.

————. *Materiales para una historia de la lengua vasca.* Salamanca, 1946.

Carreras y Candi, F. *Folklore y costumbres de España.* 3 vols. Barcelona, 1931-34.

Carvajal, Micael de. *Tragedia Josephina,* ed. Joseph E. Gillet. Princeton-Paris, 1932.

————, and Juan Hurtado de Toledo. *Cortes de la muerte,* in BAE, XXXV, 1-41.

Carvalho-Neto, Paulo de. *Folklore poético.* Quito, 1966.

Casas Gaspar, Enrique. *Costumbres españolas de nacimiento, noviazgo, casamiento y muerte.* Madrid, 1947.

Cascales, Francisco. *Cartas filológicas,* ed. Justo García Soriano. 3 vols. Madrid, 1930-41.

————. *Tablas poéticas.* Madrid, 1779.

Cassiday, Bruce. *Operation Goldkill.* New York, 1967.

Castañeda, Vicente, and Amalio Huarte. *Nueva colección de pliegos sueltos.* Madrid, 1933.

Castañega, Fray Martín de. *Tratado de las supersticiones y hechicerías.* Madrid, 1946.

Castellano, Juan R. "El negro esclavo en el entremés del siglo de oro," *Hispania,* XLIV (1961), 55-65.

Castigos e documentos para bien vivir ordenados por el Rey Don Sancho IV, ed. Agapito Rey. Bloomington, Ind., 1952.

Castillejo, Cristóbal de. *Obras,* ed. J. Domínguez Bordona. 4 vols. Madrid, 1957-60.

Castillo de Lucas, Antonio. "Crítica a la crítica de los refranes del P. Feijoo," *RDTP,* XXII (1966), 97-118.

Castillo Solórzano, Alonso de. *La garduña de Sevilla y anzuelo de las bolsas,* ed. Federico Ruiz Morcuende. Madrid, 1957; Ed. Austral, Buenos Aires, 1955.

————. *La niña de los embustes,* ed. E. Cotarelo. Madrid, 1906.

Castro, Américo. *España en su historia.* Buenos Aires, 1948.

————. *The Structure of Spanish History,* tr. Edmund L. King. Princeton, 1954.

Castro, Guillén de. *Las mocedades del Cid,* ed. V. Said Armesto. Madrid, 1962.

Castro Guisasola, F. *Observaciones sobre las fuentes literarias de la Celestina.* Madrid, 1924.

Catholic Encyclopedia. 15 vols. New York, 1907-12.

Cejador y Frauca, Julio. *Fraseología o estilística castellana.* 4 vols. Madrid, 1921-25.

————. *Vocabulario medieval castellano.* Madrid, 1929.

Cela, Camilo José. *El ciudadano Iscariote Reclús.* Madrid, 1965.

————. *La familia de Pascual Duarte,* New York, 1961.

Celestina, see Rojas.

Cervantes Saavedra, Miguel de. *Comedias y entremeses,* ed. Rodolfo Schevill and Adolfo Bonilla. 6 vols. Madrid, 1915-22.

Cervantes Saavedra, Miguel de. *Don Quijote de la Mancha,* ed. F. Rodríguez Marín. 4th ed. 8 vols. Madrid, 1942-48.

————. *El casamiento engañoso y el Coloquio de los perros,* ed. A. Amezúa y Mayo. Madrid, 1912.

————. *El ingenioso hidalgo Don Quijote de la Mancha,* ed. Diego Clemencín. 6 vols. Madrid, 1833-39.

————. *Novelas ejemplares,* ed. F. Rodríguez Marín. 2 vols. Madrid, 1952.

————. *Novelas exemplares,* ed. R. Schevill and A. Bonilla. 2 vols. Madrid, 1922.

————. *Obras completas,* ed. A. Valbuena Prat. Madrid, 1956.

————. *Rinconete y Cortadillo,* ed. F. Rodríguez Marín. Madrid, 1920.

Chavarria-Aguilar, O. L. "Proverbs from Costa Rica," *WF,* VIII (1949), 248-251.

Chaves, Pedro. *Rifoneiro português.* 2nd ed. Porto, 1945.

Cirac Estopañán, Sebastián. *Los procesos de hechicerías en la Inquisición de Castilla la Nueva.* Madrid, 1942.

Ciruelo, Pedro. *Reprobación de las supersticiones y hechicerías.* Salamanca, 1539; Madrid, 1952.

CL = Comparative Literature.

[Cohen, J. M.]. "Star-Crossed Lovers," *TLS,* June 19, 1958, p. 368.

Comedia Florinea, see Rodríguez Florián.

Comedia llamada Seraphina, in *Colección de libros españoles raros o curiosos,* vol. 5 (Madrid, 1873), pp. 295-403.

Comedia llamada Thebayda. Madrid, 1894.

Comedia Selvagia, see Villegas Selvago.

Comedia Ypolita, ed. Philip Earle Douglass. Philadelphia, 1929.

Cooper, Lane. *The Poetics of Aristotle. Its Meaning and Influence.* Ithaca, N.Y., 1956.

Corominas, Juan. *Diccionario crítico etimológico de la lengua castellana.* 4 vols. Berna, 1954-57.

Correa, Gustavo. "Naturaleza, religión y honra en *La Celestina,*" *PMLA,* LXXVII (1962), 8-17.

Correas, Gonzalo. *Vocabulario de refranes y frases proverbiales (1627),* ed. Louis Combet. Bordeaux, 1967.

Cossío, J. M. de. "Rodrigo de Reinosa y sus obras," *BBMP,* XXI (1945), 9-70.

Cotarelo y Mori, Emilio. *Colección de entremeses, loas, bailes, jácaras y mojigangas.* NBAE, vols. 17-18. Madrid, 1911.

Covarrubias, Sebastián de. *Tesoro de la lengua castellana o española,* ed. Martín de Riquer. Barcelona, 1943.

Crawford, J. P. W. "Echarse Pullas. A Popular Form of *Tenzone,*" *RR,* VI (1915), 150-164.

————. *Spanish Drama before Lope de Vega.* 2nd ed. Philadelphia, 1937.

————. "The Braggart Soldier and the *Rufián* in the Spanish Drama of the Sixteenth Century," *RR,* II (1911), 186-208.

Creizenach, Wilhelm. *Geschichte des Neueren Dramas.* 5 vols. Halle, 1893-1916.

Crews, C. M. *Recherches sur le judéo-espagnol dans les Pays Balkaniques.* Paris, 1935.

Criado de Val, Manuel. *De la Edad Media al Siglo de Oro.* Madrid, 1965.

Cronan, Urban. *Teatro español del siglo XVI.* Madrid, 1913.

Crump, G. C., and. E. F. Jacobs, eds. *The Legacy of the Middle Ages.* Oxford, 1926.

Cuervo, Rufino J. *Apuntaciones críticas sobre el lenguaje bogotano.* Paris, 1907.

———. *Obras inéditas,* ed. F. Restreppo. Vol. I, Bogotá, 1944.

Cueva, Juan de la. *El Infamador, Los siete Infantes de Lara, y el Ejemplar Poético,* ed. Francisco A. de Icaza. Madrid, 1953.

Dante Alighieri. *La vita nuova,* ed. Kenneth McKenzie. Boston, 1922.

Davis, J. Cary. "A pesar mío, a pesar de mí," *Hispania,* XXXVI (1953), 459.

de Chasca, Edmund. "The Phonology of the Speech of the Negroes in Early Spanish Drama," *HR,* XIV (1946), 322-339.

Deferrari, Harry. "Notes on the Value of 'H' in Old Spanish," *HR,* IV (1936), 183-186.

Delgado, Harry. "Sobre el origen del Lelo-Lelo," *La Voz* (New York), noviembre 1959, p. 13; mayo 1960, p. 12.

Delicado, Francisco. *La Lozana andaluza,* ed. J. Delgado Campos. Paris, 1950.

Dellepiane, Antonio. *El idioma del delito.* Buenos Aires, 1894.

Deyermond, A. D. "Celestina" [Letter to the Editor], *TLS,* July 17, 1959, p. 423.

———. *The Petrarchan Sources of "La Celestina."* Oxford, 1961.

Dicc. Acad = Diccionario de la lengua española, ed. Real Academia Española. 18th ed. Madrid, 1956.

Dicc. Aut = Diccionario de la lengua castellana [known as *Diccionario de Autoridades*]. 6 vols. Madrid, 1726-39.

Dicc. Hist. = Diccionario histórico de la lengua española, ed. Real Academia Española. 2 vols. Madrid, 1933-36.

Díez de Games, Gutierre. *El Victorial, crónica de don Pero Niño,* ed. Juan de Mata Carriazo. Madrid, 1940.

Dioscórides. *La "Materia Médica,"* tr. D. Andrés de Laguna. 6 vols. Barcelona, 1953-59.

Dorotea, see Vega Carpio.

Dowling, John C. *El pensamiento político-filosófico de Saavedra Fajardo.* Murcia, 1957.

Duckworth, George E. *The Nature of Roman Comedy. A Study in Popular Entertainment.* Princeton, 1952.

Durán, Agustín. *Romancero general, ó colección de romances castellanos.* BAE, vols. X, XVI. Madrid, 1877-82.

Dutt, Udoy Chand. *The Materia Medica of the Hindus.* Calcutta, 1900.

Ellis, Havelock. "The Colour-Sense in Literature," *Contemporary Review,* LXIX (1898), 714-730.

Enciclopedia Universal Ilustrada Europeo-Americana. 70 vols. Madrid: Espasa-Calpe, 1928.

Encina, Juan del. *Auto del Repelón,* ed. A. Álvarez de la Villa. Paris, 1910.

———. *Teatro completo,* ed. M. Cañete and F. Asenjo Barbieri. Madrid, 1893.

Entwistle, William J. *The Spanish Language, together with Portuguese, Catalan and Basque.* London, 1936.

Entremés de los refranes, in Cotarelo, *Colección de entremeses,* I, 176-179.

Erasmus, Desiderius. *The Education of a Christian Prince,* tr. Lester K. Born. New York, 1936.

―――. *Adagia.* Gand, 1897.

Espinel, Vicente. *Vida de Marcos de Obregón,* ed. S. Gili y Gaya. 2 vols. Madrid, 1959-60.

Espinosa, Aurelio M. "The Language of the *Cuentos Populares Españoles,*" *Language,* III (1927), 188-198.

Espinosa, Francisco de. *Refranero (1527-1547),* ed. Eleanor S. O'Kane. Madrid, 1968.

Espinosa, Pedro. *Obras,* ed. F. Rodríguez Marín. Madrid, 1907.

Espronceda, José de. *Obras poéticas completas.* Madrid, 1959.

Esteso, Luis. *Cuatro mil chistes.* Madrid, 1926.

Farça a manera de tragedia, ed. Hugo A. Rennert, *RHi,* XXV (1911), 283-316; revised ed., Valladolid, 1914.

Fernández, Lucas. *Farsas y églogas al modo y estilo pastoril y castellano,* ed. M. Cañete. Madrid, 1867.

Fernández, Sebastián. *Tragedia Policiana,* ed. M. Menéndez y Pelayo, in *Orígenes de la novela,* III, 1-59.

Fernández Gómez, Carlos. *Vocabulario de Cervantes.* Madrid, 1962.

Fernández Llera, Víctor. *Gramática y vocabulario del Fuero Juzgo.* Madrid, 1929.

Fernández de Oviedo, Gonçalo. *Libro de la cámara real del príncipe don Juan,* ed. J. M. Escudero de la Peña. Madrid, 1870.

Ferreira, Antonio. *Poemas lusitanos.* 2 vols. Lisboa, 1939.

Ferreira de Vasconcellos, Jorge. *Comedia Eufrosina,* ed. E. Asensio. Vol. I, Madrid, 1951.

―――. *Comedia Ulysippo.* Lisboa, 1618.

Fichter, William L. "Color Symbolism in Lope de Vega," *RR,* XVIII (1927), 220-231.

―――, see also Vega Carpio, *El castigo del discreto.*

Fitzgerald, John D. "La historia de Judit y Holofernes en la literatura española," *Hispania,* XIV (1931), 193-196.

Flachskampf, Ludwig. "Spanische Gebärdensprache," *RF,* LII (1938), 205-258.

Flexner, Stuart Berg, see Wentworth.

Flores, Juan de. *Grisel y Mirabella.* Lérida (?), 1495 (?). Facsim. ed., Madrid, 1954.

Floresta de leyendas heroicas españolas, comp. by R. Menéndez Pidal. 3 vols. Madrid, 1956-58.

Foerster, W. "Zur Wortgeschichte," *ZRPh,* XV (1891), 524-528.

Fontecha, Carmen. *Glosario de voces comentadas en ediciones de textos clásicos.* Madrid, 1941.

Ford, J. D. M. *Old Spanish Readings.* New York, 1967.

―――. "The Old Spanish Sibilants," *Harvard Studies and Notes in Philology and Literature,* VII (1900), pp. 1-182.

Foulché-Delbosc, Raymond. "Notes de philologie," *RHi*, LXXIII (1928), 489-495.
Fraker, Charles F. "The Importance of Pleberio's Soliloquy," *RF*, LXXVIII (1966), 515-529.
Frank, Rachel. "Four Paradoxes in *The Celestina*," *RR*, LXVIII (1947), 53-68.
Frank C. Brown Collection of North Carolina Folklore. 8 vols. Durham, N.C., 1952-64.
Friedman, Lionel J. "Occulta Cordis," *RPh*, XI (1957), 103-119.

Galante, Abraham. "Proverbes judéo-espagnols," *RHi*, IX (1902), 440-452.
Gallardo, Bartolomé José. *Ensayo de una biblioteca española de libros raros y curiosos.* 4 vols. Madrid, 1863-89.
Garay, Blasco de. *Cartas en refranes.* Madrid, 1956.
García de Diego, Vicente. *Manual de dialectología española.* Madrid, 1959.
García Lorca, Federico. *La casa de Bernarda Alba.* Buenos Aires, 1953.
García Mercadal, L. *Estudiantes, sopistas y pícaros.* Buenos Aires, 1954.
García Soriano, Justo. *El teatro universitario y humanístico en España.* Toledo, 1945.
Garcilaso de la Vega. *Obras,* ed. T. Navarro Tomás. Madrid, 1958.
Garrido Pallardó, Fernando. *Los problemas de Calisto y Melibea.* Figueras, 1957.
Gates, Eunice Joiner. "A Tentative List of the Proverbs and Proverb Allusions in the Plays of Calderón," *PMLA*, LXIV (1949), 1027-48.
———. "Proverbs in the Plays of Calderón," *RR*, XXXVIII (1947), 203-215.
———, see also Joiner.
Gessner, E. "Das spanische indefinite Pronomen," *ZRPh*, XIX (1895), 153-159.
Giese, Wilhelm. "Port. 'seira,' esp. 'sera, serón,' hispano-árabe 'šaira,'" *Revista portuguesa de filologia*, III (1949-50), 26-34.
Gilbert, Allan H. *Literary Criticism. Plato to Dryden.* New York, 1940.
Giles, Dorothy. *The Road Through Spain.* Philadelphia, 1929.
Gili Gaya, Samuel. *Tesoro lexicográfico (1492-1726).* Vol. I, Madrid, 1960.
———, see also Alemán.
Gillespie, Ruth L. "Don Quijote and the *Pecados Mortales*," *Hispania*, XLII (1959), 40-41.
Gillet, Joseph E. "An Easter-Play by Juan de Pedraza," *RHi*, LXXXI, pt. I (1933), 550-607.
———. "'Comedor de hueuos' (?) (*Celestina*, Aucto I)," *HR*, XXIV (1956), 143-147.
———. "'Corominas' *Diccionario crítico etimológico*: An Appreciation with Suggested Additions," *HR*, XXVI (1958), 261-295.
———. "Heidenröslein," *MLN*, XXXIII (1918), 117-120.
———. "Lucrecia-necia," *HR*, XV (1947), 120-136.
———. "Notes on the Language of the Rustics in the Drama of the Sixteenth Century," *Homenaje ofrecido a Menéndez Pidal*, I (Madrid, 1925), 443-453.
———, ed. "Perolópez Ranjel, *Farça a Honor & Reuerencia del Glorioso Nascimiento*," *PMLA*, XLI (1926), 860-890.
———, ed. *Propalladia and Other Works of Bartolomé de Torres Naharro.* 4 vols. Bryn Mawr and Philadelphia, 1943-61. Cf. Gillet-Green, below.

Gillet, Joseph E. "*Raboso, Rabudo, Cobarde*," *NRFH*, II (1949), 372-378.

———. Review of Castro, *España en su historia*, *HR*, XVIII (1950), 169-184.

———. Review of Flachskampf, *Spanische Gebärdensprache*, *HR*, VIII (1940), 86-87.

———. Review of Hill, *Voces germanescas*, *HR*, XIX (1951), 174-179.

———. "Spanish *fantasía* for *presunción*," *Studia philologica et litteraria in honorem L. Spitzer* (Berne, 1958), pp. 211-225.

———. "¡Voto a Mares!" *RFE*, XIII (1926), 283-287.

———, see also Carvajal.

———, and Otis H. Green. *Torres Naharro and the Drama of the Renaissance.* Philadelphia, 1961. [Vol. 4 of *Propalladia and Other Works*.]

Gilman, Stephen. "A Propos of 'El tiempo en *La Celestina*' by Manuel J. Asensio," *HR*, XXI (1953), 42-45.

———. "El tiempo y el género literario en *La Celestina*," *RFH*, VII (1945), 147-159.

———. "Fortune and Space in *La Celestina*," *RF*, LXVI (1955), 342-360.

———. *The Art of "La Celestina."* Madison, 1956.

———, and Michael J. Ruggerio. "Rodrigo de Reinosa and *La Celestina*," *RF*, LXXIII (1961), 255-284.

Givry, Grillot de. *Witchcraft, Magic and Alchemy*, tr. J. Courtenay Locke. Boston-New York, 1931.

Goldman, Peter B. "A New Interpretation of 'Comedor de huevos asados' (*La Celestina*, Act I)," *RF*, LXXVII (1965), 363-367.

Goldschmidt, E. P. *The Printed Book of the Renaissance.* Amsterdam, 1966.

Gómez de Toledo, Gaspar. *Tercera parte de la Tragicomedia de Celestina.* Medina del Campo, 1536; Toledo: Hernando de Santa Catalina, 1539.

Gonçalves Viana, A. "Léxico português," *RL*, XI (1908), 242.

González Fragoso, Romualdo. *La prostitución en las grandes ciudades.* Madrid, 1887.

Gooch, Anthony. *Diminutive, Augmentative and Pejorative Suffixes in Modern Spanish.* Oxford, 1967.

Gorostiaga Bilbao, Juan. *Vocabulario del Refranero vizcaíno de 1596.* Salamanca, 1953.

Goya y Lucientes, Francisco de. *The Complete Etchings.* New York, 1943.

Goyri de Menéndez Pidal, María. "Dos notas para el 'Quijote': 'Duelos y quebrantos,'" *RFE*, II (1915), 35-40.

Gracián, Baltasar. *El Criticón*, ed. M. Romera-Navarro. 3 vols. Philadelphia, 1938-40.

———. *Obras completas*, ed. Arturo del Hoyo. Madrid, 1960.

Gram. Acad. = *Gramática de la lengua española*, ed. Real Academia Española. Nueva edición, reformada. Madrid, 1959.

Granger, Byrd Howell. "Of the Teeth," *Journal of American Folklore*, LXXIV (1961), 47-56.

Grau, Jacinto. *El Conde Alarcos.* Madrid, 1917.

———. *El señor de Pigmalión*, ed. William Giuliano. New York, 1952.

Graves, Robert. *The Future of Swearing and Improper Language.* London, 1936.

Green, Jerald R. *A Gesture Inventory for the Teaching of Spanish.* Philadelphia-New York, 1968.

Green, Otis H. "Courtly Love in the Spanish *Cancioneros*," *PMLA*, LXIV (1949), 247-301.

———. "Did the 'World' 'Create' Pleberio?" *RF*, LXXVII (1965), 108-110.

———. "Don Quijote and the *Alcahuete*," *Estudios dedicados a James Homer Herriott* (Madison, 1966), pp. 109-116.

———. *El amor cortés en Quevedo*. Zaragoza, 1955.

———. "El *ingenioso* hidalgo," *HR*, XXV (1957), 175-193.

———. "La furia de Melibea," *Clavileño*, IV, no. 20 (marzo-abril, 1953), pp. 1-3.

———. " 'Lo de tu abuela con el ximio' (*Celestina*, Auto I)," *HR*, XXIV (1956), 1-12.

———. "On Juan Ruiz's Parody of the Canonical Hours," *HR*, XXVI (1958), 12-34.

———. "On the Attitude toward the *Vulgo* in the Spanish *Siglo de Oro*," *Studies in the Renaissance*, IV (1957), 190-200.

———. "Realidad, voluntad y gracia en Cervantes," *Ibérida: Revista de filología*, III (1961), 113-128.

———. *Spain and the Western Tradition*. 4 vols. Madison, 1963-66.

———. "The Artistic Originality of *La Celestina*," *HR*, XXXIII (1965), 15-31.

———, see also Gillet and Green, *Torres Naharro and the Drama of the Renaissance*.

Grigsby, John L. "*Miroir des bonnes femmes*," *Romania*, LXXXII (1961), 458-481; LXXXIII (1962), 30-51.

Grillparzer, Franz. *Werke*, ed. F. Schreyvogl. 2 vols. Stuttgart, 1958.

Grimm, Jakob and Wilhelm. *Kinder- und Hausmärchen*. München, 1949.

Grismer, Raymond L. *The Influence of Plautus in Spain before Lope de Vega*. New York, 1944.

Güete, Jaime de. *Comedia intitulada Tesorina*, ed. U. Cronan, in *Teatro español del siglo XVI*, pp. 81-170.

———. *Comedia llamada Vidriana*, ed. U. Cronan, in *Teatro español del siglo XVI*, pp. 171-265.

Guevara, Antonio de. *Menosprecio de corte*, ed. M. Martínez de Burgos. Madrid, 1942.

———. *Epístolas familiares*, ed. Eugenio de Ochoa, in BAE, XIII (Madrid, 1850), pp. 77-228.

Guillén, Jorge. *Huerto de Melibea*. Madrid, 1954.

———. *Treboles*. Santander, 1964.

Haller, Joseph. *Altspanische Sprichwörter*. Regensburg, 1883.

Handwörterbuch des deutschen Aberglaubens. 10 vols. Berlin-Leipzig, 1927-42.

Hanssen, Federico. *Gramática histórica de la lengua castellana*. Halle, 1913.

Harsh, Philip W. *A Handbook of Classical Drama*. Stanford, 1944.

Hatzfeld, Helmut. "A Clarification of the Baroque Problem in the Romance Literatures," *CL*, I (1949), 113-139.

Hayes, Francis C. "Gestures: A Working Bibliography," *SFQ*, XX (1957), 218-317.

———. "The Use of Proverbs as Titles and Motives in the *Siglo de Oro* Drama: Calderón," *HR*, XV (1947), 453-463.

Hayes, Francis C. "The Use of Proverbs as Titles and Motives in the *Siglo de Oro* Drama: Tirso de Molina," *HR*, VII (1939), 310-333.

Hazañas y la Rúa, Joaquín. *Los rufianes de Cervantes. El rufián dichoso y El rufián viudo.* Sevilla, 1906.

Hazm, Ibn. *El collar de la paloma,* tr. Emilio García Gómez. Madrid, 1967.

Hebreo, León. *Diálogos de amor,* tr. Inca Garcilaso de la Vega. Ed. Austral. Buenos Aires, 1947.

Hendrix, William S. "Sancho Panza and the Comic Types of the Sixteenth Century," *Homenaje ofrecido a Menéndez Pidal,* II (Madrid, 1925), 485-494.

———. *Some Native Comic Types in the Early Spanish Drama.* Columbus, Ohio, 1924.

———. "The *Auto da barca do inferno* of Gil Vicente and the Spanish *Tragicomedia alegorica del parayso y del infierno*," *MPh*, XIII (1916), 669-680.

———. "Two Sources of the *Tragicomedia alegorica del parayso y del infierno*," *MLN*, XXXI (1916), 432-434.

Henríquez Ureña, Pedro. *El español en Méjico.* Buenos Aires, 1938.

Hermenegildo, Alfredo. *Los trágicos españoles del siglo XVI.* Madrid, 1961.

Herodotus. *The Histories,* tr. Aubrey de Sélincourt. Baltimore, 1959.

Herrera, Fernando de. *Poesías,* ed. V. García de Diego. Madrid, 1952.

Herrero García, M. *Las ideas de los españoles del siglo XVII.* Madrid, 1928.

Herrick, Marvin T. *Italian Comedy in the Renaissance.* Urbana, 1960.

———. *Tragicomedy: Its Origin and Development in Italy, France, and England.* Urbana, 1955.

Herriott, J. Homer. *Towards a Critical Edition of the Celestina. A Filiation of Early Editions.* Madison-Milwaukee, 1964.

Hersey, John. *A Bell for Adano.* New York, 1944.

Highet, Gilbert. *La tradición clásica,* tr. Antonio Alatorre. 2 vols. México-Buenos Aires, 1954.

Hill, John M. *"Universal Vocabulario" de Alonso de Palencia.* Madrid, 1957.

———. *Voces germanescas.* Bloomington, Ind., 1950.

Hillard, Ernest H. K. "Spanish Imitations of the Celestina." Diss. Urbana, 1957.

Hippocrates, ed. and tr. W. H. S. Jones. 4 vols. London, 1923-31.

Historia de la Donzella Teodor, ed. Walter Mettmann. Mainz, 1962.

Historia de Enrique fi de Oliua, ed. Pascual de Gayangos. Madrid, 1871.

Horace. *Odes and Epodes,* ed. Paul Shorey and Gordon J. Laing. Boston, 1913.

Houghton, Herbert P. *An Introduction to the Basque Language.* Leiden, 1961.

Hovorka, Oskar von, and A. Kronfeld. *Vergleichende Volksmedizin.* 2 vols. Stuttgart, 1908-09.

Howard, Donald R. *The Three Temptations: Medieval Man in Search of the World.* Princeton, 1966.

Howey, W. O. *The Cat in the Mysteries of Magic and Religion.* New York, 1956.

HR = Hispanic Review.

Hurtado de la Vera, Pedro. *Comedia intitulada Doleria, del sueño del mundo,* ed. M. Menéndez y Pelayo, in *Orígenes de la Novela,* III, 313-388.

Hurtado de Mendoza, Diego. *Poesías satíricas.* Madrid, 1876.

Hurtado de Mendoza, Luis. *Cortes de la muerte.* See Carvajal.

Hutchings, Chesley M. "Judeo-Spanish Proverbs," *HR*, XX (1952), 315-321.

Hyatt, Harry M. *Folk-Lore from Adams County, Illinois.* New York, 1935.

Iannucci, James E. *Lexical Number in Spanish Nouns with Reference to their English Equivalents.* Philadelphia, 1952.

Isla, P. José Francisco de. *Historia del famoso predicador Fray Gerundio de Campazas,* in BAE, XV, 33-388.

Iventosch, Herman. "Onomastic Invention in the *Buscón*," *HR*, XXIX (1961), 15-32.

————. "Renaissance *Contaminatio:* The Technique of an Imitation of *La Celestina, La Seraphina* (1517?)," *Symposium,* XVI (1962), 17-27.

Jacobs, Noah J. *Naming-Day in Eden. The Creation and Recreation of Language.* New York, 1958.

Jacobs, Wilhelmina and Vivian. "The Color Blue: Its Use as Metaphor and Symbol," *American Speech,* XXXIII (1958), 29-46.

JHI = *Journal of the History of Ideas.*

Joiner, Virginia, and Eunice Joiner Gates. "Proverbs in the Works of Gil Vicente," *PMLA,* LVII (1942), 57-73.

Juan de la Cruz, San. *Vida y Obras.* Madrid, 1950.

Juliá Martínez, Eduardo. *Poetas dramáticos valencianos.* 2 vols. Madrid, 1929.

Kany, Charles E. *American-Spanish Syntax.* 2nd ed. Chicago, 1951.

Keniston, Hayward. *Francisco de los Cobos. Secretary of the Emperor Charles V.* Pittsburgh, 1959.

————. *Spanish Syntax List.* New York, 1937.

————. *The Syntax of Castilian Prose. The Sixteenth Century.* Chicago, 1937.

Kenyon, Herbert A. "Color Symbolism in Early Spanish Ballads," *RR,* VI (1915), 327-340.

Kieckers, E. "Span. *cimenter(i)o* 'Friedhof' und *ninguno* 'Keiner,' " *Indogermanische Forschungen,* XXXVIII (1920), 211.

Krappe, Alexander H. Review of B. J. Whiting, *Chaucer's Use of Proverbs* (Harvard, 1934), *Speculum,* IX (1934), 456-458.

Krout, M. H. "The Social and Psychological Significance of Gestures," *Journal of Genetic Psychology,* XLVII (1935), 385-412.

Laguna, Andrés de, see Dioscórides.

Laínez, Pedro. *Poesías,* ed. Antonio Marín Ocete. Granada, 1950.

Lancaster, Henry Carrington. *The French Tragi-Comedy: Its Origins and Development from 1552 to 1628.* Baltimore, 1907.

Laza Palacios, Modesto. *El laboratorio de Celestina.* Málaga, 1958.

Lazarillo de Tormes, ed. Julio Cejador y Frauca. 4th ed. Madrid, 1941.

Lea, Aurora Lucero-White. *Literary Folklore of the Hispanic Southwest.* San Antonio, 1953.

Lea, Henry Charles. *History of the Inquisition in Spain.* 4 vols. New York, 1906-07.

Lecuona, Manuel. "Viejos textos del idioma: El Cantar de Perucho," *RIEB,* XVI (1925), 470-475.

Legarda, Anselmo de. *Lo vizcaíno en la literatura castellana.* San Sebastián, 1953.

Le Gentil, Pierre. *La poésie lyrique espagnole et portugaise à la fin du moyen âge.* 2 vols. Rennes, 1949-52.

Lena, see Velázquez de Velasco.

Lenz, A. "Notes de lexicographie. I. mas que," *RHi,* LXXVII (1929), 612-628.

Lenz, Rodolfo. *El español en Chile.* Buenos Aires, 1940.

———. *La oración y sus partes.* Madrid, 1920.

León, Luis de. *De los nombres de Cristo.* Madrid, 1948.

———. *Obras completas castellanas,* ed. Félix García. Madrid, 1959.

Lévi, E. *The History of Magic,* tr. A. E. Waite. London, 1913.

Levy, Anita K. "Contrastive Development in Hispano-Romance of Borrowed Gallo-Romance Suffixes," *RPh,* XVIII (1965), 399-429.

Lewis, C. S. *The Allegory of Love.* London, 1936.

Leyel, Hilda. *The Magic of Herbs.* New York, 1926.

Libro de Alexandre, ed. Raymond S. Willis. Princeton-Paris, 1934.

Libro de Apolonio, ed. C. Carroll Marden. Baltimore, 1917.

Libro del Caballero Zifar, ed. Charles Philip Wagner. Ann Arbor, 1929.

Libro de los enxemplos, in Pascual de Gayangos, ed., *Escritores en prosa anteriores al siglo XV,* BAE, LI, 443-542.

Libro de los gatos, ed. John Esten Keller. Madrid, 1958.

Lida, Denah. "Refranes judeo-españoles de Esmirna," *NRFH,* XII (1958), 1-35.

Lida de Malkiel, María Rosa. "Arpadas lenguas," *Estudios dedicados a Menéndez Pidal,* II (Madrid, 1951), 227-252.

———. *Dos obras maestras españolas.* Buenos Aires, 1966.

———. "El amanecer mitológico en la poesía narrativa española," *RFH,* VIII (1946), 77-110.

———. "El fanfarrón en el teatro del Renacimiento," *RPh,* XI (1957-58), 268-291.

———. *La originalidad artística de La Celestina.* Buenos Aires, 1962.

———. *Two Spanish Masterpieces.* Urbana, 1961.

Lisandro y Roselia, see Muñón.

Llano Roza de Ampudia, Aurelio de. *Del folklore asturiano.* Madrid, 1922.

Llorens, E. L. *La negación en español antiguo con referencias a otros idiomas.* Madrid, 1929.

Loehlin, Marian R. "Celestina of the Twenty Hands," *Hispania,* XLII (1959), 309-316.

López de Ayala, Pedro. *Rimado de palacio,* ed. A. F. Kuersteiner. 2 vols. New York, 1920.

López de Ubeda, Francisco. *La pícara Justina,* ed. Julio Puyol. 3 vols. Madrid, 1912.

López de Villalobos, Francisco. "El sumario de la medecina, con un tratado sobre las pestíferas buuas," in *Algunas Obras* (Madrid, 1886).

López de Yanguas, Fernán. *Obras dramáticas,* ed. F. González Ollé. Madrid, 1967.

López Rubio, José. *La otra orilla,* ed. A. M. Pasquariello and J. V. Falconieri. New York, 1958.

Lozana andaluza, see Delicado.

Lucena, Luis de. *Repetición de amores,* ed. Jacob Ornstein. Chapel Hill, 1959.

Luna, Alvaro de. *Libro de las claras e virtuosas mugeres,* ed. Manuel Castillo. Toledo, 1908; 2nd ed., Valencia, n.d.

Luna, H. de. *Segunda parte de la Vida de Lazarillo de Tormes,* ed. Elmer R. Sims. Austin, 1928.

Luria, M.-A. "A Study of the Monastir Dialect of Judeo-Spanish Based on Oral Material Collected in Monastir, Yugoslavia," *RHi,* LXXIX (1930), 323-583.

Luzán, Ignacio. *La poética.* 2 vols. Madrid, 1789.

Malinowski, Bronislaw. *Sex and Repression in Primitive Society.* New York-London, 1927.

Malkiel, Yakov. "Ancient Hispanic *vera(s)* and *mentira(s).* A Study in Lexical Polarization," *RPh,* VI (1952), 121-172.

―――. "Old Spanish *nadi(e), otri(e),*" *HR,* XIII (1945), 204-230.

―――. Review of Reichenberger, ed., Vélez de Guevara, *El embuste acreditado, RPh,* XI (1957), 188.

―――. "The Contrast *tomáis ~ tomávades, queréis ~ queríades* in Classical Spanish," *HR,* XVII (1949), 159-165.

Mal Lara, Juan de. *Filosofía vulgar,* ed. A. Vilanova. 4 vols. Barcelona, 1958-59.

Malón de Chaide, Pedro. *Conversión de la Magdalena,* ed. P. Félix García. 3 vols. Madrid, 1957-59.

Manrique, Jorge. *Cancionero,* ed. Augusto Cortina. Madrid, 1952.

Marni, Archimede. "Did Tirso Employ Counterpassion in his *Burlador de Sevilla?*" *HR,* XX (1952), 123-133.

Martin, H. M. "Termination of Qualifying Words before Feminine Nouns and Adjectives in the Plays of Lope de Vega," *MLN,* XXXVII (1922), 398-407.

Martínez Kleiser, Luis. *Refranero general ideológico español.* Madrid, 1953.

Martínez de Toledo, Alfonso. *Arçipreste de Talavera,* ed. Mario Penna. Torino, 1955.

Martínez Vigil, Carlos. *Arcaísmos españoles usados en América.* Montevideo, 1939.

Matulka, Barbara. *The Feminist Theme in the Drama of the Siglo de Oro.* New York, 1936.

―――. *The Novels of Juan de Flores and their European Diffusion.* New York, 1931.

May, T. E. "Celestina" [Letter to the Editor], *TLS,* July 10, 1959, p. 411.

―――. "Extremo ― término," *BHS,* XXXI (1954), 37-38.

Mayans de Siscar, Gregorio. *Orígenes de la lengua española.* Madrid, 1873.

McKerrow, Ronald B. *An Introduction to Bibliography for Literary Students.* Oxford, 1928.

McPheeters, D. W. "The Element of Fatality in the *Tragicomedia de Calisto y Melibea,*" *Symposium,* VIII (1954), 331-335.

Mead, Margaret. *Cultural Patterns and Technical Change.* New York, 1955.

Mead, W. E. "Color in Old English Poetry," *PMLA,* XIV (1890), 169-206.

Maeder, William G. *Courtship in Shakespeare: Its Relation to the Tradition of Courtly Love.* New York, 1954.

Mejía, Pedro. *Silva de varia lección.* 2 vols. Madrid, 1933.

Mena, Juan de. *El laberinto de fortuna,* ed. José Manuel Blecua. Madrid, 1951.

―――. *Las trecientas ... glosadas por Fernán Núñez.* Anvers, 1552.

Menéndez Pidal, Juan. *Leyendas del último rey godo*. Madrid, 1906.

Menéndez Pidal, Ramón. *Documentos lingüísticos de España*. Madrid, 1919.

———. *El Rey Rodrigo en la literatura*. Madrid, 1924.

———. *Idea imperial de Carlos V*. Ed. Austral. Buenos Aires, 1943.

———. *La epopeya castellana a través de la literatura española*. Buenos Aires, 1947.

———. *La lengua de Cristóbal Colón*. Ed. Austral. Buenos Aires, 1947.

———. *Manual de gramática histórica española*. 10th ed. Madrid, 1958.

———. "Notas para el Romancero del Conde Fernán González," *Homenaje a Menéndez y Pelayo*, I (Madrid, 1899), 429-507.

———. *Reliquias de la poesía épica*. Madrid, 1951.

———. *Romancero tradicional*. Vol. I, Madrid, 1957.

———. "Una nota a *La Celestina*," *RFE*, IV (1917), 50-51.

———, see also *Cantar de Mío Cid; Floresta de leyendas heroicas españolas*.

Menéndez y Pelayo, Marcelino. *Estudios y discursos de crítica histórica y literaria*. 7 vols. Santander, 1941-42. [Vols. VI-XII of the *Edición Nacional de las Obras completas*]

———. *Orígenes de la novela*. 4 vols. (NBAE, vols. I, VII, XII, XIV.) Madrid, 1905-15.

Mettmann, Walter, see *Historia de la Donzella Teodor*.

Meyer-Lübke, W. *Romanisches Etymologisches Wörterbuch*. Heidelberg, 1935.

Michaëlis de Vasconcellos, Carolina. "Contribuções para o futuro dicionário etimológico das linguas hispánicas," *RL*, XI (1908), 1-24.

———. *Estudos sôbre o romanceiro peninsular*. Madrid, 1907; Coimbra, 1934.

———. "Taibo," *RL*, XII (1909), 133-138.

Milla, José. *Cuadros guatemaltecos*, ed. George J. Edberg. New York, 1965.

Millé y Giménez, J. "Miscelánea erudita. Acerca de la génesis de *La Celestina*," *RHi*, LXV (1925), 140-141.

Mira de Amescua, Antonio. *El esclavo del demonio*, ed. A. Valbuena Prat. Madrid, 1959.

Miranda, Luis de. *Comedia Pródiga*, ed. J. M. de Alava. Sevilla, 1886.

MLN = *Modern Language Notes*.

MLR = *Modern Language Review*.

Mohl, R. *The Three Estates in Medieval and Renaissance Literature*. New York, 1933.

Molina, H. "El refrán y el modismo en el hablar popular de la montaña antioqueña," *Revista de Folklore* (Bogotá), no. 6 (enero 1951), 305-329.

Molina, Juan de. *Cancionero*. Valencia, 1952.

Montemayor, Jorge de. *Los siete libros de La Diana*, ed. E. Moreno Báez. Madrid, 1955.

Montesinos, José F. "Dos reminiscencias de *La Celestina* en comedias de Lope," *RFE*, XIII (1926), 60-62.

Montiano y Lugando, Agustín de. *Discurso segundo de las tragedias*. Madrid, 1753.

Montolíu, Manuel de. "Notas sobre algunos cambios fonéticos de la lengua española en el siglo XVI," *BRAE*, XXVI (1947), 369-383.

Montoto y Rautenstrauch, Luis. *Personajes, personas y personillas que corren por las tierras de ambas Castillas.* 2 vols. 2nd ed. Sevilla, 1921-22.

Moraleda, Juan. *Paremiología toledana.* Toledo, 1911.

Morby, Edwin S. "*La Celestina* Viewed as a Morality Play," *RPh,* XVI (1963), 323-331.

———. Review of Lida de Malkiel, *Originalidad artística de La Celestina, CL,* XVI (1964), 269-274.

———. "Some Observations on *Tragedia* and *Tragicomedia* in Lope," *HR,* XI (1943), 185-209.

———, see also Vega Carpio, *La Dorotea.*

Moreira, Julio. "Logares da literatura portuguesa ainda não explicados," *RHi,* XV (1906), 810-814.

Moreno Báez, E., see Montemayor.

Moreto y Cabaña, Agustín. *Baile de Lucrecia y Tarquino,* ed. Raymond R. Mac-Curdy, in F. de Rojas Zorrilla, *Lucrecia y Tarquino* (Albuquerque, 1963), pp. 143-148.

Morley, Christopher. *The Haunted Bookshop.* New York, 1919.

Morley, S. Griswold. "Color Symbolism in Tirso de Molina," *RR,* VIII (1917), 77-81.

MPh = Modern Philology.

"Multa notata digna de proverbis," ed. Sousa Viterbo, *Portugalia,* I (1901), 532-534.

Muñón, Sancho de. *Tragicomedia de Lisandro y Roselia llamada Elicia, y por otro nombre cuarta obra y tercera Celestina.* Madrid, 1872.

Nascentes, Antenor. *Tesouro da fraseologia brasileira.* Rio de Janeiro, 1945.

Natas, Francisco de las. *Comedia llamada Tidea,* ed. Urban Cronan, in *Teatro español del siglo XVI,* pp. 1-80.

Navarro de Espinosa, Juan. *Entremés famoso de la Celestina,* in Cotarelo, *Colección de entremeses,* I, 220-221.

NBAE = Nueva Biblioteca de Autores Españoles.

Nebrija, Antonio de. *Gramática castellana,* ed. Pascual Galindo Romero and Luis Ortiz Muñoz. Madrid, 1946.

Negueruela, Diego de. *Farsa llamada Ardamisa,* ed. Léo Rouanet. Barcelona, 1900.

Nelson, Lowry, Jr. *Baroque Lyric Poetry.* New Haven, 1961.

Northup, George T. *Three Plays of Calderón.* New York, 1926.

Norton, F. J. *Printing in Spain, 1501-1520.* Cambridge, 1966.

NRFH = Nueva Revista de Filología Hispánica.

Nueva floresta española, miscelánea instructiva, curiosa y agradable, por D. J. A. V. F. Barcelona: Saurí, 1829.

Núñez, Hernán. *Refranero español.* Valencia, n.d.

———. *Refranes o proverbios en romance.* Madrid: Juan de la Cuesta, 1619.

Núñez Alva, Diego. *Diálogos de la vida del soldado.* Madrid, 1890.

Nykl, A. R. "Old Spanish Terms of Small Value," *MLN,* XLII (1927), 311-313.

Ochoa, Eugenio de. *Tesoro del teatro español.* Paris, 1838.

Oelschläger, Victor R. B. *Medieval Spanish Word-List.* Madison, 1940.

O'Kane, Eleanor S. *Refranes y frases proverbiales españolas de la Edad Media.* Madrid, 1959.

——, see also Francisco de Espinosa.

Ornstein, Jacob. "La misoginía y el profeminismo en la literatura castellana," *RFH*, III (1941), 219-232.

——, see also Lucena.

Orozco, Emilio. "La Celestina. Hipótesis para una interpretación." *Insula*, III, no. 124 (15 marzo 1957), pp. 1, 10.

Ovid. *Heroides and Amores*, ed. and tr. Grant Showerman. London, 1947.

Owst, G. R. *Literature and Pulpit in Medieval England.* Cambridge, 1933.

Oxford Dictionary of English Proverbs, ed. E. G. Smith et al. 2nd ed. Oxford, 1948.

Palacio Valdés, Armando. *José.* Ed. Austral. Buenos Aires, n.d.

Palau y Dulcet, Antonio. *Manual del librero hispano-americano.* 10 vols. 2nd ed. Barcelona, 1948- .

Palomo, José R. "*Siquiere* y sus variantes," *HR*, IV (1936), 66-68.

——. "The Relative Combined with *Querer* in Old Spanish," *HR*, II (1934), 51-64.

Parker, A. A. Review of Dowling, *El pensamiento político-filosófico de Saavedra Fajardo, MLR*, LIV (1959), 285-286.

Parks, E. W., and R. C. Beatty. *The English Drama.* New York, 1935.

Paso, Alfonso. *La corbata.* New York, 1967.

Passamonte, Gerónimo de. "Vida y travajos," ed. R. Foulché-Delbosc, *RHi*, LV (1922), 311-446.

Paz y Melia, A. *Sales españoles ó agudezas del ingenio nacional.* 2 vols. Madrid, 1890-1902.

Pedraza, Juan de, see Gillet.

Penney, Clara L. *The Book Called Celestina in the Library of the Hispanic Society of America.* New York, 1954.

——. Review of Deyermond, *Petrarchan Sources of "La Celestina," Symposium*, XVI (1962), 237-238.

Perestrello da Câmara, P. *Collecção de proverbios, adagios, rifãos, anexins, sentenças morães e idiotismos da lingoa portugueza.* Rio de Janeiro, 1848.

Pérez de Ayala, Ramón. *El curandero de su honra.* Madrid, 1926.

——. *El ombligo del mundo.* Madrid, 1924.

——. *Tigre Juan.* Ed. Austral. Buenos Aires, 1946.

——. *Troteras y danzaderas.* Madrid, 1930.

Pérez Galdós, Benito. *Torquemada en el purgatorio.* Madrid, 1920.

Pérez Pastor, Cristóbal. *La imprenta en Medina del Campo.* Madrid, 1895.

——. *La imprenta en Toledo.* Madrid, 1887.

Petrarch, Francesco. *Le Rime.* Firenze, 1938.

Petriconi, H. "Trotaconventos, Celestina, Gerarda," *Die neueren Sprachen*, XXXII (1924), 232-239.

Physiologus Latinus, ed. Francis J. Carmody. Paris, 1939.

Pícara Justina, see López de Ubeda.

Piccus, Jules. "La mejor pieza que comía pan en el mundo," *Romance Notes,* V (1964), 168-173.

Pietsch, K. "Duecho," *MPh,* VII (1903), 53.

――――. "Notes on Baist, *Grammatik der spanischen Sprache,* 1906," *MLN,* XXIV (1909), 163-164.

Pitt-Rivers, J. A. *The People of the Sierra.* London, 1954.

Pla Carceles, José. "La evolución del tratamiento *vuestra-merced,*" *RFE,* X (1923), 245-280.

Place, Edwin B., see Salas Barbadillo, *La casa del placer honesto.*

Plato. *Great Dialogues,* tr. W. H. D. Rouse. New York, 1956.

――――. *Laws,* tr. R. G. Bury. 2 vols. London, 1926.

Plautus. *Plays,* ed. and tr. Paul Nixon. 5 vols. Cambridge, Mass., 1956-60.

PMLA = Publications of the Modern Language Association.

Pratt, Oscar de. "Untar as mãos," *RL,* XIV (1912), 322-324.

Proverbia Communia, ed. Richard Jente. Bloomington, Ind., 1947.

Pseudo-Aristotle. *Poridat de las poridades,* ed. Lloyd A. Kasten. Madrid, 1957.

Puyol, Julio, see López de Ubeda.

Quevedo, Francisco de. *El Buscón,* ed. Américo Castro. Madrid, 1960.

――――. *Los sueños,* ed. J. Cejador. 2 vols. Madrid, 1916.

――――. *Obras completas.* I. *Obras en prosa.* II. *Obras en verso,* ed. Felicidad Buendía. 2 vols. Madrid, 1958-60.

Ramsey, Marathon M., and Robert K. Spaulding. *A Textbook of Modern Spanish.* New York, 1956.

Rauhut, Franz. "Das Dämonische in der *Celestina,*" *Festgabe zum 60. Geburtstag Karl Vosslers* (München, 1932), pp. 117-148.

Ravaisse, Paul. "Les mots arabes et hispano-morisques du *Don Quichotte,*" *Revue de linguistique et de philologie comparée,* XL (1907), 238-253.

Ray, John. *A Collection of English Proverbs.* Cambridge, 1670.

RDTP = Revista de Dialectología y Tradiciones Populares.

Refranero Vasco. Los refranes y sentencias de 1596, ed. Julio Urquijo. 2 vols. San Sebastián, 1964-67.

Refranes famosissimos y prouechosos glosados. Burgos, 1509; facsim. ed., Madrid, 1922.

Reichenberger, Arnold G. "Herodotus in Spain: Comments on a Neglected Essay (1949) by María Rosa Lida de Malkiel," *RPh,* XIX (1965), 235-249.

――――. "The Uniqueness of the *Comedia,*" *HR,* XXVII (1959), 303-316.

――――, see also Vega Carpio, *Carlos V en Francia;* Vélez de Guevara, *El embuste acreditado.*

Reik, Theodor. *A Psychologist Looks at Love.* New York, 1944.

Reinosa, Rodrigo de. [*Antología*], ed. José M.ª de Cossío. Santander, 1950.

Rennert, Hugo A. *The Spanish Stage in the Time of Lope de Vega.* New York, 1909.

Resende, Garcia de. *Cancioneiro Geral. Altportugiesische Liedersammlung,* ed. E. H. von Kausler. 3 vols. Stuttgart, 1846-52.

Rey, Agapito. *Cultura y costumbres del siglo XVI.* México, 1944.

——, see also *Castigos e documentos.*

RF = Romanische Forschungen.

RFE = Revista de Filología Española.

RFH = Revista de Filología Hispánica.

Rheinfelder, Hans. "Gloria," *Festgabe Karl Vosslers* (München, 1932), pp. 46-58.

RHi = Revue Hispanique.

Ribeiro, João. *Frazes feitas.* Segunda serie. Lisboa, 1909.

Ribeiro Chiado, Antonio. *Auto da Natural Invenção,* ed. Conde de Sabugosa. Lisboa, 1917.

——. *Obras,* ed. Alberto Pimentel. Lisboa, 1889.

Richardson, H. B. *An Etymological Vocabulary to the Libro de Buen Amor.* New Haven, 1930.

RIEB = Revue Internationale des Etudes Basques.

Riedel, F. Carl. *Crime and Punishment in the Old French Romances.* New York, 1938.

Riley, Edward C. "'El alba bella que las perlas cría': Dawn-Description in the Novels of Cervantes," *BHS,* XXXIII (1956), 125-137.

——. "The Dramatic Theories of Don Jusepe Antonio González de Salas," *BHS,* XIX (1951), 183-203.

Risco, V. "La procesión de las ánimas y las premoniciones de la muerte," *RDTP,* II (1946), 380-429.

Ristine, Frank Humphrey. *English Tragicomedy: Its Origin and History.* New York, 1910.

Ríus Serra, J. "Refranes del siglo xiv," *RFE,* XIII (1926), 364-372.

Rivas, Angel Saavedra, Duque de. *Obras completas.* Madrid, 1956.

RL = Revista Lusitana.

Roberts, Kimberley S. *An Anthology of Old Portuguese.* Lisbon, n.d.

Rodríguez Florián, Juan. *Comedia llamada Florinea,* ed. Menéndez y Pelayo, in *Orígenes de la novela,* III, 157-311.

Rodríguez Herrera, Esteban. *Observaciones acerca del género de los nombres.* 2 vols. La Habana, 1947-48.

Rodríguez López, J. *Supersticiones de Galicia.* Buenos Aires, 1943.

Rodríguez Marín, Francisco. *Cantos populares españoles.* 5 vols. Sevilla, 1882-83.

——. *Discurso de entrada en la Academia Sevillana de Buenas Letras.* Sevilla, 1895.

——. *12.600 refranes más.* Madrid, 1930.

——. *Dos mil quinientas voces castizas y bien autorizadas que piden lugar en nuestro léxico.* Madrid, 1922.

——. "Duelos y quebrantos," Apéndice VII del tomo último del *Quijote.* Madrid, 1928. *[Separata* from the *Nueva edición crítica de El Ingenioso hidalgo.]*

——. *Las supersticiones en el "Quijote."* Madrid, 1926.

——. *Los 6.666 refranes de mi última rebusca.* Madrid, 1934.

——. *Más de 21.000 refranes castellanos.* Madrid, 1926.

——. *Mil trescientas comparaciones populares andaluzas.* Sevilla, 1899.

Rodríguez Marín, Francisco. *Modos adverbiales castizos y bien autorizados que piden lugar en nuestro léxico.* Madrid, 1931.

———. *Todavía 10.700 refranes más.* Madrid, 1941.

———, see also Cervantes; Espinosa, Pedro de.

Rojas, Fernando de. *La Celestina,* ed. Julio Cejador y Frauca. 2 vols. Madrid, 1913-15.

———. *Tragicomedia de Calixto y Melibea,* ed. M. Criado de Val and G. D. Trotter. Madrid, 1958.

Rojas Villandrando, Agustín de. *El Viaje entretenido,* ed. M. Cañete. 2 vols. Madrid, 1901.

Rojas Zorrilla, Francisco de. *Lucrecia y Tarquino,* ed. Raymond R. MacCurdy. Albuquerque, 1963.

Rolland, Francisco. *Adagios, proverbios, rifãos, e anexins da lingua portugueza.* Lisboa, 1780.

Romera-Navarro, Miguel. *Registro de lexicografía hispánica.* Madrid, 1951.

———, see also Gracián.

Romero de Cepeda, Joaquín. *Comedia Metamorfosea,* ed. Eugenio de Ochoa, in *Tesoro del teatro español,* pp. 209-308.

———. *Comedia Salvage,* ed. Ochoa, in *Tesoro del teatro español,* pp. 286-298.

Romero Yáñez, Luis. "Los puntos del Inca," *Revista Nacional de Cultura,* XXIX:179 (enero-marzo, 1967), 46-53.

Rosa, L. A. *Espressione e mimica.* Milano, 1924.

Rossini, Gioacchino A. *Il Barbiero di Siviglia.* New York, 1900.

Rouanet, Leo. *Colección de autos, farsas y coloquios del siglo XVI.* 4 vols. Barcelona-Madrid, 1901.

RPh = *Romance Philology.*

RR = *Romanic Review.*

Rueda, Lope de. *Obras,* ed. E. Cotarelo y Mori. 2 vols. Madrid, 1908.

Ruggerio, Michael J. *The Evolution of the Go-Between in Spanish Literature through the Sixteenth Century.* Berkeley-Los Angeles, 1966.

———, see also Gilman.

Ruiz, Juan. *El libro de buen amor,* ed. J. Cejador y Frauca. 2 vols. Madrid, 1951; ed. Joan Corominas. Madrid, 1967.

Ruiz de Alarcón, Juan. *Comedias,* ed. Juan Eugenio Hartzenbusch. BAE, vol. XX. Madrid, 1852.

———. *Teatro,* ed. Alfonso Reyes. Madrid, 1953.

Ruiz de Conde, Justina. *El amor y el matrimonio secreto en los libros de caballerías.* Madrid, 1948.

Sá de Miranda, Francisco de. *Obras completas,* ed. M. Rodrigues Lapa. 2 vols. Lisboa, 1937.

Salas Barbadillo, Alonso Jerónimo. *El sagaz Estacio.* Madrid, 1924.

———. *La casa del placer honesto,* ed. Edwin B. Place. Boulder, 1927.

Salas Barbadillo, Alonso Jerónimo. *La hija de Celestina. La ingeniosa Elena,* ed. Fritz Holle. Strassbourg, 1912.

Salazar, Ambrosio de. *Espexo general de la gramática.* Rouen: Adrien Morront, 1641.

Salazar y Torres, Agustín de, and Juan de Vera Tassis. *Comedia famosa intitulada El encanto es la hermosura y el hechizo sin hechizo,* in BAE, XLIX, 241-264.

Salillas, Rafael. *El delincuente español. El lenguaje.* Madrid, 1896.

Salinger, J. D. *Franny and Zooey.* Boston, 1961.

Salvá y Mallén, Pedro. *Catálogo de la Biblioteca de Salvá.* 2 vols. Valencia, 1872.

Sánchez, J. M. "Refranes de Veo-veo," *RHi,* XL (1917), 406-414.

Sánchez de Badajoz, Diego. *Recopilación en metro,* ed. V. Barrantes. 2 vols. Madrid, 1882-86.

Sánchez de Badajoz, Garci. "Lamentaciones de amores," ed. R. Foulché-Delbosc, *RHi,* XLV (1919), 29-33.

Sánchez Pérez, José A. *Supersticiones españolas.* Madrid, 1948.

Sánchez Sevilla, P. "El habla de Cespedosa de Tormes (en el límite de Salamanca y Ávila)," *RFE,* XV (1928), 131-282.

San Pedro, Diego de. *Obras,* ed. S. Gili y Gaya. Madrid, 1958.

Santillana, Marqués de. *Canciones y decires,* ed. V. García de Diego. Madrid, 1913.

———. *Obras,* ed. José Amador de los Ríos. Madrid, 1852.

Saporta y Beja, Enrique. *Refranero Sefardi.* Madrid-Barcelona, 1957.

Saynete. El Callejón de Madrid. Madrid, 1791.

Sbarbi y Osuna, José M.ª *Monografía sobre los refranes, adagios y proverbios castellanos.* Madrid, 1891.

Scholberg, Kenneth R. "A Half-friend and a Friend and a Half," *BHS,* XXXV (1958), 187-198.

Second Shepherd's Play, Everyman and Other Early Plays, tr. and ed., Clarence Griffin Child. Boston, 1938.

Segunda Celestina, see Silva.

Segura, Juan de. *Processo de cartas de amores,* ed. Edwin B. Place. Evanston, Ill., 1950.

Seneca. *Letters to Lucilius,* tr. E. P. Barker. Oxford, 1932.

Serrano Poncela, Segundo. *El secreto de Melibea y otros ensayos.* Madrid, 1959.

SFQ = Southern Folklore Quarterly.

Silva, Feliciano de. *Segunda comedia de Celestina.* Madrid, 1874.

Simpson, Lesley Byrd, tr. *The Celestina. A Novel in Dialogue.* Berkeley-Los Angeles, 1955.

Singleton, Mack Hendricks, tr. *Celestina.* Madison, 1958.

Sloman, Albert E. "The Phonology of Moorish Jargon in the Works of Early Spanish Dramatists and Lope de Vega," *MLR,* XLIV (1949), 207-217.

Smith, Charles E. *Papal Enforcement of Some Medieval Marriage Laws.* Baton Rouge, 1940.

Snyder, Susan. "The Left Hand of God: Despair in Medieval and Renaissance Tradition," *Studies in the Renaissance,* XII (1965), 18-59.

Spitzer, Leo. "Etimologías hispánicas," *Boletín del Instituto Caro y Cuervo,* II (1946), 1-11.

Spitzer, Leo. "Notas etimológicas: 'Echarse pullas,'" *RFE*, X (1923), 373-375.

———. "Soy quien soy," *NRFH*, I (1947), 113-127.

———. "Zur *Celestina*," *ZRPh*, L (1930), 237-240.

———. "Zur Kunst Quevedos in seinem *Buscón*," in *Romanische Stil- und Literaturstudien* (Marburg, 1931).

Spivack, Charlotte K. "Tragedy and Comedy: A Metaphysical Wedding," *Bucknell Review*, IX (1960), 212-223.

Stekel, Wilhelm. *Patterns of Psychosexual Infantilism.* New York, 1952.

Stevenson, Burton. *The Home Book of Proverbs, Maxims and Familiar Phrases.* New York, 1948.

Story of Ahikar, ed. F. C. Conybeare, J. R. Harris, and A. S. Lewis. London, 1898.

Suárez de Figueroa, Cristóbal. *Plaza universal de todas ciencias.* Madrid, 1615.

Suetonius. *Twelve Caesars*, ed. and tr. J. C. Rolfe. 2 vols. London, 1914-20.

Talavera, Arcipreste de, see Martínez de Toledo.

Talavera, Hernando de. *Breve forma de confesar*, in Miguel Mir, *Escritores místicos españoles*, NBAE, vol. XVI (Madrid, 1911), pp. 5-35.

Tamony, Peter. "King's X," *Americanisms: Content and Continuum*, I, no. 14 (March, 1966).

Tate, R. B. Review of Mettmann, ed., *Historia de la donzella Teodor, BHS,* XLI (1964), 52-53.

Tatlock, J. S. P. *The Legendary History of Britain: Geoffrey of Monmouth's Historia Regum Britanniae and Its Early Vernacular Versions.* Berkeley-Los Angeles, 1950.

Taylor, Archer. *The Proverb.* Cambridge, Mass., 1931.

———. *The Shanghai Gesture.* FF Communications, no. 166. Helsinki, 1956.

———, and B. J. Whiting. *A Dictionary of American Proverbs and Proverbial Phrases.* Cambridge, Mass., 1958.

Teall, John L. "Witchcraft and Calvinism in Elizabethan England: Divine Power and Human Agency," *JHI*, XXIII (1962), 21-36.

Teatro español, 1953-1954, ed. Federico Carlos Sainz de Robles. Madrid, 1955.

Teletor, Celso Narciso. "Supersticiones y dichos," *Folklore de Guatemala*, no. 1 (1965), 51-57.

Terence. *The Comedies*, ed. and tr. John Sargeaunt. 2 vols. London, 1912.

Teresa de Jesús, Santa. *Las moradas*, ed. Tomás Navarro Tomás. Madrid, 1951.

Terlingen, J. H. *Los italianismos en español desde la formación del idioma hasta principios del siglo XVII.* Amsterdam, 1943.

Thomas, D. L., and L. B. Thomas. *Kentucky Superstitions.* Princeton, 1920.

Thomas, Henry. *Spanish Sixteenth-Century Printing.* London, 1926.

———, see also Verardus.

Thomas Aquinas, St. *Summa contra Gentiles.* 4 vols. London, 1923-24.

Thompson, C. J. S. *The Mystery and Art of the Apothecary.* Philadelphia, 1929.

Trompson, Stith. *Motif-Index of Folk-Literature.* 6 vols. Bloomington, Ind., 1955-58.

———, see also Aarne.

Thorndike, Lynn. *History of Magic and Experimental Science.* 6 vols. New York, 1923-41.

——. *Science and Thought in the Fifteenth Century.* New York, 1929.

Thurber, James. *Lanterns and Lances.* New York, 1962.

Tía fingida, La, ed. A. Bonilla y San Martín. Madrid, 1911.

Tilley, M. P. *A Dictionary of Proverbs in England in the Sixteenth and Seventeenth Centuries.* Ann Arbor, 1950.

Tillyard, E. M. W. *The Elizabethan World Picture.* New York, 1959.

Timoneda, Juan de. *Obras completas,* ed. M. Menéndez y Pelayo. Vol. I, Valencia, 1911.

——. *El Patrañuelo,* ed. F. Ruiz Morcuende. Madrid, 1949.

Tirso de Molina. *Comedias,* ed. E. Cotarelo y Mori. NBAE, vols. IV, IX. Madrid, 1906-07.

——. *El vergonzoso en palacio,* ed. Américo Castro. Madrid, 1958.

TLS = Times Literary Supplement.

Torner, Eduardo M. *Lírica hispánica. Relaciones entre lo popular y lo culto.* Madrid, 1966.

Toro-Garland, Fernando de. "Celestina, hechicera clásica y tradicional," *Cuadernos Hispanoamericanos,* LX (1964), 438-445.

——. "*La Celestina* en *Las Mil y una Noches,*" *Revista de Literatura,* XXIX (1966), 5-33.

Torre, Francisco de la. *Obras,* ed. A. Zamora Vicente. Madrid, 1944.

Torre, Guillermo de. "*La Celestina* según Bataillon," *Insula,* XVII, no. 182 (enero, 1962), pp. 1, 5.

Torres Naharro, Bartolomé, see Gillet.

Torres Villarroel, Diego. *Vida,* ed. F. de Onís. Madrid, 1954.

Tragedia Policiana, see Fernández, Sebastián.

Tragicomedia alegorica del parayso y del infierno, ed. Cronan, in *Teatro español del siglo XVI* (Madrid, 1913), p. 267-318.

Trench, Richard C. *Proverbs and their Lessons.* 8th ed. London, 1890.

Trend, J. B. *The Music of Spanish History to 1600.* Oxford, 1926.

Trotter, G. D. "Sobre 'la furia de Melibea' de Otis H. Green," *Clavileño,* V, no. 25 (enero-febrero, 1954), pp. 55-56.

Tubach, Frederic C. *Index exemplorum. A Handbook of Medieval Religious Tales.* FF Communications, no. 204. Helsinki, 1969.

Turia, Ricardo de. "Apologético de las comedias españolas," BAE, XLIII, xxiv-xxvi.

Tusón, Vicente. *Lope de Rueda. Bibliografía crítica.* Madrid, 1965.

Ukas, M. W. "The Theory and Practice of Italian Tragicomedy during the Sixteenth Century." Diss. Toronto, 1957.

Unamuno, Miguel de. *Niebla.* Ed. Austral. Madrid, 1966.

Ureña, R., and A. Bonilla. *Fuero de Usagre.* Madrid, 1907.

Urquijo, Julio de. "La Crónica de Ibargüen-Cachopín y el Canto de Lelo," *RIEB,* XIII (1922), 83-98, 232-247, 458-482; XV (1924), 163-182, 523-548.

Urquijo, Julio de. "La Tercera Celestina y el Canto de Lelo," *RIEB*, IV (1910), 573-586.

————, see also *Refranero Vasco*.

Urrea, Pedro Manuel de. *Cancionero*. Zaragoza, 1878.

————. *Penitencia de amor*, ed. R. Foulché-Delbosc. Barcelona-Madrid, 1902.

Valbuena Prat, Angel. *La vida española en la Edad de Oro*. Barcelona, 1942.

Valera, Juan. "Nueva edición de *La Celestina*," in *Obras completas*, II (Madrid, 1961), 1025-1029.

Valdés, Alfonso de. *Diálogo de Mercurio y Carón*, ed. José F. Montesinos. Madrid, 1929.

Valdés, Juan de. *Diálogo de la lengua*, ed., José F. Montesinos. Madrid, 1953.

Valle Inclán, Ramón del. *Obras completas*. 2 vols., Madrid, 1954.

Vecchio, Frank B. "Sempronio y el debate feminista del siglo XV," *Romance Notes*, IX (1968), 320-324.

Vega, Alonso de la. *Tres comedias*, ed. M. Menéndez y Pelayo. Dresden, 1905.

Vega Carpio, Lope de. *Carlos V en Francia*, ed. Arnold G. Reichenberger. Philadelphia, 1962.

————. *El Brasil restituido*, ed. G. de Solenni. New York, 1929.

————. *El castigo del discreto*, ed. W. L. Fichter. New York, 1925.

————. *El cuerdo loco*, ed. J. F. Montesinos. Madrid, 1922.

————. *El desdén vengado*, ed. M. M. Harlan. New York, 1930 .

————. *El galán escarmentado*, in *Obras*, Nueva ed. Acad., I, 117-152.

————. *El piadoso aragonés*, ed. J. M. Greer. Austin, 1951.

————. *El príncipe despeñado*, ed. H. W. Hoge. Bloomington, 1955.

————. *La dama boba*, BAE, XXIV, 297-316.

————. *La Dorotea*, ed. Edwin S. Morby. Berkeley-Los Angeles, 1958.

————. *La francesilla*, in *Obras*, Nueva ed. Acad., V, 665-700.

————. *Obras*. Nueva ed., Real Academia Española. 13 vols. Madrid, 1916-30.

————. *Poesías líricas*, ed. J. F. Montesinos. Madrid, 1960.

Velásquez de Velasco, Alfonso. *La Lena*, ed. M. Menéndez y Pelayo, in *Orígenes de la novela*, III, 389-435.

Vélez de Guevara, Luis. *El diablo cojuelo*, ed. F. Rodríguez Marín. Madrid, 1941.

————. *El embuste acreditado*, ed. Arnold G. Reichenberger. Granada, 1956.

Verardus, Carolus, and Marcellinus Verardus. *Fernandus Servatus*, ed. H. Thomas, *RHi*, XXXII (1914), 428-457.

Vergara y Martín, Gabriel María. *Cantares, refranes, adagios, proverbios, modismos, locuciones y frases proverbiales*. Madrid, 1929.

Vicente, Gil. *Obras completas*. Facsim. ed. of *Copilaçam de toda* [!] *las obras* (Lisboa, 1562). Lisboa, 1928.

————. *Teatro y poesía*, ed. Concha de Salamanca. Madrid, 1946.

Villalón, Cristóbal de. *Tragedia de Mirrha*, ed. J. Rogerio Sánchez. Madrid, 1926.

Villegas Selvago, Alonso de. *Comedia llamada Selvagia*. Madrid, 1873.

Vindel, Francisco. *Manual gráfico-descriptivo del bibliófilo hispano-americano, 1475-1850*. 12 vols. Madrid, 1930-34.

Vives, Luis. *Instrucción de la mujer cristiana,* tr. Justiano. Madrid, 1936.

Vox. Diccionario general ilustrado de la lengua española. 2nd ed. Barcelona, 1956.

Wahlgren, Ernst Gotthard. *Étude sur les actions analogiques réciproques du parfait et du participe passé dans les langues romanes.* Upsala, 1920.

Wardropper, Bruce W. "Pleberio's Lament for Melibea and the Medieval Elegiac Tradition," *MLN,* LXXIX (1964), 140-152.

Webber, Edwin J. "Genre and *La Dorotea,*" *BHS,* XLI (1964), 73-77.

———. "The *Celestina* as an *arte de amores,*" *MPh,* LV (1958), 145-153.

———. "Tragedy and Comedy in the *Celestina,*" *Hispania,* XXV (1952), 318-320.

Wehr, Hans. *A Dictionary of Modern Written Arabic,* ed. J. Milton Cowan. Ithaca, 1961.

Weigand, Hermann J. *Three Chapters on Courtly Love in Arthurian France and Germany.* Chapel Hill, 1956.

Wentworth, Harold, and Stuart Berg Flexner. *Dictionary of American Slang.* New York, 1960.

WF = *Western Folklore.*

Whiting, B. J., see Taylor.

Wilder, Thornton. *The Cabala.* New York, 1928.

———. *The Woman of Andros.* New York, 1930.

Williams, Edwin B. *Diccionario inglés y español.* Edición aumentada. New York, 1963.

Wilson, Edward M. "Celestina" [Letter to the Editor], *TLS,* July 3, 1959, p. 399.

Wilson, Robert E. "The Real 'Real'," *Hispania,* XLVII (1964), 129-132.

Wilstach, Frank J. *A Dictionary of Similes.* Boston, 1930.

Woolf, Virginia. *Orlando.* New York, 1960.

Zabaleta, Juan de. *El día de fiesta por la mañana y por la tarde.* Barcelona, 1885.

Zamora Vicente, Alonso. *Dialectología española.* Madrid, 1960.

Zeitlin, M. A. "La apócope de la -*a* final átona en español," *HR,* VII (1939), 242-246.

Zorrilla, José. *Leyendas.* Madrid, 1945.

———. *Obras completas,* ed. N. Alonso Cortés. 2 vols. Valladolid, 1943.

ZRPh = *Zeitschrift für romanische Philologie.*

Index to the Notes *

---

* The numbers below refer to the notes to the text.

Index of Proverbs and Phrases

habla la *boca* que pagará la coca, VII, 151; boca lleua coca, XX, 69; tu hablar de boca a de pagar la coca, XLIV, 112; n. 223.

que le he prometido de *boca* mucho, y que por la obra vee poco, IV, 184; n. 255.

ni *bolsa,* ni muger, ni espada jamás ande prestada, XXVII, 25; n. 905.

el *braço* en el pecho, y la pierna en el lecho, XXII, 94; n. 798.

buenos lo dan y ruynes lo lloran, X, 20; n. 459.

Honrra al *bueno* porque te honrre, y al malo porque no te deshonrre, V, 117; XXVI, 43; n. 301.

quien se allega a los *buenos* será vno dellos, XIV, 219; n. 633.

bien lame su cuerpo *buey* que no prenden, XVII, 66; n. 695.

con *buey* aran que sabrá buscar su rastrajo, IV, 21; n. 218.

El *buey* por el cuerno, y el hombre por la palabra, IX, 114; XVI, 222; XXV, 21; n. 453.

quien *bueyes* a menos, cencerros se le antojan, X, 170; n. 484.

ver vn *buey* volar, XIII, 28; n. 561.

como agora llueue *buñuelos,* XXVII, 45; n. 909.

lo que se ríe muchas vezes de *burlas* se llora de veras, XXVIII, 384; De burla se dizen a veces las cosas y salen de veras, XLVII, 241; n. 961.

cada vno en su officio, XXXIII, 229; n. 1050.

cada vno ... haze como quien es, XXXIV, 191; n. 1068.

al buen *callar* llaman sancho, VII, 79; n. 379.

en el *callar* se conosce el sabio, XXI, 200; n. 776.

quien *calló* venció, XXI, 200; n. 777.

el *cantarillo* que muchas vezes va a la fuente, en alguna se quiebra, XIV, 207; n. 631.

darla vna *cantonada,* VII, 68; n. 376.

haze más al *caso,* XLIII, 72; n. 1185.

quitar la *causa* es quitar el pecado, XXIII, 175; n. 842.

debaxo del *ceuo* ... estaua anzuelo tan dañoso, VII, 75; n. 378.

cedaçuelo nueuo tres días en estaca, XXIV, 87; n. 852.

Celestina acá, Celestina acullá, XXXVI, 22; n. 1097.

jamas la *cepa* que es buena da mal vino, XXXIV, 189; n. 1067.

quien haze vn *cesto* hará..., XXIX, 118; n. 978.

harto es *ciego* quien no vee por tela de cedaço, VIII, 115; XIV, 154; XXIII, 82; n. 434.

vn *ciego* mal guiará a otro, XVIII, 161; n. 712.

vale más mirar lo *cierto* que esperar lo dubdoso, XLVII, 292; n. 1235.

dezir por *cifras,* XVIII, 140; n. 711.

sé ya quántas son *cinco,* I, 168; n. 66.

dormir en los *colchones* del maestre, XI, 187; n. 514.

comida de carpinteros me parece ésta, XXXIII, 253; n. 1054.

después de ydo el *conejo* tomamos consejo, VII, 35; n. 362.

quien no te *conoce* te compre, VIII, 120; n. 435.

la mucha *conuersación* acarrea menosprecio, IX, 37; n. 442.

buen *coraçón* quebranta mala ventura, XXVII, 57; XLIX, 35; n. 912.

Tu *coraçón* como tienes, ageno le juzgas, XVI, 43; por mi coraçón juzgo el ageno, XXXV, 118; n. 665.

¿A mí que soy *cordoués*?, I, 167; n. 65.

la *cosa* pensada jamás es errada, XXIII, 37; n. 831.

en vn *credo,* XXIX, 17; n. 966.

al buen *criado* ponerle la mesa y embiarle al mandado, IV, 18; n. 217.

nos dexó en los *cuernos* del toro, XVIII, 175; n. 715.

no puede ser el *cueruo* más negro que sus alas, VII, 195; XXV, 159; XLI, 217; n. 402.

a quien *cueze* y amassa no le hurtes hogaça, XXI, 195; n. 775.

no ay mejor *çurujano* que el bien acuchillado, XXII, 156; n. 816.

con desseo de *chapines* subíme, etc., XLVII, 319; n. 1238.

todo lo *chico* es más sabroso que lo grande, XIII, 156; n. 586.

dádiuas quebrantan peñas, XXVIII, 400; n. 963.

echarle *dado* falso, II, 41; XXIX, 143; XLIV, 45; n. 95.

de *dar* y tomar es, XVI, 188; n. 678.

quien no *deue* no paga, XIV, 64; n. 616.

no pienses que . . . me mamo los *dedos,* XXXIII, 72; n. 1029.

Véeme a *desseo* y olerte a poleo, XIX, 50; n. 723.

mientras el *deudor* no se muere la deuda está segura, VIII, 44; n. 426.

Antes *di* que te digan, XXXI, 13; n. 996.

el que camina de *día,* le es conuenible dormir la noche, I, 125; n. 56.

más ay *días* que longanizas, XIII, 224; n. 599.

Sabé qué cosa es el *día* malo como el bueno, XXXIII, 44; n. 1026.

veo ser mal exemplo lo que en vn *día* se puede hazer esperar a otro, X, 133; n. 477.

Sin ver al *diablo* te santiguas. ¿Qué hiziera si le quitaras la capa?, II, 35; n. 92.

del *dicho* al fato, etc., XXIX, 31; n. 971.

en lo interior del *diente* blanco taladra el neguijón importuno, XXIV, 45; n. 846.

¿Qué dizes entre *dientes*?, I, 138; n. 60.

entre *diez* ay vna buena, III, 141; n. 169.

la *diligencia* es madre de la buena fortuna (ventura), I, 59; XXX, 20; n. 31.

a *dineros* pagados, braços quebrados, XI, 250; n. 522.

Dios da a cada vno lo que meresce, XXXVII, 101; n. 1114.

Dios lo da a quien le plaze, XXXIV, 99; n. 1061.

quien se muda *Dios* le ayuda, VII, 94; n. 380.

todo lo que *Dios* haze es por mejor, VIII, 53; Dios lo sabe, y todo lo que El haze es por mejor, XXXIV, 117-118; n. 427.

qual te *dizen,* tal coraçón te hazen, XXI, 231; n. 779.

Duelos tenemos, XI, 180; XIII, 189; XXXII, 98; XLIV, 23; n. 511.

todos los *duelos* con pan ser buenos, XIV, 29; n. 608.

con vna *dura* vayan dos maduras, IV, 26; n. 222.

más da el *duro* que el desnudo, XXVI, 17; n. 887.

viene hecho vn *Ector,* XV, 119; n. 658.

todos tenemos tres *enemigos* del ánima, que son el mundo y el diablo y la carne, II, 85; n. 106.

al buen *entendedor* pocas palabras, I, 128; XXXI, 100; n. 57.

¡Contigo me *entierren!*, II, 106; n. 111.

el *esperar* desespera, XXVIII, 108; n. 939.

la *esperiencia* es madre de todas las cosas, XXXVI, 27; n. 1099.

todas las cosas que en *estremo* se hazen son viciosas, IV, 124; n. 242.

la *fortuna* anda sin pies, XXX, 33; n. 994.

la *fortuna* ... es tu madrasta, XVII, 128; n. 699.

hombre que a gozado de la *fruta* no ha de hazer admiraciones de la hoja, XI, 49.

donde *fuerça* viene, derecho se pierde, XXII, 97; XXIV, 167; n. 799.

escarua la *gallina* y por su mal, VI, 251; n. 359.

jamás falta al *gastador* qué gaste, ni al mendigo qué llore, XXXIII, 53; n. 1027.

como *gato* sobre ascuas, VI, 233; n. 355.

gato maullador nunca buen caçador, II, 266; n. 142.

no tengo ... ni *gato* que golosmee, ni perro que me ladre, XLIX, 24; n. 1257.

vendo *gato* por liebre, VII, 129; n. 385.

no ay gran *gozo* sino donde a auido gran desseo, XLVI, 32; n. 1214.

ni *grado* ni gracias, XXXVI, 54; n. 1101.

no me doy vna *haua*, XXI, 240; n. 783.

nunca el *hábito* haze al monje, II, 96; n. 109.

Si habra [*habla*] no vuiesse, obra no extaría, V, 223; n. 322.

el *harto* del ayuno no tiene cuydado ninguno, XXI, 190; n. 774.

quien *hierra* y se emienda, a Dios se encomienda, III, 325; n. 210.

Donde no ay *hierro* no ay perdón, XXXIII, 103; n. 1033.

es el *hierro* más [duro], y lo ablandan, VII, 214; n. 408.

tanto *hierro* es sabiendo preguntar como ignorando responder, IX, 75; n. 447.

Dime qué tenemos, *hijo* o hija, XI, 15; n. 494.

a ti lo digo, *hijuela*; entiéndelo tú mi nuera, XIV, 48; n. 613.

Si yo lo *hize*, yo lo pagaré, XLI, 252; n. 1171.

de *hombres* sospechosos siempre se a de sospechar, XIII, 135; n. 578.

el *hombre* apercebido es medio combatido, VI, 19; XL, 66; n. 325.

ser los *hombres* trauiessos en la mocedad, vienen a ser enfermos en la vejez, XXII, 25; n. 791.

honrra es de los amos la que se haze a los criados, XLVIII, 96; n. 1243.

Honrra y provecho no cabe en vn lecho, VII, 64; n. 374.

[*h*]*oy* estamos riendo y mañana nos están llorando, XXXVIII, 77; n. 1125.

nos sube el *humo*, XIX, 114; n. 730.

hazes la *yda* del cueruo, X, 197; n. 490.

Yda sin buelta como potros a la feria, XIII, 85; n. 571.

pagar *justos* por pecadores, XLI, 172; n. 1168.

como *juzgas*, as de ser juzgado, XLI, 164; n. 1167.

ladrón y encubridor, pena por ygual, XIII, 102; n. 573.

piénssasse el *ladrón* que todos son de su coraçón, XIX, 139; XXXV, 49; n. 735.

aýn tienes la *leche* en los labios, V, 98; n. 295.

vna sola lengua basta para disfamar vn pueblo, XVI, 266; n. 684.

vno es a vezes el que la *liebre* leuante, y otro el que la mata, IX, 28; n. 439.

poneos del *lodo*, XLIV, 134; n. 1200.

del *lunes* al martes, pocas son las artes, XIV, 282; n. 640.

vrdiré ... las *madexas,* XXII, 57; n. 794.

a quantos *males* ay, aprouecha el vino, XII, 133; n. 548.

Bien vengas *mal* si vienes solo, V, 207; n. 318.

el *mal* del milano, las alas quebradas y el papo sano, XIII, 253; n. 603.

el *mal* se publica y el bien se calla, V, 116; n. 300.

mal de muchos consuelo es, XVI, 206; n. 680.

quien de mucho *mal* es duecho poco bien le abasta, XXIV, 193; n. 861.

quien en *mal* anda, en mal acaba, XIX, 197; n. 738.

Comeldo *mangas,* que por vosotras me hazen la honrra, IV, 161; n. 250.

assentemos la vna *mano,* VII, 265; n. 417.

en *manos* está el pandero que le sabrá bien tañer, XI, 255; XXVIII, 175; n. 523.

la *mano* en las mexillas, XXXII, 42; n. 1006.

yo la vnto la *mano,* X, 17; n. 457.

quien malas *mañas* a, tarde o nunca las perderá, I, 201; XIII, 132; n. 73.

tengo las mañas del rey ... que donde no estoy ... no me hallarán, I, 110; n. 52.

echar en la *mar* vn jarro de agua para que abulte, III, 204; n. 190.

pues tan bien as nauegado en la *mar,* no te ahogues al arroyo, XLV, 104; n. 1209.

¡Qué *Marco* tan eloquente!, V, 19; n. 276.

pues va lo *más* vaya lo menos, VII, 235; n. 411.

tanto es lo de *más* como lo de menos, XIII, 183; XXIX, 208; n. 589.

en el *medio* consiste la virtud, IV, 126; n. 243.

el *mensagero* es sin sospecha, IX, 135; n. 455.

mentir no cuesta dineros, IV, 24; n. 220.

di *mentira,* sacarás verdad, XIX, 107; n. 729.

más presto alcançan al *mentiroso* que al coxo, III, 119; n. 165.

ni *miento,* ni me arrepiento, VIII, 96; n. 432.

hablaua yo con *monte,* IV, 89; n. 238.

no dan *morcilla,* sino al que mata puerco, XIV, 230; n. 634.

no es *moça de cántaro,* II, 255; n. 136.

el *moço* vergonçoso, el diablo le lleuó ..., XLVIII, 77; n. 1242.

a quien le duele la *muela* que se la saque, VIII, 40; n. 425.

la *muger* es de la manera de la estopa, que con poquito huego es quemada, II, 158; n. 122.

muger e ga[ll]ina por andar perden aýna, V, 212; n. 320.

sé qué cosa es *mundo,* II, 107; XXXV, 22; n. 112.

en la *muralla* labrada se cría la culebra maldita, XXIV, 44.

¡Qué *Narciso* tan hermoso!, V, 19, n. 275.

la *natura* ... es tu madre, XVII, 127.

Quiero ser más *nescia* que porfiada, VI, 80; XXIV, 239; n. 335.

más sabe el *nescio* en su hazienda (casa) que el cuerdo en la agena, IV, 116; XIV, 260; n. 241.

[blanca] como la *nieue,* XLVII, 107; n. 1225.

jamás toma buena *nueua* por cierta, ni mala por dudosa, XI, 23; n. 495.

sin que te hagas de *nueuas,* XXXIV, 25; n. 1057.

obras son amores, etc., IV, 183; XXVIII, 318; n. 254.

quien no cumple de *obras,* paga con palabras, XXIX, 90; n. 974.

Por vn *oýdo* me entra y por otro me sale, XXI, 237; n. 781.

más veen quatro *ojos* que dos, XXIII, 89; n. 835.

quebrarle los *ojos* y vntarle el caxco, XXI, 118; n. 767.

de los *olores* el pan, y de los sabores la sal, y del amor el hijo, XXII, 264; n. 827.

estar al *olor* y no al sabor, XIII, 43; n. 563.

puedo dezir si quiebre la *olla* si no he aquí los caxcos, III, 114; n. 163.

es como vn *oro*, VII, 50; bonita como oro, XVI, 134; Eres como hecha de oro, XIX, 83; n. 370.

ninguno *paga* que de antes no deua, XXVI, 76; n. 895.

Paga lo que deues; sanarás del mal que tienes, XIV, 150; n. 627.

quien nunca *paga*, contino deue, XX, 132; n. 750.

A *palabras* locas orejas sordas, XIV, 50; n. 614.

Do falta *parabras* no sobra hecho, V, 224; n. 323.

en dos *palabras*, IV, 173; X, 174; XIV, 107; XV, 122; XVII, 42; XXVII, 134; n. 253.

es descubrir vna *palabra* por encubrir dos, XLII, 36; n. 1179.

no auría *palabra* mal dicha si no fuesse retraýda, XXI, 183; n. 773.

todo lo que se promete de *palabras* no se cumple de obras, XXV, 19; n. 867.

no aguarde yo más *palacio*, XIV, 72; n. 620.

te das *palmadas* en la frente, XXXII, 62; n. 1009.

buscara *pan* de trastrigo, XL, 10; n. 1147.

Con *pan* y vino andan camino, XII, 107; n. 546.

del *pan* de mi compadre, buen çatico a mi ahijado, X, 19; n. 458.

para ver si es todo vero lo que dize el *pandero*, IV, 67; n. 228.

en el mejor *paño* cae la raça, III, 136; en el paño muy fino haze la polilla mayor estrago, XXIV, 46; n. 168.

quien habla de *papo* pague de bolsa, IV, 29; n. 223.

las *paredes* tienen oýdos, VII, 36; XXIV, 71; n. 363.

barrunto *parte* ni arte, XLI, 28; n. 1157.

vno el *pecado* y otro la penitencia, XLI, 239; n. 1176.

malo es el *pecar*, mas que peor es el perseverar, V, 158; n. 307.

avnque muda el *pelo* la raposa, su natural no despoja, XIV, 20; n. 607.

a *perro* viejo (no) cuz cuz, XIV, 238; XLIV, 44; n. 636.

bien sabe qué *perro* le ladre, XL, 40; n. 1151.

ladre el *perro* y no me muerde, XXI, 241; n. 784.

nunca más *perro* al molino, XXV, 28; n. 869.

pésame de lo que no me pesa, XXXIII, 112; n. 1036.

(conoscer) de qué *pie* coxquea, XLIV, 87; n. 87.

No busquemos cinco *pies* al gato, XXIX, 221; n. 988.

ponga el *pie* derecho, VII, 265; n. 418.

arrojar la *piedra* y esconder la mano, XXIII, 159; n. 841.

piedra mouediza no la cubre moho, VII, 96; n. 381.

Si la *piedra* da en la redoma, ella es la que rescibe el daño, y si ella da en la piedra, está claro que por el mismo arte éssa padesce, V, 136; n. 305.

como la *piedra ymán* atrae al yerro, XVIII, 192; n. 718.

es como vn *pino de oro*, XXI, 113; n. 766.

hazer *plaças* en mitad de la calle, XXXIII, 100; n. 1032.